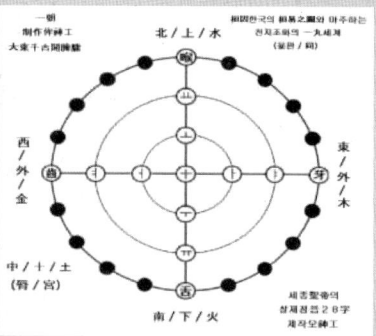

一朝
制作侔神工
大東千古開朦朧
諺文聲音之字倣古篆而新制
訓民正音・諺文解制矣書 / 編著

訓民正音・解書本

天地神明의
제작모神工에 따라서
태고(故)가 열린(開天・開物・成務) 이래、후세에 이르면서
송두리째 뒤덮이고(음양팔괘／周易／예악문장) 몽롱해져버린
桓因한국의 桓檀제도와 한국고유의 諺文체계(한국고전)까지 모두 바로세워진
「훈민정음에 대해 지금에서야 한국고유의 諺文체계」로서 풀어낸

훈민정음・해서본

들어가는 말

유구한 역사와 빛나는 전통을 자랑하는 우리 대한국민(大韓國民) 모두는
맨(三) 앞(一)에 자리하고 있어야할 「桓因한국의 桓檀제도와 한국고유의 諺文체계」를 망각하고 송두리째 잃어버린 줄도 모르는 바람에 「유구한 역사」가 언제부터 비롯되었는지 몽롱(까마득)하고 「빛나는 전통(開天·開物·成務)」이 무엇을 뜻하는지 올바르게 알지 못하기 때문에 올바르게 말하지 못하는 악순환의 굴레(반절어법 / 周易 / 漢字어법)에서 일거에 벗어날수도 있었고, 아주 오래동안(수천년) 뒤집어쓰고 있었던 악순환의 굴레(음양팔괘 / 周易 / 예악문장)에 대해 송두리째 벗어던질 수도 있었던 바가 다름 아닌 「한국고유의 諺文체계(한국고전 / 桓檀제도)와 마주하는 훈민정음·신제본 / 신제왈」로서 모두 바로세워지고 다시금 후세에 실어전하면서 널리 반포되었던 것이다.

그럼에도 불구하고 앞서 언급된 똑같은 이유에 따라 저절로 왜곡되고 굴절만이 거듭되면서 지금에까지 이르렀을 뿐만 아니라 끝없이 이어질터인 그러한 악순환의 고리를 잘라내고 송두리째 걷어내야만 비로소 만천하에 드러나는 바였던 「한국고유의 諺文체계(三一법칙 / 三一체계)」에 따라서 아주 간략하게 압축되고 귀결된 「훈민정음·폿말 3 행」을 위시함만으로도 저절로 밝혀지고 만천하에 드러나는 맨(三) 처음(一)부터 끝(三·十)까지 모두 바로세워지면서 아주 간략하게 압축(三一)되고 귀결(一三)이 거듭되는 바로서는 그야말로 상상조차 할수 없었던 것들 뿐이었던 것이다.

주지하다시피
「훈민정음(訓民正音)」이 창제되고 널리 반포되기에 이르렀던
1443년 겨울에 이르러서야
동서고금의 백왕(百王) 모두를 초월하고 지극(三一)에 因(一)함으로서
      하늘(一)이 내린(三·朝)
      세종聖帝의 제작모神工에 따라서
   천지자연의 근본법칙까지 가지런히 가림토되고 비로소 모두 바로세워진
  「언문성음의 글자체계와 正音체계로서 창제(創制 / 1443년 12월 30일)」되었고
  「언문성음의 字書체계(한국고전◇訓民正音)로서 신제(新制 / 1446년 9월 29일)」되었던
   「一朝·제작모神工의 훈민정음·신제본(新制曰·解例 / 訣曰 / 폿말·序曰)」으로서
    다시금 후세에 실어 전하면서 널리 반포되었던 바가 곧
  「한국고유의 諺文체계와 마주하는 한겨레(訓民)의 正音체계」를 뜻하였을 뿐만 아니라

이미 지극(三一)에 因(一)한
천지조화의 조화원리·천지자연의 근본법칙·천지만물의 순환법칙으로서도 마주하고

但因(三一)한
태고인의 聲音체계·諺文체계·字書체계 / 字倣古篆(한국고전)으로서도 서로 마주하고 상통되는
 「훈민정음·폿말 3 행(一朝·制作侔神工·大東千古開朦朧)」을 위시한
한국고유의 諺文체계(한국고전)에 따라서 그로서의 맨(三) 처음(一)으로까지 거슬러 올라가는 즉

이미 지극(三一)에 因(一)한
天地神明의 제작모神工에 따라서
천지조화의 一丸세계를 열어주고(開天) 태고(故)를 열어준(開物 / 成務) 이래
후세(周代 / BC 770~221~~~~1443년~~今)에 이르면서
송두리째 뒤덮이고(음양팔괘 / 周易 / 예악문장) 몽롱해져버린

桓因한국의 桓檀제도(開天・開物・成務)로서 모두 구비되고
언문성음의 자방고전(字倣古篆 / 字書체계 / 한국고전)으로서 만세에 전래되는
천지자연의 근본법칙(三才之道 / 三易之理)까지 가지런히 가림토되고 모두 바로세워진
「한국고유의 諺文체계(한국고전 / 桓檀제도)와 마주하는 훈민정음・신제본 / 신제왈」로서
다시금 후세에 실어전하면서 널리 전언되었음에도 불구하고

춘추전국시대(周代 / BC 770~221~)에 이르면서 줄줄이 뒤꿔어버린
불능달의 주역(周易)을 뒤집어쓰고서 끝없이 곤두박질된(丫字形) 줄도 모르고
육서지법의 漢字어법을 뒤집어쓰고서 끝없이 널부러진(八字形) 줄도 모르는
조선吏讀의 반절어법과 조선어문의 어문규정에 가로막혀
지금에서야 언문해제(諺文解制)되고 제자리(桓易之理 / 三一五行)를 되찾은
「훈민정음・푯말3행」을 위시한 바만으로도 만천하에 드러나는 바였던

一朝	天地神明의
制作侔神工	제작모神工에 따라서
大東千古開朦朧	태고(故)가 열린(開天) 이래、몽롱해져버린
諺文聲音之字倣古篆而新制	한국고유의 諺文체계까지 모두 바로세워진
訓民正音 新制本 / 新制曰	훈민정음 신제본 / 신제왈

로서 가지런히 가림토되고 모두 바로세워진 바를 미루어보듯

이와 같은
「훈민정음・신제본(新制曰・解例 / 訣曰 / 푯말・序曰)」의 차례로서 구성된 그로서의 모두가 아주 간략하게 요약(一三 / 矣書)되고 압축(三一 / 書矣)이 거듭되었다 할지라도 전환이 무궁한 한국고유의 諺文체계(三一법칙 / 三一체계)에 따라서 삼극(三一)의 정의(精義)로서 간략하게 압축(三一 / 書矣)되고 풀어짐(一三 / 矣書)으로서도 서로 마주함을 뜻하는 바였기에、[훈민정음・序曰 / 참조]

「훈민정음해례(제자해・초성해・중성해・종성해・합자해 및 용자례)」 전반에 걸쳐서 상세하게 다루었던 「한국고유의 언문(扵諺・扵文・字書)체계와 마주하는 언문성음의 글자(正音28字)체계」에 대한

올바른 이해를 구하는 바가 그 무엇보다 우선이었고, 한국고유의 언문(於諺・於文・字書)체계로서 올바르게 보고・듣고・말할수 있는 능달 / 능통의 눈높이(自明 / 神明)에 이르기까지 「聖心의 손 / 책(한국고전◇訓民正音)을 빌어서라도 한국고유의 諺文체계와 마주하는 훈민정음・신제본 / 신제왈」 전반에 대하여 올바르게 알면(知) 알수록(智) 저절로 구해지고 저절로 밝아지는 능달 / 능통의 눈높이(自明 / 神明)가 곧, 但因(三一)한 능달 / 능통의 눈높이(自明 / 神明◇桓易의 易觀)를 뜻하는 바였던 것이다.

그럼에도 불구하고
춘추전국시대의 용두사미필법(공자필법 / 불경화법)과 육서지법의 漢字어법을 뒤집어쓴 줄도 모르는 조선吏讀의 반절어법(漢字 / 한글, 이두필법 / 삼망화법, 한글맞춤법 / 표준어규정)에 따라서
「세종어제의 머리●글(序文)과 정인지의 꼬리☆글(序文)」로 갈라세운 것도 모자라
「세종어제를 앞세운 머리●글(언해본 / 예의본 / 국역본)과 이두칭명의 훈민정음・漢文本 / 해례본」으로 갈라세워 놓고서 서로 다른 머리●통(언해본 / 예의본 / 국역본)과 꼬리☆통(몸통◆漢文本 / 해례본)으로 이합집산을 거듭시켜버린 바와 같았던 이두●필법의 칭명부여(方言 / 칭음)가 거듭되고 삼망☆화법의 중언부언(俚語 / 언해 / 국역)이 거듭되면서 저절로 왜곡되고 굴절만이 거듭되는 조선吏讀의 반절어법과 일본吏讀의 이두문법으로 뒤엉켜서 축소병합과 이합집산이 거듭된 줄도 모를 뿐만 아니라

일본吏讀의 이두문법까지 영구히 빌어써야하는 조선어문의 어문규정(한글맞춤법 / 표준어규정, 아래한글 / 한글어법)으로 줄줄이 주워섬기면서 저절로 눈과 귀가 멀어버린(顧人不察耳) 줄도 모르고, 무엇을 얻고자 하는지도 모르는 천지●귀신☆집단(용두사미집단 / 인조인간집단)이라 일컫는 바로서 간략하게 압축되고 귀결된 즉은(제자해・풋말), 이와 같은 모두에 대하여 총괄 / 총칭하는 바와 같았던 것이다.

이와 같은 바만을 살펴보고 헤아려보더라도
한국고유의 諺文체계에 따라서 「훈민정음・풋말 3 행」으로서 간략하게 압축되고 귀결되었던
「一朝・제작모神工」이라 함은
이미 지극(三一)에 因(一)한 태극(一)의 눈높이(三・十明 / 朝 / 神明)를 뜻하는 바였던
「天地神明의 제작모神工」으로 곧바로 전환되는 바였고
태극(一)의 눈높이(三・朝)에 따라서 천지조화의 一丸세계에 이르기까지 한(一) 눈(三・十明)으로 내려다 볼수 있었던 그로서의 처음(一)부터 끝(三・十)까지 가지런히 가림토되고 모두 바로세워진 바가 곧

一朝・제작모神工에 따라서
천지조화의 一丸세계를 열어준(開天) 개천(開天)의 정의(精義)를 뜻할 뿐만 아니라
태고(故)가 열린(開天 / 開物) 이래, 삼륜교화의 교화원리를 이룩한(成務) 바(桓檀帝民)로부터 지금에까지 이르렀던 우리모두(大韓民國)의 개천절(10月 3日)에도 태극(一)의 눈높이(三・十明)가 함축되어 있는 「天地神明(一三十明)의 제작모神工」에서 보다 더 간략하게 압축된 「一朝・제작모神工」으로서는 「하늘(一)이 내린(三・朝) 天夫三人의 제작모神工」으로도 곧바로 전환되는 바였던 것이다.

2016年 9月 30日
夫人・徐漢太 編著

지지금에서야 언문해제되고 제자리(桓易之理 / 三一五行)를 되찾은
「훈민정음・퓻말3행」을 위시한 「한국고유의 언문(扵諺・扵文・字書)체계」에 따라서
삼극(三一)의 정의로서 간략하게 압축(三一 / 書矣)되고 풀어짐(一三 / 矣書)으로서도 서로 마주하는

一朝	天地神明의
制作侔神工	제작모신공에 따라서
大東千古開朦朧	태고(故)가 열린(開天) 이래、몽롱해져버린
諺文聲音之字倣古篆而新制 訓民正音・諺文解制矣書 / 編著 **訓民正音・解書本**	한국고유의 諺文체계까지 모두 바로세워진 훈민정음에 대해 지금에서야 諺文체계로서 풀어낸 **훈민정음・해서본**

차례(次例)

제1부。한국고유의 諺文체계

一。서문(序文) 17

二。훈민정음・신제본(新制本)
  1。언문 / 해제 29
  2。차례 / 해제 30

三。훈민정음・퓻말3행(帝曰三行)
  1。언문 / 해제 33
  2。원본 / 참조 36
  3。훈민정음・친제왈(親制曰 / 세종실록) 38
    1)。본문해제 및 언문해서 40
    2)。본문해서 및 한글국역 참조 / 대비 41
  4。(퓻말3행) 언문해서 및 언문체계 / 해제 43
  5。천지자연의 언문성음 / 체계・제작모신공 48

6。반절문자 및 방언리어 창출지법(六書之法 / 漢字어법) 50
  1)。「동서언어 / 계통의 이두문법 / 체계와 삼망화법 / 체계」 51
  2)。「梵語계통의 현대음성학과 漢語계통의 중국음운학 구성도」 52

7。「무소조술(無所祖述)의 桓檀제도」
  1)。「태극(一)의 질서(三・十)와 마주하는 천지조화의 一丸세계」 53
  2)。「天地人・三神之位와 마주하는 天地人・三倫之理」 54
  3)。「天地人・三才之道와 마주하는 一二三・三一之理」 54
  4)。「天地人・三才之道와 마주하는 一二三・三易之理 / 三一五行」 54
  5)。「천지자연의 근본법칙과 마주하는 한국고유의 諺文체계」 55
  6)。「桓因한국의 桓易之理와 마주하는 천지조화의 一丸세계」 55
  7)。「지극(三一)에 因(一)한 一朝・제작모神工 편 / 참조」 56
  8)。「속칭・천부경(天符經)」 원본 / 참조 58
   (1)。천부경(天符經)의 유래 60
   (2)。천부경(天符經)의 해석 62
   (3)。육서지법의 漢字사전 참조 / 대비 63

제 1 장。훈민정음・신제왈(新制曰)

1。언문 / 해제 및 차례 / 해제 65
2。본문해제 및 언문해서 69
3。언문해서 및 언문체계 / 해제 73

4。언문성음의 글자(正音28字)체계
  1)。「三一五音의 초성凡17字 및 병서6字」 85
  2)。「三字八聲의 중성凡11字」 89
  3)。「종성復用초성의 字韻법칙(三七則)」 91
  4)。「언문성음의 기본음 / 기본자(字韻凡187字 / 총253字)」 94

5。창제정음28字 및 언문성음의 字書체계・제작모神工
  1)。「三一五音의 초성凡17字 및 並書6字・가림토神工」 95
  2)。「三字八聲의 중성凡11字・가림토神工」 98
  3)。「종성復用초성의 字韻법칙(三七一則)・가림토神工」 100

（1）。「3종류의 종성則(자운則・입성則・가점則)」 100
　（2）。「三一五音의 성음청탁」 101
　（3）。「三一법칙의 가점則(三七一則)」 102
　（4）。「三一법칙의 종성字韻법칙(三七一則)」 102
　（5）。「3종류의 종성쓰임」 103

　6。 훈민정음・친제왈(親制曰) 104
　7。 훈민정음・신제왈(新制曰 / 창제・반포령) 110

제2장。 훈민정음해례(訓民正音解例)

　1。 언문 / 해제 113
　2。 차례 / 해제 114

제1。 제자해(制字解)

　1。 차례 / 해제 115
　2。 언문 / 해제 116
　3。 언문해서 및 언문체계 / 해제 117
　4。 본문해제 및 언문해서 130
　5。 제자해・결왈(訣曰 ◇ 諺文7字86行) 151

一。 초성해(初聲解)

　1。 언문 / 해제 164
　2。 본문해제 및 언문해서 165
　3。 초성해・결왈(訣曰 ◇ 諺文7字8行) 167

二。 중성해(中聲解)

　1。 언문 / 해제 169
　2。 본문해제 및 언문해서 170
　3。 중성해・결왈(訣曰 ◇ 諺文7字8行) 173

三。 종성해(終聲解)

  1。 언문 / 해제 175
  2。 본문해제 및 언문해서 176
  3。 종성해・결왈(訣曰 ◇ 諺文7字20行) 180

四。 합자해(合字解)

  1。 언문 / 해제 183
  2。 본문해제 및 언문해서 184
  3。 합자해・결왈(訣曰 ◇ 諺文7字18行 및 풋말 3 행) 191

五。 용자례(用字例)

  1。 언문 / 해제 195
  2。 본문해제 및 언문해서 196
  3。 용자례・一覽(한국고유의 諺文正音 / 체계・一覽) 203

제 3 장。 훈민정음・서왈(序曰)

1。 언문 / 해제 205
2。 차례 / 해제 207
3。 본문해제 및 언문해서 208

4。 언문해서 및 언문체계 / 해제

一。 「有天地自然之聲。則必有天地自然之文」 217
  1。 천지자연의 언문성음 / 체계로서 말미암아진 즉、「一朝・제작모신공」 해제 / 참조
  2。 但因(三一)한 태고인의 성음체계・언문체계・字書체계 / 자방고전으로서 서로 마주함
  3。 이로서 실어 전한 「天地人・三才之道」는 천지자연의 근본법칙을 뜻하는 바였음에도

二。 「~~~~以通萬物之情。以載三才之道。而後世不能易也」 219
  1。 후세에 이르면서 불능달의 주역(周易)과 음양이치의 반절어법으로 줄줄이 뒤바꿈으로 인해
  2。 무주공산(중원천하 / 인간세상)의 4 방풍토・풍습・풍속・풍악・풍성 등으로 구별 / 구획된
  3。 가중국(假中國)의 가짜(假字)를 빌어쓰는 용두◐사미☆필법으로 뒤엉켜서 두 갈래로 갈라서버린
  4。 漢語계통의 공자필법(중국吏讀)과 梵語계통의 불경화법(신라吏讀)으로 동문동궤가 이루어진
  5。 오동방・예악문장 모두가 華◐夏를 모방하고 답습이 거듭된 但방언리어에 불과하다한 즉
  6。 방언리어 창출지법의 중간에 틀어박힌 거두절미법칙의 용두사미필법과 불능달의 周易까지

三。「癸亥年。我」..236
　1。송두리째 걷어내고서 다시금 일으켜 세울수 있었던 「세종聖帝의 제작모神工」에 따라서
　2。「언문성음의 글자(正音28字)체계로서 창제(1443년 12월 30일)」되었고
　3。「언문성음의 字書체계(한국고전◇訓民正音)로서 신제(1446년 9월 29일)」되었던 바가 곧

四。「遂」..252
　1。집현전 諸人(7인) 등에 의해 「謹作 / 謹書」되고 완성(이룩)되었던
　2。「一朝・제작모神工의 훈민정음・신제본(新制曰・解例 / 訣曰 / 풋말・序曰)」으로서
　3。다시금 후세에 실어전하면서 널리 반포함을 뜻하는 바였던 것이다

五。「恭惟我」..257
　1。공손히 돌이켜보옵건대、저희(我)들
　2。전하께서는 「하늘(一)이 내린(三・朝) 聖帝之位와 마주하는 一朝・제작모神工」에 따라서
　3。「무소조술의 桓檀제도로서 모두 구비된 언문성음의 자방고전」까지 모두 바로세운 즉

이미 지극(三一)에 因(一)한 천지자연의 근본법칙까지 널리 실어전한 夫東方有國의 유구한 역사와
빛나는 전통(開天・開物・成務)에 따라서 만세에 전래되는 모두가 송두리째 뒤덮여버린(음양팔괘 /
周易 / 예악문장) 줄도 모르는 오늘(今日)에까지 오랜 기다림을 주심도 하늘의 뜻이리라.............263

1446년 9월 29일(正統十一年九月上澣)
자헌대부・예조판서・집현전대제학・지춘추관사○세자우빈객・臣정인지
두 손을 모으고 머리 숙여 「謹書」함 264

訓民正音 (始 / 終)

이와 같은
「훈민정음의 처음(始 / 一)과 마주하는 끝맺음(終 / 三・十)」을 뜻하는 바로서도
태극(一)의 질서(三・十)에 따라서 끝없이 순환되는 천지조화의 一丸세계에 이르기까지 모두 담아낼
수 있었던 바를 뜻하는 즉、이미 지극(三一)에 因(一)한 태극(一)의 눈높이(三・十明 / 朝 / 神明)를 뜻
하는 「一朝・제작모神工」으로서 이룩된 모두가 함축되고 구비되어(三一법칙 / 三一체계) 만세에
전래되는 바를 뜻하였음에도 불구하고
이와같은 모두에 이르기까지 송두리째 집어삼켜버린(捨陰陽) 그로서의 중간에 머리(首)를 들어박고
줄줄이 물구나무서버린(丫字形 / 후천시대◐선천시대 / 八字形) 줄도 모르고 끝없이 함께할수 밖에
없는 줄도 모르는 그로서의 모두에 관하여 「제 2부」에 모두 묶어서 편저(編著)된 바와 같은 것이다

제2부。 자가당착의 반절어법 및 방언리어 창출지법

1。이두칭명의 한글맞춤법(一字綴字法)
  1)。원문 / 해제 267
  2)。목차 / 해제 268
  3)。본문 / 해제 269
  4)。한글맞춤법의 한글24字母 창출지법 271
  5)。조선어철자법의 가가글・반절표 273
  6)。「일본吏讀의 언문철자법」 목차 / 참조 274
  7)。「일본吏讀의 일본어 50音圖」 275

2。불경언해본의 「세종어제훈민정음」
  1)。세종어제를 앞세운 「불경언해본의 머리❶글 편 / 해제」 276
  2)。불경언해를 답습한 「한글국역본의 머리❶글 편 / 해제」 276
  3)。「조선吏讀의 이두구결 편」 278
  4)。「조선吏讀의 이두漢音 편」 279

제1장。 조선吏讀의 반절어법과 반절字母의 반절철자법

1。원문 / 해제 281
2。목차 / 해제 282
3。조선吏讀의 반절어법 / 반절철자법 구성도 283
  1)。「반절声母의 초성종성통용8字 지정」 283
  2)。「반절声母의 초성독용8字 지정」 283
  3)。「반절韻母의 중성독용11字 지정」 284
  4)。조선吏讀의 반절철자법(日名・언문철자법) 284
  5)。조선吏讀의 삼절철자법(一名・조선어철자법) 284
  6)。조선吏讀의 가가글・반절표 285

4。훈몽자회・범례(凡例)로서 지정된 반절字母의 반절철자법
  1)。원문해제 및 원본필사 / 참조 286
  2)。평상거입정위지도(平上去入定位之圖) 287

5。반절어법 / 이두문법에 따른 한글국역의 但방언리어
  1)。본문 / 해제 및 이두필법 / 삼망화법의 但방언리어 289
  2)。「조선吏讀의 평상거입정위지도(平上去入定位之圖)」................................293
  3)。두(◐) 갈래(☆)로 갈라세운 「표준국어대사전의 但방언리어」.....................293

6。육서지법의 육두문자를 빌어쓰는 방언리어 창출지법
  1)。원문 / 해제 一覽 / 참조...295
  2)。본문해제 및 한글국역 참조 / 대비 296
  3)。「漢語계통의 頭자음36字母(中古漢音) 창출지법」................................299
  4)。「漢語계통의 중고한음 및 중국음운학의 한어병음 구성도」....................300
  5)。오각형(☆)으로 늘어서버린 「中古◐漢音의 삼망☆오음圖」.....................300
  6)。「동서◐언어 / 계통의 기본모음 구성도」...301
  7)。거꾸로 물구나무서버린 「한글맞춤법의 한글10모음 구성도」 301

제2장。세종어제를 앞세운 「불경화법의 불경언해합본」

불경언해합본으로 엮어낸 「세종어제훈민정음・八相圖・월인석보」
  1。원문 / 해제 303
  2。목차 / 해제 304

  3。불경언해본의 세종어제훈민정음
  1)。「세종어제를 앞세운 불경언해본의 머리글(御製序文) 편」......................305
  2)。「세종어제를 앞세운 불경언해본의 이두예의(吏讀例義) 편」...................308
  3)。「세종어제를 앞세운 불경언해본의 중고한음(中古漢音) 편」...................319
  4)。수양대군(~世祖)이 지어 올린 「석보상절서(釋譜詳節序)」......................322

제3장。불교사적의 삼국유사(三國遺事)

  1。편찬방식 / 해제 327
  2。목차 / 해제 329
  3。이두필법(漢字어법 / 불경화법)의 필사본 / 참조(제1권 紀異 편).............334
  4。삼망화법(한글어법 / 한글국역)의 번역본 / 참조 335

11

제 4 장。 용두사미필법의 용비어천가(龍飛御天歌)

1。 원문 / 해제 339
2。 본문해제 및 한글국역(舊 / 新) 참조(제 1 권) 340
3。 이두문법의 어문규정에 따른 위키백과 / 참조 344

제 5 장。 가중국(假中國)의 반절문자 및 방언리어 창출지법

1。 원문 / 해제 347

2。 중국역대 유학경림(幼學瓊林)-통계(統系) 편
 1)。 원문 / 해제 348
 2)。 원문 / 참조 349

3。 華◐夏를 섬기는 慕華☆집단의 삼황오제(三皇五帝) 창출지법 350
4。 음양팔괘(복희◐팔괘 / 文王◐팔괘)의 가공세계 창출지법 350
5。 가중국(假中國)의 반절문자 및 방언리어 창출지법 351
 1)。 육두문자 및 방언리어 창출지법(六書之法) 355
 2)。 본문해제 및 한글국역 참조 / 대비 356

6。 중국의 고대표준漢語 역대표 360
 1)。 「漢語음운학의 頭자음36字母 창출지법」 363
 2)。 「漢語계통의 중고한음과 중국음운학의 한어병음 구성도」 364
 3)。 오각형(☆)으로 늘어서버린 「中古◐漢音의 삼망☆오음圖」 364
 4)。 「음성학표준 / 로마자기준의 기본자음 / 기본모음 구성도」 365
 5)。 「동서◐언어 / 계통의 기본모음 구성도」 365

제 6 장。 삼망화신(三妄化身)의 창조신화 창출지법

1。 원문 / 해제 367
 1)。 이두칭명으로 둔갑된 삼위태백(三危太伯) 368
 2)。 중국의 盤古신화와 고조선의 檀君신화 창출지법 369

12

3)。삼위태백(三位太伯)과 마주하는 삼백오가(三伯五加) 369
　　4)。복희◐팔괘와 文王◑팔괘의 가공세계 창출지법 370
　　5)。거꾸로 물구나무서버린 「한글맞춤법의 한글10모음 구성도」 370
　　6)。周易 / 易經의 음양팔괘(복희◐팔괘와 文王◑팔괘) 창출지법 371

　2。중국의 반고신화(盤古神話) 창출지법
　　1)。원문 / 해제 372
　　2)。이두문법 / 한글어법의 위키백과 참조 / 대비 373

　3。신라의 마고신화(麻姑神話) 창출지법
　　1)。원문 / 해제 374
　　2)。이두문법 / 한글어법의 위키백과 참조 / 대비 375

　4。고조선의 단군신화(檀君神話) 창출지법
　　1)。원문 / 해제 376
　　2)。「이두문법 / 어문규정의 표준국어대사전」 참조 / 대비 377
　　3)。「이두문법 / 한글어법의 위키백과」 참조 / 대비 377

제 3 부。桓因한국의 桓檀제도

> 이미 지극(三一)에 因(一)한
> 　　天地神明의 제작모神工에 따라서
> 　천지조화의 一丸세계를 열어주고(開天 ◇ 十三一命 / 一三十明 ◇ 개천절에 함의된 정의)
> 　　태고(故)가 열린(開天・開物・成務 ◇ 無所祖述 / 桓檀제도) 이래
> 　후세에 이르면서 송두리째 뒤덮이고(음양팔괘 / 周易 / 예악문장) 몽롱해져버린
> 　桓因한국의 桓檀제도와 한국고유의 諺文체계(한국고전)까지 모두 바로세워진
> 　　　「一朝・제작모神工의 훈민정음・신제본 / 신제왈」로서
> 　　　다시금 후세에 실어전하면서 널리 전언되었으되
> 　지금에서야 언문해제되고 제자리(桓易之理 / 三一五行)를 되찾은 바와 같은즉

桓因한국의 桓檀제도

　1。언문 / 해제 381

2。 차례 / 해제 383

천지조화의 一丸세계를 열어준(開天)
一。 환인한국(桓因韓國)의 무소조술(無所祖述)
   1。 원문해제 384
     1)。「태극(一)의 질서(三・十)와 마주하는 천지조화의 一丸세계」 385
     2)。「天地人・三神之位와 마주하는 天地人・三倫之理」 385
     3)。「天地人・三才之道와 마주하는 一二三・三一之理」 385
     4)。「天地人・三才之道와 마주하는 一二三・三易之理 / 三一五行」 386
     5)。「천지자연의 근본법칙과 마주하는 한국고유의 諺文체계」 387

   2。 (無所祖述) 본문해제 및 언문해서
     一。「천지조화의 근본근원」 389
     二。「天地人・三神之位」 389
     三。「天地人・三倫之理」 390
     四。「천지자연의 근본법칙과 마주하는 천지만물의 순환법칙 391
     五。「한줄기(一三) 빛(十明)으로 떠오른 天地神明의 一丸세계」 392

만물치화의 치화원리를 열어준(開物)
二。 환단제왈(桓檀帝曰)의 삼일신고(三一神誥)
   1。 원문해제 395

   2。 본문해제 및 언문해서
     푯말(桓)。「삼위태백(三位太伯)의 환단제왈(桓檀帝曰)」 397
     제1。「하늘(天)의 정의」 397
     제2。「천신(三位一神)의 정의」 398
     제3。「천신국(天神國)의 정의」 399
     제4。「一丸세계의 정의」 400
     제5。「성통공완(性通功完)의 정의」 401

삼륜교화의 교화원리를 이룩한(成務)
三。 환단제민(桓檀帝民)의 삼륜구서(三倫九誓)
   1。 원문해제 405

2。 본문해제 및 언문해서
　　제1。「孝慈順禮 / 효자순례」..407
　　제2。「友睦仁恕 / 우목인서」..408
　　제3。「信實誠勤 / 신실성근」..409
　　제4。「忠義氣節 / 충의기절」..410
　　제5。「遜讓恭謹 / 손양공근」..411
　　제6。「明知達見 / 명지달견」..412
　　제7。「勇膽武俠 / 용담무협」..413
　　제8。「廉直潔淸 / 렴직결청」..415
　　제9。「正義公理 / 정의공리」..416

부록(附錄)

이미 지극(三一)에 因(一)한
　　　　　　　　　天地神明의
　　　　　　　제작모神工에 따라서
　　　태고(故)를 열어준(開天・開物・成務) 이래
후세에 이르면서 송두리째 뒤덮이면서(음양팔괘 / 周易 / 예악문장) 몽롱해져버린
桓因한국의 桓檀제도와 한국고유의 諺文체계(한국고전)까지 모두 바로세워진
「훈민정음・신제본 / 신제왈」로서 창제 / 신제되고 널리 반포되기에 이르렀던

1443년 겨울에 이르러서야
동서고금의 백왕(百王) 모두를 초월하고 지극(三一)에 因(一)함으로서
비로소 하늘(一)이 내린(三・朝)
세종聖帝의 제작모神工까지 모두 함축되고 구비되어 다시금 후세에 실어전한 즉

一朝・제작모神工
훈민정음・신제본(新制曰・解例 / 訣曰 / 끗말・序曰)

一。 원문해제 / 편저(編著) 421

二。 원본 / 참조(간송본 / 영인본) 445

주요 참고문헌

1. 훈민정음・원본(간송본 / 영인본)
2. 동국정운(東國正韻)
3. 세종실록(1443년 12월 30일)의 훈민정음・친제왈(親制曰)

4. 세종어제를 앞세운 훈민정음・언해본 / 예의본 / 국역본
5. 불경언해합본의 어제월인석보(세종어제훈민정음・팔상도・월인석보)
6. 용두사미필법의 용비어천가(龍飛御天歌)
7. 이두칭명의 훈민정음・해례본(漢文本 / 국역본)

8. 한글학회의 어문규정(한글맞춤법 / 표준어규정、로마자표기법 / 외래어표기법)
9. 조선어학회의 어문규범(조선어철자법 / 표준어규범、외래어표기법)
10. 일본국어문법의 언문철자법(조선어정서법 / 한글정서법) 및 일본어 50음圖
11. 훈몽자회(訓蒙字會 ◇ 漢字유합서 및 반절자모의 반절철자법、평상거입정위지도)
12. 홍무정운역훈(洪武正韻譯訓)
13. 언문창제반대상소문(諺文創制反對上疏文)

14. 삼국유사(三國遺事)、삼국사기(三國史記)
15. 범어음성학의 頭子음 30字母(中古音)
16. 漢語음운학의 頭子음 36字母(中古漢音)、화하운서(華夏韻書)

17. 주역(周易)의 역경(易經)、사서오경(四書五經)、삼강오륜(三綱五倫)、세속오계(世俗五戒)
18. 복희팔괘와 文王팔괘의 하도낙서(河圖洛書)、복희여와圖
19. 음양오행설(陰陽五行設)、삼황오제설(三皇五帝說)、반고신화(盤古神話)、단군신화(檀君神話)
20. 중국도교의 도덕경(道德經)
21. 육서지법(六書之法)、설문해자(說文解字)
22. 중국역대 유학경림(幼學瓊林)
23. 중국의 고대표준漢語 역대표、漢語음운학의 운서화운도(韻書和韻圖) 역대표

24. 환단고기(桓檀古記)
25. 속칭・천부경(天符經) ◇◇ 무소조술의 桓檀제도 및 桓因한국의 무소조술(無所祖述)로 전환
26. 삼일신고(三一神誥)
27. 삼륜구서(三倫九誓)
28. 환역지도(桓易之圖)

제1부. 한국고유의 諺文체계

一。 서문(序文)

우리 대한국민(大韓國民) 모두는
유구한 역사와 빛나는 전통을 자랑할 뿐만 아니라
「태극기를 위시한 개천절(10月 3日)」을 기념하고 있는 유일한 나라(大韓民國)인 줄은 알면서도
정작 「태극기의 태극(一)과 개천절(10月 3日)의 개천(開天)」에 모두다 함축되어 있는 태극(一)의 눈높이(三・十明)로부터 차근차근 쌓아올려지고(一朝・제작모神工) 만세에 전래되는 바였던 「桓因한국의 桓檀제도와 한국고유의 諺文체계(한국고전)까지 모두 바로세워진 一朝・제작모神工의 훈민정음・신제본 / 신제왈」에 대하여 올바르게 보고・듣고・말할수 있는 但因(三一)한 능달 / 능통의 눈높이(自明 / 神明◇桓易의 易觀)에 대한 본말본뜻이나 그로서의 올바른 정의를 탐구하기는커녕

이와 같은 모두에 이르기까지 송두리째 집어삼키고서(捨陰陽) 두(◐) 갈래(☆)로 갈라세워버린
춘추전국시대의 용두사미필법에 따라서 음양이치의 반절어법(六書之法)과 음양팔괘의 음양역법(周易)으로 뒤엉키고 뒤엉켜서 음양팔괘의 가공세계가 창출되고 줄줄이 구축된 줄도 모를 뿐만 아니라
무주공산(중원천하)의 인간세상으로 줄줄이 전락되어버린 사실조차도 인식할수 없는 바와 같기 때문에

이와 같은 「음양팔괘 중의 4☆괘와 음양상극으로 뒤엉킨 태◐극☆기」로 널리 알려지고 대대손손 대물림되는 바로서는 이미 오래전에 정해진 바와 같았던 춘추전국시대의 용두사미필법(공자필법 / 불경화법)과 방언리어의 극치(肇禮樂文章之祖)로 뒤엉켜서 끝없이 물고 늘어지는 이두필법의 칭명부여(方言 / 칭음)가 거듭되고 삼망화법의 중언부언(俚語 / 언해 / 국역)이 거듭되면서 무한대로 창출되고 축적이 거듭된 그로서의 모두(음양팔괘 / 周易 / 예악문장)에 이르기까지 송두리째 걷어낼 수만 있다면

우리 대한민국(大韓民國) 모두의
「태극기는 환역지리(桓易之理)의 삼일오행(三一五行)」을 뜻하는 바로서 곧바로 전환됨은 물론이고
「개천절(10月 3日)은 태극(一)의 눈높이(三・十明)를 뜻하는 바와 더불어 천지조화의 一丸세계를 열어준(開天) 개천(開天)의 정의(精義)」를 뜻하는 바로서 곧바로 전환되고 환원되는 바가 다름 아닌
「桓因한국의 桓檀제도와 한국고유의 諺文체계까지 모두 바로세워진 一朝・제작모神工의 훈민정음・신제본 / 신제왈」로서 다시금 후세에 실어전하면서 널리 전언되었던 「한국고유의 諺文체계와 마주하는 한겨레(訓民)의 正音체계」로서 올바르게 이해하고 올바르게 말할수 있었음에도 불구하고
이와 같은 모두가 저절로 왜곡되고 굴절만이 거듭되는 조선吏讀의 반절어법과 조선어문의 어문규정에까지 줄줄이 편승하여 똬리를 틀고 들어앉아버린 바로서는 앞서 간략하게 언급된 바와 같았던 반면
이와 같은 모두(음양팔괘 / 周易 / 예악문장)에 이르기까지 송두리째 걷어냄으로서 비로소 만천하에 드러나고 모두다 밝혀지는 그로서의 간략한 예(例)로서는 다음과 같았던 것이다.

다음과 같은

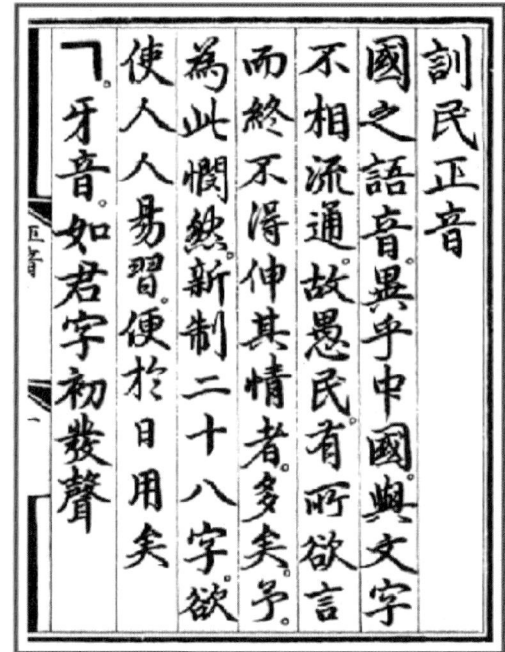

「훈민정음・원본(간송본 / 영인본)」으로서는
1940년에 이르러서야 안동에서 처음으로 발견되었다지만、그조차도 이두칭명으로 둔갑이 거듭된
「이두칭명의 훈민정음・漢文本 / 해례본」이라 일컫는 바가 곧

조선시대 5백년 동안
「공○자를 섬기는 유교☆집단의 공자필법과 유교경전의 漢字언해」로 줄줄이 주워섬긴 것도 모자라
「부○처를 섬기는 불교☆집단의 불경화법과 불교경전의 불경언해」로도 줄줄이 주워섬기면서
저절로 눈과 귀가 멀어버린(顧人不察耳) 줄도 모르고 무엇을 얻고자 하는지도 모르는
이두필법(공자필법)의 칭명부여(方言 / 칭음)가 거듭되고 삼망화법(불경화법)의 중언부언(俚語 / 언해 / 국역)이 거듭되면서 어긋남의 극치에 달하는 방언리어의 극치로서 집대성을 이룬바에 불과했고
저절로 왜곡되고 굴절만이 거듭되는 반절어법의 극치로서 동문동궤(거두절미법칙 / 용두사미필법)가 이루어진 바에 불과했던

조선吏讀의 반절어법(漢字 / 한글、독음 / 리어、반절字母 / 이두韻書)으로 체계화되었고
일본吏讀의 이두문법(漢字 / 가나、음독 / 훈독、음성학 / 음운학)에 따라 처음으로 성문화되었다던
조선어문의 어문규정(한글맞춤법 / 표준어규정、로마자표기법 / 외래어표기법)으로까지 답습과 둔갑이
거듭된 바에 불과한 그로서의 모두에 이르기까지 송두리째 걷어내야만
비로소 만천하에 드러나고 모두다 밝혀진 바로서는 다음과 같았던 것이다.

불능달의 주역(周易)과 육서지법의 漢字어법을 뒤집어쓴 줄도 모르는
조선吏讀의 반절어법과 조선어문의 어문규정에 가로막혀
지금에서야 언문해제되고 제자리(桓易之理 / 三一五行)를 되찾은
「훈민정음·풋말3행」을 위시함으로서 저절로 드러나고 모두다 밝혀지는 바였던

一朝	天地神明의
制作侔神工	제작모신공에 따라서
大東千古開朦朧	태고(故)가 열린(開天) 이래、몽롱해져버린
諺文聲音之字倣古篆而新制 **訓民正音** 新制本 / 新制曰	한국고유의 諺文체계까지 모두 바로세워진 **훈민정음** 신제본 / 신제왈

로서 가지런히 가림토되면서 모두 바로세워진 바를 미루어보듯
「훈민정음·풋말3행」을 위시한 「한국고유의 諺文체계(三一법칙 / 三一체계)」에 따라서
가지런히 가림토되고 모두 바로세워지는 그로서의 맨(三) 처음(一)으로까지 거슬러 올라가는 바가 곧

이미 지극(三一)에 因(一)한
天地神明의 제작모신공에 따라서
천지조화의 一丸세계를 열어주고(開天) 태고(故)를 열어준(開物 / 成務) 이래
후세(周代 / BC 770~221~~~1443년~~今)에 이르면서
송두리째 뒤덮이고(음양팔괘 / 周易 / 예악문장) 몽롱해져버린

「桓因한국의 桓檀제도와 한국고유의 諺文체계(한국고전◇訓民正音)」

언문해제 / 차례해제 一覽 / 참조
만으로도 만천하에 드러나는 바로서는 아래와 같았던 것이다

桓	桓因한국의 桓檀제도	한국고유의 諺文체계 ◇ 한겨레의 正音체계		훈민정음·풋말3행
一	桓因韓國의 無所祖述	천지조화의 一丸세계를 열어준 바가 곧、開天		一朝
二	桓檀帝日의 三一神誥	만물치화의 치화원리를 열어준 바가 곧、開物		制作侔神工
三	桓檀帝民의 三倫九誓	삼륜교화의 교화원리를 이룩한 바가 곧、成務		大東千古開朦朧
四	天地之道 ◇ 三一之理	三一법칙	天地人·三才之道와 마주하는 一二三·三一之理 / 三一五行	
五	三易之理 ◇ 三一五行	三一체계	天地人·三神之位와 마주하는 一二三·三易之理 / 三一五行	
十	諺文聲音 ◇ 字倣古篆	한국고전	한국고유의 諺文체계와 마주하는 언문성음의 字書체계	

1443년 겨울에 이르러서야

동서고금의 백왕(百王) 모두를 초월하고 지극(三一)에 因(一)함으로서

하늘(一)이 내린(三·朝)

세종聖帝의 제작모神工에 따라서 가지런히 가림토되고 비로소 모두 바로세워진(創制)

정음28字의 타고난(三一) 모습(象)과 타고난(一三) 형태(形)로서도 모두 구비된

「천지자연의 근본법칙과 마주하는 한국고유의 諺文체계」

언문 / 해제 一覽 / 참조

一陰陽五行		三字八聲	桓易之理 / 三一五行				夫人의 유성근본과 마주하는 三一五音의 象形制字			
태	一	·	天	一	圓	○	지극(三一)에 因(一)한 三一법칙의 三一체계로서 서로 마주함	[·] 象圓形	一積十鋸↓
음	陰	―	地	二	方	□		[一] 象平形	無匱化三←↓
양	陽	ǀ	人	三	角	△		[ǀ] 象立形	[中央에 자리함]
수	水	ㅗ ㅛ	上	一	北	冬	ㆆㅎㅇ	喉音	[ㅇ] 象喉形	[虛明으로 유통]
목	木	ㅏ ㅑ	外	三	東	春	ㄱㅋㆁ	牙音	[ㅇ] 象牙形	ㄱ。象舌根形
토	土	(十)	中	五	中	季	ㅂㅍㅁ	脣音	[ㅁ] 象口形	[만성을 품어냄]
화	火	ㅜ ㅠ	下	二	南	夏	ㄷㅌㄴ/ㄹ	舌音	[ㄴ] 象舌形	[ㄹ]。半舌音
금	金	ㅓ ㅕ	內	四	西	秋	ㅈㅊㅅ/△	齒音	[ㅅ] 象齒形	[△]。半齒音

이미 지극(三一)에 因(一)한

天地神明의 제작모神工으로서 이룩되고 모두 구비된

桓因한국의 桓檀제도와 한국고유의 諺文체계(한국고전)로서 만세에 전래되는

「桓因한국의 桓易之理와 마주하는 천지조화의 一丸세계」

언문 / 해제 一覽 / 참조

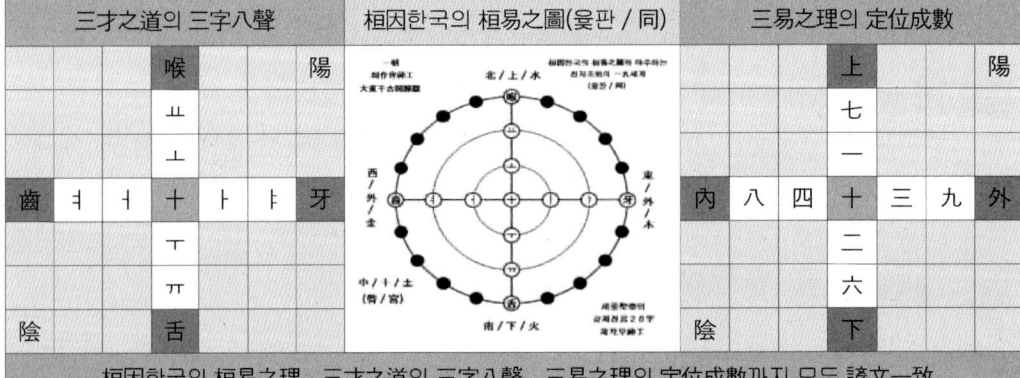

三才之道의 三字八聲							桓因한국의 桓易之圖(윷판 / 同)	三易之理의 定位成數						
			喉			陽					上			陽
			ㅛ								七			
			ㅗ								一			
齒	ㅕ	ㅓ	十	ㅏ	ㅑ	牙		內	八	四	十	三	九	外
			ㅜ								二			
			ㅠ								六			
陰			舌					陰			下			

桓因한국의 桓易之理, 三才之道의 三字八聲, 三易之理의 定位成數까지 모두 諺文一致

지금에서야 언문해제되고 제자리(桓易之理 / 三一五行)를 되찾은
「훈민정음・풋말 3행」을 위시한 「한국고유의 언문(於諺・扵文・字書)체계」에 따라서
삼극(三一)의 정의로서 간략하게 압축(三一 / 書矣)되고 풀어짐(一三 / 矣書)으로서도 서로 마주하는

一朝	天地神明의
制作侔神工	제작모신공에 따라서
大東千古開朦朧	태고(故)가 열린(開天) 이래、몽롱해져버린
諺文聲音之字倣古篆而新制 **訓民正音・新制曰** 諺文解書 / 參照	한국고유의 諺文체계까지 모두 바로세워진 **훈민정음・신제왈** 언문해서 / 참조

훈 민 정 음
訓民正音

신 제 왈
新制曰

◇「한국고유의 諺文체계와 마주하는 한겨레의 正音체계」
◇「창제・반포령」

나라(韓國)의 어음체계가 어긋남(異◐乎)의 극치(中☆國)에 달하여
글월(文)의 諺文체계와 글자(字)의 字書체계로서도 서로 유통되지도 못하는 그로인해(故)
　　　　　　　　　　　　　　　　[↑ ~ 몽롱해져버린 한국고유의 언문(扵諺・扵文・字書)체계 ~↓]
태고(故)가 열린(開天) 이래、삼륜교화의 교화원리를 이룩한(成務) (혼)겨레임에도 불구하고
근본(一三)을 타고나는(三一) 바(有所)로부터 하고자함(欲言)에 이르기까지(而終)
그로서의 온전한 본성(三眞曰・性命精)조차 습득하지도 펼치지도 못하노니(不~者)
하늘(矣)이 무너진(多) 듯하노라
　　　　　　　　　　　　　　　　[↑ ~ 몽롱해져버린 桓因한국의 桓檀제도(開天・開物・成務) ~↓]
하여 짐(予)은
이토록(爲此) 어긋나버린(憫) 천지자연(然)의 근본법칙까지 가지런히 가림토되고
모두 바로세워진(新制) 언문성음의 글자(正音28字)체계로서 널리 반포하노니(~新)
　　　　　　　　　　「~ 한국고유의 諺文체계(한국고전)까지 모두 바로세워진 바를 뜻함 ~↓]
거느리고자하는 저마다의 모두가 쉬이 습득(知)하고 머릿속 깊이 새김(智)으로서
편리하게 비롯되는 나랏말의 근본쓰임(用)으로서 날마다(日)에 이르도록 할지니라(矣)
　　　　　　　　　　[↑ ~ 아주 간략한 요령으로서 쉬이 터득(智)되는 三一법칙의 三一체계 ~↓]

이와 같은 바만 상세하게 살펴보고 헤아려보더라도
「훈민정음・신제본 / 신제왈」로서 다시금 후세에 실어전하면서 널리 전언되었던 바로서는
「한국고유의 諺文체계와 마주하는 한겨레(訓民)의 正音체계」를 뜻하였을 뿐만 아니라

이미 지극(三一)에 因(一)한
천지조화의 조화원리・천지자연의 근본법칙・천지만물의 순환법칙으로서도 서로 마주하고

但因(三一)한
태고인의 성음(3聲 1音)체계・언문(3諺 1文)체계・자서(3字 1書)체계 / 한국고전(字倣古篆)으로서도 서로 마주하고 상통됨을 뜻하였던 것이다.

그럼에도 불구하고
우리모두(大韓國民)를 지칭하는 바와 같았고 「한겨레(訓民)」를 일컫는 「훈민(訓民)」으로서는
「백성(百姓)을 가르친다(訓)」함으로 한역음사되고 한글국역되면서 저절로 왜곡되고 굴절이 거듭된
「이두필법의 방언(方言 / 칭음)과 삼망화법의 리어(俚語 / 언해 / 국역)」로 둔갑이 거듭되었고

「한국고유의 諺文체계와 마주하는 한겨레(訓民)의 正音체계」로 전환되는 「정음(正音)」으로서는
「바른(正) 소리(音)」라 한역음사되고 한글국역되면서 저절로 왜곡되고 굴절이 거듭된 이또한
「이두필법의 방언(方言 / 칭음)과 삼망화법의 리어(俚語 / 언해 / 국역)」로 뒤엉켰을 뿐만 아니라

한국고유의 말다운(諺) 말(語)로서 비롯되고 글다운(3諺 1文) 글(3字 1書)로서 비롯되는
「한국고유의 언문(扲諺・扲文・字書)체계와 한겨레의 正音체계」 모두에 이르기까지
송두리째 집어삼키고서(공자필법 / 불경화법) 또다시 두(◐) 갈래(☆)로 갈라세워버린 바와도 같았고

조선吏讀의 반절어법에까지 줄줄이 편승하여 똬리를 틀고 들어앉아버린 바와 같았던
「공◐자를 섬기는 유교☆집단의 공자필법」과 상반되게 뒤엉켜서 동문동궤가 이루어진 줄도 모르는
「부◐처를 섬기는 불교☆집단의 불경화법과 불경언해합본(세종어제를 앞세운 어제월인석보)의 권두(머리◐통 / 머리◐글)」로 들어앉혀 놓고서 세종어제를 앞(☆)세운 불경화법의 불경언해로서 줄줄이 꿰어맞춘 바에 불과하다 함이란 이를 일컫는 바로서

이와 같은 모두에 이르기까지
춘추전국시대(周代 / BC 770~221~)에 이르면서 줄줄이 뒤바뀐 줄도 모르는
불능달의 주역(周易)과 용두◐사미☆필법을 뒤집어쓰고서 이미 두(◐) 갈래(☆)로 갈라서버린
반절문자(凡干文字) 및 방언리어(本國俚語) 창출지법(六書之法 / 漢字어법)으로 줄줄이 주위섬기는 줄도 모르는 바에 따라서 저절로 왜곡되고 굴절만이 거듭되는 방언리어의 극치(肇禮樂文章之祖)로 줄줄이 주위섬겼던 바로서는 다음과 같았던 것이다.

애초부터 어긋나고 뒤틀린 방언리어 창출지법(공자필법 / 불경화법)에 불과했던
「부◐처를 섬기는 불교☆집단의 불경화법과 불경언해합본」으로서 줄줄이 엮어냈음에도 불구하고

「세종어제를 앞(☆)세운 불경언해본(世宗御製訓民正音)」

▼ 원본첫장과 이두칭명의 머리◐글(御製序文) 참조

[훈민정음 언해본 원문 이미지 1]

[훈민정음 언해본 현대 표기 이미지 2]

	부●처를 섬기는 불교☆집단의 불경화법과 불경언해합본으로 줄줄이 엮어낸 바에 불과함에도	
	「세종어제를 앞(☆)세운 불경화법의 불경언해합본」 목차 / 해제	
불경화법의 불경언해본 목차 / 해제	세종어제훈민정음	世宗御製訓民正音
	1。임금이 지어올린 머리글(御製序文)	・御製序文 ◇ 머리●글
	2。조선吏讀의 반절어법 ◇ 꼬리☆통	・이두例義 ◇ 꼬리☆통(몸통 / 化身)
	3。梵語계통의 중고한음 ◇ 머리●통	・中古漢音 ◇ 머리●통
	훈민정음 <거두절미된> 세종어제	訓民正音 <去頭截尾> 世宗御製
	부●처의 일대기를 그려 놓았다던(불교☆집단의 가공세계 / 相同)	
	「팔상도(八相圖)」 一覽	
팔상도 (八相圖) 一覽	두솔래의圖	兜率來儀圖
	비람강생圖	毘藍降生圖
	사문유관圖	四門遊觀圖
	유성출가圖	逾城出家圖
	설산수도圖	雪山修道圖
	수하강마圖	樹下降魔圖
	록원전법圖	鹿苑轉法圖
	(쌍림열반圖)	(雙林涅槃圖)
	「세종어제를 앞(☆)세운 어제월인석보」 목차 / 해제	
불경화법의 불경언해합본 (1447년~) (~1459년) 어제월인석보 목차 / 해제	석보상절서	釋譜詳節序
	1447년 7월 25일에 수양군휘서ᄒ노라	正統十二年七月○日에 首陽君諱序ᄒ노라
	어제월인석보서	御製月印釋譜序
	1459년(세조5년) 기묘7월일序	天順三年己卯七月日序
	一名・위패명 / 位牌名	日名・牌記名 / 패기명
	세종어제월인천강지곡 소헌왕후동증정각	世宗御製月印千江之曲 昭憲王后同證正覺
	금상찬술석보상절 자성왕후공성불과	今上纂述釋譜詳節 慈聖王后共成佛果
	월인천강지곡 제1장 ~ 제125장	月印千江之曲第一 ~ 一百二十五
	석보상절 제1장 ~ 제125장	釋譜詳節第一 ~ 一百二十五

이와 같은 바를 미루어보듯
「부●처를 섬기는 불교☆집단의 불경화법과 불경언해합본」으로 줄줄이 엮어낸 바에 불과했던
「불경언해본의 세종어제훈민정음(世宗御製訓民正音)」이란 불경화법의 이두칭명에서
곧바로 「세종어제(世宗御製)가 거두절미된 훈민정음(訓民正音)」을 일컬어

「백성(百姓)을 가르치는(訓) 바른(正) 소리(音)」라 한역음사 / 한글국역되고 漢字풀이되었던 불경화법(삼망화법)의 불경언해(漢字언해)를 답습하고 그대로 옮겨새긴 한글국역 / 표준국어로 줄줄이 따라 배우고 따라 가르치는 와중에 저절로 눈과 귀가 멀어버린(顧人不察耳) 줄도 모르고, 무엇을 얻고자 하는지도 모르는 지금에 이르기까지 답습과 둔갑이 거듭되고 대대손손 대물림이 거듭되었으되

다음과 같은

一朝	天地神明의
制作侔神工	제작모신공에 따라서
大東千古開朦朧	태고(故)가 열린(開天) 이래、몽롱해져버린
諺文聲音之字倣古篆而新制 訓民正音・新制曰 次例 / 解制	한국고유의 諺文체계까지 모두 바로세워진 훈민정음・신제왈 차례 / 해제

훈민정음 「신제왈」 차례 / 해제	훈민정음 신제왈(新制曰 / 창제・반포령) 언문성음의 글자(正音28字)체계 　一。三一五音의 초성凡17字 및 병서6字 　二。三字八聲의 중성凡11字 　三。종성復用초성의 字韻법칙(三七一則)

「훈민정음・신제왈(新制曰) 편」만을 절취하고 선점하여
불경언해합본의 권두(머리●글 / 머리●통)로 들어앉혀 놓고서 불경화법의 한역음사와 漢字풀이가 거듭되는 방언리어의 극치로서 줄줄이 꿰어맞춘 불경화법의 불경언해합본(세종어제훈민정음・八相圖・월인석보)으로 줄줄이 엮어낸 바로부터 다시금 발췌되어 줄줄이 주워섬기면서 저절로 눈과 귀가 멀어버린 (顧人不察耳) 줄도 모르고、방언리어 창출지법(반절어법 / 이두문법)으로 줄줄이 주워섬기는 줄도 모르는 바로서는 다음과 같았던 것이다.

「불경언해본의 세종어제훈민정음(어제서문・이두韻書・中古漢音)」으로서는
「불경화법의 불경언해본으로 뒤엉킨 이두칭명에서 훈민정음・언해본」으로 둔갑되었고
「이두韻書의 이두예의본으로 뒤엉킨 이두칭명에서 훈민정음・예의본」으로 둔갑되었으며
「이두문법의 한글국역본으로 뒤엉킨 이두칭명에서 훈민정음・국역본」으로 둔갑된 줄도 모르듯이

「세종어제를 앞세운 훈민정음・언해본 / 예의본 / 국역본」이란 불경화법(삼망화법)의 이두칭명과
「훈민정음・漢文本 / 해례본 / 국역본」이란 이두필법(공자필법)의 이두칭명으로 뒤엉켜서 영구적으로 따라 붙어다니는 줄도 모르는 바로서는 다음과 같은즉

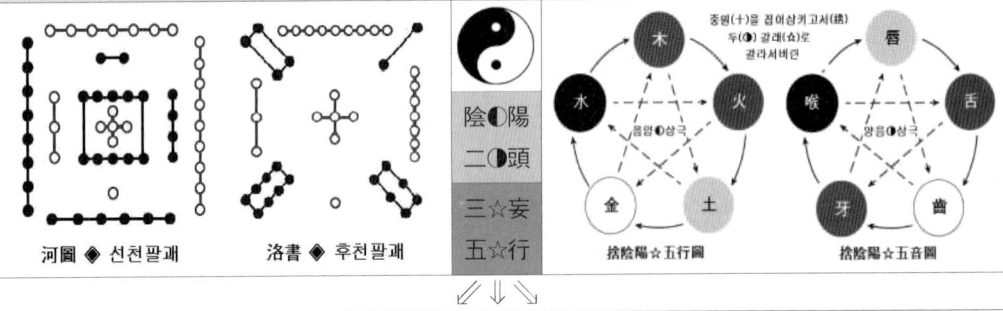

등등의 모두가 포괄되는
오동방・예악문장(但방언리어)의 봉건제도(慕華제도 / 骨品제도)와 음양팔괘의 가공세계가 창출되고 줄
줄이 구축되었던 거두절미법칙(음양이치 / 반절어법)의 용두사미필법(이두필법 / 삼망화법)으로 줄줄이
주워섬기면서 무엇을 얻고자 하는지도 모르는 천지◐귀신☆집단(용두사미집단 / 인조인간집단)들과 그
로서의 근본쓰임(三一법칙 / 三一체계 ◆ 음양이치 / 반절어법)조차도 같을수 없다한 바가 곧

후세에 이르면서 송두리째 뒤덮이고(음양팔괘 / 周易 / 예악문장) 몽롱해져버린
桓因한국의 桓檀제도와 한국고유의 諺文체계(한국고전)까지 모두 바로세워진(新制)
「一朝・제작모神工의 훈민정음・신제본 / 신제왈」로서
다시금 후세에 실어전하면서 널리 전언되었던

一朝	天地神明의
制作侔神工	제작모神工에 따라서
大東千古開朦朧	태고(故)가 열린(開天) 이래、몽롱해져버린
諺文聲音之字倣古篆而新制 訓民正音 新制本 / 新制曰	한국고유의 諺文체계까지 모두 바로세워진 훈민정음 신제본 / 신제왈

로서 가지런히 가림토되고 모두 바로세워진 바로서 잇따르듯

이미 지극(三一)에 因(一)한
한국고유의 諺文체계(三一법칙 / 三一체계)에 따라서 삼극(三一)의 정의(書矣 / 帝曰 / 矣書)로서 간략하
게 압축(三一 / 書矣)되고 풀어짐(一三 / 矣書)으로서도 서로 마주하고 상통됨을 뜻하는 바였던 것이다.

이와 같은 바만을 상세하게 살펴보고 헤아려보더라도
「부처◐를 섬기는 불교☆집단의 불경화법과 불경언해합본 권두(머리통 / 머리글)」로 들어앉혀버린
「세종어제를 앞세운 훈민정음・언해본 / 예의본 / 국역본」으로 줄줄이 주워섬겼던 바를 비롯하여
이두필법의 칭명부여(方言 / 칭음)가 거듭된 「이두칭명의 훈민정음・漢文本 / 해례본 / 국역본」으로
줄줄이 주워섬겼던 그로서의 모두가 애초부터 어긋난 방언리어 창출지법에 불과한 줄도 모르듯이

춘추전국시대의 용두사미필법(공자필법 / 불경화법)에 따라서 무한대로 창출되고 축적이 거듭되었던 오
동방・예악문장의 유교경전 / 불교경전 및 관습제도 / 봉건제도(慕華제도 / 骨品제도)로 줄줄이 주워섬
겼던 신라시대나 조선시대의 이두집단 / 식자집단 / 종교집단 및 양반집단 / 권문세족 등등을 총칭하여
「華◐夏를 섬기는 慕華☆집단이나 聖◐人을 섬기는 三妄☆집단(식자집단 / 이두집단 / 종교집단)」으
로 간략하게 압축되고 귀결될 뿐만 아니라

이미 태극(一)을 집어삼키고서(捨陰陽) 두(◐) 갈래(☆)로 갈라서버린
음양이치의 반절어법(六書之法)과 음양팔괘의 음양역법(周易)을 뒤집어쓴
반절문자 및 방언리어 창출지법(거두절미법칙 / 용두사미필법)으로 줄이 주위섬기는 줄도 모르고
무엇을 얻고자 하는지도 모르는 천지◐귀신☆집단(용두사미집단 / 인조인간집단)들과 그로서의 근본쓰
임조차도 같을수 없다 함으로서 간략하게 압축되고 귀결된 바가 다름 아닌, [제자해·푯말 / 참조]

이미 지극(三一)에 因(一)한
「천지조화의 조화원리、천지자연의 근본법칙、천지만물의 순환법칙」으로서 마주함을 뜻하는 바이자

但因(三一)한
태고인의 성음(3聲1音)체계·언문(3諺1文)체계·자서(3字1書)체계로서도 서로 마주하고
언문성음의 자방고전(字倣古篆 / 字書체계 / 한국고전)으로서 모두 구비되어 만세에 전래되는
「桓因한국의 桓檀제도와 한국고유의 언문성음 / 체계」를 뜻하는 바였음에도 불구하고

지금에서야 언문해제되고 제자리(桓易之理 / 三一五行)를 되찾은
「훈민정음·푯말 3 행」을 위시함으로서 만천하에 드러난 바만을 살펴보고 헤아려보더라도

天地神明의 제작모神工에 따라서
천지조화의 一丸세계를 열어주고(開天) 태고(故)를 열어준(開物 / 成務) 이래
후세(周代 / BC 770~221~~~~1443년~~今에 이르면서 몽롱해져버린
桓因한국의 桓檀제도와 한국고유의 諺文체계(한국고전)」까지 가지런히 가림토되고 모두 바로세워진
모두에 관하여 올바르게 터득(智)하고 성통공완(性通功完)을 이룩한 바에 따라 「지금에서야 한국고유
의 諺文체계로서 풀어낸 훈민정음·해서본」으로서 모두 담아낼 수 있었던 바로서는

「桓因한국(~~~大韓民國)의 유구한 역사와 빛나는 전통(開天·開物·成務)」에 따라서 만세에 전래됨
은 물론이고 아주 간략한 요령(三一법칙 / 三一체계)으로서 쉬이 습득(知)되고 터득(智)되는 「한국고유
의 諺文체계(한국고전 / 桓檀제도)와 마주하는 훈민정음·신제본 / 신제왈」로서 다시금 후세에 실어전
하면서 널리 전언된 바에 관하여 올바르게 알면(知) 알수록(智) 저절로 구해지고(自性求子) 저절로(自) 밝
아지는(明) 능달 / 능통의 눈높이(自明 / 神明◇桓易의 易觀가 머리속 깊이 간직(三一법칙 / 三一체계)되
었기에 가능한 것이었다.

2016年 9月 30日
오로지 한마음(三眞) 한뜻(一神)을 이루면서
만물소통의 성통공완을 이룩한(惟性通功完者·朝·永得快樂)
夫人·徐漢太 篇著

二。 훈민정음 · 신제본(新制本)
1。 언문 / 해제

주지하다시피
「훈민정음(訓民正音)」이 창제 / 신제되고 널리 반포되기에 이르렀던

1443년 겨울에 이르러서야
동서고금의 백왕(百王) 모두를 초월하고 지극(三一)에 因(一)함으로서
하늘(一)이 내린(三・朝)
세종聖帝의 제작모神工에 따라서
천지자연의 근본법칙까지 가지런히 가림토되고 비로소 모두 바로세워진
「언문성음의 글자(正音28字)체계로서 창제(創制 / 1443년 12월 30일)」되었고
「언문성음의 字書체계(한국고전◇訓民正音)로서 신제(新制 / 1446년 9월 29일)」된 바로서는

天地神明의 제작모神工에 따라서
천지조화의 一丸세계를 열어주고(開天 ◇ 十三一命 / 一三十明 ◇ 개천절에 함의된 정의)
태고(故)가 열린(開物 / 成務) 이래、후세(周代 / BC 770~221~~~~1443년~~今)에 이르면서
송두리째 뒤덮이고(음양팔괘 / 周易 / 예악문장) 몽롱해져버린
「桓因한국의 桓檀제도와 한국고유의 諺文체계(한국고전)」까지 모두 바로세워진
「一朝・제작모神工의 훈민정음・신제본(新制曰・解例 / 訣曰 / 픗말・序曰)」으로서
다시금 후세에 실어 전하면서 널리 반포되었던 바를 뜻하였던 것이다。

이와 같은
한국고유의 諺文체계(三一법칙 / 三一체계)에 따라서 처음(一)부터 끝(三・十)까지 가지런히 가림토되고
삼극(三一)의 정의로서 간략하게 압축(三一)되고 풀어(一三)지면서 모두 바로세워진 바를 미루어보듯

세종실록(1443년 12월 30일)의 훈민정음・친제왈(親制曰)로서도 널리 전언되었던
언문성음의 字書체계(자방고전◇訓民正音)로서 아주 간략하게 요약(一三)되고 압축(三一)되었다 할지라
도 전환이 무궁한 한국고유의 諺文체계(三一법칙 / 三一체계)에 따라서 삼극(三一)의 정의로서 간략하게
압축(三一 / 書矣)되고 풀어짐(一三 / 矣書)으로도 서로 마주하고 상통된다 함은 이를 뜻하였기에
아주 간략한 요령(三一법칙 / 三一체계)으로서 쉬이 습득(知)되고 올바르게 터득(智)되기에 이르기까지
이러한 모두에 대한 올바른 이해를 구하고 올바른 앎(知 / 智)을 구하는 바(桓易의 易觀◇自明 / 神明)가
그 무엇보다 우선임을 뜻하는 바와 같았던 것이다。 [제자해・訣曰 / 참조]

一朝	天地神明의
制作侔神工	제작모神工에 따라서
大東千古開朦朧	태고(故)가 열린(開天) 이래、몽롱해져버린
諺文聲音之字倣古篆而新制 訓民正音・新制本 次例 / 解制	한국고유의 諺文체계까지 모두 바로세워진 훈민정음・신제본 2。차례 / 해제

제1。훈민정음 (始 / 一)

신제왈(新制曰 / 창제・반포령)

언문성음의 글자(正音28字)체계
    一。「三一五音의 초성凡17字 및 병서6字」
    二。「三字八聲의 중성凡11字」
    三。「종성復用초성의 字韻법칙(三七一則)」

제2。훈민정음해례

픗말。제자해 및 결왈(諺文7字86行)
    一。초성해 및 결왈(諺文7字8行)
    二。중성해 및 결왈(諺文7字8行)
    三。종성해 및 결왈(諺文7字20行)
    四。합자해 및 결왈(諺文7字18行 및 픗말 3 행)

> 「훈민정음・픗말 3 행」
> 一朝
> 制作侔神工
> 大東千古開朦朧

    五。용자례 ◇ 한국고유의 언문(扵諺・扵文・字書)체계 一覽으로 전환

제 3. 훈민정음・서왈(序曰)

- 천지자연의 언문성음 / 체계로서 말미암아진 즉、「一朝・제작모神工」해제 / 참조
- 但因(三一)한 태고인의 성음체계・언문체계・字書체계 / 한국고전으로서 서로 마주함
- 이로서 실어 전한 「天地人・三才之道」는 천지자연의 근본법칙을 뜻하는 바였음에도

- 후세에 이르면서 불능달의 주역(周易)과 음양이치의 반절어법으로 줄줄이 뒤바뀜으로 인해
- 무주공산(중원천하 / 인간세상)의 4방풍토・풍습・풍속・풍악・풍성 등으로 구별 / 구획된
- 가중국(假中國)의 가짜(假字)를 빌어쓰는 용두◑사미☆필법으로 뒤엉켜서 두 갈래로 갈라서버린
- 漢語계통의 공자필법(중국吏讀)과 梵語계통의 불경화법(신라吏讀)으로 동문동궤를 이루었던
- 오동방・예악문장 모두가 華◑夏를 모방하고 답습이 거듭된 但방언어에 불과할 뿐만 아니라
- 방언리어 창출지법의 중간에 들어박힌 거두절미법칙의 용두사미필법과 불능달의 주역(周易)까지

- 송두리째 걷어내고서 다시금 일으켜 세울수 있었던 세종聖帝의 제작모神工에 따라서
- 「언문성음의 글자(正音28字)체계로서 창제(創制 / 1443년 12월 30일)」되었고
- 「언문성음의 字書체계(한국고전◇訓民正音)로서 신제(新制 / 1446년 9월 29일)」된 바가 곧

- 집현전 諸人(7인) 등에 의해 「謹作 / 謹書되고 완성(이룩 / 遂)」되었던
- 「一朝・제작모神工의 훈민정음・신제본(新制曰・解例 / 訣曰 / 풋말・序曰)」으로서
- 다시금 후세에 실어전하면서 널리 반포함을 뜻하는 바였던 것이다

- 공손히 돌이켜보옵건대、저희(我)들
- 전하께서는 「하늘(一)이 내린(三・朝) 聖帝之位와 마주하는 一朝・제작모神工」에 따라서
- 무소조술의 桓檀제도(開天・開物・成務)로서 모두 구비된 언문성음의 자방고전(字倣古篆 / 한국고전 ◇ 字書체계 / 訓民正音)까지 모두 바로세운 바를 뜻하는 즉

이미 지극(三一)에 因(一)한 천지자연의 근본법칙까지 널리 실어전한 夫東方有國의 유구한 역사와 빛나는 전통(開天・開物・成務)에 따라서 만세에 전래되는 모두가 송두리째 뒤덮여버린(음양팔괘 / 周易 / 예악문장) 줄도 모르는 오늘(今日)에까지 오랜 기다림을 주심도 하늘의 뜻(天地神命)이리라

1446년 9월 29일(正統十一年九月上澣)
자헌대부・예조판서・집현전대제학・지춘추관사○세자우빈객・臣정인지
두 손을 모으고 머리 숙여 「謹書」함

訓民正音 (終 / 三・十)

이와 같은
한국고유의 諺文체계로서 지금에서야 올바르게 풀어낸
「훈민정음·신제본」 차례 / 해제로서 가지런히 가림토되고 모두 바로세워진 바를 미루어보듯

天地神明의 제작모神工에 따라서
태고(故)가 열린(開天·開物·成務) 이래、후세(周代 / BC 770~221~~~1443년~~今)에 이르면서
송두리째 뒤덮이고(음양팔괘 / 周易 / 예악문장) 몽롱해져버린
桓因한국의 桓檀제도와 한국고유의 諺文체계(한국고전◇訓民正音) 모두에 이르기까지
가지런히 가림토되고 비로소 모두 바로세워진(創制·親制·新制) 바를 뜻하였던

1443년 겨울에 이르러서야
동서고금의 백왕(百王) 모두를 초월하고 지극(三一)에 因(一)함으로서
비로소 하늘(一)이 내린(三·朝) 세종聖帝의 제작모神工에 따라서
천지자연의 근본법칙(天地之道·一陰陽五行而已)까지 가지런히 가림토되고 모두 바로세워진
언문성음의 글자(正音28字)체계에 모두 함축되고 구비된 바가 다름 아닌

이미 지극(三一) 因(一)한
桓因한국의 桓檀제도와 한국고유의 諺文체계(한국고전◇訓民正音)로서 만세에 전래되는
천지조화의 조화원리、천지자연의 근본법칙、천지만물의 순환법칙으로서도 서로 마주하고

但因(三一)한
태고인의 성음체계·언문체계·字書체계 / 한국고전(字倣古篆)으로서도 서로 마주하고 상통되는
아주 간략한 三一법칙의 三一체계에 따라서 삼극(三一)의 정의로서 간략하게 압축되고 풀어지는 셋(三)은 하나(一)부터 열(十)까지 더하고(一積) 보탬(十鉅)을 거듭함(無匱化三)으로서 가지런히 가림토되고 모두 바로세워지는 태극(一)의 질서(三·十)와 마주하는 천지조화의 一丸체계에 이르기까지 한(一) 눈(三·十明)으로 내려다 볼수 있는 태극(一)의 눈높이(三·朝 / 十明)로부터 모두 바로세워지고 차근차근 쌓아올려진 바(一朝·제작모神工 ◇ 無所祖述 / 桓檀제도)로서 만세에 전래됨을 뜻하였던 것이다。

이와 같은 바만을 상세하게 살펴보고 헤아려보더라도
한국고유의 諺文체계에 대한 올바른 이해를 구하지 못하거나、아주 간략한 요령으로서 쉬이 습득(知)되고 터득(智)되는 三一법칙의 三一체계에 대한 올바른 이해를 구하지 못했다면
한국고유의 언문(扵諺·扵文·字書)체계로서 올바르게 보고·듣고·말할수 없음을 뜻하는 바였기에
한국고유의 諺文체계와 마주하는 언문성음의 글자(正音28字)체계에 대한 올바른 이해를 구함이 그 무엇보다 우선이었음에도 불구하고
불능달의 周易을 뒤집어쓴 오동방·예악문장에 줄줄이 함몰된 줄도 모르는 조선시대의 봉건제도적으로 선 그림에 떡보다 못한 말살정책으로 송두리째 뒤덮어버리고(예악문장 / 삼강오륜) 육서지법의 漢字어법(上)에 목매단 자가당착의 한글어법(下)으로 둔갑 / 전락 / 고착시켜버린 바가 전부였던 것이다。

三。 훈민정음・푯말 3행(帝曰三行)
1。 언문 / 해제

이른바
지금에서야 한국고유의 언문(扵諺・扵文・字書)체계로서 올바르게 풀어낸
「훈민정음・푯말 3행」을 위시함으로서 저절로 밝혀지고
만천하에 드러나는 바로서는 다음과 같은즉

一朝	天地神明의
制作侔神工	제작모신공에 따라서
大東千古開朦朧	태고(故)가 열린(開天) 이래、몽롱해져버린
諺文聲音之字倣古篆而新制 **訓民正音** 新制本 / 新制曰 諺文解制矣書	한국고유의 諺文체계까지 모두 바로세워진 **훈민정음** 신제본 / 신제왈 언문해제의서

로서 가지런히 가림토되고 모두 바로세워진 바를 미루어보듯

한국고유의 언문(扵諺・扵文・字書)체계에 따라서 아주 간략하게 요약(一三)되고 압축(三一)된
「훈민정음・푯말(桓◇帝曰)」이라 함은
한국고유의 말다운(諺) 말(語)로서 비롯되고 글다운(3諺 1文) 글(3字 1書)로서 비롯되는
그로서의 맨(三) 처음(一)부터 끝(三・十)까지 간략하게 요약되고 압축된 바를 뜻하는 이로서도
태극(一)의 질서(三・十)까지 모두 함축되고 압축된 바를 뜻하고
태극(一)의 눈높이(三・十明 / 朝 / 神明)까지 모두 함축되어 일컬어짐을 뜻하듯

「훈민정음・푯말(桓◇帝曰)」에 모두 함축되고 구비된 바로서는
오로지(惟) 한마음(三眞) 한뜻(一神)을 이루면서
만물소통의 성통공완을 이룩하고 지극(三一)에 因(一)함으로서
비로소 하늘(一)이 내린(三・朝) 天夫三人의 本位를 뜻하는 삼위태백(三位太伯)에서 전환되는
환단제위(桓檀帝位)의 환단제왈(桓檀帝曰)에서 보다 더 간략하게 압축(三一 / 桓)되고 풀어진(一三 / 푯말) 바와도 같았던 것이다。

이와 같은
한국고유의 諺文체계와 마주하는 언문성음의 字書체계(한국고전◇訓民正音)에 따라서
「3字1書의 서의(書矣)、「3諺1文의 정의(精義)」、「3聲1音의 정음(正音)」으로서 간략하게 압축되고 풀어지는 바로서 서로 마주하고 상통된다 함도 이를 뜻하는 바이고

아주 간략한 요령으로서도 쉬이 습득(知)되고 터득(智)되는 三一법칙의 三一법체계에 따라서
삼극(三一)의 정의(精義)로서 간략하게 압축(三一 / 書矣)되고 풀어(一三 / 矣書)지는 바로서도 서로 마주하고 상통될 뿐만 아니라
지극(三一)에 이르는(三·十) 지름길(三才之道 / 三一之理)로서 이룩되어짐에 따라서
비로소 한줄기(一三) 빛(十明)으로 떠오른 天地神明의 一丸세계가 열린(開天) 바가 곧

이미 지극(三一)에 因(一)한
天地神明의 제작모神工에 따라서
천지조화의 一丸세계를 열어주고(開天 ◇ 十三一命 / 一三十明 ◇ 개천절에 함의된 정의)
태고(故)를 열어준(開天·開物·成務 ◇ 無所祖述 / 한국고전)
相因한국의 相檀제도로서 모두 구비되고 언문성음의 자방고전(字書체계 / 한국고전)으로서
널리 베풀고(三一神誥) 널리 가르치면서(三倫敎化) 널리 실어전한(無所祖述) 바였던
夫東方有國의 유구한 역사와 빛나는 전통(開天·開物·成務)에 따라서
후세(桓檀시대 ~BC 7198~3897~2333~ 高麗시대)에까지 이르렀음에도 불구하고

이와 같은 모두에 이르기까지
송두리째 집어삼키고서(一捨◐陰陽 / 음양☆팔괘 / 음양☆오행)
중원(十)을 뒤집어써버린(반절어법 / 周易 / 가공세계) 줄도 몰랐던
춘추전국시대(周代 / BC 770~221~)에 이르면서 줄줄이 뒤바꿔어버린
불능달의 周易과 반절어법의 태생적 한계에 이르기까지 송두리째 걷어내고서
다시금 일으켜세우고 모두 바로세워진 바에 따라서 상세한 해석으로서 더하고 보탬이 거듭된

훈민정음해례
합자해·결왈(諺文7字18行 및 풋말3행)의 끝자락(一三)과 맞닿은
용자례의 머리말(三一)에 뜻깊게 새겨 놓았던
「훈민정음·풋말3행」으로서 간략하게 압축(三一 / 書矣)되고 귀결(一三 / 矣書)된 바로서
다시금 후세에 전해지긴 전해졌지만

방언리어 창출지법에 불과했던 육서지법의 漢字어법과 조선吏讀의 반절어법에 가로막혀
지금에서야 언문해제되고 제자리(桓易之理 / 三一五行)를 되찾은 바라 함도 이를 일컫는 바로서
이에 관한 원문원본 / 참조 및 언문해서 / 참조로서는 다음과 같았던 것이다.

훈민정음해례
　합자해
결왈(諺文7字18行 및 푯말 3행) 원문 / 참조

初聲在中聲左上
挹欲於諺用相同
中聲十一附初聲
圓橫書下右書縱
欲書終聲在何處
初中聲下接着寫
初終合用各並書
中亦有合悉自左
諺之四聲何以辨
平聲則弓上則石
刀爲去而筆爲入
觀此四物他可識
音因左點四聲分
一去二上無點平
語入無定亦加點
文之入則似去聲
方言俚語萬不同
有聲無字書難通
一朝
制作侔神工
大東千古開矇矓

「훈민정음・푯말 3행」
2。원본 / 참조

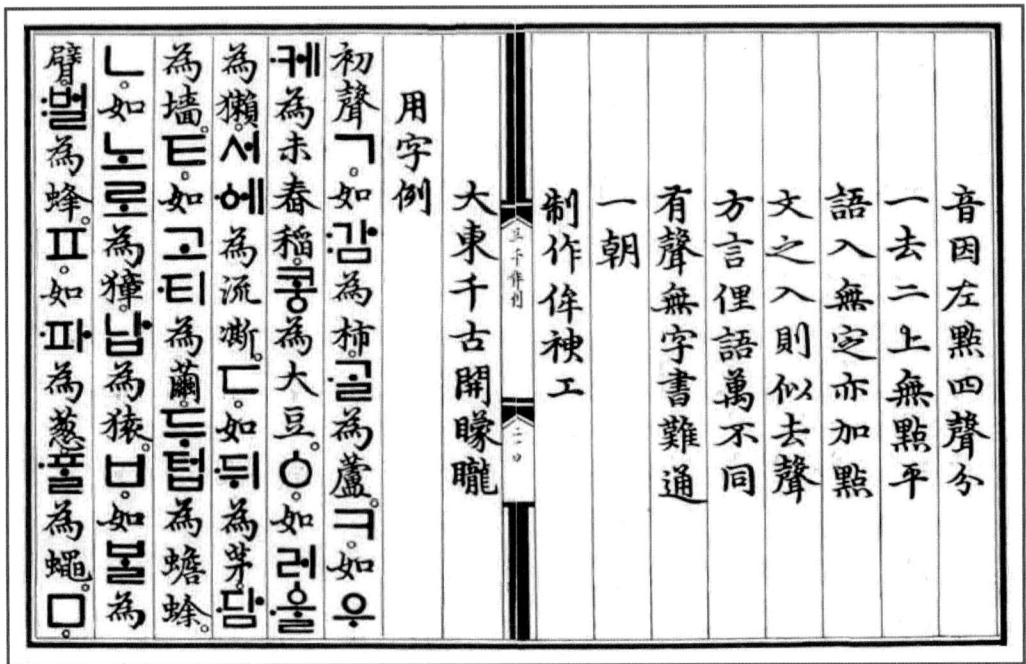

이와 같은

　　「一朝・제작모神工으로서 이룩된 훈민정음・신제본(新制曰・解例 / 訣曰 / 푯말・序曰)」으로서
　　다시금 후세에 실어전하면서 널리 반포되었음에도 불구하고

춘추전국시대(周代 / BC 770~221~)에 이르면서 줄줄이 뒤바뀐 줄도 모르는
불능달의 주역(周易)을 뒤집어쓰고서 두(◐) 갈래(☆)로 갈라서버린
반절문자(凡干文字) 및 방언리어(本國俚語) 창출지법(六書之法 / 漢字어법)으로 줄줄이 주워섬기면서 무한대로 창출되고 축적이 거듭된 「오동방・예악문장의 但방언리어와 반절字母(中古漢音)의 이두韻書」로 줄줄이 주워섬기면서 그로서의 끝자락(周代 / 周易 / 帝業 / 용두 ~~~ 사미 / 王業 / 조선 / 後代)에까지 이르렀던 바에 불과한 조선吏讀의 반절어법과 조선어문의 어문규정에 가로막혀 지금에서야 언문해제되고 제자리(桓易之理 / 三一五行)를 되찾은 「훈민정음・푯말 3행」을 위시하여 아주 간략한 요령(三一之理)으로서도 쉬이 습득(知)되고 올바르게 터득(智)되는 「한국고유의 諺文체계(三一법칙 / 三一체계)」에 따라서 삼극(三一)의 정의로서 간략하게 압축(三一 / 書矣)되고 풀어(一三 / 矣書)지면서 만천하에 드러나고 모두 밝혀지는 바로서는 다음과 같았던 것이다.

「반절문자(凡干文字) 및 방언리어(本國俚語) 창출지법」
본문해제 및 언문해서 / 참조

方言俚語萬不同 / 방언리어만부동

◇ 이른바 춘추전국시대에 이르면서 줄줄이 뒤바뀌어버린 거두절미법칙(음양이치 / 반절어법)의 용두사미필법(이두필법 / 삼망화법)으로 뒤엉켜서 무한대로 창출되고 축적이 거듭된 바에 불과한 반절문자 및 방언리어 창출지법에 따라서 이두필법의 칭명부여(方言 / 칭음)가 거듭되고 삼망화법의 중언부언(俚語 / 언해 / 국역)이 거듭면서 끝없이 물고 늘어지는 「반절어법 / 이두문법의 한역음사 / 한글국역 및 漢字풀이 / 本國俚語 / 표준국어」로까지 둔갑과 답습이 거듭되는 방언리어(文言文 / 犬言犬、文語體 / 口語體)로서는 그로서의 처음(一)부터 끝(三·十)까지 방언리어로서 영구불변(萬不同)을 뜻하는 바로서

有聲無字書難通 / 유성무자서난통

◇ (이와 같은 반절문자 및 방언리어 창출지법에 따라서) 그로서의 말소리로서는 말미암아지나 언문성음의 글자(正音28字)체계나 字書체계(한국고전◇訓民正音)로서는 말미암아질 수 없었던 바가 곧、애초부터 태극(一)을 집어삼키고서(捨陰陽) 중원(十)을 뒤집어써버린(음양팔괘 / 周易 / 가공세계) 춘추전국시대의 용두사미필법에 따라서 무한대로 창출되고 축적이 거듭된 바에 불과한 오동방·예악문장의 但방언리어와 반절字母(中古漢音)의 이두韻書로 줄줄이 주워섬기면서 반절어법의 극치로서 동문동궤가 이루어진 줄도 모르는 「조선吏讀의 반절어법과 조선어문의 어문규정」으로서는 반절어법의 끝자락(꼬리☆통)으로 전락되어버린 바와도 같았고、반절어법의 반절문자(漢字 / 한글)와 방언리어(독음 / 리어) 창출지법의 대명사로서 줄줄이 등극되어버린 바와 같았던 반면

한국고유의 諺文체계(한국고전 / 訓民正音)에 따라서
지금에서야 언문해제되고 제자리(桓易之理 / 三一五行)를 되찾은

「훈민정음·풋말 3행 / 참조」

一朝 / 일조
◇ 天地神明의

制作侔神工 / 제작모신공
◇ 제작모神工에 따라서

大東千古開朦朧 / 대동천고개몽롱
◇ 태고(故)를 열어준(開天·開物·成務) 이래、후세에 이르면서
송두리째 뒤덮이고(음양팔괘 / 周易 / 예악문장) 몽롱해저버린
桓因한국의 桓檀제도와 마주하는 한국고유의 諺文체계(한국고전)까지 모두 바로세워진
「一朝·제작모神工의 훈민정음·신제본(新制曰·解例 / 訣曰 / 풋말·序曰)」으로서
다시금 후세에 실어전하면서 널리 반포된 바였던 것이다.

세종실록(1443년 12월 30일)

3。훈민정음・친제왈(親制曰)

원본필사 및 원문해제 / 참조

○是月

上親制諺文二十八字其字倣古篆分爲初中終聲合之然後乃成字凡干文字及本國俚語皆可得而書字雖簡要轉換無窮是謂訓民正音

(훈민정음・원본에 따른 원문해제)

○是月

上親制、諺文二十八字。

其字倣古篆分爲、初中終聲合之然後乃成字。

凡干文字及本國俚語、皆可得而書字。

雖簡要、轉換無窮、是謂訓民正音

이른바
「훈민정음・원본(新制本)」으로서도 모두 구비되어 다시금 후세에 실어 전한 바였던
「지극(三一)에 因(一)한 三一법칙의 三一체계」로서 서로 마주하는 바에 따라서
「훈민정음・원본(新制本)」에서 처음으로 채택되고 활용되었으되
이와 같은 모두가 흔적도 없이 증발해버리고 반절어법 / 이두문법의 문장부호로 둔갑된 반면

가점則(三一법칙 / 三一체계)의 가점기호([・]、[：]、[무점])와 마주하는(맞닿은)
개행則(三一법칙 / 三一체계)의 문장부호([ㅇ]、[。]、[무점])로서는
다음과 같은 개행則의 문장부호로 전환되고 환원되는 바와 같았던 것이다.

一。[ㅇ]、[전환 / ・]、[전환 / 、] ◇ 잇따름(단문 구분)
二。[。]、[전환 /．] ◇ 개행(단락 구분)
三。[무점]、[전환 / 개행] ◇ 개행에 개행(문장 / 문단 구분)

이와 같은 「三一법칙의 三一체계」에 따른
개행칙(三一법칙 / 三一체계)의 문장부호([ㅇ]、[。]、[무점])에 따라서
「단문 구분、단락 구분、문장 구분」되고 가지런히 가림토되는 바를 일컬어
「원본필사 / 원문해제 및 본문해제 / 언문해서」등으로 구분되고 명명된 바와 같은 것이다.

세종실록(1443년 12월 30일)

훈민정음·친제왈(親制曰)

이두필법 / 이두문법에 따른 원문필사 및 한글국역 / 참조

○是月、上親制諺文二十八字、其字倣古篆、分爲初中終聲、合之然後乃成字、凡于文字及本國俚語、{皆可得而書、字雖簡要}、轉換無窮、是謂《訓民正音》。

예컨대

조선吏讀의 반절어법(漢字 / 한글、이두필법 / 삼망화법、반절字母 / 이두韻書)으로 답습된 모두에 이르기까지 송두리째 흡수병합시켜버린 바와 같았던

일본吏讀의 이두문법까지 겹겹이 뒤집어쓰고서 이두원칙(표음칙 / 칭음칙)을 앞세운

「한글맞춤법 / 표준어규정의 문장부호([,]、[.])」참조 / 대비

1. [,] <반각 / 전각> [、] : 쉼표(日名·休止符 / 휴지부)
2. [.] <반각 / 전각> [。] : 마침표(日名·終止符 / 종지부)

훈민정음·친제왈(親制曰)

(이두문법 / 어문규정에 따른 한글국역)

훈민정음을 창제하다

이달에 임금이 친히 언문(諺文) 28자(字)를 지었는데, 그 글자가 옛 전자(篆字)를 모방하고, 초성·중성·종성으로 나누어 합한 연후에야 글자를 이루었다. 무릇 문자(文字)에 관한 것과 이어(俚語)에 관한 것을 모두 쓸 수 있고, 글자는 비록 간단하고 요약하지마는 전환(轉換)하는 것이 무궁하니, 이것을 훈민정음(訓民正音)이라고 일렀다.

이와 같은

「세종실록의 훈민정음·친제왈」을 비롯하여 언문성음의 자방고전(한국고전 / 訓民正音)에 관하여

조선吏讀의 반절어법이나 조선어문의 어문규정에 따른 원문필사와 한역음사 / 한글국역 / 漢字풀이가 거듭되면 거듭될수록 저절로 왜곡되고 굴절만이 거듭되면서 더욱더 깊은 곳으로 숨어버리는 바가 곧

이미 지극(三一)에 因(一)한

「三一법칙의 三一체계(諺文聲音 / 한국고전 / 訓民正音)」 모두를 집어삼킨 바와도 같았고

「한국고유의 諺文체계와 마주하는 한겨레의 正音체계」 모두를 집어삼켜버린 바와 같았던

반절문자(漢字◑한글)의 반절어법과 조선어문의 어문규정에 불과하다 함은 이를 일컫는 것이다.

세종실록(1443년 12월 30일)
훈민정음 · 친제왈(親制曰)
1). 본문해제 및 언문해서

○是月	○是月에 이르러서야(周代 / BC 770~221~~~~1443년 겨울)
上親制	{聖}上 · 親制(친히 모두 바로세움)
諺文二十八字	諺文{聲音} · {正音}二十八字{체계}
其字倣古篆分爲	其(諺文聲音) · 字倣古篆(한국고전) · 分爲(셋으로 나뉘어 자리함)
初中終聲合之然後乃成字	初中終聲 · 合之然後(3聲1音) · 乃(只用) · 成字(성립되는 글자체계)
凡干文字及本國俚語	凡干文字(반절문자) · 及(및) · 本國俚語(방언리어) 창출지법까지 포괄
皆可得而書字	皆(모두) · 可得(습득 / 터득) · 而(只用) · 書字(쓸 수 있는 字書체계)
雖簡要	雖(비롯되었다 할지라도) · 簡(간단 / 간략) · 要(요약 / 압축 / 요령)
轉換無窮	轉換(一三一 / 一日一) · 無窮(무궁무진)하게 이루어짐을 뜻하는 즉
是謂訓民正音	是謂(이른바 언문성음의 字書체계로서 親制하신 바가 곧) · 訓民正音

훈민정음 · 친제왈(親制曰)

(본문해제에 따른 언문해서)

○ 이달에 이르러서야(周代 / BC 770~221~~~~1443년 겨울)
聖上(세종聖帝)께서 親制하신 언문성음의 正音28字 / 체계로서는
언문성음의 字倣古篆(한국고전)에 따라서 셋(三聲)으로 나뉘어(初中終) 자리(一音)하는
초중종성으로 합해진(3聲1音) 연후에 성립되는 언문성음의 글자체계를 일컫는 바이되

반절문자(凡干文字) 및 방언리어(本國俚語) {창출지법에 따라서 무한대로 창출되고 축적이 거듭된} 모두(오동방 · 예악문장 / 관습제도)를 습득하여 글다운(3諺1文) 글(3字1書)로서 간략하게 압축할(書矣) 수도 있었고 풀어낼(矣書) 수도 있었던 「언문성음의 字書체계(三一체계)」로서

간략하게 요약(一三)되고 압축(三一)되었다 할지라도 전환이 무궁하게 이루어짐을 뜻하는 즉
이른바 <한국고유의 諺文체계와 마주하는> 「한겨레(訓民)의 正音체계」로서 親制하심

[~ 이와 같은 모두가 한국고유의 언문(扵諺 · 扵文 · 字書)체계에 모두 포괄됨 ~]

세종실록(1443년 12월 30일)
훈민정음・친제왈(親制曰)
2). 본문해서 및 한글국역 참조 / 대비

諺文	○是月	[중국역대가 비롯되는 周代의 周易 / 易經] 참조
解書	이달(癸亥冬)에 이르러서야	[周代 / BC 770~221~~~1443년 겨울]
국역	이달에	

諺文	上親制	[하늘(天)이 내린(縱) 세종聖帝의 本位] 참조
解書	[聖上 / 세종聖帝]께서 친히(親) 모두 바로세운(制)	
국역	임금이 친히	[聖上 / 聖帝]에서 임금(御)으로 둔갑되었고

諺文	諺文二十八字	[諺文]은 한국고유의 諺文체계를 뜻함에도
解書	언문성음의 正音28字 / 체계로서는	[상말 / 아래글 / 한글]로까지 둔갑되었으며
국역	언문(諺文) 28자를 지었는데(御製)	[親制]도 [御製] 및 머리글(御製序文)로 둔갑

諺文	其字倣古篆	[언문성음의 자방고전(字倣古篆 / 한국고전)]
解書	그로서(諺文聲音)의 자방고전(字倣古篆 / 字書체계 / 한국고전)에 따라서	
국역	그 글자가 옛 전자(篆字)를 모방하고	[언문성음의 자방고전]을 집어삼킨 줄도 모름

諺文	分爲初中終聲	
解書	셋(三聲)으로 나뉘어(初中終) 자리(一音)하는 초중종(一二三) 3聲(三一)으로서	
국역	초성(初聲)・중성(中聲)・종성(終聲)으로 나누어	

諺文	合之然後乃成字	
解書	합성된 연후(3聲 1 音)에 성립되는 언문성음의 글자(正音28字)체계를 일컫는 바이되	
국역	합한 연후에야 글자를 이루었다.	

諺文	凡干文字及本國俚語	[반절문자 및 방언리어 창출지법] 해제 / 참조
解書	반절문자 및 방언리어 {창출지법에 따라서 무한대로 창출되고 축적이 거듭되었던}	
국역	무릇 문자(文字)에 관한 것과 이어(俚語)에 관한 것을	

諺文	皆可得而書字	{皆可得而書}로 끊어쓴 원문필사 / 한글국역 참조

解書	모두(오동방·예악문장 / 관습제도)를 습득하여 글다운(3諺1文) 글(3字1書)로서 압축할 (三一 / 書矣) 수 있었고 풀어낼(一三 / 矣書) 수 있었던 언문성음의 字書체계에 따라서
국역	[皆可得而書와 字를 끊어씀] ◆ 모두 쓸 수 있고

諺文	雖簡要	{字雖簡要} 로 끌어디쓴 원문필사 / 한글국역 참조
解書	아주 간략하게 요약(一三 / 矣書)되고 압축(三一 / 書矣)이 거듭되었다 할지라도(雖)	
국역	{(字)를 끌어다쓴 字雖簡要} ◆ 글자(字)는 비록 간단하고 요약하지마는	

諺文	轉換無窮
解書	전환(一三 / 矣書 <三極之義> 三一 / 書矣)이 무궁무진하게 이루어짐을 뜻하는 즉
국역	전환(轉換)하는 것이 무궁하니

諺文	是謂訓民正音
解書	이른바 <한국고유의 諺文체계와 마주하는> 「한겨레(訓民)의 正音체계」로서 親制하심
국역	이것을 훈민정음(訓民正音)이라고 일렀다.

이와 같은
반절어법의 한글국역(한역음사 / 漢字풀이、本國俚語 / 방언리어) 에 모두 포괄되는 이두칭명이나
이두문법의 이두원칙을 앞세운 자가당착의 한글맞춤법(一字綴字法)이란 이두칭명 그 자체만으로도

이미 왜곡과 굴절이 거듭되고 어긋남의 극치에 달해버린 용두사미필법의 但방언리어에 불과한데다가
조선吏讀의 반절어법과 일본吏讀의 이두문법으로도 뒤엉켜서 축소병합과 이합집산이 거듭된 조선어문의 어문규정으로까지 둔갑이 거듭되고 답습이 거듭된 바에 불과한

「조선吏讀의 반절어법과 반절字母의 반절철자법」이란 이두칭명만을 미루어보더라도
「한글맞춤법의 한글10모음(ㅏㅑㅓㅕ、ㅗㅛㅇㅜㅠ、ㅡㅣ。·捨ㅏ) 기본형식」으로서는
불능달의 주역(周易)과 반절어법의 태생적 한계를 뒤집어쓰고서 끝없이 널부러지고 끝없이 곤두박질되어버린 그로서의 대명사로 줄줄이 등극되었을 뿐만 아니라

조선吏讀의 반절어법과 일본吏讀의 이두문법으로서도 뒤엉켜서 이두원칙(표음칙 / 칭음칙)을 앞세운
조선어문의 어문규정(한글맞춤법 / 표준어규정、로마자표기법 / 외래어표기법)이란 이두칭명으로서는
반절(漢字 / 한글)어법의 꼬리☆통(이두표기법 / 한글어법)으로 전락된 줄도 모르듯이

반절(漢字 / 한글)어법의 가짜(假字) 머리◐통(漢文漢字 / 中古漢音)을 영구적으로 빌어써야하는
반신불수 / 반절문자의 대명사(漢字◐한글)로 줄줄이 등극되어버린 바에 불과한 것이었다.

一朝	天地神明의
制作侔神工	제작모신工에 따라서
大東千古開朦朧	태고(故)가 열린(開天) 이래、몽롱해져버린
諺文聲音之字倣古篆而新制 訓民正音・帝曰三行 諺文解制矣書	한국고유의 諺文체계까지 모두 바로세워진 훈민정음・푯말3행 4。언문해서 및 언문체계 / 해제

一朝 / 일조

◇ 「일조(一朝)」라 함은、하늘(一)이 내린(三・朝) 天夫三人의 본위(三位太伯 / 桓檀聖帝之位)와 마주하는 태극(一)의 눈높이(三・十明 / 朝)를 뜻하는 바와 더불어 오로지 한마음(三眞) 한뜻(一神)을 이루면서 만물소통의 성통공완을 이룩하고 지극(三一)에 因(一)함으로서 한줄기(一三) 빛(十明)으로 떠오른 天地神明의 눈높이(一朝)로도 전환되고 끝없이 마주함(함께함)을 뜻하는 이는 곧、천지조화의 一丸세계를 열어주고(開天) 태고(故)를 열어준(開物 / 成務) 그로서의 맨(三) 처음(一)으로까지 거슬러 올라가는 푯말(桓因)을 뜻하는 바와 같았던 것이다。[無所祖述 / 한국고전 해제 / 참조]

			3字1書의 정의로서 간략하게 요약(一三)되고 압축(三一)된 언문성음의 字書체계 해제
一朝			하늘(一)이 내린(三・朝) 天夫三人의 본위와 마주하는 즉、태극(一)의 눈높이(三・朝)
諺文	聲音	語音	3諺1文의 정의로서 간략하게 압축되고 풀어지는 한국고유의 諺文체계 해제
一	일	무한	무한(三一)의 한(一 / 하늘)、맨(三) 처음(一 / 태극)、셋(三)은 하나(一 / 무한)
		태극	무한(三一)의 태극(一)으로부터 셋(三)으로 나뉘어 자리(一)하는 셋(三)은 하나(一)
		象形	[三 / 삼극 ± 一 / 태극]、[三 / 三圓 ± 一 / 一丸]、맨(三) 처음(一 / 태극)
	둔갑	숫자	음양팔괘의 乾괘(一)로부터 坤괘(八)까지가 음양팔괘의 가공세계를 뜻하는
	창출	假字	가중국의 가짜(假字)로 둔갑 / 창출된 바가 곧、華製漢字 및 漢文◑漢字인 반면
朝	조	통달	오로지 한마음(三眞) 한뜻(一神)을 이루면서 만물소통의 성통공완을 이룩하고
		神明	지극(三一)에 因(一)한 三位一神의 눈높이(三・十明◇神明)가 함축된 바인즉
		象形	[十 + 日 + 十 + 月 = 十明 / 神明]。「天地人・三位一神의 天地神明」 함축
	둔갑	아침	중국에서는 [나라(國)]를 집어삼킨(捨) [나라 / 朝 / 조]字로 한역음사된 반면
	↓→	나라	조선에서는 [나라(朝)]를 뒤집어쓴(盖) [아침 / 朝 / 조]字로 한역음사된 즉
	창출	夏朝	아침(旦◆朝)、나라(國◆朝)、朝鮮、王朝、漢朝、夏朝로까지 둔갑이 거듭됨
한글국역			하루(一) 아침(朝)에

制作侔神工 / 제작모신공

◇ 「一朝・제작모신공(制作侔神工)」이라 함은、만인(人一三)에 因(一)하고 지극(三一)에 因(一)함으로서 하늘(一)이 내린(三・朝) 天夫三人의 제작모神工을 뜻하는 바로서도 전환되는 즉、이와 같은 바에 따라서 천지조화의 一丸세계를 열어주고(開天) 태고(故)를 열어준(開物 / 成務) 무소조술(無所祖述)의 桓檀제도로서 모두 구비된 언문성음의 자방고전(字倣古篆 / 字書체계 / 한국고전)으로서 널리 베풀고(三一神誥) 널리 가르치면서(三倫九誓) 널리 실어전한(無所祖述) 夫東方有國의 유구한 역사와 빛나는 전통(開天・開物・成務)이라 함은 이를 뜻하였던 것이다。[훈민정음・풋말 / 序曰 해제 / 참조]

3字 1 書의 정의로서 간략하게 요약(一三)되고 압축(三一)된 언문성음의 字書체계 해제			
制作侔神工	하늘(一)이 내린(三・朝) 天夫三人의 제작모神工에서 압축된 바가 一朝・제작모神工		
諺文	聲音	語音	3諺 1 文의 정의로 간략하게 압축되고 풀어지는 한국고유의 諺文체계 참조
制	제	바로세울	천지조화의 一丸세계까지 가지런히 바로세운 무소조술의 桓檀제도 함축
作	작	일으킬	천지조화의 근본근원으로부터 일으켜세운 즉、근본원리 / 근본법칙 함축
侔	모	가림토	처음부터 끝까지 가지런히 가림토되고 制字된 언문성음의 字書체계 함축
神	신	눈높이	만물소통의 성통공완을 이룩하고 지극(三一)에 因(一)한 天地神明 함축
		三位一神	[天地人・三神之位와 마주하는 天地人・三才之道 / 三倫之理] 해제 / 참조
工	공	이룰	천지조화의 一丸세계를 열어주고 태고를 열어준 바가 곧、一朝・제작모神工
한글국역	신(神)의 조화 같아서		

이와 같은

天地神明(一朝)의 제작모神工에 따라서

천지조화의 一丸세계를 열어주고(開天 ◇ 十三一命 / 一三十明 ◇ 개천절에 함의된 정의)

태고(故)를 열어준(開天・開物・成務 ◇ 無所祖述 / 桓檀제도) 이래、후세에 이르면서

송두리째 뒤덮이고(음양팔괘 / 周易 / 예악문장) 몽롱해져버린

「桓因한국의 桓檀제도와 마주하는 한국고유의 諺文체계(한국고전◇訓民正音)」

언문 / 해제 一覽 / 참조

桓	桓因한국의 桓檀제도	한국고유의 諺文체계 ◇ 한겨레의 正音체계		훈민정음・풋말 3 행
一	桓因韓國의 無所祖述	천지조화의 一丸세계를 열어준 바가 곧、開天		一朝
二	桓檀帝曰의 三一神誥	만물치화의 치화원리를 열어준 바가 곧、開物		制作侔神工
三	桓檀帝民의 三倫九誓	상륜교화의 교화원리를 이룩한 바가 곧、成務		大東千古開朦朧
四	天地之道 ◇ 三一之理	三一법칙	天地人・三才之道와 마주하는 一二三・三一之理 / 三一五行	
五	三易之理 ◇ 三一五行	三一체계	天地人・三神之位와 마주하는 一二三・三易之理 / 三一五行	
十	諺文聲音 ◇ 字倣古篆	한국고전	한국고유의 諺文체계와 마주하는 언문성음의 字書체계	

大東千古開朦朧 / 대동천고개몽롱

◇ 「대동천고개몽롱(大東千古開朦朧)」이라 함은、이와 같은 一朝・제작모신공에 따라서 태고(故)를 열어준(開天・開物・成務) 이래、후세(周代 / BC 770~221~~~1443년 겨울~)에 이르면서 송두리째 뒤덮이고(음양팔괘 / 周易 / 예악문장) 몽롱해져버린 바를 뜻하는 즉、춘추전국시대의 용두사미필법과 방언리어의 극치로 줄줄이 주워섬기면서 무한대로 창출되고 축적이 거듭된 오동방・예악문장(사서오경 / 삼강오륜)의 봉건제도로서 중원천하를 호령하고 줄줄이 거느렸으되、음양팔괘의 가공세계가 창출되고 줄줄이 구축된 줄도 모르고、반절어법의 4대영역과 음양역법의 시공간에 송두리째 갇혀버린 줄도 모른다 함으로서 간략하게 압축되고 귀결되듯、「애초부터 음양상극으로 뒤엉킨 華夏❶文明이나 東西❶文明이란 이두칭명의 미명을 앞세운 줄도 모르고、반절어법의 태생적 한계를 뒤집어쓴 줄도 모르는 인간세상 모두의 태생적 한계」를 일컫는 바와 같았던 것이다. [훈민정음・풋말 / 序曰 해제 / 참조]

3字1書의 정의로서 간략하게 요약(一三)되고 압축(三一)된 언문성음의 字書체계 해제			
大東千古開朦朧			一朝・제작모신공에 따라서 태고가 열린(開天 / 開物) 이래 몽롱해져버린 즉
諺文	聲音	語音	3諺1文의 정의로서 간략하게 압축되고 풀어지는 한국고유의 諺文체계 해제
大	대	거듭날	사람다운(仙) 사람(人)으로 거듭난 즉、大人・夫人・天夫人 ◇ 태고인
		象/形	[人+一]。 하늘(一)을 타고난(三) 사람(人一三) 및 삶(人二三)의 법칙 함축
	둔갑	큰(太)	크고(大) 작음(小)은 반절어법의 대명사인 즉、한역음사의 本國俚語로 둔갑
東	동	방위	三一五行의 오행방위(북동중남서) 남북❶상극으로 뒤엉킨 동서☆남북 참조
		大東	[대동]은 三易之理의 三一五行이 함의된 즉、一丸세계의 순환점과 같음에도
	둔갑	동녘	남북❶상극으로 뒤엉킨 동서☆남북의 동녘은 1/4、동양은 1/2
		吾東方	어긋남의 극치에 달한 [吾東方・海東・朝鮮] 모두가 但방언리어에 불과함
千	천	(즈믄)	태고(故)가 열린(開天) 太古에서 千古까지가 桓因한국의 桓檀시대
古	고	예 / 옛	[萬古 ~ 太古(故)・千古 ~ 지금] 반절어법의 [上古・中古・近古] 참조
		象/形	만물(十)을 품어내는 [자연의 근본(口) + 열림(十)]이듯、[開物 / 開天] 함축
	둔갑	盤古	반고氏의 두 눈(二❶目)으로부터 창출됐다던 음양☆팔괘의 가공❶세계는 곧
		周易	음양역법(周易)의 시공간에 갇힌 바와 같은즉、동서고금의 시공간(BC⇔AD) 同
開	개	열(十)	一朝・제작모신공에 따라서 태고(故)를 열어준(開天・開物・成務) 바를 뜻함
	開天	개천	천지조화의 一丸세계를 열어준(開天) 「桓因韓國의 無所祖述」 해제 / 참조
	開物	개물	만물치화의 치화원리를 열어준(開物) 「桓檀帝曰의 三一神誥」 해서 / 참조
	成務	성무	삼륜교화의 교화원리를 이룩한(成務) 「桓檀帝民의 三倫九誓」 해서 / 참조
朦	몽	청맹과니	대동천고(太古)가 열린(開天・開物・成務) 이래、몽롱해져버린 줄도 모르는
朧	롱	눈뜬장님	반만년으로 반절되고 국한되어버린 즉、단군조선의 단기원년(BC 2333) 참조
한글국역		우리나라 영원토록 이들을 가졌도다.	

이와 같은
桓因한국의 桓檀제도와 마주하는 한국고유의 諺文체계(한국고전)에 따라서
「훈민정음・풋말3행/序日」으로서 간략하게 압축되고 귀결된 바를 미루어보듯

춘추전국시대(周代 / BC 770~221~)에 이르면서 줄줄이 뒤바뀌어버린
거두절미법칙의 용두사미필법으로 뒤엉키고 뒤엉켜서 동문동궤가 이루어진 그로서의 애초부터
태극(一)을 집어삼킨(捨) 음양◐상극의 음양☆팔괘와 음양☆오행으로 뒤엉켜서 줄줄이 창출되었던

「음양팔괘(복희◐팔괘 / 文王◐팔괘)의 가공세계 창출지법」
원문 / 해제 一覽 / 참조

桓因한국의 桓易之圖(윷판 / 同)를 집어삼키고서 음양◐상극으로 뒤엉켜버린 복희팔괘의 河圖 및 이합집산이 거듭되어버린 文王팔괘의 洛書 참조	태극(一)의 질서(三・十)를 집어삼킨(捨陰陽) 음양화신의 머리◐통과 꼬리☆통으로 갈라서버린 음양◐이두의 三妄五行圖 및 三妄五音圖 참조

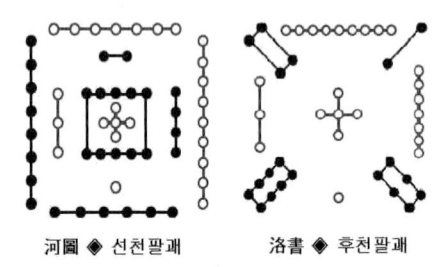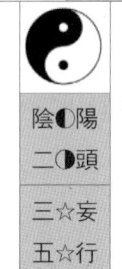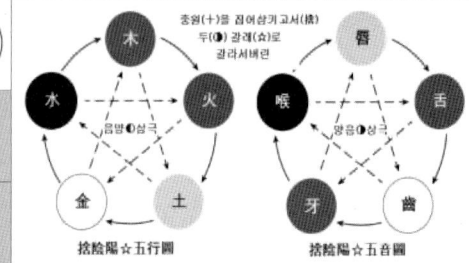

河圖 ◆ 선천팔괘   洛書 ◆ 후천팔괘   陰◐陽 二◐頭 三☆妄 五☆行   捨陰陽☆五行圖   捨陰陽☆五音圖

⇊

공◐자를 섬기는 유교☆집단의 공자필법과 유교경전의 漢字언해로서 집대성을 이룬즉、禮樂文章
부◐처를 섬기는 불교☆집단의 불경화법과 불교경전의 불교언해로서 집대성을 이룬즉、예악문장
聖◐人을 섬기는 三妄☆집단의 삼망화법과 학습경전의 경전언해로서 집대성을 이룬즉、예악문장
華◐夏를 섬기는 慕華☆집단의 이두필법과 관습경전의 漢字언해로서 집대성을 이룬즉、禮樂文章

⇊

중원(十)을 뒤집어써버린 假中國	무주구천의 망극세계	태양◐중심의 地動說과 天文學
두(◐) 갈래(☆)로 갈라서버린 異乎中國	무주공산의 인간세상	지구◐중심의 天動說과 人文學
중국(☆)을 뒤집어써버린 佛國◐天國	극락왕생의 사후세계	人間☆중심의 환생설과 창조설

등등의 모두가 포괄되는 「오동방・예악문장(但방언리어)의 慕華제도 / 骨品제도 및 관습제도 / 학습제도」로 줄줄이 주워섬기면서 무엇을 얻고자 하는지도 모르는
「천지◐귀신☆집단」으로 줄줄이 전락된 바로서 간략하게 압축되고 귀결된 즉은
애초부터 서로 다른 용수사신의 머리◐통과 꼬리☆통으로 뒤엉켜서 자가당착의 극치에 달해버린
용두◐사미☆집단(천지◐귀신☆집단、조물주 / 인조인간집단)들과 그로서의 근본쓰임(三一법칙 / 三一체계 ◆ 음양이치 / 반절어법)조차도 같을수 없었던 바로서 간략하게 압축되고 귀결된 바였던 것이다.

「天地自然之諺文聲音 / 천지자연지언문성음」

◇ 「천지자연의 언문성음 / 체계」라 함은、천지자연의 성음(3聲1音)체계와 마주하는 언문(3諺1文)체계로서 가지런히 가림토되고 制字되었던 바를 뜻하는 즉、이미 지극(三一)에 因(一)한 「一朝・제작모神工으로서 이룩되고 모두 구비된 桓因한국의 桓檀제도와 언문성음의 자방고전(字書체계 / 한국고전)」으로서 만세에 전래됨을 뜻하였음에도 불구하고、후세에 이르면서 송두리째 뒤덮이고(음양팔괘 / 周易 / 예악문장) 몽롱해져버린 「한국고유의 諺文체계(한국고전)와 마주하는 한겨레의 正音체계」로서 비로소 모두 바로세운 세종聖帝의 제작모神工까지 모두 함축되고 구비된 바가 곧、「一朝・제작모神工의 훈민정음・신제본 / 신제왈」로서 다시금 후세에 실어전하면서 널리 전언함을 뜻하였던 것이다.

3字1書의 정의로서 간략하게 요약(一三)되고 압축(三一)된 언문성음의 字書체계 해제				
天地自然之諺文聲音			천지자연의 언문성음 / 체계로서 가지런히 가림토되고 制字되었던 바가 곧、천지조화의 一丸세계까지 모두 바로세운 一朝・제작모神工을 뜻함
諺文	聲音	語音	3諺1文의 정의로서 간략하게 압축되고 풀어지는 한국고유의 諺文체계 해제
諺	언	3諺1文	한국고유의 말다운(諺) 말(語)로서 비롯되는 어언(扲諺)의 諺語체계 함축
文	문	언문 / 諦契	한국고유의 글다운(3諺1文) 글(3字1書)로서 비롯되는 諺文체계 함축
聲	성	3聲1音	但因(三一)한 성음(3聲1音)체계와 언문(3諺1文)체계로서 서로 마주함
音	음	성음 / 諦契	에 따라서 다시금 일으켜 세워진 언문성음의 정음(聲音・字音・語音)체계
之	지	갈 / 只用	~의、오고(一) 갈(三)로 마주하면서 전환이 거듭되는 어조쓰임(只用)
字	자	3字1書	但因(三一)한 태고인의 성음체계・언문체계・字書체계로서 서로 마주함
書	서	자서 / 諦契	언문성음의 자방고전으로서 모두 구비된 桓因한국의 桓檀제도 해제 / 참조
諦	체	살필	말다운(諺) 말(語)로서 압축되고 풀어지는 扲諺의 정점(諦 / 帝曰)으로부터
契	계	맺을	글다운(3諺1文) 글(3字1書)로서 더해지고(一積) 보태지는(十鉅) 三一법칙의 三一체계가 곧、一朝・제작모神工으로서 이룩된 無匱化三을 뜻함

이와 같은
한국고유의 諺文체계(三一법칙 / 三一체계)에 따라서
「훈민정음・풋말3행」으로서 간략하게 요약(一三 / 矣書)되고 압축(三一 / 書矣)된 바로서
다시금 후세에 실어전한 바만으로도 만천하에 드러나는 바를 미루어보듯
이미 지극(三一)에 因(一)한

天地神明의 제작모神工에 따라서
천지조화의 一丸세계를 열어주고(開天 ◇ 十三一命 / 一三十明)
태고(故)를 열어준(開天・開物・成務 ◇ 無所祖述 / 한국고전)
桓因한국의 桓檀제도와 언문성음의 자방고전(字倣古篆 / 字書체계)으로서 모두 구비된
夫東方有國의 유구한 역사와 빛나는 전통(開天・開物・成務)에 따라서
후세(桓檀시대 ~BC 7198~3897~2333~ 高麗시대)에까지 이르렀던
모두에 이르기까지 만천하에 드러남을 뜻하였던 바로서는 다음과 같았던 것이다.

지금에 이르러서야 언문해제되고 제자리(桓易之理 / 三一五行)를 되찾은
「훈민정음・푯말 3행」을 위시한 한국고유의 諺文체계(三一법칙 / 三一체계)에 따라서
그로서의 처음(一)부터 끝(三・十)까지 가지런히 가림토되고 모두 바로 로세워진

5。천지자연의 언문성음 / 체계・제작모神工
언문 / 해제 一覽 / 참조

하늘	桓/환	上	木(생명의 근본함축) 象 / 形(人+十)	一		一		無限
(一始無始一)		中		二	一	日	一	無窮
무한의 푯말		下		三		一		無盡
마주함	「상하・좌우・선후 상극(三一)에 감싸여 끝없이 순환되는 日・回・日」 모두 동의적
한울	韓/한	上	十	一		上		無限
(一終無終一)		中	十	日	十	二	是↗	口	亦↘	無窮
무궁의 끝말		下	十	三		下		無盡
마주함	桓(一)과 韓(十)으로서는 무한(○)의 처음(一)과 끝(三・十)으로서 서로 마주함
	檀(一)과 朝(三)로서는 무진(△)의 처음(一)과 끝(三・十)으로서 서로 마주함
檀因 / 檀帝	檀/단	上	木(생명의 근본함축) 象 / 形(人+十)	一		上		無限
(三位太伯)		中		二	是↗	回	亦↘	無窮
神人 / 신인		下		三		下		無盡
마주함	桓(一)과 檀(三)은 서로 마주하듯、韓(十・一)과 朝(十・三)로서도 서로 마주함
通達 / 통달	朝/조	上	十	一		上		無限
(性通功完)		中	十	日	十	二	是↗	月	亦↘	無窮
神明 / 신명		下	十	三		下		無盡

이와 같은 바를 미루어보듯

「한국고유의 諺文체계(한국고전◇訓民正音)와 마주하는 한겨레의 정음(聲音・字音・語音)체계」로서도 모두 갖추어진 「천지자연의 근본법칙(三一법칙 / 三一체계)」에 대해 올바르게 알면(知) 알수록(智) 저절로 구해지고(自性求子) 저절로 밝아지는 능달 / 능통의 눈높이(自明 / 神明◇桓易의 易觀)와 마주하는 開天 / 태극(一)의 눈높이(一朝)에 이르기까지 지극(三一)에 이르는 지름길(三才之道 / 三一之理)로서 이룩되어진 바에 따라서

비로소 한줄기(一三) 빛(十明)으로 떠오른(本心本・太陽昻明)
「天地神明의 제작모神工(三一법칙 / 三一체계)」에 따라서 셋(三)은 하나(一)부터 열(十)까지 더하고(一積) 보탬(十鉅)을 거듭함(無匱化三)으로서 만천하에 드러난 바와 같았던 「천지만물의 근본근원(一三一 / 本心本)과 마주하는 천지조화의 一丸세계(天神國◇桓因한국)」를 일컫는 바가 곧

但因(三一)한
태고인의 성음(3聲1音)체계・언문(3諺1文)체계・자서(3字1書)체계로서도 서로 마주하고

이미 지극(三一)에 因(一)한
「三一법칙의 三一체계(諺文聲音 / 字倣古篆 / 訓民正音)」에 따라서 처음(一)부터 끝(三・十)까지 더하고(十積) 보탬(十鋸)이 거듭되면서 가지런히 가림토됨(無匱化三)과 더불어 삼극(三一)의 정의로서 간략하게 압축(三一 / 書矣)되고 풀어짐(一三 / 矣書)으로서도 서로 마주함을 뜻하는 바였던

그로서의 맨(三) 처음(一)으로

| 만인(人一三)에 因(一)한 但因(三眞一神)의 人神之位와 마주하는 能達(郡靈諸哲)의 눈높이(自明) |
| 자연(地一二)에 因(一)한 檀因(三位太伯)의 神人之位와 마주하는 通達(性通功完)의 눈높이(神明) |
| 하늘(天一一)에 因(一)한 桓因(三位一神)의 天神之位와 마주하는 開天(永得快樂)의 눈높이(一朝) |

각각으로서도 셋(三)으로 나뉘어(一二三 / 上中下 / 天地人) 자리(一)하되
무한(三一)의 태극(一)으로부터 셋(三)으로 나뉘어(一二三 / 上中下 / 天地人) 자리(一)하는
천지조화의 근본근원(一始無始一、析三極無盡本)으로부터 말미암아진
天地人・三神之位(天一一◦地一二◦人一三、一積十鋸無匱化三)와 마주하는
天地人・三倫之理(天二三◦地二三◦人二三、大三合六生七八九)로서 간략하게 압축되고

천지조화의 조화원리(天一一◦地一二◦人一三、天二三◦地二三◦人二三)와 마주하는
천지자연의 근본법칙(天地人・三才之道 ◇ 一二三・三一之理)으로서 더하고 보탬이 거듭된
천지만물의 순환법칙(一二三・三易之理 ◇ 三一五行 / 三七一則 / 三九一達)까지 모두 구비되고

「천지조화의 조화원리・천지자연의 근본법칙・천지만물의 순환법칙으로서도 서로 마주하는
「天地神明의 桓檀제도와 한국고유의 諺文체계(한국고전◇訓民正音)」로서 만세에 전래됨은 물론
「天夫三人의 제작모신공으로부터 말미암아진 夫東方有國의 유구한 역사와 빛나는 전통」에 따라서
후세(桓檀시대 ~BC 7198~3897~2333~ 高麗시대)에까지 이르렀다 함은 이를 뜻하듯

但因(三一)한 三眞一神의 天地神命(十三一命)으로서는 하늘의 뜻을 내려 받은 바를 뜻하고
檀因(三一)한 三位一神의 天地神明(一三十明)으로서는 하늘의 뜻을 내려 받은 바로부터
지극(三一)에 이르는 지름길(三一법칙 / 三一체계)로서 이룩되어진 바에 따라서

비로소 한줄기(一三) 빛(十明)으로 떠오른 「天地人・三位一神의 天地神明」을 뜻하는 바였고
지극(三一)에 因(一)한 태극(一)의 눈높이(三・十明 / 神明)와 마주함을 뜻하는 바였기에
태극(一)의 눈높이(三・十明)로서는 만물(物)의 눈높이 중 최고위를 뜻하는 바였으며
하늘(一)의 눈높이(三・十明)로서는 만인(人)의 눈높이 중 최고위를 뜻하는 바였던 것이다.

그럼에도 불구하고
이와 같은 모두에 이르기까지
송두리째 집어삼키고서(捨陰陽) 중원(十)을 뒤집어써버린(음양팔괘 / 周易 / 예악문장)
춘추전국시대의 용두사미필법과 방언리어의 극치로서 줄줄이 주워섰겼던 바에 불과한

6。반절문자 및 방언리어 창출지법(六書之法 / 漢字어법)
원문 / 해제 一覽 / 참조
「使天下義理、必歸文字、無窮文字、必歸六書」

반절문자(凡干文字) 및 방언리어(本國俚語) 창출지법(六書之法)	
육서지법	使天下義理、必歸文字、無窮文字、必歸六書
使天下義理	천하를 거느린다는 반절이치(義理)를 일컫는 즉、거두절미법칙의 용두사미필법
必歸文字	반드시 돌아온다는 기본문자를 일컫는 즉、반절문자의 漢字부수 / 부호
無窮文字	끝없이 뒤엉킨다는 육두문자를 일컫는 즉、육두문자 / 二頭文字의 漢文◑漢字
必歸六書	반드시 돌아온다는 육서지법을 일컫는 즉、방언리어 창출지법의 二頭筆法 / 三妄話法
육두文字의 반절철자법과 방언리어(本國俚語) 창출지법(六書之法)	
육두문자	육두문자의 반절철자법이 곧、반절문자의 반절철자법이자 거두절미법칙의 용두사미필법
상형문자	一曰象形。如日月之類、象其形體而爲之也。
가차문자	二曰假借。如令長之類、一字兩甲也。
지사문자	三曰指事。謂上下之類、人在一上爲上、人在一下爲下、各指其而言也。
회의문자	四曰會意。謂武信之類、止戈爲武、人言爲信、會合其意也。
전주문자	五曰轉注。謂考老之類、左右相轉以爲言也。
해성문자	六曰諧聲。謂江河之類、皆以水爲偏芳、以工可諧聲也。
육두문자(凡干文字) 창출지법과 방언리어(本國俚語) 창출지법(六書之法)	
반절어법	육두문자 창출지법이 곧、음양이치의 반절어법이자 거두절미법칙의 용두사미필법
반절이치	육서지법의 반절이치가 곧、거두절미법칙으로 뒤엉킨 음양이치의 반절어법 / 이두문법
漢字부수	한국고유의 諺文체계로부터 거두절미와 반절이 거듭된 반절문자가 곧、漢字部首
漢文漢字	육서지법의 육두문자에서 이합집산이 거듭된、二頭文字의 표의文字 / 표음文字 相同
漢字어법	육서지법의 漢字어법이 곧、방언리어 창출지법의 용두사미필법(二頭筆法 / 三妄話法)

이와 같은
육서지법의 모두가 애초부터 태극(一)을 집어삼킨(捨陰陽) 음양☆화신의 음양◑상극으로 뒤엉켜서 손●바닥 뒤집●듯 뒤집어☆지면서 둔갑이 거듭되는 반절문자(凡干文字) 및 방언리어(本國俚語) 창출지법(육서지법 / 漢字어법)에 불과한 것이었다. [훈민정음・序曰 / 親制曰 참조]

			애초부터 태극(一)을 집어삼키고서(捨陰陽) 중원(十)을 뒤집어써버린(복희팔괘 / 周易 / 文王팔괘) 불능달의 周易과 반절어법의 태생적 한계를 뒤집어쓰고서 두(◐) 갈래(☆)로 뒤엉켜버린
			1). 「동서언어 / 계통의 이두문법 / 체계와 삼망화법 / 체계」 원문 / 해제 一覽 / 참조
이두필법의 이두칭명에 불과한			삼망화법의 한역음사 / 漢字풀이、漢字언해 / 한글국역 모두 但방언리어
			3諺1文의 정의로서 간략하게 압축되고 풀어지는 한국고유의 諺文체계 해제
東西	동서	東西文明	반절어법의 태생적 한계에 따라 사분오열된 4대문명 및 이합집산된 동서문명
		東西古今	불능달의 주역(周易)을 뒤집어쓴 동서고금은 곧、음양역법의 기원전⇔기원후
言語	언어	言語体系	불능달의 주역(周易)을 뒤집어쓴 반절문자 및 방언리어 창출지법의 言語체계
			방언리어(本國俚語) 창출지법에 불과한 즉、반절어법 / 이두문법의 言語체계
言	언		언(言)은 반절어법 / 이두문법의 방언(方言 / 칭음) 및 吾東方의 방언(方言 / 文言)을 뜻함
語	어		어(語)는 반절어법 / 이두문법의 리어(俚語 / 언해) 및 吾東方의 리어(俚語 / 文語)를 뜻함
系統	계통	漢語계통	반절어법으로부터 두 갈래로 갈라선 즉、漢語계통의 漢字어법 및 漢語음운학
		梵語계통	반절어법으로부터 두 갈래로 갈라선 즉、梵語계통의 吏讀어법 및 梵語음성학
文法	문법	吏讀文法	吏讀는 音讀과 訓讀방식으로 갈라선 즉、이두文字의 반절어법 / 문법 / 화법
	필법	二頭筆法	이두필법은 공자필법 / 용두사미필법 同인즉、이두필법 / 삼망화법 同
話法	화법	三妄話法	삼망화법은 불경화법 / 불경화법 同인즉、삼망화법 / 이두필법 同
	어법	吏讀語法	반절문자(几干文字)의 音讀과 訓讀방식으로 뒤엉킨 반절어법 / 이두문법 同

이와 같은 모두가

애초부터
태극(一)을 집어삼키고서(捨陰陽) 중원(十)을 뒤집어써버린(반절어법 / 周易 / 음양역법)
음양팔괘의 가공세계 창출지법(周易)을 뒤집어쓰고서 두(◐) 갈래(☆)로 갈라서버린 바와도 같았고
유성근본의 근본줄기(三一五行)를 거스르고서(亦) 쫓는 것도 다르게(異) 뒤엉켜서
어긋남(異◐乎)의 극치(中☆國)에 달하고 자가당착의 극치(假◐中☆國)에 달한 바와도 같았던

춘추전국시대의 용두사미필법으로 뒤엉켜서 똬리를 틀고 들어앉아버린 줄도 모르는
漢語계통의 공자필법(중국吏讀)과 梵語계통의 불경화법(신라吏讀)으로도 뒤엉키고
梵語음성학의 中古漢音과 漢語음운학의 화하韻書로도 뒤엉켜서 두(◐) 갈래(☆)로 늘어서버린
「동서◐언어 / 계통의 이두◐문법 / 체계와 삼망☆화법 / 체계」로서 줄줄이 구축된 바가 곧
저절로 왜곡되고 굴절만이 거듭되는 반절어법의 극치로서 동문동궤가 이루어진 바를 뜻하고
무한대(一捨◐음양 / 음양☆팔괘)의 가공세계가 창출되고 줄줄이 구축된 바를 뜻하였던 것이다.

자가당착의 극치(3층 같은 2층)로 뒤엉켜버린

2). 「梵語계통의 현대음성학과 漢語계통의 중국음운학 구성도」

원문해제 一覽 / 참조

天地神明의 제작모神工으로서 이룩된		자가당착의 3층(三妄) 같은 2층(二頭)으로 구성된	
천지자연의 언문성음 / 체계・가림토神工		梵語❶계통의 현대음성학	漢語❶계통의 중국음운학
初聲 / 초성 一 / 上	무한(三一)의 태극(一)으로부터 셋(三)으로 나누어 자리함(一)	반절 (頭 / 末) 子音	반절 聲母(頭자음)
中聲 / 중성 二 / 中		반절 (主 / 半) 母音	절운 韻母(介모음)
終聲 / 종성 三 / 下		음절변화 1음절 / 2음절	성조변화 聲調(4성조)
3聲 1音으로 압축 / 조절(3聲 7調 1音)되는 한겨레(訓民)의 정음(聲音・字音・語音)체계		3절된 3節 2音으로 뒤엉키는 1음절 내지 2음절로 늘어지는 동서❶언어 / 계통의 표음체계 / 칭음체계	

애초부터
태극(一)을 집어삼킨(捨) 음양❶상극의 음양☆팔괘와 음양☆오행으로 뒤엉켜서
두(❶) 갈래(☆)로 갈라서버린(八字形 / 河圖❶洛書 / Y字形)

음양❶이두의 삼망☆오행圖 / 참조	양음❶이두의 삼망☆오음圖 / 참조

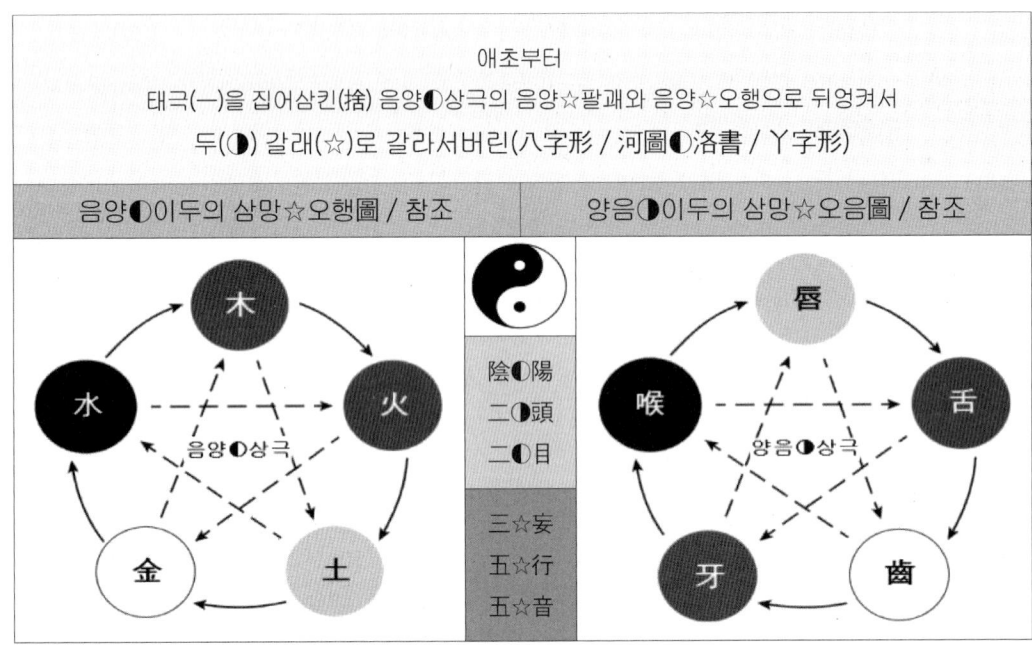

이와 같은 바를 미루어보듯

한국고유의 諺文체계(한국고전◇訓民正音)까지 모두 바로세워진
「훈민정음・푯말 3행」에 대한 본문해제 및 언문해서만으로도
가지런히 가림토되고 모두 바로세워지면서 제자리(桓易之理 / 三一五行)를 되찾은
「훈민정음・푯말 3행」을 위시한 한국고유의 諺文체계(三一법칙 / 三一체계)에 따라서
맨(三) 처음(一)으로까지 거슬러 올라가는 바로서는 다음과 같았던 것이다.

이미 지극(三一)에 因(一)한
天地神明의 제작모神工에 따라서
천지조화의 一丸세계를 열어준(開天) 바를 뜻하였던

7。「무소조술(無所祖述)의 桓檀제도」
원문 / 해제

(一名・천지조화의 造化經 ◆ 속칭・天符經으로 둔갑)

一始無始一、析三極無盡本。
天一一地一二人一三、一積十鉅無匱化三。
天二三地二三人二三、大三合六生七八九。
運三四成環五七一、妙衍萬往萬來、用變不動本。
本心本太陽昂明、人中天地一、一終無終一

「一朝・제작모神工에 따라서 가지런히 가림토되고 모두 바로세워진 천지조화의 一丸세계」

이와 같은
天地神明의 제작모神工에 따라서
천지조화의 一丸세계를 열어준(開天 ◇ 十三一命 / 一三十明) 바가 곧
개천(開天)의 정의이자 개천절(10月 3日)에 함의된 정의인 즉

1)。「태극(一)의 질서(三・十)와 마주하는 천지조화의 一丸세계」
언문 / 해제 一覽 / 참조

태극의 질서	천지조화의 근본원리 / 근본법칙 / 순환법칙과 마주하는 一丸세계					三倫之理
一 / 天	이미 지극(三一)에 因(一)한					天倫之理 (天二三之理)
二 / 地	「三一법칙의 三一체계」로서 서로 마주하고 상통됨					
三 / 運	一 / 天	(↓→)	三才之道 / 至道	至理 / 三易之理		
四 / 成	二 / 地					地倫之理 (地二三之理)
五 / 環	三 / 運	一 / 天	(↓→)	行		
六 / 合		二 / 地				
七 / 生	(人)	三 / 運	一 / 天	則		人倫之理 (人二三之理)
八 / 能	(大)	(能達)	二 / 地			
九 / 達	(夫)	(通達)	三 / 運	一 / 天		
十 / 開	(天)	(一朝)	천지조화의 一丸세계(天神國 ◇ 桓因한국)			

2)。「天地人・三神之位와 마주하는 天地人・三倫之理」
언문 / 해제 一覽 / 참조

天地人・三神之位			天地人・三倫之理		
天一一	天神之位	天一一。地一二。人一三 一積十鉅無匱化三	天二三	天倫之理	天二三。地二三。人二三 大三合六生七八九
地一二	地神之位		地二三	地倫之理	
人一三	人神之位		人二三	人倫之理	

3)。「天地人・三才之道와 마주하는 一二三・三一之理」
언문 / 해제 一覽 / 참조
(一陰陽 ◆ 捨陰陽은 제자해・푯말 / 참조)

三位	三神	三伯	三才	三極	三無	三用	三易	태극(一)을 집어삼킨(捨陰陽)	
天	天神	太伯	天 / ・	一	無限	圓 / ○	一	一捨❶음양	自家☆撞着
地	地神	河伯	地 / ㅡ	二	無窮	方 / □	陰	陰陽❶상극↓	衆妙之門↓
人	人神	風伯	人 / ㅣ	三	無盡	角 / △	陽	陽陰❶상극↓	玄妙之道↓
之			天一一。地一二。人一三		之	天二三。地二三。人二三		음양이치→	거두절미법칙
位 / 倫			一積十鉅無匱化三		道 / 理	大三合六生七八九		반절어법→	용두사미필법

4)。「天地人・三才之道와 마주하는 一二三・三易之理 / 三一五行」
언문 / 해제 一覽 / 참조

三神五帝		五行원정	合諸四時	五行方位	五聲五音	五行본질	三神五靈	
天一一之位		지극(三一)에 因(一)한					天二三之理	
地一二之位		三一법칙의 三一체계로서 서로 마주하고 상통되는 즉					地二三之理	
人一三之位		五帝는 位(一)를 뜻하고 五靈은 格(三)을 뜻하는 바로서 전환됨					人二三之理	
天	黑帝	太水	冬	北◇上	喉聲◇羽音	水氣	黑靈	地
下	青帝	太木	春	東◇外	牙聲◇角音	木質	青靈	下
大	黃帝	太土	「季」	中◇中	脣聲◇宮音	土體	黃靈	女
將	赤帝	太火	夏	南◇下	舌聲◇徵音	火機	赤靈	將
軍	白帝	太金	秋	西◇內	齒聲◇商音	金形	白靈	軍

이와 같은 바로서는

이미 지극(三一)에 因(一)한

三一법칙의 三一체계에 따라서 셋(三)은 하나(一)부터 열(十)까지 더하고(一積) 보탬(十鉅)이 거듭되면서 (無匱化三) 저절로 일으켜 세워지고 저절로 바로세워진 바를 뜻하는 것이다.

1443년 겨울에 이르서야

동서고금의 백왕(百王) 모두를 초월하고 지극(三一)에 因(一)함으로서

하늘(一)이 내린(三·朝)

세종聖帝의 제작모神工에 따라서

천지자연의 근본법칙까지 가지런히 가림토되고 비로소 모두 바로세워진(創制)

정음28字의 타고난(三一) 모습(象)과 타고난(一三) 형태(形)로서도 모두 구비된

5). 「천지자연의 근본법칙과 마주하는 한국고유의 諺文체계」

언문 / 해제 一覽 / 참조

一陰陽五行		三字八聲		桓易之理 / 三一五行			夫人의 유성근본과 마주하는 三一五音의 象形制字		
태	一	·	天	一	圓	○	지극(三一)에 因(一)한 三一법칙의 三一체계로서 서로 마주함	[·] 象圓形	一積十鉅↓
음	陰	―	地	二	方	□		[―] 象平形	無匱化三←↓
양	陽	∣	人	三	角	△		[∣] 象立形	[中央에 자리함]
수	水	⊥ ⊥⊥	上	一	北	冬	ㆆㅎㅇ	喉音	[ㅇ] 象喉形	[虛明으로 유통]
목	木	ㅏ ㅑ	外	三	東	春	ㄱㅋㆁ	牙音	[ㆁ] 象牙形	ㄱ。象舌根形
토	土	(十)	中	五	中	季	ㅂㅍㅁ	脣音	[ㅁ] 象口形	[만성을 품어냄]
화	火	ㅜ ㅠ	下	二	南	夏	ㄷㅌㄴ/ㄹ	舌音	[ㄴ] 象舌形	[ㄹ]。半舌音
금	金	ㅓ ㅕ	內	四	西	秋	ㅈㅊㅅ/△	齒音	[ㅅ] 象齒形	[△]。半齒音

이미 지극(三一)에 因(一)한

天地神明의 제작모神工으로서 이룩되었고

한국고유의 諺文체계(한국고전 / 訓民正音)로서 모두 구비되어 만세에 전래되는

6). 「桓因한국의 桓易之理와 마주하는 천지조화의 一丸세계」

언문 / 해제 一覽 / 참조

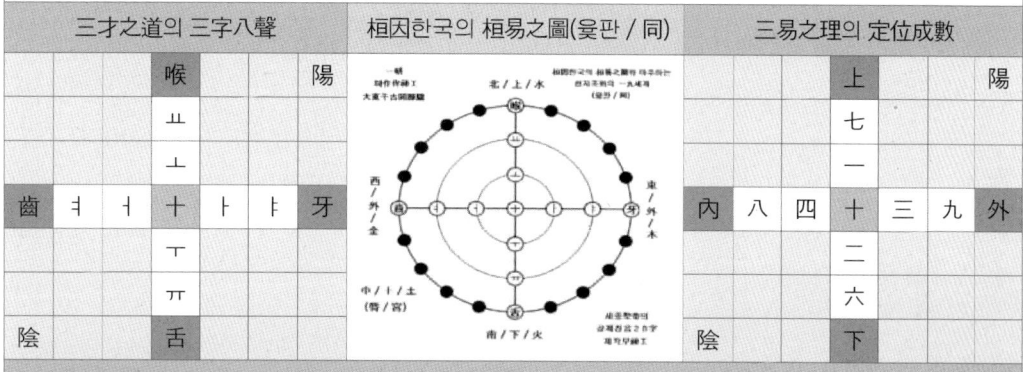

三才之道의 三字八聲							桓因한국의 桓易之圖(윷판/同)	三易之理의 定位成數						
		喉				陽				上				陽
		⊥⊥								七				
		⊥								一				
齒	ㅕ	ㅓ	十	ㅏ	ㅑ	牙		內	八	四	十	三	九	外
		ㅜ								二				
		ㅠ								六				
陰		舌						陰		下				
桓因한국의 桓易之理、三才之道의 三字八聲、三易之理의 定位成數까지 모두 諺文一致														

「훈민정음・폿말/序曰」에서 발췌된

7). 「지극(三一)에 因(一)한 一朝・제작모신工 편/참조」
본문해제 및 언문해서

<small>공 유 아</small>
恭惟我

◇ 공손히 돌이켜보옵건대、저희(我)들

<small>전 하 천 종 지 성 제 도 시 위 초 월 백 왕</small>
殿下。天縱之聖。制度施爲超越百王。

◇ 전하께서는
◇ 하늘(一)이 내린(三・朝) 聖帝之位(3聖1位)와 마주하는 一朝・제작모신工에 따라서
◇ 「桓因한국의 桓檀제도로서 모두 구비된 언문성음의 字倣古篆(한국고전)」까지 모두 바로세우고 시정함에 있어서는 동서고금의 백왕을 초월하고 지극(三一)에 因(一)한 바를 뜻함으로서 잇따르는 즉

<small>정 음 지 작 무 소 조 술 이 성 어 자 연</small>
正音之作。無所祖述。而成扵自然。

◇ 「但因(三一)한 언문성음의 正音체계」로서 일으켜 세우고 모두 바로세움에 있어서는
◇ 「무소조술의 桓檀제도로서 모두 구비된 언문성음 자방고전(字書체계/한국고전)」으로서
◇ 이룩(一朝・제작모신工)되고 만세에 전래되는 천지자연의 근본법칙까지 다시금 일으켜 세울수 있었던 「세종聖帝의 제작모신工」까지 모두 함축/구비된 바를 뜻하였음에도 불구하고、「속칭・천부경(天符經)」이란 이두칭명으로 둔갑되어 전래가 거듭되었으되、「무소조술의 一丸세계를 열어준(開天) 桓因한국의 桓檀제도」로 전환되고 언문해제된 언문성음의 字倣古篆(한국고전) 一覽/참조

<small>개 이 기 지 리 지 무 소 부 재 이 비 인 위 지 사 야</small>
豈以其至理之無所不在。而非人爲之私也。

◇ 이미 지극(三一)에 因(一)한 「천지자연의 근본법칙(三才之道/三易之理)」으로서는 다함이 없는 근본법칙(三一법칙)의 근본쓰임(三一체계)으로서도 서로 마주할 뿐만 아니라
◇ 인의에 치우고 사사로움에 치우친 인의장막의 극치(吾東方禮樂文章/봉건제도/但방언리어)로서 집대성을 이루고 집합체를 이루어버린 모두에 이르기까지 송두리째 걷어내야만 비로소 만천하에 드러나는 바가 곧、「언문성음의 자방고전(字倣古篆/字書체계/한국고전)으로서 모두 구비된 桓因한국의 桓檀제도」를 뜻하였던 바로서

<small>부 동 방 유 국 불 위 불 구 이 개 물 성 무 지</small>
夫東方有國。不爲不久。而開物成務之

◇ 「夫東方有國 / 부동방유국」이라 함은、하늘(一)이 내린(三・朝) 天夫三人의 제작모神工에 따라서 천지조화의 一丸세계를 열어주고(開天) 태고(故)를 열어준(開物 / 成務) 「桓因한국의 桓檀시대 및 東明聖帝의 高麗시대」로 잇따르는 모두가 포괄됨을 뜻하는 바이고

◇ 「不爲不久 / 불위불구」라 함은、夫東方有國의 유구한 역사와 빛나는 전통(開天・開物・成務)에 따라서 후세에까지 이르렀던 바로서 간략하게 압축되고 귀결되는 바이듯

◇ 이와 같은 天夫三人의 제작모神工에 따라서 「천지조화의 一丸세계를 열어준(開天) 桓因韓國의 無所祖述」을 위시하여 「만물치화의 치화원리를 열어준(開物) 桓檀帝曰의 三一神誥」 및 「삼륜교화의 교화원리를 이룩한(成務) 「桓檀帝民의 三倫九誓」로서 모두 구비된 「桓因한국의 桓檀제도와 마주하는 언문성음의 字倣古篆(한국고전)」으로서 만세에 전래되는 바였음에도 불구하고、「후세(周代 / BC 770~221~~~1443년~~今)에 이르면서 송두리째 뒤덮이고(盖有 / 周易) 몽롱해져버린 줄도 모른다」라 함은 이와 같은 모두를 총괄 / 총칭하는 바였던 것이다.

대 지　개 유 대 어 금 일 야 여
大智。盖有待扵今日也歟。

◇ 「대지 / 大智 / 커다란 지혜로움」이라 함은、오로지 한마음(三眞) 한뜻(一神)을 이루면서 만물소통의 성통공완을 이룩하고 지극(三一)에 因(一)함으로서 「하늘(一)이 내린(三・朝) 「天夫三人의 제작모神工」으로서 이룩된 바와 똑같았던 「하늘(一)이 내린(三・朝) 세종聖帝의 제작모神工」 및 「天地神明(一朝)의 제작모神工」을 뜻하는 바로서 전환되고 곧바로 환원됨에 불구하고

◇ 이러한 모두에 이르기까지 송두리째 뒤덮이면서(음양팔괘 / 周易 / 예악문장) 몽롱해져버린 줄도 모르는 오늘(今日)에까지 오랜 기다림을 주심조차도 하늘의 뜻(天地神命 / 三極之義)이리라

정 통 십 일 년 구 월 상 한
正統十一年九月上澣。

◇ 1446年(世宗28年) 9月 29日(上澣)

자 헌 대 부 예 조 판 서 집 현 전 대 제 학 지 춘 추 관 사　세 자 우 빈 객 신 정 인 지
資憲大夫禮曹判書集賢殿大提學知春秋館事○世子右賓客臣鄭麟趾

◇ 자헌대부・예조판서・집현전대제학・지춘추관사○세자우빈객・臣정인지

배 수 계 수 근 서
拜手稽首謹書

◇ 두 손을 모으고 머리 숙여 「謹書」함

訓民正音 (始 / 終)

이와 같은 바를 미루어보듯

天地神明의 제작모神工에 따라서
천지조화의 一丸세계를 열어준(開天 ◇ 十三一命 / 一三十明) 바를 뜻하였고
「무소조술의 一丸세계를 열어준(開天) 桓因한국의 桓檀제도」로 전환되고 환원됨에도 불구하고

「속칭·천부경(天符經)」이란 이두칭명으로 둔갑되어 전래가 거듭된 바로서는
▼ 소위, 신라시대의 최치원(875년~?)에 의해 지어붙여진 바로서 널리 알려진 바이되
반드시 두 갈래로 갈라세우는 용두◐사미☆필법의 이두칭명에 불과할 뿐만 아니라
이미 두(◐) 갈래(☆)로 갈라서버린
「반절문자 및 방언리어 창출지법의 근간(鹿圖文 / 甲骨文)」으로까지 둔갑이 거듭된 바와 같았던

8). 「속칭·천부경(天符經)」 원본 / 참조

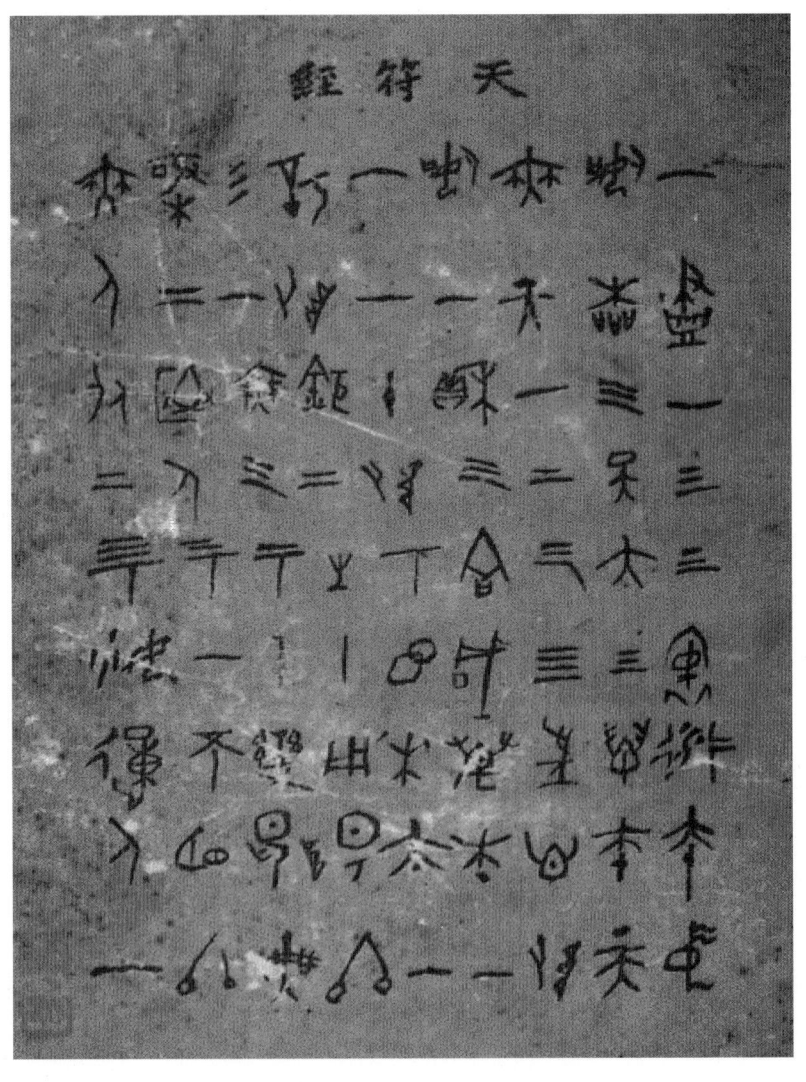

「속칭・천부경(天符經)」이란 이두필법의 이두칭명을 지어붙였던 문장가로서 널리 알려진
신라시대의 최치원(875년 ~ ?)을 비롯하여
신라式・漢字어법을 뜻하는 신라吏讀를 처음으로 시작했고
신라시대의 대표적인 吏讀학자라 칭송하는 설총(658년? ~ ?)이 처음으로 시작했다던
신라吏讀로서는 신라式・漢字어법을 뜻할 뿐만 아니라

중국式・漢字어법과 漢語계통의 공자필법에까지 줄줄이 편승하여 똬리를 틀고 들어앉아버린
梵語계통의 불경화법과 신라式・漢字어법으로 뒤엉켜서 동문동궤를 이루었던
그로서의 애초부터 유성근본(三一五行)을 거스르고서(亦) 쫓는 것도 다르게 뒤엉킨 바를 뜻하는
공자를 섬기는 유교집단의 공자필법과 부처를 섬기는 불교집단의 불경화법으로 뒤엉켜서 어긋남의 극
치에 달해버린 춘추전국시대의 용두사미필법을 뒤집어쓰고서 두(◐) 갈래(☆)로 갈라선 줄도 모르고
끝없이 물고 늘어지면서 대대손손 대물림되는 줄도 모르는
조선吏讀의 반절어법이나 일본吏讀의 이두문법 등등 모두에까지 뿌리깊게 틀어박혀 있는 즉

애초부터
태극(一)의 질서(三・十)에 이르기까지 송두리재 집어삼키고서(一捨◐음양 / 자가☆당착)
중원(十)을 뒤집어써버린(복희팔괘 / 周易 / 文王팔괘) 줄도 몰랐고
춘추전국시대의 용두사미필법으로 뒤엉켜서 똬리를 틀고 들어앉아버린 줄도 몰랐던
음양팔괘의 가공세계 창출지법(周易)을 뒤집어쓴 반절문자 및 방언리어 창출지법에 따라서
무한대로 창출되고 축적이 거듭된 바에 불과했던

「중국고대의 갑골문(甲骨文)과 고조선의 녹도문(鹿圖文)」이란 서로 다른 용두사미필의 동상이몽(異◐
文言文)과 이구동성(乎◐犬言犬)의 극치(中☆國)로 뒤엉켜서 영구적으로 따라 붙어 다니는 반절어법의
태생적 한계를 뒤집어쓰고서 줄줄이 다시 태어나는 줄도 모르는 바가 곧

이미 두(◐) 갈래(☆)로 갈라서버린 줄도 모르는
동서◐언어 / 계통의 이두문법과 방언리어 창출지법으로 줄줄이 주워섬기면서
무주공산의 인간세상으로 전락될 줄도 모르고、무주구천의 망극세계와 극락왕생의 사후세계가 창출되
고 줄줄이 구축되었던 바에 송두리째 갇혀버린 줄도 모르는 바와도 같은즉

애초부터 태극(一)을 집어삼킨(捨) 음양◐상극으로 뒤엉켜서 끝없이 솟구쳐버린
華夏◐文明이나 漢字◐文明이란 이두칭명의 미명(微明)을 앞세운 바에 불과했고
중원천하의 인간세상으로 줄줄이 전락된 줄도 모르는 춘추전국시대의 용두◐사미☆집단이나
동서◐고금의 천지◐귀신☆집단으로 뒤엉켜서 줄줄이 물구나무서버린 줄도 모르는
무주공산(중원천하 / 異乎中國)의 인간세상이라 함은 이를 뜻하였던 것이다.

(1). 천부경(天符經)의 유래

> 육서지법의 漢字어법을 뒤집어쓴 방언리어 창출지법에 불과한
> 이두문법 / 한글어법의 위키백과 / 참조

《천부경(天符經)》은 대종교(단군교)의 경전 중 하나로, 1975년 교무회의에서 채택되었다. 현재는 환인(桓因)이 환웅(桓雄)에게 전하여 지금까지 내려온 것으로 알려져 있으나, 1917년경 최초의 등장 시에는 단군교의 경전이었다. 실제 세상에 처음 알려진 것은 1917년으로 단군교(檀君敎)에서 처음으로 언급, 유포하기 시작하여 1920년경 전병훈의 《정신철학통편》, 1921년 단군교의 기관지 《단탁》에 의해 세간에 널리 알려졌다. 대종교에서는 한참 후인 1975년이 되어서야 기본 경전으로 정식 채택하였다. 대종교에서는 단군 시기의 가르침이 담긴 경전이라 주장하고 있으나 한국 사학계에서는 위작이라 보고 있다.

전문 81자로, 난해한 숫자와 교리를 담고 있어 여러 가지 다른 해석이 나오고 있다.

전래 및 수용

《천부경》은 대종교의 중광(1909년) 당시에는 알려지지 않았으며, 《천부경》이 세상에 처음 알려지게 된 것은 1917년 계연수가 단군교에 《천부경》을 발견했다는 내용의 편지를 보내면서부터이다. 편지에 따르면 계연수는 1916년 9월 9일 묘향산에서 수도하던 도중 석벽에서 《천부경》을 발견하였다고 한다.

1917년 단군교에서 공개한 이후 김용기, 강우 등의 일부 대종교 인사들이 관심을 표명하기도 하였다. 그러나 만주의 대종교 총본사는 《천부경》을 경전으로 수용하지 않았다. 해방 이후 윤세복이 귀국하여 대종교를 재건하였을 때에도 역시 《천부경》은 대종교의 경전으로 인정받지 못했다. 윤세복의 사후 단군교 신자들이 대거 종단에 참여하게 되면서 단군교 계열의 경전들도 다시 주목받기 시작하였다. 1975년에 이르러서야 대종교는 《천부경》과 《참전계경》을 정식경전으로 받아들였다.

판본

· 묘향산 석벽본

계연수가 1916년 발견하여 1917년 단군교에 보냈다는 판본으로, 계연수는 최치원이 석벽에 새겨놓은 것이라 주장하였다. 현재 여러 천부경의 원본으로 보인다.

· 태백일사본(太白逸史本)

이유립이 1979년에 공개한 《환단고기》에 실린 천부경으로, 최치원의 첩(帖)으로 세상에 전하는 것을 1911년 계연수가 적어넣었다고 한다.

• 농은유집본(農隱遺集本)

민홍규가 2000년에 《뉴스피플》에 기고하면서 알려진 것으로, 민안부(閔安富)의 유품에서 나온 것이라고 한다. 특이사항으로는 일반 천부경이 아닌 갑골문으로 된 천부경이라고 주장하였다. 하지만 이 천부경의 갑골문은 실제 갑골문과 전혀 다른 위작이라는 것이 일반적인 견해이다.

속칭・천부경(天符經) 원본필사 / 참조			
묘향산 석벽본・태백일사본		농은 유집본	
원문(漢文)	독음(讀音)	원문(漢文)	독음(讀音)
一始無始一	일시무시일	一始無始一	일시무시일
析三極無盡本	석삼극무진본	新三極無盡本	신삼극무진본
天一一地一二人一三	천일일지일이인일삼	天一一地一二人一三	천일일지일이인일삼
一積十鉅無匱化三	일적십거무궤화삼	一積十鉅無從化三	일적십거무종화삼
天二三地二三人二三	천이삼지이삼인이삼	天二三地二三人二三	천이삼지이삼인이삼
大三合六生七八九	대삼합육칠팔구	大氣合六生七八九	대기합육칠팔구
運三四成環五七	운삼사성환오칠	衷三四成環五七	충삼사성환오칠
一妙衍萬往萬來	일묘연만왕만래	一妙衍萬往萬來	일묘연만왕만래
用變不動本	용변부동본	用變不動本	용변부동본
本心本太陽昂明	본심본태양앙명	本心本太陽昂明	본심본태양앙명
人中天地一	인중천지일	人中天地一	인중천지일
一終無終一	일종무종일	一終無終一	일종무종일

이와 같은
「속칭・천부경(天符經)」이란 이두필법의 이두칭명으로 둔갑되어 전래가 거듭되었던
그로서의 원본 / 원문에서부터도 여러 갈래로 필사되고 번역되면서 서로 다른 동상이몽(異◐文言文)과
이구동성(乎◐犬言犬)의 극치(中☆國)로 뒤엉켜서 영구적으로 따라붙어 다니는 줄도 모르고
왜곡과 굴절만이 거듭되는 반절어법의 극치로서 동문동궤가 이루어진 줄도 모르는
조선吏讀의 반절어법과 일본吏讀의 이두문법으로 뒤엉켜서 축소병합과 이합집산이 거듭된 바에 불과한
조선어문의 어문규정으로 줄줄이 주워섬기면서 지금에까지 이르렀던

그로서의 모든 칭명부여의 이두칭명으로부터도 저절로 왜곡되고 굴절만이 거듭되는 줄도 모르고
방언리어 창출지법에 불과했던 한역음사의 한글국역과 漢字풀이의 방언리어로 뒤엉키고 뒤엉켜서
어긋남의 극치에 달하는 방언리어의 극치로서 줄줄이 꿰어맞춘 바에 불과한
반절어법 / 이두문법의 한글국역으로서는 다음과 같았던 것이다.

(2). 천부경(天符經)의 해석

> 육서지법의 漢字어법을 뒤집어쓴 방언리어 창출지법에 불과한
> 반절어법 / 이두문법의 한글국역본(한역음사 / 漢字풀이、但방언리어) 참조 / 대비

_{일 시 무 시 일　　석 삼 극 무 진 본}
一始無始一、析三極無盡本。

◆ 하나(一)가 시작하기를 무(無)에서 했고
◆ 비롯한 하나(一)를 셋(三)으로 나누니 무(無)가 다 본이다

_{천 일 일 지 일 이 인 일 삼　　일 적 십 거 무 궤 화 삼}
天一一地一二人一三、一積十鉅無匱化三。

◆ 천(天)의 일(一)은 일(一)이요, 지(地)의 일(一)은 이(二)요, 인(人)의 일(一)은 삼(三)이라
◆ 일(一)이 쌓여서 십(十)이 된다. 이것이 그 무(無)를 다듬어서 형태를 빚은 것이니

_{천 이 삼 지 이 삼 인 이 삼　　대 삼 합 육 생 칠 팔 구}
天二三地二三人二三、大三合六生七八九。

◆ 삼천(三天)은 이(二)요, 삼지(三地)는 이(二)요, 삼인(三人)은 이(二)니
◆ 삼대(三大)가 삼합(三合)하여 육(六)이라, 칠(七)과 팔(八)과 구(九)를 낳고

_{운 삼 사 성 환 오　　칠 일 묘 행 만 왕 만 래}
運三四成環五、七一妙衍萬往萬來。

◆ 삼(三)을 들리면 넷(四)이 이루어져 다섯(五)을 둘러쌈이라.
◆ 칠일(七一)이 묘하게 불어남이로다. 만 가지가 가고 오더라도

_{용 변 부 동 본　　본 심 본 태 양 앙 명}
用變不動本、本心本太陽昂明。

◆ 쓰임(用)은 변하되 본(本)은 움직이지 않는다.
◆ 본심(本心)은 본래 태양의 밝음이요

_{인 중 천 지 일　　일 종 무 종 일}
人中天地一、一終無終一

◆ 사람 가운데 하늘과 땅이 하나이리니
◆ 하나가 끝나고 무(無)도 끝나기를 하나(一)에 한다.

속칭・천부경(天符經)에 대한
(3)。육서지법의 漢字사전 참조 / 대비

漢字	讀音	俚語	반절문자 및 방언리어 창출지법에 불과했던 六書之法의 漢字사전 / 참조
天	천	하늘	음양팔괘의 乾◐坤、음양상극의 日◐月、남북상극의 華◐夏 등으로 뒤엉킴
符	부	부신	부신(符信)、수결(手決)、상서(祥瑞)、길조(吉兆)
經	경	날	날、날실、세로、길、조리(條里)、도로(道路)
經	둔갑	종교 경전 및 관습 경전	소위、단군교의 3대경전이라 일컫는 [천부경・삼일신고・참전계경]으로서는
經	전환 ↓→		무소조술의 桓檀제도 및 언문성음의 자방고전으로서 만세에 실어전한 모두를 송두리째 집어삼켜버린 용두사미필법의 이두칭명으로 둔갑된 바에 불과하듯
經	禮樂文章	관습 경전	소위、공자필법의 유교경전 / 관습경전 및 불경화법의 불교경전 / 종교경전 모두가 포괄되는 [오동방・예악문장]으로 간략하게 압축되고 귀결된 반면
天符經	천부경		이두필법의 이두칭명을 지어붙인 바로부터 저절로 왜곡되고 굴절만이 거듭되는
天符印	천부인		줄도 모르는 바가 곧、음양상극으로 뒤엉킨 음양팔괘의 하늘(乾◆天)이 내려준
天符三印	천부삼인		징표(칼・거울・방울)로까지 둔갑이 거듭된 즉、이두필법의 이두칭명에 불과함

이와 같은 바를 미루어보듯
속칭・천부경(天符經)이란 이두필법의 이두칭명으로 둔갑된 바로부터도 줄줄이 둔갑되면서
저절로 왜곡되고 굴절이 거듭될 수밖에 없었던 바가 다름 아닌
춘추전국시대의 용두사미필법(공자필법 / 불경화법)으로 뒤엉켜서 똬리를 틀고 들어앉아버린
이두필법(공자필법)의 칭명부여(方言 / 칭음)가 거듭되고 삼망화법(불경화법)의 중언부언(俚語 / 언해 /
국역)이 거듭되면서 저절로 왜곡되고 굴절만이 거듭되는 반절어법의 극치로서 동문동궤(용두◐사미☆
필법)가 이루어진 줄도 모르는 거두절미법칙의 용두사미필법이라 함도 이를 일컫는 바이고
동서◐언어 / 계통의 이두◐문법 / 체계와 삼망☆화법 / 체계라 함도 이를 일컫는 바이며

불능달의 주역(周易)과 육서지법의 漢字어법을 뒤집어쓰고서 그로서의 끝자락에까지 이르렀던
조선吏讀의 반절어법과 일본吏讀의 이두문법으로 뒤엉켜서 축소병합과 이합집산이 거듭된 바에 불과한
조선어문의 어문규정(한글맞춤법 / 표준어규정)으로서는 그로서의 가짜(假字) 머리통(漢文◐漢字 / 中古
◐漢音)조차도 영구히 빌어써야하는 반신불수 / 반절문자의 대명사(漢字◐한글)로 줄줄이 등극된 바와
더불어 끝없이 곤두박질되어버린 대명사에 불과한 것이었다。

天符經	천부경	[무소조술의 一丸세계를 열어준(開天) 桓因한국의 桓檀제도 및 자방고전 / 전환]
天符印	천부인	[天夫人]에서 동음리어의 이두칭명으로 둔갑된 바에 불과하듯
天符三印	천부삼인	[天夫三人]에서 동음리어의 이두칭명으로 둔갑되고 [칼・거울・방울]로 둔갑

이와 같은
「속칭・천부경(天符經)」이란 이두필법의 이두칭명으로 둔갑된 줄도 모르는 바로서는
애초부터 어긋나고 뒤틀린 춘추전국시대의 용두사미필법(공자필법 / 불경화법)과 방언리어의 극치(肇禮樂文章之祖)로 줄줄이 주워섬기면서 자가당착의 극치를 넘나든 줄도 모르듯이
저절로 왜곡되고 굴절만이 거듭되는 반절어법의 극치로서 동문동궤(거두절미법칙 / 용두사미필법)가 이루어진 줄을 모르기 때문이었던 것이다.

예컨대
육서지법의 육두문자 창출지법이라 함도 거두절미법칙의 용두사미필법으로 뒤엉킨 바를 뜻하고
육서지법의 육두문자를 빌어쓰는 방언리어 창출지법이라 함도 위와 마찬가지임은 물론
음양팔괘의 가공세계 창출지법이라 함도 위와 같은즉

춘추전국시대의 용두사미필법(공자필법 / 불경화법)으로 뒤엉켜서 동문동궤가 이루어진 바와 같았고
다시금 두 갈래로 갈라서버린 동서◐언어 / 계통의 이두◐문법 / 체계와 삼망☆화법 / 체계로 줄줄이 구축되면서 지금에까지 이르렀던 그로서의 모두가 무한대의 가공세계가 창출되고 줄줄이 구축되어버린 바에 송두리째 갇혀버린 줄도 모르는 바를 뜻하는 것이었다.

이와 같은 모두에 이르기까지
애초부터 태극(一)을 집어삼켜버린(捨陰陽) 줄도 모르고
서로 다른 용수사신의 머리◐통과 꼬리☆통으로 뒤엉켜서 자가당착의 극치에 달한 줄도 모르는
음양◐상극의 음양☆오행과 남북◐상극의 동서☆남북으로 뒤엉켜버린 그로서의 모두에 이르기까지
「한(一) 눈(三・十明 / 神明)」으로 내려다 볼수 있었던 바가 다름 아닌
但因(三一)한 능달(能達)의 눈높이(自明)와 마주하는 통달(通達)의 눈높이(神明)를 뜻하는 바이기에

이와 같은 모두가 함축되고 구비된
「桓因한국의 桓檀제도와 한국고유의 諺文체계(한국고전)」까지 모두 바로세워진
「一朝・제작모神工의 훈민정음・신제본(新制曰・解例 / 訣曰 / 픗말・序曰)」으로서
다시금 후세에 실어전하면서 널리 반포되었던
「한국고유의 諺文체계와 마주하는 한겨레의 正音체계」에 대한 올바른 이해를 구하지 못하거나
올바르게 보고・듣고・말할수 있는 능달 / 능통의 눈높이(自明 / 神明)에 이르지 못했다면

글자 그대로
「박물관에 보관된 그림에 떡」에 불과할 뿐만 아니라
「漢字(上)에 목매단 한글(下)」이나, 「周代 / 周朝(上)에 목매단 後代 / 朝鮮(下)」이란 영구적인 굴레(족쇄)에서 영구히 벗어날수 없음은 이미 오래전에 정해져버린 바가 다름 아닌
「춘추전국시대의 용두◐사미☆필법이자, 불능달의 주역(周易)」으로부터 비롯된 바였던 것이다.

제 1 장。 훈민정음・신제왈(新制曰)
1。 언문 / 해제 및 차례 / 해제

우리 대한민국(大韓國民)의 국보 제70호로 지정되고 「세계기록유산」으로도 등재된
「훈민정음(訓民正音)・원본(간송본)」으로서는
「한국고유의 諺文체계와 마주하는 한겨레(訓民)의 正音체계」를 뜻하는 바였고

「훈민정음・신제왈(新制曰 / 창제・반포령)」로서는
후세(周代 / BC 770~221~)에 이르면서 송두리째 뒤덮이고(음양팔괘 / 周易 / 예악문장) 몽롱해져버린
「한국고유의 諺文체계(한국고전 / 桓檀제도)」까지 가지런히 가림토되고 모두 바로세워진(新制)
「언문성음의 글자(正音 28字)체계로서 널리 반포함」을 뜻하였을 뿐만 아니라
「一朝・제작모神工의훈민정음・신제본 / 신제왈」로서 다시금 후세에 실어전함을 뜻하는 것이었다.

그럼에도 불구하고
우리모두(大韓國民)를 지칭하는 바와 같았고 「한겨레(訓民)」를 일컫는 「훈민(訓民)」으로서는
「백성(百姓)을 가르친다(訓)」함으로 한역음사되고 한글국역되면서 저절로 왜곡되고 굴절이 거듭된
「이두필법의 방언(方言 / 칭음)과 삼망화법의 리어(俚語 / 언해 / 국역)」로 둔갑이 거듭었고

「한국고유의 諺文체계와 마주하는 한겨레(訓民)의 正音체계」로 전환되는 「정음(正音)」으로서는
「바른(正) 소리(音)」라 한역음사되고 한글국역되면서 저절로 왜곡되고 굴절이 거듭된 이또한
「이두필법의 방언(方言 / 칭음)과 삼망화법의 리어(俚語 / 언해 / 국역)」로 뒤엉켰을 뿐만 아니라

조선시대 5백년 동안
「공●자를 섬기는 유교☆집단의 공자필법과 유교경전의 漢字언해」로 줄줄이 주워섬긴 것도 모자라
「부●처를 섬기는 불교☆집단의 불경화법과 불교경전의 불경언해」로도 줄줄이 주워섬기면서
저절로 눈과 귀가 멀어버린(顧人不察耳) 줄도 모르고 무엇을 얻고자 하는지도 모르는
이두필법(공자필법)의 칭명부여(方言 / 칭음)가 거듭되고 삼망화법(불경화법)의 중언부언(俚語 / 언해 /
국역)이 거듭되면서 어긋남의 극치에 달하는 방언리어의 극치로서 집대성을 이룬바에 불과했고

저절로 왜곡되고 굴절만이 거듭되는
조선吏讀의 반절어법(漢字 / 한글、독음 / 리어、반절字母 / 이두韻書)으로 체계화되었고
일본吏讀의 이두문법(漢字 / 가나、음독 / 훈독 / 음성학 / 음운학)에 따라 처음으로 성문화되었다던
조선어문의 어문규정(한글맞춤법 / 표준어규정、로마자표기법 / 외래어표기법)으로까지 답습과 둔갑이
거듭된 바에 불과했던 그로서의 모두에 이르기까지 송두리째 걷어내야만
비로소 만천하에 드러나는 바로서는 다음과 같았던 것이다.

一朝	天地神明의
制作侔神工	제작모신공에 따라서
大東千古開朦朧	태고(故)가 열린(開天) 이래、 몽롱해져버린
諺文聲音之字做古篆而新制 **訓民正音·新制曰** 諺文 / 解制	한국고유의 諺文체계까지 모두 바로세워진 **훈민정음·신제왈** 언문 / 해제

◇ 「훈민정음(訓民正音)」은 한국고유의 諺체계(한국고전 / 桓檀제도)까지 모두 바로세워진(新制) 언문성음의 글자(正音28字)체계와 한겨레(訓民)의 正音체계로서 서로 마주함을 뜻하는 것이다.

◇ 「훈민정음·신제왈」이라 함은、후세에 이르면서 송두리째 뒤덮이고 몽롱해져버린 「한국고유의 諺文체계(한국고전)와 桓因한국의 桓檀제도」까지 가지런히 가림토되고 모두 바로세워진(新制) 「언문성음의 글자(正音 28字)체계로서 널리 반포함」을 뜻하였을 뿐만 아니라
「훈민정음·푯말3행」을 위시함으로서 저절로 밝혀지는「한국고유의 諺文체계와 마주하는 훈민정음·신제본 / 신제왈」로서 다시금 후세에 실어전하면서 널리 전언함을 뜻하는 바였던 것이다.

			3字1書의 정의로서 간략하게 요약(一三)되고 압축(三一)된 언문성음의 字書체계 해제
訓民正音			한겨레의 正音체계를 일컫는 바이되、한국고유의 언문(抒諺·抒文·字書)체계와 마주함
			「한국고유의 諺文체계와 마주하는 훈민정음·신제본 / 신제왈」로서 널리 반포된 즉
諺文	字音	語音	3諺1文의 정의로서 간략하게 압축되고 풀어지는 한국고유의 諺文체계 해제
新	신	새로울	한국고유의 諺文체계와 마주하는 언문성음의 글자(正音28字)체계로서 모두
制	제	바로세울	바로세워진(新制) 바가 곧、언문성음의 字書체계로서도 서로 마주함을 뜻하고
日	왈	(반포)	[훈민정음·신제본 / 신제왈]로서 널리 반포함을 뜻하는 [頒布曰]로 전환
		[帝曰]	삼극의 정의(書矣 / 帝曰 / 矣書)로서 간략하게 압축되고 풀어짐과 마주함
	象形	푯말(桓)	[ㅁ / 말하는 입 + 一 / 근원]으로서 더하고 보탬이 거듭된 [푯말(桓)] 함축
諺文聲音			언문성음의 자방고전(한국고전)으로서 널리 실어전한 桓因한국의 桓檀제도와 마주함
			천지자연의 언문성음 / 체계로서 말미암아진 즉、「一朝·제작모신공」 해제 / 참조

이와 같은 모두에 이르기까지 송두리째 집어삼어삼켜버린(一捨음양 / 자가당착) 줄도 모르는
방언리어 창출지법(반절어법 / 이두문법)으로 줄줄이 주워섬기면서 집대성을 이루어 놓았던 바가
「불경언해합본에서 발췌된 세종어제훈민정음·언해본 / 예의본 / 국역본의 머리◐글」이었던 것이다

世宗御製	세종어제	[세종어제훈민정음]은 불경언해합본의 머리통 / 머리글로 들어앉혀버린 즉
訓民正音	훈민정음	불경화법의 한역음사가 거듭된 「백성을 가르치는 바른 소리」로 둔갑 / 고착
御製序文	어제서문	[세종어제]를 앞세운 말꼬리를 물고 말머리로 들어앉힌 [머리◐글]로 둔갑

一朝	天地神明의
制作侔神工	제작모신공에 따라서
大東千古開朦朧	태고(故)가 열린(開天) 이래、몽롱해져버린
諺文聲音之字倣古篆而新制 **訓民正音・新制曰** 次例 / 解制	한국고유의 諺文체계까지 모두 바로세워진 **훈민정음・신제왈** 차례 / 해제
훈민정음 「신제왈」 차례 / 해제	훈민정음 　신제왈(新制曰 / 창제・반포령) 　언문성음의 글자(正音28자)체계 　　一。三一五音의 초성凡17자 및 병서6자 　　二。三字八聲의 중성凡11자 　　三。종성復用초성의 字韻법칙(三七一則)

이와 같은
한국고유의 언문(扵諺・扵文・字書)체계까지 모두 바로세워진(創制・親制・新制)
「훈민정음・풋말3행」을 위시함으로서 저절로 드러나고 맨(三) 처음(一)으로까지 거슬러 올라가는
「一朝・제작모神工의 훈민정음・신제본 / 신제왈」에 대한 언문해제 / 차례해제로서 가지런히 가림토
되고 모두 바로세워진 「훈민정음・신제왈을 비롯한 언문성음의 글자(正音28字)체계」로서는

춘추전국시대(周代 / BC 770~221~)에 이르면서
송두리째 뒤덮이고(음양팔괘 / 周易 / 예악문장) 몽롱해져버린
「한국고유의 諺文체계(한국고전 / 桓檀제도)」로서 모두 구비되고 만세에 전래되는
천지자연의 근본법칙까지 가지런히 가림토되고 모두 바로세워진 바를 뜻하였기에

「천지자연의 근본법칙(三才之道 / 三易之理)과 마주하는 언문성음의 글자(正音28字)체계」에 대한 올바른 이해를 구함이 그 무엇보다 우선이었고, 「한국고유의 언문(扵諺・扵文・字書)」로서 올바르게 보고・듣고・말할수 있는 능달 / 능통의 눈높이(自明 / 神明)에 이르기까지
「훈민정음・신제본(新制曰・해례 / 訣曰 / 풋말・序曰)」 전반에 걸쳐서 올바르게 알면(知) 알수록(智) 저절로 구해지고(自性求子) 저절로 밝아지는 눈높이(自明 / 神明)가 곧
但因(三一)한 능달 / 능통의 눈높이(自明 / 神明◇桓易의 易觀)를 뜻하는 바였던 것이다.

[제자해・訣曰 / 참조]

이와 같은
「훈민정음・푯말3행」을 위시한 한국고유의 諺文체계(三一법칙 / 三一체계)에 따라서
「훈민정음・신제본」 차례해제 / 언문해제로서 가지런히 가림토되면서 모두 바로세워지는
「한국고유의 언문(扵諺・扵文・字書)체계와 마주하는 한겨레의 정음(聲音・字音・語音)체계」로서
다시금 후세에 실어전하면서 널리 반포함을 뜻하는 바였음에도 불구하고

춘추전국시대(周代 / BC 770~221~)에 이르면서 줄줄이 뒤바뀐 줄도 모르기 때문에
음양팔괘의 가공세계 창출지법(周易)을 뒤집어쓰고서 끝없이 곤두박질된 줄도 모르고
육서지법의 漢字어법을 뒤집어쓴 방언리어 창출지법(반절어법 / 이두문법)에 불과한 줄도 모르는
조선吏讀의 반절어법과 이두문법의 어문규정에 따라서

> 그로서의 앞(☆)세운 바만 다를 뿐이었던
> 육서지법의 漢字어법을 뒤집어쓴 방언리어 창출지법으로 줄줄이 주워섬겼던 바에 불과한
> 一名、공자필법(二頭筆法 / 三妄話法)의 용비어천가(龍飛御天歌)
> 一名、불경화법(三妄話法 / 二頭筆法)의 불경언해본(세종어제훈민정음・八相圖・월인석보)
> 一名、반절어법의 훈몽자회(漢字유합서) 및 반절자모의 반절철자법(訓蒙字會・凡例)
> 一名、이두韻書의 홍무정운역훈(洪武正韻譯訓)
> 一名、조선吏讀의 반절어법(漢字 / 한글、독음 / 리어、반절字母 / 이두韻書)
> 一名、일본吏讀의 이두문법(漢字 / 가나、음독 / 훈독、음성학 / 음운학)
> 조선어학회의 어문규범(조선어철자법 / 표준어규범、외래어표기법)
> 한글학회의 어문규정(한글맞춤법 / 표준어규정、로마자표기법 / 외래어표기법)

등등으로 줄줄이 주워섬겼던 그로서의 모두에 이르기까지
서로 다른 용두사미필법의 머리◐통과 꼬리☆통으로 뒤엉켜서 끝없이 물고 늘어지는
이두필법(공자필법)의 칭명부여(方言 / 칭음)가 거듭되고 삼망화법(불경화법)의 중언부언(俚語 / 언해 /
국역)이 거듭되는 방언리어의 극치로서 집대성을 이룬바에 불과했고
저절로 왜곡되고 굴절만이 거듭되는 반절어법의 극치로서 동문동궤가 이루어진 줄 모르는
「오동방・예악문장(사서오경 / 삼강오륜)의 봉건제도(慕華제도 / 骨品제도)」로 줄줄이 주워섬기면서
그로서의 끝자락(周代 / 帝業 / 周朝 ~~~ 조선 / 王業 / 後代)에까지 이르렀던 바에 불과한
조선吏讀의 반절어법과 일본吏讀의 이두문법으로 뒤엉켜서 축소병합과 이합집산이 거듭된
조선어문의 어문규정으로까지 답습과 둔갑이 거듭되었던 그로서의 모두가

춘추전국시대에 이르면서 줄줄이 뒤바뀌어버린
음양팔괘의 가공세계 창출지법(周易)을 뒤집어쓰고서 끝없이 곤두박질된(丫字形) 줄도 모르고
육서지법의 漢字어법을 뒤집어쓰고서 끝없이 널부러진(八字形) 줄도 모르는
이호중국(異乎中國 / 인간세상 / 중원천하)의 방언리어 창출지법으로 줄줄이 주워섬기면서 무엇을 얻고
자 하는지도 모르고 천지◐귀신☆집단(용두사미집단 / 인조인간집단)으로 줄줄이 전락한 줄도 모른다
함은 곧、이와 같은 모두를 총괄 / 총칭하는 바와 같았던 것이다. 「제자해・푯말 / 참조」

一朝	天地神明의
制作侔神工	제작모신공에 따라서
大東千古開朦朧	태고(故)가 열린(開天) 이래、 몽롱해져버린
諺文聲音之字倣古篆而新制 訓民正音·新制曰 諺文解制矣書	한국고유의 諺文체계까지 모두 바로세워진 훈민정음·신제왈 2。본문해제 및 언문해서

訓民正音 / 훈민정음 （始 / 一）

◇ 「훈민정음(訓民正音)」은 한국고유의 언문(扵諺·扵文·字書)체계와 한겨레(訓民)의 정음(聲音·字音·語音)체계로서 서로 마주함을 뜻하였을 뿐만 아니라、후세에 이르면서 송두리째 뒤덮이고 몽롱해져버린 언문성음의 자방고전(한국고전 / 桓檀제도)」까지 가지런히 가림토되고 모두 바로세울 수 있었던 세종聖帝의 제작모신공까지 모두 함축되고 구비된 「一朝·제작모신공의 훈민정음·신제본(新制曰·解例 / 訣曰 / 풋말·序曰)」으로서 다시금 후세에 실어 전하면서 널리 반포함을 뜻하였던 것이다.

그럼에도 불구하고 불능달의 주역(周易)과 육서지법의 漢字어법을 뒤집어쓴 줄도 모르는 조선吏讀의 반절어법에까지 줄줄이 편승하여 뙤리를 틀고 들어앉어버린 바와 같았던
공●자를 섬기는 유교☆집단의 공자필법과 유교경전의 漢字언해로서 집대성을 이룬즉、禮樂文章
부●처를 섬기는 불교☆집단의 불경화법과 불교경전의 불경언해로서 집대성을 이룬즉、예악문장
聖●人을 섬기는 三妄☆집단의 삼망화법과 학습경전의 경전언해로서 집대성을 이룬즉、예악문장
華●夏를 섬기는 慕華☆집단의 이두필법과 관습경전의 漢字언해로서 집대성을 이룬즉、禮樂文章
등등의 모두에 뙤리를 틀고 들어앉아 있는 거두절미법칙(음양이치 / 반절어법)의 용두사미필법(이두필법 / 삼망화법)에 따라서 이두필법의 칭명부여(方言 / 칭음)가 거듭되고 삼망화법의 중언부언(俚語 / 언해 / 국역)이 거듭된 바에 불과한 「불경화법의 불경언해합본(어제월인석보)」으로 집대성을 이루어 놓고서 다시금 발췌된 「불경언해본(세종어제훈민정음)의 머리●글(御製序文) / 예의본 / 국역본」으로 줄줄이 주워섬기면서 지금에까지 답습이 거듭되고 있는 줄도 모르듯이 방언리어 창출지법의 한역음사와 漢字풀이가 거듭된 바에 불과한 「이두칭명 / 이두구결 / 불경언해 / 한글국역 / 표준국어」로까지 둔갑과 답습이 거듭되었던 바로서 대대손손 대물림되는 줄도 모르는 각각의 이두구결 / 불경언해 / 한글국역 참조 / 대비
이두칭명 ◆ 세종어제를 앞세운 불경화법의 불경언해본(세종어제훈민정음)으로 둔갑 / 전락 / 고착 불경언해 ◆ 세종 님금 지으샨 訓民正音(훈민정음)은 百姓(백성) ㄱㄹ치시논 正(정)훈 소리라 한글국역 ◆ 세종 임금(御)이 지으신(製) 백성(百姓)을 가르치는(訓) 바른(正) 소리(音)

國之語音 / 국지어음

◇ 「국지어음(國之語音)」이라 함은、「나라(韓國)의 語音체계」로 전환되는 바였던 「한국고유의 언문(於諺·於文·字書)체계와 마주하는 한겨레(訓民)의 정음(聲音·字音·語音)체계」에 따라서 저절로 말미암아지는 우리 大韓民國 모두의 諺語체계와 諺文체계」로도 전환되고 환원됨과도 같았던 것이다.

> 이두구결 ◆ 國之語音(국지어음)이
> 불경언해 ◆ 나랏말쓰미
> 한글국역 ◆ 우리 나라 말이

異乎中國 / 이호중국

◇ 「이호중국(異乎中國)」이라 함은、애초부터 서로 다르게 뒤엉킨 용두사미필법의 동상이몽(異◑文言文)과 이구동성(乎◑犬言犬)의 극치(中☆國)로 뒤엉켜서 자가당착의 극치(假◑中☆國)에 달해버린 춘추전국시대의 용두사미필법과 방언리어의 극치(肇禮樂文章之祖)로 줄줄이 주워섬기는 줄도 모르는 와중에 음양팔괘의 가공세계(異乎中國 / 假中國、佛國◑天國)가 창출되고 줄줄이 구축되면서 지금까지 이르렀던 모두를 총칭함과 같았음에도 불구하고、이와 같은 모두를 뒤집어쓰고서 끝없이 곤두박질된 줄도 모르는 조선吏讀의 반절어법(漢字 / 한글、이두필법 / 삼망화법、한글맞춤법 / 표준어규정)으로 줄줄이 주워섬기면서 대대손손 대물림되는 줄도 모른다 함도 이를 뜻하는 것이다.

> 이두구결 ◆ 異乎中國(이호중국)ᄒ야
> 불경언해 ◆ 中國(중국)에 달아
> 한글국역 ◆ 중국(中國)과 달라

與文字不相流通 / 여문자불상유통

◇ 「여문자불상유통(與文字不相流通)」이라 함은、한국고유의 말다운(諺) 말(語)과 글다운(3諺1文) 글(3字1書)로서 비롯되는(於) 글월(文)의 諺文체계와 글자(字)의 字書체계로서도 서로 유통되지도 못함(不)을 일컫는 바로서 전환되는 즉、「한국고유의 諺文체계(한국고전)와 桓因한국의 桓檀제도」 모두에 이르기까지 송두리째 집어삼키고서(一捨음양 / 자가당착) 두 갈래로 갈라세워버린 춘추전국시대의 용두사미필법에 따라서 무한대로 창출되고 축적이 거듭된 오동방·예악문장(사서오경 / 삼강오륜)의 봉건제도(慕華제도 / 骨品제도)와 육서지법의 漢字어법으로 줄줄이 주워섬기면서 그로서의 끝자락에까지 이르렀던 조선吏讀의 반절어법(漢字 / 한글、이두필법 / 삼망화법、한글맞춤법 / 표준어규정)에 가로막혀 서로 유통되지도 못함(不)을 일컫는 바로서 간략하게 압축되고 귀결되는 바와도 같았던 것이다.

> 이두구결 ◆ 與文字로 不相流通ᄒᆯ씨
> 불경언해 ◆ 文字(문자)와로 서르 ᄉᆞᆺ디 아니ᄒᆞᆯ씨
> 한글국역 ◆ 한자(漢字)와는 서로 잘 통하지 아니 한다

故愚民 / 고우민

◇ 「고우민(故愚民)」이라 함은、예(故) 어린(愚) 겨레(民)를 일컫는 바이되、태고(故)가 열린(開天 / 開物) 이래、삼륜교화의 교화원리를 이룩한(成務) 桓檀帝民의 훈겨레(訓民)를 일컫는 바로서 전환되고 잇따름에도 불구하고、이두필법의 이두구결과 불경화법의 불경언해 / 한글국역으로 둔갑이 거듭되고 답습이 거듭되면서 지금에까지 이르렀다는 사실조차도 송두리째 뒤덮어버리고 왜곡과 굴절만이 거듭되는 줄도 모르는 조선吏讀의 반절어법 / 어문규정으로서는 방언리어 창출지법에 불과한 것이었다.

이두구결 ◆ 故(고)로　愚民(우민)이
불경언해 ◆ 이런 젼ᄎᆞ로 어린 百姓(백성)이
한글국역 ◆ 이런 까닭으로 어리석은 백성들이

有所欲言而終不得伸其情者 / 유소욕언이종부득신기정자

◇ 근본(一三)을 타고나는(三一) 바(有所)로부터 하고자함(欲言)에 이르기까지(而終) 그로서(其)의 온전한 본성(情◇三眞曰・性命精)조차 습득(得)하지도 펼치지(伸)도 못하노니(不~者)

이두구결 ◆ 有所欲言(유소욕언)ᄒᆞ야도　而終不得伸其情者(이종불득신기정자)ㅣ(구결용ㅣ)
불경언해 ◆ 니르고져 홇배 이셔도 ᄆᆞᄎᆞᆷ내 제 ᄠᅳ들 시러 펴디 몯홇 노미(者ㅣ)
한글국역 ◆ 말하고자 하는바 있어도 마침내 제 뜻을 펴지 못하는 사람이(者ㅣ)

多矣 / 다의

◇ 하늘(矣)이 무너진(多) 듯하노라(只用 ◇ 書矣 / 帝曰 / 矣書)

[~ 한국고유의 諺文체계와 桓因한국의 桓檀제도 모두가 송두리째 뒤덮어버린 바를 뜻함 ~]

이두구결 ◆ 多矣(다의)라
불경언해 ◆ 하니라
한글국역 ◆ 많다

予 / 여

◇ 하여 짐(予)은

이두구결 ◆ 予(여)ㅣ ◆> 조선吏讀의 구결용(ㅣ)으로 둔갑되고 전용된 [ㅣ / 伊只用中聲]
불경언해 ◆ 내(予ㅣ)
한글국역 ◆ 내가(予ㅣ)

爲此憫然 / 위차민연

◇ 이토록 어긋나버린(憫) 천지자연(然)의 근본법칙까지 {가지런히 가림토되고 / 一朝·제작모神工}

> 이두구결 ◆ 爲此憫然(위차민연)ᄒᆞ야
> 불경언해 ◆ 이룰 爲(위)ᄒᆞ야 어엿비 너겨
> 한글국역 ◆ 내가 이것을 가엾게 생각하여

新制二十八字 / 신제이십팔자

◇ 모두 바로세워진(新制) 「언문성음의 글자(正音28字)체계」로서 널리 반포하노니(~新)

「~ 한국고유의 諺文체계(한국고전)까지 모두 바로세워진 언문성음의 글자(正音28字)체계로서 널리 반포함 ~」

> 이두구결 ◆ 新制二十八字(신제이십팔자)ᄒᆞ노니
> 불경언해 ◆ 새로 스믈여듧 字(자)를 밍ᄀᆞ노니
> 한글국역 ◆ 새로 스물여덟 글자를 만드니

欲使人人易習 / 욕사인인이습

◇ 거느리고자하는 저마다의 모두가 쉬이 습득(知)하고 머릿속깊이 새김(智)으로서

> 이두구결 ◆ 欲使人人(욕사인인)으로 易習(이습)ᄒᆞ야
> 불경언해 ◆ 사ᄅᆞᆷ마다 ᄒᆡ여 수ᄫᅵ 니겨
> 한글국역 ◆ 모든 사람들로 하여금 쉬이 익혀서

便扵日用矣 / 편어일용의

◇ 편리하게(便) 비롯되는(扵) 나랏말(國語)의 근본쓰임(用) ◇ 三一법칙 / 三一체계)으로서 날마다(日)에 이르도록 함(書矣 / 只用)이 곧、하늘의 뜻(天地神命 / 三極之義)을 받드는 바와 같았고、하늘(一)이 내린(三·朝) 세종聖帝의 聖心을 받드는 바와 같음을 뜻하였던 것이다.

[~ 아주 간략한 요령(三一之理)으로서 쉬이 터득(智)되는 바가 곧、三一법칙의 三一체계 ~]

> 이두구결 ◆ 便扵日用耳(편어일용이)니라
> 불경언해 ◆ 날로 ᄡᅮ메 便安(편안)킈ᄒᆞ고져 홀 ᄯᆞᄅᆞ미(耳)니라
> 한글국역 ◆ 날마다 쓰는 데 편하게 하고자 할 따름(耳)이니라

⇒⇒⇒ 「언문해서 및 언문체계 / 해제 편」으로 이어짐

一朝	天地神明의
制作侔神工	제작모신공에 따라서
大東千古開朦朧	태고(故)가 열린(開天) 이래、몽롱해져버린
諺文聲音之字倣古篆而新制 訓民正音・新制曰 諺文解制矣書	한국고유의 諺文체계까지 모두 바로세워진 훈민정음・신제왈 3。언문해서 및 언문체계 / 해제

언문성음의 字書체계(자방고전 / 한국고전)에 따라서 간략하게 요약되고 압축되거나
간략하게 압축(三一 / 書矣)되고 풀어짐(一三 / 矣書)으로서도 서로 마주하고 상통되는 바였던
한국고유의 諺文체계와 마주하는 언문성음의 字書체계 해제 / 참조

訓民正音 / 훈민정음 (始 / 一)

◇ 한국고유의 諺文체계와 마주하는 한겨레(訓民)의 正音체계로서 비로소 모두 바로세워진 바를 뜻함

諺文	字音	語音	3諺1文의 정의로서 간략하게 압축되고 풀어지는 한국고유의 諺文체계 해제
訓	훈	삼륜	하늘의 섭리(三倫之理)에 따라서 삼륜교화의 교화원리를 이룩한(成務)
		교화	桓檀帝民의 삼륜구서 및 一朝・제작모신공으로서 이룩된 桓檀제도 참조
	둔갑	가르칠	설문해자의 [說敎]에서 둔갑 / 답습이 거듭된 한역음사 / 한글국역 / 방언리어
民	민	겨레	태고(故)를 열어준(開天・開物・成務) 桓因한국의 天帝之民 / 桓檀帝民 相同
	둔갑	백성	[어리석은 百姓]이라 칭명부여된 이 또한、한역음사 / 한글국역 / 但방언리어
正	정	바를	옳고(一) 바름(三)으로 마주하는 옳고(一)・바른(二三)・올바름(一二三)
音	음	3聲1音	삼일법칙의 삼일체계에 따라서 셋(三聲)으로 나뉘어(初中終) 자리(一音)하는
		정음제계	초◦중◦종 3聲으로서 합성된 연후에 성립되는 언문성음의 글자체계와 마주함
	둔갑	소리	[聲과 音도 소리]로 한역음사되고 거꾸로 뒤엉킨 즉、[음성학 / 음운학] 참조
이두칭명	[세종어제훈민정음]이란 이두칭명으로 둔갑된 바가 곧 이두필법의 칭명부여(方言 / 칭음)		
불경언해	구어체	百姓(빅셩) ᄀᆞᄅᆞ치시논 正(졍)훈 소리	불경화법의 한역음사 / 불경언해
한글국역	本國俚語	백성(百姓)을 가르치는 바른 소리	삼망화법의 漢字풀이 / 한글국역

이와 같은 한국고유의 諺文체계(한국고전 / 桓檀제도) 모두에 이르기까지 송두리째 집어삼키고서(捨陰陽) 두(◐) 갈래(☆)로 갈라세워버린 춘추전국시대의 용두사미필법에 따라서 무한대로 창출되고 축적이 거듭된 오동방・예악문장의 봉건제도(慕華제도 / 骨品제도)와 육서지법의 漢字어법에 줄줄이 함몰된 줄도 모르는 바가 곧、조선吏讀의 반절어법이자 방언리어 창출지법에 불과함을 뜻하는 것이다.

3字1書의 정의로서 간략하게 요약(一三)되고 압축(三一)된 언문성음의 字書체계 해제

國之語音 / 국지어음

◇ 나라의 語音체계를 일컫는 즉、한국고유의 諺文체계와 正音체계에 따라서 저절로 말미암아짐

諺文	字音	語音	3諺1文의 정의로서 간략하게 압축되고 풀어지는 한국고유의 諺文체계 해제	
國	국	한울나라	무한의 태극(一)으로부터 한울타리를 이룩한 바가 곧、天神國의 桓因韓國	
	둔갑	가공세계	음양팔괘의 가공세계로서 창출되고 구축되었던 異乎中國 / 假中國 참조	
之	지	갈 / 只用	~의、오고(一) 갈(三)로 마주하면서 전환이 거듭되는 어조쓰임(只用)	
語	어	諺語의	한국고유의 諺文체계로부터 비롯되는(於) 諺語의 어음체계로 전환되는 반면	
音	음	어음체계	한국고유의 諺文체계를 집어삼켜버린 육서지법의 반절어법 / 漢字어법 참조	
이두구결		문어체	國之語音(국지어음)이	
불경언해		구어체의	나랏말쓰미	[音]을 꿀꺽한、나랏말씀(國之語)
한글국역		방언리어	우리 나라 말이	[우리(吾) 나라(東方) 말(語)]로 뒤엉킴

춘추전국시대(周代 / BC 770~221~)에 이르면서 줄줄이 뒤바꿔어버린
거두절미법칙의 용두사미필법과 육서지법의 漢字어법에 줄줄이 함몰(盖)된 줄도 모르는
조선吏讀의 반절어법(漢字 / 한글、이두필법 / 삼망화법)에 따라서 칭명부여가 거듭된
「이두필법의 이두칭명 및 삼망화법의 한역음사 / 漢字풀이、한글국역 / 本國俚語」
원문 / 해제 一覽 / 참조

이두필법의 칭명부여에 불과한		삼망화법의 한역음사 / 불경언해 / 한글국역 / 漢字풀이 모두가 但방언리어	
		3諺1文의 정의로서 간략하게 압축되고 풀어지는 한국고유의 諺文체계 해제	
世宗御製	세종어제	세종어제를 앞☆세운 머리◐글로 둔갑	거두절미법칙에 따라 거두절미됨
訓民正音	훈민정음	백성을 가르치는 바른소리로 둔갑	한역음사 / 불경언해 / 한글국역 相同
御製序文	어제서문	임금이 지어☆올린 머리◐글로 둔갑	언해본 등의 머리글(序文)로 들어앉힘
吏讀例義	이두예의	조선式・漢字어법 및 讀音과 訓讀방식으로 뒤엉킨 조선吏讀의 반절어법에 포괄	
中古漢音	중고한음	象口形의 입(口)을 앞(☆)세우고 거꾸로 뒤엉킨 음성학 / 음운학의 頭子音36字母	
諺解本	언해본	조선式・漢字어법에 따른 불경언해본(舊)과 한글국역본(新) 모두가 동의적	
例義本	예의본	조선式・漢字어법에 따른 吏讀예의본 ◆ 조선吏讀의 반절어법 / 이두표기법 同	
國譯本	국역본	조선式・漢字어법에 따른 한글국역본 등、모두가 방언리어의 극치로 집대성	
漢譯音寫	한역음사	불교式・漢字어법 다름 아닌 불경화법의 梵漢번역 / 한글국역 / 漢字풀이 同	
一字國譯	한글국역	불경화법의 한역음사와 같은즉、삼망화법의 漢字풀이 / 한글국역 / 本國俚語	

3字1書의 정의로서 간략하게 요약(一三)되고 압축(三一)된 언문성음의 字書체계 해제

異乎中國 / 이호중국

◇ 애초부터 서로 다르게 뒤엉킨 용두사미필법의 동상이몽(異◐文言文)과 이구동성(乎◐犬言犬)의 극치(中☆國)로 뒤엉켜서 자가당착의 극치(假中☆國)에 달해버린 춘추전국시대의 용두사미필법과 방언리어의 극치(肇禮樂文章之祖)로 줄줄이 주워섬기면서 음양팔괘의 가공세계(異乎中國 / 假中國、佛國◐天國)가 창출되고 줄줄이 구축된 줄도 모르는 춘추전국시대의 용두◐사미☆집단이나 동서고금의 천지◐귀신☆집단들과 그로서의 근본쓰임조차도 같을수 없다한 바가 곧, 한국고유의 諺文체계(한국고전)와 마주하는 한겨레(訓民)의 正音체계로서 비로소 모두 바로세워진 바를 뜻하였던 것이다. [제자해・풋말 / 참조]

諺文	字音	語音	3諺1文의 정의로서 간략하게 압축되고 풀어지는 한국고유의 諺文체계 해제
異	이	다를	이두필법의 동상이몽(文言文)으로 뒤엉킨 공자필법의 유교경전 / 유교사상 同
乎	호	함께	삼망화법의 이구동성(犬言犬)으로 뒤엉킨 불경화법의 불교경전 / 불교사상 同
	둔갑	어조사	이두필법의 어조사로 둔갑된 즉、방언리어 창출지법의 한역음사 / 한국국역 同
中	중	가온	三一五行 / 오행방위의 정중앙(水木{土}火金 / 북동{中}남서)을 뜻하지만
	俚語	가운데	태극(一)을 집어삼키고 중원(十)을 뒤집어쓴 中☆國은 몸☆통(반절☆化身)과 同
國	국	나라	[국가]도 나라(國)의 지붕(家)으로 뒤엉킨 이두필법의 이두칭명에 불과한 즉
	둔갑	漢◐朝	음양팔괘의 가공세계로서 창출되고 구축되었던 [異乎中國 / 假中國] 참조

이두구결	문어체	異乎中國(이호중국)ᄒᆞ야	
불경언해	구어체	中國(듕귁)에 달아	中國은 皇帝계신 나라、우리나라 常談에 江南이란 즉
한글국역	俚語	중국(中國)과 달라	[乎]를 꿀걱한 한역음사 / 한글국역 / 불경언해로 둔갑

異乎	이호	서로 다른 용두사미필법의 동상이몽과 이구동성의 극치(中☆國)로 뒤엉킨 바를 뜻함
中國	중국	태극(一)을 집어삼키고(捨) 중원(十)을 뒤집어쓴 중원천하로 곤두박질된 바를 뜻함
異乎中國		중원(十)을 물고 줄줄이 물구나무서버린 무주공산(丫字形 / 洛書)의 인간세상 / 同
이호중국		이호중국의 慕華제도(禮樂文章 ◆ 사서오경 / 삼강오륜、이두필법 / 삼망화법) 참조
假中國		중원(十)을 뒤집어써버린(음양팔괘 / 周易) 무주구천(八字形 / 河圖)의 망극세계 / 同
가중국		가중국의 華夏제도(一捨陰陽 ◆ 음양팔괘 / 삼황오제、반절어법 / 음양역법) 참조
佛國	불국	부처가 있는 나라、극락세계라 일컫는 바가 곧、극락왕생의 사후세계(저승◐이승)
天國	천국	하느님이나 신불(神佛)이 있는 이상세계 라 지칭하는 바가 곧、三妄집단의 가공세계

애초부터 태극(一)을 집어삼키고서(捨) 두(◐) 갈래(☆)로 갈라세워버린
춘추전국시대의 용두사미필법과 음양팔괘(복희팔괘 / 文王팔괘)의 가공세계 창출지법(周易) 해제 / 참조

3字1書의 정의로서 간략하게 요약(一三)되고 압축(三一)된 언문성음의 字書체계 해제			
與文字不相流通 / 여문자불상류통 ◇ 글월(文)의 諺文체계와 글자(字)의 字書체계로서도 서로 유통되지도 못하는(不) 그로인해(故)			
諺文	聲音	語音	3諺1文의 정의로서 간략하게 압축되고 풀어지는 한국고유의 諺文체계 해제
與	여	只用	~과(와)、文(一)과 字(三)로서 마주하고 字(三)와 書(一)로서도 마주하는 즉
文	문	글월	但因(三一)한 태고인의 성음체계·언문체계·字書체계로서 서로 마주함
	전환	諺文	한국고유의 말다운 말(3諺1文)로서 비롯되는(扵) 글월(文)의 諺文체계로 전환
	둔갑	漢文	[육서지법의 六頭文字]에서 둔갑 / 고착된 바가 곧、[二頭文字의 漢文❶漢字]
字	자	글자	[언문성음의 자방고전]으로서 모두 구비된 [桓因한국의 桓檀제도] 해제 / 참조
	전환	字書	한국고유의 글다운 글(3字1書)로서 비롯되는(扵) 글자(字)의 字書체계로 전환
	둔갑	漢字	육서지법의 반절철자법에 따라 창출과 축적이 거듭된 [華製漢字가 가짜(假字)]
	전락	한글	낱(一) 글자(字)의 소리문자 / 표음문자 및 반절字母 / 한글字母로 둔갑 / 전락
不	불	아니	~하지 못함(不) 등으로 전환되고 잇따르는 어조쓰임(只用)
相	상	서로	글월(文)의 諺文체계와 글자(字)의 字書체계로서도 서로 유통되지도 못함(不)
流	유	흐를	물 흐르듯 흘러서 순환됨에도 가로막히면 역행(거스름)과 악순환 뿐이듯
通	통	통할	만물소통의 지름길을 가로막고 중간에 틀어박힌 바가 곧 음양이치의 반절어법
이두구결	方言	與文字(여문자)로 不相流通(불상유통)훌씨	
불경언해	本國	文字(문쫑)와로 서르 스뭇디 아니 훌씨	불경화법의 한역음사 / 불경언해
한글국역	俚語	한자(漢字)와는 서로 잘 통하지 아니 한다	삼망화법의 漢字풀이 / 한글국역

이른바、춘추전국시대(周代 / BC 770~221~)에 이르면서 줄줄이 뒤바뀌어버린 음양팔괘의 가공세계 창출지법(周易)을 뒤집어쓰고서 두(❶) 갈래(☆)로 갈라서버린 반절문자 및 방언리어 창출지법(六書之法 / 漢字어법)으로 줄줄이 주워섬기면서 무한대로 창출되고 축적이 거듭된 바에 불과한 아래와 같은 모두가 「음양❶상극으로 뒤엉킨 華❶夏를 모방하고 답습이 거듭된 용두사미필법 / 집단의 예악문장(但방언리어)」에 불과하다는 즉、「훈민정음·풋말 / 序曰」로서 간략하게 압축되고 귀결된 바로서 만천하에 드러내고 널리 전언한 바와 같았던 것이다

공❶자를 성기는 유교☆집단의 공자필법과 유교경전의 漢字언해로서 집대성을 이룬즉、禮樂文章
부❶처를 성기는 불교☆집단의 불경화법과 불교경전의 불경언해로서 집대성을 이룬즉、예악문장
聖❶人을 성기는 三妄☆집단의 삼망화법과 학습경전의 경전언해로서 집대성을 이룬즉、예악문장
華❶夏를 성기는 慕華☆집단의 이두필법과 관습경전의 漢字언해로서 집대성을 이룬즉、禮樂文章

3字1書의 정의로서 간략하게 요약(一三)되고 압축(三一)된 언문성음의 字書체계 해제

故愚民 / 고우민

◇ 예(故) 어린(愚) 겨레(民)라 함은, 태고(故)가 열린(開天 / 開物) 이래、삼륜교화의 교화원리를 이룩한(成務) 天帝之民 / 桓檀帝民의 한겨레(訓民)을 일컫는 바로서 전환되고 잇따름

諺文	字音	語音	3諺1文의 정의로서 간략하게 압축되고 풀어지는 한국고유의 諺文체계 해제
故	고	只用	그로인해、그럼으로、그럼에도 불구하고 등으로 전환되고 잇따르는 어조쓰임
		태고	태고(故)를 열어준(開天 / 開物) [一朝・제작모神工 및 桓因한국의 桓檀제도] 참조
		象形	[十 / 열림 + 口 / 근본 + 攵 / 더하고 보탬이 거듭된 一朝・제작모神工] 함축
	둔갑	까닭	이두구결의 [故로]에서 [이런 까닭에]로 둔갑된 바가 곧、방언리어 창출지법
愚	우	어릴	예(故) 어린(愚)、태고(故)를 이어받은、한겨레(訓民)로 전환되고 잇따름
	둔갑		본말본뜻의 [~어림]에서 [어리석음]으로 둔갑된 즉、한역음사 / 한글국역의 但방언리어
民	민	겨레	삼륜교화의 교화원리를 이룩한(成務) 桓檀帝民의 겨레는 天帝之民을 뜻하지만
	둔갑	백성	[諸子百家의 百姓]으로 칭명부여되고 한역음사된 바가 곧、방언리어 창출지법

이두구결	方言	故(고)로 愚民(우민)이
불경언해	本國	이런 젼추로 어린 百姓(븍셩)이
한글국역	俚語	이런 까닭으로 어리석은 백성들이

이미 지극(三一)에 因(一)한

天地神明의 제작모神工에 따라서

태고(故)를 열어준(開天・開物・成務) 이래

후세(周代 / BC 770~221~~~~1443년~~今)에 이르면서

송두리째 뒤덮이고(음양팔괘 / 周易 / 예악문장) 몽롱해져버린

「桓因한국의 桓檀제도와 마주하는 한국고유의 諺文체계(한국고전◇訓民正音)」

언문 / 해제 **一覽** / 참조

桓	桓因한국의 桓檀제도	한국고유의 諺文체계 ◇ 한겨레의 正音체계		훈민정음・푯말3행
一	桓因韓國의 無所祖述	천지조화의 一丸세계를 열어준 바가 곧、開天		一朝
二	桓檀帝曰의 三一神誥	만물치화의 치화원리를 열어준 바가 곧、開物		制作侔神工
三	桓檀帝民의 三倫九誓	삼륜교화의 교화원리를 이룩한 바가 곧、成務		大東千古開朦朧
四	天地之道 ◇ 三一之理	三一법칙	天地人・三才之道와 마주하는 一二三・三一之理 / 三一五行
五	三易之理 ◇ 三一五行	三一체계	天地人・三神之位와 마주하는 一二三・三易之理 / 三一五行
十	諺文聲音 ◇ 字倣古篆	한국고전	한국고유의 諺文체계와 마주하는 언문성음의 字書체계

3字1書의 정의로서 간략하게 요약(一三)되고 압축(三一)된 언문성음의 字書체계 해제

有所欲言而終不得伸其情者 / 유소욕언이종부득신기정자

◇ 근본(一三)을 타고나는(三一) 바로부터 하고자함에 이르기까지 그로서의 온전한 본성(情)조차 습득하지도 펼치지도 못하는(不~者) 바가 곧, 불능달의 周易과 육서지법의 漢字어법에 줄줄이 함몰된 줄도 모르는 조선吏讀의 반절어법으로 줄줄이 주워섬기면서 대대손손 대물림되는 줄도 모르기 때문

諺文	字音	語音	3諺1文의 정의로서 간략하게 압축되고 풀어지는 한국고유의 諺文체계 해제
有	유	말미암을	근본(一三)을 타고날(有所)、[有所(一三)와 마주하는 無所(三一)] 참조
	둔갑	있을 / 有	[있고(有 / ○) 없고(無 / ●)]는 반절어법의 대명사인즉、[無에서 有]를
		없을 / 無	창조했다는 창조신화 창출지법 또한、방언리어 창출지법의 용두사미필법
所	소	바탕 / 바	근본(一三)을 타고남(有所)은 곧 하늘(一)을 타고나는(三一) 바와 같은즉
欲	욕	하고자할	올바르거나 어긋난 하고자함(欲言)도 필연 / 자연의 법칙이 함축됨
言	언	방언	반절어법 / 이두문법의 방언(文言文 / 犬言犬)과 리어(文語體 / 口語體)
	둔갑	말씀	반절어법의 방언(文言文)과 리어(文語體)를 높임말로 둔갑을 거듭시키는
		한역음사	바가 곧、방언리어 창출지법에 불과했던 자가당착의 공자필법 / 불경화법
而	이	只用	어조쓰임。~에 이르기까지(而終)、하고자함(欲言)에 이르기까지(而終)
終	종	(끝)맺을	처음(一)과 마주하는 끝(三) 맺음(十)으로서 맺고(三・十) 잇따름(三一)
	둔갑	마침내	[마침(終) ± 내(乃)]로 한역음사된 불경언해 / 한글국역으로 둔갑 / 고착
不	부	아닐	~이 아님(不)、~하지 못함(不) 등으로 전환되고 잇따르는 어조쓰임
得	득	터득(智)	간략한 요령으로 터득되는 능달의 지름길이 三一법칙의 三一체계인 반면
		얻을	저절로 눈과 귀가 멀어버리는 반절어법의 한역음사 / 불경언해 / 한글국역
伸	신	펼	아는 만큼의 言行을 펼치거나 깊은 뜻을 펼치는 바도 필연 / 자연의 법칙
其	기	그로서	[그로서(其)]는 三一법칙의 三一체계에 따른、어조쓰임(只用)인 반면
		그	[그(其)]는 육서지법의 반절어법에 따른、손가락질의 대명사(上●下)
情	정	본성	온전한 본성을 타고나는(三一) 즉 [人物同受三眞曰・性命精] 해제 / 참조
	둔갑	뜻(意)	[본성(情)]이라 써놓고서 [뜻(意)] 이라 읽는바가 곧 조선吏讀의 반절어법
者	자	함 / 只用	~하지 못하노니(不~者)、~함에도 불구하고、그럼에도 불구하고(故~者)
	둔갑	놈 / 사람	[~하노니]에서 [놈]으로 둔갑된 [놈 / 사람 / 물건]으로 둔갑 / 고착
이두구결	문어체		有所欲言(유소욕언)ᄒ야도 而終不得伸其情者(이종불득신기정자)ㅣ
불경언해	구어체의		니르고져 홇배이셔도 ᄆᆞᄎᆞ내 제 ᄠᅳ들 시러 펴디 몯홇 노미(者ㅣ)
한글국역	방언리어		말하고자 하는바 있어도 마침내 제 뜻을 펴지 못하는 사람이(者ㅣ)

3字1書의 정의로서 간략하게 요약(一三)되고 압축(三一)된 언문성음의 字書체계 해제				
多矣 / 다의 ◇ 하늘(矣)이 무너진(多) 바와 같은즉、음양팔괘의 가공세계가 창출되고 구축된 바와 同				
諺文	字音	語音	3諺1文의 정의로서 간략하게 압축되고 풀어지는 한국고유의 諺文체계 해제	
多	다	많을	하늘의 뜻(矣)이 많아(多)졌다 함은、아홉 갈래로 갈라선 無主九天과도 같은즉	
			태극(一)을 집어삼킨(拾) 음양이치의 반절어법에 따라서 두 갈래로 갈라서버린 음양팔괘의 가공세계가 창출되고 줄줄이 구축된 바가 곧、무주공산의 인간세상(지구)으로 전락되고 무주구천의 망극세계(宇宙)로 갈라서버린 바를 뜻함	
		전환	사공(三)이 많으면(多) 배가 산으로 올라간다 함과 같은즉、물구나무서는 바(丫字形)와 同	
矣	의	只用	삼극의 정의(書矣 / 帝曰 / 矣書)로서 맺고(三・十) 잇따르는(三一) 결언쓰임	
	전환	書矣	삼극의 정의로서 간략하게 압축(三一 / 書矣)되고 풀어짐(一三 / 矣書)이 곧	
		矣書	三一법칙의 三一체계로서 마주하는 언문성음의 字書체계를 뜻함에도 불구하고	
이두구결	方言	多矣(다의)라		
불경언해	本國	하니라	[多矣]를 꿀꺽한、이두필법 / 불경화법의 어조사로 둔갑	
한글국역	俚語	많다	[多矣]를 꿀꺽한、이두문법 / 삼망화법의 구어체로 둔갑	

예컨대
◇ 태고(故)가 열린(開天 / 開物) 이래、삼륜교화의 교화원리를 이룩(成務)한 桓檀帝民의 한겨레(訓民)를 일컫는 바로서 전환되고 잇따름에도 불구하고
◇ 근본(一三)을 타고나는 바(有所)로부터 하고자함(欲言)에 이르기까지(而終) 그로서(其)의 온전한 본성(人物同受三眞曰・性命精)조차 습득(得)하지도 펼치지(伸)도 못하노니(不~者)
◇ 하늘(矣)이 무너진(多) 듯하노라(어조쓰임 / 只用 ◇ 書矣 / 帝曰 / 矣書)

로서 간략하게 압축(三一 / 書矣)되고 풀어짐(一三 / 矣書)으로서도 서로 마주하는 바가 곧
「한국고유의 언문(扵諺・扵文・字書)체계와 마주하는 언문성음의 字書체계」에 따라서
삼극(三一)의 정의(書矣 / 帝曰 / 矣書)로서 간략하게 압축되고 풀어짐을 뜻하는 바로서

한국고유의 언문(扵諺・扵文・字書)체계로서는 천지자연의 언문(3諺1文)체계를 일컫는 바이고
한겨레의 정음(聲音・字音・語音)체계로서는 천지자연의 성음(3聲1音)체계를 일컫는 바이자
但因(三一)한 태고인의 성음(3聲1音)체계・언문(3諺1文)체계・자서(3字1書)체계로서 서로 마주하고 상통됨을 뜻하는 바였던 것이다。

3字1書의 정의로서 간략하게 요약(一三)되고 압축(三一)된 언문성음의 字書체계 해제			
予 / 여			
◇ 하늘(一)이 내린(三·朝) 聖帝之位(3聖1位)에서 널리 전언하는 [짐(朕)]으로 전환			
諺文	字音	語音	삼극(三一)의 정의로서 간략하게 압축되고 풀어지는 한국고유의 諺文체계
予	여	(내려)줄	주고(一/天心) 받음(三/民心)으로 서로 마주함도 三一법칙의 三一체계
	전환	짐(朕)	하늘(一)이 내린(三·朝) 세종聖帝의 聖帝之位는 桓檀帝位의 三位太伯을 뜻함
			「桓檀帝位의 三位太伯과 마주하는 郡靈諸哲의 三伯五加」 해제 / 참조
	둔갑	내(나ㅣ)	[寡·孤·朕 ◆ 予·我·吾] 모두가 한역음사가 거듭된 가짜(假字)로 둔갑됨
이두구결	문어체		予(여)ㅣ
불경언해	구어체의	내(나ㅣ)	[훈몽자회·범례]로서 지정된 [ㅣ/伊只用中聲] 참조
한글국역	방언리어	내가(내ㅣ)	[ㅣ]는 조선吏讀의 구결용으로 전용된 [이/가]

이른바
1443년 겨울에 이르러서야
동서고금의 백왕(百王) 모두를 초월하고 지극(三一)에 因(一)함으로서
비로소 하늘(一)이 내린(三·朝)
세종聖帝의 聖帝之位(3聖1位)와 마주하는 바가 곧
一朝·제작모神工을 뜻하는 바이자

오로지(惟)
한마음(三眞) 한뜻(一神)을 이루면서
만물소통의 성통공완을 이룩하고 지극(三一)에 因(一)함으로서
비로소 하늘(一)이 내린(三·朝)
桓檀聖帝之位의 三位太伯과 마주하는 天夫三人의 本位까지 모두 함의된 바와 같은즉

하늘(一)이 내린(三·朝)
天夫三人의 제작모神工이나 세종聖帝의 제작모神工은 동의이듯

이미 지극(三一)에 因(一)한
天地神明의 제작모神工으로 전환되고 곧바로 환원되는 바가 곧
전환(一三一)이 무궁한 언문성음의 字書체계(한국고전◇訓民正音)에 따라서
아주 간략하게 요약(一三)되고 압축(三一)되었다 할지라도 삼극(三一)의 정의(精義)로서 간략하게 압축(三一/書矣)되고 풀어짐(一三/矣書)과도 서로 마주하고 상통됨이란 이를 뜻하는 것이다.

[훈민정음·序曰 / 참조]

3字1書의 정의로서 간략하게 요약(一三)되고 압축(三一)된 언문성음의 字書체계 해제

爲此憫然 / 위차민연

◇ 이토록 어긋나버린(憫) 천지자연(然)의 근본법칙까지 모두 바로세워진 바로서 잇따르는 즉

諺文	聲音	語音	삼극(三一)의 정의로서 간략하게 압축되고 풀어지는 한국고유의 諺文체계
爲	위	할 / 只用	[이·저·그렇게 하는] 등으로 전환되는 어조쓰임(只用)
此	차	이 / 只用	[이·저·그처럼、이·저·그토록] 등으로 전환되는 어조쓰임(只用)
憫	민	어긋날	두 갈래로 갈라선 [衆妙之門]에 송두리째 갇혀버린 글(閔)처럼 어긋남(憫)
然	연	그러할	저절로 그렇게 되는 自然의 법칙까지 함축되어 일컬어짐에도 불구하고
	둔갑	한역음사	[어엿비(憫然) 여겨]、[가엽게(憫然) 생각하여]로까지 둔갑이 거듭됨

이두구결	문어체	爲此憫然(위차민연)ᄒᆞ야	
불경언해	구어체의	이롤 爲(윙)ᄒᆞ야 어엿비 너겨	불경화법의 한역음사 / 불경언해
한글국역	방언리어	이것을 가엽게 생각하여	삼망화법의 漢字풀이 / 한글국역

天地神明의 제작모神工에 따라서
태고(故)를 열어준(開天·開物·成務 ◇ 無所祖述 / 桓檀제도) 이래
후세(周代 / BC 770~221~~~1443년~~今)에 이르면서
송두리째 뒤덮이고(음양팔괘 / 周易 / 예악문장) 몽롱해져버린

「태극(一)의 질서(三·十)와 마주하는 천지조화의 一丸세계(無所祖述)」

언문 / 해제 一覽 / 참조

태극의 질서	천지조화의 근본원리 / 근본법칙 / 순환법칙과 마주하는 一丸세계					三倫之理
一 / 天	이미 지극(三一)에 因(一)한					天倫之理 (天二三之理)
二 / 地	「三一법칙의 三一체계」 로서 서로 마주하고 상통됨					
三 / 運	一 / 天	(↓→)	三才之道 / 至道	至理 / 三易之理		
四 / 成	二 / 地					地倫之理 (地二三之理)
五 / 環	三 / 運	一 / 天	(↓→)	行		
六 / 合		二 / 地				
七 / 生	(人)	三 / 運	一 / 天	則		人倫之理 (人二三之理)
八 / 能	(大)	(能達)	二 / 地			
九 / 達	(夫)	(通達)	三 / 運	一 / 天		
十 / 開	(天)	(一朝)	천지조화의 一丸세계(天神國 ◇ 桓因한국)			

3字1書의 정의로서 간략하게 요약(一三)되고 압축(三一)된 언문성음의 字書체계 해제

新制二十八字 / 신제이십팔자

◇ 一朝・제작모神工의 창제정음28字 및 언문성음의 글자체계와 正音체계로서 신제된 新制曰로 전환

諺文	聲音	語音	3諺1文의 정의로서 간략하게 압축되고 풀어지는 한국고유의 諺文체계 해제		
新	신	새로울	한국고유의 諺文체계까지 모두 바로세워진 바가 곧 [훈민정음・신제본]		
制	제	바로세울	훈민정음・신제본 / 신제왈로서 다시금 후세에 실어 전하고 널리 반포됨		
	둔갑	만들 / 製	한역음사의 [마름질]에서 [만들다(制◆製)]로 둔갑이 거듭된 바에 불과함		
二十八字		정음28字	언문성음의 글자(正音28字)체계에 모두 함축되고 구비된 바가 곧		
		글자諦契	한국고유의 언문(於諺・於文・字書)체계와 마주하는 한겨레의 正音체계		
이두구결		문어체	新制二十八字(신제이십팔자)호노니		
불경언해		구어체의	새로 스믈여듧字(쫑)를 밍ㄱ노니	한역음사의 [만들다(制◆製)]로 둔갑	
한글국역		방언리어	새로 스물여덟 글자를 만드니	한글국역의 방언리어로 고착된 반면↓	

1443년 겨울에 이르러서야
동서고금의 백왕(百王) 모두를 초월하고 지극(三)에 因(一)함으로서
하늘(一)이 내린(三・朝)
세종聖帝의 제작모神工에 따라서
천지자연의 근본법칙까지 까지런히 가림토되고 비로소 모두 바로세워진(創制)
정음28字의 타고난(三一) 모습(象)과 타고난(一三) 형태(形)로서도 모두 구비된

「천지자연의 근본법칙과 마주하는 한국고유의 諺文체계(한국고전◇訓民正音)」
언문 / 해제 一覽 / 참조

一陰陽五行		三字八聲		桓易之理 / 三一五行			夫人의 유성근본과 마주하는 三一五音의 象形制字			
태	一	・		天	一	圓	○	지극(三一)에 因(一)한	[・] 象圓形	一積十鋸↓
음	陰	―		地	二	方	□	三一법칙의 三一체계	[一] 象平形	無匱化三 ←↓
양	陽	｜		人	三	角	△	로서 서로 마주함	[｜] 象立形	[中央에 자리함]
수	水	ㅗ	ㅛ	上	一	北	冬	ㆆㅎㅇ	喉音	[○] 象喉形	[虛明으로 유통]
목	木	ㅏ	ㅑ	外	三	東	春	ㄱㅋㆁ	牙音	[ㆁ] 象牙形	ㄱ。象舌根形
토	土	(十)		中	五	中	季	ㅂㅍㅁ	脣音	[ㅁ] 象口形	[만성을 품어냄]
화	火	ㅜ	ㅠ	下	二	南	夏	ㄷㅌㄴ/ㄹ	舌音	[ㄴ] 象舌形	[ㄹ]。半舌音
금	金	ㅓ	ㅕ	內	四	西	秋	ㅈㅊㅅ/△	齒音	[ㅅ] 象齒形	[△]。半齒音

3字1書의 정의로서 간략하게 요약(一三)되고 압축(三一)된 언문성음의 字書체계 해제

欲使人人易習 / 욕사인인이습

◇ 거느리고자하는 저마다의 모두가 쉬이 습득(知)하고 머릿속 깊이 새김(智)은 곧、桓易之理 터득과 同

諺文	聲音	語音	3諺1文의 정의로서 간략하게 압축되고 풀어지는 한국고유의 諺文체계 해제		
欲	욕	하고자할	거느리고자하는(欲使) 저마다(人人)의 모두를 일컫는 바로서		
使	사	거느릴	두 갈래로 갈라선 이끄는 지도층과 이끌리는 피지도층 모두가 포괄되듯		
人人	인인	저마다	우리모두는 물론이거니와 인류모두를 지칭하는 바와 같았던 것이다		
易	이	쉬울	간략한 요령으로서 습득되고 터득되는 三易之理의 三一五行이 함의된 즉		
	역	桓易	[桓易에서 周易]으로 뒤바뀐 周易을 몽땅 걷어낼 수 있는 桓易之理 함축		
習	습	익힐	간략한 요령으로서 습득 / 터득되는 바가 곧、三一법칙의 三一체계를 뜻함		
이두구결	문어체	欲使人人(욕사인인)으로 易習(이습)ᄒᆞ야			
불경언해	구어체의	사롬마다 히ᅇᅧ 수빙 니겨		불경화법의 한역음사 / 불경언해	
한글국역	방언리어	모든 사람들로 하여금 쉬이 익혀서		삼망화법의 漢字풀이 / 한글국역	

「춘추전국시대의 삼강오륜을 뒤집어쓴 신라시대의 세속오계」
원문 / 해제 一覽 / 참조

삼강오륜	춘추전국시대의 봉건제도로서 줄줄이 주워섬겼던、공자필법의 三綱五倫 참조			
君爲臣綱	신하(下)는 임금(上)을 섬기는 것이 근본(◐)이고	자가당착의 3층 같은 2층 三妄◐二頭	君臣	上◐下
父爲子綱	아들(下)은 아비(上)를 섬기는 것이 근본(◐)이며		父子	上◐下
夫爲婦綱	아내(下)는 남편(上)을 섬기는 것이 근본(◐)이다		夫婦	上◐下
父子有親	자가당착의 上◐下(父子)는 친함이 있어야 하고	三綱☆五倫 三妄☆五行 三皇☆五帝 기본형식 相同	父子	上◐下
君臣有義	가당착의 上◐下(君臣)는 의리가 있어야 하며		君臣	上◐下
夫婦有別	자가당착의 上◐下(夫婦)는 분별이 있어야 하고		夫婦	上◐下
長幼有序	자가당착의 先◐後(長幼)는 질서가 있어야 하며		長幼	先◐後
朋友有信	자가당착의 左◐右(朋友)는 믿음이 있어야 한다		朋友	左◐右

세속오계	신라시대의 화랑제도 / 골품제도로서 줄줄이 주워섬겼던、불경화법의 世俗五戒 참조			
事君以忠	충성으로써 임금을 섬겨야 한다	三妄☆五戒	君爲臣綱 답습 / 둔갑	上◐下
事親以孝	효로써 부모를 섬겨야 한다		父爲子綱 답습 / 둔갑	上◐下
交友以信	믿음으로써 벗을 사귀어야 한다		朋友有信 답습 / 둔갑	左◐右
臨戰無退	싸움에 나가서는 물러남이 없어야 한다	三妄◐二頭	자가당착의 화랑정신	生◐死
殺生有擇	살생에는 가림이 있어야 한다	聖骨 / 眞骨	자가당착의 불교사상	死◐生

	3字1書의 정의로서 간략하게 요약(一三)되고 압축(三一)된 언문성음의 字書체계 해제	

便扵日用矣 / 편어일용의

◇ 편리하게 비롯되는 나랏말(國語)의 근본쓰임(用◇三一법칙 / 三一체계)으로서 날마다(日)에 이르게 함이 곧、하늘의 뜻(矣 / 三極之義)을 받듦과 같았고 세종聖帝의 聖心을 받드는 바와 같았던 것이다.

諺文	聲音	語音	3諺1文의 정의로서 간략하게 압축되고 풀어지는 한국고유의 諺文체계 해제
便	편	편리할	근본법칙의 근본체계에 따라서 편리하게(便) 비롯되는 한겨레의 正音체계
扵	어	비롯될	三一법칙의 三一체계에 따라서 편리하게 비롯되는 한국고유의 諺文체계
	둔갑	어조사	[扵]字와 유사한 [於]字로 뒤바꾸어 놓고서 이두문법의 어조사로 둔갑시킴
日	일	날 / 무한	[무한의 日과 무궁의 月로서 끝없이 순환되는 三易之理 / 三一五行] 함축
用	용	근본쓰임	나랏말(國語)의 근본쓰임이 곧 지극(三一)에 因(一)한 三一법칙의 三一체계
矣	의	결언쓰임	하늘의 뜻(神命)으로서 맺고(三·十) 잇따르는(三一) 결언쓰임(只用 / 書矣)

이와 같은 바만을 미루어보더라도
조선吏讀의 반절어법에까지 줄줄이 편승하여 똬리를 틀고 들어앉아버린 줄도 모르는
이두필법(공자필법)의 칭명부여(이두구결 / 方言)가 거듭되고 삼망화법(불경화법)의 중언부언(한역
음사 / 불경언해 / 한글국역 / 俚語)이 거듭되면서 어긋남의 극치에 달한 줄도 모르는 즉

| 耳 | 이 | [따름] | 불경화법의 어조사로 둔갑시킨 [~할 따름(耳)]이라지만 방언리어의 극치 |

이두구결	문어체	便於日用耳니라	불경화법의 이두구결로 둔갑 / 전락
불경언해	구어체의	날로 뿌메 便安(뼌한)킈 ᄒᆞ고져 훓 ᄯᆞᄅᆞ미(耳)니라	불경화법의 한역음사
한글국역	방언리어	날마다 쓰는 데 편하게 하고자 할 따름(耳)이니라	삼망화법의 漢字풀이

이와 같은
반절어법 / 반절문자의 가짜(漢字◐한글)를 빌어쓰는 방언리어 창출지법의 대명사에 불과한
불경화법의 불경언해합본(세종어제훈민정음·팔상도·월인석보)으로 줄줄이 엮어낸 모두가
「부◐처를 섬기는 불교☆집단의 불경화법과 불경언해합본」으로 귀속되어버린 바와 같듯이

「훈민정음 신제본의 머리통(신제왈)」에 해당되는 부분만 절취하여 선점함으로서
「머리통(신제왈) 없는 몸통(훈민정음·해례본 / 漢文本)」으로 전락되고 둔갑된 이두칭명에다가
다시금 「불경언해본의 머리글(御製序文)」로 들어앉혀 놓았던 바와 다르지 않았던 것이다.

「세종어제를 앞세운 불경언해본의 머리글(御製序文) 편 해제 / 참조」
「불경언해를 답습한 한글국역본의 머리글(어제서문) 편 해제 / 참조」

> 하늘(一)이 내린(三·朝)
> 세종聖帝의 제작모神工에 따라서
> 천지자연의 근본법칙까지 가지런히 가림토되고
> 한국고유의 諺文체계와 마주하는 언문성음의 字書체계까지 모두 바로세워진
> # 4。언문성음의 글자(正音28字)체계
> ## 1)。「三一五音의 초성凡17字 및 병서6字」
> 본문해제 및 언문해서

ㄱ。^{아음}牙音。^{여군자초발성}如君字初發聲

◇ 「ㄱ」字는 「군字초성(ㄱ)」을 일컫는 바이고
◇ 「삼일오음(三一五音) 중의 아음(ㆁ/ㄱ/ㅋ)은 어근(語根)으로부터 말미암아지는
◇ 군(君)字의 초발성(ㄱ)을 일컫는 즉、「군字의 처음(ㄱ/초성)」

○○^{병서}並書。^{여규자초발성}如虯字初發聲

◇ 「군字초성(ㄱ)」이 병서된 「ㄱ병서(ㄲ)」는 「뀨字초성(ㄲ)」을 일컫는 바이고
◇ 뀨(虯)字의 초발성(ㄲ)을 일컫는 즉、「뀨字의 처음(ㄲ/초성)」

ㅋ。^{아음}牙音。^{여쾌자초발성}如快字初發聲

◇ 「ㅋ」字는 「쾌字초성(ㅋ)」을 일컫는 바이고
◇ 아음(ㆁ/ㄱ/ㅋ)과 아성(牙聲)은 같되、경우에 따라 전환되는(三一五音 모두/同)
◇ 쾌(快)字의 초발성(ㅋ)을 일컫는 즉、「쾌字의 처음(ㅋ/초성)」

ㆁ。^{아음}牙音。^{여업자초발성}如業字初發聲

◇ 「ㆁ」字는 「업字초성(ㆁ)」을 일컫는 바이고
◇ 아음(ㆁ/ㄱ/ㅋ)의 처음(ㆁ/어근)을 뜻하며、혀근(舌根)이 입안을 여닫는 바(ㄱ)를 뜻하는
◇ 업(業)字의 초발성(ㆁ)을 일컫는 즉、「업字의 처음(ㆁ/초성)」

ㄷ。^{설음}舌音。^{여두자초발성}如斗字初發聲

◇ 「ㄷ」字는 「두字초성(ㄷ)」을 일컫는 바이고

◇ 「삼일오음(三一五音) 중의 설음(ㄴ/ㄷ/ㅌ)」은 혀끝(舌末)으로부터 말미암아지는
◇ 두(斗)자의 초발성(ㄷ)을 일컫는 즉、「두자의 처음(ㄷ / 초성)」

○○並書^{병서}。如覃字初發聲^{여땀자초발성}

◇ 「두자초성(ㄷ)」이 병서(並書)된 「ㄷ병서(ㄸ)」는 「땀자초성(ㄸ)」을 일컫는 바이고
◇ 땀(覃)字의 초발성(ㄸ)을 일컫는 즉、「땀字의 처음(ㄸ / 초성)」

ㅌ。舌音^{설음}。如呑字初發聲^{여톤자초발성}

◇ 「ㅌ」字는 「톤字초성(ㅌ)」을 일컫는 바이고
◇ 설음(ㄴ/ㄷ/ㅌ)과 설성(舌聲)은 같되、경우에 따라 전환되는(三一五音 모두 / 同)
◇ 톤(呑)字의 초발성(ㅌ)을 일컫는 즉、「톤字의 처음(ㅌ / 초성)」

ㄴ。舌音^{설음}。如那字初發聲^{여나자초발성}

◇ 「ㄴ」字는 「나字초성(ㄴ)」을 일컫는 바이고
◇ 설음(ㄴ/ㄷ/ㅌ)의 처음(ㄴ)을 뜻하며、혀끝(舌末)이 입안을 여닫는 바(ㄴ / 象舌形)를 뜻하는
◇ 나(那)字의 초발성(ㄴ)을 일컫는 즉、「나字의 처음(ㄴ / 초성)」

ㅂ。脣音^{순음}。如彆字初發聲^{여별자초발성}

◇ 「ㅂ」字는 「별字초성(ㅂ)」을 일컫는 바이고
◇ 「삼일오음(三一五音) 중의 순음(ㅁ/ㅂ/ㅍ)」은 입술(脣)로부터 말미암아지는
◇ 별(彆)字의 초발성(ㅂ)을 일컫는 즉、「별字의 처음(ㅂ / 초성)」

○○並書^{병서}。如步字初發聲^{여뽀자초발성}

◇ 「별字초성(ㅂ)」이 병서(並書)된 「ㅂ병서(ㅃ)」는 「뽀字초성(ㅃ)」을 일컫는 바이고
◇ 뽀(步)字의 초발성(ㅃ)을 일컫는 즉、「뽀字의 처음(ㅃ / 초성)」

ㅍ。脣音^{순음}。如漂字初發聲^{여표자초발성}

◇ 「ㅍ」字는 「표字초성(ㅍ)」을 일컫는 바이고
◇ 순음(ㅁ/ㅂ/ㅍ)과 순성(脣聲)은 같되、경우에 따라 전환되는(三一五音 모두 / 同)
◇ 표(漂)字의 초발성(ㅍ)을 일컫는 즉、「표字의 처음(ㅍ / 초성)」

순음 여미자초발성
ㅁ。脣音。如彌字初發聲

◇ 「ㅁ」字는 「미字초성(ㅁ)」을 일컫는 바이고
◇ 「순음(ㅁ/ㅂ/ㅍ)의 처음(ㅁ)」을 뜻하며, 입술이 입을 여닫는 바(ㅁ / 象口形)를 뜻하는
◇ 미(彌)字의 초발성(ㅁ)을 일컫는 즉、「미字의 처음(ㅁ / 초성)」

치음 여즉자초발성
ㅈ。齒音。如卽字初發聲

◇ 「ㅈ」字는 「즉字초성(ㅈ)」을 일컫는 바이고
◇ 「삼일오음(三一五音) 중의 치음(ㅅ/ㅈ/ㅊ)은 가늘지만(ㅅ) 투구처럼 단단해지는(ㅈㅊ)
◇ 즉(卽)字의 초발성(ㅈ)을 일컫는 즉、「즉字의 처음(ㅈ / 초성)」

병서 여짜자초발성
○○並書。如慈字初發聲

◇ 「즉字초성(ㅈ)」이 병서(並書)된 「ㅈ병서(ㅉ)」는 「짜字초성(ㅉ)」을 일컫는 바이고
◇ 짜(慈)字의 초발성(ㅉ)을 일컫는 즉、「짜字의 처음(ㅉ / 초성)」

치음 여침자초발성
ㅊ。齒音。如侵字初發聲

◇ 「ㅊ」字는 「침字초성(ㅊ)」을 일컫는 바이고
◇ 치음(ㅅ/ㅈ/ㅊ)과 치성(齒聲)은 같되、경우에 따라 전환되는(三一五音 모두 / 同)
◇ 침(侵)字의 초발성(ㅊ)을 일컫는 즉、「침字의 처음(ㅊ / 초성)」

치음 여술자초발성
ㅅ。齒音。如戌字初發聲

◇ 「ㅅ」字는 「슐字초성(ㅅ)」을 일컫는 바이고
◇ 「치음(ㅅ/ㅈ/ㅊ)의 처음(ㅅ)」을 뜻하며、가늘함이 몯아지는 바(ㅅ / 象齒形)를 뜻하는
◇ 슐(戌)字의 초발성(ㅅ)을 일컫는 즉、「슐字의 처음(ㅅ / 초성)」

병서 여싸자초발성
○○並書。如邪字初發聲

◇ 「슐字초성(ㅅ)」이 병서(並書)된 「ㅅ병서(ㅆ)」는 「싸字초성(ㅆ)」을 일컫는 바이고
◇ 싸(邪)의 초발성(ㅆ)을 일컫는 즉、「싸字의 처음(ㅆ / 초성)」

후음 여흡자초발성
ㆆ。喉音。如挹字初發聲

◇ 「ㆆ」字는 「흡字초성(ㄱ)」을 일컫는 바이고

◇ 「삼일오음(三一五音) 중의 후음(ㅇ / ㆆ / ㅎ)」은 목(ㅇ)으로부터 말미암지는
◇ 읍(挹)字의 초발성(ㆆ)을 일컫는 즉、「읍字의 처음(ㆆ / 초성)」

후 음　　여 허 자 초 발 성
ㅎ。 喉音。 如虛字初發聲

◇ 「ㅎ」字는 「허字초성(ㅎ)」을 일컫는 바이고
◇ 후음(ㅇ / ㆆ / ㅎ)과 후성(喉聲)은 같되、경우에 따라 전환되는(三一五音 모두 / 同)
◇ 허(虛)字의 초발성(ㅎ)을 일컫는 즉、「허字의 처음(ㅎ / 초성)」

병 서　　여 홍 자 초 발 성
ㅇㅇ並書。 如洪字初發聲

◇ 「허字초성(ㅎ)」이 병서(並書)된 「ㅎ병서(ㆅ)」는 「ᅘ字초성(ㆅ)」을 일컫는 바이고
◇ ᅘ(洪)字의 초발성(ㆅ)을 일컫는 즉、「ᅘ字의 처음(ㆅ / 초성)」

후 음　　여 욕 자 초 발 성
ㅇ。 喉音。 如欲字初發聲

◇ 「ㅇ」字는 「욕字초성(ㄱ)」을 일컫는 바이고
◇ 「후음(ㅇ / ㆆ / ㅎ)의 처음(ㅇ)」을 뜻하며、만성(十)을 감싸거나(盖) 함축되는(含)
◇ 욕(欲)字의 초발성(ㅇ)을 일컫는 즉、「욕字의 처음(ㅇ / 초성)」

반 설 음　　여 려 자 초 발 성
ㄹ。 半舌音。 如閭字初發聲

◇ 「ㄹ」字는 「려字초성(ㄹ)」을 일컫는 바이고
◇ 「반설음(ㄹ)」은 오르내림으로 마주하는 설음의 특성까지 극해된 바를 뜻하는
◇ 려(閭)字의 초발성(ㄹ)을 일컫는 즉、「려字의 처음(ㄹ / 초성)」

반 치 음　　여 샹 자 초 발 성
ㅿ。 半齒音。 如穰字初發聲

◇ 「ㅿ」字는 「샹字초성(ㅿ)」을 일컫는 바이고
◇ 「반치음(ㅿ)」은 가늘함(ㅅ)이 몰아지고 역위(亦爲)되는 치음의 특성까지 극해된 바를 뜻하는
◇ 샹(穰)字의 초발성(ㅿ)을 일컫는 즉、「샹字의 처음(ㅿ / 초성)」

한국고유의 언문(扵諺・扵文・字書)체계와 서로 마주하는
언문성음의 글자(正音28字)체계로서 널리 반포된

2). 「三字八聲의 중성凡11字」
본문해제 및 언문해서

・ 。 如呑字中聲
^{여 툰 자 중 성}

◇ 「・」字는 「툰字중성(・)」을 일컫는 바이고
◇ 「툰(呑)字의 중성(・)」을 일컫는 즉、「툰(呑)字의 가온(中)에 자리함」

― 。 如卽字中聲
^{여 즉 자 중 성}

◇ 「―」字는 「즉字중성(―)」을 일컫는 바이고
◇ 「즉(卽)字의 중성(―)」을 일컫는 즉、「즉字의 가온(中)에 자리함」

ㅣ 。 如侵字中聲
^{여 침 자 중 성}

◇ 「ㅣ」字는 「침字중성(―)」을 일컫는 바이고
◇ 「침(侵)字의 중성(ㅣ)」을 일컫는 즉、「침字의 가온(中)에 자리함」

ㅗ 。 如洪字中聲
^{여 뽕 자 중 성}

◇ 「ㅗ」字는 「뽕字중성(ㅗ)」을 일컫는 바이고
◇ 「뽕(洪)字의 중성(ㅗ)」을 일컫는 즉、「뽕字의 가온(中)에 자리함」

ㅏ 。 如覃字中聲
^{여 땀 자 중 성}

◇ 「ㅏ」字는 「땀字중성(ㅏ)」을 일컫는 바이고
◇ 「땀(覃)字의 중성(ㅏ)」을 일컫는 즉、「땀字의 가온(中)에 자리함」

ㅜ 。 如君字中聲
^{여 군 자 중 성}

◇ 「ㅜ」字는 「군字중성(ㅜ)」을 일컫는 바이고
◇ 「군(君)字의 중성(ㅜ)」을 일컫는 즉、「군字의 가온(中)에 자리함」

ㅓ。如業字中聲
_{여 업 자 중 성}

◇ 「ㅓ」字는 「업字중성(ㅓ)」을 일컫는 바이고
◇ 「업(業)字의 중성(ㅓ)」을 일컫는 즉、 「업字의 가온(中)에 자리함」

ㅛ。如欲字中聲
_{여 욕 자 중 성}

◇ 「ㅛ」字는 「욕字중성(ㅛ)」을 일컫는 바이고
◇ 「욕(欲)字의 중성(ㅛ)」을 일컫는 즉、 「욕字의 가온(中)에 자리함」

ㅑ。如穰字中聲
_{여 샹 자 중 성}

◇ 「ㅑ」字는 「샹字중성(ㅑ)」을 일컫는 바이고
◇ 「샹(穰)字의 중성(ㅑ)」을 일컫는 즉、 「샹字의 가온(中)에 자리함」

ㅠ。如戌字中聲
_{여 슐 자 중 성}

◇ 「ㅠ」字는 「슐字중성(ㅠ)」을 일컫는 바이고
◇ 「슐(戌)字의 중성(ㅠ)」을 일컫는 즉、 「슐字의 가온(中)에 자리함」

ㅕ。如彆字中聲
_{여 별 자 중 성}

◇ 「ㅕ」字는 「별字중성(ㅕ)」을 일컫는 바이고
◇ 「별(彆)字의 중성(ㅕ)」을 일컫는 즉、 「별字의 가온(中)에 자리함」

> 언문성음의 글자(正音28字)체계와 正音체계로서 서로 마주하는
> ## 3). 「종성復用초성의 字韻법칙(三七則)」
> 본문해제 및 언문해서

_{종 성 부 용 초 성}
終聲復用初聲。

◇ 종성(三)에서 다시 쓰이는 초성(一)이라 함은、초성(一)에서 종성(三)으로 전환되고、종성(三)에서 초성(一)으로 전환이 거듭되면서 만성(十)을 품어내는 종성復用초성의 字韻법칙(三七一則)이 함의된 바와 같은즉、아래와 같은 모두가 3종류의 종성則(자운則・입성則・가점則)으로서 간략하게 압축되고 모두 구비된 「三一법칙의 三一체계」로서 서로 마주함을 뜻하는 바였던 것이다.

> 그럼에도 불구하고
> 애초부터 유성근본(三一五行)을 거스르고 쫓는 것도 다르게 뒤엉켜서 두(◐) 갈래(☆)로 갈라서버린 공◐자를 섬기는 유교☆집단의 공자필법과 부◐처를 섬기는 불교☆집단의 불경화법으로 뒤엉켜서 동문동궤가 이루어진 줄도 모르고 방언리어 창출지법에 불과한 줄도 모르는 이두필법의 칭명부여가 거듭되고 삼망화법의 중언부언이 거듭되면서 저절로 왜곡되고 굴절만이 거듭되는 불경화법의 불경언해를 답습하고 그대로 옮겨새긴 바에 불과한 각각의 이두구결 / 불경언해 / 한글국역 참조 / 대비

> 이두구결 ◆ 終聲(종성)은 復用初聲(부용초성)ᄒᆞᄂᆞ니라
> 불경언해 ◆ 乃終(내중)ㄱ소리는 다시 첫소리를 쓰ᄂᆞ니라
> 한글국역 ◆ 끝소리는 첫소리를 다시 쓴다

_{련 서 순 음 지 하 즉 위 순 경 음}
ㅇ連書脣音之下。則爲脣輕音。

◇ [후성ㅇ]을 이어쓴 순음의 아래에 머물게 되는 바가 곧、ㅇ종성字韻을 일컫는 바이고

◇ 순경例(ㅇ連書則 / 경음則)에 따른 순경음(묭봉퐁)을 일컫는 즉、ㅇ종성則(자운則)에 따라서 언문성음의 가온(中)에 머물게 되는 3종류의 ㅇ종성字韻(・ / 合、ㅇ / 虛、○ / 盖)을 일컫는 바와 같았던 「ㅇ종성則(자운則)과 마주하는 ㅇ連書則(경음則 / 脣輕例)」 해제 / 참조

> 이두구결 ◆ ㅇ롤 連書脣音之下(련서순음지하)ᄒᆞ면 則爲脣輕音(즉위순경음)ᄒᆞᄂᆞ니라
> 불경언해 ◆ ㅇ롤 입시울쏘리 아래 니ᅀᅥ쓰면 입시울 가비ᅇᅣᄫᆞᆫ소리 ᄃᆞ외ᄂᆞ니라
> 한글국역 ◆ ㅇ을 입술소리 아래에 이어 쓰면, 입술가벼운소리가 된다.

_{초성합용즉병서 종성동}
初聲合用則並書。終聲同。

◇ 초성합용칙에 따라 초성을 합용하면 병서이고
◇ 종성도 같다 함은 곧, 초성(一)에서 종성(三)으로 전환되는 종성합용칙 또한 같음을 일컫는 즉, 「초중종·3聲 모두가 좌(左)에서 우(右)로 실어 쓰는 각각의 합용並書則」 해제 / 참조

> 이두구결 ◆ 初聲合用(초성합용)홇디면 則並書(즉병서)ᄒ라 終聲(종성)도 同(동)ᄒ니라
> 불경언해 ◆ 첫소리를 어울워 쁧디면 골방쓰라 乃終(내중)ㄱ소리도 ᄒᆞ가지라
> 한글국역 ◆ 첫소리를 어울려 쓸 경우에는 나란히 쓰라. 끝소리의 경우도 마찬가지이다.

_{부서초성지하}
·ㅡㅗㅜㅛㅠ。附書初聲之下。

◇ 「·ㅡ/ㅗㅜㅛㅠ」로서는 원형(·)과 횡서형(ㅡ) 중성을 일컫는 바이고
◇ 초성의 아래(下)에 부서됨을 일컫는 즉, 필요의 자운칙과 불급의 종성칙으로서 마주하는(맞닿은) 종성字韻법칙(三七一則)에 따라 성립되는 字韻(기본자)의 기본음(초성 + 중성 + 字韻合)이나 언문성음의 가온(中)에 머무는 바가 곧, 종성復用초성의 字韻법칙(三七一則)에 따른 3종류의 ㅇ종성字韻(·/舍/함축, ㅇ/虛/허성, ○/盖/감쌈)을 일컫는 바로서, 이하 모두 同

> 이두구결 ◆ ·ㅡㅗㅜㅛㅠ란 附書初聲之下(부서초성)ᄒ고
> 불경언해 ◆ ·와ㅡ와ㅗ와ㅜ와ㅛ와ㅠ와란 첫소리 아래 브터쓰고
> 한글국역 ◆ ·ㅡㅗㅜㅛㅠ는 첫소리 아래쪽에 붙여 쓰고

_{부서어우}
ㅣㅏㅓㅑㅕ。附書於右。

◇ 「ㅣ/ㅏㅓㅑㅕ」로서는 종서형(ㅣ) 중성을 일컫는 바이고
◇ 초성의 오른(右)에 부서됨을 일컫는 즉, 3종류의 종성칙(자운칙·입성칙·가점칙)에 따라 중성을 얻고 성립되는 字韻(기본자)의 기본음(초성 + 중성 + 字韻合)이나 언문성음의 가온(中)에 머무는 이 또한, 종성復用초성의 字韻법칙(三七一則)에 따른 3종류의 ㅇ종성字韻(·/舍/함축, ㅇ/虛/허성, ○/盖/감쌈)을 일컫는 바로서, 이하 모두 同

> 이두구결 ◆ ㅣㅏㅓㅑㅕ란 附書於右(부서어우)ᄒ라
> 불경언해 ◆ ㅣ와ㅏ와ㅓ와ㅑ와ㅕ와란 오른녀기 브터쓰라
> 한글국역 ◆ ㅣㅏㅓㅑㅕ는 오른쪽에 붙여 쓴다.

범 자 필 합 이 성 음
凡字必合而成音

◇ 정음28字 · 必合으로서 성립되는 언문성음의 기본음(초성 + 중성 + 字韻含)과 기본자(字韻凡187字 / 총253字)를 일컫는 바와 같은즉、중성을 얻고 성립되는 기본자 / 字韻 / 기본음(초성 + 중성 + 字韻含)의 가온(中)에 머무는 그로서도 종성復用초성의 字韻법칙(三七一則)에 따른 3종류의 ㅇ종성字韻(·/含/ 함축、ㅇ/虛/허성、◯/盖/감쌈)을 뜻하는 바로서、이하 모두 同

- 이두구결 ◆ 凡字(범자) ㅣ 必合而成音(필합이성음)ㅎㄴ니
- 불경언해 ◆ 믈읫 字(자) ㅣ 모로매 어우러ᅀᅡ 소리이ᄂᄂ니
- 한글국역 ◆ 무릇 글자는 반드시 어울려야 소리가 되니

좌 가 일 점 즉 거 성   이 즉 상 성   무 즉 평 성
左加一點則去聲。二則上聲。無則平聲。

◇ 종성칙의 일환인 가점칙에 따라 左加1點(·)이면 거성칙의 去聲(얕음 / 下、輕音과 同)
◇ 左加2點(:)이면 상성칙의 上聲(두터움 / 上、重音과 同)
◇ 無點이면 평성칙의 平聲(보통 / 中、若音과 同)

- 이두구결 ◆ 左加一點ᄒ면 則去聲이오 二則上聲이오 無則平聲이오
- 불경언해 ◆ 왼녀긔 ᄒᆞᆫ점 더으면 뭇노푼소리오 점이 둘히면 상성이오 점이 업스면 평성이오
- 한글국역 ◆ 왼 쪽에 한점을 더하면 거성이요, 두 점을 더하면 상성이요, 점이 없으면 평성이요

입 성 가 점 동 이 촉 급
入聲加點同而促急

◇ 입성칙과 가점칙은 한가지(3종류의 종성칙)로서 이에 따라 입성(종성쓰임)의 촉급을 다투면서 3聲 7調1音으로 압축 / 조절되는 바가 곧、3종류의 종성칙(자운칙 · 入聲칙 · 加點칙)으로서 간략하게 압축되고 모두 구비된 종성復用초성의 字韻법칙(三七一則)을 일컫는 바로서、만물생성(三七一生)의 근본법칙(三一之理 / 三一五行)으로서도 서로 마주하고 상통되는 「三一법칙의 三一체계」라 함은 이를 뜻하는 바였던 것이다.

- 이두구결 ◆ 入聲(입성)은 加點(가점)이 同而促急(동이촉급)ᄒ니라
- 불경언해 ◆ 入聲(입성)은 點(점) 더우믄 한가지로되 ᄲᆞᄅᆞ니라
- 한글국역 ◆ 입성은 점 더함은 같지만 빠르다.

한국고유의 諺文체계와 마주하는 한겨레의 正音체계로서 비로소 모두 바로세워진

언문성음의 글자(正音28字)체계에 따라서 저절로 말미암아진 즉

4). 「언문성음의 기본음 / 기본자(字韻凡187字 / 총253字)」

언문 / 해제 一覽 / 참조

정음28자·제작모神工				天	地	人	上	外	下	內	上	外	下	內
凡字·필합칙			중성	·	ㅡ	ㅣ	ㅗ	ㅏ	ㅜ	ㅓ	ㅛ	ㅑ	ㅠ	ㅕ
五音	淸濁	초성	必合	튼	즉	침	뽕	땀	두	업	욕	샹	슐	볃
아음 「ㅇ」 象牙形	전청	ㄱ	군	ᄀᆞ	그	기	고	가	구	거	교	갸	규	겨
	전탁	(ㄲ)	뀬	ᄁᆞ	ㄲ	ㄲㅣ	ㄲㅗ	까	꾸	꺼	ㄲㅛ	꺄	뀨	껴
	차청	ㅋ	쾌	ㅋㆍ	ㅋ	키	코	카	쿠	커	쿄	캬	큐	켜
	처음	ㆁ	업	ㆁㆍ	ㆁㅡ	이	오	아	우	어	요	야	유	여
설음 「ㄴ」 象舌形	전청	ㄷ	두	ᄃᆞ	드	디	도	다	두	더	됴	댜	듀	뎌
	전탁	(ㄸ)	땀	ᄄᆞ	뜨	띠	또	따	뚜	떠	뚀	땨	뜌	뗘
	차청	ㅌ	튼	ㅌㆍ	트	티	토	타	투	터	툐	탸	튜	텨
	처음	ㄴ	나	ㄴㆍ	느	니	노	나	누	너	뇨	냐	뉴	녀
	반설음	ㄹ	려	ㄹㆍ	르	리	로	라	루	러	료	랴	류	려
순음 「ㅁ」 象口形	전청	ㅂ	볃	ㅂㆍ	브	비	보	바	부	버	뵤	뱌	뷰	벼
	전탁	(ㅃ)	뽀	ㅃㆍ	쁘	삐	뽀	빠	뿌	뻐	뾰	뺘	쀼	뼈
	차청	ㅍ	표	ㅍㆍ	프	피	포	파	푸	퍼	표	퍄	퓨	펴
	처음	ㅁ	미	ㅁㆍ	므	미	모	마	무	머	묘	먀	뮤	며
치음 「ㅅ」 象齒形	전청	ㅈ	즉	ᄌᆞ	즈	지	조	자	주	저	죠	쟈	쥬	져
	전탁	(ㅉ)	짜	ᄍᆞ	쯔	찌	쪼	짜	쭈	쩌	쬬	쨔	쮸	쪄
	차청	ㅊ	침	ㅊㆍ	츠	치	초	차	추	처	쵸	챠	츄	쳐
	전청	ㅅ	슐	ㅅㆍ	스	시	소	사	수	서	쇼	샤	슈	셔
	전탁	(ㅆ)	싸	ㅆㆍ	쓰	씨	쏘	싸	쑤	써	쑈	쌰	쓔	쎠
	반치음	ㅿ	샹	ㅿㆍ	ㅿㅡ	ㅿㅣ	ㅿㅗ	ㅿㅏ	ㅿㅜ	ㅿㅓ	ㅿㅛ	ㅿㅑ	ㅿㅠ	ㅿㅕ
후음 「ㆆ」 象喉形	전청	ㆆ	흡	ㆆㆍ	ㆆㅡ	히	호	하	후	허	효	햐	휴	혀
	차청	ㅎ	허	ㅎㆍ	흐	히	호	하	후	허	효	햐	휴	혀
	전탁	(ㆅ)	뽕	ㆅㆍ	ㆅㅡ	ㆅㅣ	ㆅㅗ	ㆅㅏ	ㆅㅜ	ㆅㅓ	ㆅㅛ	ㆅㅑ	ㆅㅠ	ㆅㅕ
	처음	ㅇ	욕	ㅇㆍ	으	이	오	아	우	어	요	야	유	여
정음28자·필합칙				언문성음의 正音28字로서 더하고 보태면 되는 바였던 것이다										

> 但因(三一)한
> (天)夫人의 유성근본(三一五行)으로부터 가지런히 가림토된 즉

5。창제정음28字 및 언문성음의 字書체계・제작모神工
1)。「三一五音의 초성凡17字 및 並書6字・가림토神工」

언문 / 해제 一覽 / 참조

三一五音	三一五行	성음청탁	초성字	字音 / 語音	언문성음의 字書체계
아음 「ㆁ」 象牙形	木質 [春/東] 角音	전청	ㄱ	아음。군字초발성	ㄱ。牙音。如君字初發聲
		전탁	[ㄲ]	병서。뀨字초발성	並書。如蚪字初發聲
		차청	ㅋ	아음。쾌字초발성	ㅋ。牙音。如快字初發聲
		불청불탁	ㆁ	아음。업字초발성	ㆁ。牙音。如業字初發聲
설음 「ㄴ」 象舌形	火機 [夏/南] 徵音	전청	ㄷ	설음。두字초발성	ㄷ。舌音。如斗字初發聲
		전탁	[ㄸ]	병서。땀字초발성	並書。如覃字初發聲
		차청	ㅌ	설음。튼字초발성	ㅌ。舌音。如呑字初發聲
		불청불탁	ㄴ	설음。나字초발성	ㄴ。舌音。如那字初發聲
순음 「ㅁ」 象口形	土體 [季夏/中] 宮音	전청	ㅂ	순음。별字초발성	ㅂ。脣音。如彆字初發聲
		전탁	[ㅃ]	병서。뽀字초발성	並書。如步字初發聲
		차청	ㅍ	순음。표字초발성	ㅍ。脣音。如漂字初發聲
		불청불탁	ㅁ	순음。미字초발성	ㅁ。脣音。如彌字初發聲
치음 「ㅅ」 象齒形	金形 [秋/西] 商音	전청	ㅈ	치음。즉字초발성	ㅈ。齒音。如卽字初發聲
		전탁	[ㅉ]	병서。짜字초발성	並書。如慈字初發聲
		차청	ㅊ	치음。침字초발성	ㅊ。齒音。如侵字初發聲
		전청	ㅅ	치음。슐字초발성	ㅅ。齒音。如戌字初發聲
		전탁	[ㅆ]	병서。싸字초발성	並書。如邪字初發聲
후음 「ㅇ」 象喉形	水氣 [冬/北] 羽音	전청	ㆆ	후음。흡字초발성	ㆆ。喉音。如挹字初發聲
		차청	ㅎ	후음。허字초발성	ㅎ。喉音。如虛字初發聲
		전탁	[ㆅ]	병서。뽱字초발성	並書。如洪字初發聲
		불청불탁	ㅇ	후음。욕字초발성	ㅇ。喉音。如欲字初發聲
반설음	亦爲制字	불청불탁	ㄹ	반설음。려字초발성	ㄹ。半舌音。如閭字初發聲
반치음		불청불탁	ㅿ	반치음。상字초발성	ㅿ。半齒音。如穰字初發聲

但因(三一)한
(天)夫人의 유성근본(三一五行)으로부터 말미암아진
그로서의 처음(一)부터 끝(三・十)까지 가지런히 가림토되고 모두 바로세워진
언문성음의 글자(正音28字)체계로서 다시금 후세에 실어전하면서 널리 반포된 즉

「三一五音의 초성凡17字 및 並書6字・제작모神工」
언문 / 해제 一覽 / 참조

五音・象形	초성凡17字・성출초려順			초성凡17字・象形制字의 가림토神工 요약
아음 「ㆁ」 象牙形	처음	ㆁ	업	業字초발성	생물의 씨눈(・)과 水氣(ㅇ)가 합성된 아음의 처음
	전청	ㄱ	군	君字초발성	아음ㄱ. 혀근이 목을 여닫는 象形制字의 처음(ㄱ)
	전탁	[ㄲ]	뀨	虯字초발성	전청ㄱ에서 엉기는 전탁ㄲ은 ㄱ병서(ㄲ)
	차청	ㅋ	쾌	快字초발성	ㄱ에서 ㅋ으로의 성위려가 곧、가획(ㄱ+一)의 본뜻
설음 「ㄴ」 象舌形	처음	ㄴ	나	那字초발성	설음ㄴ. 혀끝이 입안을 여닫는 舌音制字의 처음(ㄴ)
	전청	ㄷ	두	斗字초발성	ㄴ에서 ㄷ으로의 성위려가 곧、가획(ㄴ+一)의 본뜻
	전탁	[ㄸ]	땀	覃字초발성	전청ㄷ에서 엉기는 전탁ㄸ은 ㄷ병서(ㄸ)
	차청	ㅌ	톤	呑字초발성	ㄷ에서 ㅌ으로의 성위려가 곧、가획(ㄷ+一)의 본뜻
	半舌	ㄹ	려	閭字초발성	반설음ㄹ. 혀근/혀끝의 타오름을 취한 是爲制字
순음 「ㅁ」 象口形	처음	ㅁ	미	彌字초발성	순음ㅁ. 만성(十)을 품어내는 脣音制字의 처음(ㅁ)
	전청	ㅂ	별	彆字초발성	ㅁ에서 ㅂ으로의 성위려가 곧、가획(ㅁ+一)의 본뜻
	전탁	[ㅃ]	뽀	步字초발성	전청ㅂ에서 엉기는 전탁ㅃ은 ㅂ병서(ㅃ)
	차청	ㅍ	표	漂字초발성	ㅂ에서 ㅍ으로의 성위려가 곧、가획(ㅂ+一)의 본뜻
치음 「ㅅ」 象齒形	전청	ㅅ	슐	戌字초발성	치음ㅅ. 가늘함이 마주하는 齒音制字의 처음(ㅅ)
	전탁	[ㅆ]	싸	邪字초발성	전청ㅅ에서 엉기는 전탁ㅆ은 ㅅ병서(ㅆ)
	전청	ㅈ	즉	卽字초발성	ㅅ에서 ㅈ으로의 성위려가 곧、가획(ㅅ+一)의 본뜻
	전탁	[ㅉ]	짜	慈字초발성	전청ㅈ에서 엉기는 전탁ㅉ은 ㅈ병서(ㅉ)
	차청	ㅊ	침	侵字초발성	ㅈ에서 ㅊ으로의 성위려가 곧、가획(ㅈ+一)의 본뜻
	半齒	ㅿ	샹	穰字초발성	반치음ㅿ. 가늘한 치음의 몯아짐을 취한 亦爲制字
후음 「ㅇ」 象喉形	처음	ㅇ	욕	欲字초발성	후음ㅇ. 투명하게 유통되는 喉音制字의 처음(ㅇ)
	전청	ㆆ	흡	挹字초발성	ㅇ에서 ㆆ으로의 성위려가 곧、가획(ㅇ+一)의 본뜻
	차청	ㅎ	허	虛字초발성	ㆆ에서 ㅎ으로의 성위려가 곧、가획(ㆆ+一)의 본뜻
	전탁	[ㆅ]	뽕	洪字초발성	ㆆ보다 앝은 ㅎ에서 엉기는 전탁ㆅ은 ㅎ병서(ㆅ)

「三一五音의 초성합용칙・가림토神工」
언문 / 해제 一覽 / 참조

五音・次序	牙音			舌音				脣音			齒音				半	喉音		
초성凡17字	ㄱ	ㅋ	ㆁ	ㄷ	ㅌ	ㄴ	ㄹ	ㅂ	ㅍ	ㅁ	ㅈ	ㅊ	ㅅ	ㅿ		ㆆ	ㅎ	ㅇ
並書	ㄲ			ㄸ				ㅃ			ㅉ		ㅆ				ㆅ	
ㅇ連書							ㅇ	ㅸ	ㆄ	ㅱ								
병서칙	초성합용병서는 左에서 右로 실어 쓰며 초중종 3聲 모두 같다.																	
초성합용칙	합용병서(ㅼ / ㅶ / ㅴ 등) 및 各自병서(ㆅ / ㆀ / ㅆ 등)																	

「초성凡17字・합용칙에 대응된 로마字・대응칙」
언문 / 해제 一覽 / 참조

五音・次序	牙音			舌音				脣音			齒音				半	喉音		
초성凡17字	ㄱ	ㅋ	ㆁ	ㄷ	ㅌ	ㄴ	ㄹ	ㅂ	ㅍ	ㅁ	ㅈ	ㅊ	ㅅ	ㅿ		ㆆ	ㅎ	ㅇ
로마字대응	g	k	gh	d	t	n	r/l	b	p	m	j/z	ch	s	sh	(w)		h	(y)
並書	ㄲ	↓		ㄸ				ㅃ			ㅉ		ㅆ				ㆅ	↓
로마字합용	g´	↓	d´					b´			z´		s´				h´	↓
ㅇ連書			終				ㅇ	ㅸ	ㆄ	ㅱ								終
로마字합용			ng				rh	v	f	mh								ng

五音・淸濁	불청불탁성음			전청성음			차청성음			전탁성음		
성출초려	성부려 / 처음			성위려 / 가획			성위려 / 가획			성위려 / 병서		
牙音	ㆁ	업字초성		ㄱ	군字초성		ㅋ	쾌字초성		ㄲ	끆字초성	
		gh	ghéb		g	gun		k	koæ		g´	g´yu
舌音 (반설음ㄹ)	ㄴ	나字초성		ㄷ	두字초성		ㅌ	튼字초성		ㄸ	땀字초성	
		n	na		d	du		t	tan		d´	d´am
	ㄹ	려字초성										
		r/l	ryè									
脣音	ㅁ	미字초성		ㅂ	별字초성		ㅍ	표字초성		ㅃ	뽀字초성	
		m	mi		b	byèl		p	pyo		b´	b´o
齒音 (반치음ㅿ)	ㅿ	샹字초성		ㅅ	슐字초성		ㅊ	침字초성		ㅆ	싸字초성	
		sh	shang		s	shul		ch	chim		s´	s´a
				ㅈ	즉字초성					ㅉ	짜字초성	
					j/z	zwk					z´	z´a
喉音	ㅇ	욕字초성		ㆆ	흡字초성		ㅎ	허字초성		ㆅ	뽕字초성	
		(y)	yok		(w)	wb		h	hè		h´	h´ong

2). 「三字八聲의 중성凡11字・가림토神工」
언문 / 해제 一覽 / 참조

一朝・제작모神工			三字八聲	字音 / 語音	諺文字書 / 체계	중성2・3字合用則		
天	一	근본字 (三一 / 十) [天倫 / 含]	ᆞ	튼字중성	ᆞ。如吞字中聲	ᆡ		
地	陰		ㅡ	즉字중성	ㅡ。如卽字中聲	ㅢ		
人	陽		ㅣ	침字중성	ㅣ。如侵字中聲	「ㅣ」。無定位數		
上	北	초출字 (ᆞ / 生) [地倫 / 含]	ㅗ	뽕字중성	ㅗ。如洪字中聲	ㅘ	ㅚ	ㅙ
外	東		ㅏ	땀字중성	ㅏ。如覃字中聲		ㅐ	
下	南		ㅜ	군字중성	ㅜ。如君字中聲	ㅝ	ㅟ	ㅞ
內	西		ㅓ	업字중성	ㅓ。如業字中聲		ㅔ	
兼上	兼北	재출字 (ᆢ / 成) [人倫 / 含]	ㅛ	욕字중성	ㅛ。如欲字中聲	ㆇ	ㆈ	ㆋ
兼外	兼東		ㅑ	샹字중성	ㅑ。如穰字中聲		ㅒ	
兼下	兼南		ㅠ	슐字중성	ㅠ。如戌字中聲	ㆌ	ㆊ	ㆌ
兼內	兼西		ㅕ	별字중성	ㅕ。如彆字中聲		ㅖ	
중성합용칙			중성합용으로서도 좌에서 우로 싣어쓰며 초중종 3聲 모두 같다.					

「三字八聲의 중성凡11字・제작모神工」
언문 / 해제 一覽 / 참조

중성凡11字・順序				중성凡11字・象形制字의 가림토神工 요약	
天	ᆞ	튼	吞字중성	圓形(ᆞ)은 하늘(天)과 함께하는 象圓形(ᆞ / ○)	근본字(三一) (天倫之理 / 含)
地	ㅡ	즉	卽字중성	平形(ㅡ)은 자연(地)과 함께하는 象平形(ㅡ / □)	
人	ㅣ	침	侵字중성	立形(ㅣ)은 삶(人)과 함께하는 象立形(ㅣ / △)	
上	ㅗ	뽕	洪字중성	[ㅗ와 ᆞ]은 같되、口蹙 / 합성(ᆞㅡ) 및 초출(ᆞ)	초출字(ᆞ) (地倫之理 / 含)
外	ㅏ	땀	覃字중성	[ㅏ와 ᆞ]은 같되、口張 / 합성(ㅣᆞ) 및 초출(ᆞ)	
下	ㅜ	군	君字중성	[ㅜ와 ㅡ]은 같되、口蹙 / 합성(ㅡᆞ) 및 초출(ᆞ)	
內	ㅓ	업	業字중성	[ㅓ와 ㅡ]은 같되、口張 / 합성(ᆞㅣ) 및 초출(ᆞ)	
兼上	ㅛ	욕	欲字중성	[ㅛ와 ㅗ]는 같되、ㅣ(삶)이 일으킨(ㅛ) 재출(ᆢ)	재출字(ᆢ) (人倫之理 / 含)
兼外	ㅑ	샹	穰字중성	[ㅑ와 ㅏ]는 같되、ㅣ(삶)이 일으킨(ㅑ) 재출(ᆢ)	
兼下	ㅠ	슐	戌字중성	[ㅠ와 ㅜ]는 같되、ㅣ(삶)이 일으킨(ㅠ) 재출(ᆢ)	
兼內	ㅕ	별	彆字중성	[ㅕ와 ㅓ]는 같되、ㅣ(삶)이 일으킨(ㅕ) 재출(ᆢ)	
중성 2・3字 合用18字			同出相合4字 ◇ 「ㅘㅝㆇㆌ」		
			ㅣ相合14字 ◇ 「ᆡㅢ / ㅚㅐㅟㅔ / ㆈㅒㆌㅖ」		

「三字八聲의 중성합용칙・가림토神工」

언문 / 해제 一覽 / 참조

一朝 제작모神工	근본자(三一/十)			초출자(・/生)				재출자(・・/成)			
	天	地	人	上	外	下	內	兼上	兼外	兼下	兼內
중성凡11字	・	ー	ㅣ	ㅗ	ㅏ	ㅜ	ㅓ	ㅛ	ㅑ	ㅠ	ㅕ
	튼	즉	침	뽕	땀	군	업	욕	샹	슐	별
同出相合			「ㅣ」 無定 位數	ㅘ		ㅝ		ㆇ		ㆊ	
2字相合	・ㅣ	ㅢ		ㅚ	ㅐ	ㅟ	ㅔ	ㅛㅣ	ㅒ	ㆌ	ㅖ
3字相合				ㅙ		ㅞ		ㆉ		ㆋ	

중성합용칙

중성합용으로서도 좌에서 우로 실어쓰며 초중종・3聲 모두 같은즉

동출상합4字 ◇ 「ㅘㅝㆇㆊ / 2字합용」으로서는

동출(・ー丨)로서 相合되는 「ㅗㅏ<・/ー>ㅜㅓ 및 ㅛㅑ<起扵丨>ㅠㅕ」

「재출자의 [ㅛㅑㅠㅕ]로서는 [ㅗㅏㅜㅓ]와 같되, 불러일으킴은 [ㅣ/人/△]

ㅣ字상합 14字 ◇ 「・ㅣㅢㅚㅐㅟㅔㅞㅙㅒㅝㆌㅖㆋ / 2・3字相合」으로서는

모두에 상합되는 「ㅣ」字를 제외한

중성凡10字와 상합되는 「ㅣ字상합 10字(2字相合)」를 비롯하여

동출상합 4字(ㅘㅝㆇㆊ)와 「ㅣ字」가 상합되는 「ㅣ字상합 4字(ㅙㅞㆌㆋ)」

「중성凡11字・합용칙에 대응된 로마자・합용병서칙」

언문 / 해제 一覽 / 참조

一朝 제작모神工	근본자(三一/十)			초출자(・/生)				재출자(・・/成)			
	天	地	人	上	外	下	內	兼上	兼外	兼下	兼內
중성凡11字	・	ー	ㅣ	ㅗ	ㅏ	ㅜ	ㅓ	ㅛ	ㅑ	ㅠ	ㅕ
로마字대응	・捨	(w・u)	(i・y)	o	a	u	{ė}	yo	ya	yu	yė
동출상합자			「ㅣ」 無 定 位 數	ㅘ		ㅝ		ㆇ		ㆊ	
로마字합용				wa		wè		yoa		yuė	
ㅣ상합자	・ㅣ	ㅢ		ㅚ	ㅐ	ㅟ	ㅔ	ㅛㅣ	ㅒ	ㆌ	ㅖ
로마字합용	不用	wy		oe	ae	wi	e	yoe	yae	yui	ye
ㅣ상합자				ㅙ		ㅞ		ㆉ		ㆋ	
로마字합용				oae		we		yoæ		yue	

3). 「종성復用초성의 字韻법칙(三七一則)・가림토神工」
언문 / 해제 一覽 / 참조

- 종성(三)에서 다시 쓰이는 초성(一)이라 함은、종성復用초성의 字韻법칙이 함의된 바로서
- 후음ㅇ을 이어쓴 순음의 아래에 머무는 字韻을 일컫는 즉、순경례에 따른 순경음(ᄝᄫᅗ)
- 원형 / 횡서형(・/ ㅡ)、종서형(ㅣ) 각자의 중성을 얻고 가온에 머무는 字韻이 곧、ㅇ종성字韻
- 正音28字・필합으로서 성립되는 기본자 / 기본음의 가온에 머무는 字韻 또한、ㅇ종성字韻
- 입성칙과 가점칙은 한가지(3종류의 종성칙)로서 이에 따라 입성(종성쓰임)의 촉급을 다투면서 3聲7調1音으로 압축 / 조절되는 바가 곧、3종류의 종성칙(자운칙・입성칙・가점칙)으로서 압축되고 모두 구비된、종성復用초성의 字韻법칙(三七一則)을 뜻하는 바이자、이미 지극(三一)에 因(一)한「三一법칙의 三一체계」로서 서로 마주하고 상통됨을 뜻하는 바였던 것이다

가온에 머무는 ㅇ종성字韻	맑고 빈듯하여 물기처럼 투명하게 유통되는 ㅇ종성칙 / 자운칙 참조
성완(聲不厲)의 통용종성4字	처음의 ㅇㄴㅁ / ㄹ、ㅇ종성은 허성。ㅇ종성칙 / 자운칙 참조
성급(聲爲厲)의 통용종성4字	전청의 ㄱㄷㅂ / ㅅ、ㆆ종성 또한、빈듯하게 유통되는 위와 같음

종성復用초성의 字韻법칙(三七一則)으로서
간략하게 압축되고 모두 구비된 즉
(1). 「3종류의 종성칙(자운칙・입성칙・가점칙)」
언문 / 해제 一覽 / 참조

종성字韻법칙 (三七一則) ◇ 자운칙 (ㅇ종성칙)	**三一법칙의 자운칙(자운칙)** 초중성을 받드는 종성칙에 따라 성립되는 字韻(초성+중성+字韻含)의 가온(中)에 머무는 바가 곧 종성字韻을 일컫는 바이자、3종류의 ㅇ종성字韻(・/ 함축、ㅇ / 허성、○ / 감쌈)을 일컫는 바인즉 필요의 자운칙과 불급의 종성칙으로 마주하는 종성復用초성의 字韻법칙에 따라 중성을 얻고 성립되는 字韻(초성+중성+字韻含)의 가온(中)에 머물게 되는 3종류의 ㅇ종성字韻(・/ 含、ㅇ / 虛、○ / 盖)이라 함은 이를 뜻하는 것이다
입성칙 (次초성含)	**三一법칙의 입성칙(入聲則)** 성부려(불청불탁)의 종성쓰임(ㅇㄴㅁㅇㄹㅿ)을 제외한 성위려(청탁 모두)의 모든 종성쓰임(三)이 곧、다음의 초성(一)을 머금은 입성(三一)의 종성쓰임을 일컫는 즉 종성쓰임(三)과 다음의 초성함축(一)으로도 마주하는(맞닿은) 三一법칙의 입성칙이라 함도 이를 뜻하는 즉、이와 같은 모두가 三一법칙의 三一체계로서 서로 마주함

가점칙 (聲調則)	三一법칙의 가점칙(加點則)
	三一법칙의 가점칙에 따른 거성(·)、평성(무점)、상성(:) 모두는 종성류를 가리지 않으나 3종류의 종성칙(자운칙、입성칙、가점칙)에 따라서 입성(종성쓰임)의 촉급을 다투면서 3聲7調1音으로 압축/조절되는 바가 곧、三一법칙의 종성字韻법칙(三七一則)에 모두 포괄됨을 뜻하는 바였던 것이다

但因(三一)한 성음(3聲1音)체계의 성출초려에 따라서
저절로 말미암아진 바에 이르기까지 가지런히 가림토된 바를 뜻하는 즉
(2)。「三一五音의 성음청탁」
언문 / 해제 一覽 / 참조

성음청탁	불청불탁 / 성부려			전청 / 성위려			차청 / 성위려			전탁 / 성위려		
三一五音의 성출초려	ㅇㄴㄹㅁㅿㅇ			ㄱㄷㅂ / ㅈㅅㆆ			ㅋㅌㅍㅊㅎ			ㄲㄸㅃ / ㅉㅆㆅ		
	업나려미앙욱			군두별 / 즉슬흡			쾌튼표침허			뀨땀뽀 / 짜씨훃		
	五音의 처음(一)			是爲(↗) / 亦爲(↘)			五音의 정점(三)			是爲(↗) / 亦爲(↘)		
輕若重·3音	경음	약음	중음	경음	약음	중음	경음	약음	중음	경음	약음	중음
去平上·3聲	거성	평성	상성	거성	평성	상성	거성	평성	상성	거성	평성	상성

이와 같은바를 미루어보듯

이미 지극(三一)에 因(一)한
 天地神明의 제작모신工에 따라서 가지런히 가림토되고 차근차근 쌓아올려진 바로서 모두 이룩되었던
 「천지자연의 근본법칙과 마주하는 언문성음의 字書체계(三一체계)」로서도 모두 갖추어진
 「三一법칙의 三一체계」에 따라서 셋(三聲)으로 나뉘어(初中終) 자리(一音)하는

초중종(一二三 / 上中下)의 3聲으로서는、三一법칙의 是爲(오름↗)則으로 순환되는 반면
去平上(一二三 / 下中上)의 3聲으로서는、三一법칙의 亦爲(내림↘)則으로 순환되는 바이기에
각각의 원점(一 / 上·下)과 정점(三 / 下·上)으로서도 끝없이 마주함을 뜻하는 즉

三一五音의 성음청탁에 있어서도
三一법칙의 是爲(오름↗)則과 亦爲(내림↘)則으로서 마주하고 있는
 「ㄱㄷㅂ / ㄲㄸㅃ」의 경우에는 아래(下)에서 위(上)로 상승되는 是爲(오름↗)則을 뜻하고
 「ㅈㅅㆆ / ㅉㅆㆅ」의 경우에는 위(上)에서 아래(下)로 하강하는 亦爲(내림↘)則을 뜻하는 이 또한
아주 간략한 요령으로서 쉬이 터득되는 三一법칙의 三一체계로서 서로 마주함을 뜻하였던 것이다.

三一법칙(종성원리)의 종성字韻법칙(三七一則)에 따라
입성의 촉급을 다투면서 3聲7調1音으로 압축 / 조절되는 즉

(3)。「三一법칙의 가점則(三七一則)」

언문 / 해제 一覽 / 참조

가점則		설명
가	거성則	보통의 평성과 같은 若音에서 보다 가벼워진 輕音과 같은즉、거성則(·)은 加1點
점	평성則	輕若重音과 같은 去平上聲의 가온(中)으로서 若音과 같은즉、평성則은 無點
則	상성則	단계마다 상성(三)과 거성(一)으로 마주서는 重音과 같은즉、상성則(:)은 加2點

三聲七調一音	거성(一)	평성(二)	상성(三)/거성(一)	평성(二)	상성(三)/거성(一)	평성(二)	상성(三)/거성(一)
처음~차청	오(·)	오	오(:)/고(·)	고	고(:)/코(·)	코	코(:)/꼬(·)
전청~전탁	고(·)	고	고(:)/코(·)	코	코(:)/꼬(·)	꼬	꼬(:) 三一之理
차청~전탁	코(·)	코	코(:)/꼬(·)	꼬	꼬(:) 一二三은 三一運行		三·三은 凡5단계(三一五行)
전탁~차탁	꼬(·)	꼬	꼬(:) 三·三·三은 凡7단계(三七一則)로 압축조절				
			三·三·三·三은 凡9단계(三九一則)로 압축조절				

3종류의 종성則에 따라 전환이 무궁하게 이루어지는
종성전환은 곧、어음전환과도 마주하는 즉

(4)。「三一법칙의 종성字韻법칙(三七一則)」

언문 / 해제 一覽 / 참조

三一五音의 五音緩急은 곧 종성전환의 완급조절

(종성에서 저절로 말미암아지는) 三一五音의 완급조절로서는
각자 마주하고 대하는 즉、牙音의 ㅇ(종성)과 ㄱ(종성)은 상대로서
ㅇ(종성)이 서둘러(促呼) 변한 ㄱ(종성)은 서두름(急)、
ㄱ(종성)이 펴져서(舒出) 변한 ㅇ(종성)은 느슨함(緩)、이하 모두 同

五音緩急	緩(느슨함)	急(서두름)	三一五音의 五音緩急은 곧 종성전환의 완급조절
牙音	ㅇ(종성)	ㄱ(종성)	ㅇ(종성)과 마주하고 대하는 ㄱ(종성)
舌音	ㄴ(종성)	ㄷ(종성)	ㄴ(종성)과 마주하고 대하는 ㄷ(종성)
脣音	ㅁ(종성)	ㅂ(종성)	ㅁ(종성)과 마주하고 대하는 ㅂ(종성)
齒音	ㅿ(종성)	ㅅ(종성)	ㅿ(종성)과 마주하고 대하는 ㅅ(종성)
喉音	ㅇ(종성)	ㆆ(종성)	ㅇ(종성)과 마주하고 대하는 ㆆ(종성)

	종성復用초성의 字韻법칙(三七一則)에 따라 저절로 말미암아지는
	(5)。「3종류의 종성쓰임」
	언문 / 해제 一覽 / 참조
종성 / 字韻	초중성을 잇고 성립되는 字韻의 가온(中)에 머무는 바가 곧、ㅇ종성字韻(·/ㅇ/○)
종성 / 聲緩	성부려의 통용종성(ㅇㄴㅁㄹ) 및 성부려의 종성쓰임(ㅇㄴㄹㅁㅿㅇ)이 곧、聲緩
종성 / 聲急	성위려의 통용종성(ㄱㄷㅂㅅ)、성위려의 모든(淸 / 濁) 종성쓰임이 곧、聲急 / 聲入

이와 같은 바를 미루어보듯
종성(三)에서 다시 쓰이는 초성(一)으로서는
처음(一)과 끝맺음(三·十)으로도 마주하면서 전환이 무궁한 겉모습(三 / 終)과 속모습(一 / 初)은 다를지라도 그로서의 본모습(근본근원)으로서는 변함이 없는 (天)夫人의 유성근본(三一五行)으로부터 말미암아진 종성원리(三一법칙)는 곧、천지자연의 근본법칙과 마주하는 천지만물의 순환법칙을 뜻하는 바로서

만물(十)을 품어내는(三一) 천지자연의 근본법칙(天地之道◇三易之理 / 三一五行)으로서
간략하게 압축되고 모두 구비된 바를 비롯하여

만성(十)을 품어내는(三一) 천지자연의 언문성음 / 체계로서 가지런히 가림토되고 制字되었던
(天)夫人(태고인)의 제작모神工에 따라서
천지조화의 一丸세계를 열어준(開天) 바가 곧、개천(開天)의 정의이고
만물치화의 치환원리를 열어준(開物) 바가 곧、개물(開物)의 정의이며
삼륜교화의 교화원리를 이룩한(成務) 바가 곧、성무(成務)의 정의이자
桓因한국의 桓檀제도(開天·開物·成務)로서 모두 구비된 언문성음의 자방고전이 뜻하는 바로서

但因(三一)한
태고인의 성음(3聲1音)체계·언문(3諺1文)체계·자서(3字1書)체계로서 서로 마주하고 상통되는 바로서도 만세에 전래되는 바였던

한극고유의 諺文체계와 마주하는 한겨레의 正音체계로서 비로소 모두 바로세워진 바가 곧
하늘(一)이 내린(三·朝) 세종聖帝의 제작모神工까지 모두 함축되고 구비된 바로서
다시금 후세에 실어전하면서 널리 반포되었던

一朝·제작모神工의
「훈민정음·신제본(新制曰·解例 / 訣曰 / 풋말 / 序曰)」이 뜻하는 바였던 것이다

세종실록(1443년 12월 30일)

6。 훈민정음・친제왈(親制曰)

원본필사 및 원문해제 / 참조

○是月

上親制諺文二十八字其字倣古篆分爲初中終聲合之然後乃成字凡干文字及本國俚語皆可得而書字雖簡要轉換無窮是謂訓民正音

(훈민정음・원본에 따른 원문해제)

○是月

上親制、諺文二十八字。

其字倣古篆分爲、初中終聲合之然後乃成字。

凡干文字及本國俚語、皆可得而書字。

雖簡要、轉換無窮、是謂訓民正音

이른바
「훈민정음・원본(新制本)」으로서도 모두 구비되어 다시금 후세에 실어 전한 바였던
「이미 지극(三一)에 因(一)한 三一법칙의 三一체계」로서 서로 마주하는 바에 따라서
「훈민정음・원본(新制本)」에서 처음으로 채택되고 활용되었으되
이와 같은 모두가 흔적도 없이 증발해버리고 반절어법 / 이두문법의 문장부호로 둔갑된 반면

가점칙(三一법칙 / 三一체계)의 가점기호([・]、[：]、[무점])와 마주하는(맞닿은)
개행칙(三一법칙 / 三一체계)의 문장부호([ㅇ]、[。]、[무점])로서는
다음과 같은 개행칙(三一법칙)의 문장부호로 전환되고 환원되는 바와 같았던 것이다.

一。[ㅇ]、[전환 / ・]、[전환 / 、] ◇ 잇따름(단문 구분)
二。[。]、[전환 / .] ◇ 개행(단락 구분)
三。[무점]、[전환 / 개행] ◇ 개행에 개행(문장 / 문단 구분)

이와 같은 「三一법칙의 三一체계」에 따른
개행칙(三一법칙 / 三一체계)의 문장부호([ㅇ]、[。]、[무점])에 따라서
「단문 구분、단락 구분、문장 구분」되고 가지런히 가림토되는 바를 일컬어
「원본필사 / 원문해제 및 본문해제 / 언문해서」 등으로 구분되고 명명된 바와 같은 것이다.

> 세종실록(1443년 12월 30일)
>
> ## 훈민정음・친제왈(親制曰)
>
> 이두필법 / 이두문법에 따른 원문필사 및 한글국역 / 참조
>
> ○是月、上親制諺文二十八字、其字倣古篆、分爲初中終聲、合之然後乃成字、凡于文字及本國俚語、{皆可得而書、字雖簡要}、轉換無窮、是謂《訓民正音》。
>
> > 예컨대
> > 조선吏讀의 반절어법(漢字 / 한글、이두필법 / 삼망화법、반절字母 / 이두韻書)으로 답습된 모두에 이르기까지 송두리째 흡수병합시켜버린 바와 같았던
> > 일본吏讀의 이두문법까지 겹겹이 뒤집어쓰고서 이두원칙(표음則 / 칭음則)을 앞세운
> > 「한글맞춤법 / 표준어규정의 문장부호([,]、[.])」 참조 / 대비
> > 1. [,] <반각 / 전각> [、] : 쉼표(日名・休止符 / 휴지부)
> > 2. [.] <반각 / 전각> [。] : 마침표(日名・終止符 / 종지부)
>
> ## 훈민정음・친제왈(親制曰)
>
> (이두문법 / 어문규정에 따른 한글국역)
>
> ### 훈민정음을 창제하다
>
> 이달에 임금이 친히 언문(諺文) 28자(字)를 지었는데, 그 글자가 옛 전자(篆字)를 모방하고, 초성・중성・종성으로 나누어 합한 연후에야 글자를 이루었다. 무릇 문자(文字)에 관한 것과 이어(俚語)에 관한 것을 모두 쓸 수 있고, 글자는 비록 간단하고 요약하지마는 전환(轉換)하는 것이 무궁하니, 이것을 훈민정음(訓民正音)이라고 일렀다.

이와 같은
「세종실록의 훈민정음・친제왈」을 비롯하여 언문성음의 자방고전(한국고전◇訓民正音) 등에 대하여
조선吏讀의 반절어법이나 이두문법의 어문규정에 따른 원문필사와 한역음사 / 한글국역 / 漢字풀이가
거듭되면 거듭될수록 저절로 왜곡되고 굴절되면서 더욱더 깊은 곳으로 숨어버리는 바가 곧

이미 지극(三一)에 因(一)한
「三一법칙의 三一체계(諺文聲音 / 한국고전 / 訓民正音)」 모두를 집어삼킨 바와도 같았고
「한국고유의 諺文체계와 마주하는 한겨레의 正音체계」 모두를 집어삼켜버린 바와 같았던
반절문자(漢字◐한글)의 반절어법과 이두문법의 어문규정에 불과하다 함은 이를 일컫는 것이다.

이와 같은 바만을 미루어보더라도

조선吏讀의 반절어법과 조선어문의 어문규정으로 줄줄이 주위섬김에 따라서 저절로 왜곡되고 어긋남의 극치에 달한 줄도 모르는 그로서의 간략한 예(例)로서는 다음과 같았던 즉

3字1書의 정의로서 간략하게 압축(書矣)되고 풀어(矣書)지는 언문성음의 字書체계 해제 / 참조		
諺文二十八字		한국고유의 諺文체계와 마주하는 언문성음의 글자(正音28字)체계로 전환됨
諺文	聲音	3諺1文의 정의로서 간략하게 압축되고 풀어지는 한국고유의 諺文체계 해제
諺	언	한국고유의 말다운(諺) 말(語)로서 비롯되는 [扵諺의 諺語체계]가 함축된 바였지만
	둔갑	[상말 / 諺 / 언]으로 한역음사된 불경언해 / 한글국역 및 아래(·)한글로까지 둔갑 / 전락
文	문	한국고유의 말다운(諺) 말(語)과 글다운(3諺1文) 글(3字1書)로서 비롯되는 [扵文의 諺文체계와 字書체계]가 모두 함축되고 구비되어 만세에 전래되는 바였지만
	둔갑	[반절문자 창출지법의 육두문자에서 이두문자의 漢文漢字]로 둔갑이 거듭된 즉、불능달의 周易과 육서지법의 漢字어법을 뒤집어쓴 조선吏讀의 반절어법으로 둔갑 / 전락 / 고착
二十八字		[一朝·제작모神工의 창제정음28字 및 언문성음의 글자체계]까지 모두 바로세워진 즉
		[한국고유의 諺文체계와 마주하는 한겨레의 正音체계]로서 親制·創制·新制됨

이와 같은
한국고유의 諺文체계(字倣古篆◇한국고전◇訓民正音)로서는
후세에 이르면서 송두리째 뒤덮이고(음양팔괘 / 周易 / 예악문장) 몽롱해져버린 바로서 간략하게 압축되고 귀결된 「훈민정음·풋말3행」을 위시한 「훈민정음·신제본 / 신제왈」 전반에 대하여 올바른 이해를 구하지 못하거나 올바르게 터득하지 못한다면 올바르게·보고·듣고·말할수 없는 반절어법의 태생적·한계(거두절미법칙 / 용두사미필법)를 뒤집어쓴 줄도 모르는체、수천년 동안(周代 / BC 770~221~~~1443년~~後代)이나 답습과 둔갑이 거듭되면서 지금에까지 이르고 있다는 사실조차도 인식할수 없을 뿐만 아니라
저절로 왜곡되고 굴절만이 거듭되는 줄도 모르고 방언리어 창출지법에 불과한 줄도 모르는
조선吏讀의 반절어법(漢字 / 한글、독음 / 리어、한글맞춤법 / 표준어규정)에 이르기까지 송두리째 걷어내야만 비로소 만천하에 드러나고 모두다 밝혀짐을 뜻하는 바였던 것이다.

이와 같은
한국고유의 諺文체계(字倣古篆◇한국고전◇訓民正音)에 따라서
지금에서야 언문해제되고 제자리(桓易之理 / 三一五行)를 되찾은
훈민정음 풋말3행을 위시함만으로도 만천하에 드러난 바를 미루어보듯

한국고유의 언문(扵諺·扵文·字書)체계에 모두 포괄되는 언문성음의 字書체계(三一체계)에 따라서
삼극(三一)의 정의(精義)로서 간략하게 압축(三一 / 書矣)되고 풀어짐(一三 / 矣書)으로서도 서로 마주하는 「훈민정음·친제왈(親制曰 / 세종실록)」로서도 널리 전언한 바로서는 다음과 같았던 것이다.

세종실록(1443년 12월 30일)

훈민정음 · 친제왈(親制曰)

본문해제 및 언문해서

○是月	○是月에 이르러서야(周代 / BC 770~221~~~~1443년 겨울)
上親制	{聖}上 · 親制(친히 바로세움)
諺文二十八字	諺文{聲音} · {正音}二十八字{체계}
其字倣古篆分爲	其(諺文聲音) · 字倣古篆(한국고전) · 分爲(셋으로 나뉘어 자리함)
初中終聲合之然後乃成字	初中終聲 · 合之然後(3聲1音) · 乃(只用) · 成字(성립되는 글자체계)
凡干文字及本國俚語	凡干文字(반절문자) · 及(및) · 本國俚語(방언리어) 창출지법까지 포괄
皆可得而書字	皆(모두) · 可得(습득 / 터득) · 而(只用) · 書字(쓸 수 있는 字書체계)
雖簡要	雖(비롯되었다 할지라도) · 簡(간단 / 간략) · 要(요약 / 압축 / 요령)
轉換無窮	轉換(一三一 / 一日一) · 無窮(무궁무진)하게 이루어짐을 뜻하는 즉
是謂訓民正音	是謂(이른바 언문성음의 字書체계로서 親制하신) · 訓民正音{체계}

훈민정음 · 친제왈(親制曰)

(본문해제에 따른 언문해서)

○ 이달에 이르러서야(周代 / BC 770~221~~~~1443년 겨울)
聖上(세종聖帝)께서 親制하신 언문성음의 正音28字 / 체계로서는
언문성음의 字倣古篆(한국고전)에 따라서 셋(三聲)으로 나뉘어(初中終) 자리(一音)하는
초중종성으로 합해진(3聲1音) 연후에 성립되는 언문성음의 글자체계를 일컫는 바이되

반절문자(凡干文字) 및 방언리어(本國俚語) {창출지법에 따라서 무한대로 창출되고 축적이 거듭된} 모두(오동방 · 예악문장 / 관습제도)를 습득하여 글다운(3諺1文) 글(3字1書)로서 간략하게 압축할(書矣) 수도 있었고 풀어낼(矣書) 수도 있었던 「언문성음의 字書체계(三一체계)」로서

간략하게 요약(一三)되고 압축(三一)되었다 할지라도 전환이 무궁하게 이루어짐을 뜻하는 즉
이른바 <한국고유의 諺文체계와 마주하는> 「한겨레(訓民)의 正音체계」로서 親制하심

[~ 이와 같은 모두가 한국고유의 언문(扵諺 · 扵文 · 字書)체계에 모두 포괄됨 ~]

세종실록(1443년 12월 30일)
훈민정음 · 친제왈(親制曰)
본문해서 및 한글국역 참조 / 대비

諺文	○是月	[중국역대가 비롯되는 周代의 周易] 참조
解書	이달(癸亥冬)에 이르러서야	[周代 / BC 770~221~~~1443년 겨울]
국역	이달에	

諺文	上親制	[하늘(天)이 내린(縱) 세종聖帝의 本位] 참조
解書	[聖上 / 세종聖帝]께서 친히(親) 바로세운(制)	
국역	임금이 친히	[聖上 / 聖帝]에서 임금(御)으로 둔갑되었고

諺文	諺文二十八字	[諺文]은 한국고유의 諺文체계를 뜻함에도
解書	언문성음의 正音28字 / 체계로서는	[상말 / 아래글 / 한글]로까지 둔갑되었고
국역	언문(諺文) 28자를 지었는데(御製)	[親制]도 [御製] 및 머리◐글(御製序文)로 둔갑

諺文	其字倣古篆	[언문성음의 자방고전(字倣古篆 / 한국고전)]
解書	그로서(諺文聲音)의 자방고전(字倣古篆 / 字書체계 / 한국고전)에 따라서	
국역	그 글자가 옛 전자(篆字)를 모방하고	[언문성음의 자방고전]을 집어삼킨 줄도 모름

諺文	分爲初中終聲
解書	셋(三聲)으로 나뉘어(初中終) 자리(一音)하는 초중종(一二三) 3聲(三一)으로서
국역	초성(初聲) · 중성(中聲) · 종성(終聲)으로 나누어

諺文	合之然後乃成字
解書	합성된 연후(3聲 1音)에 성립되는 언문성음의 글자(正音28字)체계를 일컫는 바이되
국역	합한 연후에야 글자를 이루었다.

諺文	凡干文字及本國俚語	[반절문자 및 방언리어 창출지법] 해제 / 참조
解書	반절문자 및 방언리어 {창출지법에 따라서 무한대로 창출되고 축적이 거듭되었던}	
국역	무릇 문자(文字)에 관한 것과 이어(俚語)에 관한 것을	

諺文	皆可得而書字	{皆可得而書} 로 끊어쓴 원문필사 / 한글국역 참조

解書	모두(오동방·예악문장 / 이두韻書)를 터득하여 글다운(3諺1文) 글(3字1書)로서 압축할 (三一 / 書矣) 수 있었고 풀어낼(一三 / 矣書) 수 있었던 언문성음의 字書체계에 따라서	
국역	[皆可得而書와 字를 끊어씀] ◆ 모두 쓸 수 있고	

諺文	雖簡要	{字雖簡要} 로 끌어다쓴 원문필사 / 한글국역 참조
解書	아주 간략하게 요약(一三 / 矣書)되고 압축(三一 / 書矣)이 거듭되었다 할지라도(雖)	
국역	{(字)를 끌어다쓴 字雖簡要} ◆ 글자(字)는 비록 간단하고 요약하지마는	

諺文	轉換無窮
解書	전환(一三 / 矣書 <三極之義> 三一 / 書矣)이 무궁무진하게 이루어짐을 뜻하는 즉
국역	전환(轉換)하는 것이 무궁하니

諺文	是謂訓民正音
解書	이른바 <한국고유의 諺文체계와 마주하는> 「한겨레(訓民)의 正音체계」로서 親制하심
국역	이것을 훈민정음(訓民正音)이라고 일렀다.

이와 같은
반절어법의 한글국역(한역음사 / 漢字풀이 / 本國俚語 / 방언리어)에 모두 포괄되는 이두칭명이나
이두문법의 이두원칙을 앞세운 자가당착의 한글맞춤법(一字綴字法)이란 이두칭명 그 자체만으로도

이미 왜곡과 굴절이 거듭되고 어긋남의 극치에 달해버린 용두사미필법의 但방언리어에 불과한데다가
조선吏讀의 반절어법과 일본吏讀의 이두문법으로도 뒤엉켜서 축소병합과 이합집산이 거듭된
조선어문의 어문규정으로까지 둔갑과 답습이 거듭된 바에 불과한

「조선吏讀의 반절어법과 반절字母의 반절철자법」이란 이두칭명만을 미루어보더라도
「한글맞춤법의 한글10모음(ㅏㅑ●ㅓㅕ、ㅗㅛ●ㅜㅠ、ㅡ●ㅣ。·捨ㅏ) 기본형식」으로서는
불능달의 주역(周易)과 뒤집어쓰고서 끝없이 곤두박질된 그로서의 대명사로 등극되었을 뿐만 아니라

조선吏讀의 반절어법과 일본吏讀의 이두문법으로서도 뒤엉켜서 이두원칙(표음칙 / 칭음칙)을 앞세운
조선어문의 어문규정(한글맞춤법 / 표준어규정、로마자표기법 / 외래어표기법)이란 이두칭명으로서는
반절(漢字 / 한글)어법의 꼬리☆통(이두표기법 / 한글어법)으로 전락된 줄도 모르듯이

반절(漢字 / 한글)어법의 가짜(假字) 머리●통(漢文漢字 / 中古漢音)을 영구적으로 빌어써야하는
반신불수 / 반절문자의 대명사(漢字●한글)로 줄줄이 등극되어버린 바에 불과한 것이었다。

지금에서야 언문해제되고 제자리(桓易之理 / 三一五行)를 되찾은 「훈민정음·풋말3행」을 위시한 「한국고유의 諺文체계(三一법칙 / 三一체계)」에 따라서 삼극(三一)의 정의로서 간략하게 압축(三一)되고 풀어짐(一三)과도 서로 마주하는 즉	
一朝	天地神明의
制作侔神工	제작모신工에 따라서
大東千古開朦朧	태고(故)가 열린(開天) 이래、몽롱해져버린
諺文聲音之字倣古篆而新制 **訓民正音·新制曰** 諺文解書	한국고유의 諺文체계까지 모두 바로세워진 **7。훈민정음·신제왈** 언문해서

<small>훈 민 정 음</small>
訓民正音
<small>신 제 왈</small>
新制曰

◇ 「한국고유의 諺文체계와 마주하는 한겨레의 正音체계」

◇ 「창제·반포령」

나라(韓國)의 어음체계가 어긋남(異◐乎)의 극치(中☆國)에 달하여
글월(文)의 諺文체계와 글자(字)의 字書체계로서도 서로 유통되지도 못함(不)으로 인해
                 [↑ ~ 몽롱해져버린 한국고유의 언문(拎諺·拎文·字書)체계 ~↓]
태고가 열린(開天) 이래、삼륜교화의 교화원리를 이룩한(成務) (혼)겨레임에도 불구하고
근본(一三)을 타고나는(三一) 바(有所)로부터 하고자함(欲言)에 이르기까지(而終)
그로서의 온전한 본성(三眞曰·性命精)조차 습득하지도 펼치지도 못하노니(不~者)
하늘(矣)이 무너진(多) 듯하노라
                 [↑ ~ 몽롱해져버린 桓因한국의 桓檀제도(開天·開物·成務) ~↓]

하여 짐(予)은
이토록(爲此) 어긋나버린(憫) 천지자연(然)의 근본법칙까지 가지런히 가림토되고
모두 바로세워진(新制) 언문성음의 글자(正音28字)체계로서 널리 반포하노니(~新)
                 「~ 한국고유의 諺文체계와 正音체계까지 모두 바로세워짐 ~↓」
거느리고자하는 저마다의 모두가 쉬이 습득(知)하고 머릿속 깊이 새김(智)으로서
편리하게 비롯되는 나랏말의 근본쓰임(用)으로서 날마다(日)에 이르도록 할지니라(矣)
               [↑ ~ 아주 간략한 요령으로서 쉬이 터득되는 三一법칙의 三一체계 ~→]

하늘(一)이 내린(三・朝)
세종聖帝의 제작모神工에 따라서 비로소 모두 바로세워진(創制)
정음28자의 타고난(三一) 모습(象)과 타고난(一三) 형태(形)로서도 모두 구비된
「천지자연의 근본법칙과 마주하는 한국고유의 諺文체계(한국고전◇訓民正音)」
언문 / 해제 一覽 / 참조

一陰陽五行		三字八聲		桓易之理 / 三一五行				夫人의 유성근본과 마주하는 三一五音의 象形制字			
태	一	·		天	一	圓	○	지극(三一)에 因(一)한 三一법칙의 三一체계 로서 서로 마주함		[·]象圓形	一積十鋸↓
음	陰	―		地	二	方	□			[―]象平形	無匱化三←↓
양	陽	∣		人	三	角	△			[∣]象立形	[中央에 자리함]
수	水	⊥	⊥⊥	上	一	北	冬	ㅎㆆㅇ	喉音	[ㅇ]象喉形	[虛明으로 유통]
목	木	ㅏ	ㅑ	外	三	東	春	ㄱㅋㆁ	牙音	[ㆁ]象牙形	ㄱ。象舌根形
토	土	(十)		中	五	中	季	ㅂㅍㅁ	脣音	[ㅁ]象口形	[만성을 품어냄]
화	火	ㅜ	ㅠ	下	二	南	夏	ㄷㅌㄴ/ㄹ	舌音	[ㄴ]象舌形	[ㄹ]。半舌音
금	金	ㅓ	ㅕ	內	四	西	秋	ㅈㅊㅅ/△	齒音	[ㅅ]象齒形	[△]。半齒音

三才之道의 三字八聲							桓因한국의 桓易之圖(윷판 / 同)	三易之理의 定位成數					
		喉			陽					上		陽	
			ㅛ							七			
			ㅗ							一			
齒	ㅕ	ㅓ	十	ㅏ	ㅑ	牙		內	八	四	十	三	九	外
			ㅜ							二			
			ㅠ							六			
		陰			舌					下		陰	

桓因한국의 桓易之理、三才之道의 三字八聲、三易之理의 定位成數까지 모두 諺文一致

이와 같은
「훈민정음・신제본 / 신제왈」로서 다시금 후세에 실어전하면서 널리 반포되었던 바로서는
「한국고유의 諺文체계와 마주하는 언문성음의 글자(正音 28字)체계」를 뜻하였을 뿐만 아니라

지극(三一)에 因(一)한
천지조화의 조화원리・천지자연의 근본법칙・천지만물의 순환법칙으로서도 서로 마주하고

但因(三一)한
태고인의 성음체계・언문체계・字書체계로서도 서로 마주하고 상통됨을 뜻하는 바였던 것이다.

지금에서야 언문해제되고 제자리(桓易之理 / 三一五行)를 되찾은
「훈민정음·풋말3행」을 위시한 한국고유의 諺文체계(三一법칙 / 三一체계)에 따라서
삼극(三一)의 정의로서 간략하게 압축(三一 / 書矣)되고 풀어짐(一三 / 矣書)으로서도 서로 마주하는 즉

一朝	天地神明의
制作侔神工	제작모신공에 따라서
大東千古開朦朧	태고(故)가 열린(開天) 이래、몽롱해져버린
諺文聲音之字倣古篆而新制 訓民正音·新制曰 原文參照	한국고유의 諺文체계까지 모두 바로세워진 훈민정음·신제왈 원문참조

訓民正音
國之語音。異乎中國。與文字不相流通。故愚民。有所欲言而終不得伸其情者。多矣。予。爲此憫然。新制二十八字。欲使人人易習。便於日用矣

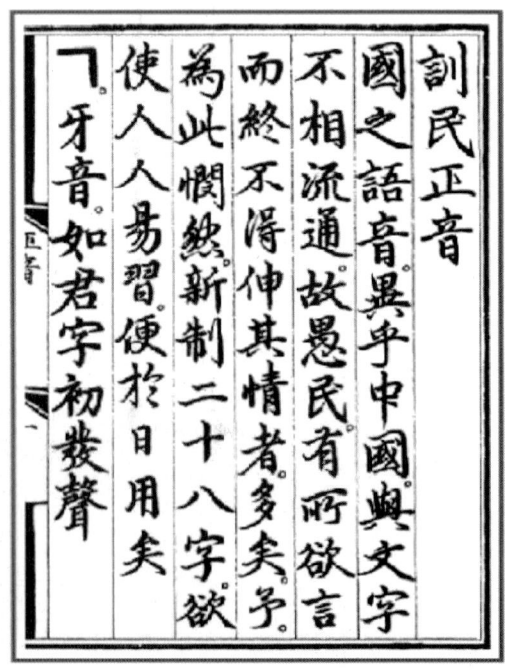

제2장。 훈민정음해례(訓民正音解例)

1。 언문 / 해제

이른바
桓因한국의 유구한 역사와 빛나는 전통(開天・開物・成務)에 이르기까지 모두 바로세워진
「一朝・제작모神工의 훈민정음・신제본(新制曰・解例 / 訣曰 / 풋말・序曰)」으로서는
한국고유의 언문(抒諺・抒文・字書)체계에 대한 올바른 이해를 구하고 올바르게 터득(智)해야만
비로소 한국고유의 諺文체계로서 올바르게 보고・듣고・말할수 있음으로서 올바르게 풀어낼 수 있는
능달 / 능통의 눈높이(自明 / 神明)를 구함이 그 무엇보다 우선이었던 것이다. [제자해・訣曰 / 참조]

이와 같은
전혀 생소하고 어렵게 여겨질터인 전제조건이나 필수조건만으로도
이미 오래전에 우리모두(大韓民國)의 유구한 역사와 빛나는 전통 모두 이르까지 송두리째 집어삼키고
서(捨陰陽) 중원(十)을 뒤집어써버린 바에 관해서는 그야말로 상상조차 할수 없었던 바와도 같았던 즉

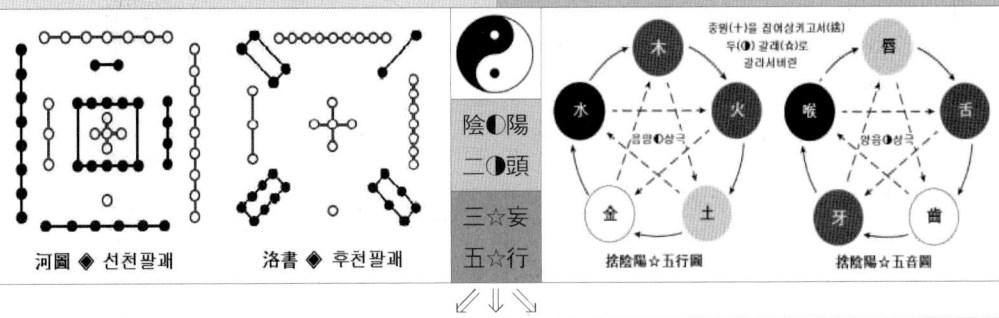

이와 같은 모두에 이르기까지 송두리째 걷어내고서
그로서의 처음(一)부터 끝(三・十)까지 가지런히 가림토되고 비로소 모두 바로세워진 바가 곧
「한국고유의 諺文체계(한국고전)와 마주하는 훈민정음 신제본(新制曰・解例 / 訣曰 / 풋말・序曰)」이
뜻하는 바이자、하늘(一)이 내린(三・朝) 세종聖帝의 제작모神工까지 모두다 실어전한 바였던 것이다.

一朝	天地神明의
制作侔神工	제작모신工에 따라서
大東千古開朦朧	태고(故)가 열린(開天) 이래、몽롱해져버린
諺文聲音之字倣古篆而新制 訓民正音解例 次例 / 解制	한국고유의 諺文체계까지 모두 바로세워진 훈민정음해례 2。차례 / 해제

훈민정음해례
차례 / 해제
	훈민정음
	    폿말。제자해 및 제자해・결왈(諺文7字86行)
	    一。초성해 및 초성해・결왈(諺文7字8行)
	    二。중성해 및 중성해・결왈(諺文7字8行)
	    三。종성해 및 종성해・결왈(諺文7字20行)
	    四。합자해 및 합자해・결왈(諺文7字18行 및 폿말 3 행)
	
	「훈민정음・폿말3행」
	一朝
	制作侔神工
	大東千古開朦朧
	
	    五。용자례 ◇ 한국고유의 언문(扵諺・扵文・字書)체계 一覽으로 전환됨

3字1書의 정의로서 간략하게 요약(一三)되고 압축(三一)된 언문성음의 字書체계 해제			
訓民正音解例			[훈민정음해례]는 一朝・제작모神工까지 모두 함축되고 구비된 바를 뜻함
諺文	字音	語音	3諺1文의 정의로서 간략하게 압축되고 풀어지는 한국고유의 諺文체계 해제
訓民正音			한겨레의 正音체계를 일컫는 바이되 한국고유의 언문(扵諺・扵文・字書)체계와 마주함
			「한국고유의 諺文체계와 마주하는 훈민정음・신제본 / 신제왈」로서 널리 반포된 즉
解	해	풀어낼	一朝・제작모神工의 制字원리를 풀어낸 상세한 해석과 해서로서 서로 마주함
	둔갑	풀(이)	그저 [풀(이)]라 함은 [한역음사의 漢字+풀이]로 뒤엉킨 漢字언해로 둔갑되듯
例	례	법식	지극(三一)에 因(一)한 三一법칙의 三一체계로서 서로 마주함을 뜻하는 반면
	둔갑	보기	그저 [보기]라 함도 [한역음사의 漢字 + 풀이+ 보기]로 뒤엉킨 방언리어의 극치
한글국역		훈민정음의 풀이(解)와 보기(例)	漢字어법을 뒤집어쓴 漢字풀이 / 한글국역으로 전락

一朝	天地神明의
制作侔神工	제작모神工에 따라서
大東千古開朦朧	태고(故)가 열린(開天) 이래、몽롱해져버린
諺文聲音之字倣古篆而新制 **訓民正音解例** 制字解 次例 / 解制	한국고유의 諺文체계까지 모두 바로세워진 **훈민정음해례** 제1。제자해 1。차례 / 해제

제자해 차례 / 해제	폿말(桓) ◇ 「帝曰」	· 天地之道의 근본법칙과 마주하는 一陰陽五行의 순환법칙
		· 태극(一)을 집어삼킨(捨) 음양이치의 반절어법과 음양팔괘의 음양역법
		· 태고인의 성음체계 / 三易之理를 살펴보지도 듣지도 못하는 음양무리
		· 이미 두 갈래로 갈라서버린 음양이치의 반절어법과 周易에 가로막혀
		· 지금에서야 바로세운 바가 곧、「언문성음의 글자(正音28字)체계」
	一。[初]	초성凡17字・제작모神工
		· 夫人之有聲本扵五行
		· 又以聲音淸濁而言之
	二。[中]	중성凡11字・제작모神工
		· 取象扵天地人而三才之道備矣
		· 以初聲對中聲而言之
	三。[終]	· 以初中終合成之字言之
		종성復用초성의 종성원리와 마주하는 바가 곧、천지만물의 순환법칙
	四。[成]	세종聖帝의 제작모神工에 따라서 가지런히 가림토되고 모두 바로세워짐
	五。[環]	만성(十)을 품어내는 유성근본과 마주하는 천지만물의 순환법칙까지 구비
十。訣曰		제자해・결왈(諺文7字86行)로서 더욱 압축된 언문성음의 字書체계로서 서로 마주함

이와 같은
「훈민정음해례 차례 / 해제에 잇따른 제자해 차례 / 해제만」으로도
소위、이두문법에서 일컫는 「주제목・부제목・소제목」까지 모두 바로세워짐과 더불어
이러한 바와 맞닿은 올바른 명칭도 저절로 정해짐에도 불구하고
지금에서야 언문해제되고 제자리(桓易之理 / 三一五行)를 되찾은 (天)夫人의 유성근본(三一五行)은 곧
천지자연의 근본줄기(三易之理 / 三一五行)를 뜻하는 바이자、천지자연의 근본법칙과 마주하는 천만물
의 순환법칙까지 모두 함축되고 구비된 바를 뜻하였던 것이다.

一朝	天地神明의
制作侔神工	제작모신工에 따라서
大東千古開朦朧	태고(故)가 열린(開天) 이래、몽롱해져버린
諺文聲音之字倣古篆而新制 訓民正音解例 制字解 諺文 / 解制	한국고유의 諺文체계까지 모두 바로세워진 훈민정음해례 제자해 2。언문 / 해제

◇ 「훈민정음해례」라 함은、훈민정음・제작모신工의 制字원리와 마주하는 「三一법칙의 三一체계」까지 모두 구비된 「훈민정음 제자해・초성해・중성해・종성해・합자해 및 용자례」를 일컫는 바이고
◇ 「제자해」라 함은、제자해・푯말을 위시한 一朝・제작모신工의 制字원리와 마주하는 천지자연의 근본법칙까지 모두 바로세워진 상세한 해석으로서 더하고(一積) 보탬(十鋸)이 거듭된(無匱化三) 한국고유의 諺文체계(三一법칙 / 三一체계)에 따라서 삼극(三一)의 정의(書矣 / 帝曰 / 矣書)로서 간략하게 압축(三一 / 書矣)되고 풀어짐(一三 / 矣書)으로서도 서로 마주함을 뜻하는 즉、이하 모두 同

3字 1 書의 정의로서 간략하게 요약(一三)되고 압축(三一)된 언문성음의 字書체계 해제			
制字解		[제자해]는 字音과 語音을 겸하고 [一朝・제작모신工의 制字원리]까지 모두 구비됨	
聲音	字音	語音	3諺 1 文의 정의로서 간략하게 압축되고 풀어지는 한국고유의 諺文체계 해제
制	제	바로세울	천지자연의 근본법칙 및 무소조술의 桓檀제도까지 모두 바로세워짐(制)
	둔갑	만들 / 製	그럼에도 [漢字나 한글]을 만들었다(制 / 製)는 둥으로 둔갑이 거듭된 즉
	고착	한역음사	방언리어 창출지법에 불과한 한역음사 / 한글국역 / 漢字풀이로 둔갑 / 고착
字	자	글자	언문성음의 글자(正音28字)체계로서 비로소 모두 바로세워진 바를 뜻함에도
	둔갑	한(一)글	[낱글자]를 일컫는 바로서 반절조합된 한글(一字)은 이두칭명에 불과하듯
	고착	한역음사	윗(上)글의 漢字에 목매단 아래(下)글의 한글로 끝없이 곤두박질된 바를 뜻함
解	해	制字원리	一朝・제작모신工의 制字원리를 풀어내고 모두 함축 / 구비된 [제자해]인 즉
		풀어낼	상세한 해석과 해서로서 謹作되고 謹書된 바가 곧、언문성음의 字書체계
	둔갑	풀(이)	그저 [풀(이)]라 함은、한역음사에 불과한데다가 [漢字 + 풀이]로 뒤엉킨
	고착	漢字풀이	[한역음사 / 한글국역、漢字풀이 / 漢字언해 / 本國俚語]로 둔갑이 거듭된 즉
한글국역	글자(字) 만들기(制) 풀이(解)		漢字어법을 뒤집어쓴 漢字풀이 / 한글국역으로 둔갑

이와 같은 「한국고유의 諺文체계 해제 및 언문성음의 字書체계 해제」로서는 「불능달의 周易과 육서지법의 漢字어법」모두에 이르기까지 송두리째 걷어내만 비로소 만천하에 드러남을 뜻하는 것이다.

一朝	天地神明의
制作侔神工	제작모신공에 따라서
大東千古開朦朧	태고(故)가 열린(開天) 이래、몽롱해져버린
諺文聲音之字倣古篆而新制 **訓民正音解例** **制字解** 諺文解制矣書	한국고유의 諺文체계까지 모두 바로세워진 **훈민정음해례** **제자해** 3。언문해서 및 언문체계 / 해제

_{천 지 지 도   태 음 양 오 행 이 이}
天地之道。一陰陽五行而已。

◇ 「천지지도(天地之道)」라 함은、「天地人・三才之道의 근본법칙」을 일컫는 바이고
◇ 「태음양오행(一陰陽五行 ◇ 一二三・三易之理 / 三一五行)의 순환법칙」으로서도 마주함(而已)을 일컫는 바였던 이는 곧、「하늘(一)이 내린(三・朝) 세종聖帝의 제작모신공」에 따라서 천지자연의 근본법칙까지 가지런히 가림토되고 모두 바로세워진 「언문성음의 자방고전(字倣古篆 / 한국고전 / 桓檀제도)」으로서 모두 구비되고 만세에 전래되는 「한국고유의 언문(扵諺・扵文・字書)체계」까지 모두 바로세워진 바를 뜻하였던 것이다. [~ 한국고유의 諺文체계와 마주하는 훈민정음・신제본 / 신제왈 ~]

그럼에도 불구하고
춘추전국시대의 용두사미필법(공자필법 / 불경화법)으로 뒤엉켜서 동문동궤가 이루어져버린
오동방・예악문장(사서오경)의 봉건제도와 반절字母(中古漢音)의 이두韻書로 줄줄이 주워섬기면서
그로서의 끝자락(周代 / 周易 / 帝業 / 용두 ~~~ 사미 / 王業 / 조선 / 後代)에까지 이르렀던 바에 불과한 조선吏讀의 반절어법과 조선어문의 어문규정으로 줄줄이 주워섬김에 따라서 저절로 왜곡되고 굴절만이 거듭면서 어긋남의 극치에 달한 줄도 모르는 바로서는 아래와 같은 모두가 같았던 것이다.

반절어법 / 이두문법에 따른 한글국역(한역음사 / 漢字풀이、但방언리어 / 표준국어) 참조 / 대비
◆ 하늘(天)과 땅(地)의 이치(道)는
◆ 하나(一)의 음양오행 뿐이다. 〈◆ 태극(一)을 집어삼킨(捨) [음양오행 뿐]으로 한글국역된 바와 같은즉

이와 같은
반절어법 / 이두문법에 따른 한글국역(한역음사 / 漢字풀이、但방언리어 / 표준국어) 으로서는
방언리어 창출지법(반절어법 / 이두문법)을 뒤집어쓴 바에 불과할 뿐만 아니라
육서지법의 漢字어법을 뒤집어쓴 자가당착의 한글어법(어문규정)으로 줄줄이 주워섬기면서
저절로 눈과 귀가 멀어버린(顧人不察耳) 줄도 모르고 무엇을 얻고자 하는지도 모르는
천지귀신집단으로 줄줄이 전락된 줄도 모른다 함도 이를 뜻하는 바였던 것이다. [제자해・푯말 / 참조]

3字1書의 정의로서 간략하게 요약(一三)되고 압축(三一)된 언문성음의 字書체계 해제			
天地之道		天地人・三才之道와 마주하는 天地人・三倫之理까지 모두 함축되고 구비된 바를 뜻함	
諺文	字音	語音	3諺1文의 정의로서 간략하게 압축되고 풀어지는 한국고유의 諺文체계 해제
天 (一)	천	하늘(一)	천지조화의 맨(三) 처음(一)이 곧、무한의 하늘(一)과 마주하는 태극(一)
		근원(一)	[天一一 / 天二三]으로 압축된 [天倫之理]가 곧、하늘(天)의 섭리(攝理)
		象 / 形	[人 + 三]。셋(三極 / 三無・三才 / 三伯・三位 / 三神)은 하나(一)로 전환
	둔갑	하늘(乾)	盤古死身의 [二◐目]으로부터 창출됐다던 음양팔괘의 [乾 / 天]으로 둔갑
地 (二) 전환 (三)	지	자연(二)	무한의 하늘(天)과 무궁의 자연(地)은 근본(三)과 근원(一)으로도 전환됨
		근본(三)	[地一二 / 地二三]으로 압축된 [地倫之理]가 곧、자연(地)의 법칙(合理)
		象 / 形	[土 + 也]。三易之理 / 三一五行의 가온(中)에 자리하는 근본바탕 / 전환
	둔갑	땅(坤)	盤古死身의 [二◐目]으로부터 창출됐다던 음양팔괘의 [坤 / 地 / 八]로 둔갑
之	지	갈 / 只用	~의、오고(一) 갈(三)로서 마주하는 어조쓰임(只用)
道 (三)	도	(지름)길	지극(三一)에 이르는 지름길(三才之道 / 三一之理)로서도 이룩되고 모두
		三才之道	구비된 즉、「天地人・三才之道와 마주하는 一二三・三一之理」 참조
		象 / 形	[辶 + 首]。머리(首)를 받쳐주는 천지자연의 근본법칙으로 전환됨에도
	둔갑	이치(理)	태극(一)을 집어삼킨(捨) 음양이치의 반절어법、음양팔괘의 음양역법 / 창출
	창출	(갈림)길	태극(一)을 집어삼킨(捨) 衆妙之門의 玄妙之道 ◇ 두 갈래의 (갈림)길로 창출
한글국역		하늘과 땅의 이치는	음양상극으로 뒤엉킨 天◐地는 乾◐坤 / 一◐八 등으로 뒤엉킴

一陰陽五行而己			天地之道의 근본법칙과 마주하는 一二三・三易之理 / 三一五行의 순환법칙	
諺文	字音	語音	3諺1文의 정의로서 간략하게 압축되고 풀어지는 한국고유의 諺文체계 해제	
一	태	태극	무한(三一)의 태극(一) 및 [天一一 / 天二三] 참조	天地人・三才之道와
陰	음	(음극)	무궁(三十)의 양극(二) 및 [地一二 / 地二三] 참조	마주하는(而己)
陽	양	(양극)	무진(一三)의 삼극(三) 및 [人一三 / 人二三] 참조	一二三・三易之理로 전환
五	오	다섯	三一五行의 五는 천지자연의 고리(環)。三易之理의 오행방위(十)와 마주함		
行	행	갈	오고감(一三)으로서 마주하는 三一運行은 三易之理 / 三一五行의 순환법칙		
而己	이이	마주함	~으로서 마주함(而己)을 일컫는 즉、天地之道는 一陰陽五行으로서도 마주함		
한글국역		하나의 음양오행 뿐이다.	[하나(음양이치)의 음양오행(반절어법) 뿐]으로 둔갑	

이와 같은 바를 미루어보듯

당장의 눈앞에 있는 태극(一)을 집어삼킨 줄도 모르는 바가 다름 아닌、「一陰陽五行而己」에서 태극(一)을 집어삼켜버린(捨) 줄도 모르는 「하나(一)의 음양오행 뿐」으로 둔갑된 줄을 모른다는 것이다.

곤 복 지 간 위 태 극　이 동 정 지 후 위 음 양
坤復之間爲太極。而動靜之後爲陰陽。

◇ 천지자연의 펼쳐짐(坤/□/二)과 돌아옴(復/△/三) 사이에 태극(一)이 자리하고 있음으로서
◇ 천지자연의 움직임(動/△/三)과 고요함(靜/□/二)으로 자리한 연후에 陰(二/□/靜)과 陽(三/△/動)으로 뒤따르는 바가 곧, 천지자연의 근본법칙으로서 간략하게 압축되고 모두 구비된 「天地之道와 마주하는 一陰陽五行」으로서 끝없이 순환되는 천지만물의 순환법칙을 뜻하는 즉, 이하 모두 同

3字1書의 정의로서 간략하게 요약(一三)되고 압축(三一)된 언문성음의 字書체계 해제			
坤復之間爲太極			태극(一)의 질서(三・十)와 마주하는 천지자연의 근본법칙 / 순환법칙을 뜻함
諺文	字音	語音	3諺1文의 정의로서 간략하게 압축되고 풀어지는 한국고유의 諺文체계 해제
坤 (二)	곤	펼쳐질	천지자연의 펼쳐짐(坤/二)과 마주하는 돌아옴(復/三)을 일컫는 반면
	둔갑	坤괘	음양팔괘의 하늘(乾/一)과 땅(坤/八)으로 둔갑 / 창출된 바가 곧 周易의 易經
復 (三)	복	돌아올	지극(三一)에 이르러서야 다시금 돌아오는(一三) 자연의 순환법칙이 함축된 즉
			돌아옴(復/三)과 마주하는 펼쳐짐(坤/二)은 자연의 순환법칙을 뜻하는 반면
	둔갑	復괘	周易의 제24괘(復卦)로 칭명부여된 바가 곧, 춘추전국시대의 용두사미필법
之	지	갈	~의, 오고(一) 갈(三)로서 마주하는 어조쓰임(只用)
間	간	사이	~의 사이에 끼어들어 두 갈래로 갈라세운 바가 곧 음양이치의 반절어법 / 周易
爲	위	(~할)	펼쳐짐(坤/二)과 돌아옴(復/三)의 사이(중간/중앙)에 자리하는 태극(一)
太極 (一)	태극		무한(三一)의 태극(一)으로부터 셋(三)으로 나뉘어(一二三) 자리(一)함에도 불구하고
	둔갑		태극(一)을 집어삼킨(捨) 음양☆화신의 머리●통에서 盤古死身의 二●目으로 둔갑된
	一捨		음양팔괘의 가공세계 창출지법으로 똬리를 틀고 들어앉아버린 [周易의 易經]에서는
	음양		[태●극→양●의→사☆상→팔☆괘]로 줄줄이 창출되었다던 불능달의 周易을 뒤집어쓴
	상극		음양무리 / 용두사미집단 및 음양역법 / 반절어법의 머리●통으로 들어앉힘(자가당착)
한글국역			곤괘와 복괘의 사이가 태극이 되고
而動靜之後爲陰陽			天地人・三才之道의 근본법칙과 마주하는 一陰陽五行의 순환법칙을 뜻함
諺文	字音	語音	3諺1文의 정의로서 간략하게 압축되고 풀어지는 한국고유의 諺文체계 해제
而	이	只用	~에 따라서 ◇ 천지자연의 근본법칙 / 순환법칙에 따라서(而)
動	동	움직일	움직임(動/三/△)과 마주하는 고요함(靜/二/□)으로서 자리하고(爲)
靜	정	고요할	고요함(靜/二/□)과 마주하는 움직임(動/三/△)으로서 자리한(爲)
後爲	후위		연후에 陰(二/□/고요함)과 陽(三/△/움직임)으로서 뒤따르는(後爲) 바가 곧
陰陽	음양		天地之道의 근본법칙과 마주하는(而已) 一陰陽五行의 순환법칙을 뜻하였던 것이다
한글국역			움직이고 멎고 한 뒤가 음양이 된다.

범 유 생 류 재 천 지 지 간 자　　사 음 양 이 하 지
凡有生類在天地之間者。捨陰陽而何之。

◇ 모든 생장류가 타고난(三一) 바에 따라서 天地(一三 / 上下)의 사이(二 / 中)에 자리함(人中地天一)에도 불구하고(者)

◇ 애초부터 태극(一)의 질서(三・十)를 집어삼키고서(捨) 두(◐) 갈래(☆)로 갈라서버린 거두절미법칙(음양이치 / 반절어법)의 용두사미필법(이두필법 / 삼망화법)으로 뒤엉켜서 무한대(一捨◐음양 / 자가☆당착)의 가공세계가 창출되고 줄줄이 구축된 줄도 모르는 불능달의 周易(음양팔괘 / 음양역법 / 가공세계)을 뒤집어쓰고서 또 다시 두(◐) 갈래(☆)로 갈라서버린 반절문자 및 방언리어 창출지법으로 줄줄이 주워섬기는 줄도 모르면서 무엇을 어찌하겠다는 것인가를 되묻는 것이었다.

3字1書의 정의로서 간략하게 요약(一三)되고 압축(三一)된 언문성음의 字書체계 해제				
凡有生類在天地之間者				모든 생장류가 天地(一三)의 사이(二 / 中)에 자리함에도 불구하고
諺文	字音		語音	3諺1文의 정의로서 간략하게 압축되고 풀어지는 한국고유의 諺文체계 해제
凡	범		모든	하늘의 섭리에 따라서 저절로 말미암아진 모든(凡) 생장류를 일컫는 반면
	둔갑			한역음사 / 한글국역의 무릇, 대강, 범상하다, 범인, 속계 등으로 둔갑이 거듭됨
有	유		말미암을	{하늘의 섭리에 따라서 저절로(自)} 말미암아짐(有)을 뜻하는 즉
生	생		거듭날	생명탄생(三七一生)의 근본법칙에 따라서 오고감(萬往萬來)이 거듭되는
類	류		무리	모든(凡) 생장류(三七一類)로서는
在	재		자리할	天地(一三)의 사이(二)에 자리함이 곧、하늘의 섭리이자 자연의 법칙이듯
天地	천지			무한(三一)의 하늘(天)과 무궁(三十)의 자연(地)으로서 간략하게 압축되고 풀어지는
之間	지간			무한(三一)의 시공간(三・十)을 뜻하는 그로서의 가온에 자리함이 곧、삶(人)의 세계
者	자		함 / 只用	~함이란、~함에도 불구하고、등으로 전환되고 잇따르는 어조쓰임(只用)
한글국역				무릇 어떤 생물이던 하늘과 땅 사이에 있는 것은

	捨陰陽而何之		태극(一)을 집어삼킨(捨) 음양☆팔괘의 가공◐세계 창출지법까지 모두 포괄됨
諺文	字音	語音	3諺1文의 정의로서 간략하게 압축되고 풀어지는 한국고유의 諺文체계 해제
捨	사	버릴	스스로(三)를 저버린(捨) 三妄무리와 하늘(一)을 저버린(捨) 음양무리로 전환
陰	음	태음	태극(一)을 집어삼킨 [음양화신의 음양오행說과 삼망화신의 삼황오제說] 참조
陽	양	태양	이미 두 갈래로 갈라서버린 [八字形의 복희팔괘와 丫字形의 文王팔괘] 참조
而	이	只用	~(으)로서、~에 따라서、등으로 전환되고 잇따르는 어조쓰임(只用)
何之	하지		태극(一)을 집어삼킨(捨) 줄도 모르고 하늘(一)을 저버린(捨) 줄도 모르는 음양무리의 음양이치 / 음양역법 / 반절어법으로 무엇을 어떻게 것인가를 되묻는 바였던 것이다
한글국역			음양을 두고 어디로 가랴?

고 인 지 성 음　개 유 음 양 지 리　고 인 불 찰 이
故人之聲音。皆有陰陽之理。顧人不察耳。

◇ 그러함(故)에 태고인(故人)의 언문성음 / 체계로서는
◇ 모두 말미암아진 「天地之道。一陰陽之理」로서도 서로 마주함을 뜻하는 바였음에도 불구하고
◇ 이러한 모두에 이르기까지 송두리째 집어삼키고서(一捨◐음양 / 자가☆당착) 뒤돌아보지도 못하는 음양인(顧人)의 음양이치와 육서지법의 漢字어법으로서는 살펴보지도 못하고 듣지도 못하는 그로인해

3字1書의 정의로서 간략하게 요약(一三)되고 압축(三一)된 언문성음의 字書체계 해제			
故人之聲音			태고(故)를 열어준(開天·開物·成務) 태고인의 언문성음 / 체계로 전환됨
諺文	字音	語音	3諺1文의 정의로서 간략하게 압축되고 풀어지는 한국고유의 諺文체계 해제
故人	고인	태고인	태고(故)를 열어준(開天) 태고인은 하늘이 내린 天夫三人으로 전환되는 즉
	전환	天夫三人	天夫三人의 제작모신공에 따라서 태고(故)를 열어준(開天·開物·成務)
		三位太伯	[桓因한국의 桓檀제도 및 桓檀帝位의 三位太伯]으로 전환되는 한국고전 참조
聲音	성음	3聲1音	但因(三一)한 태고인의 성음체계·언문체계·字書체계로서 서로 마주함
한글국역			그럼으로 사람의 말소리는

皆有陰陽之理			모두 말미암아진(有) 「天地之道。一陰陽五行之理」로서도 마주함을 뜻함
諺文	字音	語音	3諺1文의 정의로서 간략하게 압축되고 풀어지는 한국고유의 諺文체계 해제
皆有	개유	모두(皆) 말미암아진(有) 「天地之道와 마주하는 一陰陽之理」를 일컫는 즉	
陰陽之理	음양지리	「태음양(一二三)·三易之理 / 三一五行의 순환법칙」으로 전환됨	
한글국역			모두 음양의 이치가 있건마는

顧人不察耳			태극(一)을 집어삼키고서(捨) 뒤돌아보지도 못하는 음양무리의 태생적 한계와 同
諺文	字音	語音	三極之義로서 간략하게 압축되고 풀어지는 한국고유의 諺文체계 참조
顧人	고인	음양인	태극(一)을 집어삼키고서(捨) 뒤돌아다보지도 못하는(不) 음양인(顧人)
	전환	음양무리	음양무리의 漢族◐梵族、모계족◐부계족 및 동양◐서양으로도 뒤엉킨 즉
		삼망무리	어둠(地)의 세상(獄)을 헤매다가 三妄이 착근된 줄도 모르는 삼망집단 / 同
		三妄집단	춘추전국시대의 용두사미필법과 방언리어의 극치로서 줄줄이 주워섬겼던
		慕華집단	오동방·예악문장 모두가 華夏를 섬기는 慕華집단의 慕華제도로 소급됨
不	불	아니	~하지 못함(不) ◇ 되돌아다보지도 못하고 살펴보지도 듣지도 못함(不)
察	찰	살핌 / 눈	태극(一)을 집어삼킨(捨) 줄도 모르기 때문에 태극(一)의 질서(三·十)에 대해
耳	이	듣는 / 귀	되돌아다볼수도 없는 음양무리의 두◐눈과 삼망무리의 두◐귀는 따름(耳)뿐임
한글국역			생각건대 사람들이 살피지 않을 뿐이다

<small>금정음지작 초비지영이력소 단인기성음이극기리이이</small>
今正音之作。初非智營而力索。但因其聲音而極其理而已。

◇ 지금에 이르러서야 언문성음의 정음(3聲1音)체계로서 일으켜 세우고 바로세움에 있어서는

◇ 애초부터 어긋나고 뒤틀린 「오동방·예악문장(관습경전 / 학습경전 / 종교경전)이나 반절字母(中古漢音)의 화하韻書」 등등에서 애써 찾아낸 바가 아닌(非) 즉

◇ 但因(三一)한 그로서의 聲音체계와 諺文체계로서도 마주하고 지극(三一)에 因(一)한 그로서의 근본법칙(三才之道)과 근본원리(三易之理)로서도 마주하는(而己) 바였음에도 불구하고

3字1書의 정의로서 간략하게 요약(一三)되고 압축(三一)된 언문성음의 字書체계 해제			
今正音之作			지금에서야 언문성음의 정음(3聲1音)체계로 일으켜 세우고 바로세움
諺文	字音	語音	3諺1文의 정의로서 간략하게 압축되고 풀어지는 한국고유의 諺文체계 해제
今	금	이제	지금에서야 천지자연의 근본법칙까지 가지런히 가림토되고 모두 바로세워진
正音	정음 / 諦契		언문성음의 정음(3聲1音)체계로 일으켜 세우고 한국고유의 諺文체계까지
作	작	일으킬	모두 바로세울수 있었던 [하늘이 내린 세종聖帝의 제작모神工] 해제 / 참조
한글국역			이제 정음을 만든 것도

初非智營而力索			애초부터 어긋나고 뒤틀린 오동방·예악문장 등에서 애써 찾아낸 바가 아님
諺文	字音	語音	3諺1文의 정의로서 간략하게 압축되고 풀어지는 한국고유의 諺文체계 해제
初非	초비		애초부터 어긋나고 뒤틀린 음양팔괘의 가공세계 창출지법(周易 / 易經)에 불과한 즉
智營	지영		但因(三一)한 능달 / 능통의 지혜로움(智)도 아니고(非) 운영의 至妙도 아니었던(非)
而	只用		애초부터 어긋나고 뒤틀린 오동방·예악문장 및 반절字母(中古漢音)의 화하韻書 등등
力索	력색		에서 힘쓰고 애써서 찾아낸 바가 아니고 아닌(非) 즉
한글국역			처음부터 지혜로서 경영하고 힘써 찾아낸 것이 아니라

但因其聲音而極其理而己			但因(三一)한 그로서의 성음체계와 諺文체계로서도 마주하고(而己)
			지극(三一)에 因(一)한 그로서의 근본법칙과 근본원리로서도 마주함
諺文	聲音		3諺1文의 정의로서 간략하게 압축되고 풀어지는 한국고유의 諺文체계 해제
但因	단인		그로서의 맨 처음으로 스스로(三眞)에 因(一神)하고 하늘(三位)에 因(一神)한 바가 곧
			만물소통의 성통공완을 이룩하고 지극(三一)에 因(一)한 태극의 눈높이(一朝)를 뜻함
聲音	성음		但因(三一)한 태고인의 성음체계·언문체계·字書체계 / 한국고전으로서도 마주하고
極其理	극기리		지극(三一)에 因(一)한 그로서의 근본법칙 / 근본원리(一三之道 / 三一之理)로서
而己	이기		마주하는 三一법칙의 三一체계가 곧 一朝·제작모神工으로서 이룩된 바를 뜻함
한글국역			다만 그 소리에 따라서 그 이치를 다했을 뿐이다

_{이 기 불 이   즉 하 득 불 여 천 지 귀 신 동 기 용 야}
理旣不二。則何得不與天地鬼神同其用也。

◇ 이미 두(◐) 갈래(☆)로 갈라서버린 거두절미법칙(음양이치 / 반절어법)의 용두사미필법(이두필법 / 삼망화법)으로 뒤엉켜서 어긋남(異◐乎)의 극치(中☆國)에 달하고 자가당착의 극치(假◐中☆國)에 달해 버린 음양팔괘의 가공세계 창출지법(周易)을 뒤집어쓴 반절문자(凡干文字) 및 방언리어(本國俚語) 창출지법(六書之法 / 漢字어법)으로 줄줄이 주워섬기는 줄도 모르고

◇ 무엇을 얻고자 하는지도 모르는 천지◐귀신☆집단 / 용두◐사미☆집단들과 그로서의 근본쓰임조차도 같을수 없다한 즉, 천지자연의 근본법칙과 마주하는 한국고유의 諺文체계(三一법칙 / 三一체계)까지 모두 바로세울수 있었던 바가 곧, 하늘(一)이 내린(三・朝) 세종聖帝의 제작모신工을 뜻하는 바이듯

3字1書의 정의로서 간략하게 요약(一三)되고 압축(三一)된 언문성음의 字書체계 해제	
理旣不二	이미 두(◐) 갈래(☆)로 갈라서버린 음양이치의 반절어법(六書之法)과 음양팔괘의 음양역법(周易 / 易經)으로 줄줄이 주워섬기는 줄도 모르고(不)
諺文　聲音	3諺1文의 정의로서 간략하게 압축되고 풀어지는 한국고유의 諺文체계 해제
理旣　리기	애초부터 태극(一)을 집어삼킨(捨) 음양이치의 반절어법과 음양팔괘의 음양역법 同이듯
不二　불이	이미 두 갈래로 갈라선 거두절미법칙(음양이치 / 반절어법)의 용두사미필법으로 전환
한글국역	이치가 이미 둘이 아닌 즉

則何得不與天地鬼神同其用也		무엇을 얻고자 하는지도 모르는 천지◐귀신☆집단들과 그로서의 근본쓰임조차도 같을수 없음을 일컫는 바였던 것이다
諺文	字音　語音	3諺1文의 정의로서 간략하게 압축되고 풀어지는 한국고유의 諺文체계 해제
則	즉　곧 / 법칙	애초부터 태극(一)을 집어삼키고서(捨) 두(◐) 갈래(☆)로 갈라서버린 거두절미법칙의 용두사미필법(공자필법 / 불경화법)으로 줄줄이 주워섬기는 줄도
何得	하득	모르고(不) 무엇을 얻고자 하는지도
不	불　아니	모름(不)을 일컫는 바로서
與天地	여천지	태극(一)을 집어삼킨(捨) 음양상극으로 뒤엉킨 天◐地는 乾◐坤으로 둔갑
鬼神　귀신	천◐지 귀신집단	음양이치의 반절어법과 周易 / 易經을 뒤집어쓴 바가 곧, 천지◐귀신☆집단
		서로 다른 용수사신의 머리통과 꼬리통으로 뒤엉킨 용두◐사미☆집단 / 同
其同用也	기동용야	그로서의 근본쓰임(三一법칙 / 三一체계 ◆ 음양이치 / 반절어법)조차도 같을 수 없었던 바가 곧, 이와 같은 모두를 총괄 / 총칭하는 바였던 것이다
한글국역		어찌 하늘과 땅과 귀신으로 더불어 그 운용을 같이하지 않을 수 있겠는가?

정음이십팔자 각상기형이제지
正音二十八字。各象其形而制之。

◇ 언문성음의 글자(正音28字)체계로서 비로소 모두 바로세워진(創制 / 1443년 12월 30일)
◇ 正音28字・각자의 타고난(三一) 모습(象)과 그로서의 타고난(一三) 형태(形)로서 가지런히 가림토되고 모두 바로세워진 바가 다름 아닌 「천지자연의 근본법칙까지 모두 바로세워진 바를 뜻할뿐만 아니라、그로서의 처음(一)부터 끝(三・十)까지 가지런히 가림토되고 모두 바로세운 세종聖帝의 제작모神工까지 모두 함축되고 구비된 즉、「언문성음의 字倣古篆(한국고전)으로서 모두 갖추어진 桓因한국의 桓檀제도와 한국고유의 언문(扵諺・扵文・字書)체계」까지 모두 바로세워진 바를 뜻하였던 것이다. [훈민정음・풋말 / 序曰 참조]

3字 1書의 정의로서 간략하게 요약(一三)되고 압축(三一)된 언문성음의 字書체계 해제			
正音二十八字			언문성음의 글자(正音28字)체계와 정음체계로서 비로소 모두 바로세워짐(創制)
諺文	字音	語音	3諺 1文의 정의로서 간략하게 압축되고 풀어지는 한국고유의 諺文체계 해제
正音			언문성음의 글자(正音28字)체계와 정음체계까지 비로소 모두 바로세워진(創制) 바가 곧
二十八字			한국고유의 諺文체계(한국고전)까지 모두 바로세워진 바를 뜻하였던 것이다
한글국역			정음 스물여덟 자는

各象其形而制之			正音28字・각자의 타고난 모습(象)과 그로서의 타고난 형태(形)로서도 모두 바로세워진 바가 곧、천지자연의 근본법칙까지 모두 바로세워진 바를 뜻함
諺文	字音	語音	3諺 1文의 정의로서 간략하게 압축되고 풀어지는 한국고유의 諺文체계 해제
各	각	각자	一朝・제작모神工의 창제정음28字・각자(各字 / 各自)를 일컫는 바로서
象	상	모양	정음28字・각자의 타고난(三一) 모양 / 모습(象 / 겉모습)을 뜻하는 반면
	둔갑		코끼리의 옆모습을 본떴다는 [육서지법의 상형문자 / 육두문자 및 華製漢字(假字)] 로
	창출		창출과 축적이 거듭된 漢字(假字)를 빌어쓰는 모두가 방언리어 창출지법을 뒤집어쓴
	고착		바와 같았던 자가당착의 반절어법과 이두문자의 이두문법에 불과했던 것이다
形	형	모습	그로서(其)의 타고난(一三) 모습 / 형태(形 / 속모습)을 뜻하는 반면
	둔갑		애초부터 음양●상극으로 뒤엉킨 [象●形(문자)]에서 [形●聲(문자)]로 둔갑 / 창출된
	창출		바가 곧、반절문자 및 방언리어 창출지법이자、불능달의 周易을 뒤집어쓴 줄도 모르는
	고착		육서지법의 반절철자법(漢字)과 조선吏讀의 반절철자법(한글)은 서로 같았던 것이다
而	只用		~(으)로서(而)도 모두 바로세워진(制) 바가 곧
制之	제지		천지자연의 근본법칙까지 모두 바로세워진 언문성음의 글자(正音28字)체계이자
			태고인의 언문성음 / 체계로서도 마주하고 三一법칙의 三一체계로서도 마주함
한글국역			각각 그 모양을 본떠서 만들었다.

「제자해・풋말(桓) 편 / 諺文解制」로서는 이하 생략하고
「제자해・풋말(桓) / 一)과 마주하는 끝말(韓 / 十)로 건너뜀」과 더불어
「제자해・본문해제 및 언문해서」로 잇따름

우
吘。

◇ 만성(十)을 품어내는 유성근본의 근본줄기(三一五行)를 뜻하는 바로서 전환되고 잇따름

3字1書의 정의로서 간략하게 요약(一三)되고 압축(三一)된 언문성음의 字書체계 해제				
吘		만성(十)을 품어내는 유성근본의 근본줄기(三一五行)를 뜻하는 바로서 전환		
諺文	字音	語音	三極之義로서 간략하게 압축되고 풀어지는 한국고유의 諺文체계 참조	
吘	우	유성근본	但因(三一)한 夫人의 유성근본이 곧, 「一二三・三易之理의 三一五行」	
		象 / 形	만성(十)을 품어내는 입(口)의 「근본바탕(口) + 근본줄기(干)」 함축	
		둔갑	한역음사의 [탄식할 / 吁]에서 [해돋을 / 旰]로 둔갑되고 글자(吘)까지 뒤바뀐(旰) 즉	
한글국역	아아 !	반절어법 / 이두문법의 [감탄사]로 둔갑 / 고착된 바와 같음		

동서고금의 백왕(百王) 모두를 초월하고 지극(三一)에 因(一)함으로서
하늘(一)이 내린(三・朝)
세종聖帝의 제작모신工에 따라서 비로소 모두 바로세워진(創制)
정음28字의 타고난(三一) 모습(象)과 타고난(一三) 형태(形)로서도 모두 구비된
「천지자연의 근본법칙과 마주하는 한국고유의 諺文체계(한국고전◇訓民正音)」
언문 / 해제 一覽 / 참조

一陰陽五行		三字八聲		桓易之理 / 三一五行					夫人의 유성근본과 마주하는 三一五音의 象形制字			
태	一	·		天	一	圓	○	지극(三一)에 因(一)한	[·] 象圓形	一積十鋸↓
음	陰	一		地	二	方	□	三一법칙의 三一체계	[一] 象平形	無匱化三←↓
양	陽	ㅣ		人	三	角	△	로서 서로 마주함	[ㅣ] 象立形	[中央에 자리함]
수	水	ㅗ	ㅛ	上	一	北	冬	ㆆㅎㅇ	喉音	[○] 象喉形	[虛明으로 유통]
목	木	ㅏ	ㅑ	外	三	東	春	ㄱㅋㆁ	牙音	[ㆁ] 象牙形	ㄱ。象舌根形
토	土	(十)		中	五	中	季	ㅂㅍㅁ	脣音	[ㅁ] 象口形	[만성을 품어냄]
화	火	ㅜ	ㅠ	下	二	南	夏	ㄷㅌㄴ / ㄹ	舌音	[ㄴ] 象舌形	[ㄹ]。半舌音
금	金	ㅓ	ㅕ	內	四	西	秋	ㅈㅊㅅ / ㅿ	齒音	[ㅅ] 象齒形	[ㅿ]。半齒音

정 음 작 이 천 지 만 물 지 리 함 비　기 신 의 재
正音作而天地萬物之理咸備。其神矣哉。

◇ 但因(三一)한 언문성음의 正音체계로서 일으켜 세워짐으로서 천지조화의 근본원리·천지자연의 근본법칙·천지만물의 순환법칙까지 모두 함축되고 구비된

◇ 그로서가 곧、一朝·제작모神工에 따라서 천지자연의 근본법칙(三一법칙 / 三一체계)까지 가지런히 가림토되고 制字되었던 「언문성음의 字書체계 / 字倣古篆 / 桓檀제도 / 한국고전◇訓民正音」까지 모두 바로세워진 바를 뜻하였던 것이다.

3字1書의 정의로서 간략하게 요약(一三)되고 압축(三一)된 언문성음의 字書체계 해제		
正音作而天地萬物之理咸備		但因(三一)한 언문성음의 正音체계로서 일으켜 세움에 따라서 천지만물의 근본근원 / 근본원리까지 모두 함축되고 구비됨
諺文	字音	3諺1文의 정의로서 간략하게 압축되고 풀어지는 한국고유의 諺文체계 해제
正音作而	정음작이	但因(三一)한 언문성음의 正音체계로서 일으켜 세우고 바로세워짐에 따라서
天地萬物	천지만물	천지만물의 근본근원 / 근본원리 / 근본법칙까지 모두 함축 / 구비된 바가 곧
之理咸備	지리함비	一朝·제작모神工으로서 이룩되고 모두 구비되어 만세에 전래됨을 뜻함
한글국역	정음이 만들어지매 천지 만물의 이치가 모두 갖추어지니	

其神矣哉			삼극(三一)의 정의(書矣 / 神命 / 矣書)로서 간략하게 압축되고 풀어짐과도 마주함
諺文	字音	語音	3諺1文의 정의로서 간략하게 압축되고 풀어지는 한국고유의 諺文체계 해제
其	기	그로서	앞서 맺어진 삼극(三一)의 정의로서 맺고 잇따르는(一三) 어조쓰임(只用)
神	신	三神	一朝·제작모神工(三一법칙 / 三一체계)으로서도 끝없이 마주함을 뜻하는 즉
	전환	之位	「天地人·三神之位와 마주하는 天地人·三倫之理」 해제 / 참조
矣	의	神命	하늘의 뜻(神命)과 같은 삼극(三一)의 정의(書矣 / 帝曰 / 矣書)로서 간략하게
	전환	書矣	요약(一三 / 矣書)되고 압축(三一 / 書矣)되거나 풀어짐(一三 / 矣書)으로서도
哉	재	비로소	서로 마주하고 잇따르는 결언쓰임(只用)
한글국역	그야말로 신기롭기도 하구나		

시태천계
是殆天啓

◇ 이른바, 「一朝・制作侔神工」에 따라서 천지조화의 一丸세계를 열어주고(開天) 태고(故)를 열어준(開物 / 成務) 桓因한국의 桓檀제도로서 모두 구비되고 언문성음의 자방고전(字倣古篆 / 字書체계 / 한국고전)」으로서 만세에 전래되는 모두에 이르기까지 송두리째 뒤덮이면서(음양팔괘 / 周易 / 예악문장) 몽롱해져버린 줄도 모르듯이、춘추전국시대(周代 / BC 770~221~)에 이르면서 줄줄이 뒤바뀌어버린 음양이치의 반절어법(六書之法)과 음양팔괘의 가공세계 창출지법(周易)을 뒤집어쓰고서 이미 두(◗) 갈래(☆)로 갈라서버린 방언리어 창출지법(반절어법 / 이두문법)으로 줄줄이 주워섬기면서 끝없이 함께 할수밖에 없었던 불능달의 周易과 반절어법의 태생적 한계(거두절미법칙 / 용두사미필법)에 이르기까지 송두리째 걷어내야만 비로소 만천하에 드러남을 뜻하는 바와 같았던 것이다.

3字1書의 정의로서 간략하게 요약(一三)되고 압축(三一)된 언문성음의 字書체계 해제			
是殆天啓	후세에 이르면서 몽롱해져버린 桓因한국의 桓檀제도(開天・開物・成務) 해제 / 참조		
諺文	字音	語音	3諺1文의 정의로서 간략하게 압축되고 풀어지는 한국고유의 諺文체계 해제
是	시	옳을	오름(是爲↗)則과 내림(亦爲↘)則으로서도 마주하는 어조쓰임(只用)
殆	태	위태할	태극(一)을 집어삼키고서(捨) 중원(十)을 뒤집어써버린 周代의 周易과
			반절어법의 태생적 한계까지 송두리째 걷어내야만 비로소 만천하에 드러나는
天啓	천계		바와 같았던 즉、후세에 이르면서 송두리째 뒤덮이고(음양팔괘 / 周易 / 예악문장) 몽롱해져버린 「桓因한국의 桓檀제도와 한국고유의 諺文체계(한국고전)」해제 / 참조
한글국역	이는, 아마도 하늘이		

후세(周代 / BC 770~221~~~~1443년~~今)에 이르면서
송두리째 뒤덮이고(음양팔괘 / 周易 / 예악문장) 몽롱해져버린
「桓因한국의 桓檀제도와 마주하는 한국고유의 諺文체계(한국고전◇訓民正音)」
언문해제 / 차례해제 一覽 / 참조

桓	桓因한국의 桓檀제도	한국고유의 諺文체계 ◇ 한겨레의 正音체계		훈민정음・풋말 3행
一	桓因韓國의 無所祖述	천지조화의 一丸세계를 열어준 바가 곧、開天		一朝
二	桓檀帝曰의 三一神誥	만물치화의 치화원리를 열어준 바가 곧、開物		制作侔神工
三	桓檀帝民의 三倫九誓	삼륜교화의 교화원리를 이룩한 바가 곧、成務		大東千古開朦朧
四	天地之道 ◇ 三一之理	三一법칙	天地人・三才之道와 마주하는 一二三・三一之理 / 三一五行	
五	三易之理 ◇ 三一五行	三一체계	天地人・三神之位와 마주하는 一二三・三易之理 / 三一五行	
十	諺文聲音 ◇ 字倣古篆	한국고전	한국고유의 諺文체계와 마주하는 언문성음의 字書체계	

^{성 심 이 가 수 언 자 호}
聖心而假手焉者乎。

◇ 하늘(一)이 내린(三·朝) 세종聖帝의 제작모신工에 따라서 비로소 모두 바로세워진 바를 뜻하는 「聖心의 손 / 책(자방고전 / 한국고전 / 訓民正音)」을 빌어서라도 「언문성음의 글자(正音28字)체계와 正音체계」로서 올바르게 습득(知)하고 터득함(智)으로서 저절로 구해지고(自性求子 / 三一精神) 저절로 밝아지는 능달 / 능통의 눈높이(自明 / 神明◇桓易의 易觀)와 마주하는 태극(一)의 눈높이(一朝)에 이르기까지 끝없이 함께하라는 뜻이었던 것이다.

3字1書의 정의로서 간략하게 요약(一三)되고 압축(三一)된 언문성음의 字書체계 해제			
聖心而假手焉者乎			하늘이 내린 세종聖帝의 제작모신工으로서 이룩된 聖心의 손(책)을 빌어서라도 諺文聲音 / 체계와 마주하는 訓民正音 / 체계로서 끝없이 함께하라는 결언
諺文	字音	語音	3諺1文의 정의로서 간략하게 압축되고 풀어지는 한국고유의 諺文체계 해제
聖心	성심		세종聖帝의 聖心은 곧 한마음(三眞) 한뜻(一神)을 이루면서 만물소통의 성통공완을
		天心	이룩하고 지극(三一)에 因(一)한 一朝·제작모신工으로서도 마주함을 뜻하는 즉
而		只用	이와 같은 세종聖帝의 제작모신工에 따라서 謹作되고 謹書된 聖心의 손 / 책으로
假手	가수		전환되는 언문성음의 자방고전(字書체계 / 한국고전 / 訓民正音)을 빌어서라도
焉	언	결언	언문성음의 正音체계로서 올바르게 습득(知)하고 터득(智)한 바에 따라서
者	자	只用	저절로(自) 밝아지는(明) 능달 / 능통의 눈높이(自明 / 神明)와 마주하는
乎	호	함께	開天 / 태극(一)의 눈높이(一朝)에 이르기까지 끝없이 함께하라는 결언쓰임
한글국역			성스러운 임금님의 마음을 일으사 그 손을 빌려 주심인져!

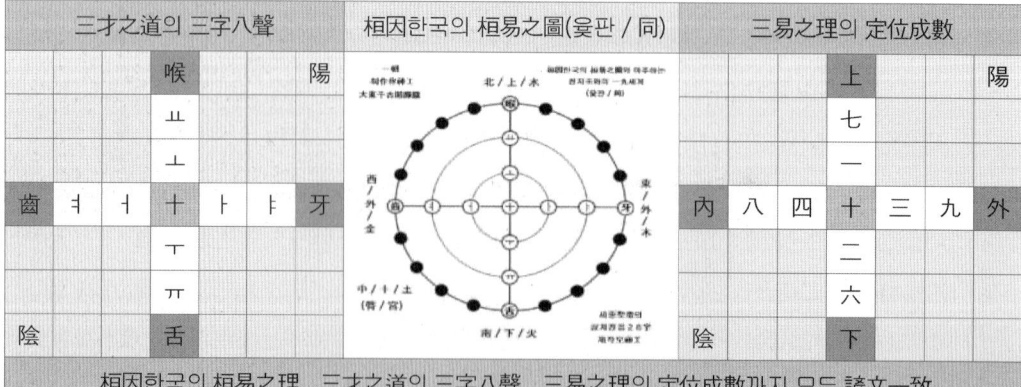

天地神明의 제작모신工으로서 이룩되고 모두 구비된
언문성음의 자방고전(字倣古篆 / 字書체계 / 한국고전)으로서 만세에 전래되는

「桓因한국의 桓易之理와 마주하는 천지조화의 一丸세계」

언문 / 해제 一覽 / 참조

桓因한국의 桓易之理、三才之道의 三字八聲、三易之理의 定位成數까지 모두 諺文一致

訣曰(諺文7字86行)
결 왈

◇ 다음과 같은 「제자해·결왈」로서 보다 더 간략하게 요약(一三)되고 압축(三一)된 「諺文7字86行」과도 마주하는 바가 곧, 간략하게 요약(一三 / 矣書)되고 압축(三一 / 書矣)이 거듭되었다 할지라도 전환(一三一)이 무궁한 한국고유의 諺文체계(三一법칙 / 三一체계)에 따라서 삼극(三一)의 정의로서 간략하게 압축(三一 / 書矣)되고 풀어짐(一三 / 矣書)으로서도 서로 마주함을 뜻하는 즉, 이하 모두 同

3字1書의 정의로서 간략하게 요약(一三)되고 압축(三一)된 언문성음의 字書체계 해제			
訣曰		[제자해·결왈]로서 초압축된 諺文7字86行과 마주하는 이또한 한국고유의 諺文체계	
諺文	字音	語音	3諺1文의 정의로서 간략하게 압축되고 풀어지는 한국고유의 諺文체계 해제
訣	결	맺을	말다운 말과 글다운 글(諺文 / 字書)로서 맺고(三·十) 잇따르는(一) 訣諺 / 訣曰
		象形	[言 + 夬]。 말다운 말로서 맺어지는 扵諺의 결언(訣諺)을 일컫는 바와 같지만
	둔갑		한역음사의 헤어짐(訣別)、영결(死別)、이별(離別)、노래(訣)로 둔갑 / 답습이 거듭됨
曰	왈	결언	삼극(三一)의 정의(書矣 / 帝曰 / 矣書)로서 압축되고 풀어짐과도 마주하는 즉
		象形	[口 / 말하는 입 + 一 / 근원]으로서 더하고 보탬이 거듭된 [푯말(桓)] 함축
	둔갑		가로되、가라사대、이르다(謂)、일컫다(稱)는 등의 모두가 한역음사의 방언리어인 즉
한글국역		노래로 이르건대	둔갑(訣◆歌)에 둔갑(曰◆謂)이 거듭됨

天地神明의 제작모神工에 따라서
천지조화의 一丸세계를 열어준(開天 ◇ 十三一命 / 一三十明) 바가 곧、개천의 정의인 즉

「태극(一)의 질서(三·十)와 마주하는 천지조화의 一丸세계」

언문 / 해제 一覽 / 참조

태극의 질서	천지조화의 근본원리 / 근본법칙 / 순환법칙과 마주하는 一丸세계					三倫之理
一 / 天	이미 지극(三一)에 因(一)한					天倫之理 (天二三之理)
二 / 地	「三一법칙의 三一체계」로서 서로 마주하고 상통됨					
三 / 運	一 / 天	(↓→)		三才之道 / 至道	至理 / 三易之理	
四 / 成	二 / 地					地倫之理 (地二三之理)
五 / 環	三 / 運	一 / 天	(↓→)		行	
六 / 合		二 / 地				
七 / 生	(人)	三 / 運	一 / 天		則	人倫之理 (人二三之理)
八 / 能	(大)	(能達)	二 / 地			
九 / 達	(夫)	(通達)	三 / 運	一 / 天		
十 / 開	(天)	(一朝)	천지조화의 一丸세계(天神國 ◇ 桓因한국)			

一朝	天地神明의
制作侔神工	제작모신공에 따라서
大東千古開朦朧	태고(故)가 열린(開天) 이래、몽롱해져버린
諺文聲音之字倣古篆而新制 訓民正音解例 制字解 諺文解制矣書	한국고유의 諺文체계까지 모두 바로세워진 훈민정음해례 제자해 4。본문해제 및 언문해서

_{천 지 지 도   태 음 양 오 행 이 이}
天地之道。一陰陽五行而已。

◇ 「천지지도(天地之道)」라 함은、「天地人・三才之道의 근본법칙」을 일컫는 바이고
◇ 「태음양오행(一陰陽五行 ◇ 一二三・三易之理 / 三一五行)의 순환법칙」으로서도 마주함(而已)을 일컫는 바였던 이는 곧、「하늘(一)이 내린(三・朝) 세종聖帝의 제작모신공」에 따라서 천지자연의 근본법칙까지 가지런히 가림토되고 모두 바로세워진 「언문성음의 자방고전(字倣古篆 / 한국고전 / 桓檀제도)」으로서 모두 구비되고 만세에 전래되는 「한국고유의 언문(扵諺・扵文・字書)체계」까지 모두 바로세워진 바를 뜻하였던 것이다. [~ 한국고유의 諺文체계와 마주하는 훈민정음・신제본 / 신제왈 ~]

_{곤 복 지 간 위 태 극   이 동 정 지 후 위 음 양}
坤復之間爲太極。而動靜之後爲陰陽。

◇ 천지자연의 펼쳐짐(坤 / □ / 二)과 돌아옴(復 / △ / 三) 사이에 태극(一)이 자리하고 있음으로서
◇ 천지자연의 움직임(動 / △ / 三)과 고요함(靜 / □ / 二)으로 자리한 연후에 陰(二 / □ / 靜)과 陽(三 / △ / 動)으로 뒤따르는 바가 곧、천지자연의 근본법칙으로서 간략하게 압축되고 모두 구비된 「天地之道와 마주하는 一陰陽五行」으로서 끝없이 순환되는 천지만물의 순환법칙을 뜻하는 즉、이하 모두 同

_{범 유 생 류 재 천 지 지 간 자   사 음 양 이 하 지}
凡有生類在天地之間者。捨陰陽而何之。

◇ 모든 생장류가 타고난(三一) 바에 따라서 天地(一三 / 上下)의 사이(二 / 中)에 자리함(人中地天一)에도 불구하고(者)
◇ 애초부터 태극(一)의 질서(三・十)를 집어삼키고서(捨) 두(◐) 갈래(☆)로 갈라서버린 거두절미법칙(음양이치 / 반절어법)의 용두사미필법(이두필법 / 삼망화법)으로 뒤엉켜서 무한대(一捨◐음양 / 자가☆당착)의 가공세계가 창출되고 줄줄이 구축된 줄도 모르는 불능달의 周易(음양팔괘 / 음양역법 / 가공세계)을 뒤집어쓰고서(盖) 또 다시 두(◐) 갈래(☆)로 갈라서버린 반절문자 및 방언리어 창출지법으로 줄줄이 주워섬기는 줄도 모르면서 무엇을 어찌하겠다는 것인가를 되묻는 것이었다.

<small>고 인 지 성 음   개 유 음 양 지 리   고 인 불 찰 이</small>
故人之聲音。皆有陰陽之理。顧人不察耳。

◇ 그러함(故)에 태고인(故人)의 언문성음 / 체계로서는
◇ 모두 말미암아진 「天地之道。一陰陽之理」로서도 서로 마주함을 뜻하는 바였음에도 불구하고
◇ 이러한 모두에 이르기까지 송두리째 집어삼키고서(一捨◐음양 / 자가☆당착) 뒤돌아다보지도 못하는 음양인(顧人)의 음양이치와 육서지법의 漢字어법으로서는 살펴보지도 못하고 듣지도 못하는 그로인해

<small>금 정 음 지 작   초 비 지 영 이 력 소   단 인 기 성 음 이 극 기 리 이 이</small>
今正音之作。初非智營而力索。但因其聲音而極其理而已。

◇ 지금에 이르러서야 언문성음의 정음(3聲1音)체계로서 일으켜 세우고 바로세움에 있어서는
◇ 애초부터 어긋나고 뒤틀린 「오동방・예악문장(관습경전 / 학습경전 / 종교경전)이나 반절字母(中古 漢音)의 화하韻書」 등등에서 애써 찾아낸 바가 아닌(非) 즉
◇ 但因(三一)한 그로서의 성음체계와 諺文체계로서도 마주하고 지극(三一)에 因(一)한 그로서의 근본법칙(三才之道)과 근본원리(三易之理)로서도 마주하는(而已) 바였음에도 불구하고

<small>이 기 불 이   즉 하 득 불 여 천 지 귀 신 동 기 용 야</small>
理旣不二。則何得不與天地鬼神同其用也。

◇ 이미 두(◐) 갈래(☆)로 갈라서버린 거두절미법칙(음양이치 / 반절어법)의 용두사미필법(이두필법 / 삼망화법)으로 뒤엉켜서 어긋남(異◐乎)의 극치(中☆國)에 달하고 자가당착의 극치(假◐中☆國)에 달해버린 음양팔괘의 가공세계 창출지법(周易)을 뒤집어쓴 반절문자(凡干文字) 및 방언리어(本國俚語) 창출지법(六書之法 / 漢字어법)으로 줄줄이 주워섬기는 줄도 모르고
◇ 무엇을 얻고자 하는지도 모르는 천지◐귀신☆집단 / 용두◐사미☆집단들과 그로서의 근본쓰임조차도 같을수 없다한 즉、천지자연의 근본법칙과 마주하는 한국고유의 諺文체계(三一법칙 / 三一체계)까지 모두 바로세울수 있었던 바가 곧、하늘(一)이 내린(三・朝) 세종聖帝의 제작모神工을 뜻하는 바이듯

<small>정 음 이 십 팔 자   각 상 기 형 이 제 지</small>
正音二十八字。各象其形而制之。

◇ 언문성음의 글자(正音28字)체계로서 비로소 모두 바로세워진(創制 / 1443년 12월 30일)
◇ 正音28字・각자의 타고난(三一) 모습(象)과 그로서의 타고난(一三) 형태(形)로서 가지런히 가림토되고 모두 바로세워진 바가 다름 아닌 「천지자연의 근본법칙까지 모두 바로세워진 바를 뜻할뿐만 아니라、그로서의 처음(一)부터 끝(三・十)까지 가지런히 가림토되고 모두 바로세운 세종聖帝의 제작모神工까지 모두 함축되고 구비된 즉、「언문성음의 字倣古篆(한국고전)으로서 모두 갖추어진 桓因한국의 桓檀제도와 한국고유의 언문(扵諺・扵文・字書)체계」까지 모두 바로세워진 바를 뜻하였던 것이다. [훈민정음・끝말 / 序曰 참조]

정음28字・제작모神工 및 制字원리・가림토神工」		
차례 / 해제		
(創制) 정음28字 제작모神工 및 制字원리 가림토神工 차례 / 해제	초성凡17字「제작모神工」	
	・夫人之有聲本於五行	
	・又以聲音淸濁而言之	
	중성凡11字「제작모神工」	
	・取象於天地人而三才之道備矣	
	・以初聲對中聲而言之	
	・以初中終合成之字言之	
	종성復用초성의 근본원리・가림토神工」	
	만성(十)을 품어내는 유성근본의 근본줄기(三一五行)에 따라서 천지자연의 근본법칙과 마주하는 한국고유의 諺文체계까지 모두 바로세워진 즉 「一朝・제작모神工까지 모두 구비된 언문성음의 字書체계」로서 서로 마주함	

「三一之理와 마주하는 三一五音의 초성凡17字・제작모神工」

초 성 범 십 칠 자
初聲凡十七字。

◇ 「초성凡17字・제작모神工」

아 음   상 설 근 폐 후 지 형
牙音ㄱ。象舌根閉喉之形。

◇ 아음(ㅇㄱㅋ)의 「ㄱ / 군字초성」으로서는
◇ 혀근(ㄱ)이 목(ㅇ)을 여닫는(ㅇㄱㅋ) 象舌根形(ㄱ)을 뜻하는 바이고

설 음   상 설 부 상 악 지 형
舌音ㄴ。象舌附上腭之形。

◇ 설음(ㄴㄷㅌ)의 「ㄴ / 나字초성」으로서는
◇ 혀끝(ㄴ)이 오르내리면서 입안(ㅁ)을 닫고 여는(ㄴㄷㅌ) 象舌末形(ㄴ)을 뜻하는 바이며

순 음   상 구 형
脣音ㅁ。象口形。

◇ 순음(ㅁㅂㅍ)의 「ㅁ / 미字초성」으로서는

◇ 만성(十)을 품어내는(ㅁㅂㅍ) 상구형(ㅁ)을 일컫는 바이고

齒音ㅅ。象齒形。
(치음   상치형)

◇ 치음(ㅅㅈㅊ)의 「ㅅ / 슐字초성」으로서는
◇ 가늘함이 몰아지는(ㅅㅈㅊ) 상치형(ㅅ)을 일컫는 바이며

喉音ㅇ。象喉形。
(후음   상후형)

◇ 후음(ㅇㆆㅎ)의 「ㅇ / 욕字초성」으로서는
◇ 물처럼(水氣) 맑고 빈듯함으로 유통되는(ㅇㆆㅎ) 상후형(ㅇ)을 일컫는 것이다.

ㅋ比ㄱ。聲出稍厲。故加畫。
(비 성출초려 고가획)

◇ 「ㅋ」에 비한 「ㄱ」으로서는
◇ 성출초려에 따른 바이므로
◇ 그럼으로 「ㄱ」에서 가획(一)된 「ㅋ」이듯

ㄴ而ㄷ。ㄷ而ㅌ。ㅁ而ㅂ。ㅂ而ㅍ。ㅅ而ㅈ。ㅈ而ㅊ。ㅇ而ㆆ。ㆆ而ㅎ。
(이 이 이 이 이 이 이 이)

其因聲加畫之義皆同。而唯ㆁ爲異。
(기인성가획지의개동 이유 위이)

◇ 「ㄴ」에서 「ㄷ」으로 가획(一)되었고
◇ 「ㄷ」에서 「ㅌ」으로 가획(一)되었으며
◇ 「ㅁ」에서 「ㅂ」으로 가획(一)되었고
◇ 「ㅂ」에서 「ㅍ」으로 가획(一)되었으며
◇ 「ㅅ」에서 「ㅈ」으로 가획(一)되었고
◇ 「ㅈ」에서 「ㅊ」으로 가획(一)되었으며
◇ 「ㅇ」에서 「ㆆ」으로 가획(一)되었고
◇ 「ㆆ」에서 「ㅎ」으로의 가획(一)이 거듭된
◇ 그로서가 곧, 但因(三一)한 성음(3聲1音)체계의 성출초려에 따라서 가획(一)이 거듭된 「가획의 정의」가 모두 같되
◇ 아음의 처음(ㆁ)만큼은 전혀 다른 아음(ㅇㄱㅋ)의 처음(ㆁ)으로서는、但因(三一)한 (天)夫人의 유성근본(三一五行)으로부터 말미암아진 어근(語根 / ㆁ ◇ ・ / 근원 + ㅇ/水氣)을 뜻하는 반면

半舌音ㄹ。半齒音△。亦象舌齒之形而異其體。無加畫之義焉。
(반설음 반치음 역상설치지형이이기체 무가획지의언)

◇ 반설음의 「ㄹ/려字초성」과
◇ 반치음의 「ㅿ/샹字초성」으로서는
◇ 마주하는 혀와 이의 타고난 모습(ㄴ/ㅅ)과 타고난 형태(ㄹ/ㅿ)가 조금 다른 그로서가 곧, 상형제자의 是爲(오름↗)則과 마주하는 역위제자의 亦爲(내림↘)則을 뜻하는 바로서
◇ 가획(一)이 아닌 설음의 타오름(是爲↗則)과 치음의 몯아짐(亦爲↘則)까지 모두 극해되고 가지런히 가림토된 바에 따라서 역위제자된 반설음(ㄹ)과 반치음(ㅿ)이란 이를 일컫는 것이다.

「(天)夫人의 유성근본(三一五行)으로부터 말미암아진 三一五音·가림토神工」

부 인 지 유 성 본 어 오 행
夫人之有聲本扵五行。

◇ 但因(三一)한 (天)夫人의 유성근본(三一五行)으로부터 비롯되는 三一五行의 5행이므로

고 합 제 사 시 이 부 패 협 지 오 음 이 부 려
故合諸四時而不悖。叶之五音而不戾。

◇ 그럼으로 모두 함께하는 三一五行의 합제사시(冬春季夏秋)라야 어그러지지 않고
◇ 모두가 화합되는 三一五音의 5음(喉牙脣舌齒)이라야 어긋나지 않음을 뜻하는 것이다.

후 수 이 윤 수 야
喉邃而潤。水也。

◇ 후음(ㅇㆆㅎ)의 목(ㅇ)으로서는 깊숙하고 윤택한
◇ 물(水/五行)에 속(水氣)하고

성 허 이 통 여 수 지 허 명 이 유 통 야
聲虛而通。如水之虛明而流通也。

◇ 빈듯한 후성(ㅇ)으로서 유통되는 바(ㅇㆆㅎ/ㆅ)로서는
◇ 물(水氣)처럼 투명함(虛明)으로서 유통되는 바와 같은즉

어 시 위 동 어 음 위 우
扵時爲冬。扵音爲羽。

◇ 모두 함께하는 三一五行의 합제사시(冬春季夏秋)로서는 겨울(冬)과 같고
◇ 화합을 이루는 三一五音의 5음(喉牙脣舌齒)으로서는 깃털처럼 가벼운 우음(羽音)과 같다.

아 착 이 장 목 야
牙錯而長。木也。

◇ 아음(ㅇㄱㅋ)의 엄(ㅇ/語根)으로서는 섞여서(·/木根+ㅇ/水氣) 오래가는
◇ 나무(木/五行)에 속(木質)하고

성 사 후 이 실　여 목 지 생 어 수 이 유 형 야
　　聲似喉而實。如木之生扵水而有形也。

◇ 후성(ㅇ)과 아성(ㆁ)의 유사함으로서 영글어가는 바(ㅇㄱㅋ / ㄲ)로서는

◇ 나무(木質)가 물을 머금고 자라나는 형태와 같은즉

　　　어 시 위 춘　어 음 위 각
　　扵時爲春。扵音爲角。

◇ 모두 함께하는 三一五行의 합제사시(冬春季夏秋)로서는 봄(春)과 같고

◇ 화합을 이루는 三一五音의 5음(喉牙脣舌齒)으로서는 부리처럼 단단한 각음(角音)과 같다.

　　　설 예 이 동　화 야
　　舌銳而動。火也。

◇ 설음(ㄴㄷㅌ)의 혀(ㄴ)로서는 날렵하게 움직이는

◇ 불(火 / 五行)에 속(火機)하고

　　　성 전 이 양　여 화 지 전 전 이 양 양 야
　　聲轉而颺。如火之轉展而揚揚也。

◇ 구르는 설성(ㄴ)으로서 타오르는 바(ㄴㄷㅌ / ㄸ)로서는

◇ 불(火機)이 구르고 펴지면서 활활 타오르는 바와 같은즉

　　　어 시 위 하　어 음 위 징
　　扵時爲夏。扵音爲徵。

◇ 모두 함께하는 三一五行의 합제사시(冬春季夏秋)로서는 여름(夏)과 같고

◇ 화합을 이루는 三一五音의 5음(喉牙脣舌齒)으로서는 불어나는 징음(徵音)과 같다.

　　　치 강 이 단　금 야
　　齒剛而斷。金也。

◇ 치음(ㅅㅈㅊ)의 이(ㅅ)로서는 굳세고 단단한

◇ 쇠(金 / 五行)에 속(金形)하고

　　　성 설 이 체　여 금 지 설 쇄 이 하 성 야
　　聲屑而滯。如金之屑瑣而鍜成也。

◇ 가느다란 치성(ㅅ)으로서 몯아지는 바(ㅅㅈㅊ / ㅆㅉ)로서는

◇ 쇠(金形)의 자잘한 가루에서 단단한 투구를 이루는 바와 같은즉

　　　어 시 위 추　어 음 위 상
　　扵時爲秋。扵音爲商。

◇ 모두 함께하는 三一五行의 합제사시(冬春季夏秋)로서는 가을(秋)과 같고
◇ 화합을 이루는 三一五音의 5음(喉牙脣舌齒)으로서는 세세하게 셈하는 상음(商音)과 같다.

순 방 이 합 토 야
脣方而合。土也。

◇ 순음의 입술(ㅁ)로서는 모두가 더해지고 보태지는
◇ 흙(土/五行)에 속(土體)하고

성 함 이 광   여 토 지 함 축 만 물 이 광 대 야
聲含而廣。如土之含蓄萬物而廣大也。

◇ 머금어내는 순성(ㅁ)으로서 넓어지는 바(ㅁㅂㅍ/ㅃ)로서는
◇ 흙(土體)의 함축성으로부터 만물(十)을 품어내는 광활함과 같은즉

어 시 위 계 하 어 음 위 궁
扵時爲季夏。扵音爲宮。

◇ 모두 함께하는 합제사시(冬春季夏秋)로서는 季夏(정점)와 같고
◇ 화합을 이루는 5음(喉牙脣舌齒)」으로서는 만성(十)을 품어내는 궁음(宮音)과 같다.

연 수 내 생 물 지 원 화 내 성 물 지 용 고 오 행 지 중   수 화 위 대
然水乃生物之源。火乃成物之用。故五行之中。水火爲大。

◇ 이러한 물(水氣)로서는 생물의 원천이고
◇ 불(火機)로서는 성물의 근본쓰임이기에
◇ 그럼으로 모두 함께하는 「三一五行의 5행(水木土火金)」 중에서
◇ 물(水氣)과 불(火機)은 커다란 근본쓰임을 뜻하고

후 내 출 성 지 문 설 내 변 성 지 관   고 오 음 지 중   후 설 위 주 야
喉乃出聲之門。舌乃辨聲之管。故五音之中。喉舌爲主也。

◇ 목(ㅇ)으로서는 출성의 문과 같으며
◇ 혀(ㄴ)로서는 변성의 관과 같기에
◇ 그럼으로 화합을 이루는 三一五音의 5음(喉牙脣舌齒) 중에서
◇ 목(ㅇ)과 혀(ㄴ)는 주된 근본쓰임을 뜻하는 즉

후 거 후 이 아 차 지 북 동 지 위 야
喉居後而牙次之。北東之位也。

◇ 목(ㅇ)은 뒤에 머물고 엄(ㅇ)은 다음이라서
◇ 북동(北東)의 자리(上右)를 뜻하고

^{설 치 우 차 지   남 서 지 위 야}
舌齒又次之。南西之位也。

◇ 혀(ㄴ)와 이(ㅅ)는 다다음이라서
◇ 남서(南西)의 자리(下左)를 뜻하며

^{순 거 말   토 무 정 위 이 기 왕 사 계 지 의 야}
脣居末。土無定位而寄旺四季之義也。

◇ 입술(ㅁ)은 끝자락에 자리(中央)하는 바이기에
◇ 흙(土體)처럼 정해진 자리가 없는 기왕사계(4계절)의 精義(가온 / 중앙)와 같은즉

^{시 즉 초 성 지 중   자 유 음 양 오 행 방 위 지 수 야}
是則初聲之中。自有陰陽五行方位之數也。

◇ 이러한 즉은、초성에서의 가온(중앙 / 脣音)에 자리함을 뜻하는 바이고
◇ 이에 따라서 저절로 말미암아지는 태음양오행방위(一二三・三易之理 / 三一五行)의 數(・ㅡㅣ {一二三}、ㅗㅏ{五}ㅜㅓ、ㅛㅑ{十}ㅠㅕ)를 뜻하는 것이다.

「이와 더불어 말미암아진 三一五音의 성음청탁・가림토神工」

^{우 이 성 음 청 탁 이 언 지}
又以聲音淸濁而言之。

◇ 이와 더불어 말미암아진 성음청탁으로서 이르자면

^{위 전 청}
ㄱㄷㅂㅈㅅㆆ。爲全淸。

◇ 「ㄱㄷㅂ / ㅈㅅㆆ」으로서는
◇ 전청인 즉、전청성음의 「군두별 / 즉슐흡」 참조(오름↗則과 내림↘則으로서 마주함)

^{위 차 청}
ㅋㅌㅍㅊㅎ。爲次淸。

◇ 「ㅋㅌㅍㅊㅎ」으로서는
◇ 차청인 즉、차청성음의 「쾌튼표침허」 참조(三一五音의 정점)

^{위 전 탁}
ㄲㄸㅃㅉㅆㆅ。爲全濁。

◇ 「ㄲㄸㅃ / ㅉㅆㆅ」으로서는
◇ 전탁인 즉、전탁성음의 「뀨땀뽀 / 짜싸뽛」 참조(오름↗則과 내림↘則으로서 마주함)

　　　　　　　위불청불탁
ㆁㄴㅁㅇㄹㅿ。爲不淸不濁。

◇ 「ㆁㄴㅁㅇㄹㅿ」으로서는
◇ 불청불탁이며, 불청불탁성음의 「업나미욕려샹」 참조(三一五音의 처음)

　　　　기성최부려　　고차서수재어후　이상형제자즉위지시
ㄴㅁㅇ。其聲冣不厲。故次序雖在扵後。而象形制字則爲之始。

◇ 「ㄴㅁㅇ」으로서는
◇ 그로서의 성음이 가장 부려하므로
◇ 그럼으로 三一五音의 차서로서는 비록 뒤(全淸・次淸・처음)에 자리하되
◇ 상형제자(象形制字)의 제자원리에 따른 상형제자의 처음(ㄴㅁㅇ)을 뜻하는 반면

　　　수개위전청　이　비　성부려　고역위제자지시
ㅅㅈ雖皆爲全淸。而ㅅ比ㅈ。聲不厲。故亦爲制字之始。

◇ 「ㅅㅈ」으로서는 모두 전청일지라도
◇ 「ㅅ」에 비한 「ㅈ」이
◇ 성부려하므로
◇ 그럼으로 역위제자(亦爲制字)의 처음(ㅅ)을 뜻하는 것이다.

　　유아지　　수설근폐후성기출비　이기성여　　상사　고운서의여유다상혼용
唯牙之ㆁ。雖舌根閉喉聲氣出鼻。而其聲與ㅇ相似。故韻書疑與喻多相混用。
　금역취상어후　이불위아음제자지시
今亦取象扵喉。而不爲牙音制字之始。

◇ 오직 아음의 처음(ㆁ)만큼은
◇ 혀근(ㄱ)이 목(ㅇ)을 여닫으면서 미약한 비음(ㆁ / ng)으로 섞여남을 비롯하여
◇ 이와 같은 바에 따른 아음의 처음(ㆁ)과 후음의 처음(ㅇ)이 서로 닮고 유사하다지만
◇ 그렇다하여 반절字母(中古漢音)의 이두韻書에서부터 의심의 여지없이 서로 혼용되면서 「이두◑声母(y / ø / w)의 三妄☆五音(唇舌齒牙喉)」으로 뒤엉켜버린 「梵語음성학의 中古漢音과 漢語음운학의 화하韻書」로서도 뒤엉켜서 어긋남의 극치에 달한 줄도 모르는 그로인해
◇ 지금(周代 / BC 770~221~~~~1443년 겨울)에 이르러서야 서로 마주함에 이르기까지 모두 성취된 상후형(ㅇ)의 후음제자(ㅇㆆㅎ)라 함은 이를 뜻하는 바로서
◇ 이와 같은 바에 따라서 「梵語음성학의 中古漢音과 漢語음운학의 화하韻書」 모두에 이르기까지 송두리째 걷어낼 수 있었던 지금에서야 올바르게 가림토되고 모두 바로세워진 아음제자(ㆁㄱㅋ)의 처음(ㆁ / 語根)이라 함도 이를 뜻하는 바였던 것이다.

　　개후속수이아속목　　수재아이여　상사　유목지맹아생어수이유연　상다수기야
盖喉屬水而牙屬木。ㆁ雖在牙而與ㅇ相似。猶木之萌芽生扵水而柔軟。尙多水氣也。

◇ 만성(十)을 감싸는(盖) 후음(ㅇㆆㅎ)으로서는 물(水氣)에 속하는 반면、아음(ㆁㄱㅋ)으로서는 나무(木質)에 속하는 즉
◇ 아음(ㆁㄱㅋ)의 처음(ㆁ)과 후음(ㅇㆆㅎ)의 처음(ㅇ)이 서로 닮고 유사할지라도
◇ 나무의 싹이 움트고 돋아남이 마치 물의 부드럽고 유연함과 유사한 것처럼
◇ 항상 물기(ㅇ)와 함께함을 뜻하는 이는 곧、나무(木質)의 씨눈(ㆍ)과 물(水氣)의 처음(ㅇ)으로서 섞여진 아음의 처음(ㆁ / 語根)으로부터 영글어감(ㆁㄱㅋ / ㄲ)을 뜻하는 바로서

　　목지성질　　목지성장　　목지노장　고지차내개취상어아야
ㄱ木之成質。ㅋ木之盛長。ㄲ木之老壯。故至此乃皆取象於牙也。

◇ 아음의 「ㄱ」으로서는 나무의 成質을 뜻하고
◇ 아음의 「ㅋ」으로서는 나무의 盛長을 뜻하며
◇ 아음의 「ㄲ」으로서는 나무의 老壯을 뜻하는 바이므로
◇ 그럼으로 지극(三一)에 이른(三·十) 극해(克諧)까지 모두를 성취하여 가지런히 가림토된 상아형(ㆁ / 象＋ㄱ / 形)의 아음제자(ㆁㄱㅋ / ㄲ)라 함도 이를 일컫는 것이다.

　　전청병서즉위전청　이기전청지성응즉위전탁야
全淸並書則爲全濁。以其全淸之聲凝則爲全濁也。

◇ 전청을 병서하면 전탁이 되는 바가 곧、병서칙을 일컫는 바이고
◇ 이와 같은 병서칙에 따라 전청(ㄱㄷㅂㅈㅅ / ㆆ)의 성음이 엉김으로서 병서되는 전탁(ㄲㄸㅃㅉㅆ / ㆅ)을 일컫는 바이되

　　유후음차청위전탁자개이　성심불위지응　비　성천고응이위전탁야
唯喉音次淸爲全濁者。盖以ㆆ聲深不爲之凝。ㅎ比ㆆ聲淺。故凝而爲全濁也。

◇ 유일하게 후음차청(ㅎ)에서 엉김으로서 병서된 후음전탁(ㆅ)이라 함은
◇ 만성(十)을 감싸는(盖) 후음(ㅇㆆㅎ)의 본질에 따라 더욱 깊어지는 후음전청(ㆆ)에서 엉기지 않기 때문이고
◇ 후음차청(ㅎ)에 비한 후음전청(ㆆ)이 얕음으로서 엉기지 않기 때문이므로
◇ 그럼으로 후음차청(ㅎ)에서 엉긴 후음전탁(ㆅ)으로서는 이를 뜻하는 바였던 것이다.

　　련서순음지하　즉위순경음자　이경음순사합이후성다야
ㅇ連書脣音之下。則爲脣輕音者。以輕音脣乍合而喉聲多也。

◇ 후성(ㅇ)을 이어쓴 순음의 아래(下)에 머무는 즉
◇ 순경례(ㅇ連書則◇輕音則)에 의거한 순경음(ㅱㅸㆄ)이라 함은
◇ 이와 같은 경음칙(ㅇ連書則◇脣輕例)에 따라서 보다 가벼워진 순경음(ㅱㅸㆄ)을 일컫듯、입술(ㅁ)이 오므라지면서 후성(ㅇ)이 많아짐을 뜻하는 것이다.

「天地人・三才之道와 마주하는 三字八聲의 중성凡11字・제작모神工」

중성범십일자
中聲凡十一字。

◇ 「중성凡11字・제작모神工」

설축이성심 천개어자야
・舌縮而聲深。天開扵子也。

◇ 「튼字중성(・)의 본질(天/一)」로서는 혀를 움츠려 깊어지는 중성으로서
◇ 하늘(天)을 열고(開) 내려 받은 씨앗(子/・)을 일컫는 바와 같고

형지원 상호천야
形之圓。象乎天也。

◇ 둥근 원형(・/天/○)으로서는
◇ 하늘(天)과 함께하는 상원형(・/圓/○)을 뜻하는 것이다.

설소축이성불심불천 지벽어축야
ー舌小縮而聲不深不淺。地闢扵丑也。

◇ 「즉字중성(ー)의 본질(地/二)」로서는 혀를 조금 움츠려 깊지도 얕지도 않은 중성으로서
◇ 자연(地)을 열고(闢) 펼쳐지는 움틈(丑/ー)을 일컫는 바와 같으며

형지평 상호지야
形之平。象乎地也。

◇ 평평한 평형(ー/地/□)으로서는
◇ 자연(地)과 함께하는 상평형(ー/方/□)을 뜻하는 것이다.

설불축이성천 인생어인야
ㅣ舌不縮而聲淺。人生扵寅也。

◇ 「침字중성(ㅣ)의 본질(人/三)」로서는 혀를 움츠리지 않아 얕아지는 중성으로서
◇ 삶(人)에서 거듭나는(生) 삼가(寅/ㅣ)를 일컫는 바와 같고

형지립 상호인야
形之立。象乎人也。

◇ 세워진 립형(ㅣ/人/△)으로서는
◇ 삶(人)과 함께하는 상립형(ㅣ/角/△)을 뜻하는 것이다.

차 하 팔 성 일 합 일 벽
此下八聲。一闔一闢。

◇ 아래와 같은 「三才之道와 마주하는 3字8聲」으로서는
◇ 하나(一)는 더하고(闔 / 닫고) 또 하나(一)는 보탬(闢 / 열고)을 뜻하는 것이다.

      여   동이구축 기형즉   여   합이성 취천지초교지의야
ㅗ與·同而口蹙。其形則·與一合而成。取天地初交之義也。

◇ 「ㅗ와·」는 같되、입(口)을 오므리는(蹙 / ·)
◇ 그로서의 타고난 형태(ㅗ)를 뜻하는 즉은、하늘(·)과 자연(一)을 더함으로서 이루어진
◇ 天地(·一)가 처음으로 어울림을 취한 바가 곧、상형(ㅗ)의 본뜻이고

      여   동이구장 기형즉   여   합이성 취천지지용발어사물대인이성야
ㅏ與·同而口張。其形則丨與·合而成。取天地之用發扵事物待人而成也。

◇ 「ㅏ와·」는 같되、입(口)을 벌리는(張 / ○)
◇ 그로서의 타고난 형태(ㅏ)를 뜻하는 즉은、삶(丨)과 하늘(·)을 더함으로서 이루어진
◇ 天地(·一)의 근본쓰임에 의해 발생되고 비롯되는 만사와 만물에 기대면서 삶(人)을 이루어감을 취한 바가 곧、상형(ㅏ)의 본뜻이며

      여   동이구축 기형즉   여   합이성 역취천지초교지의야
ㅜ與一同而口蹙。其形則一與·合而成。亦取天地初交之義也。

◇ 「ㅜ와一」는 같되、입(口)을 오므리는(蹙 / 一)
◇ 그로서의 타고난 형태(ㅜ)를 뜻하는 즉은、바탕(一)과 하늘(·)을 더함으로서 이루어진
◇ 위아래(上下)로 마주하는 天地(·一)가 처음으로 어울림을 취한 바가 곧、상형(ㅜ)의 본뜻이고

      여   동이구장 기형즉   여   합이성 역취천지지용발어사물대인이성야
ㅓ與一同而口張。其形則·與丨合而成。亦取天地之用發扵事物待人而成也。

◇ 「ㅓ와一」는 같되 입(口)을 벌리는(張 / □)
◇ 그로서의 타고난 형태(ㅓ)를 뜻하는 즉은、하늘(·)과 삶(丨)을 더함으로서 이루어진
◇ 밖(外)과 안(內)으로 마주하는 天地(·一)의 근본쓰임에 의해 발생되고 비롯되는 만사와 만물에 기대면서 삶(人)을 이루어감을 취한 바가 곧、상형(ㅓ)의 본뜻인 것이다.

      여   동이기어
ㅛ與ㅗ同而起扵丨。

◇ 「ㅛ와ㅗ」는 같되、「ㅛ」의 불러일으킴은 丨(삶 / 人 / △)

      여   동이기어
ㅑ與ㅏ同而起扵丨。

◇ 「ㅑ와ㅏ」는 같되、「ㅑ」의 불러일으킴은 ㅣ(삶/人/△)

ㅠ與ㅜ同而起扵ㅣ。

◇ 「ㅠ와ㅜ」는 같되、「ㅠ」의 불러일으킴은 ㅣ(삶/人/△)

ㅕ與ㅓ同而起扵ㅣ。

◇ 「ㅕ와ㅓ」는 같되、「ㅕ」의 불러일으킴은 ㅣ(삶/人/△)

ㅗㅏㅜㅓ始扵天地。爲初出也。

◇ 「ㅗㅏㅜㅓ」가 비롯되는 처음으로서는 天地(·ㅡ)로부터이듯
◇ 天地(·ㅡ)로부터 비롯되는 초출(ㅗㅏ/ㅜㅓ)을 뜻하고

ㅛㅑㅠㅕ起扵ㅣ而兼乎人。爲再出也。

◇ 「ㅛㅑㅠㅕ」가 비롯되는 불러일으킴으로서는 삶(ㅣ)과 더불어 함께하는
◇ 삶(人)으로부터 비롯되는 재출(ㅛㅑㅠㅕ)을 뜻하는 것이다.

ㅗㅏㅜㅓ之一其圓者。取其初生之義也。

◇ 「ㅗㅏㅜㅓ」에 하나(一)의 원형(·)이 함축된
◇ 그로서가 곧、처음으로 거듭난 초생(·)의 본뜻이 함축된 바이고

ㅛㅑㅠㅕ之二其圓者。取其再生之義也。

◇ 「ㅛㅑㅠㅕ」에 둘(二)의 원형(··)이 함축된
◇ 그로서가 곧、다시금 거듭난 재생(··)의 본뜻이 함축된 것이다.

ㅗㅏㅛㅑ之圓居上與外者。以其出扵天而爲陽也。

◇ 「ㅗㅏㅛㅑ」에 머무는 원형(·/··)으로서도 위(上)와 밖(外)을 나타내는
◇ 그로서가 곧、하늘(天/·)에서부터 비롯되는 양달(陽/움직임/動)을 뜻하고

ㅜㅓㅠㅕ之圓居下與內者。以其出扵地而爲陰也。

◇ 「ㅜㅓㅠㅕ」에 머무는 원형(·/ㅡ/ㅣ)으로서도 아래(下)와 안(內)을 나타내는
◇ 그로서가 곧, 자연(地/ㅡ)에서부터 비롯되는 응달(陰/고요함/靜)을 뜻하며

　　　　　지관어팔성자　유양지통음이주류만물야
・之貫扵八聲者。猶陽之統陰而周流萬物也。

◇ 하늘(天/·)의 근본쓰임(·ㅡㅣ)으로서 이루어진 三字八聲의 8聲(ㅗㅏㅜㅓ、ㅛㅑㅠㅕ)으로서는
◇ 猶陽(ㅗㅏㅛㅑ)의 統陰(ㅜㅓㅠㅕ)으로서 두루 유통되는 천지만물의 근본쓰임을 뜻하고

　　　　　　지개겸호인자　이인위만물지령이능참양의야
ㅛㅑㅠㅕ之皆兼乎人者。以人爲萬物之靈而能参兩儀也。

◇ 「ㅛㅑㅠㅕ」에서 모두 겸하고 더불어 함께하는 삶(ㅣ/人/△)으로서는
◇ 이와 같은 바에 따라서 삶(人)을 영위하는 만물의 넋(神靈、본성/精神)으로서 주어진 사람(人)의 능함(能)과 참됨(参)을 더하고(一積) 보탬(十鋸)을 거듭함(無匱化三)으로서 능달/능통에 이를수 있는 兩儀(三一법칙/三一체계)를 뜻하는 바로서

「天地人・三才之道까지 모두 함축되고 구비된 중성凡11字・制字원리」

　　취상어천지인이삼재지도비의
取象扵天地人而三才之道備矣。

◇ 天地人의 상형(·ㅡㅣ)을 취함으로서 「天地人・三才之道와 마주하는 一陰陽(一二三)・三易之理/三一五行」까지 모두 함축되고 구비된 바가 곧、「천지자연의 근본법칙까지 가지런히 가림토되고 制字되었던 언문성음의 字書체계(三一체계)」로서 간략하게 압축되고 모두 구비된 「三一법칙의 三一체계(諺文聲音/字倣古篆/訓民正音)」로서 널리 전래됨을 뜻하는 바였던 것이다.

　연삼재위만물지선　이천우위삼재지시　유　　삼자위팔성지수　이　우
然三才爲萬物之先。而天又爲三才之始。猶・ㅡㅣ三字爲八聲之首。而・又
　위삼자지관야
爲三字之冠也。

◇ 이러한 天地人・三才之道의 三才(·ㅡㅣ)가 만물의 우선이고
◇ 이에 따른 하늘(天/·)은 三才(天地人/·ㅡㅣ)의 처음(一)을 뜻하듯
◇ 마땅히 三字(·ㅡㅣ)가 八聲(ㅗㅏ{五}ㅜㅓ、ㅛㅑ{十}ㅠㅕ)의 머리(首/三位)를 뜻하고
◇ 이에 따른 하늘(·/天)은 三字(·ㅡㅣ/天地人)의 왕관(冠/三位一神)을 뜻하는 것이다.

　　초생어천　천일생수지위야
ㅗ初生扵天。天一生水之位也。

◇ 「ㅗ」가 처음으로 거듭남은 하늘(·/天/圓)에서 비롯된 바이니
◇ 天一生水의 位(上/一/北)라 함은 이를 뜻하고

<small>　　차 지　천 삼 생 목 지 위 야</small>
ㅏ次之。天三生木之位也。

◇「ㅏ」가 다음으로 비롯되니
◇天三生木의 位(外 / 三 / 東)라 함은 이를 뜻하며

<small>　　초 생 어 지　지 이 생 화 지 위 야</small>
ㅜ初生扵地。地二生火之位也。

◇「ㅜ」가 처음으로 거듭남은 바탕(一 / 地 / 方)에서 비롯된 바이니
◇地二生火의 位(下 / 二 / 南)라 함은 이를 뜻하고

<small>　　차 지　지 사 생 금 지 위 야</small>
ㅓ次之。地四生金之位也。

◇「ㅓ」가 다음으로 비롯되니
◇地四生金의 位(內 / 四 / 西)라 함은 이를 뜻하며

<small>　　재 생 어 천　천 칠 성 화 지 수 야</small>
ㅛ再生扵天。天七成火之數也。

◇「ㅛ」가 다시금 거듭남은 하늘(・/ 天 / 圓)에서 비롯된 바이니
◇天七成火의 數(上 / 七 / 北)라 함은 이를 뜻하고

<small>　　차 지　천 구 성 금 지 수 야</small>
ㅑ次之。天九成金之數也。

◇「ㅑ」가 다음으로 비롯되니
◇天九成金의 數(外 / 九 / 東)라 함은 이를 뜻하며

<small>　　재 성 어 지　지 육 성 수 지 수 야</small>
ㅠ再生扵地。地六成水之數也。

◇「ㅠ」가 다시금 거듭남은 바탕(一 / 地 / 方)에서 비롯된 바이니
◇地六成水의 數(下 / 六 / 南)라 함은 이를 뜻하고

<small>　　차 지　지 팔 성 목 지 수 야</small>
ㅕ次之。地八成木之數也。

◇「ㅕ」가 다음이니
◇地八成木의 數(內 / 八 / 西)라 함은 이를 뜻하는 것이다.

<small>　　화 수 미 리 호 기　음 양 교 합 지 초　고 합</small>
水火未離乎氣。陰陽交合之初。故闔。

◇물(水氣)과 불(火機)은 동떨어져(上下 / 北南) 있으되, 끝없이 함께하는 정기(精氣)를 뜻하고

◇ 음양교합의 처음을 뜻하는 바이기에
◇ 그럼으로 더함(闔)을 뜻하며

<small>목 금 음 야 지 정 질   고 벽</small>
木金陰陽之定質。故闢。

◇ 나무(木質)와 쇠(金形)는 음양의 정질(定質)을 뜻하는 바이기에
◇ 그럼으로 보탬(闢)을 뜻하는 것이다.

<small>　천 오 생 토 지 위 야</small>
・**天五生土之位也。**

◇ 하늘(・/天/○)로서는 정중앙에 자리하는 天五生土의 位(五)를 뜻하고

<small>　지 십 성 토 지 수 야</small>
ㅡ**地十成土之數也。**

◇ 자연(ㅡ/地/□)으로서는 정중앙에 자리하는 地十成土의 數(十)를 뜻하나

<small>　독 무 위 수 자 개 이 인 즉 무 극 지 진   이 오 지 정   묘 합 이 응   고 미 가 이 정 위 성 수 론 야</small>
丨**獨無位數者。盖以人則無極之眞。二五之精。妙合而凝。固未可以定位成數論也。**

◇ 삶(丨/人/△)으로서는 홀로서 정해진 위(位)와 수(數)가 없다는 즉은
◇ 이와 같은 천지(・ㅡ)에 감싸이는 삶(丨)의 법칙(人二三之理)에 따라서 무극(三一/三無)의 근본근원(三眞曰・性命精/本心本)으로부터 비롯되는
◇ 두(天地之道) 줄기(天一一/地一二/人一三)의 精氣와 定質로서 끝없이 순환됨과 더불어
◇ 근본법칙의 至妙(三才之道/三一之理)와 妙合(三一五行)으로서 三加가 거듭됨을 뜻하기에
◇ 한결같게 고정된 위치나 정해진 수치로서 논할 바가 아닌 즉

<small>시 즉 중 성 지 중　역 자 유 음 양 오 행 방 위 지 수 야</small>
是則中聲之中。亦自有陰陽五行方位之數也。

◇ 이러한 즉은、중성의 가온(中)에 자리(五・十)하면서
◇ 저절로 말미암아지고 끝없이 마주하는 태음양오행(一二三五行) 方位(ㅗㅏ{五}ㅜㅓ)의 數(ㅛㅑ{十}ㅠㅕ)를 뜻하는 것이다.

「이와 같은 초성원리에 대하는 중성원리・가림토神工」

<small>이 초 성 대 중 성 이 언 지</small>
以初聲對中聲而言之。

◇ 이와 같은(以) 초성(一)에 대하는 중성(二)으로서 이를지라도

145

음양　천도야
陰陽。天道也。

◇ 응달(陰 / ㅡ)과 마주하는 양달(陽 / ㅣ)로서는
◇ 하늘(天――)의 섭리(天二三之理)로부터 비롯됨을 뜻하는 바이고

　　강유　지도야
剛柔。地道也。

◇ 굳셈(剛 / ㅣ)과 마주하는 부드러움(柔 / ㅡ)으로서는
◇ 자연(地一二)의 법칙(地二三之理)으로부터 비롯됨을 뜻하는 것이다.

　　중성자　일심일천일합일벽　시즉음양분이오행지기구언　천지용야
中聲者。一深一淺一闔一闢。是則陰陽分而五行之氣具焉。天之用也。

◇ 중성(二)이라 함은
◇ 하나(一)는 깊고(深) 얕으며(淺) 또 하나(一)는 더하고(闔 / 닫고) 보탬(闢 / 열고)을 뜻하는 즉
◇ 이러한 즉은, 무한(三一)의 태극(一)으로부터 셋(三)으로 나뉘어(上中下 / 一二三) 자리(一)하는 三一五行의 精氣(·ㅡㅣ、ㅗㅏ{五}ㅜㅓ)로서 구성되고 끝없이 운행됨을 뜻하는 바이기에
◇ 하늘(天 / · / ○)의 근본쓰임(·ㅡㅣ、ㅗㅏㅜㅓ、ㅛㅑㅠㅕ)으로서 자리함을 뜻하는 반면

　　초성자　혹허혹실혹양혹체혹중약경　시즉강유저이오행지질성언　지지공야
初聲者。或虛或實或颺或滯或重若輕。是則剛柔著而五行之質成焉。地之功也。

◇ 초성(一)이라 함은
◇ 더러는 허실을 오가고、더러는 양체를 오가며、더러는 중약경을 오감을 뜻하는 즉
◇ 이러한 즉은、굳세거나 부드럽게 되는 三一五行의 定質로서 이루어짐을 뜻하는 바이기에
◇ 자연(地 / ㅡ / □)의 법칙(三一之理)에 따라서 저절로 이루어짐(功)을 뜻하는 것이다.

　　중성이심천합벽창지어전　초성이오음청탁화지어후　이위초역위종　역가
中聲以深淺闔闢唱之扵前。初聲以五音清濁和之扵後。而爲初亦爲終。亦可
견만물초생어지　복귀어지야
見萬物初生扵地。復歸扵地也。

◇ 이와 같은 중성(二)으로서는 심천합벽의 합창(深淺闔闢唱)을 이끌어내는 앞(前)이고
◇ 초성(一)으로서는 오음청탁의 화합(五音清濁和)을 이루어내는 뒤(後)이며
◇ 처음(初 / 一)과 마주하는 맺음(終 / 三·十)으로서 끝없이 순환됨을 뜻하는 바이기에
◇ 끝없이 마주하는 만물생성(三七一生)의 근본법칙(三一之理 / 三一五行 / 三七一則)에 따라서
◇ 끝없이 오고감을 거듭하는 천지자연의 근본법칙(天地之道◇三易之理 / 三一五行)까지 가지런히 가토 되고 모두 바로세워진 「一朝·제작모신공의 창제정음28자 및 언문성음의 자방고전(字倣古篆 / 字書체계 / 한국고전)까지 모두 바로세워진 바」라 함은 이를 뜻하였던 것이다.

「이와 같은 초중종・3聲으로 합성되는 종성원리・가림토神工」

^{이 초 중 종 합 성 지 자 언 지   역 유 동 정 호 근 음 양 교 변 지 의 언}
以初中終合成之字言之。亦有動靜互根陰陽交變之義焉。

◇ 이와 같은 초중종・3聲1音으로 합성되는 자언(字言)으로서 이를지라도
◇ 움직임(動/三)과 마주하는 고요함(靜/二)의 근본근원(一三/・/三一)으로부터 말미암아진 바가 곧, 음양(一丨/二三) 교변(丨一/三二)의 정의(一三/・/三一)를 뜻하는 바로서

^{동 자   천 야}
動者。天也。

◇ 움직임(動/三/△)이란
◇ 하늘(天/・/圓)의 움직임(動/丨/△/三)을 뜻하는 바이고

^{정 자   지 야}
靜者。地也。

◇ 고요함(靜/二/囗)이란
◇ 자연(地/一/方)의 고요함(靜/一/囗/二)을 뜻하는 바이며

^{겸 호 동 정 자   인 야}
兼乎動靜者。人也。

◇ 더불어 함께하는 움직임(動/三/△)과 고요함(靜/二/囗)이란
◇ 삶(人/丨/角)의 움직임(動/丨/△)과 고요함(靜/一/囗)을 뜻하는 것이다.

^{개 오 행 재 천 칙 신 지 운 야   재 지 칙 질 지 성 야   재 인 칙 인 례 신 의 지 신 지 운 야   간}
盖五行在天則神之運也。在地則質之成也。在人則仁禮信義智神之運也。肝
^{심 비 폐 신 질 지 성 야}
心脾肺腎質之成也。

◇ 이른바, 태극(一)의 질서(三・十)에 감싸임(盖)을 뜻하는 三一五行으로 자리함에 있어서는 하늘(天地人)의 섭리(三倫之理)로서 자리하는 天則神(天一一)의 운행(三一五行)을 뜻하는 바이고
◇ 자연의 법칙(地倫之理)으로서 자리하는 地則質(地一二)의 이룸(氣質體機形)을 뜻하는 바이며
◇ 삶의 법칙(人倫之理)으로서 자리하는 人則神(人一三)의 운행(仁禮信義智)을 뜻하는 바로서
◇ 인칙질(人則質)의 이룸(肝心脾肺腎)을 뜻하는 것이다.

^{초 성 유 발 동 지 의   천 지 사 야}
初聲有發動之義。天之事也。

◇ 초성(一)에서 말미암아지는 발동(發動/발하고 움직임)의 정의(精義)로서는
◇ 하늘(天一一/・/圓)의 섭리(天二三之理)에 따른 바(天之事)를 뜻하고

<small>종 성 유 지 정 지 의　지 지 사 야</small>
終聲有止定之義。地之事也。

◇ 종성(三)에서 말미암아지는、지정(止定 / 멈추고 정해짐)의 정의(精義)로서는
◇ 자연(地一二 / 一 / 方)의 합리(地二三之理)에 따른 바(地之事)를 뜻하며

<small>중 성 승 초 지 생　접 종 지 성　인 지 사 야</small>
中聲承初之生。接終之成。人之事也。

◇ 중성(二)에서 받들어 처음(一)으로 거듭나면서
◇ 접하고 맺어짐(三・十)의 이룸으로서는
◇ 삶(人一三 / ㅣ / 角)의 진리(人二三之理)에 따른 바(人之事)를 뜻하는것이다。

<small>개 자 운 지 요　재 어 중 성　초 종 합 이 성 음</small>
盖字韻之要。在扵中聲。初終合而成音。

◇ 성음(3聲1音)을 감싸거나(○) 가온(中)에 함축(・)되는 字韻의 요함으로서는
◇ 가온(中)에 자리하는 중성(二)에 의해서이고
◇ 처음(一)과 맺음(三)으로서 합해진 연후에 성립되는 성음(3聲1音)의 가온(中 / 二)에 머무는 字韻(초성 + 중성 + ㅇ종성字韻含)을 일컫는 바로서、중성을 얻고 성립되는 字韻의 가온에 머물게 되는 ㅇ종성 字韻(・ / 含、ㅇ / 虛、○ / 盖)의 ㅇ종성則 / 자운則 해제 / 참조

<small>역 유 천 지 생 성 만 물　이 기 재 성 보 상 즉 필 뢰 호 인 야</small>
亦猶天地生成萬物。而其財成輔相則必賴乎人也。

◇ 천지자연의 근본법칙과 마주하는(亦) 만물생성(三七一生)의 순환법칙에 따라서
◇ 그로서의 재정을 이루고 보전하는 서로가 서로를 의지하면서 반드시 함께하는 삶(人一三)의 진리(人二三之理 / 人倫之理)라 함도 이를 뜻하는 즉、「天地人・三倫之理」 해제 / 참조

<small>종 성 지 부 용 초 성 자　이 기 동 이 양 자 건 야　정 이 음 자 역 건 야　건 실 분 음 양 이 무 불 군 재 야</small>
終聲之復用初聲者。以其動而陽者乾也。静而陰者亦乾也。乾實分陰陽而無不君宰也。

◇ 종성(三)에서 다시 쓰이는 초성(一)의 근본쓰임이라 함은、초성(一)에서 종성(三)으로 전환되고 종성(三)에서 다시금 초성(一)으로 전환이 거듭되는 그로서의 근본법칙(三一之理 / 三一五行)까지 모두 함축되어 일컬어지듯
◇ 이와 같은 초성(一)의 움직임(動 / 三)으로서는 양달(陽)의 움직임(三)과 같다 함에도 불구하고、음양팔괘의 乾掛(陽◆―◆天)로까지 둔갑이 거듭된 바에 불과한 반면
◇ 종성(三)의 고요함(静 / 二)으로서는 응달(陰)의 고요함(二)과 같다 함에도 불구하고、음양팔괘의 坤卦(陰◆八◆地)로까지 둔갑이 거듭된 바에 불과했던 거두절미법칙의 용두사미필법과 방언리어의 극치(肇禮樂文章之祖)로 줄줄이 주워섬기면서 무한대로 창출되고 축적이 거듭되었던 「오동방・예악문장의 慕華제도 / 骨品제도 모두가 음양상극으로 뒤엉킨 華◐夏를 모방하고 답습이 거듭된 용두사미필법의 但 방언리어」에 불과하다한 즉

148

◇ 바짝 말라비틀어진 음양팔괘의 乾實에서부터 줄줄이 불거진 바가 곧、盤古死身의 머리통(二◐目)으로부터 줄줄이 창출되었다던 음양팔괘의 가공세계가 창출되고 줄줄이 구축된 줄도 모르는 무소불위의 君主宰上으로 뒤엉켜서 자가당착의 극치에 달해버린 용두사미집단의 봉건제도로서 중원천하를 호령하고 줄줄이 거느리면서 지금에까지 이르렀던 그로서의 모두에 이르기까지 송두리째 걷어내야만 비로소 만천하에 드러남을 뜻하는 바로서는 다음과 같았던 것이다.

<u>일 원 지 기　주 류 불 궁　사 시 지 운　순 환 무 단　고 정 이 복 원　동 이 복 춘</u>
一元之氣◦周流不窮◦四時之運◦循環無端◦故貞而復元◦冬而復春。

◇ 천지조화의 근본근원(一三 / ·· / 三一)과 마주하는 천지조화의 근본줄기(三一五行)로서
◇ 두루 흘러서 닿지 않고 미치지 않음이 없는 천지자연의 근본법칙에 따라서
◇ 합제사시의 운행으로서
◇ 끝없이 순환됨을 뜻하는 바이므로
◇ 그럼으로 정점(三)에 이르러야 다시금 원점(一)으로 돌아오고
◇ 겨울(冬 / 上 / 北)에 이르러야 다시금 봄(春 / 外 / 東)이 돌아오는 것처럼

<u>초 성 지 복 위 종　종 성 지 복 위 초　역 차 의 야</u>
初聲之復爲終◦終聲之復爲初◦亦此義也。

◇ 초성(一)에서 맺음(三)으로 돌아오고
◇ 종성(三)에서 처음(一)으로 돌아오는
◇ 처음(初 / 一)과 맺음(終 / 三)으로 마주하면서 끝없이 순환되는 바가 곧、만물생성(三七一生)의 근본법칙과도 마주하는 종성復用초성의 字韻법칙(三七一則)으로서도 모두 갖추어진 즉、「천지자연의 근본법칙까지 가지런히 가림토되고 모두 바로세워진 언문성음의 자방고전(字倣古篆 / 字書체계 / 한국고전)」까지 모두 바로세울수 있었던 「세종聖帝의 제작모神工」까지 모두 함축되고 구비된 바를 뜻하였던 것이다.

「천지자연의 근본법칙까지 모두 함축되고 구비된 언문성음의 正音체계·제작모神工」

우
吁。

◇ 만성(十)을 품어내는 유성근본의 근본줄기(三一五行)를 일컫는 바로서 전환되고 잇따름

<u>정 음 작 이 천 지 만 물 지 리 함 비　기 신 의 재</u>
正音作而天地萬物之理咸備◦其神矣哉。

◇ 但因(三一)한 언문성음의 正音체계로서 일으켜 세우고 모두 바로세워진 바에 따라서 천지조화의 근본원리·천지자연의 근본법칙·천지만물의 순환법칙까지 모두 함축되고 구비된
◇ 그로서가 곧、一朝·제작모神工에 따라서 천지자연의 근본법칙(三一법칙 / 三一체계)까지 가지런히 가림토되고 制字되었던 「언문성음의 字書체계 / 字倣古篆 / 桓檀제도 / 한국고전◇訓民正音」까지 모

두 바로세워진 바를 뜻하였던 것이다.

是殆天啓
시 태 천 계

◇ 이른바, 「一朝·제작모神工에 따라서 천지조화의 一丸세계를 열어주고(開天) 태고(故)를 열어준(開物 / 成務) 桓因한국의 桓檀제도로서 모두 구비되고 언문성음의 자방고전(字倣古篆 / 字書체계 / 한국고전)」으로서 만세에 전래되는 모두에 이르기까지 송두리째 뒤덮이면서(음양팔괘 / 周易 / 예악문장) 몽롱해져버린 줄도 모르듯이, 춘추전국시대(周代 / BC 770~221~)에 이르면서 줄줄이 뒤바뀌어버린 음양이치의 반절어법(六書之法)과 음양팔괘의 가공세계 창출지법(周易)을 뒤집어쓰고서 이미 두(◐) 갈래(☆)로 갈라서버린 방언리어 창출지법(반절어법 / 이두문법)으로 줄줄이 주워섬기면서 끝없이 함께 할수밖에 없었던 불능달의 주역(周易)과 반절어법의 태생적 한계(거두절미법칙 / 용두사미필법)에 이르기까지 송두리째 걷어내야만 비로소 만천하에 드러남을 뜻하는 바와 같았던 것이다.

聖心而假手焉者乎。
성 심 이 가 수 언 자 호

◇ 하늘(一)이 내린(三·朝) 세종聖帝의 제작모神工으로서 이룩된 바를 뜻하였던 「聖心의 손 / 책(諺文聲音 / 字倣古篆 / 訓民正音)」을 빌어서라도 「언문성음의 글자(正音28字)체계 및 한겨레의 正音체계」로서 올바르게 습득(知)하고 터득함(智)에 따라서 저절로 구해지고(自性求子 / 三一精神) 저절로(自) 밝아지는(明) 능달 / 능통의 눈높이(自明 / 神明◇桓易의 易觀)와 마주하는 태극(一)의 눈높이(一朝)에 이르기까지 끝없이 함께하라는 뜻이었던 것이다.

訣曰(諺文7字86行)
결 왈

◇ 다음과 같은 「제자해·결왈」로서 보다 더 간략하게 요약(一三)되고 압축(三一)된 「諺文7字86行」과도 마주하는 바가 곧, 간략하게 요약(一三 / 矣書)되고 압축(三一 / 書矣)이 거듭되었다 할지라도 전환(一三一)이 무궁한 한국고유의 諺文체계(三一법칙 / 三一체계)에 따라서 삼극(三一)의 정의로서 간략하게 압축(三一 / 書矣)되고 풀어짐(一三 / 矣書)으로서도 서로 마주함을 뜻하는 즉、이하 모두 同

5。 제자해・결왈(訣曰 ◇ 諺文7字86行)

◇ 「제자해・결왈」이라 함은, 「천지조화의 근본원리와 마주하는 창제정음28字의 制字원리(三一법칙 / 三一체계) 및 一朝・제작모神工까지 모두 함축되고 구비된」 모두에 대해 보다 더 간략하게 요약(一三)되고 압축(三一)이 거듭되었다 할지라도、전환(一三一)이 무궁한 한국고유의 諺文체계 (三一법칙 / 三一체계)에 따라서 삼극(三一)의 정의로서 간략하게 압축(三一 / 書矣)되고 풀어짐(一三 / 矣書)으로서도 서로 마주함을 뜻하는 즉、이하 모두 同

天地之化本一氣 / 천지지화본일기
◇ 천지조화의 근본근원과 마주하는 근본법칙의 근본줄기(三一五行)을 일컫는 바로서

陰陽五行相始終 / 음양오행상시종
◇ 음양오행 서로가 처음(一)과 끝(三・十)으로 마주하면서 끝없이 순환됨을 뜻하고

物扵兩間有形聲 / 물어량간유형성
◇ 만물의 양간(兩間)에 저절로 말미암아지는 타고난 모습(形)과 타고난 소리(聲)를 일컫는 즉은、천지자연의 성음(3聲1音)체계로서 말미암아진 바(一朝・제작모神工)에 따라서 반드시 말미암아지는 천지자연의 언문(3諺1文)체계로서도 서로 마주함을 뜻하는 바였던 것이다。

元本無二理數通 / 원본무이리수통
◇ 천지조화의 근원근본으로부터 말미암아진 두(二) 줄기(五)의 근본법칙(天地之道)과 순환법칙(一陰陽 五行之理)으로서도 마주하는 정위성수(定位成數)라야 만물소통됨을 뜻하는 바로서

正音制字尙其象 / 정음제자상기상
◇ 이와 같은 一朝・제작모神工에 따라서 「언문성음의 正音28字 / 체계」로서 가지런히 가림토되고 制字되었던 창제정음28字 모두의 타고난(三一) 모습(象)과 그로서의 타고난(一三) 형태(形)로서도 모두 갖추어진 즉、「천지자연의 근본법칙(天地之道)과 마주하는 천지만물의 순환법칙(一陰陽五行之理)까지 가지런히 가림토되고 모두 바로세워진 언문성음의 字書체계(자방고전 / 한국고전 / 訓民正音)」라 함은 이를 뜻하는 바였던 것이다。

因聲之厲每加畫 / 인성지려매가획
◇ 但因(三一)한 성음(3聲1音)체계의 성출초려에 따라서 가획(一)이 거듭된 「三一五音의 초성凡17字

및 三字八聲의 중성凡11字·制字원리」를 일컫는 그로서가 곧、「一朝·제작모神工의 창제정음28字 및 언문성음의 正音체계 / 글자체계」로서 모두 바로세워진 바를 뜻하듯

音出牙舌脣齒喉 / 음출아설순치후

◇ 但因(三一)한 성음(3聲1音)체계에 따라서 音出되는 三一五音의 5음(牙舌脣齒喉)을 일컫는 즉은、但因(三一)한 (天)夫人의 유성근본(三一五行)으로부터 말미암아진 三一五行의 5행(木火土金水)과 마주함을 뜻하는 반면、이와 같은 유성근본의 근본줄기(三一五行)를 거스르고서(亦) 쫓는(隨) 것도 다르게 (異) 뒤엉켜서 어긋남의 극치에 달하고 자가당착의 극치에 달한 줄도 몰랐던 「一捨●음양의 三妄☆五行圖 및 中古●漢音의 三妄☆五音圖」 해제 / 참조

是爲初聲字十七 / 시위초성자십칠

◇ 이러한 「초성凡17字의 制字원리」로서는 「三易之理의 三一五行」과 서로 마주함을 뜻하는 즉、「三一之理의 三一五音 및 초성凡17字·제작모神工」 해제 / 참조

牙取舌根閉喉形 / 아취설근폐후형

◇ 이와 같은 三一五音의 아음제자(ㅇㄱㅋ)로서는 혀근(·)이 목(ㅇ)을 여닫는(ㄱ) 바를 취한 상아형(ㅇ / 象◇形 / ㄱ)의 제자원리를 일컫는 바이고

唯業似欲取義別 / 유업사욕취의별

◇ 업字초성(ㅇ)과 욕字초성(ㅇ)은 서로 닮았지만 뚜렷하게 의별(ㅇ / 木質、ㅇ / 水氣)됨을 일컫는 바가 곧、「나무(木質)에 속하는 아음제자(ㅇㄱㅋ)의 처음(ㅇ)」과 유사하지만(ㅇ / ㅇ)「물(水氣)에 속하는 후음제자(ㅇㆆㅎ)의 처음(ㅇ)」으로 뚜렷하게 의별(義別)됨을 뜻하는 것이다。

舌迺舌象附上腭 / 설내설상부상악

◇ 三一五音의 설음제자(ㄴㄷㅌ)로서는 혀끝이 입안(○)을 닫고 여는(ㄴ) 바를 취한 상설형(ㄴ)의 제자원리를 일컫는 바이고

脣則實是取口形 / 순즉실시취구형

◇ 三一五音의 순음제자(ㅁㅂㅍ)로서는 만성(十)의 결실을 머금어내는 바를 취한 상구형(ㅁ)의 제자원리를 일컫는 바이며

齒喉直取齒喉象 / 치후직취치후상

◇ 三一五音의 치음(ㅅ)과 후음(ㅇ)의 본질에서 직취한 상치형(ㅅ)의 치음제자(ㅅㅈㅊ)와 상후형(ㅇ)의 후음제자(ㅇㆆㅎ)를 일컫는 것이다.

知斯五義聲自明 / 지사오의성자명

◇ 但因(三一)한 (天)夫의 유성근본(三一五行)으로부터 말미암아진 三一五音의 5聲5音에 관하여 알면(知) 알수록(智) 저절로 구해지고(自性求子) 저절로(自) 밝아지는(明) 능달 / 능통의 눈높이(自明 / 神明)를 일컫는 즉은, 「但因(三一)한 태고인의 성음(3音1音)체계・언문(3諺1文)체계・字書(3字1書)체계」로서 보고・듣고・말할 수 있는 그로서(自性求子 / 三眞一神)의 눈높이(自明 / 神明)를 구함(但因)이 그 무엇보다 우선임을 뜻하는 바와 같았던 것이다.

又有半舌半齒音 / 우유반설반치음

◇ 이와 더불어 말미암아진 반설반치음(ㄹ / ㅿ)으로서는

取象同而體則異 / 취상동이체즉이

◇ 그로서의 타고난(三一) 모습(ㄴ / ㅅ)을 취한 제자원리로서는 같되, 설음과 치음의 상형제자(ㄴㄷㅌ / ㅅㅈㅊ)와 조금 다른 바가 곧, 역위제자(亦爲制字)의 반설반치음(ㄹ / ㅿ)을 일컫는 바로서

那彌戌欲聲不厲 / 나미술욕성부려

◇ 「상설형의 ㄴ」、「상구형의 ㅁ」、「상치형의 ㅅ」、「상후형의 ㅇ」 및 「상아형의 ㆁ」 모두가 성부려(聲不厲)임을 일컫는 바가 곧, 상형제자의 처음(ㄴㅁㅅㅇ)을 뜻하는 바이자, 三一五音의 처음(ㆁㄴㅁㅅㅇ)을 뜻하는 것이다.

次序雖後象形始 / 차서수후상형시

◇ 이와 같은 三一五音의 차서(ㄱㅋㆁ、ㄷㅌㄴ、ㅂㅍㅁ、ㅈㅊㅅ、ㆆㅎㅇ、ㄹㅿ)에 따라서 비록 뒤에 자리할지라도 상형제자의 처음(ㅇㄴㅁㅅㅇ)을 뜻하는 바이자, 三一五音의 처음(ㅇㄴㅁㅅㅇ)을 뜻하는 바였음에도 불구하고, 반절字母(中古漢音)의 이두韻書(반절철자법)로서 줄줄이 주워섬겼던 「한글맞춤법의 14자음 순서(ㄱㄴㄷㄹㅁㅂㅅㅇㅈㅊㅋㅌㅍㅎ)」는 곧, 조선吏讀의 반절어법과 일본吏讀의 이두문법으로 뒤엉켜서 음성학표준 / 로마자기준으로 축소병합이 거듭된 바에 불과한 즉, 「한글맞춤법의 기본자음 / 기본모음」 해제 / 참조

配諸四時與冲氣 / 배제사시여충기

◇ 이른바, 천지자연의 근본법칙(天地之道 ◇ 三易之理 / 三一五行)에 따라서 끝없이 순환되는 배제사시(配諸四時)에 이르기까지 무한(三一)의 정기(三一五行)가 충만한

五行五音無不協 / 오행오음무불협

◇ 「三易之理의 三一五行과 마주하는 三一之理의 三一五音」이라야 어긋나지 않고 어그러지지 않는 천지자연의 성음(3聲1音)체계를 일컫는 바가 곧, 그로서의 처음(一)부터 끝(三·十)까지 가지런히 가림토되고 다시금 일으켜 세운 「천지자연의 근본법칙까지 모두 구비된 언문성음의 正音28字 / 체계」로서 모두 바로세워진 바를 뜻하는 것이다.

維喉爲水冬與羽 / 유후위수동여우

◇ 후성(ㅇㅎㆆ)후음의 타고남으로서는 水氣·겨울(冬)·羽音 및 北方의 방위(上)와 같고

牙迺春木其音角 / 아내춘목기음각

◇ 아성(ㆁㄱㅋ)아음의 타고남으로서는 木質·봄(春)·角音 및 東方의 방위(外)와 같으며

徵音夏火是舌聲 / 징음하화시설성

◇ 설성(ㄴㄷㅌ)설음의 타고남으로서는 火機·여름(夏)·徵音 및 南方의 방위(下)와 같고

齒則商秋又是金 / 치즉상추우시금

◇ 치성(ㅅㅈㅊ)치음의 타고남으로서는 金形·가을(秋/內)·商音 및 西方의 방위(內)와 같으며

脣扵位數本無定 / 순어위수본무정

◇ 순성(ㅁㅂㅍ)순음의 타고남으로서는 무정위수이되、만성(十)을 품어내는 입여울(口)과 같기에

土而季夏爲宮音 / 토이계하위궁음

◇ 만물(十)을 품어내는 土體·季夏·宮音 및 三一五行의 방위(十·五)와 같음을 일컫는 바이고

聲音又自有淸濁 / 성음우자유청탁

◇ 이와 더불어 但因(三一)한 성음(3聲1音)체계에 따라서 저절로 말미암아진 三一五音의 성음청탁을 일컫는 바인즉

要扵初發細推尋 / 요어초발세추심

◇ 아주 간략한 요령으로 터득되면서 머릿속 깊이 간직되는 三一법칙의 성음(3聲1音)체계에 따라서 초발성되는 처음(一)부터 끝(三·十)까지 세밀하게 간추려진 (推尋) 바가 곧、但因(三一)한 (天)夫人의 유성

근본(三一五行)과 마주하는 三一五音의 성음청탁을 일컫는 바로서

全淸聲是君斗彆 / 전청성시군두별

◇ 전청성음의 「ㄱㄷㅂ / 군두별」로서는、「오름↗則」의 是爲全淸을 일컫는 바이고

卽戌挹亦全淸聲 / 즉술읍역전청성

◇ 전청성음의 「ㅈㅅㆆ / 즉슐흡」으로서는、「내림↘則」의 亦爲全淸을 일컫는 바이며

若迺快呑漂侵虛 / 약내쾌탄표침허

◇ 마땅함(맞닿음)으로서 간추려진 차청성음(ㅋㅌㅍㅊㅎ / 쾌톤표침허) 5字(ㅋㅌㅍㅊㅎ)로서는

五音各一爲次淸 / 오음각일위차청

◇ 三一五音 각자의 정점으로서 간추려진 차청성음·5字(ㅋㅌㅍㅊㅎ)를 일컫는 바이고

全濁之聲虯覃步 / 전탁지성규담보

◇ 전탁성음의 「ㄲㄸㅃ / 뀨땀뽀」로서도、「오름↗則」의 是爲全濁을 일컫는 바이며

又有慈邪亦有洪 / 우유자사역유홍

◇ 전탁성음의 「ㅉㅆㆅ / 짜싸쭁」으로서도、「내림↘則」의 亦爲全濁을 일컫는 바인즉

全淸並書爲全濁 / 전청병서위전탁

◇ 이와 같은 전청(ㄱㄷㅂㅈㅅ / ㆆ)을 병서하면 전탁(ㄲㄸㅃㅉㅆ / ㆅ)이 되나

唯洪自虛是不同 / 유홍자허시부동

◇ 후음전탁(ㆅ)만큼은 후음전청(ㆆ)보다 얕아지는 후음차청(ㅎ)에서 엉긴 후음전탁(ㆅ)에 이르기까지 오름(是爲↗)則과 마주하는 내림(亦爲↘)則의 정점(ㅎ / 虛明)에 이르러서야 다시금 원점(ㅇ / 虛聲)으로 돌아옴(復)을 뜻하는 바가 곧、「영구불변의 三一법칙 / 三一체계」로서 이룩되어 만세에 전래됨을 뜻하였던 「一朝·제작모神工(三一법칙 / 三一체계)」에 따라서 그로서의 처음(一)부터 끝(三·十)까지 가지런히 가림토되고 모두 바로세워진 천지자연의 근본법칙까지 모두 함축되고 구비된 「천지자연의 언문성음 / 체계」라 함도 이를 뜻하는 것이다.

業那彌欲及閭穰 / 업나미욕급려양
◇ 「ㅇㄴㅁㅇ 및 ㄹㅿ」 여섯字로서는

其聲不淸又不濁 / 기성불청우불탁
◇ 성부려를 뜻하는 그로서가 곧、불청불탁성음(ㅇㄴㅁㅇㄹㅿ / 업나미욕려샹)을 일컫는 반면

欲之連書爲脣輕 / 욕지련서위순경
◇ 「후음ㅇ」을 이어쓴 순경음(ㅸㆄㅹ) 및 반설경음(ㅀ)으로서는

喉聲多而脣乍合 / 후성다이순사합
◇ 입술이 오므라지면서 후성(ㅇ)이 많아짐(몬아짐)을 뜻하는 바이기에、경음칙(脣輕例 / ㅇ連書則)을 일컫는 바와 같은즉、종성復用초성의 字韻법칙(三ㅡ一則)으로서도 마주하는(맞닿은) 종성칙(자운칙・입성칙・가점칙)의 일환(ㅇ종성칙 / ㅇ連書則 / 경음칙)에 속함을 뜻하였던 것이다.

中聲十一亦取象 / 중성십일역취상
◇ 「중성凡11字(・ㅡㅣ{天地人}、ㅗㅏ{五}ㅜㅓ、ㅛㅑ{十}ㅠㅕ)」 모두가 서로 마주함(亦)을 취한 상형제자를 뜻하는 즉、「天地人・三才之道와 마주하는 一二三・三易之理 / 三一五行」까지 모두 함축되고 구비된 「三才之道의 三字八聲 및 중성凡11字・제작모神工」 해제 / 참조

精義未可容易觀 / 정의미가용역관
◇ 예컨대、삼극(三ㅡ)의 정의에 이르기까지(未) 모두 담아낼 수 있는 三易之理 / 三一五行의 눈높이(桓易의 易觀)를 일컫는 바가 곧、但因(三ㅡ)한 능달 / 능통의 눈높이(自明 / 神明)와 마주하는 開天 / 태극(ㅡ)의 눈높이(一朝)를 뜻하는 바였던 「一朝・제작모神工의 制字원리」에 대해 상세하게 헤아려 볼 수 있는 그로서의 눈높이(桓易의 易觀)로서도 서로 마주함을 뜻하는 바이기에、이와 같은 바에 관하여 올바르게 알면(知) 알수록(智) 저절로 구해지고 저절로 밝아지는 능달 / 능통의 눈높이(自明 / 神明)를 일컫는 바로서 전환됨과 같았던 것이다.

呑擬扵天聲最深 / 탄의어천성최심
◇ 아주 깊숙한 삼킴(・ / 天)으로부터 비롯되는 가장 깊은 天聲(・ / 天)을 일컫듯、무한(三ㅡ)의 태극(ㅡ)으로부터 셋(三)으로 나뉘어(一二三) 자리(一)하는 천지조화의 근본근원(一三 / ・ / 三一)과 마주하면서 끝없이 함께함(・ / 天 / ㅡ)을 뜻하는 바와 같은즉

所以圓形如彈丸 / 소이원형여탄환

◇ 이와 같은 무한(三一)의 태극(一)으로부터 셋(三)으로 나뉘어(上中下) 자리(一)하는 근본법칙(三一법칙)의 근본체계(三一체계)에 따라서 둥근모습의 彈(・/ 중성)에서 둥근모습의 丸(ㅇ종성字韻 : ・/ 含、ㅇ / 虛、○ / 盖)으로까지 전환(一三一)이 거듭되면서 언문성음의 가운(中)에 머물게 되는 상원형(・/ 天 / ○)의 制字원리를 일컫는 그로서가 곧, 「이미 지극(三一)에 因(一)한 一朝・제작모神工에 따라서 천지조화의 一丸세계에 이르기까지 가지런히 가림토되고 모두 바로세워진(이룩된) 桓因한국의 桓檀제도로서 모두 구비된 언문성음의 자방고전(字倣古篆 / 字書체계 / 한국고전)」으로서 만세에 전래됨을 뜻하는 것이다.

卽聲不深又不淺 / 즉성불심우불천

◇ 깊지도 얕지도 않은 즉字중성(ㅡ / 地 / □)의 타고난(三一) 본질(靜 / 고요함)을 일컫는 바로서

其形之平象乎地 / 기형지평상호지

◇ 그로서의 상형제자로서는 자연(地 / □ / 方)의 평평한 모습과 끝없이 함께함을 취한 상평형(ㅡ / 地 / □)의 제자원리를 뜻하는 바이며

侵象人立厥聲淺 / 침상인립궐성천

◇ 침자중성(ㅣ / 人 / △)의 상형제자로서는 만인의 삶(人 / 三 / 角)에서 비롯되어 얕지만 올곧음을 취한 상립형(人 / △ / 角)의 제자원리를 뜻하는 것이다.

三才之道斯爲備 / 삼재지도사위비

◇ 이와 같은 天地人의 상형(・ㅡㅣ / ○□△ / 一二三)을 취함으로서 「天地人・三才之道와 마주하는 一二三・三易之理 / 三一五行」까지 모두 함축되고 구비된 바를 일컫듯, 「一朝・제작모神으로서 이룩되고 모두 구비된 桓因한국의 桓檀제도와 마주하는 언문성음의 자방고전(字倣古篆 / 字書체계 / 한국고전)」으로서는 「이미 지극(三一)에 因(一)한 三一법칙의 三一체계」로서 서로 마주하고 상통됨을 뜻하는 것이다.

洪出於天尙爲闔 / 홍출어천상위합

◇ 「ㅗ(홍字중성)」의 제자원리로서는 하늘(・/ 天)을 타고난 더함(・+ ㅡ)을 뜻하는 바이고

象取天圓合地平 / 상취천원합지평

◇ 둥근 하늘(・/ 天 / ○)과 평평한 자연(ㅡ / 地 / □)을 더하고 보탠 상형(ㅗ)을 뜻하는 바이며

覃亦出天爲已闢 / 담역출천위이벽
◇ 「ㅏ(땅字중성)」의 제자원리로서는 하늘(・/天)을 타고난 보탬(丨+・)을 뜻하는 바이고

發扵事物就人成 / 발어사물취인성
◇ 천지자연의 근본법칙에 따라서 끝없이 비롯되는 만사・만물의 성취와 같은 만인의 삶(丨/人/△)에서 이룸(丨+・=ㅏ)을 뜻하는 바와 같은즉

用初生義一其圓 / 용초생의일기원
◇ 중성쓰임의 처음(・)으로부터 거듭나는 정의(・/初生)로서는 둥근원형(・)과 끝없이 함께(ㅗㅏ{五}ㅜㅓ)하는 초출(・/初生)을 뜻하는 바로서

出天爲陽在上外 / 출천위양재상외
◇ 하늘(・/天/○)을 타고난 양달(陽/△)로서 자리하는 초출의 위(ㅗ)와 밖(ㅏ)을 뜻하듯

欲穰兼人爲再出 / 욕양겸인위재출
◇ 하늘(・/天/○)을 타고난 삶(丨/人/△)과 끝없이 함께하는 재출(‥/陽)의 위(ㅛ)와 밖(ㅑ)을 뜻하며

二圓爲形見其義 / 이원위형견기의
◇ 두원(‥)을 타고난 상형(ㅛㅑ{十}ㅠㅕ)으로서 마주하는 그로서가 곧、주어진 만인의 삶(人/丨/△)과 끝없이 함께(ㅛㅑ{十}ㅠㅕ)하는 재출(‥/再生)을 뜻하는 반면

君業戌彆出扵地 / 군업술별출어지
◇ 「ㅜㅓ{十}ㅠㅕ」로서는 자연(地/一/□)을 타고난 본질(陰/고요함/靜)을 뜻하는 초출(・)과 재출(‥)의 아래(ㅜ/ㅠ)와 안(ㅓ/ㅕ)으로 마주함을 뜻하는 것이다。

據例自知何須評 / 거례자지하회평
◇ 이와 같은 삼극(三一)의 정의로서 의거되는 三一법칙의 三一체계에 따라서 저절로(自) 알게(知)되고 저절로 정수리에 내려앉는 바(自性求子 / 三一精神)가 곧、「但因(三一)한 성음(3聲1音)체계・언문(3諺1文)체계・字書(3字1書)체계」로서 올바르게 습득(知)하고 올바르게 터득함(智)으로서 저절로 밝아지는 능달 / 능통의 눈높이(自明 / 神明)에 이르기까지 지극(三一)에 이르는 지름길(三才之道 / 三一之

理)로서도 서로 마주하고 상통된다 함도 이를 뜻하는 바였던 것이다.

呑之爲字貫八聲 / 탄지위자관팔성
◇ 하늘(·/天)의 근본쓰임으로서 구성되고 이룩된 「三才之道의 三字八聲」을 일컫는 바가 곧, 「중성凡11字」 모두의 타고난(三一) 모습(象)과 타고난(一三) 형태(形)로서도 모두 갖추어진 천지자연의 근본법칙을 일컫는 바였음에도 불구하고, 이러한 모두에 이르기까지 송두리째 집어삼키고서(捨陰陽) 두(◐) 갈래(☆) 갈라서버린 「거두절미법칙의 용두사미필법으로 뒤엉켜서 동문동궤가 이루어진 줄도 모르는 음양팔괘의 가공세계 창출지법(周易)과 마주하는 반절문자 및 방언리어 창출지법(六書之法)」 해제 / 참조

維天之用徧流行 / 유천지용편유행
◇ 이와 같은 하늘(天/·)의 근본쓰임(三才之道/三易之理)에 따라서 두루 유행되는바가 곧, 三字八聲의 근본쓰임(·ㅡㅣ{三一/十}, ㅗㅏ{五}ㅜㅓ、ㅛㅑ{十}ㅠㅕ)으로서도 모두 구비된 즉、천지자연의 근본법칙과 마주하는 천지만물의 순환법칙에 따라서 끝없이 순환됨을 뜻하는 바로서

四聲兼人亦有由 / 사성겸인역유유
◇ 이와 같은 4聲(ㅗㅏ{五}ㅜㅓ)을 겸(ㅛㅑ{十}ㅠㅕ)하는 바와 더불어 하늘(·/天/○)을 타고난 만인의 삶(ㅣ/人/△)으로서도 마주하면서(亦) 끝없이 유래되고 전래됨을 일컫는 즉은

人參天地爲最靈 / 인참천지위최령
◇ 사람다운(參/仙) 사람(人)으로 거듭나고 거듭나는 지름길(三才之道/三倫之理)에 따라서 「만인(人一三)에 因(一)하고 자연(地一二)에 因(一)한 但因(三眞一神)의 神人之位와 마주하는 하늘(天一一)에 因(一)한 桓因(三位一神)의 天神之位」로서 자리하는 바가 곧、「天地人·三位一神의 天地神靈」을 뜻하는 바와 같았던 것이다.

且就三聲究至理 / 차취삼성구지리
◇ 이와 같은 「天地人·三神之位와 마주하는 天地人·三才之道」로서도 장차(且)되고 「天地之道와 마주하는 一二三(태음양)·三易之理/三一五行」의 三字八聲으로서 성취된 「중성凡11字의 제자원리」에 대해 올바르게 알면(知) 알수록(智) 저절로 구해지고(自性求子) 저절로(自) 밝아지는(明) 능달/능통의 눈높이(自明/神明◇桓易의 易觀)와 마주하는 開天/태극의 눈높이(一朝)에 이르기까지 지극(三一)에 이르는 지름길(三才之道/三一之理)로서도 서로 마주함을 뜻하는 것이다.

自有剛柔與陰陽 / 자유강유여음양

◇ 이와 같은 三字八聲(중성凡11字)의 제자원리 / 근본원리에 따라서 저절로 말미암아지는 剛柔(ㅣ ㅡ)와 음양(ㅡ ㅣ) 교변이 거듭됨을 뜻하는 바로서、굳셈(剛 / ㅣ / △)과 마주하는 유연함(柔 / ㅡ / □)으로서도 전환되고 응달(陰 / ㅡ)과 마주하는 양달(陽 / ㅣ)로서도 전환되면서 끝없이 순환되는 그로서의 근본근원이 곧、하늘(· / 天 / ㅡ)의 근본쓰임(三才之道 / 三易之理)을 뜻하는 것이다.

中是天用陰陽分 / 중시천용음양분

◇ 천지자연의 가온(中)에 자리(三一五行)하는 하늘(· / 天 / ㅡ)의 근본쓰임(三才之道 / 三易之理)에 따라서 셋(三)으로 나뉘어(ㅡ二三) 자리(一)하는 「天地人(· ㅡ ㅣ)、一二三(一陰陽)、上中下(初中終)、圓方角(○□△)」이라 함도 이를 뜻하듯

初迺地功剛柔彰 / 초내지공강유창

◇ 하늘(天 / ㅡ / ○)과 끝없이 마주하는 자연(地 / 二 / □)에서 처음으로 일구어낸 굳셈(ㅣ / 剛)과 유연함(ㅡ / 柔)이란 곧、하늘(· / 天 / ㅡ)의 근본쓰임(三一법칙 / 三一체계)에 따라서 剛柔(ㅣ ㅡ)로도 전환되고 陰陽(ㅡ ㅣ)으로도 전환이 거듭되면서 끝없이 순환되는 바를 뜻하는 것이다.

中聲唱之初聲和 / 중성창지초성화

◇ 중성에서는 합창(深淺闔闢唱)을 이끌고、초성에서는 화합(五音淸濁和)을 이룸을 뜻하는 즉

天先乎地理自然 / 천선호지리자연

◇ 하늘(· / 天 / ㅡ)의 섭리(天倫之理)가 그 무엇보다 우선이고 끝없이 함께하는 자연(ㅡ / 地 / 二)의 합리(地倫之理)와 삶(ㅣ / 人 / 三)의 진리(人倫之理)로서도 서로 마주함을 일컫는 이 또한、천지자연의 근본법칙까지 가지런히 가림토되고 모두 바로세워진 언문성음의 字書체계(한국고전◇訓民正音)로서 간략하게 압축되고 모두 구비된 하늘(· / 天 / ㅡ)의 근본쓰임(三一법칙 / 三一체계)을 일컫는 바와 같았던 것이다.

和者爲初亦爲終 / 화자위초역위종

◇ 和함이란、처음(初 / 一)과 마주하는 맺음(終 / 三·十)으로 전환과 순환이 거듭됨을 뜻하는 즉

物生復歸皆扵坤 / 물생부귀개어곤

◇ 이러한 즉은、만물생성(三七一生)의 근본법칙(三才之道 / 三易之理)에 따라서 만왕만래(復歸<돌아옴 / 펼쳐짐>扵坤)를 거듭하지만 그로서의 근본쓰임으론 절대변하지 않음을 일컫는 이 또한、천지만물의 근본근원(ㅡ三 / ·· / 三ㅡ)을 일컫는 바이자、「하늘(· / 天 / ㅡ)의 근본쓰임(三一법칙 / 三一체계)」을 일컫는 바와 같았던 것이다.

陰變爲陽陽變陰 / 음변위양양변음

◇ 이와 같은 천지자연의 근본법칙(三一법칙 / 三一체계)에 따라서 응달(陰 / 一)에서 변한 양달(陽 / ㅣ)이고, 양달(陽 / ㅣ)에서 변한 응달(陰 / 一)로서 전환이 거듭되는 그로서의 처음(初 / 一)과 마주하는 맺음(終 / 三・十)의 가온(中 / 二)에 자리(三一五行)하는 바가 곧, 중성凡11字의 근본쓰임을 뜻하는 즉

一動一靜互爲根 / 일동일정호위근

◇ 하나(一 / ・)의 움직임(動 / ㅣ / △)과 또 하나(一 / ○)의 고요함(靜 / 一 / □)으로서도 호환되는 중성 凡11字의 근본근원(一三 / ・ / 三一)을 일컫는 바가 곧, 천지만물의 근본근원 / 근본쓰임을 일컫는 바였던 「天地人・三才之道의 三字八聲(・一ㅣ{三一 / 十}、ㅗㅏ{五}ㅜㅓ、ㅛㅑ{十}ㅠㅕ」」으로서도 모두 갖추어진 이 또한, 「태극(一)의 질서(三・十)와 마주하는 천지조화의 一丸세계」 모두가 포괄되는 천지 조화의 근본줄기(三一五行)를 뜻하는 바와 같았던 것이다.

初聲復有發生義 / 초성부유발생의

◇ 三一五音의 初聲(一)으로서 다시금 발생되는 정의로서는 만성(十)을 품어내는 유성근본(三易之理 / 三一五行)으로부터 말미암아진 「三一之理의 三一五音」을 뜻하고

爲陽之動主扵天 / 위양지동주어천

◇ 양달(陽 / △)에서의 움직임(動 / △ / ㅣ)을 주관하는 바로서는 하늘(・ / 天 / 一)의 근본쓰임(三才之道 / 三易之理)으로부터 비롯됨을 뜻하는 바로서

終聲比地陰之靜 / 종성비지음지정

◇ 終聲(三一)에 비견되는 이 또한, 자연(地 / □ / 一)에서의 고요함(靜 / 응달 / 陰)을 일컫듯

字音扵此止定焉 / 자음어차지정언

◇ 언문성음의 字音으로 지정(止定)되는 바로서는、언문성음의 正音28字 / 체계에 따라서 저절로 말미암아짐을 뜻하는 즉、창제정음28字・필합으로서 성립되는 「언문성음의 기본음 / 기본자(字韻・187字 / 253字)」 一覽 / 참조

韻成要在中聲用 / 운성요재중성용

◇ 언문성음의 자운(字韻)을 이룸에 있어서는 필요의 법칙으로서 중앙에 자리하고(三一五行) 있는 중성則(근본법칙)에 의해서인 즉、자운(초성 + 중성 + ㅇ종성字韻舍)의 요함(要)은 곧, 가온(中)에 자리하고 있는 중성쓰임(근본쓰임)에 의해서인 것이다.

人能輔相天地宜 / 인능보상천지의

◇ 사람다운(仙) 사람(人)으로 거듭나고(大) 거듭나는(夫) 능함(能達・能通・通達)으로서 길이 보전되는 서로가 윗물(・/天)이 맑아야 아랫물(ㅡㅣ/地人)이 맑게 되는 마땅함(宜)으로서도 모두 갖추어진 바와 같은즉, 「三才之道의 三字八聲 및 중성凡11字・제작모神工」 해제 / 참조

陽之爲用通於陰 / 양지위용통어음

◇ 이른바, 양달(陽韻 / ㅗㅏㅛㅑ / 上外)의 근본쓰임(天道)에서 전환되는 응달(陰韻ㅜㅓㅠㅕ / 下內)의 근본쓰임(地道)으로서 서로 마주하고 상통됨(天地人・三才之道)이란 이를 뜻하는 바이듯

至而伸則反而歸 / 지이신즉반이귀

◇ 지극(三一)에 이른 정점(三 / 終 / 十)에 이르러서야 펼쳐지고 다시금 반전하여 원점(一 / 初 / 五)으로 돌아오는 바가 곧, 종성(三)에서 다시 쓰이는 초성(一)의 근본쓰임(三一법칙 / 三一체계)에 따라서 전환(一三一 / 一日一、終聲 / 語音)이 무궁하게 이루어짐을 뜻하는 바였던 것이다.

初終雖云分兩儀 / 초종수운분량의

◇ 처음(一)과 맺음(三・十)은 비록 양의(兩儀)로서 나뉠지라도 끝없이 마주하면서(一三 / ・ / 三一) 전환이 거듭됨을 뜻하는 바로서

終用初聲義可知 / 종용초성의가지

◇ 초성(一)에서 전환되는 종성(三)에서 다시 쓰이는 초성(一)의 정의에 관하여 알면(知) 알수록(智) 저절로 구해지고(自性求子) 저절로 밝아지는 능달 / 능통의 눈높이(自明 / 神明)에 이르지 못할 바 없음을 뜻하는 바가 곧, 「但因(三一)한 성음(3聲1音)체계・언문(3諺1文)체계・자서(3字1書)체계로서 보고・듣고・말할 수 있는 그로서의 눈높이(自明 / 神明)를 구함(慧眼 / 易觀)이 그 무엇보다 우선임을 뜻하는 바와 같은즉

正音之字只卄八 / 정음지자지입팔

◇ 이와 같은 「一朝・제작모神工의 창제정음28字 및 언문성음의 字書체계(한국고전◇訓民正音)」로서 모두 바로세워진 바로서는 「한겨레의 정음(聲音・字音・語音)체계와 마주하는 한국고유의 언문(於諺・於文・字書)체계」까지 모두 바로세워진 바를 뜻하였음에도 불구하고

探賾錯綜窮深幾 / 탐색착종궁심기

◇ 이러한 모두에 이르기까지 송두리째 집어삼키고서(捨陰陽) 두(☽) 갈래(☆)로 갈라세워버린 춘추전국

시대의 용두사미필법과 불능달의 주역(周易)을 뒤집어쓰고서 끝없이 곤두박질된 줄도 모르는 조선吏讀의 반절어법과 조선어문의 어문규정으로 줄줄이 주워섬기면서 답습이 거듭되면 될수록 더욱더 깊은 곳으로 숨겨지게 됨을 일컫는 바가 곧、거두절미법칙의 용두사미필법으로 뒤엉켜서 동문동궤가 이루어져 버린 육서지법의 漢字어법과 방언리어 창출지법으로 줄줄이 주워섬면서 대대손손 대물림되는 줄도 모름을 뜻하는 바로서

指遠言近庸民易 / 지원언근용민역

◇ 그로서의 가리킴(指)이 먼(遠)듯 하여도 가깝고도 가까운 한겨레(訓民) 모두를 일깨워줌은 물론이거니와 인류모두에 이르기까지 일깨워줄 수 있었던 바가 곧、「한국고유의 언문(扵諺・扵文・字書)체계와 마주하는 한겨레의 정음(聲音・字音・語音)체계」로서 쉬이 습득(知)하고 모두 더득함(智)」으로서 저절로 구해지고 저절로 밝아지는 능달 / 능통의 눈높이(桓易의 易觀◇自明 / 神明)에 이르기까지 만물소통의 성통공완을 이룩하고 지극(三一)에 因(一)함으로서

天授何曾智巧爲 / 천수하증지교위

◇ 비로소 하늘(一)이 내린(三・朝) 세종聖帝의 제작모神工에 따라서 그로서의 처음(一)부터 끝(三・十)까지 모두 바로세워진 「一朝・제작모神工의 훈민정음・신제본(新制曰・解例 / 訣曰 / 픗말・序曰)」로서 구성된 그로서의 모두가 언문성음의 字書체계(三一법칙 / 三一체계)에 따라서 간략하게 요약(一三)되고 압축(三一)이 거듭되었다 할지라도、전환(一三一)이 무궁한 「한국고유의 언문(扵諺・扵文・字書)체계」에 따라서 가지런히 가림토되면서 모두 바로세워지는 바로서도 마주하고 삼극(三一)의 정의(書矣 / 帝曰 / 矣書)로서 간략하게 압축(三一 / 書矣)되고 풀어짐(一三 / 矣書)으로서도 서로 마주하고 상통됨을 뜻하는 바와 같았던 것이다.

一朝	天地神明의
制作侔神工	제작모신工에 따라서
大東千古開朦朧	태고(故)가 열린(開天) 이래、몽롱해져버린
諺文聲音之字倣古篆而新制 訓民正音解例 初聲解 諺文 / 解制	한국고유의 諺文체계까지 모두 바로세워진 훈민정음해례 一。초성해 1。언문 / 해제

◇ 「초성해」라 함은、「三一五音의 초성凡17字・制字원리(三一법칙 / 三一체계)」에 따라서 셋(三)으로 나뉘어 자리(一)하는 언문성음의 글자(正音28字)체계와 정음(3聲1音)체계로서 비로소 모두 바로세워진(創制) 「언문(3諺1文)체계와 마주하는 정음(3聲1音)체계의 초성원리 / 초성칙」에 대한 상세한 해석으로서 간략하게 요약(一三 / 矣書)되고 압축(三一 / 書矣)이 거듭되었다 할지라도, 전환이 무궁한 한국고유의 언문(扵諺・扵文・字書)체계에 따라서 삼극(三一)의 정의(書矣 / 帝曰 / 矣書)로서 간략하게 압축(三一 / 書矣)되고 풀어짐(一三 / 矣書)으로서도 서로 마주함을 뜻하는 즉、이하 모두가 같은 것이다. [훈민정음・序曰 / 親制曰 참조]

			3字1書의 정의로서 간략하게 요약(一三)되고 압축(三一)된 언문성음의 字書체계 해제
初聲解			[초성해]는 字音과 語音을 겸하는 즉、[초성원리 / 초성칙의 解書]로서 서로 마주함
聲音	字音	語音	3諺1文의 정의로서 간략하게 압축되고 풀어지는 한국고유의 諺文체계 해제
初聲	초성		지극 因(一)한 三一법칙의 三一체계에 따라서 셋(3聲)으로 나뉘어 자리(1音)하는
			초성(一)・중성(二)・종성(三)의 초성원리는 곧、천지조화의 근본원리와 마주함에도
	둔갑		[첫소리]라 한역음사 / 한글국역되고 반절声母의 頭자음으로 둔갑 / 고착된 반면
解	해	초성원리	一朝・제작모신工의 制字원리를 풀어내고 모두 함축 / 구비된 [초성해]인즉
		풀어낼	상세한 해석으로서 謹作되고 謹書된 언문성음의 字書체계로서 서로 마주함
	둔갑	풀(이)	그저 [풀(解)이]라 함은、한역음사에 불과한데다가 [漢字+풀이]로 뒤엉킨
	고착	漢字풀이	[한역음사 / 한글국역、漢字풀이 / 漢字언해 / 本國俚語]로 둔갑이 거듭된 즉
한글국역	첫소리 풀이		漢字어법을 뒤집어쓴 漢字풀이 / 한글국역으로 둔갑 / 고착

一朝	天地神明의
制作侔神工	제작모신공에 따라서
大東千古開朦朧	태고(故)가 열린(開天) 이래、몽롱해져버린
諺文聲音之字倣古篆而新制 訓民正音解例 初聲解 諺文解制矣書	한국고유의 諺文체계까지 모두 바로세워진 훈민정음해례 초성해 2。본문해제 및 언문해서

<small>정 음 초 성 즉 운 서 지 자 모 야</small>
正音初聲。卽韻書之字母也。

◇ 「언문성음의 글자(正音28字)체계와 마주하는 정음(3聲1音)체계의 초성(一)」을 일컫는 즉은

◇ 「漢語음운학의 頭자음36字母나 반절字母의 이두韻書」와 결부되는 그 즉시、육서지법의 漢字어법과 불능달의 周易을 뒤집어쓰고서 두 번 다시는 헤어나오지 못하는 바와 같음을 뜻하는 반면

<small>성 음 유 차 이 생 고 왈 모</small>
聲音由此而生。故曰母。

◇ 但因(三一)한 태고인의 언문성음 / 체계로서 널리 유래된 바에 따라서 언문성음의 글자(正音28字)체계와 정음(3聲1音)체계로서 가지런히 가림토되고 비로소 모두 바로세워진 바를 뜻함으로

◇ 그럼으로 언문성음 / 체계의 근본(母)이라 일컫긴 일컫되、但因(三一)한 태고인의 유성근본(桓易之理 / 三一五行)을 으로부터 말미암아진 바를 뜻하는 즉、(天)夫人의 유성근본(桓易之理 / 三一五行)으로부터 가지런히 가림토되고 모두 바로세워진 「三一五音의 초성凡17字・제작모神工」해제 / 참조

<small>여 아 음 군 자 초 성 시   여 이 위</small>
如牙音君字初聲是ㄱ。ㄱ與ㅜㄴ而爲군。

◇ 이에 따라서 아음의 군字초성(ㄱ)으로 올바르게 가림토된 「ㄱ / 군字초성」인즉

◇ 「ㄱ / 초성」과 「ㅜㄴ / 중성 + 종성」으로서 합성되고 합자된 바가 곧、「군」

<small>쾌 자 초 성 시   여 이 위</small>
快字初聲是ㅋ。ㅋ與ㅙ而爲:쾌。

◇ 아음의 쾌字초성(ㅋ)으로 올바르게 가림토된 「ㅋ / 쾌字초성」인즉

◇ 「ㅋ / 초성」과 「ㅙ / 중성 + ○ / 字韻」으로서 합성되고 합자된 바가 곧、「쾌 / 字韻舍」

<small>뀨 자 초 성 시   여 이 위</small>
虯字初聲是ㄲ。ㄲ與ㅠ而爲뀨。

◇ 아음의 ㄲ字초성(ㄲ)으로 올바르게 가림토된 「ㄲ / ㄲ字초성」 인즉
◇ 「ㄲ / 초성」과 「ㅠ / 중성 + ㅇ / 字韻」으로서 합성되고 합자된 바가 곧、「ㄲ / 字韻含」

業字初聲是ㅇㅇㅇ與ㅓ而爲업之類。

◇ 아음의 업字초성(ㅇ)으로 올바르게 가림토된 「ㅇ / 업字초성」 인즉
◇ 「ㅇ / 초성」과 「ㅓ / 중성 + 종성」으로서 더하고 보태진 바가 곧、「업」 등의 유형

舌之斗呑覃那。脣之彆漂步彌。齒之卽侵慈戍邪。喉之挹虛洪欲。
半舌半齒之閭穰。皆倣此。

◇ 설음의 「斗呑覃那 / 두튼땀나 / ㄷㅌㄸㄴ」字
◇ 순음의 「彆漂步彌 / 별표뽀미 / ㅂㅍㅃㅁ」字
◇ 치음의 「卽侵慈戍邪 / 즉침짜슐싸 / ㅈㅊㅉㅅㅆ」字
◇ 후음의 「挹虛洪欲 / 흡허뽕욕 / ㆆㅎㅥㅇ」字
◇ 반설반치음의 「閭穰 / 려샹 / ㄹㅿ」字
◇ 이와 같은 「三一五音의 初聲23字」 모두가 但因(一) 태고인의 유성근본(三一五行)으로 말미암아 진 그로서의 처음(一)부터 끝(三·十)까지 가지런히 가림토되고 모두 바로세워진 바를 뜻하는 즉、「천지자연의 근본법칙까지 모두 함축되고 구비된 正音28字·제작모神工」 一覽 / 참조

訣曰(諺文7字8行)

◇ 다음과 같은 「초성해·결왈」로서 보다 더 간략하게 요약(一三)되고 압축(三一)된 「諺文7字8行」과도 마주하는 바가 곧、간략하게 요약(一三 / 矣書)되고 압축(三一 / 書矣)이 거듭되었다 할지라도 전환(一三一)이 무궁한 한국고유의 諺文체계(三一법칙 / 三一체계)에 따라서 삼극(三一)의 정의로서 간략하게 압축(三一 / 書矣)되고 풀어짐(一三 / 矣書)으로서도 서로 마주함을 뜻하는 즉、이하 모두 同

3。초성해·결왈(訣曰 ◇ 諺文7字8行)

◇ 「초성해·결왈」이라 함은、언문성음의 글자(正音28字)체계와 마주하는 정음(3聲1音)체계의 초성원리 / 초성칙에 대해 보다 더 간략하게 요약(一三)되고 압축(三一)이 거듭되었다 할지라도、전환(一三一)이 무궁한 한국고유의 諺文체계(三一법칙 / 三一체계)에 따라서 삼극(三一)의 정의로서 간략하게 압축(三一 / 書矣)되고 풀어짐(一三 / 矣書)으로서도 서로 마주함을 뜻하는 즉、이하 모두 同

君快虯業其聲牙 / 군쾌규업기성아

◇ 「君快虯業 / 군쾌규업 / ㄱㅋㄲㆁ」字는 곧、牙音 / 牙聲의 근본字를 뜻하는 바로서 이하 모두 同

舌聲斗呑及覃那 / 설성두탄급담나

◇ 「斗呑覃那 / 두튼땀나 / ㄷㅌㄸㄴ」字는 곧、舌音 / 舌聲의 근본字

彆漂步彌則是脣 / 별표보미즉시순

◇ 「彆漂步彌 / 별표뽀미 / ㅂㅍㅃㅁ」字는 곧、脣音 / 脣聲의 근본字

齒有卽侵慈戌邪 / 치유즉침자술사

◇ 「卽侵慈戌邪 / 즉침짜슐쌰 / ㅈㅊㅉㅅㅆ」字는 곧、齒音 / 齒聲의 근본字

挹虛洪欲迺喉聲 / 읍허홍욕내후성

◇ 「挹虛洪欲 / 흡허홍욕 / ㆆㅎㆅㅇ」字곧、喉音 / 喉聲의 근본字

閭爲半舌穰半齒 / 려위반설양반치

◇ 「閭穰 / 려샹 / ㄹㅿ」字는 곧、半舌半齒音 / 半舌半齒聲의 근본字

二十三字是爲母 / 이십삼자시위모

◇ 이와 같은 「三一五音의 초성23字에 대한 근본字(諺文 / 字音 / 초성23字)」로서 가지런히 가림토된 바로서는 「梵語음성학의 中古漢音과 漢語음운학의 화하韻書」로 뒤엉켜서 어긋남의 극치에 달해버린 그로서의 모두에 이르기까지 송두리째 걷어내고서 다시금 일으켜 세워진 바를 뜻하고、「동서고금의 백왕(百王) 모두를 초월하고 지극(三一)에 因(一)함으로서 비로소 하늘(一)이 내린(三·朝) 세종聖帝의 제작모神工」에 따라서 그로서의 처음(一)부터 끝(三·十)까지 가지런히 가림토되고 모두 바로세워진 바를 뜻하는 것이다.

萬聲生生皆自此 / 만성생생개자차

◇ 만성(十)이 생성되고 끝없이 거듭나는 모두에 이르기까지 저절로 말미암아짐을 뜻하는 바가 곧、「但因(三一)한 태고인의 성음(3聲1音)체계・언문(3諺1文)체계・자서(3字1書)체계로서도 서로 마주하고、「이미 지극(三一)에 因(一)한 一朝・제작모神工」까지 모두 함축되고 구비된 바(三一법칙 / 三一체계)로서 만세에 전래됨(諺文聲音 / 한국고전 / 訓民正音)을 뜻하는 바였던 것이다.

一朝	天地神明의
制作侔神工	제작모신공에 따라서
大東千古開朦朧	태고(故)가 열린(開天) 이래、몽롱해져버린
諺文聲音之字倣古篆而新制 訓民正音解例 中聲解 諺文 / 解制	한국고유의 諺文체계까지 모두 바로세워진 훈민정음해례 二。중성해 1。언문 / 해제

◇ 「중성해」라 함은、「三字八聲의 중성凡11字・制字원리(三一법칙 / 三一체계)와 마주하는 중성원리 / 중성則」에 대한 상세한 해석으로서 간략하게 요약(一三 / 矣書)되고 압축(三一 / 書矣)이 거듭되었다 할지라도、전환이 무궁한 한국고유의 언문(扵諺・扵文・字書)체계에 따라서 삼극(三一)의 정의(書矣 / 帝曰 / 矣書)로서 간략하게 압축(三一 / 書矣)되고 풀어짐(一三 / 矣書)으로서도 서로 마주함을 뜻하는 즉、이하 모두 同

3字1書의 정의로서 간략하게 요약(一三)되고 압축(三一)된 언문성음의 字書체계 해제			
中聲解	[중성해]는 字音과 語音을 겸하는 즉、[중성원리 / 중성則의 解書]로서 서로 마주함		
聲音	字音	語音	3諺1文의 정의로서 간략하게 압축되고 풀어지는 한국고유의 諺文체계 해제
中聲	중성		지극 因(一)한 三一법칙의 三一체계에 따라서 셋(3聲)으로 나뉘어 자리(1音)하는
^	^		초성(一)・중성(二)・종성(三)의 중성원리는 곧、천지자연의 근본법칙과 마주함에도
^	둔갑		[가운뎃소리]라 한역음사 / 한글국역되고 반절韻母의 介모음으로 둔갑 / 고착된 반면
解	해	중성원리	一朝・제작모신공의 制字원리를 풀어내고 모두 함축 / 구비된 [중성해]인즉
^	^	풀어낼	상세한 해석으로서 謹作되고 謹書된 언문성음의 字書체계로서 서로 마주함
^	둔갑	풀(이)	그저 [풀(解)이]라 함은、한역음사에 불과한데다가 [漢字+풀이]로 뒤엉킨
^	고착	漢字풀이	[한역음사 / 한글국역、漢字풀이 / 漢字언해 / 本國俚語]로 둔갑이 거듭된 즉
한글국역	가운뎃소리 풀이		漢字어법을 뒤집어쓴 漢字풀이 / 한글국역으로 둔갑 / 고착

一朝	天地神明의
制作侔神工	제작모神工에 따라서
大東千古開朦朧	태고(故)가 열린(開天) 이래、몽롱해져버린
諺文聲音之字倣古篆而新制 訓民正音解例 中聲解 諺文解制矣書	한국고유의 諺文체계까지 모두 바로세워진 훈민정음해례 중성해 2。본문해제 및 언문해서

<small>중 성 자 거 자 운 지 중 합 초 종 이 성 음</small>
中聲者。居字韻之中。合初終而成音。

◇ 「언문성음의 글자(正音28字)체계와 마주하는 정음(3聲1音)체계의 중성(二)」이라 함은
◇ 언문성음의 기본음 / 기본자에 해당되는 자운(초성 + 중성 + 字韻숨)의 가온에 머무는 바를 뜻하고
◇ 초중종・3聲으로서 합성된 연후에 성립되는 언문성음의 글자(正音28字)체계와 정음(聲音・字音・語音)체계로서 마주하는 그로서의 가온(中)에 자리하는 바(三一五行)가 곧, 정음(3聲1音)체계의 중성(二)을 일컫는 바이자、만성(十)의 가온(中)에 자리함을 뜻하는 것이다.

<small>여 튼 자 중 성 시   거   지 간 이 위</small>
如呑字中聲是・。・居ㅌㄴ之間而爲튼。

◇ 이에 따라서 튼字중성(・)으로 올바르게 가림토된 「・ / 튼字중성」인즉
◇ 「・ / 중성」으로서는 「ㅌ / 초성」과 「ㄴ / 종성」의 사이에 머무는(・)「튼」

<small>즉 자 중 성 시   거   지 간 이 위</small>
卽字中聲是一。一居ㅈㄱ之間而爲즉。

◇ 즉字중성(一)으로 올바르게 가림토된 「一 / 즉字중성」인즉
◇ 「一 / 중성」으로서는 「ㅈ / 초성」과 「ㄱ / 종성」의 사이에 머무는(一)「즉」

<small>침 자 중 성 시   거   지 간 이 위   지 류</small>
侵字中聲是丨。丨居ㅊㅁ之間而爲침之類。

◇ 침字중성(丨)으로 올바르게 가림토된 「丨 / 침字중성」인즉
◇ 「丨 / 중성」으로서는 「ㅊ / 초성」과 「ㅁ / 종성」의 사이에 머무는(丨)「침」등의 유형

<small>뽕 땀 군 업 욕 양 슐 별   개 방 차</small>
洪覃君業欲穰戌彆。皆倣此。

◇ 「洪覃君業欲穰戌彆 / 뽕땀군업욕양슐별」字의 중성(ㅗㅏㅜㅓ、ㅛㅑㅠㅕ)을 일컫는 바이듯
◇ 「三字八聲의 중성凡11字(・一丨{天地人}、ㅗㅏ{五}ㅜㅓ、ㅛㅑ{十}ㅠㅕ)」 모두가 천지자연의 근

본법칙까지 모두 함축되고 구비된 바를 뜻하는 것이다.

二字合用者。ㅗ與ㅏ同出扵·。故合而爲ㅘ。
_{이자합용자 여 동출어 고합이위}

◇ 중성2字합용이라 함은, 중성凡11字의 합용칙을 일컫는 바와 같은즉
◇ 「ㅗ와ㅏ」는 동출(·)이되, 비롯됨은 하늘(·/天/○)을 타고난(·/圓) 초출(·)을 뜻함으로
◇ 그럼으로 2字합용된 「ㅘ」

ㅛ與ㅑ又同出扵ㅣ。故合而爲ㅛㅑ。
_{여 우동출어 고합이위}

◇ 「ㅛ와ㅑ」는 동출(ㅣ)이되, 비롯됨은 삶(ㅣ/人/△)을 타고난(ㅣ/角) 재출(··)을 뜻함으로
◇ 그럼으로 2字합용된 「ㅛㅑ」

ㅜ與ㅓ同出扵ㅡ。故合而爲ㅝ。
_{여 동출어 고합이위}

◇ 「ㅜ와ㅓ」는 동출(ㅡ)이되, 비롯됨은 자연(ㅡ/地/□)을 타고난(ㅡ/方) 초출(·)을 뜻함으로
◇ 그럼으로 2字합용된 「ㅝ」

ㅠ與ㅕ又同出扵ㅣ。故合而爲ㅠㅕ。
_{여 우동출어 고합이위}

◇ 「ㅠ와ㅕ」는 동출(ㅣ)이되, 비롯됨은 삶(ㅣ/人/△)을 타고난(ㅣ/角) 재출(··)을 뜻함으로
◇ 그럼으로 2字합용된 「ㅠㅕ」

以其同出而爲類。故相合而不悖也。
_{이 기 동 출 이 위 류 고 상 합 이 불 패 야}

◇ 이와 같은 바가 곧, 그로서의 동출의 유형(ㅗㅏㅛㅑ/ㅜㅓㅠㅕ)을 일컫는 바이므로
◇ 그럼으로 동출의 相合이라야 어긋나지 않음을 뜻하는 것이다.

一字中聲之與ㅣ相合者十。·ㅡㅗㅐㅜㅔㅚㅑㅠㅖ是也。
_{일자중성지여 상합자십 시야}

◇ 1字중성의 여럿과 ㅣ字로서 相合된 「10字」라 함은
◇ 「·ㅡㅗㅐㅜㅔㅚㅑㅠㅖ」로서 올바르게 相合된 바를 일컫고

二字中聲之與ㅣ相合者四。ㅙㅞㅙㅞ是也。
_{이자중성지여 상합자사 시야}

◇ 2字중성 여럿과 ㅣ字로서 相合된 「4字」라 함은
◇ 「ㅙㅞㅙㅞ」로서 올바르게 相合된 바를 일컫는 것이다.

어심천합벽지성 병능상수자 이기설전성천이편어개구야
｜ 於深淺闔闢之聲。並能相隨者。以其舌展聲淺而便於開口也。

◇ 「｜ / 침字중성」으로부터 비롯되는 深淺闔闢(깊고 얕음、열고 닫음)의 「｜字중성」과 합성되고 합자된 「｜字상합14字」로서는
◇ 나란함에 능하고 서로에 능히 따름을 일컫는 바로서
◇ 이와 같은 침字중성(｜/人/△)의 타고난 본질에 따라서 그로서의 혀가 펼쳐내는 「｜字중성」이 얕아도 서로에 힘입어 편리하게 입을 여닫는 바와 같기에

역가견인지참찬개물이무소불통야
亦可見人之參贊開物而無所不通也。

◇ 마주하는 사람마다 저마다가 참되도록 이끌고 서로를 도우면서 「만물치화의 치화원리를 열어준(開物) 桓檀帝曰의 三一神誥」만을 미루어보더라도、「만물소통의 성통공완을 이룩하고 지극(三一)에 因(一)한 天地神明의 제작모신工」에 따라서 천지조화의 一丸세계를 열어주고(開天) 태고(故)를 열어준(開物 / 成務) 모두에 이르기까지 미루어보는 것과 같음을 뜻하는 것이다.

결 왈
訣曰(諺文7字8行)

◇ 다음과 같은 「중성해·결왈」로서 보다 더 간략하게 요약(一三)되고 압축(三一)된 「諺文7字8行」과도 마주하는 바가 곧、간략하게 요약(一三 / 矣書)되고 압축(三一 / 書矣)이 거듭되었다 할지라도 전환(一三一)이 무궁한 한국고유의 諺文체계(三一법칙 / 三一체계)에 따라서 삼극(三一)의 정의로서 간략하게 압축(三一 / 書矣)되고 풀어짐(一三 / 矣書)으로서도 서로 마주함을 뜻하는 즉、이하 모두 同

3。 중성해・결왈(訣曰 ◇ 諺文7字8行)

◇ 「중성해・결왈」이라 함은、 언문성음의 글자(正音28字)체계와 마주하는 정음(3聲1音)체계의 중성원리 / 중성則에 대해 보다 더 간략하게 요약(一三)되고 압축(三一)이 거듭되었다 할지라도、 전환(一三一)이 무궁한 한국고유의 諺文체계(三一법칙 / 三一체계)에 따라서 삼극(三一)의 정의로서 간략하게 압축(三一 / 書矣)되고 풀어짐(一三 / 矣書)으로서도 서로 마주함을 뜻하는 즉、 이하 모두 同

母字之音各有中 / 모자지음각유중

◇ 근본字(諺文聲音)의 字音에서 각자 말미암아진 三字八聲의 중성을 일컫는 바인즉

須就中聲尋闢闔 / 수취중성심벽합

◇ 「중성凡11字・制字원리와 마주하는 三一법칙의 三一체계」에 따라서 더하고(闢 / 열고) 보탬(闔 / 닫음)을 거듭함(一積十鉅無匱化三)으로서 반드시 성취되는 바가 곧、「천지자연의 근본법칙까지 모두 함축되고 구비된 三字八聲의 중성凡11字・制字모神工」을 일컫는 바와 같았던 것이다。

洪覃自吞可合用 / 홍담자탄가합용

◇ 「洪覃 / 뽕땀 / ㅗㅏ」字는 가장 깊은 吞字중성(・ / 天 / ○)으로부터 말미암아진 同出로서 합성된 「・+ㅣ=ㅗ / 上」과 마주하는 「ㅣ+・=ㅏ / 外」 및 2字합용의 「ㅗ+ㅏ=ㅘ」

君業出卽亦可合 / 군업출즉역가합

◇ 「君業 / 군업 / ㅜㅓ」字는 즉字중성(ㅡ / 地 / □)으로부터 말미암아진 同出로서 합성된 「ㅡ+・=ㅜ / 下」와 마주하는 ・+ㅡ / 變 / ㅣ=ㅓ / 內」 및 2字합용의 「ㅜ+ㅓ=ㅝ」

欲之與穰戌與彆 / 욕지여양술여별

◇ 「欲穰 / 욕샹 / ㅛㅑ」字와 마주하는 「戌彆 / 슐별 / ㅠㅕ」字는 침字중성(ㅣ / 人 / △)으로부터 말미암아진 同出로서 합성(ㅣ / 變 / ・+ㅗ / ㅏ、ㅜ / ㅓ)되고 2字합용된 「ㅛㅑ / ㅘ、ㅠㅕ / ㅝ」

各有所淀義可推 / 각유소정의가추

◇ 이와 같은 「중성凡11字・制字원리와 마주하는 三一법칙의 三一체계」에 따라서 올바르게 상합된 各字 모두가 타고난 바에 따라서 물 흐르듯이 올바르게 천거된 바인즉

侵之爲用最居多 / 침지위용최거다

◇ 침자중성(ㅣ/△/人)의 근본쓰임(無定位數/三一運行)에 따라서 가장 많게 相合되고 合用된 바를 미루어보듯(·ㅡㅗㅏㅜㅓㅛㅑㅠㅕ 및 ㅙㅞㅙㅖ)

扵十四聲徧相隨 / 어십사성편상수

◇ 「ㅣ」字 상합(相合)의 14字(·ㅡㅗㅏㅜㅓㅛㅑㅠㅕ、ㅙㅞㅙㅖ)로서는 서로에 능히 따르는 「침자중성(ㅣ/人/△)」의 근본쓰임(無定位數/三一運行)에 따라서 올바르게 상합된 바를 뜻하는 것이다。

一朝	天地神明의
制作侔神工	제작모신공에 따라서
大東千古開朦朧	태고(故)가 열린(開天) 이래、몽롱해져버린
諺文聲音之字倣古篆而新制 訓民正音解例 終聲解 諺文 / 解制	한국고유의 諺文체계까지 모두 바로세워진 훈민정음해례 三。종성해 1。언문 / 해제

◇ 「종성해」라 함은、「종성復用초성의 근본원리(三一법칙 / 三一체계)와 마주하는 종성원리 / 종성 則」에 대한 상세한 해석으로서 간략하게 요약(一三 / 矣書)되고 압축(三一 / 書矣)이 거듭되었다 할지라도、전환이 무궁한 한국고유의 언문(扵諺・扵文・字書)체계에 따라서 삼극(三一)의 정의(書矣 / 帝曰 / 矣書)로서 간략하게 압축(三一 / 書矣)되고 풀어짐(一三 / 矣書)으로서도 서로 마주함을 뜻하는 즉、이하 모두 同

			3字1書의 정의로서 간략하게 요약(一三)되고 압축(三一)된 언문성음의 字書체계 해제
終聲解			[종성해]는 字音과 語音을 겸하는 즉、[종성원리 / 종성則의 解書]로서 서로 마주함
聲音	字音	語音	3諺1文의 정의로서 간략하게 압축되고 풀어지는 한국고유의 諺文체계 해제
終聲	종성		지극에 因(一)한 三一법칙의 三一체계에 따라서 셋(3聲)으로 나뉘어 자리(1音)하는
			초성(一)・중성(二)・종성(三)의 종성원리는 곧、천지자연의 순환법칙과 마주함에도
	둔갑		[끝소리]라 한역음사 / 한글국역되고 반절철자법의 末자음 / 받침으로 둔갑된 반면
解	해	종성원리	一朝・제작모신공의 制字원리를 풀어내고 모두 함축 / 구비된 [중성해]인즉
		풀어낼	상세한 해석으로서 謹作되고 謹書된 언문성음의 字書체계로서 서로 마주함
	둔갑	풀(이)	그저 [풀(解)이]라 함은、한역음사에 불과한데다가 [漢字+풀이]로 뒤엉킨
	고착	漢字풀이	[한역음사 / 한글국역、漢字풀이 / 漢字언해 / 本國俚語]로 둔갑이 거듭된 즉
한글국역	끝소리 풀이		한역음사의 한글국역 / 漢字풀이 / 방언리어로 둔갑 / 고착

一朝	天地神明의
制作侔神工	제작모神工에 따라서
大東千古開朦朧	태고(故)가 열린(開天) 이래、몽롱해져버린
諺文聲音之字倣古篆而新制 **訓民正音解例** **終聲解** 諺文解制矣書	한국고유의 諺文체계까지 모두 바로세워진 **훈민정음해례** **종성해** 2。본문해제 및 언문해서

종 성 자 승 초 중 이 성 자 운
終聲者。承初中而成字韻。

◇「언문성음의 글자(正音28字)체계와 마주하는 정음(3聲1音)체계의 종성(三)」이라 함은
◇ 초중성을 받드는 종성則에 따라 성립되는 字韻(초성 + 중성 + 字韻含)을 일컫는 바와도 같기에 초중성으로서 합성되고 합자됨으로서 성립되는 기본음 / 기본자의 字韻(초성 + 중성 + 字韻含)을 일컫는 바와 같은즉、필요(必要)의 자운則과 불급(不急)의 종성則으로서 맞닿은(마주하는) 종성復用초성의 字韻법칙(三七一則)에 따라서 성립되는 언문성음의 가온(中)에 머무는 바가 곧、3종류의 ㅇ종성字韻(・/ 含、ㅇ / 虛、○ / 盖)을 뜻하는 것이다.

여 즉 자 종 성 시   거   종 이 위
如卽字終聲是ㄱ。ㄱ居즈終而爲즉。

◇ 이에 따라서 즉字종성(ㄱ)으로 올바르게 가림토된「ㄱ / 즉字종성」인즉
◇「ㄱ / 종성」으로서는「즈 / 字韻」을 맺고(終) 머무는(居)「즉」

홍 자 종 성 시   거   종 이 위   지 류
洪字終聲是ㅇ。ㅇ居ᅘᅩ終而爲홍之類。

◇ 홍字종성(ㅇ)으로 올바르게 가림토된「ㅇ / 홍字종성」인즉
◇「ㅇ / 종성」으로서는「ᅘᅩ / 字韻」을 맺고(終) 머무는(居)「홍」 등의 유형

설 순 치 후 개 동
舌脣齒喉皆同。

◇ 三一五音의 5音(牙舌脣齒喉) 모두가 같다.

성 유 완 급 지 수 고 평 상 거 기 종 성 불 류 입 성 지 촉 급
聲有緩急之殊。故平上去其終聲不類入聲之促急。

◇ 종성원리(三一之理)에 따라서 저절로 말미암아지는 종성전환의 완급조절이므로

◇ 그럼으로 평·상·거성(가점則)으로서는 그로서의 종성류를 가리지 않으나 입성(종성쓰임)의 촉급을 다투면서 3聲7調1音으로 압축 / 조절되는 바가 곧, 필요(必要)의 자운則과 불급(不急)의 종성則으로서 마주하는(맞닿은) 종성復用초성의 字韻법칙(三七一則)을 뜻하는 것이다.

<small>불청불탁지자   기성부려   고용어종즉의어평상거전청차청전탁지자</small>
不淸不濁之字。其聲不厲。故用扵終則宜扵平上去全淸次淸全濁之字。
<small>기성위려 고용어종즉의어입</small>
其聲爲厲。故用扵終則宜扵入。

◇ 불청불탁의 字(ㅇㄴㅁㅇㄹㅿ)를 일컫는
◇ 그로서가 곧, 성부려를 뜻하므로
◇ 그럼으로 성부려의 종성쓰임이라면 마땅하게 비롯되는 평·상·거성(가점則)을 일컫는 바이고, 전청·차청·전탁의 字를 일컫는
◇ 그로서가 곧, 성위려(전청·차청·전탁)를 뜻하므로
◇ 그럼으로 성위려의 종성쓰임이라면 마땅하게 비롯되는 입성의 종성쓰임을 뜻하는 바로서

<small>소이   육자위평상거성지종   이여개위입성지종야</small>
所以ㅇㄴㅁㅇㄹㅿ六字爲平上去聲之終。而餘皆爲入聲之終也。

◇ 이와 같은 바에 따라서 성부려(ㅇㄴㅁㅇㄹㅿ)의 여섯字는 평·상·거성의 종성쓰임을 뜻하고
◇ 이를 제외한 성위려의 모두(전청·차청·전탁)는 입성의 종성쓰임을 뜻하는 것이다.

<small>연   팔자가족용야</small>
然ㄱㆁㄷㄴㅂㅁㅅㄹ八字可足用也。

◇ 이러한 통용종성8字(ㄱㄷㅂ / ㅅ、ㆁㄴㅁ / ㄹ)로서는 양발처럼 쓰이는 즉, 성위려의 통용종성4字(ㄱㄷㅂ / ㅅ)와 성부려의 통용종성4字(ㆁㄴㅁ / ㄹ)로서 구분되지만 서로 마주하면서 전환이 무궁함을 뜻하는 것이다.

<small>여   위리화   위호피   자가이통용 고지용   자</small>
如빗곶爲梨花。엿의갗爲狐皮。而ㅅ字可以通用。故只用ㅅ字。

◇(扵諺 / 扵文 / 字音)의 「빗곶 / 梨花 / 이화」나
◇(扵諺 / 扵文 / 字音)의 「엿의갗 / 狐皮 / 호피」에서처럼
◇ ㅅ字종성쓰임(ㅿ / ㅅ / ㅈ / ㅊ)으로서도 폭넓게 통용되는 바이므로
◇ 그럼으로 「어조쓰임의 只用ㅅ字(ㅿ / ㅅ / ㅈ / ㅊ)」라 함은 이를 일컫는 바였음에도 불구하고, 「조선吏讀의 반절어법에 따라서 「이두구결의 구결용(ㅅ)」으로 둔갑되었을 뿐만 아니라, 일본吏讀의 이두문법에 따라서 칭명부여된 「이두칭명의 사이시옷(間ㅅ)」으로 둔갑되고 축소병합되어 지금에까지 답습이 거듭되고 있는 것이다.

차 성담이허 불필용어종 이중성가즉성음야
且ㅇ聲淡而虛。不必用扵終。而中聲可得成音也。

◇ (지금에서야 올바르게 가림토되고) 장차(且)된 후음의 처음(ㅇ)으로서는 물(水氣)처럼 맑고 빈듯하게 유통됨을 뜻하는 바이기에
◇ 필요불급(不必用扵終)으로서 마주하는 종성復用초성의 字韻법칙(三七一則)에 따라서
◇ 중성을 얻고 성립되는 字韻(초성 + 중성 + 字韻含)의 가온(中)에 머물거나 성음(3聲1音)의 가온(中)에 머무는 ㅇ종성쓰임을 일컫는 이는 곧、ㅇ종성칙(자운칙)에 따른 3종류의 ㅇ종성字韻(· / 含、ㅇ / 虛、○ / 盖)을 일컫는 것이다.

여 위별 여 위군 여 위업 여 위땀 여언어 위의
ㄷ如볃爲彆。ㄴ如군爲君。ㅂ如업爲業。ㅁ如땀爲覃。ㅅ如諺語·옷爲衣。ㄹ
여언어 위사지류
如諺語:실爲絲之類。

◇ ㄷ종성쓰임인즉、볃(彆)字()의 중성(ㅕ)을 얻고 가온(中)에 머무는 ㅇ종성字韻(○ / 盖 / 감쌈)
◇ ㄴ종성쓰임인즉、군(君)字의 중성(ㅜ)을 얻고 가온(中)에 머무는 ㅇ종성字韻 (이하 모두 同)
◇ ㅂ종성쓰임인즉、업(業)字의 중성(ㅓ)을 얻고 가온(中)에 머무는 ㅇ종성字韻
◇ ㅁ종성쓰임인즉、땀(覃)字의 중성(ㅏ)을 얻고 가온(中)에 머무는 ㅇ종성字韻
◇ ㅅ종성쓰임인즉、諺語 옷(衣)字의 중성(ㅗ)을 얻고 가온(中)에 머무는 ㅇ종성字韻
◇ ㄹ종성쓰임인즉、諺語 실(絲)字의 중성(ㅣ)을 얻고 가온(中)에 머무는 ㅇ종성字韻 등의 유형을 미루어보듯、「字韻 / 기본음(초성 + 중성 + 字韻含)의 가온(中)에 머물거나 성음(3聲1音)의 가온에 머무는 3종류의 ㅇ종성字韻(· / 含、ㅇ / 虛、○ / 盖)」이라 함은 이를 일컫는 즉、[ㅇ종성칙(자운칙) 해제 / 참조]

오음지완급 역각자위대여아지 여 위대 이 촉호칙변위 이급 서
五音之緩急。亦各自爲對如牙之ㆁ與ㄱ爲對。而ㆁ促呼則變爲ㄱ而急。ㄱ舒
출칙변위 이완
出則變爲ㆁ而緩。

◇ (종성원리에 따라서 저절로 말미암아지는)三一五音의 완급조절로서는
◇ 各自로부터 저절로 마주하고 대하는 아음의 「ㆁ」과 「ㄱ」은 완급의 상대를 일컫는 바로서
◇ 아음의 「ㆁ」이 서둘러서(促呼則) 변한 「ㄱ」은 서두름(急)
◇ 아음의 「ㄱ」이 느려져서(舒出則) 변한 「ㆁ」은 느슨함(緩)

설지 순지 치지 후지   기완급상대 역위시야
舌之ㄴㄷ。脣之ㅁㅂ。齒之ㅿㅅ。喉之ㅇㆆ。其緩急相對。亦猶是也。

◇ 설음 / 설성의 「ㄴ과 ㄷ은 서로 마주하는 완급상대로서、이하 모두 同」
◇ 순음 / 순성의 「ㅁㅂ / 완급상대」
◇ 치음 / 치성의 「ㅿㅅ / 완급상대」

◇ 후음 / 후성의 「ㅇㆆ / 완급상대」
◇ 그로서가 곧、완급상대이자
◇ 마주하고 대하는 완급상대(ㆁㄱ、ㄴㄷ、ㅁㅂ、ㅿㅅ、ㅇㆆ)로서 올바르게 가림토된 것이다.

차반설지　당용어언　이불가용어문
且半舌之ㄹ。當用扵諺。而不可用扵文。

◇ (지금에서야 올바르게 가림토되고) 장차(且)된 반설음의 「ㄹ / 려字초성」으로서는
◇ 당연하게 비롯되는 諺語 / 語音의 「ㄹ종성쓰임」이되
◇ 이미 비롯된 諺文 / 字音의 「ㄹ종성쓰임」이 아님을 일컫는 즉、諺文의 字音(볃)으론 입성의 종성쓰임(ㄷ / 성위려)인 반면、諺語 / 語音의 「별」이나 속습에 따른 「ㄹ종성쓰임」으론 입성의 종성쓰임이 아닌、성완(聲緩)의 종성쓰임(ㄷ / 성위려에서 느슨하게 전환된 ㄹ / 성부려)을 일컫는 것이다.

여입성지별자　종성당용　　이속습독위　개　변이위경야
如入聲之彆字。終聲當用ㄷ。而俗習讀爲ㄹ。盖ㄷ變而爲輕也。

◇ 입성(ㄷ종성쓰임)의 「볃(彆)」字에서 느슨하게 전환된 「별(彆)」字처럼
◇ 종성쓰임으로서 당연한 「ㄷ종성쓰임(入)」에서
◇ 속습에 따라서 느슨하게 발음되는 「ㄹ종성쓰임(緩)」으로 전환된 바이듯
◇ 종성字韻(○ / 盖)에 감싸이는 「ㄷ종성쓰임」에서 가벼운 경음(輕音)으로 전환되는 「ㄹ종성쓰임」이라 함은 이를 일컫는 바로서

약용　위별지종　즉기성서완　불위입야
若用ㄹ爲彆之終。則其聲舒緩。不爲入也。

◇ 마땅한 근본쓰임(三一之理의 종성칙)으로서 모두 구비된 「3종류의 종성칙」에 따라서 「별(彆)」字의 「ㄹ종성쓰임」으로 전환되는
◇ 그로서가 곧、「ㄷ종성쓰임」에서 느슨하게 전환된 「ㄹ종성쓰임」이되
◇ 불러들임(入)이 아닌 즉、성급(聲急)의 종성쓰임(ㄷ / 聲急)에서 느슨하게 전환된 성완(聲緩)의 종성쓰임(ㄹ / 聲緩)이라 함은 이를 일컫는 것이다.

결왈
訣曰(諺文7字20行)

◇ 다음과 같은 「종성해・결왈」로서 보다 더 간략하게 요약(一三)되고 압축(三一)된 「諺文7字20行」과도 마주하는 바가 곧、간략하게 요약(一三 / 矣書)되고 압축(三一 / 書矣)이 거듭되었다 할지라도 전환(一三一)이 무궁한 한국고유의 諺文체계(三一법칙 / 三一체계)에 따라서 삼극(三一)의 정의로서 간략하게 압축(三一 / 書矣)되고 풀어짐(一三 / 矣書)으로서도 서로 마주함을 뜻하는 즉、이하 모두 同

3。 종성해・결왈(訣曰 ◇ 諺文7字20行)

◇ 「종성해・결왈」이라 함은, 언문성음의 글자(正音28字)체계와 마주하는 정음(3聲1音)체계의 종성원리/종성칙에 대해 보다 더 간략하게 요약(一三)되고 압축(三一)이 거듭되었다 할지라도、 전환(一三一)이 무궁한 한국고유의 諺文체계(三一법칙/三一체계)에 따라서 삼극(三一)의 정의로서 간략하게 압축(三一/書矣)되고 풀어짐(一三/矣書)으로서도 서로 마주함을 뜻하는 즉、 이하 모두 同

不淸不濁用扵終 / 불청불탁용어종
◇ 불청불탁(ㅇㄴㅁㅇ/ㄹㅿ)의 종성쓰임이라면

爲平上去不爲入 / 위평상거불위입
◇ (가점칙에 따른) 평ㆍ상ㆍ거성의 종성쓰임(ㅇㄴㅁㅇ/ㄹㅿ)이되、 (입성칙에 따른) 입성의 종성쓰임(全淸・次淸・全濁)이 아님을 일컫는 바로서

全淸次淸及全濁 / 전청차청급전탁
◇ 전청(ㄱㄷㅂㅈㅅㆆ)、 차청(ㅋㅌㅍㅊㅎ) 및 전탁(ㄲㄸㅃㅉㅆㆅ)으로 성위려되는

是皆爲入聲促急 / 시개위입성촉급
◇ 이러한 모두가 필요불급으로서 마주하는(맞닿은) 3종류의 종성칙(자운칙・입성칙・가점칙)에 따라서 입성(종성쓰임)의 촉급을 다툰다 함은 이를 뜻하는 바이듯

初作終聲理固然 / 초작종성리고연
◇ 이와 같은 초성(一/처음)을 불러 일으키는 종성원리(三一之理)로서 단단하게 고정된 바가 곧、「이미 지극(三一)에 因(一)한 三一법칙의 三一체계」로서도 서로 마주함을 뜻하는 즉、 만물생성(三七一生)의 근본법칙과도 마주하는 종성復用초성의 字韻법칙(三七一則)으로서 모두 갖추어진 3종류의 종성칙(자운칙・입성칙・가점칙)이라 함은 이를 뜻하는 것이다。

只將八字用不窮 / 지장팔자용불궁
◇ 어조쓰임(只用)으로서도 올바르게 가림토되고 장차(將且)된 통용종성8字(ㅇㄴㅁㄹ<緩/急>ㄱㄷㅂㅅ)를 비롯하여 종성전환의 완급조절과 맞닿은(마주하는) 종성復用초성의 字韻법칙(三七一則)에 따라서 전환(一三一/一日一、 종성/어음)이 무궁하게 이루어지는 종성전환은 곧、 어음전환과 마주함(맞닿음)을 뜻하는 것이다。

唯有欲聲所當處 / 유유욕성소당처

◇ 오로지 투명한 물(水氣)처럼 맑고 빈듯하게 유통되는 후성(ㅇ)의 ㅇ종성칙으로서는 字韻 / 기본음(초성 + 중성 + 字韻舍)의 가온(中)에 머물거나 성음(3聲1音)의 가온(中)에 머무는 자운칙(ㅇ종성칙)을 일컫는 바로서, 필요의 자운칙과 불급의 종성칙으로서 마주하는(맞닿은) 종성字韻법칙(三七一則)에 따라서 성립되는 字韻 / 기본음(2聲1音)과 성음(3聲1音)의 가온(中)에 머물게 되는 3종류의 종성字韻(・ / 舍、ㅇ / 虛、○ / 盖)을 일컫는 것이다.

中聲成音亦可通 / 중성성음역가통

◇ 중성으로서 가지런히 가림토된 바로서도 마주하면서 널리 통용됨을 뜻하는 즉

若書卽字終用君 / 약서즉자종용군

◇ 마땅하게 쓰여진 즉字종성의 종성쓰임(ㄱ / 三)으로서는 군字초성(ㄱ / 一)에서 전환된 바로서

洪彆亦以業斗終 / 홍별역이업두종

◇ 「홍별(洪彆)」字 역시、업字초성(ㅇ / 一)에서 전환되는 홍字종성(ㅇ / 三)이고、두字초성(ㄷ / 一)에서 전환되는 별字종성(ㄷ / 三)에서 다시금 느슨하게 전환되는 별字종성(ㄹ)이듯

君業覃終又何如 / 군업담종우하여

◇ 「군업땀(君業覃)」字의 종성쓰임(ㄴㅂㅁ) 또한 마찬가지로서

以那彆彌次第推 / 이나별미차제추

◇ 「나별미(那彆彌)」字의 초성쓰임(ㄴㅂㅁ)으로부터 천거되고 전환(一 / 三)되는 「군업땀(君業覃)」字의 종성쓰임(ㄴㅂㅁ)이라 함은 이를 일컫는 바이며

六聲通乎文與諺 / 육성통호문여언

◇ 성부려(ㅇㄴㅁㅇ / ㄹㅿ)의 종성쓰임 여섯字로서 능히 통용되면서 끝없이 함께하는 諺文의 字音과 諺語의 語音 모두가 포괄됨을 일컫는 바인즉

戌閭用扵諺衣絲 / 술려용어언의사

◇ 「슐려(戌閭)字」의 초성쓰임(ㅅ / ㄹ)으로부터 천거되고 전환(一 / 三)되는 「諺 / 文」의 「옷 / 衣」字와 「실 / 絲」字의 종성쓰임(ㅅ / ㄹ)이라 함도 이를 일컫는 것이다.

五音緩急各自對 / 오음완급각자대
◇ 三—五音의 완급조절로서는 各自로부터 저절로 대하고 마주함을 일컫는 바로서

君聲洒是業之促 / 군성내시업지촉
◇ 牙聲의 「ㄱㆁ」으로서는 서두름(急/ㄱ)에 대하는 느슨함(緩/ㆁ)을 일컫는 바이고

斗瞥聲緩爲那彌 / 두별성완위나미
◇ 舌聲/脣聲의 「ㄷㅂ과 ㄴㅁ」으로서도 서두름(急/ㄷㅂ)에 대하는 느슨함(緩/ㄴㅁ)을 일컫는 바이며

穰欲亦對戌與挹 / 양욕역대술여읍
◇ 齒聲/喉聲의 「ㅿㅇ과 ㅅㆆ」 역시 느슨함(緩/ㅿㅇ)에 대하는 서두름(急/ㅅㆆ)을 일컫는 것이다.

閭宜扵諺不宜文 / 려의어언불의문
◇ 「ㄹ」 종성쓰임으로서는 마땅하게 비롯되는 諺語/語音에서의 「ㄹ」 종성쓰임이되, 이미 비롯된 諺文/字音의 「ㄷ」 종성쓰임이 아님을 일컫듯

斗輕爲閭是俗習 / 두경위려시속습
◇ 「ㄷ」 종성쓰임에서 輕音으로 전환되는 「ㄹ」 종성쓰임으로서는 속습에 따른 당연함을 일컫는 것이다.

一朝	天地神明의
制作侔神工	제작모神工에 따라서
大東千古開朦朧	태고(故)가 열린(開天) 이래、몽롱해져버린
諺文聲音之字倣古篆而新制 訓民正音解例 合字解 諺文 / 解制	한국고유의 諺文체계까지 모두 바로세워진 훈민정음해례 四。합자해 1。언문 / 해제

◇ 「합자해」라 함은、「언문성음의 글자(正音28字)체계와 정음(3聲1音)체계로서 마주하는 합자원리 / 합자칙」에 대한 상세한 해석으로서 간략하게 요약(一三 / 矣書)되고 압축(三一 / 書矣)이 거듭되었다 할지라도、전환이 무궁한 한국고유의 언문(扵諺・扵文・字書)체계에 따라서 삼극(三一)의 정의(書矣 / 帝曰 / 矣書)로서 간략하게 압축(三一 / 書矣)되고 풀어짐(一三 / 矣書)으로서도 서로 마주함을 뜻하는 즉、이하 모두 同

3字1書의 정의로서 간략하게 요약(一三)되고 압축(三一)된 언문성음의 字書체계 해제			
合字解	[합자해]는 字音과 語音을 경하는 즉、[합자원리 / 합자칙의 解書]로서 서로 마주함		
聲音	字音	語音	3諺1文의 정의로서 간략하게 압축되고 풀어지는 한국고유의 諺文체계 해제
合字	합자		지극에 因(一)한 三一법칙의 三一체계에 따라서 셋(3聲)으로 나뉘어 자리(1音)하는
			언문성음의 正音28字 / 체계는 곧、천지자연의 근본법칙 / 근본체계와 마주함에도
	둔갑		[글자 아우름]이라 한역음사 / 한글국역되고 반절字母의 반절철자법으로 둔갑 / 고착
解	해	합자원리	一朝・제작모神工의 制字원리를 풀어내고 모두 함축 / 구비된 [합자해]인즉
		풀어낼	상세한 해석으로서 謹作되고 謹書된 언문성음의 字書체계로서 서로 마주함
	둔갑	풀(이)	그저 [풀(解)이]라 함은 한역음사에 불과한데다가 [漢字+풀이]로 뒤엉킨
	고착	漢字풀이	[한역음사 / 한글국역、漢字풀이 / 漢字언해 / 本國俚語]로 둔갑이 거듭된즉
한글국역	글자 아우름 풀이		한역음사의 한글국역 / 漢字풀이 / 방언리어로 둔갑 / 고착

一朝	天地神明의
制作侔神工	제작모신工에 따라서
大東千古開朦朧	태고(故)가 열린(開天) 이래、몽롱해져버린
諺文聲音之字倣古篆而新制 訓民正音解例 合字解 諺文解制矣書	한국고유의 諺文체계까지 모두 바로세워진 훈민정음해례 합자해 2. 본문해제 및 언문해서

^{초 종 종 삼 성 합 이 성 자}
初中終三聲。合而成字。

◇ 「언문성음의 글자(正音28字)체계와 마주하는 정음(3聲1音)체계의 초중종・3聲」으로
◇ 합성되고 합자됨으로서 성립되는 언문성음의 글자(正音28字)체계를 일컫는 바가 곧、但因(三一)한 태고인의 성음(3聲1音)체계・언문(3諺1文)체계・字書(3字1書)체계로서 서로 마주하고 상통됨을 뜻하는 바였던 즉、하늘(一)이 내린(三・朝) 세종聖帝의 제작모신工에 따라서 언문성음의 자방고전(字倣古篆 / 字書체계 / 한국고전)까지 모두 바로세워진 바를 뜻하였던 것이다.

^{초 성 혹 재 중 성 지 상   혹 재 중 성 지 좌}
初聲或在中聲之上。或在中聲之左。

◇ 초성으로서는 중성의 위(上)에 자리(在)하거나
◇ 혹은 중성의 왼(左)에 자리(在)함을 일컫는 바로서

^{여 군 자   재   상 업 자   재   좌 지 류}
如君字ㄱ在ㅜ上。業字ㅇ在ㅓ左之類。

◇ 군字의 「ㄱ / 초성」은 「ㅜ / 중성」의 위(上)에 자리함(구 / 字韻)을 일컫는 바이고
◇ 업字의 「ㅇ / 초성」은 「ㅓ / 중성」의 왼(左)에 자리함(어 / 字韻)을 일컫는 등의 유형

^{중 성 즉 원 자 횡 자 재 초 성 지 하}   ^{시 야}
中聲則圓者橫者在初聲之下。・ㅡㅗㅛㅜㅠ是也。

◇ 중성則에 따른 원형(・)과 횡형(ㅡ) 중성으로서는 초성의 아래에 자리(在)하는
◇ 「・ㅡ / ㅗㅛㅜㅠ」字 중성을 일컫는 바이고

^{종 자 재 초 중 지 우}   ^{시 야}
縱者在初聲之右。ㅣㅏㅑㅓㅕ是也。

◇ 종형(ㅣ) 중성으로서는 초성의 오른(右)에 자리(在)하는

◇ 「ㅣ/ㅑㅕㅓㅕ」字 중성을 일컫는 바로서

여탄자   재 하 즉자 재 하 침자 재 우지류
如吞字·在ㅌ下。卽字ㅡ在ㅈ下。侵字ㅣ在ㅊ右之類。

◇ 튼字의 「·/중성」은 「ㅌ/초성」의 아래(下)에 자리(트/字韻)하고
◇ 즉字의 「ㅡ/중성」은 「ㅈ/초성」의 아래(下)에 자리(즈/字韻)하며
◇ 침字의 「ㅣ/중성」은 「ㅊ/초성」의 오른(右)에 자리(치/字韻)하는 등의 유형

종성재초중지하 여군자 재 하 업자 재   하지류
終聲在初中之下。如君字ㄴ在구下。業字ㅂ在어下之類。

◇ 종성으로서는 초중성의 아래(下)에 자리(在)함을 일컫는 바로서
◇ 군字의 「ㄴ/종성」은 「구/字韻」의 아래(下)에 자리(군/字音)하고
◇ 업字의 「ㅂ/종성」은 「어/字韻」의 아래(下)에 자리(업/字音)하는 등의 유형

초성이자삼자합용병서 여언어   위지   위쌍   위극지류
初聲二字三字合用並書。如諺語·ᄯᅡ爲地。ᄧᅡᆨ爲雙。·ᄡᅳᆷ爲隙之類。

◇ 초성의 2·3字합용병서(ㅅㄷ / ㅄ / ㅴ 등)로서는
◇ 諺語 / 諺文 / 字音의 「ᄯᅡ / 地 / 지」를 일컫는 바이고
◇ 諺語 / 諺文 / 字音의 「ᄧᅡᆨ / 雙 / 쌍」을 일컫는 바이며
◇ 諺語 / 諺文 / 字音의 「ᄡᅳᆷ / 隙 / 극」을 일컫는 등의 유형

각자병서 여언어   위설이   위 인   위아애인이   위인애아
各自並書。如諺語·혀爲舌而·ᅘᅧ爲引。괴·여爲我愛人而괴·ᅇᅧ爲人愛我。소다
위복물이   위사시시류
爲覆物而쏘·다爲射之之類。

◇ 초성의 각자병서(ㆅ / ㆀ / ㅆ)로서는
◇ 諺語 / 諺文, 「혀 / 舌」의 초성(ㅎ)에서 병서된 「ᅘᅧ / 引」을 일컫는 바이고
◇ 諺語 / 諺文, 「괴여 / 我愛人」의 초성(ㅇ)에서 병서된 「괴ᅇᅧ / 人愛我」를 일컫는 바이며
◇ 諺語 / 諺文, 「소다 / 覆物」의 초성(ㅅ)에서 병서된 「쏘다 / 射之」를 일컫는 등의 유형

중성이자삼자합용 여언어   위금주   위거지류
中聲二字三字合用。如諺語·과爲琴柱。·홰爲炬之類。

◇ 중성의 2·3字합용(ㅘ / ㅙ)으로서는
◇ 諺語 / 諺文 / 字音의 「·과 / 琴柱 / 금주」를 일컫는 바이고
◇ 諺語 / 諺文 / 字音의 「·홰 / 炬 / 거」를 일컫는 등의 유형

종성이자삼자합용 여언어 위토   위조   위유시지류
終聲二字三字合用。如諺語흙爲土。낛爲釣。듧·뻐爲酉時之類。

◇ 종성의 2·3字합용(ㄻ / ㄺ / ㄻㅅ)으로서는
◇ 諺語 / 諺文 / 字音의 「흙 / 土 / 토」를 일컫는 바이고
◇ 諺語 / 諺文 / 字音의 「·낛 / 釣 / 조」를 일컫는 바이며
◇ 諺語 / 諺文 / 字音의 「듧·뻐 / 酉時 / 유시」를 일컫는 등의 유형

기합용병서 자좌이우 초중종삼성개동
其合用並書。自左而右。初中終三聲皆同。

◇ 그로서의 합용병서로서는
◇ 각자의 좌(左)에서 우(右)로 실어쓰며
◇ 초중종·3성 모두가 같음을 일컫는 것이다.

문여언잡용즉유인자음이보이중종성자 여공자 노   지류
文與諺雜用則有因字音而補以中終聲者。如孔子ㅣ魯ㅅ사:룸之類。

◇ 언문(諺文)과 언어(諺語)를 섞어(雜用 / 混用)씀에 있어서 但因(三一)한 언문(3諺1文)체계와 정음(3聲1音)체계에 따른 字音(3聲1音)에서조차 어긋나고 뒤틀린 중성쓰임과 종성쓰임이라 함은 다음과 같은즉
◇ 「孔子ㅣ(공자는) 魯ㅅ(노나라ㅅ)사룸」 등의 유형을 일컫는 바로서는、 조선吏讀의 반절어법으로 줄줄이 주워섬기면서 「이두구결용ㅣ(只用中聲ㅣ)와 日名·間ㅅ(사이시옷)」으로까지 둔갑이 거듭된 바만을 미루어보더라도 조선吏讀의 반절어법에 따라 체계화되었고 일본吏讀의 이두문법에 따라 처음으로 성문화되었다던 조선어문의 어문규정으로까지 답습과 둔갑이 거듭되었던 그로서의 모두가 다름 아닌 「한국고유의 諺文체계와 언문성음의 자방고전(字倣古篆 / 字書체계 / 한국고전)」 모두에 이르기까지 송두리째 집어삼키고서 (捨陰陽) 두(◐) 갈래(☆)로 갈라세워버린 춘추전국시대의 용두사미필법(공자필법 / 불경화법)으로 뒤엉켜서 동문동궤가 이루어져버린 방언리어 창출지법(육서지법 / 반절어법、 漢字어법 / 이두문법 / 어문규정)에 불과함을 뜻하는 바였던 것이다. 「불능달의 周易과 육서지법의 漢字어법(上)을 뒤집어쓰고서 끝없이 곤두박질된 줄도 모르는 자가당착의 한글어법(下) 해제 / 참조」

언어평상거입 여   위궁이기성평   위석이기성상   위도이기성거
諺語平上去入。如활爲弓而其聲平。:돌爲石而其聲上。·갈爲刀而其聲去。붇
위필이기성입지류
爲筆而其聲入之類。

◇ 언어諺語)의 「평。상。거。입 4聲」으로서는
◇ 諺語 / 諺文의 「활 / 弓」으로서 無點인 그로서가 곧、 평성칙(무점)의 平聲을 일컫는 바이고
◇ 諺語 / 諺文의 「:돌 / 石」으로서 加2點인 그로서가 곧、 상성칙(:)의 上聲을 일컫는 바이며
◇ 諺語 / 諺文의 「·갈 / 刀」로서 加1點인 그로서가 곧、 거성칙(·)의 去聲을 일컫는 바이고
◇ 諺語 / 諺文의 「붇 / 筆」로서 無點인 그로서가 곧、 입성칙의 入聲을 일컫는 등의 유형

범 자 지 좌 가 일 점 위 거 성 이 점 위 상 성 무 점 위 평 성
凡字之左。加一點爲去聲。二點爲上聲。無點爲平聲。

◇ 모든 글자의 좌(左)에
◇ 加 1 점(·)은 거성則의 去聲(얕음 / 下、輕音 / 同)을 일컫는 바이고
◇ 加2점(:)은 상성則의 上聲(두터움 / 上、重音 / 同)을 일컫는 바이며
◇ 무점은 평성則의 平聲(보통 / 中、若音 / 同)을 일컫는 것이다.

이 문 지 입 성 여 거 성 상 사
而文之入聲。與去聲相似。

◇ 이에 따라서 「諺文 / 字音」에서의 입성으로서는
◇ 거성과 서로 유사하다한 즉、([ㅇㄴㄹㅁㅿ]을 제외한 모든 종성쓰임이 입성則의 입성)

언 지 입 성 무 정 혹 사 평 성 여   위 주   위 협
諺之入聲無定。或似平聲。如긷爲柱。녑爲脅。

◇ 「諺語 / 語音」에서의 입성으로서는 無定이되
◇ 더러는 무점(평성則)의 평성과 유사한 즉
◇ 諺語 / 諺文 / 字音의 「긷 / 柱 / 주」을 일컫는 바이고 (ㄷ종성쓰임이 곧、입성則의 입성)
◇ 諺語 / 諺文 / 字音의 「녑 / 脅 / 협」을 일컫는 바이며 (ㅂ종성쓰임이 곧、입성則의 입성)

혹 사 상 성 여   위 곡   위 증
或似上聲。如:낟爲穀。:깁爲繒。

◇ 더러는 加2점(상성則)의 상성과 유사한 즉
◇ 諺語 / 諺文 / 字音의 「:낟 / 穀 / 곡」을 일컫는 바이고
◇ 諺語 / 諺文 / 字音의 「:깁 / 繒 / 증」을 일컫는 바이며

혹 사 거 성 여   위 정   위 구 지 류
或似去聲。如·몯爲釘。·입爲口之類。

◇ 더러는 加 1 점(거성則)의 거성과 유사한 즉
◇ 諺語 / 諺文 / 字音의 「·몯 / 釘 / 정」을 일컫는 바이고
◇ 諺語 / 諺文 / 字音의 「·입 / 口 / 구」를 일컫는 등의 유형

기 가 점 칙 여 평 상 거 동
其加點則與平上去同。

◇ 그로서가 곧 「三一법칙의 가점칙」에 따른 즉、「평·상·거 3聲」 모두 같음

평 성 안 이 화 춘 야 만 물 서 태
平聲安而和。春也。萬物舒泰。

◇ 평성은 안정되어 화하니
◇ 봄과 같아
◇ 만물서태

상성화이거 하야 만물점성
上聲和而擧。夏也。萬物漸盛。

◇ 상성으로서는 화합되어 오르니
◇ 여름과 같아
◇ 만물점성

거성거이장 춘야 만물성숙
去聲擧而壯。秋也。萬物成熟。

◇ 거성으로서는 무르익어 성하니
◇ 가을과 같아
◇ 만물성숙

입성축이새 동야 만물폐장
入聲促而塞。冬也。萬物閉藏。

◇ 입성으로서는 서둘러 거리를 두니
◇ 겨울과 같아
◇ 만물폐장

초성지 여 상사 어언가이통용야
初聲之ᅘ與ㅇ相似。扵諺可以通用也。

◇ 초성의 「ᅘ」과 「ㅇ」이 서로 닮고 비슷하나
◇ 「언문성음의 글자(諺文 / 正音)체계와 諺語체계」에 따라서 올바르게 통용(입으론 같지만 눈으론 분별되는 ᅘ과 ㅇ)된다 함은 이를 뜻하는 바였음에도 불구하고, 「ᅘ을 비롯한 ㅇ / ㅿ」까지 제거시키고 서(捨) 「半자음 / 半모음(y / ø / w)의 頭자음과 받침 / 頭末자음의 [ng / ㅇㅇㅇ / 응]」으로까지 줄줄이 둔갑되면서 어긋남의 극치에 달하고 자가당착의 극치에 달해버린 바로서는 아래와 같은즉

조선吏讀의 반절철자법(훈몽자회 · 범례 / 1527년)으로 체계화된 그대로를 옮겨새긴 바에 불과한
일본吏讀의 언문철자법(조선어정서법 / 한글정서법)으로 성문화되기까지 음성학표준 / 로마자기준의
12음소 / 14자음과 한글기준의 한글10모음으로 축소병합이 거듭된 바에 불과함에도 불구하고
이두학파(주시경학파)가 처음(1921년)으로 조직했다던 조선어학회의 어문규범(조선어철자법 / 표준어규범, 외래어표기법) 및 한글학회의 어문규정(한글맞춤법 / 표준어규정, 로마자표기법 / 외래어표기법)으로까지 둔갑과 답습이 거듭된 그로서의 모두가 불능달의 周易을 뒤집어쓴 방언리어 창출지법(육서지법 / 반절어법, 漢字어법 / 이두문법 / 어문규정)에 불과한 것이었다. 「훈민정음 · 序曰 / 참조」

<small>반 설 유 경 중 이 음</small>
半舌有輕重二音。

◇ 반설음(ㄹ)에서 말미암아지는 輕音(ᄛ)과 重音(ㄹㄹ)의 2음으로서는

<small>연 운 서 자 모 유 일   차 국 어 수 불 분 경 중   개 득 성 음</small>
然韻書字母唯一。且國語雖不分輕重。皆得成音。

◇ 「반절字母(中古漢音)의 이두韻書」에서는 그 나마의 반절字母조차도 하나(一) 뿐(來母)이라서
◇ (지금에서야 올바르게 가림토되고) 장차(且)된 「언문성음의 글자(正音28字)체계 및 우리모두(大韓民國)의 國語체계」라 할지라도 경음(輕音)과 중음(重音) 조차도 분별할수 없게 될터인즉, 이러한 반절어법의 태생적 한계에 이르기까지 송두리째 걷어내고서 그로서의 처음(一)부터 끝(三·十)까지 가지런히 가림토되고 모두 바로세워진 바가 곧
◇ 애초부터 어긋나고 뒤틀린 불능달의 周易과 반절문자 및 방언리어 창출지법(육서지법 / 반절어법、漢字어법 / 화하韻書)으로부터 무한대로 창출되고 축적이 거듭된 그로서의 모두에 이르기까지 송두리째 걷어내고서 다시금 바로세운 반설음(ㄹ)의 輕音(ᄛ)과 重音(ㄹㄹ)이라 함은 이를 뜻하는 것이다.

<small>약 욕 비 용 즉 의 순 경 례   련 서   하 위 반 설 경 음 설 사 부 상 악</small>
若欲備用。則依脣輕例。ㅇ連書ㄹ下。爲半舌輕音。舌乍附上腭。

◇ 마땅한 후성(ㅇ)후음의 「ㅇ련서則 / 경음則、종성則 / 자운則」으로서도 모두 구비된
◇ 三一법칙의 순경례(ㅇ連書則 / 輕音則)에 의거(依)하여
◇ 「후성ㅇ / 욕자초성」을 이어쓴(連書) 반설음(ㄹ)의 아래(ᄛ)에 머물게 되는
◇ 반설경음(ᄛ)으로서는
◇ 혀끝(ㄴ)이 입안을 오르내리면서(↗↘) 후성(ㅇ)의 많고 적음을 조절하는 바를 뜻하는 것이다.

<small>   기   성 어 국 어 무 용</small>
·一起ㅣ聲。扵國語無用。

◇ 애초부터 하늘(· / 天)의 섭리(天二三之理)와 자연(一 / 地)의 법칙(地二三之理)을 거스르고서 두(◐) 갈래(☆)로 갈라서버린 바와 같았던 「一變ㅣ의 반모음(y / ø / w)」으로부터 줄줄이 불거지고 창출이 거듭되었던 그로서의 모두를 일컫는 바와도 같은즉
◇ 한국고유의 諺文체계(한국고전)와 나랏말(國語)의 근본쓰임(三一법칙 / 三一체계)에 이르기까지 송두리째 집어삼키고서(一捨◐음양 / 자가☆당착) 두(◐) 갈래(☆)로 갈라서버린 거두절미법칙의 용두사미필법으로 뒤엉켜서 동문동궤가 이루어진 줄도 모르는 동서◐언어 / 계통의 이두문법 / 번역체계나 육서지법의 반절어법 / 漢字어법 모두가 방언리어 창출지법에 불과하다 함은 이를 일컫는 것이다.

<small>아 동 지 언 변 야 지 어 혹 유 지 당 합 이 자 이 용 여   지 류</small>
兒童之言。邊野之語。或有之。當合二字而用。如ㄱㅣㄹㅣ之類。

◇ 아동의 미숙한 말투(言 / 方言)나 다름 없는 즉、이두필법의 방언(文言文 / 犬言犬)으로 뒤엉키고
◇ 변야의 어긋난 말투(語 / 俚語)나 다름 없는 즉、삼망화법의 리어(文語體 / 口語體)로 뒤엉켜서 무한

대로 창출되고 축적이 거듭되는 바에 불과했던

◇ 춘추전국시대의 용두사미필법(공자필법 / 공자필법)이나 육서지법의 漢字어법으로서는 방언이어 창출지법에 불과하고 中古漢音(頭자음36字母)의 이두韻書로서는 애초부터 어긋나고 뒤틀린 반절字母(中古漢音)의 吏讀표기법에 불과함에도 불구하고

◇ 마치 당연한 것처럼 「半모음(y / ø / w ◆ ㅣ變一)」을 앞세우고서 2字를 보태 쓴(！／ᅩ)

◇ 기!(기・)나 긴(기ㅡ) 등의 유형을 일컫는 바로서는、화하韻書를 번역하고(洪武正韻譯訓 등) 중국음운에 대한 표준음을 정립한다면서 오히려 어긋나고 뒤틀린 반절字母(中古漢音)의 이두韻母(ㅣ變一 ◆ y / ø / w)를 앞세우거나 뒤로 감추면서 吏讀구결용(ㅣ ◆ 이 / 가 / 는 및 사이시옷 / 間ㅅ 등)으로까지 둔갑이 거듭된 줄도 모르는 이 또한、불능달의 주역(周易)과 육서지법의 漢字어법을 뒤집어쓰고서 끝없이 곤두박질된 바로부터 줄줄이 물구나무서버린 그로서의 대명사(ㅏㅑ●ㅓㅕ、ㅗㅛ●ㅜㅠ、ㅡ●ㅣ。・捨ㅏ)로서 줄줄이 등극되어버린 바를 뜻하는 것이다.

其先縱後橫。與他不同。
<small>기 선 종 후 횡 여 타 부 동</small>

◇ 그로서의 우선은 하늘(・／天／縱)의 섭리이고 뒤가 자연의 법칙(ㅡ／地／橫)인 반면、「ㅣ／人은 불러 일으킴의 三一運行」을 뜻하는 바로서、「天一一。地一二。人一三과 마주하는 天二三。地二三。人二三」 해제 / 참조

◇ 어떠한 경우에도 바뀔 수 없음을 뜻하는 바가 다름 아닌、「이미 지극(三一)에 因(一)한 天地神明의 제작모神工에 따라서 천지조화의 조화원리、천지자연의 근본법칙、천지만물의 순환법칙」까지 가지런히 가림토되고 모두 바로세워진 언문성음의 字書체계(한국고전◇訓民正音)로서 간략하게 압축되고 모두 구비된 「三一법칙의 三一체계와 한국고유의 언문성음 / 체계」로서 서로 마주하고 상통되면서 끝없이 함께함을 뜻하는 바이고、절대 변함이 없는 영구불변(與他不同)의 근본법칙 / 근본체계를 뜻하는 바인즉、「이미 지극(三一)에 因(一)한 三一법칙(三才之道 / 三一之理)의 三一체계(諺文聲音 / 한국고전 / 訓民正音)」로서 서로 마주하고 상통된다라 함은 이를 뜻하는 것이다.

訣曰(諺文7字18行 및 풋말 3 행)
<small>결 왈</small>

◇ 다음과 같은 「합자해・결왈」로서 보다 더 간략하게 요약(一三)되고 압축(三一)된 「諺文7字18行 및 풋말3행」으로서도 마주하는 바가 곧、간략하게 요약(一三 / 矣書)되고 압축(三一 / 書矣)이 거듭되었다 할지라도、전환(一三一)이 무궁한 한국고유의 諺文체계(三一법칙 / 三一체계)에 따라서 삼극(三一)의 정의로서 간략하게 압축(三一 / 書矣)되고 풀어짐(一三 / 矣書)으로서도 서로 마주함을 뜻하는 즉、이하 모두 同

3。합자해・결왈(訣曰 ◇ 諺文7字18行 및 풋말 3 행)

◇ 「합자해・결왈」이라 함은、언문성음의 글자(正音28字)체계와 마주하는 정음(3聲1音)체계의 합자원리 / 합자칙에 대해 보다 더 간략하게 요약(一三)되고 압축(三一)이 거듭되었다 할지라도、전환(一三一)이 무궁한 한국고유의 諺文체계(三一법칙 / 三一체계)에 따라서 삼극(三一)의 정의로서 간략하게 압축(三一 / 書矣)되고 풀어짐(一三 / 矣書)으로서도 서로 마주함을 뜻하는 즉、이하 모두 同

初聲在中聲左上 / 초성재중성좌상
◇ 초성(一)은 중성(二)의 왼(左)이나 위(上)에 자리(在)함을 일컫는 바이고

挹欲扵諺用相同 / 읍욕어언용상동
◇ 「후음 ㆆ과 ㅇ」의 諺語쓰임(語音)으로서는 서로 같을수 있지만、諺文쓰임(字音)으론 뚜렷하게 분별됨을 뜻하는 바였던 것이다.

中聲十一附初聲 / 중성십일부초성
◇ 중성凡11字로서는 초성(一)에 부서(附書)됨을 일컫는 바로서

圓橫書下右書縱 / 원횡서하우서종
◇ 원・횡서형(・ ㅡ / ㅗㅛㅜㅠ) 중성으로서는 초성(一)의 아래(下)에 부서(附書)되고、종서형(ㅣ / ㅏㅑㅓㅕ) 중성으로서는 초성(一)의 오른(右)에 부서(附書)됨을 일컫는 것이다.

欲書終聲在何處 / 욕서종성재하처
◇ 「ㅇ종성쓰임」으로서는 무엇보다 맑고 빈듯하게 유통되면서 언문성음의 가온(中)에 머물게 되는 3종류의 ㅇ종성字韻(・ / 含、ㅇ / 虛、○ / 盖)을 뜻하는 바로서

初中聲下接着寫 / 초중성하접착사
◇ 초중성의 아래(下)에 접착되어 언문성음의 가온(中)에 머무는 3종류의 ㅇ종성字韻(・ / 含、ㅇ / 虛、○ / 盖)이라 함은 일컫는 바이듯、자운칙에 따른 ㅇ종성字韻(・ / 含、ㅇ / 虛、○ / 盖)이나、ㅇ종성칙에 따른 ㅇ종성쓰임이라 함은 이를 뜻하는 것이다.

初終合用各並書 / 초종합용각병서

◇ 초종성합용칙에 따른 합용병서(ㅅㄷ / ㅄ / ㄹㄱ / ㅳㄲ)와 각자병서(ㆁㆁ / ㄴㄴ / ㄹㄹ)를 일컫는 바로서

中亦有合悉自左 / 중역유합실자좌

◇ 중성합용칙에 따른 중성합용18字 역시, 좌(左)에서 우(右)로 실어 씀을 일컫듯, 초중종・3성 합용칙 모두가 같음을 뜻하는 것이다.

諺之四聲何以辨 / 언지사성하이변

◇ 諺語 / 語音의 4聲(가점칙의 평ᆞ상ᆞ거성, 입성칙의 입성)으로서 뚜렷하게 분별되고 올바르게 능변됨을 뜻하는 바로서

平聲則弓上則石 / 평성칙궁상칙석

◇ 평성칙(무점)에 따른 「諺 / 文의 활 / 弓」、상성칙(加2점)에 따른 「諺 / 文의 :돌 / 石」

刀爲去而筆爲入 / 도위거이필위입

◇ 거성칙(加1 점)에 따른 「諺 / 文의 ·갈 / 刀」、입성칙(無定)에 따른 「諺 / 文의 붇 / 筆」

觀此四物他可識 / 관차사물타가식

◇ 이와 같은 언문성음의 글자(正音28字)체계로서도 모두 갖추어진 「천지자연의 근본법칙(三一법칙 / 三一체계)」에 대해 올바르게 습득(知)하고 터득(智)함으로서 저절로 구해지고 저절로 밝아지는 능달 / 능통의 눈높이(自明 / 神明◇桓易의 易觀)에 따라서 천지사방(・ㅡㅣ{天地人}、ㅗㅏ{五}ㅜㅓ、ㅛㅑ {十}ㅠㅕ)이나 천지만물 모두에 대해 올바르게 인식할 수 있고 올바르게 관찰할 수 있음을 뜻하는 즉

音因左點四聲分 / 음인좌점사성분

◇ 但因(三一)한 언문성음 / 체계에 따라서 저절로 말미암아지는 諺文의 字音과 語音으로서도 가점칙 / 입성칙의 4聲(平上去 / 入)으로 나뉘어 자리(一音)하되, 종성전환의 완급조절과 맞닿은(마주하는) 3 종류의 종성칙(자운칙・입성칙・가점칙)에 따라서 입성(종성쓰임)의 촉급을 다투면서 3聲7調1音으로 압축 / 조절되는 바가 곧、만성(十)을 품어내는 종성復用초성의 字韻법칙(三七一則)을 뜻하는 바였던 것이다。

一去二上無點平 / 일거이상무점평

◇ 이와 같은 三一법칙의 가점칙에 따라 글자의 왼(左)에 「加1點이면 거성칙(·)의 去聲(輕音 / 相同)」이고、「加2점이면 상성칙(:)의 上聲(重音 / 相同)」이며、「무점(無點)이면 평성칙의 平聲(若音 / 相

同)」을 일컫는 바였음에도 불구하고、음양◐상극으로 뒤엉켜서 어긋남의 극치에 달하고 자가당착의 극치에 달한 대명사에 불과했던 음양4성조로 뒤엉켜서 줄줄이 물구나무서버린(Y字形) 漢語계통의 중국음운학과 梵語계통의 현대음성학을 뒤집어쓰고서 끝없이 곤두박질된(Y字形) 줄도 모르는 조선吏讀의 반절어법과 조선어문의 어문규정으로 줄줄이 주워섬기면서 어긋남의 극치에 달하고 자가당착의 극치에 달해버린 「평상거입4성에 대한 표준국어대사전 및 조선吏讀의 평상거입정위지도」 해제 / 참조

語入無定亦加點 / 어입무정역가점

◇ 諺語(語音 / 字音)의 입성으로서는 無定이되、가점則과 마주함(亦)을 일컫는 바가 곧、입과 귀로서 말하고 듣는 경우를 일컫는 반면

文之入則似去聲 / 문지입칙사거성

◇ 諺文(字音 / 語音)의 입성으로서는 거성(加1點)과 유사함을 일컫지만、불청불탁(ㅇㄴㄹㅁㅿㅇ)의 종성쓰임을 제외한 모든 종성쓰임(전청 · 차청 · 전탁)이 곧、입성則의 종성쓰임을 뜻하는 바이므로 3종류의 종성則(자운則 · 입성則 · 가점則)에 따른 4聲(平上去 / 入)으로도 능하게 분별할 수 있는 능달 / 능통의 눈높이(自明 / 神明◇桓易의 易觀)로서도 서로 마주함을 뜻하는 바였던 것이다。

方言俚語萬不同 / 방언리어만부동

◇ 그럼에도 불구하고 춘추전국시대의 용두사미필법(공자필법 / 불경화법)으로 뒤엉켜서 동문동궤가 이루어진 줄도 모르는 불능달의 주역(周易)을 뒤집어쓰고서 두(◐) 갈래(☆)로 갈라서버린 육서지법의 漢字어법과 방언리어 창출지법으로 줄줄이 주워섬기면서 무한대로 창출되고 축적이 거듭된 바에 불과했던 이두필법의 칭명부여(方言 / 칭음)가 거듭되고 삼망화법의 중언부언(俚語 / 언해 / 국역)이 거듭면서 끝없이 물고 늘어지는 「반절어법 / 이두문법의 한역음사 / 한글국역 및 漢字풀이 / 本國俚語 / 표준국어」로까지 답습과 둔갑이 거듭되는 방언리어(文言文 / 犬言犬、文語體 / 口語體)로서는 그로서의 처음(一)부터 끝(三 · 十)까지 방언리어로서 영구불변(萬不同)을 뜻하는 바로서

有聲無字書難通 / 유성무자서난통

◇ (이와 같은 육서지법의 漢字어법을 뒤집어쓴 방언리어 창출지법에 따라서) 그로서의 말소리로서는 말미암아지나 언문성음의 글자(正音28字)체계나 字書체계(한국고전◇訓民正音)로서는 말미암아질 수 없었던 바가 곧、애초부터 태극(一)을 집어삼키고서(捨陰陽) 중원(十)을 뒤집어써버린(반절어법 / 周易 / 음양역법) 춘추전국시대의 용두사미필법에 따라서 무한대로 창출되고 축적이 거듭되었던 오동방 · 예악문장의 但방언리어와 반절字母(中古漢音)의 이두韻書로 줄줄이 주워섬기면서 어긋남의 극치에 달하고 자가당착의 극치에 달한 줄도 모르는 「조선吏讀의 반절어법과 조선어문의 어문규정」으로서는 반절어법의 끝자락(꼬리☆통)으로 전락되어버린 바와도 같았고、반절화신의 반절문자(漢字 / 한글)를 빌어쓰면서 변통을 거듭하는 방언리어(독음 / 리어) 창출지법의 대명사(漢字어법 / 한글어법)로서 줄줄이 등극되어버린 바와 같았던 반면

한국고유의 諺文체계(한국고전 / 訓民正音)에 따라서
지금에서야 언문해제되고 제자리(桓易之理 / 三一五行)를 되찾은

「훈민정음・픗말3행」

에 대한 본문해제 및 언문해서로는 다음과 같았던 즉

一朝 / 일조

◇ 天地神明의

制作侔神工 / 제작모신공

◇ 제작모神工에 따라서

大東千古開朦朧 / 대동천고개몽롱

◇ 태고(故)가 열린(開天・開物・成務) 이래

후세(周代 / BC 770~221~~~~1443년~~今)에 이르면서
송두리째 뒤덮이고(음양팔괘 / 周易 / 예악문장) 몽롱해져버린
桓因한국의 桓檀제도와 한국고유의 諺文체계(한국고전)까지 모두 바로세워진
「一朝・제작모神工의 훈민정음・신제본(新制曰・解例・訣曰・픗말・序曰)」으로서
다시금 후세에 실어전하면서 널리 반포되었던 바로서도 전환되고 잇따르듯

한국고유의 언문(扵諺・扵文・字書)체계에 따라서
한국고유의 말다운(諺) 말(語)로 비롯되는 扵諺의 諺語체계를 비롯하여
글다운(3諺1文) 글(3字1書)로서 비롯되는 扵文의 諺文체계와 字書체계로도 서로 유통되지도 못하는
그로인해(故)、[후세에 이르면서 송두리째 뒤덮이고 몽롱해져버린 한국고유의 諺文체계를 뜻함]

태고(故)가 열린(開天 / 開物) 이래、삼륜교화의 교화원리를 이룩한(成務) (흔)겨레임에도 불구하고
근본(一三)을 타고나는(三一) 바(有所)로부터 하고자함(欲言)에 이르기까지(而終)
그로서의 온전한 본성(三眞曰・性命精)조차 습득하지도 펼치지도 못하노니(不~者)
하늘(矣)이 무너진(多) 듯하노라
　　　　　　　[~ 몽롱해져버린 桓因한국의 桓檀제도(開天・開物・成務) 해제 / 참조~]

이와 같은
한국고유의 언문(扵諺・扵文・字書)체계와 마주하는 한겨레(訓民)의 정음(聲音・字音・語音)체계로서
비로소 모두 바로세워진 바에 따라서
다음과 같은 용자례로서 가지런히 가림토되고 아주 간략하게 요약된 바와 같았던 것이다.

一朝	天地神明의
制作侔神工	제작모신공에 따라서
大東千古開朦朧	태고(故)가 열린(開天) 이래、몽롱해져버린
諺文聲音之字倣古篆而新制 **訓民正音解例** **用字例** 諺文 / 解制	한국고유의 諺文체계까지 모두 바로세워진 **훈민정음해례** **五。용자례** 1。언문 / 해제

◇ 「용자례」라 함은、「한국고유의 언문(扵諺・扵文・字書)체계와 마주하는 한겨레의 정음(聲音・字音・語音)체계」로서 비로소 모두 바로세워진 「훈민정음・용자례로서도 마주하는 바가 곧、한겨레의 正音체계와 마주하는 한국고유의 諺文체계」로서 간략하게 요약(一三 / 矣書)되고 압축(三一 / 書矣)된 바를 뜻하는 즉、이하 모두 同

3字1書의 정의로서 간략하게 요약(一三)되고 압축(三一)된 언문성음의 字書체계 해제			
用字例			[용자례]는 字音과 語音을 겸하는 즉 한국고유의 諺文正音 / 체계에 대한 一覽으로 전환
聲音	字音	語音	3諺1文의 정의로서 간략하게 압축되고 풀어지는 한국고유의 諺文체계 해제
用字			글자쓰임을 일컫는 즉、언문성음의 글자(正音28字)체계에 대한 一覽으로 전환
	용자		한국고유의 말다운(諺) 말(語)로서 비롯되는 扵諺의 諺語체계와 正音체계로서 마주함
			한국고유의 글다운(諺文) 글(字書)로서 비롯되는 扵文의 諺文체계와 字書체계로서 마주함
	둔갑		[글자 쓰는]이라 한역음사 / 한글국역된 이 또한、방언리어 창출지법에 불과했던
			육서지법의 漢字어법을 뒤집어쓴 한글어법에 불과한 즉、조선吏讀의 반절어법 / 相同
例	례	법식	[법식]은 법칙으로 전환되듯、근본법칙의 근본체계로서 서로 마주하는 즉
	전환	근본체계	지극(三一)에 因(一)한 三一법칙의 三一체계로 전환되고 서로 마주함에도
	둔갑	한역음사	[보기 / 例]라 한역음사 / 한글국역된 바에 불과한데다가 [例 + 義]로
	例義	예의	반절조합되고 한역음사된 조선吏讀의 吏讀표기법 / 반절철자법 / 언문철자법
	吏讀표기법		조선어철자법 / 한글맞춤법 / 어문규정 등으로까지 답습과 둔갑이 거듭된 즉
한글국역	글자 쓰는 보기		육서지법의 漢字어법을 뒤집어쓴 한글어법의 但방언리어에 불과함

一朝	天地神明의
制作侔神工	제작모神工에 따라서
大東千古開朦朧	태고(故)가 열린(開天) 이래、몽롱해져버린
諺文聲音之字倣古篆而新制 **訓民正音解例** 用字例 諺文解制矣書	한국고유의 諺文체계까지 모두 바로세워진 **훈민정음해례** 용자례 2。본문해제 및 언문해서

   초 성 여 위 시 위 로
初聲ㄱ。如:감爲柿。 골爲蘆。

◇ 초성「ㄱ」용자례(扵諺 / 扵文 / 字音、가점칙의 가점 생략 / 이하 모두 同)
◇ 감 / 柿 / 시
◇ 골 / 蘆 / 로

    여   위 미 용 도 위 대 두
ㅋ。如우·케爲未舂稻。콩爲大豆。

◇ 초성「ㅋ」용자례(扵諺 / 扵文 / 字音)
◇ 우케 / 未舂稻 / 미용도
◇ 콩 / 大豆 / 대두

    여   위 달   위 류 시
ㆁ。如러·울爲獺。서·에爲流澌。

◇ 초성「ㆁ」용자례(扵諺 / 扵文 / 字音)
◇ 러울 / 獺 / 달
◇ 서에 / 流澌 / 유시

    여 위 모 위 장
ㄷ。如·뒤爲茅。·담爲墻。

◇ 초성「ㄷ」용자례(扵諺 / 扵文 / 字音)
◇ 뒤 / 茅 / 모
◇ 담 / 墻 / 장

    여 위 견   위 섬 서
ㅌ。如고·티爲繭。두텁爲蟾蜍。

◇ 초성「ㅌ」 용자례(於諺 / 於文 / 字音)
◇ 고티 / 繭 / 견
◇ 두텁 / 蟾蜍 / 섬서

　　　　여　　　위 장　　　위 원
ㄴ。如 노로 爲 獐。납 爲 猿。

◇ 초성「ㄴ」 용자례(於諺 / 於文 / 字音)
◇ 노로 / 獐 / 장
◇ 납 / 猿 / 원

　　　　여　　　위 비　　　위 봉
ㅂ。如 불 爲 臂。:벌 爲 蜂。

◇ 초성「ㅂ」 용자례(於諺 / 於文 / 字音)
◇ 불 / 臂 / 비
◇ 벌 / 蜂 / 봉

　　　　여　　　위 총　　　위 승
ㅍ。如 ·파 爲 葱。·폴 爲 蠅。

◇ 초성「ㅍ」 용자례(於諺 / 於文 / 字音)
◇ 파 / 葱 / 총
◇ 폴 / 蠅 / 승

　　　　여　　　위 산　　　위 서서
ㅁ。如 :뫼 爲 山。·마 爲 薯藇。

◇ 초성「ㅁ」 용자례(於諺 / 於文 / 字音)
◇ 뫼 / 山 / 산
◇ 마 / 薯藇 / 서서

　　　　여　　　위 하　　　위 호
ㅸ。如 사·비 爲 蝦。드·뵈 爲 瓠。

◇ 초성「ㅸ」 용자례(於諺 / 於文 / 字音)
◇ 사비 / 蝦 / 하
◇ 드뵈 / 瓠 / 호

　　　　여　　　위 척　　　위 지
ㅈ。如 ·자 爲 尺。죠·히 爲 紙。

◇ 초성「ㅈ」 용자례(於諺 / 於文 / 字音)

197

◇ 자 / 尺 / 척
◇ 죠히 / 紙 / 지

ㅈ。如·체爲籭。·채爲鞭。
　여　　위사　　위편

◇ 초성「ㅈ」용자례(於諺 / 於文 / 字音)
◇ 체 / 籭 / 사
◇ 채 / 鞭 / 편

ㅅ。如·손爲手。:셤爲島。
　여　　위수　　위도

◇ 초성「ㅅ」용자례(於諺 / 於文 / 字音)
◇ 손 / 手 / 수
◇ 셤 / 島 / 도

ㅎ。如·부헝爲鵂鶹。·힘爲筋。
　여　　위휴류　　위근

◇ 초성「ㅎ」용자례(於諺 / 於文 / 字音)
◇ 부헝 / 鵂鶹 / 휴류
◇ 힘 / 筋 / 근

ㅇ。如·비육爲鷄雛。·ᄇᆞ얌爲蛇。
　여　　위계추　　위사

◇ 초성「ㅇ」용자례(於諺 / 於文 / 字音)
◇ 비육 / 鷄雛 / 계추
◇ ᄇᆞ얌 / 蛇 / 사

ㄹ。如·무뤼爲雹。어·름爲氷。
　여　　위박　　위빙

◇ 초성「ㄹ」용자례(於諺 / 於文 / 字音)
◇ 무뤼 / 雹 / 박
◇ 어름 / 氷 / 빙

ㅿ。如아ᅀᆞ爲弟。:너ᅀᅵ爲鴇。
　여　　위제　　위보

◇ 초성「ㅿ」용자례(於諺 / 於文 / 字音)
◇ 아ᅀᆞ / 弟 / 제

◇ 너싀 / 鴇 / 보

　　　　중 성　　여　　위 신　　　위 소 두　　　위 교　　　위 추
　　　中聲・ㅇ如・툭爲頤ㅇ・풋爲小豆ㅇㄷ리爲橋ㅇㄱ래爲楸ㅇ

◇ 중성 「・」 용자례(諺語 / 諺文 / 字音 및 가점칙의 가점 생략, 이하 모두 同)
◇ 툭 / 頤 / 신
◇ 풋 / 小豆 / 소두
◇ ㄷ리 / 橋 / 교
◇ ㄱ래 / 楸 / 추

　　　　　여　　위 수　　　위 근　　　위 안　　　위 급 기
　　　一ㅇ如・믈爲水ㅇ・발・측爲跟ㅇ그력爲鴈ㅇㄷ・레爲汲器ㅇ

◇ 중성 「一」 용자례(扵諺 / 扵文 / 字音)
◇ 믈 / 水 / 수
◇ 발측 / 跟 / 근
◇ 그력 / 鴈 / 안
◇ 드레 / 汲器 / 급기

　　　　　여　　위 소　　위 랍　　위 직　　위 기
　　　ㅣㅇ如・깃爲巢ㅇ：밀爲蠟ㅇ・피爲稷ㅇ・키爲箕ㅇ

◇ 중성 「ㅣ」 용자례(扵諺 / 扵文 / 字音)
◇ 깃 / 巢 / 소
◇ 밀 / 蠟 / 랍
◇ 피 / 稷 / 직
◇ 키 / 箕 / 기

　　　　　여　　위 수 전　　위 거　　　위 서　　위 연
　　　ㅗㅇ如・논爲水田ㅇ・톱爲鉅ㅇ호・미爲鉏ㅇ벼・로爲硯ㅇ

◇ 중성 「ㅗ」 용자례(扵諺 / 扵文 / 字音)
◇ 논 / 水田 / 수전
◇ 톱 / 鉅 / 거
◇ 호미 / 鉏 / 서
◇ 벼로 / 硯 / 연

　　　　　여　　위 반　　위 겸　　　위 종　　위 록
　　　ㅏㅇ如・밥爲飯ㅇ・낟爲鎌ㅇ이・아爲綜ㅇ사・ᄉᆞᆷ爲鹿ㅇ

◇ 중성 「ㅏ」 용자례(扵諺 / 扵文 / 字音)

◇ 밥 / 飯 / 반
◇ 낟 / 鎌 / 겸
◇ 이아 / 綜 / 종
◇ 사슴 / 鹿 / 록

   여 위 탄 위 리 위 천 위 동
ㅜ。如숫爲炭。·울爲籬。누·에爲蚕。구·리爲銅。

◇ 중성「ㅜ」 용자례(扵諺 / 扵文 / 字音)
◇ 숫 / 炭 / 탄
◇ 울 / 籬 / 리
◇ 누에 / 蚕 / 쳔
◇ 구리 / 銅 / 동

   여 위 조 위 판 위 상 위 류
ㅓ。如브섭爲竈。:널爲板。서·리爲霜。버·들爲柳。

◇ 중성「ㅓ」 용자례(扵諺 / 扵文 / 字音)
◇ 브섭 / 竈 / 조
◇ 널 / 板 / 판
◇ 서리 / 霜 / 상
◇ 버들 / 柳 / 류

   여 위 노 위 영 위 우 위 창출채
ㅛ。如:죵爲奴。·고욤爲梬。쇼爲牛。삽됴爲蒼朮菜。

◇ 중성「ㅛ」 용자례(扵諺 / 扵文 / 字音)
◇ 죵 / 奴 / 노
◇ 고욤 / 梬 / 영
◇ 쇼 / 牛 / 우
◇ 삽됴 / 蒼朮菜 / 창출채

   여 위 구 위 구벽 위 이 위 교맥피
ㅑ。如남샹爲龜。약爲龜鼊。다야爲匜。쟈감爲蕎麥皮。

◇ 중성「ㅑ」 용자례(扵諺 / 扵文 / 字音)
◇ 남샹 / 龜 / 구
◇ 약 / 龜鼊 / 구벽
◇ 다야 / 匜 / 이
◇ 쟈감 / 蕎麥皮 / 교맥피

ㅠ。如율믜爲薏苡。즄爲飯㭗。슈룹爲雨繖。쥬련爲帨。

◇ 중성「ㅠ」 용자례(於諺 / 於文 / 字音)
◇ 율믜 / 薏苡 / 의이
◇ 즄 / 飯㭗 / 반잡
◇ 슈룹 / 雨繖 / 우산
◇ 쥬련 / 帨 / 세

ㅕ。如·엿爲飴餹。뎔爲佛寺。벼爲稻。:져비爲燕。

◇ 중성「ㅕ」 용자례(於諺 / 於文 / 字音)
◇ 엿 / 飴餹 / 이당
◇ 뎔 / 佛寺 / 불사
◇ 벼 / 稻 / 도
◇ 져비 / 燕 / 연

終聲ㄱ。如닥爲楮。독爲甕。

◇ 종성「ㄱ」 용자례(諺語 / 諺文 / 字音 및 가점칙의 가점 생략、이하 모두 同)
◇ 닥 / 楮 / 저
◇ 독 / 甕 / 옹

ㆁ。如:굼벙爲蠐螬。올창爲蝌蚪。

◇ 종성「ㆁ」 용자례(於諺 / 於文 / 字音)
◇ 굼벙 / 蠐螬 / 제조
◇ 올창 / 蝌蚪 / 과두

ㄷ。如·갇爲笠。싣爲楓。

◇ 종성「ㄷ」 용자례(於諺 / 於文 / 字音)
◇ 갇 / 笠 / 립
◇ 싣 / 楓 / 풍

ㄴ。如·신爲屨。·반되爲螢。

◇ 종성「ㄴ」 용자례(於諺 / 於文 / 字音)

◇ 신 / 履 / 구
◇ 반되 / 螢 / 형

ㅂ。如섭爲薪。‧굽爲蹄。
　　여　　위 신　　　위 제

◇ 종성「ㅂ」용자례(於諺 / 於文 / 字音)
◇ 섭 / 薪 / 신
◇ 굽 / 蹄 / 제

ㅁ。如:범爲虎。‧심爲泉。
　　여　　위 호　　　위 천

◇ 종성「ㅁ」용자례(於諺 / 於文 / 字音)
◇ 범 / 虎 / 호
◇ 심 / 泉 / 천

ㅅ。如:잣爲海松。‧못爲池。
　　여　　위 해 송　　　위 지

◇ 종성「ㅅ」용자례(於諺 / 於文 / 字音)
◇ 잣 / 海松 / 해송
◇ 못 / 池 / 지

ㄹ。如·돌爲月。:별爲星之類
　　여　　위 월　　　위 성 지 류

◇ 종성「ㄹ」용자례(於諺 / 於文 / 字音)
◇ 돌 / 月 / 월
◇ 별 / 星 / 성 등의 유형

3。 용자례・一覽(한국고유의 諺文正音 / 체계・一覽)

◇ 한국고유의 언문(扵諺・扵文・字書)체계와 마주하는 한겨레의 정음(聲音・字音・語音)로서 모두 바로세워진 바에 따라서 간략하게 요약(一三 / 矣書)되고 압축(三一 / 書矣)된 바가 곧、훈민정음・용자례가 뜻하는 바였던 것이다

初聲	扵諺 / 諺語 / 語音		扵文 / 諺文 / 字音	扵諺 / 諺語 / 語音		扵文 / 諺文 / 字音
用字例	諺語 / 語音	한글국역	諺文 / 字音	諺語 / 語音	한글국역	諺文 / 字音
초성ㄱ	감		柿 / 시	굴	갈대	蘆 / 로
초성ㅋ	우케		未春稻 / 미용도	콩		大豆 / 대두
초성ㆁ	러울	너구리	獺 / 달	서에	성에	流澌 / 류시
초성ㄷ	뒤	띠	茅 / 모	담		墻 / 장
초성ㅌ	고티	고치	繭 / 견	두텁	두꺼비	蟾蜍 / 섬서
초성ㄴ	노로	노루	獐 / 장	납	원숭이	猿 / 원
초성ㅂ	볼	볼	臂 / 비	벌		蜂 / 봉
초성ㅍ	파		葱 / 총	풀	파리	蠅 / 승
초성ㅁ	뫼		山 / 산	마	참마	薯蕷 / 서서
초성ㅸ	사뵈	새우	蝦 / 하	드븨	표주박	瓠 / 호
초성ㅈ	자		尺 / 척	죠히	종이	紙 / 지
초성ㅊ	체	대체	籭 / 사	채	채찍	鞭 / 편
초성ㅅ	손		手 / 수	셤	섬	島 / 도
초성ㅎ	부헝	부엉이	鵂鶹 / 휴류	힘	힘줄	筋 / 근
초성ㅇ	비육	병아리	鷄雛 / 계추	부얌	뱀	蛇 / 사
초성ㄹ	무뤼	누리	雹 / 박	어름	얼음	氷 / 빙
초성ㅿ	아ᅀᅳ	아우	弟 / 제	너ᅀᅵ	너새	鴇 / 보

中聲	扵諺		扵文	扵諺		扵文	扵諺		扵文
用字例	諺語	국역	諺文	諺語	국역	諺文	諺語	국역	諺文
중성ㆍ	톡	턱	頤 / 신	풋	팥	小豆 / 두	두리	다리	橋 / 교	ᄀ래	가래	楸 / 추
중성ㅡ	을	물	水 / 수	발측	발꿈치	跟 / 근	그력	기럭	雁 / 안	드레	두레	汲器
중성ㅣ	깃	집	巢 / 소	밀		蠟 / 랍	피	기장	稷 / 직	키		箕 / 기
중성ㅗ	논		水田	톱		鉅 / 거	호미	호미	鉏 / 서	벼로	벼루	硯 / 연
중성ㅏ	밥		飯 / 반	낟	낫	鎌 / 겸	이아	잉아	綜 / 종	사ᄉᆞᆷ	사슴	鹿 / 록

중성ㅜ	숫	숯	炭/탄	울	울타리	籬/리	누에		蚕/천	구리		銅/동
중성ㅓ	브섭	부엌	竈/조	널	널빤지	板/판	서리		霜/상	버들		柳/유
중성ㅛ	중	종	奴/노	고욤		椑/영	쇼	소	牛/우	삽됴		蒼朮菜
중성ㅑ	남샹	거북	龜/구	약	거북	龜鼈	댜	대야	匜/이	쟈감		蕎麥皮
중성ㅠ	율믜	율무	薏苡	쥭	죽	飯槞	슈룹	우산	雨繖	쥬련	수건	帨/세
중성ㅕ	엿		飴餹	뎔	절	佛寺	벼		稻/도	져비	제비	燕/연

終聲	於諺/諺語/語音		於文/諺文/字音		於諺/諺語/語音		於文/諺文/字音	
用字例	諺語/語音	한글국역	諺文/字音		諺語/語音	한글국역	諺文/字音	
종성ㄱ	닥	닥나무	楮/저		독		甕/옹	
종성ㅇ	굼벙	굼벵이	螬蠐/제조		올창	올챙이	蝌蚪/과두	
종성ㄷ	갇	우리	笠/립		싣	신나무	楓/풍	
종성ㄴ	신	창	屨/루		반되	반디	螢/형	
종성ㅂ	섭	섶나무	薪/신		급		蹄/제	
종성ㅁ	범		虎/호		심	샘	泉/천	
종성ㅅ	잣		海松/해송		못		池/지	
종성ㄹ	돌	달	月/월		별		星/성	

제 3 장。 훈민정음・서왈(序曰)
1。 언문 / 해제

이른바
한국고유의 諺文체계(한국고전 / 桓檀제도)와 마주하는 천지자연의 근본법칙까지 모두 바로세워진
「一朝・제작모神工의 훈민정음・신제본 / 신제왈」로서 다시금 후세에 실어전하면서 널리 반포되었던
모두에 이르기까지 올바르게 터득하고 만물소통의 성통공완을 이룩한 바에 따라서
지금에서야 언문해제되고 제자리(桓易之理 / 三一五行)를 되찾은
「훈민정음・풋말 3행」을 위시한 「훈민정음・신제왈(新制曰)」로서는
「한국고유의 諺文체계와 마주하는 언문성음의 글자(正音28字체계)」로서 널리 반포함을 뜻하였고

「훈민정음해례(자자해・초성해・중성해・종성해・합자해 및 용자례)」로서는
「一朝・제작모神工의 제자원리(三一법칙 / 三一체계)와 마주하는 언문성음의 글자(正音28字체계)」로서 가지런히 가림토되고 비로소 모두 바로세워진 바를 뜻하였던
「한국고유의 언문(扵諺・扵文・字書)체계와 마주하는 언문성음의 글자(正音28字체계)」에 대하여 상세한 해석으로서 더하고(一積) 보탬(十鉅)이 거듭(無匱化三)되면서 간략하게 압축되고 귀결이 거듭되었으되, 삼극(三一)의 정의로서 간략하게 압축(三一 / 書矣)되고 풀어짐(一三 / 矣書)으로서도 서로 마주하는
그로서가 곧、「一朝・제작모神工까지 모두 함축되고 구비된 한국고유의 諺文체계(三一법칙 / 三一체계)」로서 만세에 전래되는 그 자체를 뜻하는 것이었다。 [훈민정음해례・序曰 / 참조]

그럼에도 불구하고
「이두칭명의 세종어제를 앞세운 머리●글(序文)과 정인지 꼬리☆글(序文)」로 갈라세워 놓고서
이두필법의 칭명부여(方言 / 칭음)가 거듭되고 삼망화법의 중언부언(俚語 / 언해 / 국역)이 거듭되면서
어긋남의 극치에 달하는 방언리어의 극치로서 집대성을 이룬바에 불과했고
저절로 왜곡되고 굴절만이 거듭되는 방언리어 창출지법(반절어법 / 이두문법)에 불과했던
조선吏讀의 반절어법(漢字 / 한글、독음 / 리어、반절字母 / 이두韻書)으로 체계화되었고
일본吏讀의 이두문법(漢字 / 가나、음독 / 훈독、음성학 / 음운학)에 따라 처음으로 성문화되었다던

조선어문의 어문규정(한글맞춤법 / 표준어규정、아래한글 / 한글어법)으로서는
반절화신의 반절문자(漢字 / 한글)를 빌어쓰면서 변통을 거듭하는 방언리어(독음 / 리어) 창출지법(漢字어법 / 한글어법)의 대명사로서 나란히 등극되었으되
육서지법의 漢字어법과 일본吏讀의 이두문법까지 영구히 빌어써야하는 반절어법의 끝자락(꼬리통)으로까지 전락된 대명사로 등극된 바와도 같았던 이와 같은 모두에 이르기까지 송두리째 걷어내야만
비로소 만천하에 드러나고 모두다 밝혀지는 바로서는 다음과 같았던 것이다。

一朝	天地神明의
制作侔神工	제작모神工에 따라서
大東千古開朦朧	태고(故)가 열린(開天) 이래、몽롱해져버린
諺文聲音之字倣古篆而新制 **訓民正音・序曰** 諺文 / 解制	한국고유의 諺文체계까지 모두 바로세워진 **훈민정음・서왈** 언문 / 해제

◇ 「훈민정음・서왈(序曰)」이라 함은、「天地神明의 제작모神工에 따라서 천지조화의 一丸세계를 열어주고(開天) 태고(故)를 열어준(開物 / 成務) 바」에 이르기까지 그로서의 맨(三) 처음(一)부터 끝(三・十)까지가지런히 가림토되고 모두 바로세워진 「천지지연의 근본법칙과 마주하는 언문성음의 字書체계(無所祖述 / 桓檀제도)」로서 모두 구비되어 만세에 전래되는 바였던 「桓因한국의 桓檀제도로서 마주하는 夫東方有國의 유구한 역사와 빛나는 전통」에 따라서 후세에까지 이르렀음에도 불구하고、이와 같은 모두에 이르기까지 송두리째 집어삼키고서(捨陰陽) 두(◐) 갈래(☆)로 갈라세운 중간에 똬리를 틀고 들어앉아버린 바와 같았던 「춘추전국시대의 용두사미필법(공자필법 / 불경화법)과 방언리어의 극치(肇禮樂文章之祖)로 줄줄이 주워섬기면서 무한대로 창출되고 축적이 거듭된 바에 불과한 오동방・예악문장의 봉건제도(慕華제도 / 骨品제도)와 방언리어 창출지법의 태생적한계에 이르기까지 송두리째 걷어내고서 다시금 일으켜세워진 바로서 만천하에 드러낸 바와도 같았고、「한국고유의 諺文체계와 마주하는 언문성음의 字書체계(한국고전 / 桓檀제도)」까지 모두 바로세워진 「一朝・제작모神工의 훈민정음・신제본 / 신제왈」로서 다시금 후세에 실어전하면서 널리 전언한 바를 뜻하였던 것이다.

3字1書의 정의로서 간략하게 요약(一三)되고 압축(三一)된 언문성음의 字書체계 해제			
訓民正音・序曰			[훈민정음・서왈]은 字音과 語音을 경하는 즉、[훈민정음・풋말(桓)]로 전환됨
諺文	聲音	語音	3諺1文의 정의로서 간략하게 압축되고 풀어지는 한국고유의 諺文체계 해제
訓民正音			한겨레의 正音체계를 일컫는 바이되 한국고유의 언문(扵諺・扵文・字書)체계와 마주함
			한국고유의 諺文체계와 마주하는 훈민정음・신제본 / 신제왈」로서 널리 반포된 즉
序	서	차례	[차례 / 序] 라 함은、태극(一)의 질서(三・十)를 일컫는 바와 같았음에도
	둔갑		세종어제의 머리◐글(序文)과 정인지・꼬리☆글(序文)로 뒤엉킨 이두칭명으로 둔갑
曰	왈	이를	삼극의 정의(書矣 / 帝曰 / 矣書)로서 간략하게 압축되고 풀어짐과 서로 마주함
	象形	풋말	[口 / 말하는 입 + 一 / 근원]으로서 더하고 보탬이 거듭된 [풋말(桓)] 함축
諺文聲音			언문성음의 字倣古篆(한국고전)으로서 널리 실어전한 桓因한국의 桓檀제도와 마주함
			천지자연의 언문성음 / 체계로서 말미암아진 즉、「一朝・제작모神工」 해제 / 참조

一朝	天地神明의
制作侔神工	제작모신공에 따라서
大東千古開朦朧	태고(故)가 열린(開天) 이래, 몽롱해져버린
諺文聲音之字倣古篆而新制 **訓民正音・序曰** 次例 / 解制	한국고유의 諺文체계까지 모두 바로세워진 **훈민정음・서왈** 2。차례 / 해제

훈민정음 序曰 차례 / 해제	・ 천지자연의 언문성음 / 체계로서 말미암아진 즉、「一朝・제작모신공」 해제 / 참조 ・ 但因(三一)한 태고인의 성음체계・언문체계・字書체계 / 한국고전으로서 서로 마주함 ・ 이로서 실어 전한 「天地人・三才之道」는 천지자연의 근본법칙을 뜻하는 바였음에도 ・ 후세에 이르면서 불능달의 주역(周易)과 음양이치의 반절어법으로 뒤바뀜으로 인해 ・ 무주공산(인간세상)의 4방풍토・풍습・풍속・풍악・풍성 등으로 구별되고 구획된 ・ 가중국의 假字를 빌어쓰는 용두◐사미☆필법으로 뒤엉켜서 두 갈래로 갈라서버린 ・ 漢語계통의 공자필법과 梵語계통의 불경화법으로 동문동궤를 이룬바에 불과했던 ・ 오동방・예악문장 모두가 華夏를 모방하고 답습이 거듭된 但방언리어에 불과하다한 즉 ・ 방언리어 창출지법의 중간에 틀어박혀버린 반절어법의 태생적 한계에 이르기까지 ・ 송두리째 걷어내고서 다시금 일으켜 세울수 있었던 세종聖帝의 제작모신공에 따라서 ・ 「언문성음의 글자(正音28字)체계로서 창제(創制 / 1443년 12월 30일)」되었고 ・ 「언문성음의 字書체계(訓民正音)로서 신제(新制 / 1446년 9월 29일)」된 바가 곧 ・ 집현전 諸人(7인) 등에 의해 「謹作 / 謹書」되고 완성(이룩 / 遂)되었던 ・ 「一朝・제작모신공의 훈민정음・신제본(新制曰・解例 / 訣曰・풋말・序曰)」으로서 ・ 다시금 후세에 실어전하면서 널리 전언함을 뜻하는 바였던 것이다 ・ 공손히 돌이켜보옵건대、저희(我)들 ・ 전하께서는 하늘이 내린 聖帝之位와 마주하는 「一朝・제작모신공」에 따라서 ・ 무소조술의 桓檀제도로서 모두 구비된 언문성음의 자방고전까지 모두 바로세운 즉 이미 지극에 因한 천지자연의 근본법칙까지 널리 실어전한 夫東方有國의 유구한 역사와 빛나는 전통(開天・開物・成務)에 따라서 만세에 전래되는 모두가 송두리째 뒤덮여버린(음양팔괘 / 周易 / 예악문장) 줄도 모르는 오늘에까지 오랜 기다림을 주심도 하늘의 뜻이리라 1446년 9월 29일(正統十一年九月上澣) 자헌대부・예조판서・집현전대제학・지춘추관사○세자우빈객・臣정인지 두 손을 모으고 머리 숙여 「謹書」함

一朝	天地神明의
制作侔神工	제작모신공에 따라서
大東千古開朦朧	태고(故)가 열린(開天) 이래、몽롱해져버린
諺文聲音之字倣古篆而新制 **訓民正音・序曰** 諺文解制矣書	한국고유의 諺文체계까지 모두 바로세워진 **훈민정음・서왈** 3。본문해제 및 언문해서

_{유 천 지 자 연 지 성 즉 필 유 천 지 자 연 지 문}
有天地自然之聲。則必有天地自然之文。

◇ 천지자연의 성음(3聲1音)체계로서 말미암아진 바(一朝・제작모신공)에 따라서
◇ 반드시 말미암아지는 천지자연의 언문(3諺1文)체계를 일컫는 이는 곧、천지자연의 언문성음 / 체계로서 가지런히 가림토되고 制字되었던 언문성음의 字書체계(자방고전)를 일컫는 바이자、「一朝・제작모신공에 따라서 천지조화의 一丸세계를 열어주고(開天) 태고를 열어준(開物 / 成務) 桓因한국의 桓檀제도와 한국고유의 諺文체계(한국고전)」로서 모두 구비되어 만세에 전래됨을 뜻하는 바였던 것이다.

_{소 이 고 인 인 성 제 자 이 통 만 물 지 정 이 전 삼 재 지 도 이 후 세 불 능 역 야}
所以古人因聲制字。以通萬物之情。以載三才之道。而後世不能易也。

◇ 이와 같은 천지자연의 언문성음 / 체계로서는 但因(三一)한 태고인의 성음(3聲1音)체계에 따라서 가지런히 가림토되고 制字되었던 한국고의 諺文체계(자방고전 / 한국고전)를 뜻하는 바로서
◇ 이와 같은 천지자연의 언문성음 / 체계(자방고전 / 한국고전)에 따라서 만물소통의 성통공완을 이룩하고 지극(三一)에 因(一)한 만물의 본성(情 / 三眞曰・性命精)까지 모두 함축 / 구비되고
◇ 이와 같은 한국고유의 諺文체계(한국고전)로서 만세에 실어전한 「天地人・三才之道」에 따라서
◇ 후세에까지 이르렀음에도 불구하고 불능달의 주역(周易)을 뒤집어쓰고서 두(◐) 갈래(☆)로 갈라서버린 음양이치의 반절어법과 음양팔괘의 음양역법으로 줄줄이 뒤바뀌어버린 바가 곧、춘추전국시대의 용두사미필법(공자필법 / 불경화법)으로 뒤엉켜서 동문동궤가 이루어진 방언리어의 극치(肇禮樂文章之祖)로 줄줄이 주워섬기는 줄도 모르기 때문에 음양팔괘의 가공세계가 창출되고 구축된 줄도 모르고 무주공산의 인간세상으로 전락된 줄도 모르는 그로서(반절어법)의 태생적 한계를 일컫는 바와 같았던 것이다.

_{연 사 방 풍 토 구 별 성 기 역 수 이 이 언}
然四方風土區別。聲氣亦隨而異焉。

◇ 그렇게 뒤바뀌어버린 불능달의 주역(周易)과 음양이치의 반절어법에 따라서 끝없이 널부러진 무주공산(중원천하 / 인간세상)의 사방☆풍토(풍습・풍속・풍류・풍악・풍성)로서 구별되고 구획되더니
◇ 급기야 말소리의 근본줄기(三一五行)를 거스르고서 쫒는 것조차도 다르게 뒤엉켜서 어긋남(異◐乎)의 극치(中☆國)에 달하고 자가당착의 극치(假◐中☆國)에 달해버린 바가 곧、「공◐자를 섬기는 유교☆집단의 공자필법과 유교경전의 漢字언해」로서 집대성 / 집합체를 이루었고、「부◐처를 섬기는 불

교☆집단의 불경화법과 불교경전의 불경언해」로서 집대성 / 집합체를 이루었던 모두가 춘추전국시대의 용두사미필법과 방언리어의 극치(肇禮樂文章之祖)로 줄줄이 주워섬기면서 동문동궤를 이루었던 오동방·예악문장의 봉건제도(慕華제도 / 骨品제도)로서 간략하게 압축되고 귀결되는 것이다.

<small>개 외 국 지 어　유 기 성 이 무 기 자</small>
盖外國之語。有其聲而無其字。

◇ 이러한 불능달의 周易과 반절어법의 태생적 한계를 뒤집어쓴(盖) 줄도 모르는 나라밖의 말투로서는
◇ 그로서의 말소리로서는 말미암으나 그로서의 글자체계(諺文체계 / 字書체계 / 正音체계)로서는 말미암아질 수 없었던 바가 곧, 가중국의 반절문자(凡干文字)를 빌어쓰면서 변통을 거듭하는 이호중국의 방언리어(本國俚語) 창출지법(이두필법 / 삼망화법)으로 줄줄이 주워섬기면서 무한대로 창출되고 축적이 거듭된 오동방·예악문장의 봉건제도나 반절字母(中古漢音)의 이두韻書 모두가 「거두절미법칙의 용두사미필법으로서 동문동궤가 이루어진 但방언리어」에 불과하다 함은 이를 일컫는 바로서

<small>가 중 국 지 자 이 통 기 용　시 유 예 착 지 서 어 야　기 능 달 이 무 애 호</small>
假中國之字以通其用。是猶枘鑿之鉏鋙也。豈能達而無礙乎。

◇ 중원(十)을 뒤집어써버린 가중국(假中國)의 가짜(假字)를 빌어 쓰면서 변통을 거듭하다보니
◇ 마치 작은 구멍을 뚫어할 측꽂이로서 호미질(天下를 호령)을 거듭함과 같았던 바가 곧, 춘추전국시대의 용두사미필법으로서 동문동궤가 이루어져버린 오동방·예악문장의 봉건제도로 줄줄이 주워섬기면서 중원천하의 인간세상을 호령하고 줄줄이 거느렸던 바로서 간략하게 압축되고 귀결되듯
◇ 이미 두(◐) 갈래(☆)로 갈라서버린 거두절미법칙의 용두사미필법이나 불능달의 周易을 뒤집어쓴 육서지법의 漢字어법으로선 능달에 이르기는커녕, 거리낌만 커지고 가로막힘이 거듭되면서 어긋남의 극치에 달하는 반절어법의 태생적 한계를 뒤집어쓰고서 끝없이 함께할 수밖에 없음을 뜻하였던 것이다.

<small>요 개 각 수 소 처 이 안　불 가 강 지 사 동 야</small>
要皆各隨所處而安。不可强之使同也。

◇ 요컨대 저마다의 모두가 타고난 바에 따르거나 처한 바에 따라서 서로의 안위를 도모할지언정
◇ 불가항력으로서 강압한다하여 거느리고자함과 같아질 수 없음에도 불구하고

<small>오 동 방 예 악 문 장　모 의 화 하</small>
吾東方禮樂文章。侔擬華夏。

◇ 애초부터 어긋나고 뒤틀린 오동방·예악문장에서조차
◇ 의심의 여지없이 華◐夏를 모방하고 답습이 거듭된 바에 불과함을 일컫듯, 「공◐자를 섬기는 유교☆집단의 공자필법과 유교경전의 漢字언해로서 집대성 / 집합체」를 이룬바에 불과했고, 「부◐처를 섬기는 불교☆집단의 불경화법과 불교경전의 불경언해로서 집대성 / 집합체」를 이룬바에 불과했던 그로서의 모두가 춘추전국시대의 용두사미필법(공자필법 / 불경화법)과 방언리어의 극치(肇禮樂文章之祖)로 줄줄이 주워섬기면서 반절어법의 극치로서 동문동궤가 이루어진 줄도 몰랐던 것이다.

_{단 방 언 리 어   불 여 지 동}
但方言俚語。不與之同。

◇ 但因(三一)할 수 없는(非但) 방언리어의 극치(禮樂文章之祖)로서 집대성을 이룬 바와도 같았고
◇ 저절로 왜곡되고 굴절만이 거듭되는 반절어법의 극치로서 동문동궤를 이룬 바와도 같았던 그로서의 모두에 이르기까지 인의장막의 극치로서 공동운명체를 이루어버린 바에 불과함에도 불구하고

_{학 서 자 환 기 지 취 지 난 효   치 옥 자 병 기 곡 절 지 난 통}
學書者患其旨趣之難曉。治獄者病其曲折之難通。

◇ 어긋남(異◐乎)의 극치(中☆國)에 달한 줄도 모르는 이두학문의 이두**學書**를 배우려함이 오히려 식자우환(識字憂患)의 이두학습으로 고착된 줄도 모르는 그로서가 곧、요지를 취하기도 어려운 방언리어의 극치(肇禮樂文章之祖)로서 집대성을 이루어버린 오동방・예악문장의 **學書** / **史書** / **韻書** 등등의 모두가 「불능달의 주역(周易)을 뒤집어쓴 반절문자 및 방언리어 창출지법」으로 줄줄이 주워섬기면서 저절로 눈과 귀가 멀어버린 줄도 모르기 때문이었고
◇ 자가당착의 극치(假◐中☆國)에 달한 줄도 모르는 중원천하의 인간세상을 다스리려함이 오히려 치자병통(治者病通)의 이두관습으로 고착된 줄도 모르는 그로서가 곧、저절로 왜곡되고 굴절만이 거듭되는 반절어법의 극치로서 동문동궤가 이루어져버린 오동방・예악문장의 관습제도 모두가 서로 다른 용수사신의 머리◐통과 꼬리☆통으로 뒤엉켜서 자가당착의 극치에 달해버린 「용두사미집단의 봉건제도」로 줄줄이 주워섬기면서 자가당착의 극치를 넘나드는 줄도 모르기 때문이었던 것이다.

_{석 신 라 설 총   시 작 이 두   관 부 민 간   지 금 행 지}
昔新羅薛聰。始作吏讀。官府民間。至今行之。

◇ 그럼에도 불구하고、옛 신라의 설총(665년~미상 / 佛家에 속함)으로부터
◇ 시작됐다던 신라**吏讀**로서는 신라式・漢字어법을 일컫는 바이되、중국式・漢字어법 다름 아니었던 漢語계통의 공자필법(중국吏讀)에까지 줄줄이 편승하여 또 다른(이승◐저승) 갈림길(卐☆卍)을 창출하고서 줄줄이 구축시켜버린 **梵語**계통의 불경화법(불교式・漢字어법)까지 모두 포괄되는 바였음에도 불구하고
◇ 관부의 이두관습이나 민간의 이두학습에서조차 **梵語**계통의 신라**吏讀**(신라式・漢字어법)나
◇ 불경화법의 불교경전으로 답습이 거듭되면서 지금(周代 / BC 770~221~~~1443년 겨울)에까지 이르렀다지만、어불성설이고 언어도단이라 함은 이를 일컫는 바와 같았던 것이다.

_{연 개 가 자 이 용   혹 삽 혹 질}
然皆假字而用。或澁或窒。

◇ 그러한 모두가 가중국의 가짜(假字)를 빌어 쓰는 방언리어 창출지법으로 변통을 거듭하다보니
◇ 더러는 껄끄럽고 더러는 가로막히면서 어긋남의 극치에 달하는 방언리어의 극치로서 집대성을 이룬 바와 같았고、저절로 왜곡되고 굴절만이 거듭되는 반절어법의 극치로서 동문동궤가 이루어진 줄도 모르고 인의장막의 극치로서 공동운명체가 이루어져버린 줄도 모르는 그로인해

비 단 비 루 무 계 이 이 지 어 언 어 지 간 즉 불 능 달 기 만 일 언
非但鄙陋無稽而已。至於言語之間。則不能達其萬一焉。

◇ 但因할 수 없는(非但) 두 갈래의 갈림길(眾妙之門 / 玄妙之道)로서도 마주할 뿐만 아니라
◇ 어긋남의 극치에 달해버린 방언리어 창출지법의 중간에 똬리를 틀고 들어앉아버린 바가 애초부터 태극(一)을 집어삼킨(捨) 음양이치의 반절어법이자 거두절미법칙의 용두사미법법 다름 아니었던
◇ 불능달의 주역(周易)을 뒤집쓴 방언리어 창출지법(공자필법 / 불경화법、육서지법 / 漢字어법)으로 줄줄이 주워섬기면서 불능달의 극치를 넘나든 줄도 모르고 자가당착의 극치를 넘나드는 줄도 모르는 그로서가 곧、만분(萬)의 일(一)에도 미치지 못하는 불능달의 周易과 반절어법의 태생적 한계까지 송두리째 걷어내야만 비로소 만천하에 드러나는 바로서 간략하게 압축되고 귀결되는 바인즉

계 해 동
癸亥冬。

◇ 계해년(1443年) 겨울에 이르서야、동서고금의 백왕(百王) 모두를 초월하고 지극(三一)에 因(一)함으로서 하늘(一)이 내린(三・朝) 세종聖帝의 제작모신工에 따라서 천지자연의 근본법칙까지 가지런히 가림토되고 모두 바로세워지면서 만천하에 드러난 바였던 「한국고유의 諺文체계와 마주하는 언문성음의 자방고전(字倣古篆 / 한국고전◇訓民正音)」까지 모두 바로세워진 바를 뜻하였던 것이다.

아
我

◇ 저희(我)들

전 하 창 제 정 음 이 십 팔 자 략 게 례 의 이 시 지 명 왈 훈 민 정 음
殿下創制正音二十八字。略揭例義以示之。名曰訓民正音。

◇ 전하께서 비로소(創) 모두 바로세운(制) 「正音28字 / 체계」라 함은
◇ 아주 간략한 三一법칙의 三一체계에 따라서 삼극(三一)의 정의로서 간략하게 압축(三一 / 書矣)되고 풀어짐(一三 / 矣書)으로서도 서로 마주함으로서 만천하에 들어낸(나타낸) 바를 뜻하듯
◇ 세종聖帝께서 命名한 훈민정음으로서는 「한겨레의 정음(聲音・字音・語音)체계를 일컫는 바이되、한국고유의 언문(扵諺・扵文・字書)체계」와 서로 마주함을 뜻할 뿐만 아니라、「언문성음의 자방고전(字倣古篆 / 字書체계 / 한국고전)까지 모두 바로세워진 훈민정음・신제본 / 신제왈」로서 다시금 후세에 실어 전하면서 널리 전언한 즉、「이미 지극(三一)에 因(一)한 一朝・제작모신工(三一법칙 / 三一체계)」까지 모두 함축되고 구비된 바를 뜻하였던 것이다.

상 형 이 자 방 고 전 인 성 이 음 협 칠 조
象形而字倣古篆。因聲而音叶七調。

◇ {이와 같은 창제정음28字 모두의} 상형(象形)으로서는 언문성음의 자방고전(字倣古篆 / 한국고전)에 따라서 비로소(創) 모두 바로세워진(制) 바를 뜻하며

◇ 但因(三一)한 성음(3聲1音)체계에 따라서 고르게 화합되면서 凡일곱단계로 압축조절(3聲7調1音)되는 三一법칙의 三一체계까지 모두 함축되고 구비된 바가 곧, 「언문성음의 글자체계 / 정음체계와 마주하는 한국고유의 諺文체계(한국고전 / 字倣古篆)」까지 모두 바로세워진 바를 뜻하였던 것이다.

<small>삼 극 지 의   이 기 지 묘   막 불 해 괄</small>
三極之義。二氣之妙。莫不該括。

◇ 삼극(三一)의 정의로서 간략하게 압축(三一 / 書矣)되고 풀어짐(一三 / 矣書)으로서도 마주하고
◇ 두 줄기의 근본법칙과 근본체계에 따라 더하고(一積) 보탬(十鉅)을 거듭함(無匱化三)으로서
◇ 가로막힘이 말끔히 뚫리어 {그로서의 근본근원(一始無始一、析三極無盡本)에 이르기까지} 모두 해괄(該括)되지 않음이 없음을 뜻하는 즉, 「속칭·천부경(天符經)이란 이두칭명을 걷어낸 無所祖述 해제 / 참조」

<small>이 이 십 팔 자 이 전 환 무 궁   간 이 요   정 이 통</small>
以二十八字而轉換無窮。簡而要。精而通。

◇ 이와 같은 언문성음의 글자(正音28字)체계와 정음체계에 따라서 전환(一三一)도 무궁하고
◇ 아주 간략한 요령(三一之理)으로 쉬이 습득(知)되고 터득(智)되면서 저절로 구해지는 바와 같은즉
◇ 자성구자(自性求子)한 삼일정신(三一精神)의 사고능력에 따라서 한마음(三眞) 한뜻(一神)을 이룸으로서 저절로(自) 밝아지는(明) 능달 / 능통의 눈높이(自明 / 神明)에 이르기까지 지극(三一)에 이르는 지름길(三才之道 / 三一之理)로서도 서로 마주하고 상통됨을 뜻하는 바였던 것이다. [三一神誥 해제 / 참조]

<small>고 지 자 불 종 조 이 회   우 자 가 협 순 이 학</small>
故智者不終朝而會。愚者可浹旬而學。

◇ 그럼으로 지혜롭다면 끝없이 비롯되는 天地神明(一朝)의 一丸세계에 이르기까지 삼극(三一)의 정의로서 간략하게 압축할(三一 / 書矣) 수 있고 풀어낼(一三 / 矣書) 수 있음을 뜻하는 바와 더불어
◇ 아직 어리다 할지라도 가히 열흘이면 배울 수 있을 뿐만 아니라、스승다운 스승이 없다 할지라도 스스로 힘써 깨닫고 터득(知 / 智)할 수 있다 함이 곧、아주 간략한 요령(三一之理)으로서 습득(知)되고 터득(智)되는 三一법칙의 三一체계로서 서로 마주하고 상통됨을 뜻하였던 것이다. .

<small>이 시 해 서   가 이 지 기 의</small>
以是解書。可以知其義。

◇ 이와 같은 언문성음의 字書체계에 따라 올바르게 해석하고 풀어쓸 수 있음으로서
◇ 올바른 앎(知)과 올바른 이해를 구할(智) 수 있는 그로서의 정의(精義 / 三極之義)에 이르기까지 간략하게 압축할(三一 / 書矣) 수도 있었고 풀어낼(一三 / 矣書) 수도 있었던 바가 다름 아닌、「한국고유의 諺文(扵諺·扵文·字書)체계」를 뜻함

<small>이 시 청 송   가 이 득 기 정</small>
以是聽訟。可以得其情。

◇ 이와 같은 언문성음의 字書체계에 따라서 올바르게 청취하고 올바름을 가려낼 수 있음으로서

◇ 올바르게 습득되고 터득되는 그로서의 본성(三眞曰・性命精)에 이르기까지 셋(三)은 하나(一)부터 열(十)까지 더하고(一積) 보탬(十鉅)을 거듭함(無匱化三)에 따라서 가지런히 가림토되면서 모두 바로세워짐으로서도 마주하고 삼극(三一)의 정의로서 간략하게 압축(三一/書矣)되고 풀어짐(一三/矣書)으로서도 마주하는 바가 곧, 「이미 지극(三一)에 因(一)한 一朝・제작모神工(三一법칙/三一체계)」으로서 이룩되고 모두 구비된 언문성음의 자방고전(字倣古篆/한국고전)으로서 만세에 전래됨을 뜻하는 바였던 것이다. 「한국고유의 諺文체계(한국고전)와 마주하는 桓因한국의 桓檀제도 해제/참조」

자 운 칙 청 탁 지 능 변   악 가 칙 율 려 지 극 해
字韻則淸濁之能辨。樂歌則律呂之克諧。

◇ 이와 같은 「언문성음/체계의 字韻법칙(三七一則)」에 따라서 「三一五音의 성음청탁」에 이르기까지 능변(能辨)할 수 있음을 뜻하는 바이되
◇ 이와 상반되는 「반절음계의 악가칙(12진법)」으로서도 음악의 기본음계(7음계/12音度)에 이르기까지 극해(克諧)할 수 있는 이 또한、아주 간략한 요령으로서 습득(知)되고 터득(智)되는 「三一법칙의 三一체계」에 따라서 그로서의 처음(一)부터 끝(三・十)까지 가지런히 가림토되면서 저절로 극해(克諧)됨을 뜻하는 바이듯

무 소 용 이 불 비   무 소 왕 이 불 달
無所用而不備。無所往而不達。

◇ 다함이 없는 근본법칙(三一법칙)의 근본쓰임(三一체계)으로서도 모두 구비되었던 바가 곧
◇ 이미 지극(三一)에 因(一)한 三一법칙의 三一체계에 따라서 셋(三)은 하나(一)부터 열(十)까지 더하고(一積) 보탬(十鉅)을 거듭함(無匱化三)으로서 저절로 구해지고(自性求子/三一精神) 저절로(自) 밝아지는(明) 능달/능통의 눈높이(自明/神明)에 이르기까지 지극(三一)에 이르는 지름길(三才之道/三一之理)로서도 서로 마주하고 상통됨을 뜻하는 즉、「제3부。한국고전(無所祖述/三一神誥) 해제/참조」

수 풍 성 학 려   계 명 구 폐   개 가 득 이 서 의
雖風聲鶴唳。鷄鳴狗吠。皆可得而書矣。

◇ 이와 같은 언문성음의 字書체계에 따라서 「풍성(風聲)과 학려(鶴唳)」로서 간략하게 압축되고 귀결된 즉은、춘추전국시대에 이르면서 줄줄이 뒤바뀌어버린 음양팔괘의 가공세계 창출지법(周易)에 따라서 무주공산의 사방☆풍토(풍습・풍속・풍류・풍악・풍성 등)로 구별되더니 급기야 말소리의 근본줄기를 거스르고서 쫓는 것도 다르게 뒤엉켜서 무한대로 창출되고 축적이 거듭된 바에 불과한 「오동방・예악문장의 但방언리어」 모두를 총칭하는 바와 같았고
◇ 이에 잇따른 「계명(鷄鳴)과 구폐(狗吠)」로서 간략하게 압축되고 귀결된 즉은、불능달의 주역(周易)을 뒤집어쓴 반절문자 및 방언리어 창출지법(六書之法)에 따라서 무한대로 창출되고 축적이 거듭된 바에 불과한 이두필법(舊)의 但방언리어(文言文/犬言犬)와 이두문법(新)의 但방언리어(文語體/口語體) 모두를 총칭하는 바와 같았던
◇ 이러한 모두를 터득하고 초월하여 한국고유의 말다운(諺) 말(語)과 글다운(3諺1文) 글(3字1書)로서 간략하게 요약할(一三/矣書) 수도 있었고 풀어낼(三一/書矣) 수도 있었던 언문성음의 자방고전(字

213

倣古篆 / 字書체계 / 한국고전)까지 모두 바로세워진 바를 뜻하였던 즉은、「但因(三一)한 태고인의 성음(3聲1音)체계・언문(3諺1文)체계・자서(3字1書)체계」로서도 마주하고、지극(三一)에 因(一)한 三一법칙의 三一체계로서도 마주하는 언문성음의 글자(正音28字)체계로서 創制되고 新制되어 다시금 후세에 실어 전했던 바가 곧、「一朝・제작모神工까지 모두 함축되고 구비된 훈민정음・新制본(新制曰・解例 / 訣曰 / 풋말・序曰)」이 뜻하는 바였던 것이다.

수
遂

◇ 이와 같은 「언문성음의 字書체계(한국고전◇訓民正音)」까지 모두 바로세워짐에 따라서

명상가해석 이유제인어시 신여집현전응교 신최항 부교리 신박팽년 신
命詳加解釋。以喩諸人扵是。臣與集賢殿應敎。臣崔恒。副敎理。臣朴彭年。臣
신숙주 수찬 신성삼문 돈녕부주부 신강희안 행집현전부수찬 신이개 신
申叔舟。修撰。臣成三問。敦寧府注簿。臣姜希顔。行集賢殿副修撰。臣李塏。臣
이선노등 근작제해급례 이서기경개
李善老等。謹作諸解及例。以敘其梗槩。

◇ 神命을 받든 상세한 해석으로서 더하고 보탬을 거듭할 수 있도록(一積十鉅無匱化三)
◇ 이와 같은 바에 관하여 올바르게 깨우친 여러 諸人들 중에서 발탁된
◇ 與집현전응교 臣최항
◇ 부교리 臣박팽년、臣신숙주
◇ 수찬 臣성삼문
◇ 돈녕부주부 臣강희안
◇ 行집현전부수찬 臣이개、臣이선로 등과 더불어
◇ 三加를 거듭한 「制字원리(解) 및 글자체계(例)」로서 謹作되고 謹書된 바를 비롯하여
◇ 「훈민정음・新制本」의 차례(新制曰・解例 / 訣曰 / 풋말・序曰)와 그로서의 「근본체계(大梗・大略・大槪)」에 이르기까지 「언문성음의 字書체계(한국고전◇訓民正音)」에 따라서 謹作되고 謹書되었던 바가 곧、「한국고유의 諺文체계(한국고전)까지 모두 바로세워진 훈민정음・신제본(新制曰・解例 / 訣曰 / 풋말・序曰)」으로서 다시금 후세에 실어 전하면서 널리 반포함을 뜻하는 바로서 간략하게 압축되고 잇따름을 미루어보듯

서 사 관 자 불 사 이 자 오
庶使觀者不師而自悟。

◇ 거느리고자하는 吏頭집단(벼슬아치 / 양반집단)을 비롯하여 자가당착의 고정관념(慕華사관 / 반도사관)에 함몰되고 사로잡혔다거나 스승다운 스승이 없다 할지라도 스스로 힘써 깨달고 터득할 수 있음을 일컫는 즉、{상세한 해석으로서 三加를 거듭하고 神命을 다하여 謹作하고 謹書한 바로되}

약 기 연 원 정 의 지 묘   즉 비 신 등 지 소 능 발 휘 야
若其淵源精義之妙。則非臣等之所能發揮也。

◇ 마땅한 그로서의 연원으로서도 마주하는(맞닿은) 삼극(三一)의 정의와 근본(一三)의 지묘」로서도 마주함을 뜻하는 즉은, 삼극(三一)의 정의로서 간략하게 압축되고 풀어짐으로서도 마주하고, 근본(一三)의 지묘(至妙)로서 더하고(一積) 보탬(十鉅)이 거듭되면서(無匱化三) 가지런히 가림토되고 모두 바로 세워짐으로서도 마주함을 뜻하는 즉, 「이미 지극(三一)에 因(一)한 三一법칙(三才之道 / 三易之理)의 三一체계(諺文聲音 / 字倣古篆 / 訓民正音)」로서 간략하게 압축되고 모두 구비된 바를 뜻하는

◇ 이는 곧, 제신 / 제인 등의 작은 능함으로부터 발휘될 수 있는 바가 결코 아니었던 것이다.

공 유 아
恭惟我

◇ 공손히 돌이켜보옵건대、저희(我)들

전 하   천 종 지 성   제 도 시 위 초 월 백 왕
殿下。天縱之聖。制度施爲超越百王。

◇ 전하께서는
◇ 하늘(一)이 내린(三・朝) 聖帝之位(3聖1位)와 마주하는 一朝・제작모神工에 따라서
◇ 「桓因한국의 桓檀제도로서 모두 구비된 언문성음의 字倣古篆(한국고전)」까지 모두 바로세우고 시정함에 있어서는 동서고금의 백왕을 초월하고 지극(三一)에 因(一)한 바를 뜻함으로서 잇따르는 즉

정 음 지 작   무 소 조 술   이 성 어 자 연
正音之作。無所祖述。而成於自然。

◇ 「但因(三一)한 언문성음의 正音체계」로서 일으켜 세우고 모두 바로세움에 있어서는
◇ 「무소조술의 桓檀제도로서 모두 구비된 언문성음 자방고전(字書체계 / 한국고전)」으로서
◇ 이룩(一朝・제작모神工)되고 만세에 전래되는 천지자연의 근본법칙까지 다시금 일으켜 세울수 있었던 「세종聖帝의 제작모神工」까지 모두 함축 / 구비된 바를 뜻하였음에도 불구하고, 「속칭・천부경(天符經)」이란 이두칭명으로 둔갑되어 전래되었으되, 「무소조술의 一丸세계를 열어준(開天) 桓因한국의 桓檀제도」로 전환되고 언문해제된 언문성음의 字倣古篆(한국고전) 해제 / 참조

개 이 기 지 리 지 무 소 부 재   이 비 인 위 지 사 야
豈以其至理之無所不在。而非人爲之私也。

◇ 이미 지극(三一)에 因(一)한 「천지자연의 근본법칙(三才之道 / 三易之理)」으로서는 다함이 없는 근본법칙(三一법칙)의 근본쓰임(三一체계)으로서도 서로 마주할 뿐만 아니라
◇ 인의에 치우고 사사로움에 치우친 인의장막의 극치(吾東方禮樂文章 / 봉건제도 / 但방언리어)로서 집대성을 이루고 집합체를 이루어버린 모두에 이르기까지 송두리째 걷어내야만 비로소 만천하에 드러나는 바가 곧, 「언문성음의 자방고전(字倣古篆 / 字書체계 / 한국고전)으로서 모두 구비된 桓因한국의 桓

檀제도」를 뜻하는 바였던 즉

부 동 방 유 국　불 위 불 구　이 개 물 성 무 지
夫東方有國。不爲不久。而開物成務之

◇ 「夫東方有國 / 부동방유국」이라 함은、하늘(一)이 내린(三・朝) 天夫三人의 제작모신工에 따라서 천지조화의 一丸세계를 열어주고(開天) 태고(故)를 열어준(開物 / 成務) 「桓因한국의 桓檀시대 및 東明聖帝의 高麗시대」로 잇따르는 모두가 포괄됨을 뜻하는 바이고

◇ 「不爲不久 / 불위불구」라 함은、夫東方有國의 유구한 역사와 빛나는 전통(開天・開物・成務)에 따라서 후세에까지 이르렀던 바로서 간략하게 압축되고 귀결되는 바이듯

◇ 이와 같은 天夫三人의 제작모신工에 따라서 「천지조화의 一丸세계를 열어준(開天) 桓因韓國의 無所祖述」을 위시하여 「만물치화의 치화원리를 열어준(開物) 桓檀帝日의 三一神誥」 및 「삼륜교화의 교화원리를 이룩한(成務) 「桓檀帝民의 三倫九誓」로서 모두 구비된 「桓因한국의 桓檀제도와 마주하는 언문성음의 字倣古篆(한국고전)」으로서 만세에 전래되는 바였음에도 불구하고、「후세(周代 / BC 770~221~~~~1443년~~今)에 이르면서 송두리째 뒤덮이고(음양팔괘 / 周易 / 예악문장) 몽롱해져버린 줄도 모른다」라 함은 곧、이와 같은 모두를 총괄 / 총칭하는 바였던 것이다.

대 지　개 유 대 어 금 일 야 여
大智。盖有待扵今日也歟。

◇ 「대지 / 大智 / 커다란 지혜로움」이라 함은、오로지 한마음(三眞) 한뜻(一神)을 이루면서 만물소통의 성통공완을 이룩하고 지극(三一)에 因(一)함으로서 「하늘(一)이 내린(三・朝) 「天夫三人의 제작모신工」으로서 이룩된 바와 똑같았던 「하늘(一)이 내린(三・朝) 세종聖帝의 제작모신工」 및 「天地神明(一朝)의 제작모신工」을 뜻하는 바로서 전환되고 곧바로 환원됨에 불구하고

◇ 이러한 모두에 이르기까지 송두리째 뒤덮이면서(음양팔괘 / 周易 / 예악문장) 몽롱해져버린 줄도 모르는 오늘(今日)에까지 오랜 기다림을 주심조차도 하늘의 뜻(三極之義 / 天地神命)이리라

正統十一年九月上澣。

◇ 1446年(世宗28年) 9月 29日(上澣)

資憲大夫禮曹判書集賢殿大提學知春秋館事○世子右賓客臣鄭麟趾
拜手稽首謹書

⇒⇒⇒ 「언문해서 및 언문체계 / 해제 편」으로 이어짐

一朝	天地神明의
制作侔神工	제작모신공에 따라서
大東千古開朦朧	태고(故)가 열린(開天) 이래、몽롱해져버린
諺文聲音之字倣古篆而新制 **訓民正音・序曰** 諺文解制矣書	한국고유의 諺文체계까지 모두 바로세워진 **훈민정음・서왈** 4。언문해서 및 언문체계 / 해제

<small>유 천 지 자 연 지 성 즉 필 유 천 지 자 연 지 문</small>
有天地自然之聲。則必有天地自然之文。

◇ 천지자연의 성음(3聲1音)체계로서 말미암아진 바(一朝・제작모神工)에 따라서
◇ 반드시 말미암아지는 천지자연의 언문(3諺1文)체계를 일컫는 이는 곧、천지자연의 언문성음 / 체계로서 가지런히 가림토되고 制字되었던 언문성음의 字書체계(자방고전)를 일컫는 바이자、「一朝・제작모神工에 따라서 천지조화의 一丸세계를 열어주고(開天) 태고를 열어준(開物 / 成務) 桓因한국의 桓檀제도와 한국고유의 諺文체계(한국고전)」로서 모두 구비되어 만세에 전래됨을 뜻하는 바였던 것이다.

그럼에도 불구하고
춘추전국시대(周代 / BC 770~221~)에 이르면서 줄줄이 뒤바뀐 줄도 모르고
거두절미법칙(음양이치 / 반절어법)의 용두사미필법으로 뒤엉켜서 똬리를 틀고 들어앉아버린 줄도 모르는 불능달의 주역(周易)을 뒤집어쓰고서두(◐) 갈래(☆)로 갈라서버린 육서지법의 漢字어법과 방언리어 창출지법으로 줄줄이 주워섬기면서 그로서의 끝자락(周代 / 周易 / 帝業 / 용두 ~~~ 사미 / 王業 / 조선 / 後代)에까지 이르렀던 바에 불과한 조선吏讀의 반절어법과 조선어문의 어문규정으로 줄줄이 주워섬김에 따라서 저절로 왜곡되고 굴절만이 거듭면서 어긋남의 극치에 달한 줄도 모르는 즉

반절어법 / 이두문법에 따른 한글국역(한역음사 / 漢字풀이、但방언리어 / 표준국어) 참조 / 대비
◆ 천지(天地) 자연(自然)의 소리(聲)가 있으면(有)
◆ 반드시(必) 천지 자연의 글(文)이 있게(有)되니、

이와 같은
반절어법 / 이두문법에 따른 한글국역(한역음사 / 漢字풀이、本國俚語 / 표준국어)으로서는
육서지법의 漢字어법을 뒤집어쓴 자가당착의 한글어법에 불과할 뿐만 아니라
방언리어 창출지법(반절어법 / 이두문법)의 꼬리☆통(어문규정)으로 전락된 줄도 모르듯이
끝없이 곤두박질된 줄도 모르는 그로서의 대명사(거꾸로 곤두박질된 한글10모음 구성도 / 참조)에 불과한 것이었다.

3字1書의 정의로서 간략하게 요약(一三)되고 압축(三一)된 언문성음의 字書체계 해제			
有天地自然之聲			천지자연의 성음(3聲1音)체계로서 말미암아진 즉 一朝·제작모神工 / 창조
諺文	字音	語音	3諺1文의 정의로서 간략하게 압축되고 풀어지는 한국고유의 諺文체계 해제
有	유	말미암을	천지조화의 근본근원으로부터 말미암아진 바가 곧、천지자연의 근본법칙
	둔갑	있을 / 有	있고(有) 없고(無)는 반절어법의 대명사인 즉、無(●)에서 有(○)를 창조했
		없을 / 無	다는 창조신화 창출지법이 곧、거두절미법칙의 용두사미법이었던 반면
天地	천지		무한(三一)의 하늘(天)과 무궁(三十)의 자연(地)으로 간략하게 압축되고 전환되는 즉
自然	자연		저절로(自) 그렇게(然)되는 천지자연의 근본법칙까지 모두 함축되어 일컬어지는
之聲	지성	3聲1音	[소리]는 [말소리]로 전환되듯、但因한 태고인의 성음체계로 전환됨
		성음체계	但因(三一)한 성음(3聲1音)체계와 언문(3諺1文)체계는 서로 마주하듯
		象 / 形	[声+殳+耳]。3諺1文으로 합자된 [聲]인즉、언문성음 / 체계 함축
	둔갑	음성 / 學	유성근본의 근본줄기를 거스르고 쫓는 것도 다르게 뒤엉킨 梵語음성학의
	반절	음운 / 學	中古漢音과 漢語음운학의 화하韻書로서도 뒤엉킨 즉、[언어학 / 문자학]
	吏讀	언어 / 學	등등의 모두가 반절문자 및 방언리어 창출지법을 뒤집어쓴 바를 뜻함
천지자연의			천지자연의 성음(3聲1音)체계로 말미암아진 一朝·제작모神工에 따라서
성음(3聲1音)체계			반드시 말미암아지는 바가 곧、천지자연의 언문(3諺1文)체계를 뜻함
한글국역			천지자연의 소리가 있으면

則必有天地自然之文			반드시 말미암아지는 바가 곧、천지자연의 언문(3諺1文)체계인 즉
諺文	字音	語音	3諺1文의 정의로서 간략하게 압축되고 풀어지는 한국고유의 諺文체계 해제
則	칙	법칙	천지자연의 근본법칙까지 모두 구비된 三一법칙의 三一체계로 전환
	즉	곧 / 只用	~은 곧 / 즉、三一의 정의로서 맺고(三·十) 이어(三一)지는 어조쓰임
必有	필유		지극에 因(一)한 一朝·제작모神工에 따라서 반드시 말미암아짐을 뜻하는 바로서
之文	지문	3諺1文	但因(三一)한 성음(3聲1音)체계와 마주하는 언문(3諺1文)체계로 전환
		언문체계	말다운 말과 글다운 글로서 비롯되는(扵) 한국고유의 諺文체계로 전환
		象 / 形	[亠 / (말)머리 + 더하고(丿) 보탬(乀)]。[3諺1文의 언문체계] 함축
	둔갑	반절文字	반절문자 및 방언리어 창출지법으로 뒤엉켜서 창출과 축적이 거듭된 즉
	漢文	六頭文字	육두문자 / 이두문자 / 반절문자 및 방언리어 창출지법의 육서지법 참조
	漢字	二頭文字	이두문자 / 반절문자의 대명사로 등극된 바가 곧、이두칭명의 漢文◑漢字
천지자연의			천지자연의 성음(3聲1音)체계는 한국고유의 諺語체계로 전환되고
언문(3諺1文)체계			천지자연의 언문(3諺1文)체계는 한국고유의 諺文체계로 전환됨
한글국역			반드시 천지자연의 글이 있게 되니,

소이고인인성제자 이통만물지정 이전삼재지도 이후세불능역야
所以古人因聲制字。以通萬物之情。以載三才之道。而後世不能易也。

◇ 이와 같은 천지자연의 언문성음 / 체계로서는 但因(三一)한 태고인의 성음(3聲1音)체계에 따라서 가지런히 가림토되고 制字되었던 한국고의 諺文체계(자방고전 / 한국고전)를 뜻하는 바로서
◇ 이와 같은 천지자연의 언문성음 / 체계(자방고전 / 한국고전)에 따라서 만물소통의 성통공완을 이룩하고 지극(三一)에 因(一)한 만물의 본성(情 / 三眞曰·性命精)까지 모두 함축 / 구비되고
◇ 이와 같은 한국고유의 諺文체계(한국고전)로서 만세에 실어전한 「天地人·三才之道」에 따라서
◇ 후세에까지 이르렀음에도 불구하고 불능달의 주역(周易)을 뒤집어쓰고서 두(◐) 갈래(☆)로 갈라서버린 음양이치의 반절어법과 음양팔괘의 음양역법으로 줄줄이 뒤바꾸어버린 바가 곧、춘추전국시대의 용두사미필법(공자필법 / 불경화법)으로 뒤엉켜서 동문동궤가 이루어진 방언리어의 극치(肇禮樂文章之祖)로 줄줄이 주위성기는 줄도 모르기 때문에 음양팔괘의 가공세계가 창출되고 구축된 줄도 모르고 무주공산의 인간세상으로 전락된 줄도 모르는 그로서(반절어법)의 태생적 한계를 일컫는 바와 같았던 것이다.

3字1書의 정의로서 간략하게 요약(一三)되고 압축(三一)된 언문성음의 字書체계 해제		
所以古人因聲制字		但因한 태고인의 성음체계에 따라서 制字된 바가 곧、한국고유의 諺文체계
諺文	聲音	3諺1文의 정의로서 간략하게 압축되고 풀어지는 한국고유의 諺文체계 해제
所以	소이	이와 같은(以) 바(所)로서、이와 같은(以) 바(所)에 따라서(而)로 전환되고 잇따름
古人	고인	[古人]은 태고(故)를 열어준(開天·開物·成務) 태고인(故人 / 天夫人)으로 전환됨
因聲	인성	但因(三一)한 태고인의 성음체계·언문체계·字書체계로서 서로 마주함을 뜻하는 즉
制字	제자	天夫三人의 제작모신공으로서 制字되고 이룩된 바가 언문성음의 字書체계 / 字倣古篆
		세종聖帝의 제작모신공으로서 制字되었던 언문성음의 글자(正音28字)체계 참조
한글국역		그럼으로 옛날 사람이 소리로 인하여 글자를 만들어서

以通萬物之情			이로서 만물소통의 성통공완을 이룩한 만물의 본성까지 모두 함축 / 구비됨
諺文	字音	語音	3諺1文의 정의로서 간략하게 압축되고 풀어지는 한국고유의 諺文체계 해제
以	이	써	이와 같은(以) 천지자연의 언문성음 / 체계(자방고전 / 한국고전)에 따라서
通	통	통할	만물소통의 성통공완을 이룩하고 지극(三一)에 因(一)한
萬物之情			천지만물의 본성(三眞曰·性命精)까지 모두 함축되고 구비된 바를 뜻하는 즉
만물지정			천지자연의 언문성음 / 체계(字倣古篆)로서 모두 구비되어 만세에 전래됨을 뜻함
한글국역			그것으로 만물의 정을 통하고

以載三才之道	이로서 널리 실어전한 「天地人·三才之道는 천지자연의 근본법칙」으로 전환

諺文	字音	聲音	3諺1文의 정의로서 간략하게 압축되고 풀어지는 한국고유의 諺文체계 해제
以	이	써	이와 같은(以) 한국고유의 언문성음 / 체계(자방고전 / 한국고전)로서
載	재	실을	만세에 실어전한 [天地人・三才之道는 一二三・三易之理」와 마주하는 즉
三才之道			「天地人・三才之道와 마주하는 一二三(一陰陽)・三易之理 / 三一五行」 해제 / 참조
삼재지도			「天地人・三才之道까지 모두 함축 / 구비된 중성凡11字・제작모神工」 해제 / 참조
한글국역			삼재(三才)의 도리를 기재하여

而後世不能易也			후세에 이르면서 뒤바뀐 줄도 모르는(不) 불능달의 周易 / 음양이치의 반절어법
諺文	字音	語音	3諺1文의 정의로서 간략하게 압축되고 풀어지는 한국고유의 諺文체계 해제
而	이	只用	이와 같은 바(天地人・三才之道 ◇ 三易之理 / 三一五行)에 따라서(而)
後世		후세	후세(桓檀시대 ~夫東方有國~ 高麗시대)에까지 이르렀음에도 불구하고
不能易		불능역	불능달의 周易(음양팔괘 / 음양역법)과 음양이치의 반절어법으로 뒤바뀜(易)
한글국역			뒷세상에서 변경할 수 없게 한 까닭이다

이미 지극(三一)에 因(一)한

天地神明의 제작모神工에 따라서

천지조화의 一丸세계를 열어준(開天 ◇ 十三一命 / 一三十明) 바가 곧

개천(開天)의 정의이자 우리모두(大韓民國)의 개천절(10月 3日)에 함의된 정의인 즉

「태극(一)의 질서(三・十)와 마주하는 천지조화의 一丸세계」

언문 / 해제 一覽 / 참조

태극의 질서	천지조화의 근본원리 / 근본법칙 / 순환법칙과 마주하는 一丸세계				三倫之理
一 / 天	이미 지극(三一)에 因(一)한				天倫之理 (天二三之理)
二 / 地	「三一법칙의 三一체계」로서 서로 마주하고 상통됨				
三 / 運	一 / 天	(↓→)	三才之道 / 至道	至理 / 三易之理	
四 / 成	二 / 地				地倫之理 (地二三之理)
五 / 環	三 / 運	一 / 天	(↓→)	行	
六 / 合		二 / 地			
七 / 生	(人)	三 / 運	一 / 天	則	人倫之理 (人二三之理)
八 / 能	(大)	(能達)	二 / 地		
九 / 達	(夫)	(通達)	三 / 運	一 / 天	
十 / 開	(天)	(一朝)	천지조화의 一丸세계(天神國 ◇ 桓因한국)		

연 사 방 풍 토 구 별　성 기 역 수 이 이 언
然四方風土區別。聲氣亦隨而異焉。

◇ 그렇게 뒤바뀌어버린 불능달의 주역(周易)과 음양이치의 반절어법에 따라서 끝없이 널부러진 무주공산(중원천하 / 인간세상)의 사방☆풍토(풍습·풍속·풍류·풍악·풍성)로서 구별되고 구획되더니

◇ 급기야 말소리의 근본줄기(三一五行)를 거스르고서 쫓는 것조차도 다르게 뒤엉켜서 어긋남(異❶乎)의 극치(中☆國)에 달하고 자가당착의 극치(假❶中☆國)에 달해버린 바가 곧, 「공❶자를 섬기는 유교☆집단의 공자필법과 유교경전의 漢字언해」로서 집대성 / 집합체를 이루었고, 「부❶처를 섬기는 불교☆집단의 불경화법과 불교경전의 불경언해」로서 집대성 / 집합체를 이루었던 모두가 춘추전국시대의 용두사미필법과 방언리어의 극치(肇禮樂文章之祖)로 줄줄이 주워섬기면서 동문동궤를 이루었던 오동방·예악문장의 봉건제도(慕華제도 / 骨品제도)로서 간략하게 압축되고 귀결되는 것이다.

3字1書의 정의로서 간략하게 요약(一三)되고 압축(三一)된 언문성음의 字書체계 해제				
然四方風土區別			불능달의 周易 / 반절어법에 따라서 사분오열이 거듭된 사방☆풍토로 구별됨
諺文	字音	語音	3諺1文의 정의로서 간략하게 압축되고 풀어지는 한국고유의 諺文체계 해제
然	연	그러할	저절로 그렇게 되는 자연의 법칙(三易之理)까지 모두 함축된 바와 같듯이
			반드시 그렇게 되는 필연의 법칙(三一之理)까지 모두 함축된 바였음에도
四方	사방		불능달의 周易과 음양이치의 반절어법에 따라서 사분오열이 거듭된 4방풍토로 구별된
風土	풍토		바가 곧, 무주공산의 인간세상으로 전락된 바로부터 줄줄이 물구나무서버린 바를 뜻함
	둔갑		삼백오가의 三伯에서 말꼬리(風伯)를 물고 말머리(風氏)로 들어앉힌 바에 불과했던
	창출		「風氏姓의 복희씨 / 天皇 / 太昊 및 중국시조·문명시조·인류시조」로까지 소급됨
區別 / 구획	구별		盤古死身의 두 눈(二❶目)으로부터 창출됐다던 음양팔괘의 가공세계 창출지법인 즉
			삼황오제說의 천황씨가 始建한 음양역법의 十干❶十二支와 十母❶十二子로 뒤엉킴
			지황씨가 定分한 음양오행說의 해❶달☆별에서 나뉜 晝❶夜가 창출되었고
			인황씨가 손바닥에다가 구획한 九野에서 나뉜 山❶川 모두가 周易 / 易經의 가공세계
한글국역			그러나 사방의 풍토가 구별되매

聲氣亦隨而異焉			말소리의 근본줄기(三一五行)를 거스르고서(亦) 쫓는 것도 다르게(異) 뒤엉킴
諺文	字音	語音	3諺1文의 정의로서 간략하게 압축되고 풀어지는 한국고유의 諺文체계 해제
聲	성	3聲1音	천지자연의 언문성음 / 체계까지 송두리째 집어삼키고서(一捨음양 / 자가당착)
	둔갑	소리	두 갈래로 갈라선 바와 같은즉、漢語계통의 공자필법과 梵語계통의 불경화법
	梵語	음성學	음성학의 頭字音30字母로부터 현대음성학의 기본자음 / 모음으로 축소병합
	漢語	음운學	음운학의 頭字音36字母로부터 중국음운학의 기본자음 / 모음으로 축소병합
	이두	언어學	人間의 언어를 연구한다는 吏讀언어학 또한 방언리어 창출지법 다름 아닌즉

氣	기	줄기	말소리의 근본줄기(三一五行)를 거스른(亦) 三妄五音圖 및 三妄五行圖 참조
亦	역	거스를	오름(是爲↗)則과 내림(亦爲↘)則으로서 마주하지만、거스름(亦)도 뜻함
隨	수	따를	공자를 섬기는 유교집단、부처를 섬기는 불교집단、華夏를 섬기는 慕華집단
而	이	只用	이미 두(◐) 갈래(☆)로 갈라서버린 거두절미법칙의 용두사미필법에 따라서
異	이	다를	서로 다른 동상이몽과 이구동성의 극치로 뒤엉켜버린 반절문자 및 방언리어
	다르게 뒤엉킴		창출지법으로서 뿌리내린 즉、음양이치의 반절어법으로 뒤엉켜서 뿌리내림
焉	언	只用	처음(一)부터 끝(三・十)까지 맺고(三・十) 이어(三一)지는 결언쓰임(只用)
한글국역		말소리도 이에 따라 다르다	

「중국역대 유학경림(幼學瓊林)-통계(統系) 편」

원문 / 해제 一覽 / 참조

[음양☆팔괘의 가공◐세계 창출지법 및 중국시조・문명시조・인류시조 창출지법 모두가]
[華◐夏를 섬기는 慕華☆집단의 慕華제도 창출지법으로 소급 / 전환]

盤古氏	반고氏의 두 눈(二◐目)으로부터 창출됐다던 음양☆팔괘의 머리◐통으로 자가당착
天皇氏	천황氏가 始建한 음양역법의 十干◐십이支와 인간세상의 十母◐십이子로서 뒤엉킴
地皇氏	지황氏가 定分한 음양오행說의 日月星辰(해◐달☆별)、이로써 나눈 晝◐夜
人皇氏	인황氏가 손바닥에다가 구획한 무주공산의 九野 / 九州、이로써 안치한 山◐川
有巢氏	유소氏가 나무로 얽은 보금자리、이로써 백성들도 알게 된 거처
燧人氏	수인氏가 나무를 비벼서 취한 불씨、이로써 백성들도 알게 된 음식
伏羲氏	복희氏(창힐・천황・태호로 둔갑)가 그린 음양팔괘(河圖)로서 文敎 / 文明이 열림
[蒼頡]	◇ 육서지법의 육두문자 / 반절문자 / 이두문자 및 방언리어 창출지법으로서 결승대체
天皇 / 太昊	◇ 육십갑자의 육갑력으로서 백성의 성씨와 人間360餘事 등등으로 점차번성
神農氏	신농氏가 오곡으로서 민생자급、상백초로서 질병치료、농사방서로써 구비된 제도라지만、음양팔괘의 가공세계 창출지법(周易 / 易經)으로서 뿌리내려버린 바에 불과한 즉
軒轅 / 父	금천은 헌원의 아들	이와 같은
金天 / 子		반고씨(盤古死身)의 두 눈(二◐目)으로부터 줄줄이 창출됐다던
黃帝 / 祖	전욱은 황제의 손자	[음양팔괘의 가공세계 창출지법(周易)]으로 줄줄이 주워섬기면서
顓頊 / 孫		서로 다른 용수사신의 머리◐통과 꼬리☆통으로 뒤엉켜서
少昊 / 祖	제곡의 祖父가 소호	어긋남의 극치에 달하고 자가당착의 극치에 달한 줄도 모르고 人首☆蛇身의 복희◐여와圖와 三妄化身의 삼황오제說로 뒤엉키고 뒤
帝嚳 / 孫		엉켜서 [중국시조・문명시조・인류시조]로까지 줄줄이 등극되었고
高辛 / 父	도당의 아비가 고신	음양상극<華◐夏>남북상극으로 뒤엉켜서 자가당착된 줄도 모르는 즉
陶唐 / 子		華◐夏를 섬기는 慕華☆집단의 慕華제도 창출지법에 불과한 것이었다

개 외 국 지 어 유 기 성 이 무 기 자
盖外國之語。有其聲而無其字。

◇ 이러한 불능달의 周易과 반절어법의 태생적 한계를 뒤집어쓴(盖) 줄도 모르는 나라밖의 말투로서는
◇ 그로서의 말소리로서는 말미암으나 그로서의 글자체계(諺文체계 / 字書체계 / 正音체계)로서는 말미암아질 수 없었던 바가 곧, 가중국의 반절문자(凡干文字)를 빌어쓰면서 변통을 거듭하는 이호중국의 방언리어(本國俚語) 창출지법(이두필법 / 삼망화법)으로 줄줄이 주워섬기면서 무한대로 창출되고 축적이 거듭된 오동방・예악문장의 봉건제도나 반절字母(中古漢音)의 이두韻書 모두가 「거두절미법칙의 용두사미필법으로서 동문동궤가 이루어진 但방언리어」에 불과하다 함은 이를 일컫는 것이다.

3字1書의 정의로서 간략하게 요약(一三)되고 압축(三一)된 언문성음의 字書체계 해제			
盖外國之語			불능달의 周易 / 반절어법을 뒤집어쓴(盖) 나라밖의 말투는 이호중국의 本國俚語
諺文	字音	語音	3諺1文의 정의로서 간략하게 압축되고 풀어지는 한국고유의 諺文체계 해제
盖	개	감쌀	태극(一)의 질서(三・十)에 감싸이는 바가 곧 천지조화의 一丸세계를 뜻하지만
		덮을	태극(一)을 집어삼킨(捨) 음양이치의 반절어법에 줄줄이 함몰(盖)된 줄도 모르는 즉
	전환	함몰	반절어법의 4대영역과 음양역법의 시공간에 송두리째 갇혀버린 줄도 모르고
	뒤집어씀		이호중국의 인간세상으로 전락된 줄도 모르는 동서문명의 태생적 한계와 같음
	둔갑		[盖]字와 유사한 [蓋]字로 뒤바뀌고 한역음사(덮을 / 覆 / 뚜껑)의 한글국역으로 둔갑
外國	외국		불능달의 周易 / 반절어법에 함몰(盖)된 외국어 / 외래어로서는 그저 말소리에 불과하듯
之語	지어		용두사미필법으로 동문동궤가 이루어져버린 반절어법 / 이두문법의 本國俚語에 불과함
	전환	方言	애초부터 어긋나고 뒤틀린 반절어법의 태생적 한계를 뒤집어쓴(盖) 어긋난 말투
		俚語	[이두칭명의 방언(方言 / 칭음)과 漢字풀이의 리어(俚語)] 로도 요약되고 귀결됨
한글국역			대개 외국의 말은

有其聲而無其字		그로서의 말소리로는 말미암아지나 그로서의 글자체계로서는 말미암아질수 없었던 바가 곧, 반절문자 및 방언리어 창출지법(六書之法)의 태생적 한계를 뜻함
諺文	聲音	3諺1文의 정의로서 간략하게 압축되고 풀어지는 한국고유의 諺文체계 해제
有其聲	유기성	그로서(其)의 말소리(聲)로서는 말미암아지나(有)
無其字	무기자	그로서의 글자체계(諺文체계 / 字書체계 / 正音체계)로서는 말미암아질 수 없는 바가 곧, 불능달의 周易을 뒤집어쓴 반절문자 및 방언리어 창출지법의 태생적 한계를 뜻하듯, 설문해자 / 漢字사전 / 국어사전 등 모두가 이를 뜻하는 것이다
한글국역		그 소리는 있어도 그 글자는 없으므로

가 중 국 지 자 이 통 기 용   시 유 예 착 지 서 어 야   기 능 달 이 무 애 호
假中國之字以通其用。是猶柄鑿之鉏鋙也。豈能達而無礙乎。

◇ 중원(十)을 뒤집어써버린 가중국(假中國)의 가짜(假字)를 빌어 쓰면서 변통을 거듭하다보니
◇ 마치 작은 구멍을 뚫어할 촉꽂이로서 호미질(天下를 호령)을 거듭함과 같았던 바가 곧, 춘추전국시대의 용두사미필법으로서 동문동궤가 이루어져버린 오동방·예악문장의 봉건제도로 줄줄이 주워섬기면서 중원천하의 인간세상을 호령하고 줄곧 거느렸던 바로서 간략하게 압축되고 귀결되듯
◇ 이미 두(◐) 갈래(☆)로 갈라서버린 거두절미법칙의 용두사미필법이나 불능달의 周易을 뒤집어쓴 육서지법의 漢자어법으로선 능달에 이르기는커녕, 거리낌만 커지고 가로막힘이 거듭되면서 어긋남의 극치에 달하는 반절어법의 태생적 한계를 뒤집어쓰고서 끝없이 함께할 수밖에 없음을 뜻하였던 것이다.

3字1書의 정의로서 간략하게 요약(一三)되고 압축(三一)된 언문성음의 字書체계 해제			
假中國之字以通其用			가중국의 假字를 빌어쓰고 변통하는 바가 곧 이호중국의 방언리어 창출지법
諺文	字音	語音	3諺1文의 정의로서 간략하게 압축되고 풀어지는 한국고유의 諺文체계 해제
假	가	假~用	태극(一)을 집어삼킨(捨) 무한대의 대전제를 뒤집어쓴(盖) 바와 같은즉
		빌어~씀	태극(一)을 집어삼키고서(捨) 중원(十)을 뒤집어써버린(周易 / 가공세계)
	전환	뒤집어~씀	가중국의 假字를 빌어쓰고 변통을 거듭하는 용두사미필법 / 반절어법 同
中國	중국		태극(一)을 집어삼키고서(捨) 중원(十)을 뒤집어써버린(복희팔괘 / 周易 / 文王팔괘)
	둔갑	나라 / 朝	중국역대(夏朝~漢朝~淸朝) 모두가 [나라 / 朝 / 조]字로 쓰였던 바로서는
	夏朝	하◐나라	나라(國)를 집어삼킨(捨) 나라(朝)로 둔갑되고 답습이 거듭된 바에 불과하듯
	漢朝	한◐나라	桓因한국을 집어삼켜버린(捨) 假中國◐異乎中國 및 佛國◐天國 모두 同
之字	지자	假◐字	글자(文字)는 [扵文의 諺文체계와 字書체계]로서 마주함을 뜻하지만
		華製漢字	반절문자 및 방언리어 창출지법으로 둔갑 / 고착된 육서지법 해제 / 참조
	둔갑	文◐字	文(一)과 字(三)로서 마주하지만, 음양상극의 반절 / 文◐字로 뒤엉켜버린
	漢文	한문 假	[육서지법의 六頭文字 / 반절문자 / 二頭文字]로 둔갑 / 창출된 바이고
	漢字	한자 字	假字의 말머리(漢)로 달라붙어버린 二頭文字의 대명사가 漢文◐漢字이듯
以通其用		이통기용	이와 같은 漢文 / 漢字를 빌어쓰고 변통하는 바가 곧, 방언리어 창출지법
한글국역			중국의 글자를 빌려서 그 일용(日用)에 통하게 하니

是猶柄鑿之鉏鋙也		용두사미필법 / 집단의 봉건제도로서 천하를 호령하고 줄줄이 거느림
諺文	聲音	삼극(三一)의 정의로서 간략하게 압축되고 풀어지는 한국고유의 諺文체계 참조
是猶	시유	이는 마치
柄鑿	예착	장부를 뚫어야할 작은 촉꽂이(송곳)로서
鉏鋙	서어	호미질(天下를 호령)을 거듭함과 같았던 즉, 춘추전국시대의 용두사미필법을 뜻함

한글국역	이것이 둥근 장부가 네모진 구멍에 들어가 서로 어긋남과 같은데

豈能達而無礙乎			능달에 이르기는커녕, 거리낌만 커지고 가로막힘이 거듭되는 반절어법의 태생적 한계를 뒤집어쓰고서 끝없이(영구히) 함께할 수밖에 없음을 뜻함
諺文	字音	語音	3諺1文의 정의로서 간략하게 압축되고 풀어지는 한국고유의 諺文체계 해제
豈	개	只用	이미, 어떻게, ~하기는커녕(豈~而) 등으로 전환되는 어조쓰임(只用)
能達	능달	但因	만인(人─三)에 因(─)한 但因의 人神之位 및 三眞─神의 눈높이(自明) 참조
	통달	檀因	자연(地─二)에 因(─)한 檀因의 神人之位 및 三位太伯의 눈높이(神明) 참조
하늘에	因함	桓因	하늘(天──)에 因(─)한 桓因의 天神之位 및 三位─神의 눈높이(─朝) 참조
無	무	무한	다함이 없는 [무한·무궁·무진]을 뜻하되 있고(有) 없고(無)는 반절어법
礙	애	거리낄	거리낌이 커지고 가로막힘이 거듭되는 반절어법의 태생적 한계를 뒤집어쓰고
乎	호	함께할	끝없이 함께할 수밖에 없음을 일컫는 즉、東西◐文明의 태생적 한계와 같음
	둔갑	어조사	이두문법의 어조사로 답습과 둔갑이 거듭된 이 또한、한역음사의 但방언리어

한글국역	어찌 능히 통하여 막힘이 없겠는가.

이와 같은
　　가중국의 반절문자(凡干文字) 창출지법을 뒤집어쓰고서 두(◐) 갈래(☆)로 갈라서버린
　　이호중국의 방언리어(本國俚語) 창출지법으로 줄줄이 주워섬기면서
　　무한대로 창출되고 축적이 거듭된 바에 불과했던

「중국식(舊)·華製漢字 / 漢語 및 일본식(新)·和製漢字 / 漢語 창출지법」
원문해제 / 참조

이두필법의 이두칭명에 불과한 즉		삼망화법의 한역음사 / 한글국역、漢字풀이 / 本國俚語 모두가 但방언리어
		3字1書의 정의로서 간략하게 압축되고 풀어지는 한국고유의 諺文체계 참조
華製漢字	화제한자	중국식·六書之法에 따라 반절조합이 거듭된 즉、중국식·華製漢字 / 假字
和製漢字	동음리어	일본식·六書之法에 따라 축소병합이 거듭된 즉、일본식·和製漢字 / 假字
華製漢語	화제한어	중국식(舊) 이두필법에 따라 漢字조합이 거듭된 즉、중국식·漢字音 / 漢語
和製漢語	동음리어	일본식(新) 이두문법에 따라 漢字조합이 거듭된 즉、일본식·漢字音 / 漢語

요 개 각 수 소 처 이 안　불 가 강 지 사 동 야
要皆各隨所處而安。不可强之使同也。

◇ 요컨대 저마다의 모두가 타고난 바에 따르거나 처한 바에 따라서 서로의 안위를 도모할지언정
◇ 불가항력으로서 강압한다하여 거느리고자함과 같아질 수 없음에도 불구하고

3字1書의 정의로서 간략하게 요약(一三)되고 압축(三一)된 언문성음의 字書체계 해제			
要皆各隨所處而安			요컨대 저마다의 모두가 타고나고 처한 바에 따라서 서로의 안위를 도모함
諺文	字音	語音	3諺1文의 정의로서 간략하게 압축되고 풀어지는 한국고유의 諺文체계 해제
要	요	필요	반드시 요하게 되는 필요의 법칙과 자연의 법칙까지 모두 함축되고 구비된
		요령	아주 간략한 요령으로서 쉬이 터득되는 바가 한국고유의 諺文체계였던 반면
		필요하건대	불능달의 周易과 육서지법의 漢字어법으로선 요령부득(要領不得)을 뜻함
皆	개	모두	서로 마주하는 우리모두·인류모두·만인만물 모두
各	각	각자	各自는 서로 마주하는 저마다 / 각각은 쫓는바가 다른 따로(各) 따로(各)
隨	수	따를	天地人·三倫之理에 따른 訓民 / 봉건제도의 삼강오륜에 따른 漢族◐梵族
所	소	바탕	無所 / 三無(무한 / 天一一·무궁 / 地一二·무진 / 人一三) 해제 / 참조
處	처	곳	사분오열이 거듭된 4방풍토 / 풍습일지언정、저마다가 처한 바에 따라서
安	안	편안	편안한 삶·나라·一丸세계를 이룩했던 바가 다름 아닌 桓因한국의 桓檀제도
한글국역			요는 모두 각기 처지(處地)에 따라 편안하게 해야만 되고

不可强之使同也		불가항력으로서 강압한다하여 거느리고자함과 같아질 수 없음을 일컫는 즉
諺文	聲音	3諺1文의 정의로서 간략하게 압축되고 풀어지는 한국고유의 諺文체계 해제
不可	불가	가능하지도 않은 불가항력이란、용두사미필법 / 집단의 봉건제도를 일컫는 바로서
强之	강지	오동방·예악문장의 봉건제도로 줄줄이 주워섬기면서 중원천하의 인간세상을
使同	사동	호령하고 줄줄이 거느렸던 그로서의 모두가 말소리의 유성근본(三一五行)을 거스르고 서(亦) 쫓는(隨) 것도 다르게(異) 뒤엉켜버린 조물주 / 인조인간집단 및 용두◐사미☆집단 / 천지◐귀신☆집단으로 전락되고 줄줄이 다시 태어난 줄도 모르는 바를 뜻함
한글국역		억지로 같게 할 수는 없는 것이다.

이와 같은 모두가
춘추전국시대의 용두사미필법과 방언리어의 극치(肇禮樂文章之祖)로 줄줄이 주워섬기면서 저절로 왜곡되고 어긋남의 극치에 달하는 반절어법의 극치로서 동문동궤가 이루어져버린 용두사미필법 / 집단의 예악문장(慕華제도 / 骨品제도)을 뒤집어쓰고서 줄줄이 다시 태어난 줄도 모르는 바와 같기 때문에 무주공산(중원천하 / 이호중국)의 인간세상으로 줄줄이 전락된 줄도 모르는 바와 같았던 것이다

<small>오 동 방 예 악 문 장   모 의 화 하</small>
吾東方禮樂文章◦侔擬華夏。

◇ 애초부터 어긋나고 뒤틀린 오동방・예악문장에서조차

◇ 의심의 여지없이 華◐夏를 모방하고 답습이 거듭된 바에 불과함을 일컫듯、「공◐자를 섬기는 유교☆집단의 공자필법과 유교경전의 漢字언해로서 집대성 / 집합체」를 이룬바에 불과했고、「부◐처를 섬기는 불교☆집단의 불경화법과 불경경전의 불경언해로서 집대성 / 집합체」를 이룬바에 불과했던 그로서의 모두가 춘추전국시대의 용두사미필법(공자필법 / 불경화법)과 방언어리어의 극치(肇禮樂文章之祖)로 줄줄이 주워섬기면서 반절어법의 극치로서 동문동궤가 이루어져버린 줄도 몰랐던 것이다.

3字1書의 정의로서 간략하게 요약(一三)되고 압축(三一)된 언문성음의 字書체계 해제			
吾東方禮樂文章			어긋나고 뒤틀린 오동방・예악문장은 곧、중원천하의 관습제도 모두를 총칭함
諺文	字音	語音	3諺1文의 정의로서 간략하게 압축되고 풀어지는 한국고유의 諺文체계 해제
吾	오	절반	예컨대 [3諺1文의 語]字에서 반절되고 음양상극으로 뒤엉킨 [言◐吾]임에도
	둔갑	나	한역음사의 [나 / 우리] 및 [우리나라(吾◐東☆方)]로까지 뒤엉켜버린 반면
東方	동방		사분오열이 거듭된 4방풍토(동서☆남북)의 吾東方은 중원천하의 인간세상을 뜻함
禮樂	예악		공자필법 / 유교경전 / 漢字언해로서 집대성 / 집합체를 이룬바에 불과한 吾◐東☆方
文章	문장		예악문장은 곧、[관습경전 / 학습경전、慕華제도 / 骨品제도] 등의 모두를 총칭함
한글국역			우리 나라의 예악(禮樂) 문물(文物)이 [文章]에서 [文物]로 글자도 뒤바뀜

侔擬華夏			의심의 여지없이 華◐夏를 모방하고 답습이 거듭된 즉、慕華집단의 慕華제도로 소급
諺文	字音	語音	3諺1文의 정의로서 간략하게 압축되고 풀어지는 한국고유의 諺文체계 해제
侔	모	가림토	언문성음의 자방고전(한국고전◇訓民正音)으로 구비된 一朝・제작모神工 참조
	전환	답습	華夏를 섬기는 慕華집단의 慕華제도로서 소급된 바가 곧、오동방・예악문장
擬	의	모방	의심의 여지없이 華◐夏를 모방하고 답습이 거듭된 바를 뜻하는 즉
華夏	화하		중원천하의 江南(夏)에서 江北(華)으로 북상하면서 음양상극 / 남북상극으로 뒤엉켜버린 이두칭명의 [華◐夏]에 불과함에도 華◐夏를 섬기는 慕華☆집단의 慕華제도 / 慕華경전 / 慕華사적 및 說文解字 / 화하韻書 등등으로서 집대성을 이루고 동문동궤를 이루었던 그로서의 모두가 용두사미필법의 但방언리어에 불과함을 뜻하는 바였던 것이다
한글국역			중국에 견주게 되었으나

예컨대

오동방・예악문장의 조상이나 시조(肇禮樂文章之祖)라 칭하는 그 자체만으로도 용두◐사미☆필법의 대명사이듯、華◐夏를 섬기는 慕華☆집단 또한 마찬가지로서 용두◐필법과 동떨어진 사미☆화법으로 뒤엉켜서 끝없이 물고 늘어지는 바가 곧、용두사미필법과 마주하는 용두사미집단을 일컫는 것이다.

_{단 방언 리어 불 여 지 동}
但方言俚語∘不與之同。

◇ 但因(三一)할 수 없는(非但) 방언리어의 극치(禮樂文章之祖)로서 집대성을 이룬 바와도 같았고
◇ 저절로 왜곡되고 굴절만이 거듭되는 반절어법의 극치로서 동문동궤를 이룬 바와도 같았던 그로서의 모두에 이르기까지 인의장막의 극치로서 공동운명체를 이루어버린 바에 불과함에도 불구하고

3字1書의 정의로서 간략하게 요약(一三)되고 압축(三一)된 언문성음의 字書체계 해제			
但方言俚語			但因(三一)할 수 없는(非但) 방언리어의 극치로서 집대성을 이룬 바를 뜻하고
諺文	字音	語音	3諺1文의 정의로서 간략하게 압축되고 풀어지는 한국고유의 諺文체계 해제
但	단	능달	스스로(三眞)에 因(一神)하고 지극(三一)에 因(一)한 바가 곧、한마음 한뜻을
		但因	이루면서 만물소통의 성통공완을 이룩하고 지극에 因(一)한 바를 뜻하는 반면
	전환	非但	但因할수 없는 非但으로 전환됨은 곧、불능달의 周易을 뒤집어쓴 바를 뜻함
方言	방언		이두필법의 文言文과 犬言犬으로 갈라선 즉、삼망화법의 犬言犬과 文言文 相同
俚語	리어		이두문법의 文語體와 口語體로 갈라선 즉、이두어법의 口語體와 文語體 相同
한글국역			다만 방언(方言)과 이어(俚語)만이

不與之同			왜곡과 굴절만이 거듭되는 반절어법의 극치로서 동문동궤가 이루어진 바를 뜻함
諺文	字音	語音	3諺1文의 정의로서 간략하게 압축되고 풀어지는 한국고유의 諺文체계 해제
不	불	아니	但因할 수도 없는 오동방・예악문장의 但방언리어로서 집대성을 이루고
與	여	只用	불능달의 음양역법 / 반절어법 및 용두사미필법으로서 동문동궤를 이룬 즉
之同	지동		반절어법 / 방언리어 / 인의장막의 극치로서 집대성 / 동문동궤 / 집합체를 이룸과 同
한글국역			같지 않으므로

「但方言俚語∘不與之同 및 方言俚語萬不同」 언문 / 해제			
但	전환 || 非但	但因할 수도 없는(非但) 불능달의 周易을 뒤집어쓴 태생적 한계로 전환
方言	文言文	문언문	이두필법의 文과 文 사이에 갇혀버린 틈이듯、동상이몽의 눈(◐)과 동의적
	犬言犬	견언견	삼망화법의 犬과 犬 사이에 갇혀버린 틈이듯、이구동성의 입(☆)과 동의적
俚語	文語體	문어체	이두문법의 文語體와 口語體로 갈라선즉、이두필법의 文言文 / 犬言犬 同
	口語體	구어체	이두어법의 口語體와 文語體로 갈라선즉、삼망화법의 犬言犬 / 文言文 同
萬不同 (영구불변) 不與之同			영구불변(萬不同)을 뜻하는 거두절미법칙(음양이치 / 반절어법)의 용두사미필법(이두필법 / 삼망화법) 이 곧、음양팔괘의 가공세계 창출지법과 마주하는 반절문자 및 방언리어 창출지법으로 뒤엉켜서 똬리를 틀고 들어앉아버린 바를 뜻하였던 것이다

　　　　학 서 자 환 기 지 취 지 난 효　　치 옥 자 병 기 곡 절 지 난 통
學書者患其旨趣之難曉。治獄者病其曲折之難通。

◇ 이처럼 어긋남(異◐乎)의 극치(中☆國)에 달한 줄도 모르는 이두학문의 이두**學書**를 배우려함이 오히려 식자우환(識字憂患)의 이두학습으로 고착된 줄도 모르는 그로서가 곧、요지를 취하기도 어려운 방언리어의 극치(肇禮樂文章之祖)로서 집대성을 이루어버린 오동방・예악문장의 **學書 / 史書 / 韻書** 등등의 모두가 「불능달의 주역(周易)을 뒤집어쓴 반절문자 및 방언리어 창출지법」으로 줄줄이 주워섬기면서 저절로 눈과 귀가 멀어버린 줄도 모르기 때문이었고

◇ 자가당착의 극치(假◐中☆國)에 달한 줄도 모르는 중원천하의 인간세상을 다스리려함이 오히려 치자병통(治者病通)의 이두관습으로 고착된 줄도 모르는 그로서가 곧、저절로 왜곡되고 굴절만이 거듭되는 반절어법의 극치로서 동문동궤가 이루어져버린 오동방・예악문장의 관습제도 모두가 서로 다른 용수사신의 머리◐통과 꼬리☆통으로 뒤엉켜서 자가당착의 극치에 달해버린 「용두사미집단의 봉건제도」로 줄줄이 주워섬기면서 자가당착의 극치를 넘나드는 줄도 모르기 때문이었던 것이다.

3字1書의 정의로서 간략하게 요약(一三)되고 압축(三一)된 언문성음의 **字書**체계 해제			
學書者患其旨趣之難曉			[學書者患曉]의 이두학습으로 고착된 줄도 모르는 그로서가 곧 요지를 취하기도 어려운 예악문장의 이두학문으로 답습되기 때문
諺文	字音	語音	3諺1文의 정의로서 간략하게 압축되고 풀어지는 한국고유의 **諺文**체계 해제
學	학	배울	언문성음의 **字倣古篆**(한국고전)을 배우는 바가 곧、능달 / 但因의 지름길
			치화원리 / 교화원리 / 조화원리를 깨닫는 바가 곧、통달 / 檀因의 지름길
	둔갑	이두칭명	그럼에도 불구하고 이와 같은 모두를 송두리째 집어삼킨(捨) 줄도 모르는
	學問	이두학문	제・스스로 묻고 답하였던 오동방・예악문장 모두가 방언리어의 극치이자
	學習	이두학습	이두학문의 이두학습과 이두관습으로 줄줄이 주워섬겼던 바에 불과한 즉
書	서	글 / 쓸	오동방・예악문장의 **學書** 모두가 반절어법의 但방언리어에 불과한 반면
	字書	字書체계	언문성음의 자방고전으로서 모두 구비된 바가 곧 桓因한국의 桓檀제도이자
	書矣	三極之義	언문성음의 字書계에 따라서 삼극의 정의로서 압축되고 풀어짐을 뜻함
者	자	함 / 只用	~함에도 불구하고、~함이 오히려 등으로 전환되는 어조쓰임(只用)
患	환	근심	이두학문의 이두**學書**와 但방언리어로 답습이 거듭되면서 저절로 눈과 귀가
		고질병	멀어버린 줄도 모르는 자가당착의 三妄집단 / 慕華집단 모두의 고질병 / 同
其	기	只用	[그로서]는 三一의 정의로서 맺고(三・十) 잇따름(三一)을 뜻하는 반면
	둔갑		한역음사의 [그]는 반절어법 / 이두문법의 지칭대명사(손가락질)로 둔갑 / 고착
旨趣之難曉			그로서의 요지를 취하기도 어려운 방언리어의 극치로서 집대성을 이룬 줄 모르는
지취지난효			오동방・예악문장 모두가 華◐夏를 모방하고 답습이 거듭된 但방언리어에 불과함
한글국역			글을 배우는 사람은 그 지취(旨趣)의 이해하기 어려움을 근심하고

治獄者病其曲折之難通			[治獄者病通]의 이두관습으로 고착된 줄도 모르는 바가 곧, 저절로 왜곡되고 굴절만이 거듭되는 예악문장의 관습제도로 답습이 거듭되기 때문
諺文	字音	語音	3諺1文의 정의로서 간략하게 압축되고 풀어지는 한국고유의 諺文체계 해제
治	치	다스릴	만물소통의 성통공완을 이룩하고 지극에 因한 一朝·제작모神工에 따라서
			만물치화의 치화원리를 열어준(開物)「桓檀帝曰의 三一神誥」해제 / 참조
	둔갑	이두칭명	소위, 나라를 다스리고 백성을 다스리는 일이 정치이고 정치家라 하지만
	政治	정치 / 家	애초부터 민심(三)과 천심(一)의 중간(二)에 끼어들어 두 갈래로 갈라세우고
	宗敎	종교 / 家	서로 다른 용수사신의 머리●통과 꼬리☆통으로 뒤엉키고 뒤엉켜버린
	百家	제자백가	춘추전국시대의 聖人君子와 諸子百家 모두가 용두사미집단에 포괄됨
獄	옥	갇힐	죄수를 가두는 감옥, 죄의 有無를 판단하는 판관이나 송사 등으로 전도되
		↓→	는 등의 모두가 둔갑이 거듭되는 반절어법 / 이두문법의 방언리어를 뜻함
	象形◇	犬言犬	용두사미필법의 [文言文 / 犬言犬]에 송두리째 갇혀버린 바를 미루어보듯
	둔갑	이두칭명	[獄]字의 상형(犬言犬)은 이두필법의 방언리어(文言文 / 犬言犬)를 뜻하고
	地獄	지옥	[지옥과 천국]이란 이두칭명조차도 음양☆팔괘의 가공●세계에 불과한 즉
	天國	천국	음양이치의 반절어법에 따라서 두 갈래로 뒤엉킨 [천국●지옥]에 불과함
者	자	함 / 只用	~함에도 불구하고, ~함이 오히려 등으로 전환되는 어조쓰임(只用)
	둔갑	놈 / 사람	이두구결의 [~하노니]에서 [놈]으로 둔갑된 [놈 / 사람 / 물건]으로 고착
病	병	병	어긋나고 뒤틀린 [오동방·예악문장의 但방언리어]로 줄줄이 주워섬기면서
		고질병	저절로 눈과 귀가 멀어버린 줄도 모르는 慕華집단의 머리●통으로 들어앉힌
		자가당착	바가 慕華사상이자 음양사상인즉, 유교사상 / 불교사상 등 모두 同
曲折之難通			왜곡과 굴절만이 거듭되는 반절어법의 극치로서 동문동궤가 이루어진 줄도 모르는즉
곡절지난통			華●夏를 섬기는 慕華☆집단의 慕華제도로서 집대성 / 집합체가 이루어진 바를 뜻함
한글국역			옥사(獄事)를 다스리는 사람은 그 곡절의 통하기 어려움을 괴로워하였다

이두필법의 이두칭명에 불과함			삼망회법의 한역음사 / 한글국역 / 漢字풀이 / 本國俚語 모두가 但방언리어
			3諺1文의 정의로서 간략하게 압축되고 풀어지는 한국고유의 諺文체계 해제 참조
聖人君子		성●인	[聖帝之位의 3聖1位]에서 聖字만을 취하고 人間의 人字로서 조합된 聖●人
		군●자	한역음사의 [임금 / 君 / 군]字와 [十母●十二子의 子]字로서 조합된 君●子
諸子百家		제자백가	諸子에서 學者·思想家·哲學家 등의 百家로 둔갑이 거듭된 바에 불과한 즉
百家思想		백가사상	제자백가의 백가사상에서 이합집산이 거듭된, 동상이몽의 文言文과 동의적
百家爭鳴		백가쟁명	제자백가의 백가쟁명에서 이합집산이 거듭된, 이구동성의 犬言犬과 동의적
聖字돌림			聖字돌림의 聖人(공자)·聖者(부처) 및 聖父·聖母·聖子 모두가 이두필법의 但방언리어
君字돌림			君字돌림의 君子·君王·君主·主君·首君에서 둔갑된 帝王 / 皇帝 / 三皇五帝 모두 同
子字돌림			子字돌림의 諸子에서 둔갑된 學者·思想家·哲學家·宗敎家 등의 諸子百家 모두 上同

<small>석 신 라 설 총 시 작 이 두 관 부 민 간 지 금 행 지</small>
昔新羅薛聰。始作吏讀。官府民間。至今行之。

◇ 그럼에도 불구하고、옛 신라의 설총(665년~미상 / 佛家에 속함)으로부터
◇ 시작됐다던 신라吏讀로서는 신라式・漢字어법을 일컫는 바이되、중국식・漢字어법 다름 아니었던 漢語계통의 공자필법(중국吏讀)에까지 줄줄이 편승하여 또 다른(이승◐저승) 갈림길(卐☆卍)을 창출하고서 줄줄이 구축시켜버린 梵語계통의 불경화법(불교식・漢字어법)까지 모두 포괄되는 바였음에도 불구하고
◇ 관부의 이두관습이나 민간의 이두학습에서조차 梵語계통의 신라吏讀(신라式・漢字어법)나
◇ 불경화법의 불교경전으로 답습이 거듭되면서 지금(周代 / BC 770~221~~~~1443년 겨울)에까지 이르렀다지만、어불성설이고 언어도단이라 함은 이를 일컫는 바와 같았던 것이다.

3字1書의 정의로서 간략하게 요약(一三)되고 압축(三一)된 언문성음의 字書체계 해제			
昔新羅薛聰			옛 신라의 대표적인 吏讀학자라지만、이조차도 이두필법의 칭명부여에 불과함
諺文	字音	語音	3諺1文의 정의로서 간략하게 압축되고 풀어지는 한국고유의 諺文체계 해제
昔	석	예	옛、옛날、지난날
新羅	신라		나당동맹으로 고구려를 멸망시킨 불국신라는 梵語계통의 불교국가로 귀결되듯
薛聰	설총		불교승려(원효)와 신라공주(요석) 사이에서 태어났다는 당시의 대표적인 吏讀학자라
			칭송하는 그조차도 이두필법 / 문법의 칭명부여(方言)와 중언부언(俚語)에 불과함
한글국역			옛날에 신라의 설총이

始作吏讀			이미 두 갈래로 갈라선 즉、漢語계통의 공자필법 / 중국吏讀에까지 줄줄이 편승한 바가 곧、梵語계통의 신라吏讀 / 불경화법이자、불교식・漢字어법을 일컫는 것이다
諺文	聲音		3諺1文의 정의로서 간략하게 압축되고 풀어지는 한국고유의 諺文체계 해제
始作	시작		용두사미필법으로부터 갈라선 즉、유교집단의 공자필법과 불교집단의 불경화법
			반절어법으로부터 갈라선 즉、漢語계통의 중국吏讀와 梵語계통의 신라吏讀
吏讀	이두		이두집단의 글 읽는 방식(음독 / 훈독)으로 뒤엉킨 즉、이두문자의 吏讀표기법 / 문법
	문자		梵語음성학과 漢語음운학으로 뒤엉킨 즉、異乎中國의 中古漢音과 이두韻書로 귀결
	문법		조선吏讀의 반절어법、일본吏讀의 이두문법、현대吏讀의 국어국문법 모두 上同
한글국역			처음으로 이두(吏讀)를 만들어

官府民間		관부의 이두관습(慕華제도 / 骨品제도)이나 민간의 이두학습(禮樂文章)에서조차
諺文	聲音	3諺1文의 정의로서 간략하게 압축되고 풀어지는 한국고유의 諺文체계 해제
官府	관부	관부의 이두관습은 곧、[오동방・예악문장으로 답습되는 慕華제도 / 骨品제도]

民間	민간	민간의 이두학습 또한, [오동방·예악문장으로 답습되는 吏讀학문 / 吏讀학습]
한글국역		관부와 민간에서

至今行之		이와 같은 梵語계통의 신라吏讀와 불경화법의 불교경전으로 답습이 거듭되면서 지금에까지 이렀다지만, 어불성설이고 언어도단이라 함은 이를 일컫는 것이다
諺文	聲音	3諺 1 文의 정의로서 간략하게 압축되고 풀어지는 한국고유의 諺文체계 해제
至今	지금	지금(周代 / BC 770~221~~~1443년 겨울)에 이르기까지 梵語계통의 신라吏讀와
行之	행지	불경화법의 불교경전으로 답습이 거듭되었다지만, 어불성설이고 언어도단으로 귀결
한글국역		지금까지 이를 행하고 있지마는

이른바
「吏讀 / 이두」라 함은
불능달의 주역(周易)을 뒤집어쓴 육서지법의 육두문자 / 이두문자를 빌어 쓰면서 변통을 거듭하는
이두문자(漢文 / 漢字)의 音讀방식과 訓讀방식을 일컫는 모두를 총칭하는 바와 같기에
이두문자(漢文 / 漢字)를 빌어(假) 쓰는(用) 신라吏讀는, 신라식·漢字어법 / 불경화법을 대변하고
이두문자(漢文 / 漢字)를 빌어(假) 쓰는(用) 중국吏讀도, 중국식·漢字어법 / 공자필법을 대변하듯
이두문자(漢文 / 漢字)를 만들었다는 중국(華製漢字)이나 일본(和製漢字)조차도
이두문자(漢文 / 漢字)를 빌어(假) 쓰긴(用) 마찬가지로서

불능달의 주역(周易)과 반절어법의 태생적 한계를 뒤집어쓰고서 끝없이 곤두박질된 줄도 모르고
반절문자 및 방언리어 창출지법(六書之法)을 뒤집어쓰고서 끝없이 물고 늘어지는 줄도 모르는
조선吏讀의 반절어법(漢字 / 한글, 독음 / 리어, 이두필법 / 삼망화법)도 이와 같을 뿐만 아니라

조선吏讀의 반절어법으로 체계화된 반절字母의 반절철자법까지 송두리째 흡수병합시켜버린
일본吏讀의 이두문법으로 成文化되었다던 언문철자법(조선어정서법 / 한글정서법)으로 축소병합되기
에 이르기까지 이두필법의 칭명부여(方言 / 칭음)가 거듭되고 삼망화법의 중언부언(俚語 / 언해 / 국역)
이 거듭되면서 어긋남의 극치에 달하는 방언리어의 극치로서 집대성을 이룬 줄도 모르고
저절로 왜곡되고 굴절만이 거듭되는 반절어법의 극치로서 동문동궤가 이루어진 줄도 모르는

조선어문의 어문규정(한글맞춤법 / 표준어규정, 로마자표기법 / 외래어표기법)으로서는
육서지법의 漢字어법과 일본吏讀의 이두문법까지 빌어쓰는 이두표기법 / 이두어법에 불과하고
방언리어 창출지법을 뒤집어쓴 자가당착의 한글어법으로 곤두박질된 바를 뜻하였던 것이다.

이와 같은 바만을 상세하게 살펴헤아려 보더라도
한국고유의 언어(諺語)는 말다운(諺) 말(語)로서 비롯되는 扵諺 / 扵文의 諺文체계까지 함축된 반면
언어(言語)는 방언리어 창출지법(반절어법 / 이두문법)에 따른 방언(方言)과 리어(俚語)를 일컫는 것이다.

연개 가자이용 혹삽혹질
然皆假字而用。或澁或窒。

◇ 그러한 모두가 가중국의 가짜(假字)를 빌어 쓰는 방언리어 창출지법으로 변통을 거듭하다보니
◇ 더러는 껄끄럽고 더러는 가로막히면서 어긋남의 극치에 달하는 방언리어의 극치로서 집대성을 이룬 바와 같았고, 저절로 왜곡되고 굴절만이 거듭되는 반절어법의 극치로서 동문동궤가 이루어진 줄도 모르고 인의장막의 극치로서 집합체가 이루어져버린 줄도 모르는 그로인해

3字1書의 정의로서 간략하게 요약(一三)되고 압축(三一)된 언문성음의 字書체계 해제		
然皆假字而用		그러한 모두가 가중국의 假字를 빌어쓰는 방언리어 창출지법 / 용두사미필법 相同
諺文	聲音	3諺1文의 정의로서 간략하게 압축되고 풀어지는 한국고유의 諺文체계 해제
然皆	연개	[반절문자 및 방언리어 창출지법으로 줄줄이 주워섬겼던] 그러한(然) 모두(皆)
假字	가짜	[반절문자 창출지법]에 따라서 창출과 축적이 거듭된 가중국의 가짜(假字)
而用	이용	가중국의 假字를 빌어쓰면서 변통을 거듭했던 바가 곧, 방언리어 창출지법이자
		거두절미법칙의 용두사미필법으로 뒤엉켜버린 자가당착의 반절어법을 뜻함
한글국역		그러나 모두 글자를 빌려서 쓰기 때문에

或澁或窒		더러는 껄끄럽고 더러는 가로막히면서 어긋남의 극치에 달하는 바를 뜻하는 즉
諺文	聲音	3諺1文의 정의로서 간략하게 압축되고 풀어지는 한국고유의 諺文체계 해제
或澁	혹삽	더러는 껄끄럽고 더러는 가로막히면서 어긋남의 극치에 달하는 줄도 모르는 바가 곧
或窒	혹질	불능달의 周易과 반절어법의 태생적 한계를 뒤집어쓴 줄도 모르는 바로서 귀결됨
한글국역		혹은 간삽(艱澁)하고 혹은 질색(窒塞)하여

가중국(假中國)의 가짜(假字)를 빌어쓰면서 변통을 거듭하는

「이호중국(異乎中國)의 방언리어(本國俚語) 창출지법」

원문 / 해제 一覽 / 참조

중국吏讀	중국식・漢字어법	漢語계통의 공자필법、漢語음운학의 화하韻書(聲母 / 韻母 / 聲調)
신라吏讀	신라식・漢字어법	梵語계통의 불경화법、梵語음성학의 中古漢音(頭자음 / 介모음含)
조선吏讀	조선식・漢字어법	조선吏讀의 반절어법으로 체계화시킨 반절字母의 반절철자법
일본吏讀	일본식・漢字어법	일본吏讀의 이두문법으로 축소병합시킨 한글字母의 한글맞춤법
현대吏讀	현대식・漢字어법	일본吏讀의 이두문법까지 뒤집어쓴 조선어문의 어문규정 참조

_{비 단 비 루 무 계 이 이   지 어 언 어 지 간   즉 불 능 달 기 만 일 언}
非但鄙陋無稽而已。至扵言語之間。則不能達其萬一焉。

◇ 但因할 수 없는(非但) 두 갈래의 갈림길(衆妙之門 / 玄妙之道)로서도 마주할 뿐만 아니라
◇ 어긋남의 극치에 달해버린 방언리어 창출지법의 중간에 똬리를 틀고 들어앉아버린 바가 애초부터 태극(一)을 집어삼킨(扵) 음양이치의 반절어법이자 거두절미법칙의 용두사미필법 다름 아니었던
◇ 불능달의 주역(周易)을 뒤집쓴 방언리어 창출지법(공자필법 / 불경화법, 육서지법 / 漢字어법)으로 줄줄이 주워섬기면서 불능달의 극치를 넘나든 줄도 모르고 자가당착의 극치를 넘나드는 줄도 모르는 그로서가 곧, 만분(萬)의 일(一)에도 미치지 못하는 불능달의 周易과 반절어법의 태생적 한계까지 송두리째 걷어내야만 비로소 만천하에 드러나는 바로서 간략하게 압축되고 귀결된 바와 같았던 것이다.

3字1書의 정의로서 간략하게 요약(一三)되고 압축(三一)된 언문성음의 字書체계 해제		
非但鄙陋無稽而已		但因할 수 없는(非但) 두 갈래의 갈림길(叴☆卍)로서도 마주할 뿐만 아니라
諺文	聲音	3諺1文의 정의로서 간략하게 압축되고 풀어지는 한국고유의 諺文체계 해제
非但	비단	但因할 수도 없고 능달에 이를 수도 없는 불능달의 周易을 뒤집어쓴 줄도 모르는 즉
鄙陋	비루	좁다란 두 갈래의 중묘지문(衆妙之門)으로 빨려 들어가는 바로서도 마주하고
無稽	무계	중묘지문(衆妙之門)에서 불거지는 현묘지도(玄妙之道)의 갈림길로서도 마주하는 즉
而已	이이	이미 두 갈래로 갈라서버린 거두절미법칙의 용두사미필법으로서도 마주함을 뜻함
한글국역		다만 비루하여 근거가 없을 뿐만 아니라

至扵言語之間		방언리어 창출지법의 중간에 틀어박혀버린 거두절미법칙의 용두사미필법이 곧 음양이치의 반절어법이자 무한대의 가공세계 창출지법 다름 아니었던 것이다
諺文	字音 語音	3諺1文의 정의로서 간략하게 압축되고 풀어지는 한국고유의 諺文체계 해제
至扵	지어	지극(三一)에 因(一)한 바로부터 비롯됨(扵)을 뜻하지만、어긋남의 극치에 달하고
	전환	자가당착의 극치에 달해버린 불능달의 周易과 방언리어 창출지법을 일컫는 바로서 전환
言語	언어	되는 즉、방언리어 창출지법의 중간에 끼어들어 반드시 두 갈래로 갈라세우는 바가
之間	지간	다름 아닌、애초부터 태극(一)을 집어삼킨(扵) 음양이치의 반절어법이자 육서지법의 漢자어법이었으며 거두절미법칙의 용두사미필법이었던 것이다
한글국역		언어의 사이에서도

則不能達其萬一焉		만분(萬)의 일(一)에도 미치지 못하는 바가 곧、불능달의 周易 / 반절어법
諺文	字音 語音	3諺1文의 정의로서 간략하게 압축되고 풀어지는 한국고유의 諺文체계 해제
則	즉 곧	~은(는) 곧 / 즉、그로서(其)가 곧(則) 등으로 전환되는 어조쓰임(只用)
	칙 법칙	이미 지극에 因(一)한 三一법칙의 三一체계로서 서로 마주함을 뜻하는 반면

不能達	불능달	능달에 이를 수도 없는 불능달의 周易이나 음양이치의 반절어법을 일컫는
其 기 只用		그로서(其)가 곧(則)
萬一焉	만일언	만분(萬)의 일(一)에도 미치지 못하는 불능달의 주역(周易)을 뒤집어쓰고서
		두 갈래로 뒤엉켜버린 용두사미집단의 용두사미필법에 따라서 음양팔괘의
		가공세계가 창출되고 줄줄이 구축된 바로서 압축되고 귀결되는 걸언쓰임(焉)
한글국역		그 만분의 일도 통할 수가 없었다.

지금에서야 언문해제되고 제자리를 되찾은 한국고유의 諺文체계에 따라서
그로서의 처음(一)부터 끝(三・十)까지 가지런히 가림토되면서 만천하에 드러나는 바와 같은즉

춘추전국시대(周代 / BC 770~221~)에 이르면서 줄줄이 뒤바뀌어버린
거두절미법칙(음양이치 / 반절어법)의 용두사미필법(이두필법 / 삼망화법)으로 뒤엉켜서
동문동궤가 이루어진 바와도 같았고 중간에 똬리를 틀고 들어앉아버린 바와도 같았던

「음양팔괘(복희◐팔괘 / 文王◐팔괘)의 가공세계 창출지법」
원문 / 해제 一覽 / 참조

桓因한국의 桓易之圖(윷판 / 同)를 집어삼키고서 음양◐상극으로 뒤엉켜버린 복희팔괘의 河圖 및 이합집산이 거듭되어버린 文王팔괘의 洛書 참조	태극(一)의 질서(三・十)를 집어삼킨(捨) 음양화신의 머리◐통과 꼬리☆통으로 갈라서버린 음양◐상극의 三妄五行圖 및 三妄五音圖 참조

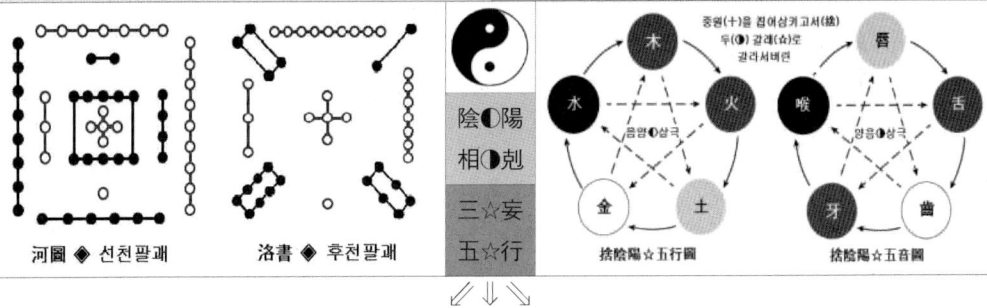

| 河圖 ◆ 선천팔괘 | 洛書 ◆ 후천팔괘 | 陰◐陽
相◐剋
三☆妄
五☆行 | 捨陰陽☆五行圖 | 捨陰陽☆五音圖 |

⇘⇓⇙

공◐자를 섬기는 유교☆집단의 공자필법과 유교경전의 漢字언해로서 집대성을 이룬즉、禮樂文章
부◐처를 섬기는 불교☆집단의 불경화법과 불교경전의 불경언해로서 집대성을 이룬즉、예악문장
聖◐人을 섬기는 三妄☆집단의 삼망화법과 학습경전의 경전언해로서 집대성을 이룬즉、예악문장
華◐夏를 섬기는 慕華☆집단의 이두필법과 관습경전의 漢字언해로서 집대성을 이룬즉、禮樂文章

⇘⇓⇙

중원(十)을 뒤집어써버린 假中國	무주구천의 망극세계	태양◐중심의 地動說과 天文學
두(◐) 갈래(☆)로 갈라서버린 異乎中國	무주공산의 인간세상	지구◐중심의 天動說과 人文學
중국(☆)을 뒤집어써버린 佛國◐天國	극락왕생의 사후세계	人間☆중심의 환생설과 창조說

<계해동>
癸亥冬。

◇ 계해년(1443년) 겨울에 이르서야、동서고금의 백왕(百王) 모두를 초월하고 지극(三一)에 因(一)함으로서 하늘(一)이 내린(三·朝) 세종聖帝의 제작모神工에 따라서 천지자연의 근본법칙까지 가지런히 가림토되고 모두 바로세워지면서 만천하에 드러난 바였던 「한국고유의 諺文체계와 마주하는 언문성음의 자방고전(字倣古篆 / 한국고전◇訓民正音)」까지 모두 바로세워진 바를 뜻하였던 것이다

3字1書의 정의로서 간략하게 요약(一三)되고 압축(三一)된 언문성음의 字書체계 해제		
癸亥冬		계해년(1443년) 겨울(12月 30日)。언문성음의 글자(正音28字)체계·創制 / 親制
諺文	聲音	3諺1文의 정의로서 간략하게 압축되고 풀어지는 한국고유의 諺文체계 해제
癸亥	계해	계해년(1443년)。동서고금의 백왕을 초월한 세종聖帝의 제작모神工에 따라서
冬	동	겨울(12月 30日)。언문성음의 字書체계로서 親制된 「훈민정음·親制日] 참조
한글국역		계해년 겨울에

이른바
춘추전국시대(周代 / BC 770~221~)에 이르면서 줄줄이 뒤바뀌어버린
불능달의 주역(周易)과 육서지법의 漢字어법을 뒤집어쓴 줄도 모르는
조선吏讀의 반절어법과 조선어문의 어문규정에 가로막혀
지금에서야 언문해제되고 제자리(桓易之理 / 三一五行)를 되찾은
「훈민정음·풋말3행」을 위시한 「한국고유의 諺文체계(三一법칙 / 三一체계)」에 따라서
그로서의 맨(三) 처음(一)으로까지 거슬러 올라가는 즉

一朝	天地神明의
制作侔神工	제작모神工에 따라서
大東千古開朦朧	태고(故)가 열린(開天) 이래、몽롱해져버린
諺文聲音之字倣古篆而新制 **訓民正音·新制本** 諺文解制矣書	한국고유의 諺文체계까지 모두 바로세워진 **훈민정음·신제본** 원문해제의서

로서 가지런히 가림토되고 모두 바로세워진 바를 미루어보듯
그로서의 처음(一)부터 끝(三·十)까지 다시금 일으켜 세워지면서 만천하에 드러난 바로서
다시금 후세에 실어전하면서 널리 반포되었던
「一朝·제작모神工의 훈민정음·신제본(新制曰·解例 / 訣曰·序曰)」이 뜻하는 바였던 것이다

세종실록(1443년 12월 30일)

훈민정음・친제왈(親制曰) 원문 / 해제

원본필사 및 원문해제 / 참조

○是月

上親制諺文二十八字其字倣古篆分爲初中終聲合之然後乃成字凡干文字及本國俚語皆可得而書字雖簡要轉換無窮是謂訓民正音

(훈민정음・원본에 따른 원문해제)

○是月

上親制、諺文二十八字。

其字倣古篆分爲、初中終聲合之然後乃成字。

凡干文字及本國俚語、皆可得而書字。

雖簡要、轉換無窮、是謂訓民正音

이른바
「훈민정음・원본(新制本)」으로서도 모두 구비되어 다시금 후세에 실어 전한 바였던
「이미 지극(三一)에 因(一)한 三一법칙의 三一체계」로서 서로 마주하는 바에 따라서
「훈민정음・원본(新制本)」에서 처음으로 채택되고 활용되었으되
이와 같은 모두가 흔적도 없이 증발해버리고 반절어법 / 이두문법의 문장부호로 둔갑된 반면

가점칙(三一법칙 / 三一체계)의 가점기호([・]、[ː]、[무점])와 마주하는(맞닿은)
개행칙(三一법칙 / 三一체계)의 문장부호([○]、[。]、[무점])로서는
다음과 같은 개행칙(三一법칙)의 문장부호로 전환되고 환원되는 바와 같았던 것이다.

一. [○]、[전환 / ・]、[전환 / 、] ◇ 잇따름(단문 구분)
二. [。]、[전환 / .] ◇ 개행(단락 구분)
三. [무점]、[전환 / 개행] ◇ 개행에 개행(문장 / 문단 구분)

이와 같은 「三一법칙의 三一체계」에 따른
개행칙(三一법칙 / 三一체계)의 문장부호([○]、[。]、[무점])에 따라서
「단문 구분、단락 구분、문장 구분」되고 가지런히 가림토되는 바를 일컬어
「원본필사 / 원문해제 및 본문해제 / 언문해서」 등으로 구분되고 명명된 바와 같은 것이다.

세종실록(1443년 12월 30일)

훈민정음·친제왈(親制曰)

본문해제 및 언문해서

○是月	○是月에 이르러서야(周代 / BC 770~221~~~1443년 겨울)
上親制	{聖}上·親制(친히 바로세움)
諺文二十八字	諺文{聲音}·{正音}二十八字{체계}
其字倣古篆分爲	其(諺文聲音)·字倣古篆(한국고전)·分爲(셋으로 나뉘어 자리함)
初中終聲合之然後乃成字	初中終聲·合之然後(3聲1音)·乃(只用)·成字(성립되는 글자체계)
凡干文字及本國俚語	凡干文字(반절문자)·及(및)·本國俚語(방언리어) 창출지법까지 포괄
皆可得而書字	皆(모두)·可得(습득 / 터득)·而(只用)·書字(쓸 수 있는 字書체계)
雖簡要	雖(비롯되었다 할지라도)·簡(간단 / 간략)·要(요약 / 압축 / 요령)
轉換無窮	轉換(一三一 / 一日一)·無窮(무궁무진)하게 이루어짐을 뜻하는 즉
是謂訓民正音	是謂(이른바 언문성음의 字書체계로서 親制하신)·訓民正音{체계}

훈민정음·친제왈(親制曰)

(본문해제에 따른 언문해서)

○ 이달에 이르러서야(周代 / BC 770~221~~~1443년 겨울)
聖上(세종聖帝)께서 親制하신 언문성음의 正音28字 / 체계로서는
언문성음의 字倣古篆(한국고전)에 따라서 셋(三聲)으로 나뉘어(初中終) 자리(一音)하는
초중종성으로 합해진(3聲1音) 연후에 성립되는 언문성음의 글자체계를 일컫는 바이되

반절문자(凡干文字) 및 방언리어(本國俚語) {창출지법에 따라서 무한대로 창출되고 축적이 거듭된} 모두(오동방·예악문장 / 관습제도)를 습득하여 글다운(3諺1文) 글(3字1書)로서 간략하게 압축할(書矣) 수도 있었고 풀어낼(矣書) 수도 있었던 「언문성음의 字書체계(三一체계)」로서

간략하게 요약(一三)되고 압축(三一)되었다 할지라도 전환이 무궁하게 이루어짐을 뜻하는 즉
이른바 <한국고유의 諺文체계와 마주하는> 「한겨레(訓民)의 正音체계」로서 親制하심

[~ 이와 같은 모두가 한국고유의 언문(扵諺·扵文·字書)체계에 모두 포괄됨 ~]

아
我

◇ 저희(我)들

3字1書의 정의로서 간략하게 요약(一三)되고 압축(三一)된 언문성음의 字書체계 해제			
我		저희(我)들	
諺文	字音	語音	3諺1文의 정의로서 간략하게 압축되고 풀어지는 한국고유의 諺文체계 해제
我	아	나	나·저희·저희들 ◇ 桓檀帝位의 三位太伯와 마주하는 郡靈諸哲의 三伯五加
爾	이	너	너·너희·너희들 ◇ 三伯(太伯·河伯·風伯)과 마주하는 五加무리
한글국역		우리(我 / 吾)	우리(吾) 나라(東方 / 朝鮮)로 둔갑 / 고착

저희(我)들이란
봉건적으로 일컫더라도
「3정승(영상·좌상·우상)과 마주하는 文武百官」 모두가 포괄됨은 물론이거니와
자가당착의 고정관념(慕華사관 / 음양사상 / 반도사관)에 함몰되거나 사로잡힌 줄도 모르는
「華◐夏를 섬기는 慕華☆집단(유교집단 / 식자집단 / 이두집단)」이나
「聖◐人을 섬기는 三妄☆집단(식자집단 / 이두집단 / 종교집단)」 모두가 포괄되는 바였던 반면

춘추전국시대의 용두사미필법에 따라서
「어리석은 백성들 / 중생들」이라 칭명부여가 거듭된
이두칭명의 백성(百姓)으로서는 「용두사미집단(聖人君子 / 諸子百家)의 어리석은 백성들이나 어리석은 중생들」로 줄줄이 전락시켜 놓고서 영구히 거느림을 뜻하는 바였던

그로서의 애초부터
민심(三眞)과 천심(一神)의 사이(中間 / 二 / 人間)에 끼어들어(介) 두(◐) 갈래(☆)로 갈라세워버린
춘추전국시대의 용두사미필법에 따라서 서로 다른 용수사신의 머리◐통과 꼬리☆통으로 뒤엉켜서 어긋남의 극치에 달한 줄도 모르고 자가당착의 극치에 달한 줄도 모르는 바가 곧
「華◐夏를 섬기는 慕華☆집단(유교집단 / 이두집단 / 식자집단)」이었으며
「聖◐人을 섬기는 三妄☆집단(식자집단 / 이두집단 / 종교집단)」 모두가 포괄됨에도 불구하고

「부◐처를 섬기는 불교사상을 앞☆세운 불국신라(吾東方)의 불교집단 및 骨品제도 / 화랑제도」나
「공◐자를 섬기는 유교사상을 앞☆세운 반도조선(吾東方)의 유교집단 및 慕華제도 / 양반제도」로서
줄줄이 주워섬기면서 무엇을 얻고자 하는지도 모르고 저절로 눈과 귀가 멀어버린 줄도 모르는
용두◐사미☆집단 / 천지◐귀신☆집단으로 줄줄이 전락되어버린 바를 뜻하였던 것이다.

전하창제정음이십팔자 략게례의이시지 명왈훈민정음
殿下創制正音二十八字。略揭例義以示之。名曰訓民正音。

◇ 전하께서 비로소(創) 모두 바로세운(制) 「正音28字 / 체계」라 함은
◇ 아주 간략한 三一법칙의 三一체계에 따라서 삼극(三一)의 정의로서 간략하게 압축(三一 / 書矣)되고 풀어짐(一三 / 矣書)으로서도 서로 마주함으로서 만천하에 들어낸(나타낸) 바를 뜻하듯
◇ 세종聖帝께서 命名한 훈민정음으로서는 「한겨레의 정음(聲音・字音・語音)체계를 일컫는 바이되, 한국고유의 언문(扵諺・扵文・字書)체계」와 서로 마주함을 뜻할 뿐만 아니라, 「언문성음의 자방고전(字倣古篆 / 字書체계 / 한국고전)까지 모두 바로세워진 훈민정음・신제본 / 신제왈」로서 다시금 후세에 실어 전하면서 널리 전언한 즉, 「이미 지극(三一)에 因(一)한 一朝・제작모神工(三一법칙 / 三一체계)」까지 모두 함축되고 구비된 바를 뜻하였던 것이다.

3字1書의 정의로서 간략하게 요약(一三)되고 압축(三一)된 언문성음의 字書체계 해제				
殿下創制正音二十八字				전하께서 비로소 모두 바로세운 언문성음의 글자(正音28字)체계
諺文	字音	語音		3諺1文의 정의로서 간략하게 압축되고 풀어지는 한국고유의 諺文체계 해제
殿下	전하	主上 / 聖上		봉건적인 이두칭명이되、檀因한 세종聖帝의 聖帝之位로 전환되는 즉
	전환	聖帝之位		지극(三一)에 因(一)한 桓檀聖帝之位로서는 神人檀帝나 東明聖帝로 전환
創	창	비로소		비로소 만천하에 들어냄(나타냄)을 뜻하는 바와 같은즉
制	제	바로세울		천지자연의 근본법칙까지 모두 바로세운 한국고유의 諺文체계를 위시한
正音	정음	언문성음의 正音체계로서는 태고인의 언문성음 / 체계로서도 마주하는		
二十八字	28字	「언문성음의 글자(正音28字)체계와 正音체계」로서 創制됨		
한글국역	전하께서 정음 28자를 처음으로 만들어			

略揭例義以示之		아주 간략한 三一법칙의 三一체계에 따라서 삼극(三一)의 정의로서 간략하게 압축(三一)되고 풀어짐(一三)과 마주함으로서 만천하에 들어냄을 뜻함	
諺文	字音	語音	3諺1文의 정의로서 간략하게 압축되고 풀어지는 한국고유의 諺文체계 해제
略	략	줄일	아주 간략한 三一법칙의 三一체계에 따라서 간략하게 요약되고 압축됨
揭	게	들	만천하에 들어낼 / 들어냄、드러낼 / 드러냄
例	례	법식	지극(三一)에 因(一)한 三一법칙의 三一체계로서 서로 마주하고 상통됨
義	의	옳을	올바른 뜻。삼극(三一)의 정의로서 압축되거나 풀어짐으로서도 마주함
以	이	써 / 只用	이로서、이와 같은(以) 바(所)에 따라서 등으로 전환되는 어조쓰임(只用)
示	시	보일	볼、보여줄、나타낼 / 나타냄
之	지	갈 / 只用	오고(一) 가는(三) 결언쓰임(只用)으로서 맺고(三・十) 잇따름(三一)
한글국역	예의(例義)를 간략하게 들어 보이고		

名曰訓民正音			세종聖帝께서 命名한 「훈민정음으로서는 한겨레의 언문정음 / 체계」로 전환
諺文	字音	語音	3諺1文의 정의로서 간략하게 압축되고 풀어지는 한국고유의 諺文체계 해제
名	명	이름	지극에 이른(三・十) 이름(一三 / 矣書)으로서는 3字1書의 정의와 같은즉
日	왈	이를	삼극(三一)의 정의로서 간략하게 압축되고 귀결된 풋말(一日一) 함축(桓)
	帝日	풋말(桓)	3字1書의 정의(書矣 / 帝日 / 矣書)로서 압축되고 풀어짐과도 서로 마주함
訓	훈	삼륜	삼륜교화의 교화원리를 이룩한(成務)「桓檀帝民이 곧、天帝之民의 訓民」
		교화	桓因한국의 桓檀제도로서 모두 구비된「삼륜교화의 三倫九誓」해제 / 참조
	둔갑	가르칠	[가르침(訓)]이라 한역음사되고 답습이 거듭된 한글국역의 방언리어로 둔갑
民	민	겨레	태고(故)를 열어준(開天・開物・成務) 桓因天帝의 겨레가 곧、한겨레(訓民)
		겨레	삼륜교화의 교화원리를 이룩한(成務) 桓檀帝民의 한겨레(訓民) 또한、위와 同
	둔갑	백성	[諸子百家의 百姓]들로 전락시킨 [이두칭명의 백성 / 중생 모두 但방언리어]
正	정	(올)바를	옳고(一) 바름(三)으로서 마주하는 옳고(一)・바른(二三)・올바름(一二三)
音	음	3聲1音	한겨레의 정음(聲音・字音・語音)체계로서는 한국고유의 諺文체계와 서로
		정음체계	마주할 뿐만 아니라、一朝・제작모神工까지 모두 함축되고 구비된 바를 뜻함
한글국역		명칭을 《훈민정음(訓民正音)》이라 하였다.	

「훈민정음(訓民正音)」이란 이름이나 명칭으로서는
언문(諺文)의 자음(字音)과 어음(語音)을 겸하는 바이고
언문성음의 글자(正音28字)체계와 정음(聲音・字音・語音)체계로서 모두 바로세워진 바가 곧
한국고유의 언문(扵諺・扵文・字書)체계와 마주하는 한겨레의 정음(聲音・字音・語音)로서 비로소 모두 바로세워진 바를 뜻하였음에도 불구하고

우리모두(大韓國民)를 지칭하는 바와 같았고 「한겨레(訓民)」를 일컫는 「훈민(訓民)」으로서는
「백성(百姓)을 가르친다(訓)」함으로 한역음사되고 한글국역되면서 저절로 왜곡되고 굴절이 거듭된
「이두필법의 방언(方言 / 칭음)과 삼망화법의 리어(俚語 / 언해 / 국역)」로 둔갑이 거듭되었고

「한국고유의 諺文체계와 마주하는 한겨레(訓民)의 正音체계」로 전환되는 「정음(正音)」으로서는
「바른(正) 소리(音)」라 한역음사되고 한글국역되면서 저절로 왜곡되고 굴절이 거듭된 이또한
「이두필법의 방언(方言 / 칭음)과 삼망화법의 리어(俚語 / 언해 / 국역)」로 뒤엉켰을 뿐만 아니라

「한국고유의 언문(扵諺・扵文・字書)체계와 마주하는 한겨레의 正音체계」 모두에 이르기까지
송두리째 집어삼키고서 줄줄이 뱉어내는 줄도 모르는 바가 곧
육서지법의 漢字어법을 뒤집어쓴 반절어법 / 이두문법의 한글어법으로 끝없이 곤두박질된 줄을 모르기 때문이었던 것이다.

상형이자방고전 인성이음협칠조
象形而字倣古篆。因聲而音叶七調。

◇ {이와 같은 창제정음28자 모두의} 상형(象形)으로서는 언문성음의 자방고전(字倣古篆 / 한국고전)에 따라서 비로소(創) 모두 바로세워진(制) 바를 뜻하며

◇ 但因(三一)한 성음(3聲1音)체계에 따라서 고르게 화합되면서 凡일곱단계로 압축조절(3聲7調1音)되는 三一법칙의 三一체계까지 모두 함축되고 구비된 바가 곧, 「언문성음의 글자체계 / 정음체계와 마주하는 한국고유의 諺文체계(한국고전 / 字倣古篆)」까지 모두 바로세워진 바를 뜻하였던 것이다.

3字1書의 정의로서 간략하게 요약(一三)되고 압축(三一)된 언문성음의 字書체계 해제			
象形而字倣古篆			언문성음의 字倣古篆(한국고전)에 따라서 創制되었던 정음28자의 象과 形
諺文	字音	語音	3諺1文의 정의로서 간략하게 압축되고 풀어지는 한국고유의 諺文체계 해제
象	상	모양	타고난(三一) 모양(象 / 겉모습)
形	형	모습	타고난(一三) 모습(形 / 속모습)、타고난 겉모습(象)과 마주하는 속모습(形)
字	자	글자	한국고유의 諺文체계와 마주하는 언문성음의 字倣古篆(한국고전)으로서
倣	방	본받을	모두 구비된 桓因한국의 桓檀제도로서 만세에 전래됨을 뜻하였음에도
古	고	예 / 옛	[盤古신화와 불능달의 周易을 뒤집어쓴 단기원년]으로 둔갑 / 고착되었고
	둔갑	盤古	중원(十)을 뒤집어쓴 중국의 역대가 비롯되는 [周代의 周易가 上古]로 고착
篆	전	자전	[언문성음의 자방고전으로서 모두 구비된 桓因한국의 桓檀제도] 참조
字倣古篆			[언문성음의 자방고전(字倣古篆 / 한국고전)]으로서 모두 구비된 바가 곧
한국고전			한국고유의 諺文체계와 마주하는 桓因한국의 桓檀제도로서 만세에 전래됨을 뜻함
한글국역			물건의 형상을 본떠서 글자는 고전을 모방하고

因聲而音叶七調			但因(三一)한 성음(3聲1音)체계에 따라서 고르게 화합되면서 3聲7調1音으로 압축 / 조절되는 바가 곧、언문성음의 정음체계 / 글자체계
諺文	字音	語音	3諺1文의 정의로서 간략하게 압축되고 풀어지는 한국고유의 諺文체계 해제
因	인	因할	만인(人一三)에 因(一)하고 하늘(天一一)에 因(一)한 바를 뜻하는 즉
聲	성	성음	但因(三一)한 태고인의 성음체계・諺文체계・字書체계로서 서로 마주함
音	음	성음	이와 같은 성음(3聲1音)체계에 따라서(而)
叶	협	화합할	만성(十)을 품어(三一)내는 입(口)의 본질을 뜻함。「口(입) + 十(만성)」
七	칠	일곱	만물생성(三七一生)의 근본법칙과 마주하는 종성字韻법칙(三七一則) 참조
調	조	고를	[凡7단계의 3聲7調1音]으로 압축 / 조절되는 바가 곧、三七一則을 뜻함
		둔갑	음양상극으로 뒤엉켜서 사분오열되고 거꾸로 뒤집힌 음운학의 4声調 참조
한글국역			소리에 인하여 음(音)은 칠조(七調)에 합하여

삼 극 지 의 이 기 지 묘 막 불 해 괄
三極之義。二氣之妙。莫不該括。

◇ 삼극(三一)의 정의로서 간략하게 압축(三一 / 書矣)되고 풀어짐(一三 / 矣書)으로서도 마주하고

◇ 두 줄기의 근본법칙과 근본체계에 따라 더하고(一積) 보탬(十鉅)을 거듭함(無匱化三)으로서

◇ 가로막힘이 말끔히 뚫리어 {그로서의 근본근원(一始無始一、析三極無盡本)에 이르기까지} 모두 해괄(該括)되지 않음이 없음을 뜻하는 즉、「속칭・천부경(天符經)이란 이두칭명을 걷어낸 無所祖述 해제 / 참조」

3字1書의 정의로서 간략하게 요약(一三)되고 압축(三一)된 언문성음의 字書체계 해제			
三極之義			삼극(三一)의 정의로서 간략하게 압축되고 풀어지는 바가 곧、三一법칙의 三一체계
諺文	字音	語音	3諺1文의 정의로서 간략하게 압축되고 풀어지는 한국고유의 諺文체계 해제
三	삼	석	세、셋(三)은 하나(一)로 전환되는 즉、三一 / 三極・三位 / 三神・三才 / 三伯
極	극	닿을	삼극으로 압축된 [무한(天一一)・무궁(地一二)・무진(人一三)] 해제 / 참조
之義	지의	精義	삼극(三一)의 정의로서 요약(一三)되거나 압축됨(三一)으로서도 마주함
한글국역			삼극(三極)의 뜻과

二氣之妙			두 줄기의 지묘(至妙)는、근본법칙(一三之道)의 근본원리(三一之理)로 전환
諺文	字音	語音	3諺1文의 정의로서 간략하게 압축되고 풀어지는 한국고유의 諺文체계 해제
二氣		이기	두 줄기、근본법칙(一三之道 / 三一之理)의 근본줄기(三一五行)를 일컫는 바와 같은즉
之妙		지묘	지극(三一)에 이른(三十) 至妙(至道 / 至理)는 곧、一三之道 / 三一之理로 전환
	전환	至妙	지극(三一)에 因(一)한 三一법칙의 三一체계로서 서로 마주함을 뜻하는 반면
	둔갑	衆妙	그저 [묘함]이란 한역음사의 한글국역 및 칭음부여의 방언리어에 불과한 즉
	고착	玄妙	태극(一)을 집어삼키고서(捨) 두 갈래로 갈라선 [衆妙之門의 玄妙之道] 참조
한글국역			이기(二氣)의 정묘함이

莫不該括			가로막힘이 말끔히 뚫리어 해괄되지 않음이 없다한 이 또한、三一법칙의 三一체계
諺文	字音	語音	3諺1文의 정의로서 간략하게 압축되고 풀어지는 한국고유의 諺文체계 해제
莫	막	저물	전환、지극(三一)에 이르는 지름길을 가로막고 중간에 틀어박힌 바가 곧
		가로막힘	태극(一)을 집어삼킨(捨) 음양이치의 반절어법 및 衆妙之門의 玄妙之道로 고착
不	불	아니	~하지 않음이 없음(不) 등으로 전환되고 잇따르는 [불가능에서 가능]으로 전환
該	해	핵심	抡諺・抡文의 본말본뜻 / 핵심、삼극(三一)의 정의로서 克該 / 압축됨과 같음
括	괄	묶을	감쌀、포괄(包括)과 마주하는 해괄(該括)인즉、압축됨과 풀어짐으로서 마주함
한글국역			구비 포괄(包括)되지 않은 것이 없어서

이 이십 팔 자 이 전 환 무 궁　간 이 요　정 이 통
以二十八字而轉換無窮。簡而要。精而通。

◇ 이와 같은 언문성음의 글자(正音28字)체계와 정음체계에 따라서 전환(一三一)도 무궁하고
◇ 아주 간략한 요령(三一之理)으로 쉬이 습득(知)되고 터득(智)되면서 저질로 구해지는 바와 같은즉
◇ 자성구자(自性求子)한 삼일정신(三一精神)의 사고능력에 따라서 한마음(三眞) 한뜻(一神)을 이룸으로서 저절로(自) 밝아지는(明) 능달 / 능통의 눈높이(自明 / 神明)에 이르기까지 지극(三一)에 이르는 지름길(三才之道 / 三一之理)로서도 서로 마주하고 상통됨을 뜻하는 바였던 것이다. [三一神誥 해제 / 참조]

3字1書의 정의로서 간략하게 요약(一三)되고 압축(三一)된 언문성음의 字書체계 해제			
以二十八字而轉換無窮			이와 같은 언문성음의 글자(正音28字)체계와 정음체계에 따라서(而) 전환(一三一 / 一日一)이 무궁무진하게 이루어지는 바를 뜻함
諺文	聲音		3諺1文의 정의로서 간략하게 압축되고 풀어지는 한국고유의 諺文체계 해제
以~而	只用		이와 같은(以) 언문성음의 글자(正音28字)체계와 정음체계에 따라서(而)
轉換	전환		초성(一)에서 전환된 종성(三) 처럼、一三전환과 三一전환도 무궁하게 이루어지듯
無窮	무궁		종성전환과 어음전환도 무궁하게 이루어지는 바가 三一법칙의 三一체계를 뜻함
한글국역			28자로써 전환하여 다함이 없이
簡而要			아주 간략한 요령(三一之理)으로 쉬이 습득(知)되고 올바르게 터득(智)되는 바를 뜻함
諺文	字音	語音	3諺1文의 정의로서 간략하게 압축되고 풀어지는 한국고유의 諺文체계 해제
簡	간	줄일	삼극(三一)의 정의로서 간략하게 요약되거나 압축됨으로서도 마주하는 즉
要	요	요령	아주 간략한 요령으로서 습득(知)되고 터득(智)되는 바로서 전환 / 잇따름
한글국역			간략하면서도 요령이 있고
精而通			自性求子한 三一精神의 사고능력에 따라서 저절로 밝아지는 능달 / 능통의 눈높이(自明 / 神明)이가 곧、한마음(三眞) 한뜻(一神)을 이룬 但因(三一)의 눈높이로서 서로 마주함
諺文	字音	語音	3諺1文의 정의로서 간략하게 압축되고 풀어지는 한국고유의 諺文체계 해제
精	정	三一精神	[桓檀帝曰의 삼일신고]에서 발췌한 [人物同受三眞曰・性命精] 해제 / 참조
			眞性。無善惡。上哲通 ◇ 진성은 선악에 치우침이 없는 상철통을 일컫고
			眞命。無淸濁。中哲知 ◇ 진명은 청탁에 치우침이 없는 중철지를 일컬으며
	전환	三眞一神	眞精。無厚薄。下哲保 ◇ 진정은 후박에 치우침이 없는 하철보를 일컫는 즉
			返眞一神 ◇ 三妄을 돌이키고서 한마음(三眞) 한뜻(一神)을 이룬 바를 뜻하고
通	통	통할	만물소통의 성통공완을 이룩하고 지극에 因(一)한 一朝・제작모神工은 곧
			但因(三一)한 능달 / 능통의 눈높이(自明 / 神明)로서 서로 마주함을 뜻하고
		통달	지극(三一)에 因(一)한 태극(一)의 눈높이(一朝)와 서로 마주함을 뜻함
한글국역			자세하면서도 통달하게 되었다.

고 지 자 불 종 조 이 회 우 자 가 협 순 이 학
故智者不終朝而會。愚者可浹旬而學。

◇ 그럼으로 지혜롭다면 끝없이 비롯되는 天地神明(一朝)의 一丸세계에 이르기까지 삼극(三一)의 정의로서 간략하게 압축할(三一 / 書矣) 수 있고 풀어낼(一三 / 矣書) 수 있음을 뜻하는 바와 더불어

◇ 아직 어리다 할지라도 가히 열흘이면 배울 수 있을 뿐만 아니라, 스승다운 스승이 없다 할지라도 스스로 힘써 깨닫고 터득(知 / 智)할 수 있다 함이 곧, 아주 간략한 요령(三一之理)으로서 습득(知)되고 터득(智)되는 三一법칙의 三一체계로서 서로 마주하고 상통됨을 뜻하였던 것이다.

3字1書의 정의로서 간략하게 요약(一三)되고 압축(三一)된 언문성음의 字書체계 해제				
故智者不終朝而會			그럼으로 지혜롭다면 끝없이 비롯되는 天地神明의 一丸세계에 이르기까지 삼극(三一)의 정의로서 간략하게 압축할수 있고 풀어낼 수 있음을 뜻함
諺文	字音	語音	3諺1文의 정의로서 간략하게 압축되고 풀어지는 한국고유의 諺文체계 해제
故	고	只用	그럼으로(故)、그로인해(故) 등의 어조쓰임(只用)으로 전환되고 잇따름
	전환	太古	태고(故)를 열어준(開天・開物・開物)「一朝・제작모神工」해제 / 참조
智	지	지혜	이러한 모두를 알면(知) 알수록(智) 지혜로운 혜안까지 저절로 갖추어지는 즉
者	자	只用	~한다면、지혜롭다면、지혜로운 혜안(慧眼)이 갖추어진다면(者)
不終	불종		끝없이(不終) 비롯되는 천지조화(天地神明)의 一丸세계에 이르기까지(終~而)
朝	조	神明	만물소통의 성통공완을 이룩한 但因의 눈높이(自明 / 神明)로서 서로 마주함
		象形	「十日十 + 月 = 十明◇神明◇朝」。태극(一)의 눈높이(三・十明)가 함축됨
	둔갑	아침	그럼에도 불구하고、조선에서는 한역음사의 [아침 / 朝]字로 쓰였던 반면
	朝鮮	나라	중국에서는 [나라 / 朝]字로 쓰였던 바가 곧、이미 두 갈래로 갈라선 반절어법
而	이	只用	~에 이르기까지(終~而)、天地神明(一朝)의 一丸세계에 이르기까지
會	회	모을	셋(三)은 하나(一)로 몰아짐은 곧、삼극(三一)의 정의로서 압축됨을 뜻함
한글국역			그런 까닭으로 지혜로운 사람은 아침나절이 되기 전에 이를 이해하고

愚者可浹旬而學			아직 어리다 할지라도 가히 열흘이면 배울 수 있고 깨우칠 수 있음을 뜻함
諺文	字音	語音	3諺1文의 정의로서 간략하게 압축되고 풀어지는 한국고유의 諺文체계 해제
愚	우	어릴	아직 어리다거나、아직 哲들지 못한 철부지 등으로 전환되고 잇따름
者	자	只用	~할지라도、아직 哲들지도 못한 바와 같았던 자가당착의 三妄집단일지라도
可	가	可할	가능할、아주 간략한 요령으로서 습득(知)되고 터득(智)됨으로 전환 / 잇따름
浹旬	협순		「오름(是爲↗)則의 三旬과 마주하는 내림(亦爲↘)則의 三澣」해제 / 참조
學	학	배울	스승 없이도 스스로 힘써 깨닫고 터득할(知 / 智) 수 있음을 뜻하는 바였음
한글국역			어리석은 사람도 열흘 만에 배울 수 있게 된다.

이 시 해 서 가 이 지 기 의
以是解書。可以知其義。

◇ 이와 같은 언문성음의 字書체계에 따라 올바르게 해석하고 풀어쓸 수 있음으로서
◇ 올바른 앎(知)과 올바른 이해를 구할(智) 수 있는 그로서의 정의(精義 / 三極之義)에 이르기까지 간략하게 압축할(三一 / 書矣) 수도 있었고 풀어낼(一三 / 矣書) 수도 있었던 즉、한국고유의 諺文체계를 뜻함

3字1書의 정의로서 간략하게 요약(一三)되고 압축(三一)된 언문성음의 字書체계 해제			
以是解書			이와 같은 언문성음의 字書체계에 따라 올바르게 해석하고 풀어쓸 수 있음을 뜻함
諺文	字音	語音	3諺1文의 정의로서 간략하게 압축되고 풀어지는 한국고유의 諺文체계 해제
以	이	只用	이와 같은 언문성음의 字書체계(한국고전◇訓民正音)로서도 모두 구비된 즉
是	시	옳을↗	오름(是爲↗)則과 내림(亦爲↘)則으로서도 마주하는
解	해	풀어낼	三一법칙의 三一체계에 관하여 올바르게 해석(一三)하고 풀어낸(三一)
書	서	풀어쓸	[언문해서]로서는 삼극(三一)의 정의로서 압축되고 풀어짐과 서로 마주함
언문성음의 / 한국고전(字倣古篆) 해제 / 해서			한국고유의 말다운(諺) 말(語)과 글다운(3諺1文) 글(3字1書)로서 가지런히 가림토되면서 간략하게 압축되고 풀어짐과도 마주하는 이 또한 한국고유의 언문(扵諺・扵文・字書)체계를 뜻하는 바였던 것이다
한글국역			이로서 글을 해석하면

可以知其義			올바른 앎과 이해를 구할 수 있는 그로서의 정의가 곧、삼극(三一)의 精義
諺文	字音	語音	3諺1文의 정의로서 간략하게 압축되고 풀어지는 한국고유의 諺文체계 해제
可	가	可할	(한국고유의 諺文체계에 대하여) 알면(知) 알수록(智) 저절로 구해지는 바와 같음
以	이	써	이로서(只用)、이와 같은(以) 바(所)로서、이와 같은(以) 바(所)에 따라서(而)
知	지	알	올바르게 알면(知) 알수록(智) 저절로 밝아지는 능달의 눈높이가 곧 [自明 / 神明]
其	기	只用	[그로서]、[그로서]의、[그로서]가 곧、등으로 전환되고 잇따르는 어조쓰임
義	의	옳을	올바른 뜻。삼극(三一)의 정의로서 요약(矣書)하고 압축(書矣)할 수 있음이 곧
	三極之義		저절로 구해지고 저절로 밝아지는 능달 / 능통의 눈높이로서 서로 마주함을 뜻함
한글국역			그 뜻을 알 수 있고

이와 같은 바를 미루어보듯
후세에 이르면서 송두리째 뒤덮이고 몽롱해져버린 줄도 몰랐던
桓因한국의 桓檀제도와 마주하는 언문성음의 자방고전(字倣古篆 / 字書체계 / 한국고전)까지 모두 바로 세워진 바가 곧、「한국고유의 언문(扵諺・扵文・字書)체계와 마주하는 훈민정음・신제본 / 신제왈」
로서 다시금 후세에 실어전하면서 널리 전언한 바를 뜻하였던 것이다

이 시 청 송　　가 이 득 기 정
以是聽訟。可以得其情。

◇ 이와 같은 언문성음의 字書체계에 따라서 올바르게 청취하고 올바름을 가려낼 수 있음으로서
◇ 올바르게 습득되고 터득되는 그로서의 본성(三眞曰・性命精)에 이르기까지 셋(三)은 하나(一)부터 열(十)까지 더하고(一積) 보탬(十鉅)을 거듭함(無匱化三)에 따라서 가지런히 가림토되면서 모두 바로세워짐으로서도 마주하고 삼극(三一)의 정의로서 간략하게 압축(三一 / 書矣)되고 풀어짐(一三 / 矣書)으로서도 마주하는 바가 곧, 「이미 지극(三一)에 因(一)한 一朝・제작모神工(三一법칙 / 三一체계)」으로서 이룩되고 모두 구비된 언문성음의 자방고전(字倣古篆 / 한국고전)으로서 만세에 전래됨을 뜻하는 바인즉, 「~ 한국고유의 諺文체계(한국고전)와 마주하는 桓因한국의 桓檀제도 해제 / 참조 ~」

3字1書의 정의로서 간략하게 요약(一三)되고 압축(三一)된 언문성음의 字書체계 해제			
以是聽訟			이와 같은 언문성음의 字書체계에 따라서 올바르게 청취하고 올바름을 가려낼 수 있음
諺文	字音	語音	3諺1文의 정의로서 간략하게 압축되고 풀어지는 한국고유의 諺文체계 해제
聽	청	들을	올바르게 보고(글)・들음으로서 옳고 바른 그로서의 올바름을 취할 수 있고
訟	송	가릴	올바름(一二三)을 가려냄으로서 옳고 그름도 저절로 드러남을 뜻함에도
	둔갑	다툴	어긋나고 뒤틀린 한역음사와 한글국역이 거듭된 [다툴, 訟] 등으로 둔갑이
	↓→	訟事	거듭되는 바가 곧, 반절문자 및 방언리어 창출지법에 불과했던 육서지법의
	고착	俚語	漢字어법을 뒤집어쓴 한글어법으로 전락 / 고착된 줄을 모르기 때문인 것이다
한글국역			이로서(以是) 송사(訟事)를 청단(聽斷)하면

可以得其情			올바르게 터득되는 그로서의 본성이 곧, 다같이 타고나는 「三眞曰・性命精」
諺文	字音	語音	3諺1文의 정의로서 간략하게 압축되고 풀어지는 한국고유의 諺文체계 해제
得	득	얻을	올바르게 습득(知)되고 터득(智)되는 바가 곧, 저절로 구해지고 밝아지는
			능달 / 능통의 눈높이(自明 / 神明)를 뜻하고, 但因(三一)한 바를 뜻하는 반면
	둔갑		애초부터 어긋◐나고 뒤☆틀린 인간세상의 풍습・속습 / 학습・관습제도로 창출되고
			답습이 거듭되면서 저절로 눈과 귀가 멀어버린 줄도 모르는 바로서 간략하게 귀결된
			바가 다른 아닌 「제자해・풋말로서 전언된 顧人不察耳」가 뜻하는 바였던 것이다
情	정	본성	처음부터 다같이 타고나는 만인만물의 본성(情 / 三眞曰・性命精) 해제 / 참조
	둔갑		그럼에도 [본성(情)]이라 써놓고서 [뜻(意)]이라 읽는 바가 곧, 불능달의 주역(周易)과
	고착		육서지법의 漢字어법을 뒤집어쓴 조선吏讀의 반절어법으로 둔갑 / 전락 / 고착
한글국역			그 실정을 알아낼 수가 있게 된다.

자 운 칙 청 탁 지 능 변　악 가 칙 율 려 지 극 해
字韻則淸濁之能辨。樂歌則律呂之克諧。

◇ 이와 같은 「언문성음 / 체계의 字韻법칙(三七一則)」에 따라서 「三一五音의 성음청탁」에 이르기까지 능변(能辨)할 수 있음을 뜻하는 바이되

◇ 이와 상반되는 「반절음계의 악가칙(12진법)」으로서도 음악의 기본음계(7음계 / 12음도)에 이르기까지 극해(克諧)할 수 있는 이 또한、아주 간략한 요령으로서 습득(知)되고 터득(智)되는 「三一법칙의 三一체계」에 따라서 그로서의 처음(一)부터 끝(三·十)까지 가지런히 가림토되면서 저절로 극해(克諧)됨을 뜻하는 바였던 것이다。

3字1書의 정의로서 간략하게 요약(一三)되고 압축(三一)된 언문성음의 字書체계 해제			
字韻則淸濁之能辨			언문성음 / 체계의 字韻법칙에 따라 三一五音의 청탁까지 능변할 수 있음
諺文	字音	語音	3諺1文의 정의로서 간략하게 압축되고 풀어지는 한국고유의 諺文체계 해제
字	자	글자	언문성음의 글자(正音28字)와 정음체계에 따라서 저절로 말미암아지는
韻	운	자운	언문성음의 가온(中)에 머무는 字韻이 곧、3종류의 ㅇ종성字韻(·/ㅇ/○)
	둔갑	음운學	그럼에도 字韻을 물고 거꾸로 물구나무서버린 (漢語)음운학으로 둔갑 / 고착
	고착	음성學	언문성음 / 체계의 성음에서 거꾸로 뒤엉킨 (梵語)음성학으로 둔갑 / 고착
則	칙	법칙	3종류의 종성칙(자운칙·입성칙·가점칙)에 속하는 字韻법칙(三七一則)
淸	청	맑을	성위려의 전청(ㄱㄷㅂ / ㅈㅅㆆ)과 차청(ㅋㅌㅍㅊㅎ) 참조
濁	탁	흐릴	성부려의 불청불탁(ㆁㄴㅁㅇㄹㅿ) 및 성위려의 전탁(ㄲㄸㅃ / ㅉㅆㆅ) 참조
能	능	능할	능달 / 능통의 지름길로서도 마주하는 언문성음의 正音체계에 따라서
辨	변	분별	三一五音의 성음청탁까지 능하게 분별할 수 있는 즉、능달의 눈높이(自明)
한글국역		자운(字韻)은 청탁(淸濁)을 능히 분별할 수가 있고	

樂歌則律呂之克諧		이와 상반되는 반절음계의 악가칙으로서도 음악의 음률까지 극해할 수 있음
諺文	字音	3諺1文의 정의로서 간략하게 압축되고 풀어지는 한국고유의 諺文체계 해제
樂歌	악가	소위、반절음계의 악가칙으로서는 음양이치의 반절어법으로부터 비롯된 바이기에
律呂	률려	음악의 음률(7음계 / 12음도)로서는 반절어법 / 음양역법의 12진법과 마주함까지
克諧	극해	가지런히 가림토되면서 극해되는 이 또한、三一법칙의 三一체계에서만 가능함을 뜻함
한글국역		악가(樂歌)는 율려(律呂)가 능히 화합할 수가 있으므로

무 소 용 이 불 비　무 소 왕 이 불 달
無所用而不備。無所往而不達。

◇ 다함이 없는 근본법칙(三一법칙)의 근본쓰임(三一체계)으로서도 모두 구비되었던 바가 곧

◇ 이미 지극(三一)에 因(一)한 三一법칙의 三一체계에 따라서 셋(三)은 하나(一)부터 열(十)까지 더하고(一積) 보탬(十鉅)을 거듭함(無匱化三)으로서 저절로 구해지고(自性求子 / 三一精神) 저절로(自) 밝아지는(明) 능달 / 능통의 눈높이(自明 / 神明)에 이르기까지 지극(三一)에 이르는 지름길(三才之道 / 三一之理)로서도 서로 마주하고 상통됨을 뜻하는 즉、「제3부。한국고전(無所祖述 / 三一神誥) 해제 / 참조」

3字1書의 정의로서 간략하게 요약(一三)되고 압축(三一)된 언문성음의 字書체계 해제			
無所用而不備			다함이 없는 근본쓰임으로서도 모두 구비된 바가 곧、三一법칙의 三一체계
諺文	字音	語音	3諺1文의 정의로서 간략하게 압축되고 풀어지는 한국고유의 諺文체계 해제
無	무	근본	「無限・無窮・無盡」의 三無가 곧、천지조화・자연・만물의 근본바탕(無所)
所	소	바탕	바・바탕・근본바탕、다함이 없는 천지자연의 근본바탕(無所 / 三無)으로 전환
用	용	쓸	쓰일・쓰임・근본쓰임、다함이 없는 천지자연의 근본법칙 / 근본쓰임(無所用)
而	이	只用	~(으)로서、근본법칙의 근본쓰임(無所用)으로서도(而)
不	불	아니	갖추지 아니함(不備)이 없음을 일컫는 즉
備	비	갖출	이미 지극(三一)에 因(一)한 三一법칙의 三一체계로서 모두 구비된 바를 뜻함
한글국역			사용하여 구비하지 않은 적이 없으며

無所往而不達		이와 같은 三一법칙의 三一체계로서 더하고 보탬을 거듭함에 따라서 저절로 구해지고 밝아지는 능달 / 능통의 눈높이(自明 / 神明)에 이르지 못할바 없음을 뜻함
諺文	聲音	3諺1文의 정의로서 간략하게 압축되고 풀어지는 한국고유의 諺文체계 해제
無所	무소	다함이 없는 三一법칙의 三一체계로서
往而	왕이	더하고(一積) 보탬(十鉅)을 거듭함(無匱化三)에 따라서 저절로 구해지고 밝아지는
不達	불달	능달 / 능통의 눈높이(自明 / 神明)에 이르지 못할 바 없음을 뜻하였던 것이다
한글국역		어디를 가더라도 통하지 않는 곳이 없어서

_{수 풍 성 학 려 계 명 구 폐 개 가 득 이 서 의}
雖風聲鶴唳。鷄鳴狗吠。皆可得而書矣。

◇ 이와 같은 언문성음의 字書체계에 따라서 「풍성(風聲)과 학려(鶴唳)」로서 간략하게 압축되고 귀결된 즉은、춘추전국시대에 이르면서 줄줄이 뒤바뀌어버린 음양팔괘의 가공세계 창출지법(周易)에 따라서 무주공산의 사방☆풍토(풍습·풍속·풍류·풍악·풍성 등)로 구별되더니 급기야 말소리의 근본줄기를 거스르고서 쫓는 것도 다르게 뒤엉켜서 무한대로 창출되고 축적이 거듭된 바에 불과한 「오동방·예악문장의 但방언리어」 모두를 총칭하는 바와 같았고

◇ 이에 잇따른 「계명(鷄鳴)과 구폐(狗吠)」로서 간략하게 압축되고 귀결된 즉은、불능달의 주역(周易)을 뒤집어쓴 반절문자 및 방언리어 창출지법(六書之法)에 따라서 무한대로 창출되고 축적이 거듭된 바에 불과한 이두필법(舊)의 但방언리어(文言文 / 犬言犬)와 이두문법(新)의 但방언리어(文語體 / 口語體) 모두를 총칭하는 바와 같았던

◇ 이러한 모두를 터득하고 초월하여 한국고유의 말다운(諺) 말(語)과 글다운(3諺1文) 글(3字1書)로서 간략하게 요약할(一三 / 矣書) 수도 있었고 풀어낼(三一 / 書矣) 수도 있었던 언문성음의 자방고전(字倣古篆 / 字書체계 / 한국고전)까지 모두 바로세워진 바를 뜻하였던 즉은、「但因(三一)한 태고인의 성음(3聲1音)체계·언문(3諺1文)체계·자서(3字1書)체계」로서도 마주하고、지극(三一)에 因(一)한 三一법칙의 三一체계로서도 마주하는 언문성음의 글자(正音28字)체계로서 創制되고 新制되어 다시금 후세에 실어 전했던 바가 곧、「一朝·제작모신工까지 모두 함축되고 구비된 훈민정음·신제본(新制曰·解例 / 訣曰 / 푯말·序曰)」이 뜻하는 바였던 것이다.

		3字1書의 정의로서 간략하게 요약(一三)되고 압축(三一)된 언문성음의 字書체계 해제
雖風聲鶴唳		이와 같은 언문성음의 字書체계(한국고전◇訓民正音)에 따라서 사방☆풍토의 풍습 / 풍악 / 풍성(風聲)◇ 오동방·예악문장 / 但방언리어) 및 인간☆세상의 학려(鶴唳◇ 공자曰 / 부처曰 / 성인曰의 빙자와 답습이 거듭됨)로서 간략하게 요약 / 압축 / 귀결된 바로서는 위아래와 같은즉
諺文	聲音	3諺1文의 정의로서 간략하게 압축되고 풀어지는 한국고유의 諺文체계 해제
雖	只用	애초부터 어긋나고 뒤틀린 「오동방·예악문장의 但방언리어」 라 할지라도(雖)
風聲	풍성	[桓檀제도를 대변하는 三位太伯◇三伯五加]에서 동음리어의 이두칭명으로 둔갑된
		[三伯 중의 風伯]조차도 [風氏姓의 원조 및 중국시조]로까지 등극시킨 바에 불과한
	요약 ◇ 압축 ◇ 귀결	[복희氏]를 일컬어 [창힐·天皇·太昊]로까지 둔갑 / 등극시키면서 줄줄이 떠받들었으되、복희팔괘와 文王팔괘로 뒤엉킨 음양팔괘의 가공세계가 창출되고 줄줄이 구축된 줄도 모르는 무주공산의 사방☆풍토·풍습·풍속·풍류·풍악·풍성 등으로 구별 / 구획해 놓고서 줄줄이 주워섬겼던 오동방·예악문장의 봉건제도 모두가 「애초부터 태극(一)을 집어삼킨 음양상극 / 남북상극으로 뒤엉킨 華◐夏」를 모방하고 답습이 거듭된 용두◐사미☆필법의 但방언리어에 불과함으로서 간략하게 압축되고 귀결된 즉
鶴唳	학려	학의 울음 ◇ 소위、공자曰 / 부처曰 / 성인曰의 빙자와 답습이 거듭되는 바로서 전환
한글국역		비록 바람소리와 학의 울음이든지

鷄鳴狗吠		이에 잇따른 벼슬아치들의 계명(鷄鳴 / 文言文)과 식자우환들의 구폐(狗吠 / 犬言犬)로서 간략하게 요약 / 압축되고 귀결된 이또한、위아래와 같았던 것이다
諺文	聲音	3諺1文의 정의로서 간략하게 압축되고 풀어지는 한국고유의 諺文체계 해제
鷄鳴	계명	닭의 울음 ◇ 이두필법의 칭명부여가 거듭된 동상이몽(異◐文言文)의 但방언리어 同
狗吠	구폐	개의 짖음 ◇ 삼망화법의 중언부언이 거듭된 이구동성(乎◐犬言犬)의 但방언리어 同
한글국역		닭의 울음소리나 개짖는 소리까지도

皆可得而書矣		이러한 모두를 쉬이 터득(知 / 智)하고 송두리째 초월하여 3字1書의 정의로서 아주 간략하게 압축할(三一 / 書矣) 수 있고 풀어낼(一三 / 矣書) 수 있음을 뜻함
諺文	聲音	3諺1文의 정의로서 간략하게 압축되고 풀어지는 한국고유의 諺文체계 해제
皆	개	이러한 모두(오동방・예악문장의 봉건제도 및 관습경전 / 학습경전 / 종교경전)
可得	가득	이두필법(舊)의 但방언리어(文言文 / 犬言犬) 모두를 비롯하여
可得	가득	이두문법(新)의 但방언리어(文語體 / 口語體) 모두를 터득하고 송두리째 초월하여
書矣	서의	삼극(三一)의 정의로서 간략하게 요약 / 압축(書矣)하고 풀어낼(矣書) 수도 있었던
書矣	서의	언문성음의 자방고전(字書체계 / 한국고전)까지 모두 바로세워진 바를 뜻함
한글국역		모두 표현해 쓸 수가 있게 되었다.

이미 지극(三一)에 因(一)한

天地神明의 제작모神工으로서 이룩되었고

언문성음의 자방고전(字書체계 / 한국고전)으로서 모두 구비되어 만세에 전래되는

「桓因한국의 桓易之理와 마주하는 천지조화의 一丸세계」

언문 / 해제 一覽 / 참조

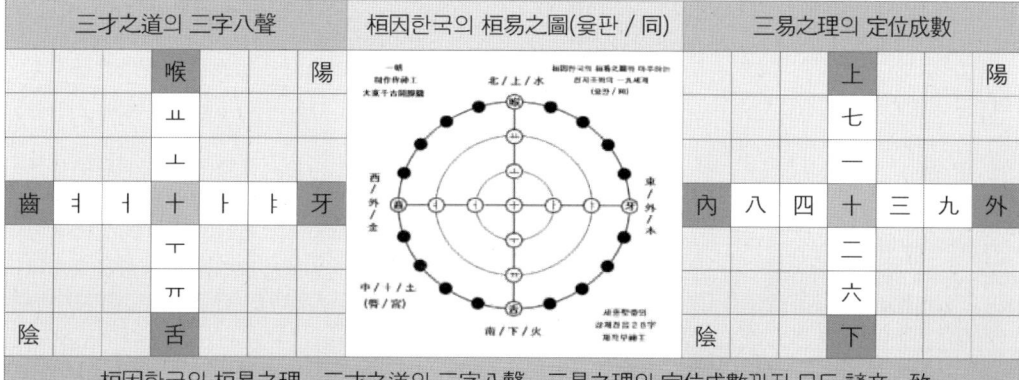

桓因한국의 桓易之理、三才之道의 三字八聲、三易之理의 定位成數까지 모두 諺文一致

수
遂

◇ 이와 같은 「언문성음의 字書체계(한국고전◇訓民正音)」까지 모두 바로세워짐에 따라서

3字1書의 정의로서 간략하게 요약(一三)되고 압축(三一)된 언문성음의 字書체계 해제			
遂		「언문성음의 字書체계(訓民正音)」까지 모두 바로세워지고 이룩(謹作 / 謹書)됨	
諺文	字音	語音	3諺1文의 정의로서 간략하게 압축되고 풀어지는 한국고유의 諺文체계 해제
遂	수	이룩할	언문성음의 글자(正音28字)체계로서 創制(1443년 12월 30일)되었고
	전환	新制	언문성음의 字書체계(訓民正音)로서 新制(1446년 9월 29일)된 바를 뜻함
	둔갑	한역음사	이루다(成就從志)、사무치다(達)、나가다(進)、마침내(竟)、다하다(竟)、인
	고착	漢字사전	하다(因)、자라다(物生出)、갖추다(充備)、실개천(小溝)
한글국역		마침내	한역음사의 [마침 / 終 + 내 / 乃]로 둔갑 / 고착

443년 겨울에 이르러서야
동서고금의 백왕(百王) 모두를 초월하고 지극(三)에 因(一)함으로서 비로소
하늘(一)이 내린(三・朝)
세종聖帝의 제작모神工에 따라서
천지자연의 근본법칙까지 가지런히 가림토되고 비로소 모두 바로세워진(創制)
정음28字의 타고난(三一) 모습(象)과 타고난(一三) 형태(形)로서도 모두 구비된

「천지자연의 근본법칙과 마주하는 한국고유의 諺文체계(한국고전◇訓民正音)」

언문 / 해제 一覽 / 참조

一陰陽五行			三字八聲		桓易之理 / 三一五行			夫人의 유성근본과 마주하는 三一五音의 象形制字			
태	一		·		天	一	圓	○	지극(三一)에 因(一)한	[・]象圓形	一積十鋸↓
음	陰		一		地	二	方	□	三一법칙의 三一체계	[一]象平形	無匱化三 ←↓
양	陽		︱		人	三	角	△	로서 서로 마주함	[︱]象立形	[中央에 자리함]
수	水 || ㅗ	ㅛ	上	一	北	冬	ㆆㅎㅇ	喉音	[ㅇ]象喉形	[虛明으로 유통]
목	木 || ㅏ	ㅑ	外	三	東	春	ㄱㅋㅇ	牙音	[ㅇ]象牙形	ㄱ。象舌根形
토	土		(十)		中	五	中	季	ㅂㅍㅁ	脣音	[ㅁ]象口形	[만성을 품어냄]
화	火 || ㅜ	ㅠ	下	二	南	夏	ㄷㅌㄴ / ㄹ	舌音	[ㄴ]象舌形	[ㄹ]。半舌音
금	金 || ㅓ	ㅕ	內	四	西	秋	ㅈㅊㅅ / ㅿ	齒音	[ㅅ]象齒形	[ㅿ]。半齒音

상가해석 이유제인어시 신여집현전응교 신최항 부교리 신박팽년 신
命詳加解釋。以喩諸人扵是。臣與集賢殿應敎。臣崔恒。副敎理。臣朴彭年。臣
신숙주 수찬 신성삼문 돈녕부주부 신강희안 행집현전부수찬 신이개 신
申叔舟。修撰。臣成三問。敦寧府注簿。臣姜希顔。行集賢殿副修撰。臣李塏。臣
이선노등 근작제해급례 이서기경개
李善老等。謹作諸解及例。以叙其梗槩。

◇ 神命을 받든 상세한 해석으로서 더하고 보탬을 거듭할 수 있도록(一積十鋸無匱化三)
◇ 이와 같은 바에 관하여 올바르게 깨우친 여러 諸人들 중에서 발탁된
◇ 與집현전응교 臣최항
◇ 부교리 臣박팽년、臣신숙주
◇ 수찬 臣성삼문
◇ 돈녕부주부 臣강희안
◇ 行집현전부수찬 臣이개、臣이선로 등과 더불어
◇ 三加를 거듭한 「制字원리(解) 및 글자체계(例)」로서 謹作되고 謹書된 바를 비롯하여
◇ 「훈민정음·新制本」의 차례(新制曰·解例 / 訣曰·픗말·序曰)와 그로서의 「근본체계(大梗·大略·大槪)」에 이르기까지 「언문성음의 字書체계(한국고전◇訓民正音)」에 따라서 謹作되고 謹書되던 바가 곧, 「한국고유의 諺文체계(한국고전)까지 모두 바로세워진 훈민정음·신제본(新制曰·解例 / 訣曰 / 픗말·序曰)」으로서 다시금 후세에 실어 전하면서 널리 반포함을 뜻하는 바로서 간략하게 압축되고 잇따름을 미루어보듯

字1 書의 정의로서 간략하게 요약(一三)되고 압축(三一)된 언문성음의 字書체계 해제 / 참조			
命詳加解釋			神命을 받든 상세한 해석으로서 三加(더하고 보탬)를 거듭한 바와 같은즉
諺文	字音	語音	3諺1文의 정의로서 간략하게 압축되고 풀어지는 한국고유의 諺文체계 해제
命	명	받들	神命을 받든다 함은、하늘(天)이 내린(縱) 세종聖帝의 聖心을 받듦과 같음
	眞命	진명	[人物同受三眞曰·性命精]에서 [眞性·眞命·眞精을 터득한 三眞一神] 참조
	神命	신명	한마음(三眞) 한뜻(一神)을 이루면서 만물소통의 성통공완을 이룩하고 지극에 因(一)함으로서 비로소 한줄기 빛으로 떠오른 [天地神明과 마주하는 天地神命]이 곧、開天의 정의이자 개천절(十月三日)에 함축(十三一命 / 一三十明)된 정의
	전환	神明	
	둔갑	명할	한역음사의 명즉(命令) 등은 이두필법의 칭명부여에 불과한즉、但방언리어
詳加	상가		神命을 받든 상세한 해석으로서 더하고(一積) 보탬(十鋸)을 거듭함(無匱化三)과 같고
解釋	해석		[制字원리 및 글자체계]에 관하여 올바르게 풀어쓴 [解例 및 例義] 로서 서로 마주함
한글국역	해석을 상세히 하여		

以喩諸人扵是	이와 같은 언문성음의 字書체계를 깨닫게된 여러 諸人 중에서 천거 / 발탁됨
諺文	字音	3諺1文의 정의로서 간략하게 압축되고 풀어지는 한국고유의 諺文체계 해제

以喻	이유	이와 같은 언문성음의 字書체계(三一체계)에 관하여 올바른 이해를 구할수 있었던
諸人	제인	여러 제인・諸臣 중에서
扵是	어시	천거되고 발탁됨
한글국역		여러 사람들에게 이해하라고 명하시니

集賢殿諸人等	집현전 諸人(7人) 등
臣與集賢殿應敎・臣崔恒	臣여집현전응교・臣최항
副敎理・臣朴彭年・臣申叔舟	부교리・臣박팽년 / 臣신숙주
修撰・臣成三問	수찬・臣성삼문
敦寧府注簿・臣姜希顔	돈녕부주부・臣강희안
行集賢殿副修撰・臣李塏・臣李善老等	행집현전부수찬・臣이개 / 臣이선로 등

謹作諸解及例		三加를 거듭한 「制字원리(解) 및 글자체계(例)」로서 謹作되고 謹書된 즉
諺文	字音	語音	3諺1文의 정의로서 간략하게 압축되고 풀어지는 한국고유의 諺文체계 해제
謹	근	삼갈	三加를 거듭함 ◇ 셋(三)은 하나(一)부터 열(十)까지 더하고 보탬을 거듭함
作	작	일으킬	三加를 거듭함으로서 [저절로 일으켜 세워지고 바로세워진 바]를 뜻함
諸解	제해		制字원리에 함축된 모든 原理를 풀어낸 解가 理解이듯, 근본원리와 서로 마주하는
及例	급례		[법식 / 例 / 례]는 근본법칙(三一법칙)의 근본체계(三一체계)로서 전환되는 즉
謹作	근작		三一법칙의 三一체계에 따라서 상세한 해석으로서 더하고 보탬을 거듭한 바와 같음
謹書	근서		삼극(三一)의 정의로서 간략하게 요약(一三)되고 압축(三一)됨과 마주하는 언문성음의 字書체계(三一체계)에 에 따라서 謹作되고 謹書된 바가 곧, [훈민정음・新制本]
한글국역			삼가 모든 해석과 범례(凡例)를 지어

以叙其梗槩		이와 같은 질서 / 차례에 따라서 謹作 / 謹書된 바가 곧、「訓民正音・新制本」
諺文	聲音	3諺1文의 정의로서 간략하게 압축되고 풀어지는 한국고유의 諺文체계 해제
以叙	이서	이와 같은 三一법칙 / 체계의 질서 / 차례에 따라서 근작 / 근서되고 완성(이룩)된
其	只用	그로서가 곧、처음(一)부터 끝(三・十)까지 가지런히 가림토되고 모두 바로세워진
梗槩	경개	「一朝・제작모신공의 훈민정음・신제본 / 신제왈」로서 완성(이룩)된 바를 뜻함
한글국역		그 경개(梗槩)를 서술하여

_{서 사 관 자 불 사 이 자 오}
庶使觀者不師而自悟。

◇ 거느리고자하는 吏頭집단(벼슬아치 / 양반집단)을 비롯하여 자가당착의 고정관념(慕華사관 / 반도사관)에 함몰되고 사로잡혔다거나 스승다운 스승이 없다 할지라도 스스로 힘써 깨닫고 터득할 수 있는 즉、{상세한 해석으로서 三加를 거듭하고 神命을 다하여 謹作하고 謹書한 바로되}

3字1書의 정의로서 간략하게 요약(一三)되고 압축(三一)된 언문성음의 字書체계 해제			
庶使觀者不師而自悟			거느리고자하는 이두집단을 비롯하여 고정관념에 사로잡혔다거나 스승다운 스승이 없다 할지라도 스스로 힘써 깨닫고 터득할 수 있는 즉
諺文	字音	語音	3諺1文의 정의로서 간략하게 압축되고 풀어지는 한국고유의 諺文체계 해제
庶	서	서자	庶子라 함은、自性求子한 五加무리를 뜻하지만、婚外子로 둔갑된 즉
	전환	벼슬아치	庶出의 庶子로까지 둔갑을 거듭시킨 바가 곧、조선吏讀의 반절어법
		吏頭집단	[벼슬아치]라 함은、봉건적인 吏頭집단이나 양반집단 모두를 지칭하듯
		양반집단	조선시대의 慕華제도 / 양반제도로서는 봉건제도의 끝자락을 뜻함
使	사	거느릴	華夏를 섬기는 慕華집단의 慕華제도로서 줄줄이 주위섰겼던 바가 곧
			오동방、예악문장의 봉건제도(慕華제도 / 骨品제도 / 양반제도)
庶使	서사		거느리고자하는 吏頭집단(벼슬아치 / 양반집단)으로 간략하게 압축 / 귀결된 즉
觀	관	볼 / 사관	자가당착의 음양사상 / 慕華사상 및 유교사상 / 불교사상 등으로 뒤엉킨
	전환	고정관념	고정관념에 줄줄이 함몰된 줄도 모르는 慕華사관 / 반도사관으로 전환
者	자	함 / 只用	~할지라도 ◇ 자가당착의 고정관념(觀)에 사로잡힌 줄도 모른다거나
不師	불사		스승다운 스승이 없다 할지라도(者)
自悟	자오		이와 같은 한국고유의 諺文체계(한국고전 / 字書체계 / 訓民正音)에 따라서
			스스로 힘써 깨닫고 쉬이 터득할 수 있음을 뜻하는 바였던 것이다
한글국역			이를 본 사람으로 하여금 스승이 없어도 스스로 깨닫게 되는 것이다.

약 기 연 원 정 의 지 묘   즉 비 신 등 지 소 능 발 휘 야
若其淵源精義之妙。則非臣等之所能發揮也。

◇ 마땅한 그로서의 연원으로서도 마주하는(맞닿은) 삼극(三一)의 정의와 근본(一三)의 지묘」로서도 마주함을 뜻하는 즉은、삼극(三一)의 정의로서 간략하게 압축되고 풀어짐으로서도 마주하고、근본(一三)의 지묘(至妙)로서 더하고(一積) 보탬(十鉅)이 거듭되면서(無匱化三) 가지런히 가림토되고 모두 바로 세워짐으로서도 마주함을 뜻하는 즉、「이미 지극(三一)에 因(一)한 三一법칙(三才之道 / 三易之理)의 三一체계(諺文聲音 / 字倣古篆 / 訓民正音)」로서 간략하게 압축되고 모두 구비된 바를 뜻하였던
◇ 이는 곧、제신 / 제인 등의 작은 능함으로부터 발휘될 수 있는 바가 결코 아니었던 것이다.

3字1書의 정의로서 간략하게 요약(一三)되고 압축(三一)된 언문성음의 字書체계 해제			
若其淵源精義之妙		그로서의 연원으로서도 맞닿은(若)「삼극의 精義와 근본의 至妙」	
諺文	字音	語音	3諺1文의 정의로서 간략하게 압축되고 풀어지는 한국고유의 諺文체계 해제
若	약	마땅할	맞닿을、맞닿은 ◇ 弱音(一)・若音(二)・重音(三)의 가온(中 / 二)과 같음
其	기	只用	그로서、그로서의、그로서가 곧、등으로 전환되고 잇따르는 어조쓰임(只用)
淵源	연원		마땅한(若) 그로서의 연원으로서도 마주하고 맞닿은(若)
精義	정의		삼극(三一)의 정의로서 간략하게 압축(三一)되고 풀어짐(一三)과도 마주하고
之妙	지묘		근본(一三)의 至妙로서 더하고 보탬이 거듭됨과도 마주함이 곧 三一법칙의 三一체계
			앞서 언급된 [三極之義。二氣之妙]에서 보다 더 간략하게 압축되어 잇따른 반면
		둔갑	그저 [묘(妙)]하다거나、[오묘(奧妙)]하다는 등으로 둔갑(한역음사)되는 바가 곧
			육서지법의 漢字어법을 뒤집어쓴 조선吏讀의 반절(漢字◑한글)어법을 뜻하는 바로서
			서로 다른 용두사미필법의 머리◐통과 꼬리☆통으로 뒤엉켜버린 바를 뜻하는 것이다
한글국역		그 연원(淵源)의 정밀한 뜻의 오묘(奧妙)한 것은	

則非臣等之所能發揮也		제신 등의 작은 능함으로부터 발휘될 수 있는 바가 아니었던 것이다	
諺文	字音	語音	3諺1文의 정의로서 간략하게 압축되고 풀어지는 한국고유의 諺文체계 해제
則	즉	곧	~은 곧、이는 곧(則)
非	비	아닐	~이 / 가 아님(非)、~하지 못함(非)、등으로 전환되는 어조쓰임(只用)
臣等	신등		제신 / 제인 등의
所能	소능		작은 능함으로부터(所能)
發揮	발휘		발휘될 수 있는 바(所)가 결코 아니었던(非) 것이다
한글국역		신(臣) 등이 능히 발휘할 수 없는 바이다.	

공 유 아
恭惟我

◇ 공손히 돌이켜보옵건대、저희(我)들

		3字1書의 정의로서 간략하게 요약(一三)되고 압축(三一)된 언문성음의 字書체계 해제
恭惟我		공손히 돌이켜보옵건대、저희들(3정승 / 文武百官 및 慕華집단 / 양반집단 모두)
諺文	聲音	3諺1文의 정의로서 간략하게 압축되고 풀어지는 한국고유의 諺文체계 해제
恭惟	공유	공손히 돌이켜보옵건대
我	아	저희(我)들 ◇ 「桓檀帝位의 三位太伯과 마주하는 郡靈諸哲의 三伯五加」 모두
		[봉건적의 3정승 / 文武百官 및 자가당착의 三妄집단 / 양반집단] 모두 포괄됨
	둔갑	[저희(我)]를 일컫는 바에서 [우리(我)]를 일컫는 등으로 둔갑이 거듭되는 바가 곧
	↓→	불능달의 주역(周易)과 육서지법의 漢字어법을 뒤집어쓴 조선吏讀의 반절어법(漢字 / 한글、독음 / 리어、반절字母 / 이두韻書)에 따라서 저절로 왜곡되고 굴절이 거듭되면서 어긋남의 극치에 달한 줄도 모르듯이
	나 [吾] 우리 [±]	이와 같은 조선吏讀의 반절어법(漢字 / 한글、독음 / 리어、반절字母 / 이두韻書) 모두에 이르기까지 송두리째 흡수병합시켜버린 바와 같았던 일본吏讀의 이두문법에 따라 처음(1912년)으로 成文化되었다던 조선어문의 어문규정(한글맞춤법 / 표준규정、로마자표기법 / 외래어표기법)으로 줄줄이 주워섬기면서 대대손손 대물림되는 모두에 이르기까지
	나라 (東方) (海東) (朝鮮)	육서지법의 漢字어법을 뒤집쓰고서 끝없이 물고 늘어지는 줄도 모르고 가중국의 가짜(假字)를 빌어쓰면서 변통을 거듭하는 방언리어 창출지법으로 답습과 둔갑이 거듭되는 이두필법의 칭명부여(方言 / 칭음)가 거듭되고 삼망화법의 중언부언 (俚語 / 언해 / 국역)이 거듭되면서 어긋남의 극치에 달한 줄도 모르고 저절로 왜곡되고 굴절만이 거듭되는 반절어법의 극치로서 동문동궤가 이루어져버린 줄도 모르는 그로서의 대명사로서 줄줄이 등극되어버린 바를 뜻하였던 것이다
	한글국역	삼가 생각하옵건대、우리

전 하   천종지성   제도시위초월백왕
殿下。天縱之聖。制度施爲超越百王。

◇ 전하께서는

◇ 하늘(一)이 내린(三・朝) 聖帝之位(3聖1位)와 마주하는 一朝・제작모神工에 따라서

◇ 「桓因한국의 桓檀제도로서 모두 구비된 언문성음의 字倣古篆(한국고전)」까지 모두 바로세우고 시정함에 있어서는 동서고금의 백왕을 초월하고 지극(三一)에 因(一)한 바를 뜻함으로서 잇따르는 즉

3字1書의 정의로서 간략하게 요약(一三)되고 압축(三一)된 언문성음의 字書체계 해제		
殿下		전하께서는
諺文	聲音	3諺1文의 정의로서 간략하게 압축되고 풀어지는 한국고유의 諺文체계 해제
殿下	전하	[봉건적의 陛下・殿下・邸下] 등은、자신들을 낮추고(下) 낮춘(下)다면서 끝없이(下)
	主上	곤두박질된 바로부터 줄줄이 물구나무서버린(丫字形) 줄도 모르는 이두칭명에 불과함
한글국역		전하께서는

天縱之聖		하늘(天)이 내린(縱) 桓檀聖帝之位와 마주하는 [天夫三人의 제작모神工]까지 함축
諺文	聲音	3諺1文의 정의로서 간략하게 압축되고 풀어지는 한국고유의 諺文체계 해제
天縱	천종	하늘(一)이 내린(三・朝) 聖帝之位와 마주하는 一朝・제작모神工으로까지 잇따르듯
之聖	지성	하늘이 내린 天夫三人의 本位(桓檀聖帝之位)와 마주하는 桓因한국의 桓檀제도로서
		모두 구비된 언문성음의 字倣古篆(한국고전)으로서 만세에 전래되는 바를 뜻함
한글국역		하늘에서 낳으신 성인(聖人)으로써

制度施爲超越百王		桓因한국의 桓檀제도로서 모두 구비된 언문성음의 字倣古篆(한국고전)까지 모두 바로세우고 시정함에 있어서는 백왕을 초월하고 지극에 因(一)한 바를 뜻함
諺文	聲音	3諺1文의 정의로서 간략하게 압축되고 풀어지는 한국고유의 諺文체계 해제
制度	제도	[제도]라 함은、一朝・제작모神工에 따라서 태고를 열어준 桓因한국의 桓檀제도를 뜻하는 바와 더불어 언문성음의 字倣古篆(한국고전)으로서 모두 구비되어 만세에 실어전
	둔갑	한 바였음에도 불구하고 [태극을 집어삼킨 음양상극으로 뒤엉킨 華❶夏를 섬기는 慕華☆집단의 慕華제도]로 줄출이 뒤바뀌면서 송두리째 뒤덮이고(周易) 몽롱해져버린 줄도
施爲	시위	모르는 이와 같은 모두에 이르기까지 송두리째 걷어내고서 다시금 바로세우고 시정함
超越	초월	에 있어서는 동서고금의 백왕(百王) 모두를 초월하고 지극(三一)에 因(一)함으로서
百王	백왕	[하늘(一)이 내린(三・朝) 세종聖帝의 제작모神工]을 뜻하는 바로서 요약/압축/귀결
한글국역		제도와 시설(施設)이 백대(百代)의 제왕보다 뛰어나시어

정음지작　무소조술　이성어자연
正音之作。無所祖述。而成於自然。

◇ 「但因(三一)한 언문성음의 正音체계」로서 일으켜 세우고 모두 바로세움에 있어서는
◇ 「무소조술의 桓檀제도로서 모두 구비된 언문성음 자방고전(字書체계 / 한국고전)」으로서
◇ 이룩(一朝・제작모神工)되고 만세에 전래되는 천지자연의 근본법칙까지 다시금 일으켜 세울수 있었던 「세종聖帝의 제작모神工」까지 모두 함축 / 구비된 바를 뜻하였음에도 불구하고、「속칭・천부경(天符經)」이란 이두칭명으로 둔갑되어 전래되었으되、「무소조술의 一丸세계를 열어준(開天) 桓因한 국의 桓檀제도」로 전환되고 언문해제된 언문성음의 字倣古篆(한국고전) 해제 / 참조

3字1書의 정의로서 간략하게 요약(一三)되고 압축(三一)된 언문성음의 字書체계 해제		
正音之作		「但因(三一)한 언문성음의 正音체계」로서 일으켜 세우고 모두 바로세움
諺文	聲音	3諺1文의 정의로서 간략하게 압축되고 풀어지는 한국고유의 諺文체계 해제
正音	정음	「한국고유의 諺文체계와 마주하는 한겨레의 正音체계」를 일컫는 바이듯
之作	지작	「但因(三一)한 언문성음의 正音체계」로서 일으켜 세우고 모두 바로세워짐을 뜻함
한글국역		정음의 제작은

無所祖述		무소조술의 桓檀제도로서 모두 구비된 바가 곧、언문성음의 字倣古篆(한국고전)
諺文	聲音	3諺1文의 정의로서 간략하게 압축되고 풀어지는 한국고유의 諺文체계 해제
無所	무소	[무소조술의 桓檀제도와 마주하는 언문성음의 자방고전]으로서 모두 구비된 즉
		무한(三一)의 태극(一)으로 압축된 「一始無始一 및 天一一 / 天二三」 해제 / 참조
		무궁(三十)의 시공간(三・十)으로 압축된 「一終無終一 및 地一二 / 地二三」 참조
		무진(一三)의 삼극(三一)으로 압축된 「析三極無盡本 및 人一三 / 人二三」 참조
祖述	조술	[한겨레의 시조]라 함은、태고를 열어준(開天) 桓因天帝로까지 거슬러 올라가듯
		하늘(一)이 내린(三・朝) 天夫三人의 제작모神工에 따라서 태고(故)를 열어준(開天)
		[무소조술의 桓檀제도로서 모두 구비된 언문성음의 字倣古篆(한국고전)]으로서
		만세에 전래되는 바가 곧 「一朝・제작모神工(三一법칙 / 三一체계)」을 뜻하였음
한글국역		전대의 것을 본받은 바도 없이

而成於自然		이와 같은 바에 따라서 이룩된(成) 자연의 법칙은 곧、하늘의 섭리로 전환 / 환원됨
諺文	聲音	3諺1文의 정의로서 간략하게 압축되고 풀어지는 한국고유의 諺文체계 해제
而成	이성	이와 같은 「무소조술의 桓檀제도」로서 이룩되고 모두 구비된 [자연의 법칙]까지
自然	자연	모두 함축되어 일컬어지듯、천지자연의 근본법칙까지 모두 함축 / 구비된 바를 뜻함
한글국역		자연적으로 이루어졌으니.

개 이 기 지 리 지 무 소 부 재 이 비 인 위 지 사 야
豈以其至理之無所不在。而非人爲之私也。

◇ 이미 지극(三一)에 因(一)한 「천지자연의 근본법칙(三才之道 / 三易之理)」으로서는 다함이 없는 근본법칙(三一법칙)의 근본쓰임(三一체계)으로서도 서로 마주할 뿐만 아니라
◇ 인의에 치우고 사사로움에 치우친 인의장막의 극치(吾東方禮樂文章 / 봉건제도 / 但방언리어)로서 집대성을 이루고 집합체를 이루어버린 모두에 이르기까지 송두리째 걷어내야만 비로소 만천하에 드러나는 바가 곧, 「언문성음의 자방고전(字倣古篆 / 字書체계 / 한국고전)으로서 모두 구비된 桓因한국의 桓檀제도」를 뜻하는 바로서、「언문성음의 字倣古篆(한국고전) 해제 / 참조」

3字1書의 정의로서 간략하게 요약(一三)되고 압축(三一)된 언문성음의 字書체계 해제		
豈以其至理之無所不在		이미 지극(三一)에 因(一)한 三一법칙의 三一체계로서는 다함이 없는 천지조화의 근본근원과 마주하는 천지조화의 一丸세계까지 모두 함축됨
諺文	聲音	3諺1文의 정의로서 간략하게 압축되고 풀어지는 한국고유의 諺文체계 해제
豈以	기이	이와 같은 「三一법칙의 三一체계」로서는 이미 지극(三一)에 因(一)한 바를 뜻하는
其	只用	그로서가 곧
至理	지리	지극(三一)에 이르는 지름길(三才之道 / 三一之理)로서 이룩된 바를 뜻하기에
無所	무소	다함이 없는 근본근원 / 근본원리 / 근본법칙의 근본바탕으로서 간략하게 압축된 즉 [無限 / 一 / 天、無窮 / 二 / 地、無盡 / 三 / 人] 및 [天地人・三倫之理] 해제 / 참조
不在	부재	다함이 없는 무한(三一)의 태극(一)으로부터 셋(三)으로 나뉘어 자리(一)하는 三一법칙의 三一체계로서 이룩된 바가 곧、天夫三人의 제작모神工을 뜻하였던 것이다
한글국역		그 지극한 이치가 있지 않은 곳이 없으므로

而非人爲之私也		이와 같은 三一법칙의 三一체계에 따라서 인의에 치우치고 사사로움에 치우친 인의장막의 극치(周易 / 가공세계)에 이르기까지 송두리째 걷어낸 바를 뜻함
諺文	聲音	3諺1文의 정의로서 간략하게 압축되고 풀어지는 한국고유의 諺文체계 해제
而	只用	이와 같은 三一법칙의 三一체계에 따라서(而)
非	비	아닐、~이 아님(非) <전환> ~에 치우침
人爲	인위	인의에 치우치고 사사로움에 치우친 인의장막의 극치로서 집합체를 이루어버린
私也	사야	모두에 이르기까지 송두리째 걷어냄으로서 비로소 만천하에 드러난 바를 뜻함
한글국역		인간 행위의 사심(私心)으로 된 것이 아니다

부동방유국 불위불구 이개물성무지
夫東方有國。不爲不久。而開物成務之

◇ 「夫東方有國 / 부동방유국」이라 함은、하늘(一)이 내린(三・朝) 天夫三人의 제작모神工에 따라서 천지조화의 一丸세계를 열어주고(開天) 태고(故)를 열어준(開物 / 成務) 「桓因한국의 桓檀시대 및 東明聖帝의 高麗시대」로 잇따르는 모두가 포괄됨을 뜻하는 바이고

◇ 「不爲不久 / 불위불구」라 함은、夫東方有國의 유구한 역사와 빛나는 전통(開天・開物・成務)에 따라서 후세에까지 이르렀던 바로서 간략하게 압축되고 귀결되는 바이듯

◇ 이와 같은 天夫三人의 제작모神工에 따라서 「천지조화의 一丸세계를 열어준(開天) 桓因韓國의 無所祖述」을 위시하여 「만물치화의 치화원리를 열어준(開物) 桓檀帝曰의 三一神誥」 및 「삼륜교화의 교화원리를 이룩한(成務) 桓檀帝民의 三倫九誓」로서 모두 구비된 「桓因한국의 桓檀제도와 마주하는 언문성음의 字倣古篆(한국고전)」으로서 만세에 전래되는 바였음에도 불구하고、「후세(周代 / BC 770~221~~~1443년~~今)에 이르면서 송두리째 뒤덮이고(음양팔괘 / 周易 / 예악문장) 몽롱해져버린 줄도 모른다」라 함은 곧、이와 같은 모두를 총괄 / 총칭하는 바였던 것이다.

3字1書의 정의로서 간략하게 요약(一三)되고 압축(三一)된 언문성음의 字書체계 해제		
夫東方有國		태고(故)를 열어준 桓因한국의 桓檀시대 및 東明聖帝의 高麗시대 모두 포괄
諺文	聲音	3諺1文의 정의로서 간략하게 압축되고 풀어지는 한국고유의 諺文체계 해제
夫	부	만물소통의 성통공완을 이룩하고 지극에 因(一)함으로서 하늘(一)이 내린(三・朝)
	夫人	天夫三人의 제작모神工은 곧、「一朝・제작모神工」으로 압축되고 전환되듯
	天夫人	一朝・제작모神工에 따라서 태고(故)를 열어준 태고인(天夫人)으로도 전환되는 즉
東方	동방	五行방위의 동방을 일컫되、三易之理의 三一五行으로 순환되는 순환점과 같았고
有國	유국	이로부터 말미암아진 桓因天帝의 한울(韓) 나라(國)가 곧、天神國을 뜻하는 바였음
한글국역		대체로 동방에 나라가 있은 지가

不爲不久		태고(故)를 열어준 桓因한국의 유구한 역사와 빛나는 전통으로 전환되고 잇따름
諺文	聲音	3諺1文의 정의로서 간략하게 압축되고 풀어지는 한국고유의 諺文체계 해제
不爲	불위	갖추어지지 않음이 없는 빛나는 전통(天地神明의 桓檀제도 ◇ 開天・開物・成務)
不久	불구	오래되지 않음이 없는 유구한 역사(桓因한국의 桓檀시대~東明聖帝의 高麗시대)
한글국역		오래 되지 않은 것이 아니나

而開物成務之		桓因한국의 桓檀제도로서는 빛나는 전통(開天・開物・成務)으로 전환됨
諺文	聲音	3諺1文의 정의로서 간략하게 압축되고 풀어지는 한국고유의 諺文체계 해제
而	只用	이와 같은 바(天地神明 / 天夫三人의 제작모神工)에 따라서(而)

開天	개천	천지조화의 一丸세계를 열어준(開天) 「桓因韓國의 無所祖述」 해제 / 참조
開物	개물	만물치화의 치화원리를 열어준(開物) 「桓檀帝日의 三一神誥」 해서 / 참조
成務	성무	삼륜교화의 교화원리를 이룩한(成務) 「桓檀帝民의 三倫九誓」 해서 / 참조
之	只用	오고(一) 갈(三)로서 마주하는 결언쓰임(只用)으로 맺고(三·十) 잇따름(三一)

한글국역	사람이 아직 알지 못하는 도리를 깨달아 이것을 실지로 시행하여 성공시키는

춘추전국시대(周代 / BC 770~221~)에 이르면서
송두리째 뒤덮이고(음양팔괘 / 周易 / 예악문장) 몽롱해져버린 줄도 몰랐던
「桓因韓國의 桓檀제도와 마주하는 언문성음의 자방고전(字書체계 / 한국고전◇訓民正音)」
언문 / 해제一覽 / 참조

桓	桓因한국의 桓檀제도	한국고유의 諺文체계 ◇ 한겨레의 正音체계	훈민정음·풋말3행
一	桓因韓國의 無所祖述	천지조화의 一丸세계를 열어준 바가 곧、開天	一朝
二	桓檀帝日의 三一神誥	만물치화의 치화원리를 열어준 바가 곧、開物	制作侔神工
三	桓檀帝民의 三倫九誓	삼륜교화의 교화원리를 이룩한 바가 곧、成務	大東千古開朦朧
四	天地之道 ◇ 三一之理	三一법칙	天地人·三才之道와 마주하는 一二三·三一之理 / 三一五行
五	三易之理 ◇ 三一五行	三一체계	天地人·三神之位와 마주하는 一二三·三易之理 / 三一五行
十	諺文聲音 ◇ 字倣古篆	한국고전	한국고유의 諺文체계와 마주하는 언문성음의 字書체계

이와 같은 바를 미루어보듯
불능달의 주역(周易)을 뒤집어쓰고서 끝없이 곤두박질된 줄도 모르고 (丫字形 / 한글·모음順)
반절문자 및 방언리어 창출지법을 뒤집어쓰고서 끝없이 널부러진 줄도 모르는 (八字形 / 자음順)
조선吏讀의 반절어법(漢字 / 한글、이두필법 / 삼망화법、한글맞춤법 / 표준어규정)으로 줄줄이 주워
섬김에 따라서 어긋남의 극치에 달하는 방언리어의 극치로서 집대성을 이룬 줄도 모르고
저절로 왜곡되고 굴절만이 거듭되는 반절어법의 극치로서 동문동궤를 이룬 줄도 모르는
그로서의 간략한 예로서는 다음과 같았던 것이다

夫東方有國 [桓檀제도] 開天·開物·成務 [字倣古篆]	天夫三人의 제작모신공에 따라서 태고(故)를 열어준(開天·開物·成務) 바가 곧
	언문성음의 字倣古篆으로서 모두 구비된 桓因한국의 桓檀제도를 뜻하는 바이고
	桓因한국의 桓檀시대(BC 7198~3897~2333~)를 이어받은
	東明聖帝의 高麗시대(~大夫餘·고구려~발해~고려~~韓國)로 잇따르는 반면
吾東方 禮樂文章 [慕華제도] [봉건제도]	[夫東方]과 상반되는 [吾東方]으로서는 [夫東方]을 집어삼킨(捨) 바를 뜻하듯
	華夏를 모방하고 답습이 거듭된 오동방·예악문장 모두가 但방언리어에 불과한 즉
	고구려를 멸망시킨 나당동맹 / 불국신라의 예악문장은 骨品제도 / 화랑제도이고
	고려를 멸망시킨 이씨조선 / 반도조선의 예악문장은 慕華제도 / 양반제도로 고착

대지 개유대어금일야여
大智。盖有待扵今日也歟。

◇ 「대지 / 大智 / 커다란 지혜로움」이라 함은、오로지 한마음(三眞) 한뜻(一神)을 이루면서 만물소통의 성통공완을 이룩하고 지극(三一)에 因(一)함으로서 「하늘(一)이 내린(三‧朝) 「天夫三人의 제작모神工」으로서 이룩된 바와 똑같았던 「하늘(一)이 내린(三‧朝) 세종聖帝의 제작모神工」 및 「天地神明(一朝)의 제작모神工」을 뜻하는 바로서 전환되고 곧바로 환원됨에 불구하고

◇ 이러한 모두에 이르기까지 송두리째 뒤덮이면서(음양팔괘 / 周易 / 예악문장) 몽롱해져버린 줄도 모르는 오늘(今日)에까지 오랜 기다림을 주심조차도 하늘의 뜻(三極之義 / 天地神命)이리라

3字1書의 정의로서 간략하게 요약(一三)되고 압축(三一)된 언문성음의 字書체계 해제		
大智		하늘(一)이 내린(三‧朝) 天夫三人의 제작모神工 및 天地人‧三才之道까지 모두 함축
諺文	聲音	3諺1文의 정의로서 간략하게 압축되고 풀어지는 한국고유의 諺文체계 해제
大	대	이미 지극(三一)에 因(一)한 하늘(天地人)의 섭리(三倫之理)에 따라서
		사람다운(仙) 사람(人)으로 거듭나고(三七一生) 거듭난(三九一達) 바를 뜻하는 즉
		大人은、自性求子한 五加무리를 일컫는 바와 같았고
	夫	夫人은、오로지 한마음(三眞) 한뜻(一神)을 이룬 郡靈諸哲의 三伯五加 相同
	天	天夫人은、만물소통의 성통공완을 이룩하고 지극에 因한 桓檀帝位의 三位太伯 相同
	象形	[人 / 사람 + 一 / 하늘] ◇ 사람(人)의 머리(首)에 하늘(一)이 내려앉은(三) 바를 뜻함
		[大 + ○、大 + □、大 + △]。하늘(一)이 내린(三‧朝) 天夫三人의 象形制字 / 相同
智	지	올바른 앎(知)을 구하고(智) 스스로(三眞)에 因(一神)함으로서 저절로 밝아지는
		능달 / 능통의 눈높이(自明 / 神明)와 마주하는 開天 / 태극(一)의 눈높이(一朝) 참조
		天地人‧三神之位와 마주하는 天地人‧三倫之理가 곧 하늘의 섭리를 뜻하는 바로서
	象形	[矢 + 口 + 曰]。말하는 입(口)으로부터 풋말(一曰一)까지 터득(知◇智)한 바를 뜻함
		[知 / 앎 + 曰]。말이 비롯되는 맨(三) 처음(一)까지 터득한 [혜안 ◇>> 自明 / 神明]
한글국역		큰 지혜는

盖有待扵今日也歟		송두리째 뒤덮여버린 오늘에까지 오랜 기다림을 주심도 하늘의 뜻이리라
諺文	聲音	3諺1文의 정의로서 간략하게 압축되고 풀어지는 한국고유의 諺文체계 해제
盖有	개유	송두리째 뒤덮여버린(盖有) 줄도 모르는 즉(반절어법 / 周易 / 음양역법◆가공세계)
今日	금일	오늘(周代 / BC 770~221~~~~1446년 9월 29일)에까지
待扵	대어	오랜 기다림을 주신(待扵) 그조차도
也歟	야여	하늘의 뜻(三極之義)이리란 결언으로서 맺고(三‧十) 이어(三一)지는 결언쓰임
한글국역		대개 오늘날에 기다리고 있을 것인져.

정통십일년구월상한
正統十一年九月上澣。

◇ 1446年(世宗28年) 9月 29日(上澣)

3字 1 書의 정의로서 간략하게 요약(一三)되고 압축(三一)된 언문성음의 字書체계 해제			
正統十一年九月上澣		「1446年(世宗28年) 9月 29日(上澣)」로 전환되고 환원됨	
諺文	聲音	3諺 1 文의 정의로서 간략하게 압축되고 풀어지는 한국고유의 諺文체계 해제	
正通	정통	정통은 中國明朝 第6代 皇帝英宗의 年號(西元 / 1436年-1449年)라 일컫는 즉	
		중국의 연호를 받아쓸 수밖에 없었던 조선이 곧 춘추전국시대로부터 줄줄이 뒤바뀐	
		華夏를 섬기는 慕華집단의 봉건제도 및 반절어법의 끝자락(꼬리☆통)을 뜻함	
十一年		정통11년은、1446年(世宗28年)으로 환산되고	
九月	9月	9월 상한(上澣)은、9월 末(29일)로 환산되고 전환되는 바였음에도 불구하고	
上澣	상한	세종실록의 기록까지 부정한 「음력 9월 10일 및 양력 10월 9일」로 둔갑 / 고착된	
	둔갑	「한글날(一字日)」이란 이두칭명조차도 반절문자 및 방언리어 창출지법을 뒤집어쓴 줄도 모르는 반절어법 / 이두문법의 칭명부여(但방언리어)에 불과한 것이었다	
한글국역 (국어사전) 참조		정통은 중국 명나라 제 6 대 영종의 연호로, 세종 28년 병인에 해당하고, 상한(上澣)'은 곧 상순(上旬)'인즉, 늦어도 10일에는 반포된 것으로 생각되므로 9월 10일로써 그 반포일 이라 할 만하다. 그래서, 이를 양력으로 환산하면, 10월 9일이 되니, 1940년에 조선어 학 회(한글 학회)에서 한글날을 10월 9일로 고쳐 정하였다.	

자헌대부예조판서집현전대제학지춘추관사   세자우빈객신정인지
資憲大夫禮曹判書集賢殿大提學知春秋館事○世子右賓客臣鄭麟趾

◇ 자헌대부・예조판서・집현전대제학・지춘추관사○세자우빈객・臣정인지

배수계수근서
拜手稽首謹書

◇ 두손을 모으고 머리 숙여 「謹書」함

訓民正音 (始 / 終)

이와 같은
훈민정음의 처음(始 / 一)과 마주하는 끝맺음(終 / 三・十)을 뜻하는 바로서도
태극(一)의 질서(三・十)에서 따라서 끝없이 순환되는 천지조화의 一丸세계에 이르기까지 모두 담아낼 수 있는 한국고유의 諺文체계와 마주하는 한겨레의 正音체계로서 모두 바로세워진 바가 곧
이미 지극(三一)에 因(一)한 開天 / 태극(一)의 눈높이(三・十明 / 神明)를 뜻하는 一朝・제작모神工까지 모두 함축되고 구비되어 만세에 전래됨을 뜻하는 바였던 것이다.

그럼에도 불구하고
춘추전국시대(周代 / BC 770~221~)에 이르면서 줄줄이 뒤바뀌어버린
거두절미법칙의 용두◐사미☆필법으로 줄줄이 주워섬기면서 동문동궤가 이루어진 줄도 몰랐던

공◐자를 섬기는 유교☆집단의 공자필법과 유교경전의 漢字언해로서 집대성을 이룬즉、禮樂文章		
부◐처를 섬기는 불교☆집단의 불경화법과 불교경전의 불경언해로서 집대성을 이룬즉、예악문장		
聖◐人을 섬기는 三妄☆집단의 삼망화법과 학습경전의 경전언해로서 집대성을 이룬즉、예악문장		
華◐夏를 섬기는 慕華☆집단의 이두필법과 관습경전의 漢字언해로서 집대성을 이룬즉、禮樂文章		
중원(十)을 뒤집어써버린 假中國	무주구천의 망극세계	태양◐중심의 地動說과 天文學
두(◐) 갈래(☆)로 갈라서버린 異乎中國	무주공산의 인간세상	지구◐중심의 天動說과 人文學
중국(☆)을 뒤집어써버린 佛國◐天國	극락왕생의 사후세계	人間☆중심의 환생說과 창조說

등등의 모두가 포괄되는
「오동방・예악문장(但방언리어)의 봉건제도(慕華제도 / 骨品제도 / 양반제도)」로 줄줄이 주워섬기면서 저절로 눈과 귀가 멀어버린 줄도 모르고(顧人不察耳) 반절어법의 극치로서 동문동궤(용두사미필법 ◆ 이두필법 / 삼망화법、漢字◐한글의 반절어법)가 이루어진 줄도 모르는 조선吏讀의 반절어법으로 줄줄이 주워섬기면서 그로서의 끝자락에까지 이르렀던 그조차도 송두리째 흡수병합시켜버린

일본吏讀의 이두문법에 따라 처음으로 성문화(成文化)되었다고 자화자찬을 늘어 놓는 줄도 모르는
조선어학회의 어문규범(조선어철자법 / 표준어규범、외래어표기법)으로 답습과 둔갑이 거듭되고
한글학회의 어문규정(한글맞춤법 / 표준어규정、로마자표기법 / 외래어표기법)으로까지 개정 / 개칭이 거듭되면서 지금에까지 이르고 있으되

그로서의 가짜(假字) 머리◐통을 송두리째 거머쥐고 있는 일본吏讀의 이두문법과 조선吏讀의 반절어법을 비롯하여 불능달의 주역(周易)을 뒤집어쓴 육서지법의 육두문자와 漢字어법(上)을 빌어쓰는 자가당착의 한글어법(下)으로 줄줄이 전락된 줄도 모르고 대대손손 대물림되는 줄도 모른다 함은 이를 일컫는 것이다.

제2부。자가당착의 반절어법 및 방언리어 창출지법

1。이두칭명의 한글맞춤법(一字綴字法)
1)。원문 / 해제

이른바
자가당착의 반절어법이라 함은
글자 그대로 자신의 온전한 머리통(·ㅡㅣ / 天地人)을 송두리째 들어내고서 또다른 머리◐통(一捨◐陰陽 / 자가☆당착)으로 들어앉힌 줄도 모르는 음양이치의 반절어법(六書之法 / 漢字어법)을 일컫는 바이지만、곧바로 전환되는 바가 다름 아닌 자가당착의 반절어법 및 방언리어 창출지법이었던 것이다.

이와 같은
음양이치의 반절어법에서 두(◐) 갈래(☆)로 갈라서고 끝없이 뒤엉키는 줄도 모르는
반절문자(凡干文字) 및 방언리어(本國俚語) 창출지법(六書之法 / 漢字어법)을 뒤집어쓴 바에 불과했던
이두문자의 이두문법과 반절字母(中古漢音)의 이두표기법(이두韻書)으로 답습과 둔갑이 거듭되면서 지금에까지 이르렀으되、이와 같은 모두를 가지런히 가림토하고 종합한다면
음양이치의 반절어법을 뒤집어쓴 방언리어 창출지법으로 간략하게 압축되고 귀결되는 바였던 것이다.

그럼에도 불구하고
반절字母(中古漢音)의 이두표기법(이두韻書)을 뒤집어쓴 바에 불과했던
한글字母의 한글맞춤법(一字綴字法)이란 이두칭명을 지어붙인 바로서는
조선吏讀의 반절어법과 일본吏讀의 이두문법으로 줄줄이 주워섬겼던 조선어학회와 한글학회였던 즉
조선吏讀의 반절어법(漢字 / 한글、독음 / 리어、中古漢音 / 이두韻書)까지 송두리째 흡수병합시켜버린
일본吏讀의 이두문법(漢字 / 가나、음독 / 훈독、음성학 / 음운학)으로 뒤엉켜서 축소병합이 거듭된
일본吏讀의 이두문법에 따라 처음으로 성문화되었던 보통학교용 언문철자법으로 줄줄이 주워섬겼던
조선어학회의 조선어철자법(통일안)과 표준어규범으로 둔갑되고 답습되었으되
남북으로 분단되면서 한글학회의 한글맞춤법과 표준어규정으로 둔갑되고 답습된 그로서의 가짜(假字)
머리◐통을 송두리째 거머쥐고 있는 일본吏讀의 이두문법과 조선吏讀의 반절어법에 똬리를 틀고 들어앉아 있는 바가 다름 아닌
춘추전국시대의 용두사미필법(공자필법 / 불경화법)으로 뒤엉켜서 동문동궤를 이루어버린
거두절미법칙(음양이치 / 반절어법)의 용두사미필법(이두필법 / 삼망화법)이자
반절화신의 반절어법、음양화신의 음양역법、삼망화신의 삼망화법 모두가 함축된 바였던 것이다.

이두칭명의 한글맞춤법(一字綴字法)
2). 목차 / 해제

本國俚語	한{글}국어(독음 / 리어、한글국역)		일본{국}어(和製漢語 / 漢字조합어)	
제1장	총칙	속칭・漢字語	総則	日名・和製漢語
제1항	한글 맞춤법은 표준어를 소리대로 적되、어법에 맞도록 함을 원칙으로 한다.			
제2항	문장의 각 단어는 띄어 씀을 원칙으로 한다.			
제3항	외래어는 '외래어 표기법'에 따라 적는다.			
제2장	자모		字母	
제4항	한글 자모의 수는 스물넉 자로 하고、그 순서와 이름은 다음과 같이 정한다.			
제3장	소리에 관한 것		音に関すること	
제1절	된소리		濃音	
제2절	구개음화		口蓋音化	
제3절	'ㄷ' 소리 받침		「ㄷ」音の終声	
제4절	모음		母音	
제5절	두음 법칙		頭音法則	
제6절	겹쳐 나는 소리		反復音	
제4장	형태에 관한 것		形態に関すること	
제1절	체언과 조사		体言と助詞	
제2절	어간과 어미		語幹と語尾	
제3절	접미사가 붙어서 된 말		接尾辞が付いた語	
제4절	합성어 및 접두사가 붙은 말		合成語および接頭辞が付く語	
제5절	준말		縮約形	
제5장	띄어쓰기		分かち書き	
제1절	조사		助詞	
제2절	의존 명사、단위를 나타내는 명사 및 열거하는 말 등		依存名詞、単位を表す名詞および列挙する語など	
제3절	보조 용언		補助用言	
제4절	고유 명사 및 전문 용어		固有名詞および専門用語	
제6장	그 밖의 것		その他のこと	
부록	문장 부호		文章符号	

조선吏讀의 반절어법까지 송두리째 흡수병합시켜버린 바와 같았고
일본吏讀의 이두문법으로서 성문화되어 다시금 떠 안겨진 바에 불과했던

이두칭명의 한글맞춤법(一字綴字法)
3). 본문 / 해제

本國俚語	한{글}국어(독음 / 리어、한글국역)		일본{국}어(和製漢語 / 漢字조합어)	
제1장	총칙	속칭·漢字語	総則	日名·和製漢語
제1항	한글 맞춤법은 표준어를 소리대로 적되、어법에 맞도록 함을 원칙으로 한다.			

이른바
1443년 겨울에 이르러서야
동서고금의 백왕(百王) 모두를 초월하고 지극(三一)에 因(一)함으로서
하늘(一)이 내린(三·朝) 세종聖帝의 제작모神工에 따라서
그로서의 처음(一)부터 끝(三·十)까지 가지런히 가림토되고 모두 바로세워진
한국고유의 언문(扵諺·扵文·字書)체계와 마주하는 한겨레의 정음(聲音·字音·語音)체계로서
다시금 후세에 실어 전하면서 널리 반포되었음에도 불구하고

음양팔괘의 가공세계 창출지법(周易)을 뒤집어쓰고서 끝없이 곤두박질된 줄도 모르고
반절문자 및 방언리어 창출지법(六書之法)을 뒤집어쓰고서 끝없이 물고 늘어지는 줄도 모르는
조선吏讀의 반절어법(漢字 / 한글、독음 / 리어、반절字母 / 반절철자법)으로 체계화되었고
일본吏讀의 이두문법(漢字 / 가나、음독 / 훈독、음성학 / 음운학)으로 성문화되었다던

「한글맞춤법 제1장 총칙 제1항」에서의
「한글 맞춤법은 표준어를 소리대로 적되、어법에 맞도록 함을 원칙으로 한다.」라는 총칙으로서는
반드시 두 갈래로 갈라서는 반절어법 / 이두문법의 이두원칙을 앞세운 바에 불과하듯

반절문자(漢字 / 한글) 및 방언리어(독음 / 리어) 창출지법의 대명사 다름 아니었던
표의문자의 漢字어법과 표음문자의 한글어법으로 뒤엉켜서 거꾸로 곤두박질된 줄도 모르는
조선吏讀의 반절어법으로 줄줄이 주워섬겼던 모두에 이르기까지 송두리째 흡수병합시켜버린
일본吏讀의 이두문법으로 축소병합되고 성문화되어 다시금 떠안겨졌던 바가 곧
일본吏讀의 이두문법으로 성문화되면서 이두원칙(표음칙 / 칭음칙)을 앞☆세운 바였던
일본吏讀의 언문철자법(조선어정서법 / 한글정서법)으로 줄줄이 주워섬겼던 바에 불과한
이두학파의 주시경학파가 처음으로 조직했다던(1921년)
조선어학회의 어문규범(조선어철자법 / 표준말사정、외래어표기법)을 비롯하여
한글학회의 어문규정(한글맞춤법 / 표준어규정、로마자표기법 / 외래어표기법)으로까지 개칭 / 개정이
거듭되고 답습이 거듭되었으되
그로서의 「假字·머리●통」을 거머쥔 일본吏讀의 이두문법까지 뒤집어쓴 바에 불과한 것이었다.

제2항	문장의 각 단어는 띄어 씀을 원칙으로 한다.

「한글맞춤법 제1장 총칙 제2항」에서의 「띄어쓰기 원칙」으로서는
이두필법의 이두구결 / 방식에서 축소병합이 거듭된 바와 같지만
이두필법(舊)으로부터의 답습과 둔갑이 거듭된 바에 불과한
이두문법(新)의 태생적 한계에 따라서 반드시 두(◐) 갈래(☆)로 갈라세우는
이두文字(漢文◐漢字)의 음독(音讀)과 훈독(訓讀) 방식에 따른 「漢字音 / 漢字語、토착어 / 고유어」 등의 정의조차 반드시 두 갈래로 갈라서고 끝없이 물고늘어지는 줄도 모르는 그로인해

반절문자(凡干文字) 창출지법을 뒤집어쓴 방언리어(本國俚語) 창출지법에 불과했던
삼망화법(三妄話法)으로 전환되는 한글어법은 「띄어→쓰고(예 : 한글 맞춤법)」
이두필법(二頭筆法)으로 전환되는 漢字어법은 「붙여←쓰는(예 : 一字綴字法)」
이 또한、반드시 두(◐) 갈래(☆)로 갈라서서 끝없이 뒤엉키긴 마찬가지이듯

「일자철자법(一字綴字法)」은 이두칭음(漢字音 / 漢字語)이나 漢字조합어(讀音 / 字音)라 칭하고
「한글(一字) 맞춤법(綴字法)」은 한글국역(한역음사 / 漢字풀이)이나 한글조합어(俚語 / 字訓)라 칭하는
등등으로 끝없이 물고 늘어지는 바에 불과한 이두필법의 칭명부여(方言 / 칭음)가 거듭되고 삼망화법의 중언부언(俚語 / 언해 / 국역)이 거듭되면서 어긋남의 극치에 달하는 방언리어 창출지법으로 줄줄이 주워섬기는 줄도 몰랐던

반절어법 / 이두문법의 이두원칙(표음칙 / 칭음칙)을 앞세운 한글맞춤법으로서는
조선吏讀의 이두필법과 일본吏讀의 이두문법으로도 뒤엉켜서 이합집산이 거듭된 줄도 몰랐던
「우리말글(朝鮮言文)의 어문규정(한글맞춤법 / 표준어규정、로마자표기법 / 외래어표기법)」으로 둔갑 / 전락되고 답습이 거듭되면서 대대손손 대물림되는 줄도 모른다 함은 이를 일컫는 것이다.

제3항	외래어는 '외래어 표기법'에 따라 적는다.	
제2장	자모	字母
제4항	한글 자모의 수는 스물넉 자로 하고、그 순서와 이름은 다음과 같이 정한다.	

그럼에도 또한
한글(一字) 자모(字母)라 일컫는 반절어법 / 이두문법의 이두칭명(方言 / 칭음)으로서는
「조선吏讀의 반절어법과 일본吏讀의 이두문법」으로 줄줄이 주워섬기면서 칭명부여가 거듭된
반절철자법(언문철자법 / 조선어철자법 / 한글맞춤법)의 반절字母를 일컫는 바에 불과했던
「한글맞춤법의 한글24字母 창출지법」으로서 간략하게 압축되고 귀결된 바로서는
다음과 같았던 것이다.

4). 한글맞춤법의 한글24字母 창출지법
원문 / 해제 一覽 / 참조

끝없이 널 부러진 반절어법의 [기본자음] (한글기준) ◆ 12음소 14자음은 음성학표준	이두声母로 지정된 대표漢字의 이두칭음에서 거두절미가 거듭된、한글14子音							
	其役	尼隱	池末	梨乙	眉音	非邑	時衣	이두声母
	기역	니은	디귿	리을	미음	비읍	시옷	이두칭음
	ㄱ	ㄴ	ㄷ	ㄹ	ㅁ	ㅂ	ㅅ	頭末자음
	g、k	n	d、t	r、l	m	b、p	s	로마字對
	異應	之	齒	箕	治	皮	屎	이두声母
	이응	지읒	치읓	키읔	티읕	피읖	히읗	이두칭음
	ㅇ/—/ㅇ	ㅈ	ㅊ	ㅋ	ㅌ	ㅍ	ㅎ	頭末자음
	ng	j	ch	k	t	p	h	로마字對

끝없이 곤두박질된 반절어법의 [기본모음] (한글기준)	이두韻母로 지정된 대표漢字의 이두칭음에서 거두절미가 거듭된、한글10母音									
	何	也	於	余	吾	要	牛	由	應	伊	이두韻母
	아	야	어	여	오	요	우	유	응/으	이	이두칭음
	ㅏ	ㅑ	ㅓ	ㅕ	ㅗ	ㅛ	ㅜ	ㅠ	ㅡ	ㅣ	반절모음
	a	ya	eo	yeo	o	yo	u	yu	eu	i	로마字對

이두韻母	何	也	於	余	吾	要	牛	由
이두칭음	아	야	어	여	오	요	우	유
반절모음	ㅏ	ㅑ	ㅓ	ㅕ	ㅗ	ㅛ	ㅜ	ㅠ
팔괘☆형식	陽韻 / 양운		陰韻 / 음운		陽韻 / 양운		陰韻 / 음운	
이두韻母	應 / 終聲不用(응 / 거두절미)				伊 / 只用中聲(이 / 구결용 ㅣ)			
이두칭음	으				이			
坤頭모음	ㅡ				ㅣ			
음양◐상극	陰韻母 / 음운모		↔◐↔				陽韻母 / 양운모	
一捨◐음양	태극(一)을 집어삼킨(捨) 음양◐상극으로 뒤엉켜서 끝없이 곤두박질된 바를 뜻함							

이와 같은 조선吏讀의 반절어법(漢字 / 한글、독음 / 리어、이두필법 / 삼망화법)에 따라서
반절字母로서 지정된 대표漢字의 이두칭음으로부터 반절이 거듭되고 거두절미가 거듭되면서 반절조합이 거듭되는 거두절미법칙의 용두사미필법으로 뒤엉켜서 똬리를 틀고 들어앉아버린 바와 같았던、이두필법의 칭명부여가 거듭되고 삼망화법의 중언부언이 거듭되면서 어긋남의 극치에 달하는 방언리어의 극치로서 줄줄이 꿰어맞춘 바에 불과했고、저절로 왜곡되고 굴절만이 거듭되는 반절어법의 극치로서 동문동궤가 이루어져버린 줄도 모른다 함도 이를 일컫는 것이다.

[붙임1]	위의 자모로써 적을 수 없는 소리는 두 개 이상의 자모를 어울러서 적되, 그 순서와 이름은 다음과 같이 정한다.					
이두칭명의 쌍자음 (雙子音)	이두칭명(日名)의 쌍자음(雙子音)으로서는 초성並書則에서 왜곡과 굴절이 거듭면서 어긋남의 극치에 달한 바에 불과했던 즉					
	ㄲ	ㄸ	ㅃ	ㅆ	ㅉ	ㆅ
	쌍기역	쌍디귿	쌍비읍	쌍시옷	쌍지읒	전청(ㅎ) 보다 얕아서 엉긴
	雙其役	雙池귿	雙非邑	雙시옷	雙之읒	
	ㄱ並書	ㄷ並書	ㅂ並書	ㅅ並書	ㅈ並書	ㅎ並書

이두칭명의 이중모음 (二重母音)	이두칭명(日名)의 이중모음(二重母音)으로서는 중성합용則에서 왜곡과 굴절이 거듭면서 어긋남의 극치에 달한 바에 불과했던 즉										
	ㅐ	ㅒ	ㅔ	ㅖ	ㅘ	ㅙ	ㅚ	ㅝ	ㅞ	ㅟ	ㅢ
	애	얘	에	예	와	왜	외	워	웨	위	의
	單	2중	單	2중모음				單	2중모음		單	2중
	同出相合 / ㅣ字상합의 중성2字합용			3字	2字합용		3字	2字합용				

| [붙임2] | 사전에 올릴 적의 자모 순서는 다음과 같이 정한다. |

이두칭명의 자음 순서 (子音順)	「이두칭명(日名)의 한글19子音順」 음성학표준의 14자음 / 19자음으로 뒤엉켜서 끝없이 널 부러진、한글의 자음 순서								
	ㄱ	ㄲ	ㄴ	ㄷ	ㄸ	ㄹ	ㅁ	ㅂ	ㅃ	ㅅ
	ㅆ	ㅇ	ㅈ	ㅉ	ㅊ	ㅋ	ㅌ	ㅍ	ㅎ	

이두칭명의 모음 순서 (母音順)	「이두칭명(日名)의 한글21母音順」 한글기준의 10모음 / 21모음으로 뒤엉켜서 끝없이 곤두박질된、한글의 모음 순서										
	ㅏ	ㅐ	ㅑ	ㅒ	ㅓ	ㅔ	ㅕ	ㅖ	ㅗ	ㅘ	ㅙ
	ㅚ	ㅛ	ㅜ	ㅝ	ㅞ	ㅟ	ㅠ	ㅡ	ㅢ	ㅣ	아래·

· · · 이하 생략

이와 같은 바를 미루어보듯

애초부터 반절에 반절이 거듭되면서 반절조합이 거듭되는 반절字母의 반절철자법에 불과했고
거두절미가 거듭되면서 용두사미로 뒤엉키는 거두절미법칙의 용두사미필법(반절문자 및 방언리어 창출지법)으로 줄줄이 주워섬겼던 바에 불과할 뿐만 아니라

애초부터
태극(一)을 집어삼킨(捨) 음양◐상극으로 뒤엉켜서 끝없이 곤두박질된 줄도 모르고
유성근본(三一五行)을 집어삼킨(捨) 음양☆오행으로 뒤엉켜서 줄줄이 물구나무서버린(丫字形 / 洛書 ◐河圖 / 八字形) 줄도 모르는 반절문자(漢字 / 한글)의 반절어법과 반절字母의 반절철자법으로서 줄줄이 꿰어맞춘 바에 불과했던
「조선어철자법의 가갸글·반절표」로서는 아래와 같았던 것이다

5)。 조선어철자법의 가갸글·반절표

「조선吏讀의 반절철자법 ◇ 자음은 모음절미 + 모음은 자음거두」
(거두절미법칙의 용두사미필법으로 뒤엉켜서 똬리를 틀고 들어앉아버린 바를 뜻함)

반절字母	何/아	也/야	於/어	余/여	吾/오	要/요	牛/우	由/유	應/응	伊/이	思/ㅅ
其/기	가	갸	거	겨	고	교	구	규	그	기	ㄱ
尼/니	나	냐	너	녀	노	뇨	누	뉴	느	니	ㄴ
池/디	다	댜	더	뎌	도	됴	두	듀	드	디	ㄷ
梨/리	라	랴	러	려	로	료	루	류	르	리	ㄹ
眉/미	마	먀	머	며	모	묘	무	뮤	므	미	ㅁ
非/비	바	뱌	버	벼	보	뵤	부	뷰	브	비	ㅂ
時/시	사	샤	서	셔	소	쇼	수	슈	스	시	ㅅ
異/이	아	야	어	여	오	요	우	유	으	이	ㅇ
之/지	자	쟈	저	져	조	죠	주	쥬	즈	지	ㅈ
齒/치	차	챠	처	쳐	초	쵸	추	츄	츠	치	ㅊ
箕/키	카	캬	커	켜	코	쿄	쿠	큐	크	키	ㅋ
治/치	타	탸	터	텨	토	툐	투	튜	트	티	ㅌ
皮/피	파	퍄	퍼	펴	포	표	푸	퓨	프	피	ㅍ
屎/히	하	햐	허	혀	호	효	후	휴	흐	히	ㅎ
一捨陰陽	陽韻/양운		陰韻/음운		陽韻/양운		陰韻/음운		음운	양운	·捨ㅏ
기본자음	「창제정음·초성凡17字」에서 「ㆁㅿㆆ」이 제거된、한글14子音으로 축소병합											
기본모음	「창제정음·중성凡11字」에서 「天/·」이 제거된、한글10母音으로 축소병합											

이와 같은
조선吏讀의 반절어법(漢字 / 한글、독음 / 리어、반절字母 / 반절철자법) 모두에 이르기까지
송두리째 흡수병합시켜버린 일본제국 조선총독부 학무국에서 제정하여 다시금 떠안겨진
일본吏讀의 언문철자법(1912년 / 1921년)으로서는
조선吏讀의 반절철자법(訓蒙字會・凡例 / 1527년)을 그대로 답습하였으되

일찍이 음성학표준 / 로마자기준으로 축소병합이 거듭된 「일본어 50音圖의 기본자음」과 똑같았던 「12음소 / 14자음」으로 축소병합시킨 바를 비롯하여 거꾸로 곤두박질된 「반절字母의 중성독용11字」에서 또다시 이두문법의 칭명부여가 거듭된 「한글10母音」으로 축소병합된 「한글맞춤법의 한글24字母」로 확정되어 지금에까지 답습이 거듭되고 있을 뿐만 아니라
일본吏讀의 이두문법까지 영구히 빌어써야하는 태생적 한계로서는 다음과 같았던 것이다.

	6)。「일본吏讀의 언문철자법」 목차 / 참조

일본吏讀의 언문철자법 (1912년 제정) 목차 / 참조	日名・보통학교용 언문철자법(諺文綴字法)
	 1。 경위(経緯)
	 2。 구성(構成)
	   2.1 아래아(・)의 폐지
	   2.2 관습적 표기법의 일부폐지
	   2.3 받침의 표기
	   2.4 된소리의 표기
	   2.5 기타
	   2.6 일본어 표기규정

	「일본吏讀의 한글정서법」 목차 / 참조

일본吏讀의 한글정서법 (1921년 제정) 목차 / 참조	日名・조선어정서법(諺文綴字法)한글정서법
	 1。 경위(経緯)
	 2。 구성(構成)
	 3。 특징(特徵)
	   3.1 자모(字母)
	   3.2 漢字音의 표기법
	   3.3 받침의 표기법
	   3.4 합성어의 표기법
	   3.5 語尾의 표기법
	   3.6 일본어 표기규정

7). 「일본吏讀의 일본어 50音圖」

원문 / 해제 一覽 / 참조

「음성학의 主모음 5段(기본모음)으로 구축되었으나 [ㅓ/變/ㅗ]는 필연이듯 모자람(☆)의 대명사」

음절청탁	모음절	직음절(主모음절). [모음절만 大小文字]					陽韻母(ㅣ)의 半모음절 요음절(i·y음절)		
	行/段	아段	이段	우段	에段	오段	야段	유段	요段
主모음	아行	아	이	우變으	에	어變오	ia/ya	iu/yu	io/yo
開요음	야行	야	(y·i)	유	ye	여變요	이段ㅏ	이段ㅜ	이段ㅗ
合요음	와行	와	wi	(w·u)	we	어變오	이段ㅑ	이段ㅠ	이段ㅛ
청음절 (기본字) 5段10行	카行	카	키	쿠	케	코	캬	캬ㅠ	캬ㅛ
	사行	사	시	스	세	소	샤	샤ㅠ	샤ㅛ
	타行	타	치	쯔/츠	테	토	챠	챠ㅠ	챠ㅛ
	나行	나	니	누	네	노	냐	냐ㅠ	냐ㅛ
	하行	하	히	후	헤	호	햐	햐ㅠ	햐ㅛ
	마行	마	미	무	메	모	먀	먀ㅠ	먀ㅛ
	라行	라	리	루	레	로	랴	랴ㅠ	랴ㅛ
(↑) 반절청탁 (↓)		우變으 ⇒		母音축	⇒ 不用의 ㅓ變ㅗ		C+i·ya	C+i·yu	C+i·yo
탁음절 (복제字) 5段5行	가行	가	기	구	게	고	갸	갸ㅠ	갸ㅛ
	자行	자	지	즈	제	조	쟈	쟈ㅠ	쟈ㅛ
	다行	다	지	즈	데	도	치조요음절중첩·不用		
	바行	바	비	부	베	보	뱌	뱌ㅠ	뱌ㅛ
	파行	파	피	푸	페	포	퍄	퍄ㅠ	퍄ㅛ

「일본吏讀의 특수음절변화圖」

(족음절 / 촉음절 / 장음절、기타)

특수음절변화	족음절 (비음변화)	撥音	ん	ㄴ종성의 [엔]과 ㅇ종성의 [엥]으로 전환되고 ㅁ종성의
		ㅇ/ㄴ/ㅁ	응	[엠]으로도 전환되는 발음절은 곧, 족음변화(은/ㅇ/ㅁ)
		n/ng/m		혀끝(ㄴ/n)이 혀근(ㄱ/g)을 말아먹는 비음변화(n/ng/m)
	촉음절 (종입변화)	促音	小っ	ㅅ받침과 頭자음으로 병립되는 촉음변화(ㅅ/頭자음)는 곧
		末頭音	小쯔	입성(ㄱㄷㅂ/ㅅ)의 통용종성에서 종입변화의 촉음절(ㅅ)로
		tt/pp/ss	쌍자음	축소병합된 바(ㅅ/頭자음)와 같다. (예◇日本/NIPPON)
	장음절 (末모음절)	長音	–	이두음운/체계의 필연에 따라 종성字韻을 물고 늘어지는
		장모음	겹모음	2음절에서 겹치는 겹모음(aa~oo/ah~oh)의 장음절에서
				반장음으로 줄어들거나 전도병합되는 겹모음변화 및 末모음변화가 곧 장음절

이와 같았던
「조선吏讀의 반절어법과 조선어문의 어문규정(한글맞춤법 / 표준어규정)」에 따라
불경화법의 불경언해를 옮겨 새긴 바에 불과한 즉

2。불경언해본의 「세종어제훈민정음」
1)。세종어제를 앞세운 「불경언해본의 머리◐글 편 / 해제」

世宗御製訓民正音 / 셍종엉졩훈민졍즘					
世宗御製	셍종엉졩	셍종님금 지으샨 머리◐글로 둔갑	둔갑	(중국)	文字 / 上
訓民正音	훈민졍즘	百姓(빅셩) ᄀᆞᄅᆞ치시논 졍흔 소리 로 둔갑	답습	(반절)	어법 / 中
御製序文	어제서문	임금이 지으신 머리◐글(序文) 로 둔갑	전락	(조선)	한글 / 下

나랏말쓰미 中國(듕귁)에 달아 文字(문쭝)와로 서르 ᄉᆞᄆᆞᆺ디 아니홀씨

이런 젼ᄎᆞ로 어린 百姓(빅셩)이 니르고져 홇배 이셔도

ᄆᆞᄎᆞᆷ내 제ᄠᅳ들 시러 펴디 몯훓 노미(者ㅣ) 하니라(多矣)

내 이ᄅᆞᆯ 爲(윙)ᄒᆞ야 어엿비 너겨 새로 스믈여듧 字(쭝)ᄅᆞᆯ 밍ᄀᆞ노니

사ᄅᆞᆷ마다 히ᅇᅧ 수ᄫᅵ 니겨 날로 ᄡᅮ메 便安(뼌한)킈 ᄒᆞ고져 홇 ᄯᆞᄅᆞ미(耳)니라

2)。불경언해를 답습한 「한글국역본의 머리◐글 편 / 해제」

世宗御製訓民正音 / 세종어제훈민정음					
世宗御製	세종어제	세종임금 지으신 머리◐글로 둔갑	둔갑	(중국)	漢字 / 上
訓民正音	훈민정음	백성(百姓)을 가르치는 바른 소리 로 둔갑	답습	(반절)	어법 / 中
御製序文	어제서문	임금이 지으신 머리◐글(序文) 로 둔갑	전락	(조선)	한글 / 下

우리나라 말(語)이 중국(中國)과 달라 한자(漢字)와는 서로 잘 통하지 아니한다.

이런 까닭으로 어리석은 백성(百姓)들이 말하고자 하는바 있어도

마침내 제 뜻을 펴지 못하는 사람이(者ㅣ) 많다(多矣).

내가(子ㅣ) 이것을 가엽게 생각하여 새로 스물여덟 글자를 만드니,

모든 사람들로 하여금 쉬이 익혀서 날마다 쓰는 데 편하게 하고자 할 따름(耳) 이니라.

이와 같은
조선吏讀의 반절어법에까지 줄줄이 편승하여 똬리를 틀고 앉아버린 줄도 모르는
漢語계통의 공자필법과 梵語계통의 불경화법으로 줄줄이 주워섬기면서(방언리어 창출지법 / 同)
중원천하를 호령하고 줄줄이 거느렸던 오동방・예악문장의 봉건제도(慕華☆제도 / 漢族◐梵族 / 骨品☆
제도) 모두가 용두◐사미☆필법의 但방언리어에 불과하다한 즉은

춘추전국시대(周代 / BC 770~221~)에 이르면서 줄줄이 뒤바뀌어버린 거두절미법칙(음양이치 / 반절어법)의 용두사미필법(이두필법 / 삼망화법)으로 뒤엉켜서 동문동궤가 이루어진 바와도 같았고 중간에 똬리를 틀고 들어앉아버린 바와도 같았던 「음양팔괘(복희◐팔괘 / 文王◐팔괘)의 가공세계 창출지법」 원문 / 해제 一覽 / 참조

桓因한국의 桓易之圖(윷판 / 同)를 집어삼키고서 음양◐상극으로 뒤엉켜버린 복희팔괘의 河圖 및 이합집산이 거듭되어버린 文王팔괘의 洛書 참조	태극(一)의 질서(三・十)를 집어삼킨(捨陰陽) 음양화신의 머리◐통과 꼬리☆통으로 갈라서버린 음양◐이두의 三妄五行圖 및 三妄五音圖 참조

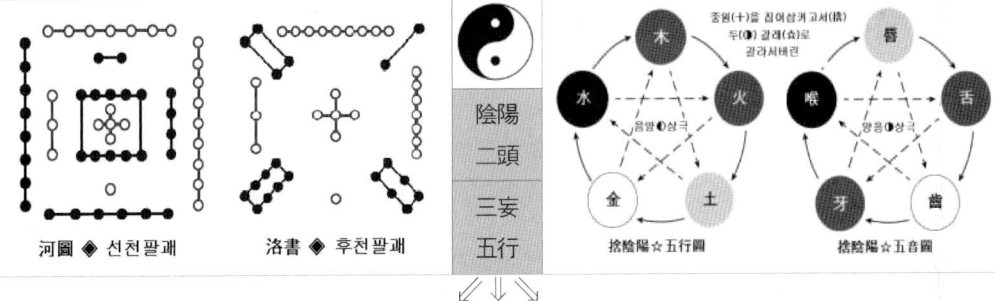

공◐자를 섬기는 유교☆집단의 공자필법과 유교경전의 漢字언해로서 집대성을 이룬즉、禮樂文章
부◐처를 섬기는 불교☆집단의 불경화법과 불교경전의 불경언해로서 집대성을 이룬즉、예악문장
聖◐人을 섬기는 三妄☆집단의 삼망화법과 학습경전의 경전언해로서 집대성을 이룬즉、예악문장
華◐夏를 섬기는 慕華☆집단의 이두필법과 관습경전의 漢字언해로서 집대성을 이룬즉、禮樂文章

중원(十)을 뒤집어써버린 假中國	무주구천의 망극세계	태양◐중심의 地動說과 天文學
두(◐) 갈래(☆)로 갈라서버린 異乎中國	무주공산의 인간세상	지구◐중심의 天動說과 人文學
중국(☆)을 뒤집어써버린 佛國◐天國	극락왕생의 사후세계	人間☆중심의 환생說과 창조說

등등으로 줄줄이 주워섬기면서
서로 다른 용수사신의 머리◐통과 꼬리☆통으로 뒤엉켜서 자가당착의 극치에 달해버린
용두사미집단(聖人君子 / 諸子百家)의 용두사미필법(공자필법 / 불경화법)이라 함도 이를 일컫고
자가당착의 반절어법(六書之法 / 漢字어법、中古漢音 / 이두韻書)이라 함도 이를 일컫는
조선吏讀의 반절어법(漢字 / 한글、독음 / 리어、반절字母 / 반절철자법)으로 체계화되었고
일본吏讀의 이두문법(漢字 / 가나、음독 / 훈독、현대음성학 / 중국음운학)으로 성문화되었다던

조선어문의 어문규정(한글맞춤법 / 표준어규정、로마자표기법 / 외래어표기법) 등등이라 일컫는
그로서의 모두에 이르기까지

춘추전국시대(周代 / BC 770~221~)에 이르면서 줄줄이 뒤바뀌어버린
음양팔괘의 가공세계 창출지법(周易)을 뒤집어쓰고서 끝없이 곤두박질된 줄도 모르고
반절문자 및 방언리어 창출지법(六書之法)을 뒤집어쓰고서 끝없이 물고 늘어지는 줄도 모르는
이두필법의 칭명부여(方言 / 칭음)가 거듭되고 상망화법의 중언부언(俚語 / 언해 / 국역)이 거듭되면서
어긋남의 극치에 달하는 방언리어의 극치로서 집대성을 이룬바에 불과했고、저절로 왜곡되고 굴절만이
거듭되는 반절어법의 극치로서 동문동궤를 이루긴 이루었으되

무한대(一捨◐음양 / 음양☆팔괘)의 가공세계가 창출되고 줄줄이 구축된 줄도 모르고
반절어법의 4 대영역과 음양역법의 시공간에 송두리째 갇혀버린 줄도 모르는
춘추전국시대의 용두◐사미☆집단(聖人君子 / 諸子百家、漢族◐梵族)이나
동서고금의 천지◐귀신☆집단으로 줄줄이 전락된 줄도 모르는 바가 곧

태극(一)의 질서(三・十)에 이르기까지
송두리째 집어삼키고서(一捨◐음양 / 자가☆당착、음양이치 / 반절어법)
두(◐) 갈래(☆)로 갈라서버린 반절어법의 태생적 한계를 뒤집어쓰고서
줄줄이 다시 태어나는 줄도 모르는 우리모두는 물론이거니와
인류모두의 인류미래에 이르기까지 끝없이 함께할 수밖에 없었던
무주공산(중원천하 / 이호중국)의 인간세상으로 전락된 줄도 모른다 함은 이를 뜻하였던 것이다。

이와 같은
조선吏讀의 반절어법과 일본吏讀의 이두문법으로 뒤엉켜서 성문화되었다던
반절어법 / 이두문법의 방언리어 창출지법으로 줄줄이 주워섬겼던 바로서는
다음과 같았던 것이다

불경언해본과 이두예의본(世宗御製訓民正音)의 머리◐글(御製序文)로 들어앉혀버린
3)。「조선吏讀의 이두구결 편」
원문 / 해제

世宗御製訓民正音
國之語音이 異乎中國ᄒ야 與文字로 不相流通홀씨 故로 愚民이 有所欲言ᄒ야도 而終不
得伸其情者ㅣ 多矣라 予ㅣ 爲此憫然ᄒ야 新制二十八字ᄒ노니 欲使人人ᄋ로 易習ᄒ야
便於日用耳니라

4). 「조선吏讀의 이두漢音 편」
원문 / 해제

솅종엉졩훈민졍흠
귁징엉흠이 잉훃듕귁흥야 영문쫑로 붏샹를통훓씨 공로 웅민이 울송욕언흥야도 싱즁붏 득신끵쪙쟝ㅣ 당잃라 영ㅣ 윙충민션흥야 신졩싱씹밣쫑흥노니 욕승신신으로 잉씹흥야 뼌헝싫용싱니라

한글국역본(세종어제훈민정음)의 머리◑글(어제서문)로 들어앉혀버린
「불경화법의 불경언해 편(舊)」
원문 / 해제

世宗御製訓民正音(솅종엉졩훈민졍흠)

　御製序文(어제서문 / 머리◑글)

나랏말ᄊᆞ미 中國(듕귁)에 달아 文字(문쫑)와로 서르 ᄉᆞᄆᆞᆺ디 아니ᄒᆞᆯᄊᆡ 이런 젼ᄎᆞ로 어린 百姓(ᄇᆡᆨ셩)이 니르고져 홇배이셔도 ᄆᆞᄎᆞᆷ내 제 ᄠᅳ들 시러펴디 몯홇노미 하니라 내 이ᄅᆞᆯ 爲(윙)ᄒᆞ야 어엿비 너겨 새로 스믈여듧字(쫑)ᄅᆞᆯ 밍ᄀᆞ노니 사ᄅᆞᆷ마다 히ᅇᅧ 수ᄫᅵ 니겨 날로 ᄡᅮ메 便安(뼌안)킈 ᄒᆞ고져 홇 ᄯᆞᄅᆞ미니라

우리모두의 머리◑글(어제서문)로 들어앉아버린
「삼망화법의 한글국역 편(新)」
원문 / 해제

세종어제훈민정음(世宗御製訓民正音)

　머리◑글(御製序文 / 어제서문)

우리나라 말(語)이 중국(中國)과 달라 한자(漢字)와는 서로 잘 통하지 아니한다.

이런 까닭으로 어리석은 백성(百姓)들이 말하고자 하는바 있어도

마침내 제 뜻을 펴지 못하는 사람이(者ㅣ) 많다(多矣).

내가(子ㅣ) 이것을 가엽게 생각하여 새로 스물여덟 글자를 만드니,

모든 사람들로 하여금 쉬이 익혀서 날마다 쓰는 데 편하게 하고자 할 따름(耳) 이니라.

불능달의 주역(周易)을 뒤집어쓰고서 거꾸로 물구나무서버린
「한글맞춤법의 한글10모음 구성도」
원문 / 해제 一覽 / 참조(丫字形)

대표漢字	何	也	於	余	吾	要	牛	由
이두칭음	아	야	어	여	오	요	우	유
반절모음	ㅏ	ㅑ	ㅓ	ㅕ	ㅗ	ㅛ	ㅜ	ㅠ
팔괘☆형식	陽韻 / 양운		陰韻 / 음운		陽韻 / 양운		陰韻 / 음운	
이두韻母	應 / 終聲不用(응 / 거두절미)				伊 / 只用中聲(이 / 구결용 ㅣ)			
이두칭음	으				이			
坤頭모음	ㅡ				ㅣ			
음양◐상극	陰韻母 / 음운모			相 / ◐ / 剋		陽韻母 / 양운모		

一捨◐음양 (반절어법)	애초부터 태극(一)을 집어삼키고서(捨) 두(◐) 갈래(☆)로 갈라세워버린
태극◐무극	「음양팔괘(복희팔괘◐文王팔괘)의 가공세계 창출지법」 원문 / 해제 一覽 / 참조(八字形)

음양◐상극	陽				相 / ◐ / 剋		陰	
四象 / 사상	太陽		少陰		小陽		太陰	
方位 / 방위	西北	西	南	東	東南	北	東北	西南
음양☆오행	陽金	陰金	火	陽木	陰木	水	陽土	陰土
性情 / 성정	健	悅	麗	動	入	陷	止	順
家族 / 가족	父	少女	中女	長男	長女	中男	少男	母
自然 / 자연	天	澤	火	雷	風	水	山	地
음양☆팔괘	乾	兌	離	震	巽	坎	艮	坤
假字 / 가짜	一	二	三	四	五	六	七	八

周易 / 易經의 가공세계 창출지법

가짜(假字)	괘	이름	뜻	자연	방위	가족	신체
1 / 一	乾卦	건 (乾)	건실	하늘(天)	북서	아버지	머리
2 / 二	兌卦	태 (兌)	기쁨	연못(澤)	서	삼녀	입
3 / 三	離卦	이 (離)	이별	불(火)	남	차녀	눈
4 / 四	震卦	진 (震)	변동	번개(雷)	동	장남	발
5 / 五	巽卦	손 (巽)	따름	바람(風)	남동	장녀	다리
6 / 六	坎卦	감 (坎)	험난	물(水)	북	차남	귀
7 / 七	艮卦	간 (艮)	중지	산(山)	북동	삼남	손
8 / 八	坤卦	곤 (坤)	유순	땅(地)	남서	어머니	배

제1장。 조선吏讀의 반절어법과 반절字母의 반절철자법
1。 원문 / 해제

이른바
조선吏讀의 반절어법이라 함은
육서지법의 漢字어법과 반절字母의 이두韻書를 빌어쓰는 조선式·漢字어법을 일컫는 바로서
불능달의 周易을 뒤집어쓴 육서지법의 漢字어법을 뒤집어씀으로서 줄줄이 잇따르는
춘추전국시대의 용두사미필법(공자필법 / 불경화법)으로 뒤엉켜서 동문동궤가 이루어져버린
오동방·예악문장(사서오경 / 삼강오륜)의 봉건제도(慕華제도 / 骨品제도)로서 중원천하를 호령하고 줄줄이 거느리면서 그로서의 끝자락(周代 / 周易 / 帝業 / 용두 ~~~ 사미 / 王業 / 조선 / 後代)에까지
이르렀던 조선式·漢字어법을 일컫는 바에 불과할 뿐만 아니라
유교집단의 공자필법과 불교집단의 불경화법으로도 뒤엉켜서 똬리를 클고 들어앉아버린 줄도 모르는
조선吏讀의 반절어법(漢字 / 한글、이두필법 / 삼망화법、반절字母 / 이두韻書)이라 함은
이를 일컫는 것이다。

이와 같은
조선吏讀의 반절어법에까지 줄줄이 편승하여 똬리를 틀고 들어앉아버린
거두절미법칙(음양이치 / 반절어법)의 용두사미필법(이두필법 / 삼망화법)으로서는
애초부터 태극(一)을 집어삼키고서(捨陰陽) 두(◐) 갈래(☆)로 갈라서버린
음양이치의 반절어법(六書之法)과 음양팔괘의 음양역법(周易)으로 줄줄이 주워섬겼던
춘추전국시대의 용두사미필법(공자필법 / 불경화법)을 일컫는 바와 같기 때문에
춘추전국시대(周代 / BC 770~221~)에 이르면서 줄줄이 뒤바뀌어버린
음양팔괘의 가공세계 창출지법(周易)을 뒤집어쓴 줄도 모르고
반절문자 및 방언리어 창출지법(六書之法)을 뒤집어쓴 줄도 모르는
방언리어 창출지법에 불과한 조선吏讀의 반절어법이라 함도 이를 일컫는 바이고
조선吏讀의 반절철자법(훈몽자회·범례)이나 한글字母의 한글맞춤법 또한 마찬가지였던 것이다。

이와 같은 바만을 살펴보고 헤아려보더라도
조선吏讀의 반절어법(漢字 / 한글、이두필법 / 삼망화법、한글맞춤법 / 표준어규정)으로서는
한국고유의 諺文체계(한국고전 / 訓民正音)와 桓因한국의 桓檀제도(開天·開物·成務)에 이르기까지 송두리째 집어삼키고서(一捨음양 / 자가당착) 끝없이 곤두박질된 바(아래·한글)로부터 줄줄이 물구나무 서버린 그로서의 대명사(용두사미필법 / 漢字◐한글 / 용두사미집단)로 줄줄이 등극된 바와도 같았던 것이다。

조선吏讀의 반절어법과 반절字母의 반절철자법
2。목차 / 해제

훈몽자회 목차	훈몽자회	訓蒙字會
	훈몽자회인	訓蒙字會引
	범례	凡例

	훈몽자회·범례로서 지정되고 지금에까지 답습이 거듭된 「반절字母의 반절철자법」 목차 / 해제	
조선吏讀의 반절철자법 (1527년) 목차 / 해제	언문字母는 속칭·漢語的의 반절27자	諺文字母 「俗所謂反切二十七字」
	1). 반절声母(頭末자음)의 통용8자 지정	・初聲終聲通用八字
	2). 반절声母(頭자음)의 독용8자 지정	・初聲獨用八字
	3). 반절韻母(介모음)의 독용11자 지정	・中聲獨用十一字
	4). 반절철자법(자음 + 모음)	・初中聲合用作字例
	5). 삼절철자법(자음 + 모음 + 받침)	・初中終三聲合用作字例
	조선吏讀의 평상거입정위지도	平上去入定位之圖 ◆ 복희여와圖 / 同

훈몽자회목록	訓蒙字會目錄								一名·漢字유합서 목록
上卷 / 상권	天文	72字	地理	136字	花品	16字	草卉	64字	실자(實字) [1120字]
	樹木	40字	菓實	40字	禾穀	24字	蔬菜	64字	
	禽鳥	88字	獸畜	34字	鱗介	38字	昆蟲	104字	
	身體	47字	天倫	60字	儒學	66字	書式	32字	
中卷 / 중권	人類	112字	宮宅	96字	官衙	88字	器皿	312字	실자(實字) [1120字]
	食饌	80字	服飾	88字	車輿	24字	舟船	32字	
	軍裝	64字	鞍具	122字	彩色	24字	布帛	24字	
	金寶	32字	音樂	16字	疾病	80字	喪葬	24字	
下卷 / 하권	雜語	1120字	반실반허자(半實半虛字) [1120字]						

이와 같은
「훈몽자회목록」 으로서는 춘추전국시대 이래、숱하게 편찬되고 발간되었던
「一名·漢字유합서」에 불과한 것으로서 「중국역대 유학경림」 등을 답습하고 축소병합시키면서
「조선式·한역음사와 한글국역(舊 / 新)」이 거듭된 이 또한、반절문자 창출지법을 뒤집어쓴 방언리어 창출지법으로서 집대성을 이룬바에 불과할 뿐만 아니라、「육서지법의 漢字어법을 뒤집어쓴 한글어법 으로 갈라서버린 반절어법 / 반절문자의 대명사」 로서 줄줄이 등극되어버린 바를 뜻하였던 것이다.

3。 조선吏讀의 반절어법 / 반절철자법 구성도

원문 / 해제 一覽 / 참조

(훈몽자회・범례에서 발췌된、속칭・언문字母 / 반절27자 및 평상거입정위지도 종합)

조선吏讀의 반절어법 / 반절철자법 구성도			
양음◐상극	초성종성통용8字	초성독용8字	음양◐상극
丫字形	거꾸로 곤두박질된 중성독용11字		八字形
음양◐상극	초중성합용작자례	초중종삼성합용작자례	양음◐상극
조선吏讀의 평상거입定位之圖 / 国字 / 복희여와圖			

이와 같았던

조선吏讀의 반절어법에 따라서 칭명부여(方言 / 칭음)가 거듭된 「언문字母」라 함은
「속칭・반절字母(中古漢音)의 반절27자」로 둔갑 / 결부된 바로서 일컫는 바였고
대표漢字로서 지정된 이두칭음으로부터 반절과 거두절미가 거듭되는 용두사미로 뒤엉켜서 반절字母 / 반절문자로 둔갑 / 창출되는 반절문자 및 방언리어 창출지법의 육서지법과 같았던 것이다.

1)。 「반절声母의 초성종성통용8字 지정」

은 곧、「이두칭명의 頭末자음・통용8字」를 지칭하는 바와 같은즉、이하 모두 同

대표漢字	其役	尼隱	池未	梨乙	眉音	非邑	時衣	異疑	상극대칭
이두칭음	기역	니은	디귿	리을	미음	비읍	시옷	이응	ㅣ—
반절声母	ㄱ/역	ㄴ/은	ㄷ/읃	ㄹ/을	ㅁ/음	ㅂ/읍	ㅅ/ㅊ	ㅇ/ㅎ	上下대칭
반절자음	ㄱ	ㄴ	ㄷ	ㄹ	ㅁ	ㅂ	ㅅ	ㅇㅎㅇ	頭末자음

2)。 「반절声母의 초성독용8字 지정」

은 곧、「이두칭명의 頭자음・독용8字」를 지칭하는 바와 같은즉、이하 모두 同

대표漢字	箕	治	皮	之	齒	而	伊	屎	상극대칭
이두칭음	키	티	피	지	치	ΔΙ	이	히	ㅣ(—)
반절声母	ㅋ/ㅣ	ㅌ/ㅣ	ㅍ/ㅣ	ㅈ/ㅣ	ㅊ/ㅣ	△/ㅣ	只用ㅣ	ㅎ/ㅣ	丫字形
반절자음	ㅋ	ㅌ	ㅍ	ㅈ	ㅊ	흡수거	구결용	ㅎ	頭자음

이와 같은 모두가 음양◐상극으로 뒤엉켜서 떨어졌다 붙었다는 거듭하는 거두절미법칙의 용두사미필법으로 줄줄이 꿰어맞춘 바와 같기 때문에 이와 같은 모두를 뒤집어쓰고 뒤집어씌우면서 줄줄이 다시 태어나는 음양무리 / 삼망무리 및 인조인간집단으로 줄줄이 전락된 줄도 모르게 되는 바와 같았던 것이다.

3). 「반절韻母의 중성독용11字 지정」

은 곧, 「이두칭명의 介모음·독용11字」를 지칭하는 바와 같은즉、이하 모두 同

대표漢字	何	也	於	余	吾	要	牛	由	應	伊	思
이두칭음	아	야	어	여	오	요	우	유	응/절미	이	ㅅ/去頭
반절韻母	아	야	어	여	으	ㅛ	ㅜ	ㅠ	으/거두 이/-/ㅇ	구결용 이	ㆍ/添頭 ㅇㆍ
반절모음	ㅏ	ㅑ	ㅓ	ㅕ	ㅗ	ㅛ	ㅜ	ㅠ	ㅡ	ㅣ	ㆍ/아래
	陽韻	陰韻	陽韻	陰韻	陽韻	陰韻	陽韻	陰韻	陰韻	陽韻	一捨陰陽

4). 조선吏讀의 반절철자법(日名·언문철자법)

「初中聲合用作字例 / 초중성합용작자례」

「자음은 모음절미 + 모음은 자음거두 ◇ 거두절미법칙의 용두사미필법으로 뒤엉킴」

반절字母	其何	其也	其於	其余	其吾	其要	其牛	其由	其應	其伊	其思
	기아	기야	기어	기여	기오	기요	기우	기유	기응	기이	기ㅅ
반절조합	ㄱㅏ	ㄱㅑ	ㄱㅓ	ㄱㅕ	ㄱㅗ	ㄱㅛ	ㄱㅜ	ㄱㅠ	ㄱㅡ	ㄱㅣ	ㄱㆍ
	가	야	거	겨	고	교	구	규	그	기	ᄀᆞ

5). 조선吏讀의 삼절철자법(一名·조선어철자법)

「初中終三聲合用作字例 / 초중종3성합용작자례」

「자음은 모음절미 + 모음은 자음거두 + 받침은 자모음 거두절미」

(거두절미법칙의 용두사미필법으로 뒤엉켜서 똬리를 틀고 들어앉아버린 바를 뜻함)

삼절字母	其何役	其何隱	其何末	其何乙	其何音	其何邑	其何衣	其何疑
	기아역	기아은	기아귿	기아을	기아음	기아읍	기아옷	기아응
삼절조합	ㄱㅏㄱ	ㄱㅏㄴ	ㄱㅏㄷ	ㄱㅏㄹ	ㄱㅏㅁ	ㄱㅏㅂ	ㄱㅏㅅ	ㄱㅏㅇ
	각	간	갇	갈	감	갑	갓	강
讀音俚語	各/각	肝/간	갇/笠	갈/刀	감/柿	甲/갑	갓/皮	江/강
종성독용	ㄱ/g·k	ㄴ/n	ㄷ/d·t	ㄹ/l	ㅁ/m	ㅂ/b·p	ㅅ/s·t	ㅇ/ng

이와 같은

조선吏讀의 반절어법(漢字 / 한글、이두필법 / 삼망화법、한글맞춤법 / 표준어규정)에 따라서
반절에 반절이 거듭되면서 반절조합이 거듭되는 반절字母의 반절철자법으로 답습과 둔갑이 거듭된 바에 불과했고、거두절미가 거듭되면서 용두사미로 뒤엉키는 거두절미법칙의 용두사미필법으로 뒤엉켜서 똬리를 틀고 들어앉어버린 줄도 모를 뿐만 아니라

애초부터

태극(一)을 집어삼킨(捨) 음양◐상극으로 뒤엉켜서 끝없이 곤두박질된 줄도 모르고
桓易之理의 三一五行(태극기 / 同)에 이르기까지 송두리째 집어삼킨(捨) 줄도 모르는 周易의 음양☆팔괘와 음양☆오행으로 뒤엉켜서 줄줄이 물구나무서버린(Y字形 / 洛書◐河圖 / 八字形) 반절문자(漢字 / 한글)의 반절어법과 반절字母의 반절철자법으로 줄줄이 꿰어맞춘 바에 불과했던 그로서의 앞세우는 이두칭명 / 칭음마저도 끝없이 둔갑이 거듭되는 조선吏讀의 가갸글・반절표로서는 다음과 같았던 것이다.

6)。조선吏讀의 가갸글・반절표

「조선吏讀의 반절철자법 ◇ 자음은 모음절미 + 모음은 자음거두」
(거두절미법칙의 용두사미필법으로 뒤엉켜서 똬리를 틀고 들어앉아버린 바를 뜻함)

반절◐字母	何/아	也/야	於/어	余/여	吾/오	要/요	牛/우	由/유	應/응	伊/이	思/ㅅ
其/기	가	갸	거	겨	고	교	구	규	그	기	ㄱ
尼/니	나	냐	너	녀	노	뇨	누	뉴	느	니	ㄴ
池/디	다	댜	더	뎌	도	됴	두	듀	드	디	ㄷ
梨/리	라	랴	러	려	로	료	루	류	르	리	ㄹ
眉/미	마	먀	머	며	모	묘	무	뮤	므	미	ㅁ
非/비	바	뱌	버	벼	보	뵤	부	뷰	브	비	ㅂ
時/시	사	샤	서	셔	소	쇼	수	슈	스	시	ㅅ
異/이	아	야	어	여	오	요	우	유	으	이	ㅇ
之/지	자	쟈	저	져	조	죠	주	쥬	즈	지	ㅈ
齒/치	차	챠	처	쳐	초	쵸	추	츄	츠	치	ㅊ
箕/키	카	캬	커	켜	코	쿄	쿠	큐	크	키	ㅋ
治/치	타	탸	터	텨	토	툐	투	튜	트	티	ㅌ
皮/피	파	퍄	퍼	펴	포	표	푸	퓨	프	피	ㅍ
屎/히	하	햐	허	혀	호	효	후	휴	흐	히	ㅎ
一捨◐음양	陽韻/양운		陰韻/음운		陽韻/양운		陰韻/음운		음운	양운	・捨ㅏ
기본자음	「창제정음・초성凡17字」에서 「ㆁㅿㆆ」이 제거된、한글14子音으로 축소병합										
기본모음	「창제정음・중성凡11字」에서 「天/・」이 제거된、한글10母音으로 축소병합										

4。훈몽자회・범례(凡例)로서 지정된 반절字母의 반절철자법
1)。원문해제 및 원본필사 / 참조
「훈몽자회・범례에서 발췌된 즉、언문철자법 / 조선어철자법 / 한글맞춤법의 모태」

諺文字母俗所謂反切二十七字

    初聲終聲通用八字

ㄱ其役 ㄴ尼隱 ㄷ池末 ㄹ梨乙 ㅁ眉音 ㅂ非邑 ㅅ時衣 ㆁ異疑

    末衣兩字只取本字之釋俚語爲聲
    其尼池梨眉非時異八音用於初聲
    役隱末乙音邑衣疑八音用於終聲

    初聲獨用八字

ㅋ箕 ㅌ治 ㅍ皮 ㅈ之 ㅊ齒 ㅿ而 ㅇ伊 ㅎ屎

    箕字亦取本字釋俚語爲聲

    中聲獨用十一字

ㅏ何 ㅑ也 ㅓ於 ㅕ余 ㅗ吾 ㅛ要 ㅜ牛 ㅠ由

ㅡ應不用終聲 ㅣ伊只用中聲 ・思不用初聲

    初中聲合用作字例

가갸거겨고교구규그기ᄀᆞ

    以ㄱ其爲初聲以ㅏ何爲中聲合ㄱㅏ爲字則가此家字音也又以ㄱ役爲終
    聲合가ㄱ爲字則각此各字音也餘倣此

    初中終三聲合用作字例

간肝갇笠갈刀감柿갑甲갓皮강江

    ㄱㅋ下各音爲初聲ㅏ下各音爲中聲作字如가갸例作一百七十六字以ㄴ
    下七音爲終聲作字如肝至江七字唯ㆁ之初聲與ㅇ字音俗呼相近故俗用初

聲則皆用ㅇ音若上字有ㅇ音終聲則下字必用ㅇ音爲初聲也ㅇ字之音動鼻作聲ㅇ字之音發爲喉中輕虛之聲而已故初雖稍異而大體相似也漢音ㅇ音初聲或歸音於尼或ㅇㅇ相混無別

凡字音高低皆以字傍點之有無多少爲準平聲無點上聲二點去聲入聲皆一點平聲哀而安上聲厲而擧去聲淸而遠入聲直而促諺解亦同

믈읫글字ᄌᆞ音음의노ᄑᆞ며ᄂᆞᆺ가오미다字ᄌᆞㅅ겨틔點뎜이이시며업스며하며져금으로보라믈사믈거시니ᄂᆞᆺ가온소리엣字ᄌᆞᄂᆞᆫ平평聲셩이니點뎜이업고기리혀나죵들티ᄂᆞᆫ소리엣字ᄌᆞᄂᆞᆫ上샹聲셩이니點뎜이둘히오곧고바ᄅᆞ노픈소리엣字ᄌᆞᄂᆞᆫ去거聲셩이니點뎜이ᄒᆞ나히오곧고ᄲᆞᄅᆞᆫ소리엣字ᄌᆞᄂᆞᆫ入입聲셩이니點뎜이ᄒᆞ나히라諺언文문으로사김ᄒᆞ디ᄒᆞᆫ가지라쏘字ᄌᆞ돌히본딋소리두고다른ᄠᅳᆮ다른소리로쓰면그달이쓰ᄂᆞᆫ소리로그ᄌᆞᆺ귀예돌임ᄒᆞᄂᆞ니

行녈ᄒᆡᆼ平평聲셩本본音음、行져제항平평聲셩、行ᄒᆡᆼ뎍ᄒᆡᆼ去거聲셩

2). 평상거입정위지도(平上去入定位之圖)

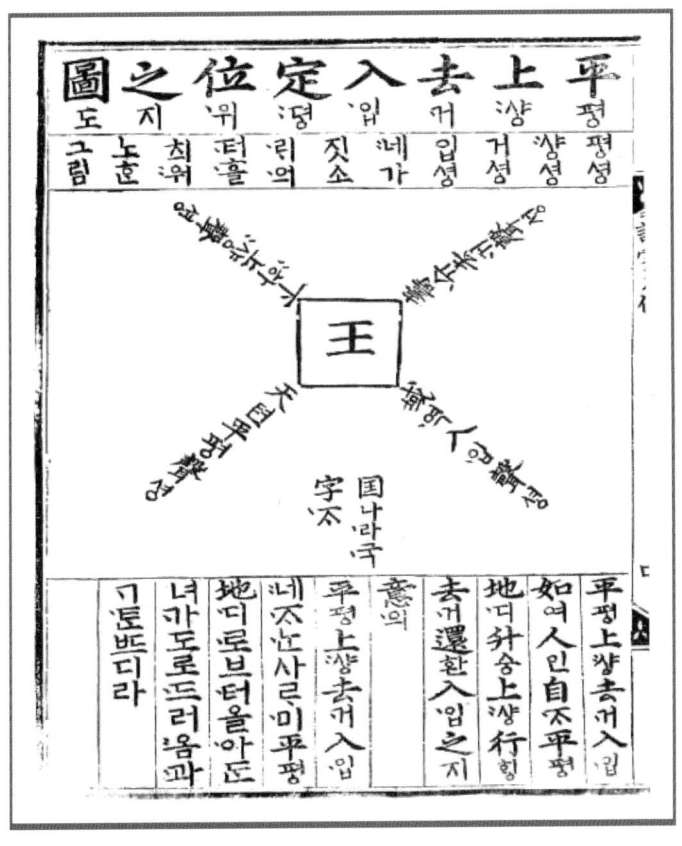

이와 같은
훈몽자회・범례(凡例)로서 지정되고 지금에까지 답습과 둔갑이 거듭된 한글字母의 한글맞춤법을 위시하여 현행・어문규정 모두에 이르기까지 「육서지법의 漢字어법(上)을 뒤집어쓴 자가당착의 한글어법(下)」으로 전락된 줄도 모르듯이
육서지법의 육두문자(凡干文字)를 빌어쓰는 이호중국의 방언리어(本國俚語) 창출지법에 불과했던 중국식・漢字어법(중국吏讀)、신라식・漢字어법(신라吏讀)、조선식・漢字어법(조선吏讀)、일본식・漢字어법(일본吏讀)、현대식・漢字어법(현대吏讀)으로 줄줄이 잇따르는 모두가 불능달의 周易과 육서지법의 漢字어법을 뒤집어쓰고서 끝없이 곤두박질된 바(一捨陰陽 / 아래・한글)로부터 줄줄이 물구나무서버린 용두사미집단의 용두사미필법을 일컫는 바에 불과함에도 그로서의 앞세운 바만 다를 뿐이었던 반절어법의 극치로서 동문동궤가 이루어진 줄도 모르고、방언리어 창출지법에 불과한 줄도 모른다 함은 곧、이와 같은 모두를 총괄 / 총칭함과 같았던 것이다. [훈민정음・親制曰 / 序曰 참조]

이와 같은 바로서는
한국고유의 諺文체계(한국고전◇訓民正音)를 집어삼켜버린(捨) 줄도 모르는 그로부터 파생되는 필연의 법칙(三一법칙)에 따라서 이미 정해진 바와 같을 뿐만 아니라、무한(三一)의 삼극(三一)에 감싸이면서 끝없이 순환되는 천지조화의 一丸세계에 이르기까지 송두리째 집어삼켜버린(捨) 바(一捨陰陽 / 아래・한글)로부터 줄줄이 물구나무서버린 용두사미집단(漢族◐梵族)의 용두사미필법(공자필법 / 불경화법)을 일컫는 바와도 같듯이

이와 같은
용두사지집단의 용두사미필법으로 줄줄이 주워섬기면서 무한대로 창출되고 축적이 거듭된 그로서의 모두에 이르기까지 송두리째 걷어내야만 비로소 만천하에 드러나는 바였던

천지자연의 근본법칙까지 가지런히 가림토되고
한국고유의 諺文체계(한국고전◇訓民正音)까지 모두 바로세워진
「훈민정음・신제본 / 신제왈」로서 다시금 후세에 실어전하면서 널리 반포되었음에도 불구하고
이와 같은 모두에 이르기까지 송두리째 집어삼킨 줄도 모르고 방언리어 창출지법에 불과한 줄도 모르는 조선吏讀의 반절어법으로 줄줄이 주워섬겼던 그로서의 모두가 용두사미필법 / 반절어법의 但방언리어에 불과함으로서 간략하게 압축되고 귀결됨은 물론이거니와

조선吏讀의 반절어법과 일본吏讀의 이두문법으로 뒤엉켜서 이합집산이 거듭된 바에 불과한
조선어문의 어문규정과 자가당착의 한글어법으로 줄줄이 주워섬겼던 그로서의 모두도 마찬가지로서

「한국고유의 諺文체계(한국고전◇訓民正音)」를 집어삼킨(捨) 줄도 모르는
「조선어문의 어문규정이나 자가당착의 한글어법」으로선 능달에 이를 수도 없을 뿐만 아니라
「태극(一)의 질서(三・十)」도 되돌아다 볼수 없고(顧人不察耳) 살펴보지도 듣지도 못하는
반절어법 / 이두문법의 꼬리통(어문규정)에 꼬리통(한글어법)으로 전락된 줄도 모르기 때문에
음양무리 / 삼망무리、천지귀신집단으로 줄줄이 전락되는 줄도 모르는 바와도 같았던 것이다.

조선 吏讀의 반절어법과 일본 吏讀의 이두문법으로 뒤엉켜서 축소병합이 거듭된 줄도 모르고
저절로 왜곡되고 굴절만이 거듭되는 방언이리어 창출지법에 불과한 줄도 모르는

5。반절어법 / 이두문법에 따른 한글국역의 但방언이리어

1)。본문 / 해제 및 이두필법 / 삼망화법의 但방언이리어

이두필법의 칭명부여(方言 / 칭음)가 거듭된 반절어법의 但방언이리어(文言文 / 犬言犬)

언문자모 속소위반절이십칠자
諺文字母俗所謂反切二十七字

　　초성종성통용팔자
　　初聲終聲通用八字

　기역　니은　디귿　리을　미음　비읍　시옷　이응
　ㄱ其役ㄴ尼隱ㄷ池末ㄹ梨乙ㅁ眉音ㅂ非邑ㅅ時衣ㅇ異疑

　　　　末衣兩字只取本字之釋俚語爲聲

　　其尼池梨眉非時異八音用於初聲

　　役隱末乙音邑衣疑八音用於終聲

삼망화법의 중언부언(俚語 / 언해 / 국역)이 거듭된 한글국역(新)의 但방언이리어(文語體 / 口語體)

언문자모 [俗에서 이른바 반절 27자]

초성과 종성으로 두루 쓰이는 8字

ㄱ(기역) ㄴ(니은) ㄷ(디귿) ㄹ(리을) ㅁ(미음) ㅂ(비읍) ㅅ(시옷) ㅇ(이응)

「귿／末, 옷／衣」 두 자는 다만 그 글자의 우리말뜻(俚語)을 취해 사용하였다.

기니디리미비시이(其尼池梨眉非時異) 8음은 초성에 사용되었고,

역은귿을음읍옷응(役隱末乙音邑衣疑) 8음은 종성에 사용되었다.

이두필법의 칭명부여(方言 / 칭음)가 거듭된 반절어법의 但방언이리어(文言文 / 犬言犬)

　　초성독용팔자
　　初聲獨用八字

　키　티　피　지　치　이　이　히
　ㅋ箕ㅌ治ㅍ皮ㅈ之ㅊ齒ㅿ而ㅇ伊ㅎ屎

　　箕字亦取本字釋俚語爲聲

삼망화법의 중언부언(俚語 / 언해 / 국역)이 거듭된 한글국역(新)의 但방언리어(文語體 / 口語體)

초성에만 쓰이는 8字

ㅋ(키) ㅌ(티) ㅍ(피) ㅈ(지) ㅊ(치) ㅿ(싀) ㅇ(이) ㅎ(히)

「키／箕」자 역시 이 글자의 우리말뜻(俚語)을 취하여 사용하였다.

이두필법의 칭명부여(方言 / 칭음)가 거듭된 반절어법의 但방언리어(文言文 / 犬言犬)

　　　중 성 독 용 십 일 자
　　　中聲獨用十一字

　아　　야　　어　　여　　오　　요　　우　　유
ㅏ何 ㅑ也 ㅓ於 ㅕ余 ㅗ吾 ㅛ要 ㅜ牛 ㅠ由

　　응불용종성　　이지용중성　　사불용초성
一應不用終聲 ㅣ伊只用中聲 ・思不用初聲

삼망화법의 중언부언(俚語 / 언해 / 국역)이 거듭된 한글국역(新)의 但방언리어(文語體 / 口語體)

중성에만 쓰이는 11자

ㅏ(아) ㅑ(야) ㅓ(어) ㅕ(여) ㅗ(오) ㅛ(요) ㅜ(우) ㅠ(유)

ㅡ(응에서 종성은 사용하지 아니함)

ㅣ(이에서 다만 중성만 사용함)

・(사에서 초성은 사용하지 아니함)

이두필법의 칭명부여(方言 / 칭음)가 거듭된 반절어법의 但방언리어(文言文 / 犬言犬)

　　초 중 성 합 용 작 자 례
　　初中聲合用作字例

가갸거겨고교구규그기ᄀᆞ

　　이　　　기위초성이　　아위중성합　　　위자즉　　차가자음야우이
以ㄱ 其爲初聲以ㅏ何爲中聲合ㄱㅏ 爲字則가 此家字音也又以ㄱ

　역위종성합　　위자즉　　차각자음야여방차
役爲終聲合가ㄱ爲字則각 此各字音也餘倣此

삼망화법의 중언부언(俚語 / 언해 / 국역)이 거듭된 한글국역(新)의 但방언리어(文語體 / 口語體)

초성과 중성이 합하여 글자가 된 예

가갸거겨고교구규그기ᄀᆞ

ㄱ초성에 중성 ㅏ를 합하여 '가'자가 된 즉 가자음이 되고

또 ㄱ음을 사용하여 종성에 합하여 쓰면 각자음이니 나머지 것도 이와 같이 모방하였다.

이두필법의 칭명부여(方言 / 칭음)가 거듭된 반절어법의 但방언리어(文言文 / 犬言犬)

初中終三聲合用作字例
(초중종삼성합용작자례)

간肝갇笠갈刀감柿갑甲갓皮강江
(간 립 도 시 갑 피 강)

ㄱㅋ下各音爲初聲ㅏ下各音爲中聲作字如가갸例作一百七十六字以
(하각음위초성   하각음위중성작자여   례작일백칠십육자이)

ㄴ下七音爲終聲作字如肝至江七字唯ㅇ之初聲與ㅇ
(하칠음위종성작자여간실강칠자유   지초성여)

字音俗呼相近故俗用初聲則皆用ㅇ音若上字有ㅇ音終聲則下字必用
(자음속호상근고속용초성즉개용   음약상자유   음종성즉하자필용)

ㅇ音爲初聲也ㅇ字之音動鼻作聲ㅇ字之音發爲喉中輕虛之聲而已
(음위초성야   자지음동비작성   자지음발위후중경허지성이기)

故初雖稍異而大體相似也漢音ㅇ音初聲或歸音於尼或ㅇㅇ相混無別
(고초수초려이대체상사야한음   음초성혹귀음어니혹   상혼무별)

삼망화법의 중언부언(俚語 / 언해 / 국역)이 거듭된 한글국역(新)의 但방언리어(文語體 / 口語體)

초성과 중성과 종성이 합하여 글자가 된 예

[각(各)], 간(肝) 갇(笠) 갈(刀) 감(柿) 갑(甲) 갓(皮) 강(江)

ㄱㅋ이하 각 음이 초성이 되고,

ㅏ이하 각 음이 중성이 되어 글자를 만든 것이 '가,갸와 같은 예로 176자를 만들 수 있다.

ㄴ이하의 7음을 종성이 되게 하여 글자를 만든 것은 간에서 강까지 7자이다.

오직 ㅇ의 초성과 ㅇ자음을 세간에서 서로 비슷하게 부르기 때문에 세간에서 초성으로 쓰인즉 모두 ㅇ음을 사용할 것이며

만일 위의 글자가 ㅇ음으로 종성이 되어 아래 글자에 사용되면 반드시 ㅇ음으로 초성이 되게 할 것이다. ㅇ자의 소리는 목구멍에서부터 나는 것으로 가볍고 허한 소리가 된다.

그러므로 부분적으로 달라도 대체로 비슷하다고 본다.

한자음의 ㅇ음 초성은 혹은 이음이 되든지 혹은 ㅇ과ㅇ이 서로 섞여 구별이 되지 않는다.

이두필법의 칭명부여(方言 / 칭음)가 거듭된 반절어법의 但방언리어(文言文 / 犬言犬)

범자고음저개이자방점지유무다소위준평성무점상성이점거성입성개일점
凡字音高低皆以字傍點之有無多少爲準平聲無點上聲二點去聲入聲皆一點
평성애이안상성려이거거성청이원입성직이촉언해역동
平聲哀而安上聲厲而擧去聲淸而遠入聲直而促諺解亦同

조선吏讀의 반절어법(漢字 / 한글、독음 / 리어、이두예의)에 따른 즉
삼망화법의 중언부언(俚語 / 언해 / 국역)이 거듭된 한글국역(舊)의 但방언리어(文語體 / 口語體)

믈읫글字ᄌᆞ音음의노ᄑᆞ며ᄂᆞᆺ가오미다字ᄌᆞㅅ겨틔點뎜이이시며업스며하며져
그므로ᄡᅥ보라ᄆᆞᆯ사ᄆᆞᆯ거시니ᄂᆞᆺ가온소리옛字ᄌᆞᄂᆞᆫ平평聲셩이니點뎜이업고기리
혀나죵들티ᄂᆞᆫ소리옛字ᄌᆞᄂᆞᆫ上샹聲셩이니點뎜이둘히오곧고바ᄅᆞ노픈소리옛
字ᄌᆞᄂᆞᆫ去거聲셩이니點뎜이ᄒᆞ나히오곧고ᄲᆞᄅᆞᆫ소리옛字ᄌᆞᄂᆞᆫ入입聲셩이니點
뎜이ᄒᆞ나히라諺언文문으로사김ᄒᆞ되ᄒᆞᆫ가지라쏘字ᄌᆞ들히본딧소리두고다ᄅᆞᆫ
ᄠᅳᆮ다ᄅᆞᆫ소리로ᄡᅳ면그달이ᄡᅳᄂᆞᆫ소리로그ᄌᆞᆺ귀예돌임ᄒᆞᄂᆞ니

行널ᄒᆡᆼ平평聲셩本본音음、行져제항平평聲셩、行ᄒᆡᆼ뎍ᄒᆡᆼ去거聲셩

이두문법의 어문규정(한글맞춤법 / 표준어규정)에 따른 즉
삼망화법의 중언부언(俚語 / 언해 / 국역)이 거듭된 한글국역(新)의 但방언리어(文語體 / 口語體)

무릇 글자의 소리가 높거나 낮음이 모두 글자곁에 점이 있는 것과 없는 것, 많음과 적음으로 결정이 되는데 낮은 소리의 글자는 평성인데 점이 없고 낮다가 나중을 높이는 글자는 상성인데 점이 둘이고 곧고 높은소리 글자는 거성이니 점이 하나요, 곧고 빠른소리 글자는 입성이니 점이 하나가 된다. 언문(諺文)으로 풀어도 마찬가지다. 또 글자들이 본래의 소리를 두고 다른 뜻이나 다른 소리로 사용되면 다르게 사용되는 소리로 그 글자의 뜻이 달라진다.

行(갈행 : 평성이 원래음), 行(저자 항 : 평성), 行(행적 행 : 거성)

2). 「조선吏讀의 평상거입정위지도(平上去入定位之圖)」

평성·상성·거성·입성 네가지 소리의 터를 치워 놓은 그림

원문 / 해제 一覽 / 참조

복희◐여와圖			華◐夏			복희팔괘 / 河圖
	聲				聲	
	八/西	去		上	七/北	
	三/東	壽	下	二/南		
			国			
	四/西	域		天	一/北	
	九/東	入	国나라	平	六/南	
	聲		국字ㅈ		聲	
人首☆蛇身圖			慕◐華			음양☆팔괘圖

平上去入如人自平地升上行去還入之意

平上去入 네자는 사람이 平地로부터 올라 다니다가 도로 들어옴과 같은 뜻이라

3). 두(◐) 갈래(☆)로 갈라세운 「표준국어대사전의 但방언리어」

원문 / 해제 一覽 / 참조

거성(去聲)	「1」 중세 국어 사성(四聲)의 하나. 높은 소리로, 글자에 표시할 때 왼쪽에 점 하나를 찍는다. 「2」 한자음 사성의 하나. 높고 평탄한 소리이다. ≒제삼성.
거성則(·)	左加 1 점의 거성(下)으로서는 평성(中)보다 얕은 弱音이나 輕音과 같고
상성(上聲)	「1」 중세 국어 사성(四聲)의 하나. 처음이 낮고 나중이 높은 소리로, 글자에 표시할 때 왼쪽에 점 두 개를 찍는다. 「2」 한자 사성의 하나. 처음이 낮고 차차 높아지다가 가장 높게 되었을 때 그치는 소리이다. 거성(去聲), 입성(入聲)의 소리들과 아울러 측성(仄聲)이라 한다.
상성則(:)	左加 2 점의 상성(上)으로서는 평성(中)보다 두터운 重音과 같으며
평성(平聲)	「1」 『언어』 중세 국어 사성(四聲)의 하나. 낮은 소리이다. 「2」 『언어』 한자음 사성의 하나. 낮고 순평한 소리이다.
평성則(무점)	무점의 평성(中)으로서는 거평상·3聲의 가온(中)을 일컫듯、마땅한 若音과 같다.

입성(入聲)	「1」중세 국어 사성(四聲)의 하나. 소리의 높낮이와는 별도로, 종성이 'ㄱ, ㄷ, ㅂ'로 끝나는 음절들을 묶은 것이다. 「2」한자음 사성의 하나. 짧고 빨리 끝나는 소리이다.
三一법칙의 입성칙	左加1점의 입성(三一)이라 하지만、三一법칙의 입성칙에서 어긋난 바와 같은즉 성부려의 6字(ㅇㄴㅁㅇㄹ / ㄹㅿ)를 제외한 모든 종성쓰임이 곧、입성칙의 聲入

이와 같은
표준국어대사전이나 육서지법의 漢字사전으로서는
불능달의 周易을 뒤집어쓴 육서지법의 漢字어법과 방언리어 창출지법(반절어법 / 이두문법)으로 줄줄이 주워섬기면서 이두필법의 칭명부여(方言 / 칭음)가 거듭되고 삼망화법의 중언부언(俚語 / 언해 / 국역)이 거듭되면서 어긋남의 극치에 달하는 방언리어의 극치로서 집대성을 이룬바에 불과하고、저절로 왜곡되고 굴절만이 거듭되는 반절어법의 극치로서 동문동궤가 이루어진 줄도 모르는 그로서의 대명사로서도 줄줄이 등극되어버린 바를 뜻하였던 것이다。

바꾸어 말하자면
불능달의 周易과 육서지법의 漢字어법(上)을 뒤집어쓰고서 끝없이 곤두박질되어버린 아래・한글의 한글어법(下) 모두가 반절문자 창출지법을 뒤집어쓴 방언리어 창출지법에 불과함에도
「漢字(上)는 중국문자이고 한글(下)은 우리문자(朝鮮文字)」라 칭하는 그조차도 어긋남의 극치에 달해버린 방언리어의 극치이자 반절어법 / 반절문자의 대명사(漢字◐한글)로서 줄줄이 등극된 줄도 모르는 무지(無知)의 소치(召致)에 불과하다 함도 이를 일컫듯

이와 같은 모두에 이르기까지 송두리째 걷어내야만 비로소 만천하에 드러나는
天地神明의제작모神工에 따라서
태고(故)를 열어준(開天 / 開物) 桓因한국의 桓檀제도와 한국고유의 諺文체계(한국고전)까지
송두리째 집어삼키고서(一捨음양 / 자가당착) 두(◐) 갈래(☆)로 갈라세워버린
춘추전국시대의 용두사미필법과 방언리어의 극치(肇禮樂文章之祖)로 줄줄이 주워섬기면서
무한대로 창출되고 축적이 거듭된 바에 불과한
오동방・예악문장(사서오경 / 삼강오륜)의 봉건제도(慕華제도 / 骨品제도)로서
중원천하를 호령하고 줄줄이 거느리면서
그로서의 끝자락(周代 / 周易 / 帝業 / 용두~~~ 사미 / 王業 / 조선 / 後代)에까지 이르렀던
조선吏讀의 반절어법과 일본吏讀의 이두문법으로 뒤엉켜서 이합집산이 거듭된 바에 불과한
조선어문의 어문규정으로 줄줄이 주워섬기면서 대대손손 대물림되는 줄을 모르기 때문이었던 것이다。

6。육서지법의 육두문자를 빌어쓰는 방언리어 창출지법
1)。원문 / 해제 一覽 / 참조
「使天下義理、必歸文字、無窮文字、必歸六書」

반절문자(凡干文字) 및 방언리어(本國俚語) 창출지법(六書之法)	
육서지법	使天下義理、必歸文字、無窮文字、必歸六書
使天下義理	천하를 거느린다는 반절이치(義理)를 일컫는 즉、거두절미법칙의 용두사미필법
必歸文字	반드시 돌아온다는 기본문자를 일컫는 즉、반절문자의 漢字부수 / 부호
無窮文字	끝없이 뒤엉킨다는 육두문자를 일컫는 즉、육두문자 / 二頭文字의 漢文❶漢字
必歸六書	반드시 돌아온다는 육서지법을 일컫는 즉、방언리어 창출지법의 二頭筆法 / 三妄話法
육두文字의 반절철자법과 방언리어(本國俚語) 창출지법(六書之法)	
육두문자	육두문자의 반절철자법이 곧、반절문자의 반절철자법이자 거두절미법칙의 용두사미필법
상형문자	一曰象形。如日月之類、象其形體而爲之也。
가차문자	二曰假借。如令長之類、一字兩甲也。
지사문자	三曰指事。謂上下之類、人在一上爲上、人在一下爲下、各指其而言也。
회의문자	四曰會意。謂武信之類、止戈爲武、人言爲信、會合其意也。
전주문자	五曰轉注。謂考老之類、左右相轉以爲言也。
해성문자	六曰諧聲。謂江河之類、皆以水爲偏芳、以工可諧聲也。
육두문자(凡干文字) 창출지법과 방언리어(本國俚語) 창출지법(六書之法)	
반절어법	육두문자 창출지법이 곧、음양이치의 반절어법이자 거두절미법칙의 용두사미필법
반절이치	육서지법의 반절이치가 곧、거두절미법칙으로 뒤엉킨 음양이치의 반절어법 / 이두문법
漢字부수	한국고유의 諺文체계로부터 거두절미와 반절이 거듭된 반절문자가 곧、漢字部首
漢文漢字	육서지법의 육두문자에서 이합집산이 거듭된、二頭文字의 표의文字 / 표음文字 相同
漢字어법	육서지법의 漢字어법이 곧、방언리어 창출지법의 용두사미필법(二頭筆法 / 三妄話法)

이와 같은
육두문자 창출지법과 방언리어 창출지법으로 뒤엉킨 육서지법의 漢字어법으로 줄줄이 주워섬기면서 무한대로 창출되고 축적이 거듭되었던 그조차도 손❶바닥 뒤집❶듯 뒤집어☆지면서 둔갑이 거듭되는 이두필법의 칭명부여(方言 / 칭음)가 거듭되고 삼망화법의 중언부언(俚語 / 언해 / 국역)이 거듭되면서 어긋남의 극치에 달하는 방언리어의 극치(肇禮樂文章之祖)로 뒤엉켜서 「4대聖人 및 중국시조・문명시조・인류시조」로까지 줄줄이 소급된 바에 불과했던 거두절미법칙의 용두사미필법이라 함은 이를 일컫는 바로서 「오동방・예악문장의 시조로 줄줄이 등극된 공❶자 / 부❶처 / 聖❶人 / 華❶夏」 등등의 모두가 용두사미필법과 똑같이 뒤엉킨 용두사미집단의 머리❶통으로 들어앉힘을 뜻하는 것이다.

> 「육서지법의 육두문자를 빌어쓰는 방언리어(本國俚語) 창출지법」
> 2)。본문해제 및 한글국역 참조 / 대비

이두필법의 칭명부여(方音 / 칭음)가 거듭된 이두필법의 但방언리어(文言文 / 犬言犬)

제1。상형문자(象形文字) 창출지법

일왈상형　여일월지류　상기형체리위지야
一曰象形。如日月之類、象其形體而爲之也。

삼망화법의 중언부언(俚語 / 언해 / 국역)이 거듭된 한글국역(新)의 但방언리어(文語體 / 口語體)

첫째(一曰)
　해(日)와 달(月)과 같은 글자들이다. 그 형체를 본떠 만든 글자를 말한다.

이와 같은 육두문자 창출지법의 육서지법에서 제일 먼저 일컫는
[해(日)와 달(月)]로서는 음양◐상극으로 뒤엉켜서 끝없이 물고늘어지는
반절문자 창출지법의 대명사와 방언리어 창출지법의 대명사를 앞세운 바와 같았던 것이다.

예컨대
[눈 밝을 / 明 / 명]字에서 반절되고 음양상극으로 뒤엉킨 반절문자의 [日◐月]로 둔갑 / 창출되었고
[무한(三一)의 날(日)과 무궁(三十)의 달(月)]을 일컫는 바에서 거두절미되고 음양상극으로 뒤엉킨
방언리어의 [日◐月 / 해◐달)]로 둔갑 / 창출된 바를 미루어보듯

애초부터 태극(一)을 집어삼키고서(捨陰陽) 두(◐) 갈래(☆)로 갈라세워버린
음양◐상극의 음양☆오행으로 뒤엉켜서 오각형으로 늘어서버린 일월성신(日◐月☆星辰)의 해(日)와 달
(月)로서 줄줄이 매달아 놓았던 이하 모두가 같았음은 물론이고
춘추전국시대의 용두사미필법으로 줄줄이 주워섬기면서 무한대로 창출되고 축적이 거듭되었던
음팔괘(복희◐팔괘 / 文王◐팔괘)의 가공세계 창출지법(周易)을 뒤집어쓴 줄도 모르는
반절문자 및 방언리어 창출지법(六書之法)으로 간략하게 압축되고 귀결되는 바를 미루어보듯
거두절미법칙의 용두사미필법으로 뒤엉켜서 똬리를 틀고 들어앉아버린 반절어법의 태생적 한계를 뒤집
어쓰고서 줄줄이 다시 태어나는 줄도 모르는 「천지◐귀신☆집단 / 용두사미집단 / 인조인간집단」 모
두가 동의적이듯、아래와 같은 모두도 마찬가지인 것이다.

공◐자를 섬기는 유교☆집단의 공자필법과 유교경전의 漢字언해로서 집대성을 이룬즉、禮樂文章
부◐처를 섬기는 불교☆집단의 불경화법과 불교경전의 불경언해로서 집대성을 이룬즉、예악문장
聖◐人을 섬기는 三妄☆집단의 삼망화법과 종교경전의 경전언해로서 집대성을 이룬즉、예악문장
華◐夏를 섬기는 慕華☆집단의 이두필법과 관습경전의 漢字언해로서 집대성을 이룬즉、禮樂文章

이두필법의 칭명부여(方言 / 칭음)가 거듭된 이두필법의 但방언리어(文言文 / 犬言犬)

제2。 가차문자(假借文字) 창출지법

　　　이 왈 가 차　　　여 영 장 지 류　　　일 자 양 갑 야
　　　二曰假借。 如令長之類、 一字兩甲也。

삼망화법의 중언부언(俚語 / 언해 / 국역)이 거듭된 한글국역(新)의 但방언리어(文語體 / 口語體)

둘째(二曰)

　글자(字) 하나(一)를 양쪽(◐)으로 빌려 가상적으로 만들어 쓰는 경우이다.

이두필법의 칭명부여(方言 / 칭음)가 거듭된 이두필법의 但방언리어(文言文 / 犬言犬)

제3。 지사문자(指事文字) 창출지법

　　　삼 왈 지 사　　위 상 하 지 류　　인 재 일 상 위 상　　인 재 일 하 위 하　　각 지 기 이 언 야
　　　三曰指事。 謂上下之類、 人在一上爲上、 人在一下爲下、 各指其而言也。

삼망화법의 중언부언(俚語 / 언해 / 국역)이 거듭된 한글국역(新)의 但방언리어(文語體 / 口語體)

셋째(三曰)

　손가락처럼 순서가 있듯이 위아래가 함께 어울려지는 경우이다.

　다시말해 사람 인(人)자에 두 획을 더하면 하늘 천(天)자가 되는 것과 같다.

　그리고 사람 인(人)자에 위아래로 두 획을 그으면 어질 인(仁)자가 되는 것을 말한다.

이두필법의 칭명부여(方言 / 칭음)가 거듭된 이두필법의 但방언리어(文言文 / 犬言犬)

제4。 회의문자(會意文字) 창출지법

　　　사 왈 회 의　　위 무 신 지 류　　지 과 위 무　　인 언 위 신　　회 합 기 의 야
　　　四曰會意。 謂武信之類、 止戈爲武、 人言爲信、 會合其意也。

삼망화법의 중언부언(俚語 / 언해 / 국역)이 거듭된 한글국역(新)의 但방언리어(文語體 / 口語體)

넷째(四曰)

　뜻이 모여서 글자를 이룬다. 예를 들면 사람 인(人)자와 말씀 언(言)자가 합해지면 믿을 신(信)이 된다. 그리고 그칠 지(止)자와 창 과(戈)자가 합해지면 무(武)자가 된다. 글자와 글자가 합해져 뜻을 이루게 되는 것을 뜻한다.

이두필법의 칭명부여(方言 / 칭음)가 거듭된 이두필법의 但방언리어(文言文 / 犬言犬)

제 5。전주문자(轉注文字) 창출지법
　　오 왈 전 주　　위 고 노 지 류　　좌 우 상 전 이 위 언 야
　　五曰轉注。謂考老之類、左右相轉以爲言也。

삼망화법의 중언부언(俚語 / 언해 / 국역)이 거듭된 한글국역(新)의 但방언리어(文語體 / 口語體)

다섯째(五日)
　한 글자가 이리저리 옮겨지면서 의미변화를 가져오는 상고할 고(考)나 늙을 노(老)와 같은 글자의 류를 말한다.

이두필법의 칭명부여(方言 / 칭음)가 거듭된 이두필법의 但방언리어(文言文 / 犬言犬)

제 6。해성문자(諧聲文字) 창출지법
　　육 왈 해 성　　위 강 하 지 류　　개 이 수 위 편 방　　위 공 가 해 성 야
　　六曰諧聲。謂江河之類、皆以水爲偏芳、以工可諧聲也。

삼망화법의 중언부언(俚語 / 언해 / 국역)이 거듭된 한글국역(新)의 但방언리어(文語體 / 口語體)

여섯째(六日)
　강(江)이나 하(河)字와 같은 글자를 말하는데´ 물 수(水)字를 넣어 모두 물과 연관된 의미의 글자를 만드는 것과 같다.

이와 같았던 모두가
애초부터 태극一)을 집어삼킨(捨陰陽) 음양◐상극으로 뒤엉켜서 손●바닥 뒤집●듯 뒤집어☆지는 거두절미법칙의 용두사미필법으로 줄줄이 주워섬기는 줄도 모르는 바에 따라서
반절에 반절이 거듭되고 거두절미가 거듭되면서 용두사미로 뒤엉키는 육두문자 / 반절문자 / 이두문자 및 표의문자 / 표음문자로 줄줄이 꿰어맞춘 반절문자(凡干文字)의 반절철자법에 불과하고 육두문자 창출지법에 불과할 뿐만 아니라

육두문자(凡干文字) 창출지법을 뒤집어쓴 방언리어(本國俚語) 창출지법으로 갈라서버린
이두필법의 칭명부여(方言 / 칭음)가 거듭되고 삼망화법의 중언부언(俚語 / 언해 / 국역)이 거듭되면서 어긋남의 극치에 달하는 방언리어 극치로서 집대성을 이룬바에 불과했고、저절로 왜곡되고 굴절만이 거듭되는 반절어법의 극치로서 동문동궤가 이루어져버린 줄도 모른다 하는 모두가 동의적이었던 것이다。

3). 「漢語계통의 頭자음36字母(中古漢音) 창출지법」
원문 / 해제 一覽 / 참조

梵語음성학의 頭자음❶介모음 / 함축			漢語음운학의 頭자음❶介모음 / 함축					
象口形의 입(口)을 앞세운(☆)		자가당착의 三妄☆五音	12발음부위		清		濁	
梵語계통의 頭자음30字母			古名	今名	全清	次清	全濁	次濁
반절字母	梵語的 이두칭명		漢語的 이두칭명		漢語계통의 頭자음36字母			
帮滂並明	(脣音→唇音)	先頭☆唇音	重唇音	双唇塞音	帮/b	滂/p	並/b	明/m
端透定泥来	是舌頭音	舌音	轻唇音	唇齿音	非/f	敷/fh	奉/b	微/m
知徹澄娘	是舌上音		舌頭音	龈塞音	端/d	透/t	定/d	泥/n
見溪群疑	等字是也	牙音	舌上音	卷舌塞音	知/t	徹/th	澄/d	娘/n
精清從心邪	是齒頭音	齒音	齒頭音	齒擦音	精/z	清/c	從/dz	
	[ᅎᅔᅏᄼᄽ]				心/s		邪/z	
審穿禪照日	是正齒音		正齒音	龈腭擦音	照/j	穿/q	牀/dz	
	[ᅐᅕᅑᄾᄿ]	牙音			審/x		禪/z	
			軟腭塞音		見/g	溪/k	群/g	疑/ng
曉影	是喉中音、清	喉音	声門塞音		影/ng			
			軟腭塞音		曉/h		匣/g	
匣喻	亦是喉中音、濁		硬腭半元音					喻/j
梵語계통의 三妄☆五音・8부위↑→			半舌音	龈边音				来/l
漢語계통의 三妄☆五音・7音 / 12부위↓→			半齒音	龈腭鼻音				日/r

이와 같은
오른쪽(右)에 자리하고 있는「漢語음운학의 頭자음36字母」로서 줄줄이 주위섰던 바로서는
왼쪽(左)에 자리하고 있는「梵語음성학의 頭자음30字母」로서 줄줄이 꿰어맞춘 불교집단의 불경화법에 따라서 불경화법의 칭명부여가 거듭되고 중언부언이 거듭되면서 어긋남의 극치에 달하고 자가당착의 극치에 달해버린 그로서의 대명사로서 줄줄이 등극되어버린 바가 곧
상구형의 입(口)을 앞세우고서 오각형(☆)으로 늘어서버린 三妄五音의 진음☆順이었던 것이다.

이와 같은 바만을 미루어보더라도
이미 두 갈래로 갈라서버린 漢語계통의 공자필법과 梵語계통의 불경화법으로 뒤엉켜서 동문동궤가 이루어져버린 동서❶언어 / 계통의 중고음(頭자음❶介모음含)이나 漢語계통의 중고한음(頭자음❶介모음含)으로서는 서로 같음에도 앞세운 바만 다르듯이、그로서의 앞세운 바가 서로 다른 용두사미필법 / 반절어법의 但방언리어로서 집대성을 이룬바에 불과하다 함은 이를 일컫는 것이다.

음성학표준 / 로마자기준의 기본자음 / 기본모음으로 축소병합이 거듭된 바에 불과한
4)。「漢語계통의 중고한음 및 중국음운학의 한어병음 구성도」
원문 / 해제 一覽 / 참조

三妄☆五行	漢語계통의 中古漢音(頭자음36字母)		中國음운학의 漢語幷音		
中<ㅁ>土	唇音 / 진음	帮滂並明 ◆ 非敷奉微	[b]·[p]·[m]·[f]		
南<ㅜ>火	舌音 / 설음	端透定泥 ◆ 知徹澄娘来	[d]·[t]·[n]·[l]		
西<ㅓ>金	齒音 / 치음	精清從心邪 ◆ 照穿牀審禪日	[j·q·x] / [zh·ch·sh·r] / [z·c·s]		
東<ㅏ>木	牙音 / 아음	見溪 ◆ 群疑	[g]·[k]	{ng / ㅇㅇ}↓	h(声門音)↓
北<ㅗ>水	喉音 / 후음	曉影 / 清 ◆ 濁 / 匣喻	二頭声母(y/ø/w)二頭韻母 ± [a·i·e·o·u]		

그로서의 가온(中央 / 唇音 / 中間)에 자리(三一五行)하고 있어야 할
상구형(ㅁ)의 입(ㅁ)을 앞(☆)세우고서(唇音順)
5)。오각형(☆)으로 늘어서버린 「中古❶漢音의 삼망☆오음圖」

끝없는 사분오열과 이합집산이 거듭된 오각형(☆)의 三妄五音圖 / 三妄五行圖 / 三妄方位圖 相同				
		唇·土·中		
喉·水·北		三妄☆五行		舌·火·南
	牙·木·東		齒·金·西	

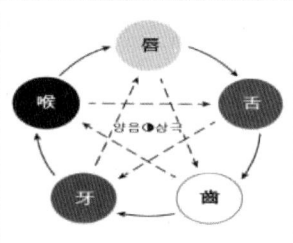

태극(一)을 집어삼킨(捨) 음양❶상극으로 뒤엉켜서 두(❶) 갈래(☆)로 갈라서버린		
음양❶이두의 삼망☆오행圖 / 참조		양음❶이두의 삼망☆오음圖 / 참조

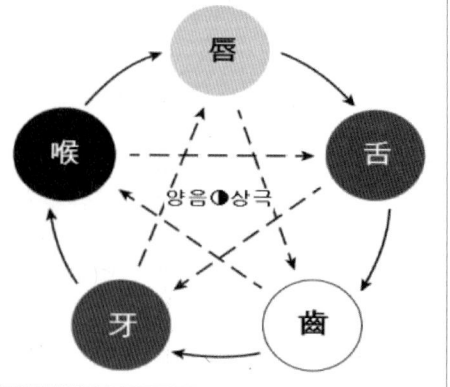

음양상극으로 뒤엉킨 반절韻母로부터 줄줄이 불거지면서 두(◐) 갈래(☆)로 뒤엉켜버린

6). 「동서◐언어 / 계통의 기본모음 구성도」

원문 / 해제 一覽 / 참조

이두칭명의 日名·모음절	半모음(y / ø / w)半자음			主모음(a·i·e·o·u)				
	陽韻母	零韻母	陰韻母	·捨ㅏ	ㅣ韻중첩	母音축	ㅗ韻	ㅜ韻
로마字 기본모음	i·y [이]	ø [變]	w·u [으]	a	i / y / j	e[變]ɯ	o	u
중국어 기본모음				a	e(ㅓㅔ)e	i[變]ɯ	o	u
일본어 기본모음				a	i / y / j	u[變]ɯ	e	o
조선어 기본모음	ㅣ韻	상[◐]극	一韻	ㅏ	ㅓ	ㅣ變一	ㅗ	ㅜ

불능달의 주역(周易)과 육서지법의 漢字어법을 뒤집어쓰고서

7). 거꾸로 물구나무서버린 「한글맞춤법의 한글10모음 구성도」

원문 / 해제 一覽 / 참조(丫字形)

대표漢字	何	也	於	余	吾	要	牛	由
이두칭음	아	야	어	여	오	요	우	유
반절모음	ㅏ	ㅑ	ㅓ	ㅕ	ㅗ	ㅛ	ㅜ	ㅠ
팔괘☆형식	陽韻 / 양운		陰韻 / 음운		陽韻 / 양운		陰韻 / 음운	
이두韻母	應 / 終聲不用(응 / 거두절미)				伊 / 只用中聲(이 / 구결용ㅣ)			
이두칭음	으				이			
坤頭모음	ㅡ				ㅣ			
음양◐상극	陰韻母 / 음운모				相 / ◐ / 剋		陽韻母 / 양운모	
一捨◐음양 (반절어법)	애초부터 태극(一)을 집어삼키고서(捨) 두(◐) 갈래(☆)로 갈라세워버린 「음양팔괘(복희팔괘◐文王팔괘)의 가공세계 창출지법」							
태극◐무극	원문 / 해제 一覽 / 참조(八字形)							

음양◐상극	陽				相 / ◐ / 剋		陰	
四象 / 사상	太陽		少陰		小陽		太陰	
方位 / 방위	西北	西	南	東	東南	北	東北	西南
음양☆오행	陽金	陰金	火	陽木	陰木	水	陽土	陰土
性情 / 성정	健	悅	麗	動	入	陷	止	順
家族 / 가족	父	少女	中女	長男	長女	中男	少男	母
自然 / 자연	天	澤	火	雷	風	水	山	地
음양☆팔괘	乾	兌	離	震	巽	坎	艮	坤
假字 / 가짜	一	二	三	四	五	六	七	八

눈에 보이는 그대로

人首☆蛇身의 복희●여와圖를 앞(☆)세우고서 뒤엉킬대로 뒤엉켜버린

「華●夏를 섬기는 慕華☆집단의 삼황오제설 창출지법」

원문 / 해제 一覽 / 참조

복희●여와圖	人首蛇身의 복희여와圖를 앞세운 자가당착의 삼황오제설 참조					
	천황(天皇)	복희(伏羲)	복희(伏羲)	복희(伏羲)	복희(伏羲)	수인(燧人)
	지황(地皇)	여와(女媧)	신농(神農)	신농(神農)	신농(神農)	복희(伏羲)
	인황(人皇)	신농(神農)	공공(共工)	축융(祝融)	황제(黃帝)	신농(神農)
	人首蛇身의 삼황오제설로 뒤엉켜서 인류문명의 시조로까지 등극시킨					
三皇(●)↑ 五帝(☆)→	복희(伏羲)	太皞(태고)	소호(少昊)	황제(黃帝)	황제(黃帝)
	신농(神農)	염제(炎帝)	전욱(顓頊)	소고(少皞)	전욱(顓頊)
	황제(黃帝)	황제(黃帝)	고신(高辛)	제곡(帝嚳)	제곡(帝嚳)
	당요(唐堯)	소고(少皞)	당요(唐堯)	제지(帝摯)	당요(唐堯)
人首☆蛇身圖	우순(虞舜)	전욱(顓頊)	우순(虞舜)	제요(帝堯)	우순(虞舜)

춘추전국시대(周代 / BC 770~221~)에 이르면서 줄줄이 뒤바뀌어버린

거두절미법칙의 용두사미필법 뒤엉켜서 동문동궤가 이루어진 바와도 같았던

「복희●팔괘와 文王●팔괘의 가공세계 창출지법」

원문 / 해제 一覽 / 참조

桓因한국의 桓易之圖(윷판 / 同)를 집어삼키고서 음양●상극으로 뒤엉켜버린 복희팔괘의 河圖 및 이합집산이 거듭되어버린 文王팔괘의 洛書 참조	태극(一)의 질서(三・十)를 집어삼킨(捨陰陽) 음양화신의 머리●통과 꼬리☆통으로 갈라서버린 음양●이두의 三妄五行圖 및 三妄五音圖 참조

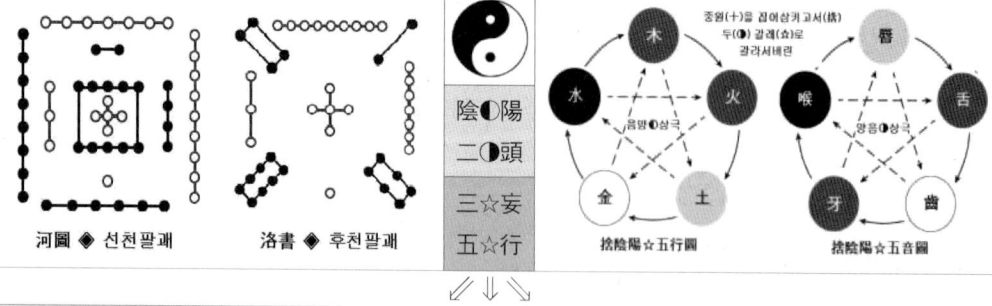

	陰●陽
	二●頭
	三☆妄
河圖 ◆ 선천팔괘 洛書 ◆ 후천팔괘	五☆行

⇙⇓⇘

공●자를 섬기는 유교☆집단의 공자필법과 유교경전의 漢字언해로서 집대성을 이룬즉、禮樂文章
부●처를 섬기는 불교☆집단의 불경화법과 불교경전의 불경언해로서 집대성을 이룬즉、예악문장
聖●人을 섬기는 三妄☆집단의 삼망화법과 학습경전의 경전언해로서 집대성을 이룬즉、예악문장
華●夏를 섬기는 慕華☆집단의 이두필법과 관습경전의 漢字언해로서 집대성을 이룬즉、禮樂文章

제2장。세종어제를 앞세운 「불경화법의 불경언해합본」
불경언해합본으로 엮어낸 「세종어제훈민정음・八相圖・월인석보」
1。원문 / 해제

이른바
불교집단의 불경화법이라 함은
육서지법의 漢字어법을 빌어쓰는 불교식・漢字어법을 일컫는 바와 더불어
부◑처를 섬기는 불교☆집단의 불경화법을 일컫는 바이듯
공◐자를 섬기는 유교☆집단의 공자필법과 상반되게 뒤엉켜서 동문동궤가 이루어진 바와 같았던
춘추전국시대의 용두사미필법(공자필법 / 불경화법)으로 뒤엉켜서 이미 두(◐) 갈래(☆)로 갈라서버린
불교집단의 가공세계 창출지법(불교식・漢字어법)을 일컫는 바와도 같았던 것이다.

공◐자를 섬기는 유교☆집단의 공자필법과 유교경전의 漢字언해로서 집대성을 이룬즉、禮樂文章		
부◑처를 섬기는 불교☆집단의 불경화법과 불교경전의 불경언해로서 집대성을 이룬즉、예악문장		
聖◐人을 섬기는 三妄☆집단의 삼망화법과 학습경전의 경전언해로서 집대성을 이룬즉、예악문장		
華◐夏를 섬기는 慕華☆집단의 이두필법과 관습경전의 漢字언해로서 집대성을 이룬즉、禮樂文章		
⇙⇓⇘		
중원(十)을 뒤집어써버린 假中國	무주구천의 망극세계	태양◐중심의 地動說과 天文學
두(◐) 갈래(☆)로 갈라서버린 異乎中國	무주공산의 인간세상	지구◐중심의 天動說과 人文學
중국(☆)을 뒤집어써버린 佛國◑天國	극락왕생의 사후세계	人間☆중심의 환생설과 창조설

이와 같은
불교집단의 가공세계 창출지법 다름 아니었던
부◑처를 섬기는 불교☆집단의 불경화법과 불경언해합본으로 줄줄이 엮어냈음에도 불구하고
「세종어제를 앞세운 불경언해합본(세종어제훈민정음・八相圖・월인석보)」이라는
불경화법의 이두칭명을 줄줄이 지어붙였던 바가 곧
가중국의 가짜(假字)를 빌어쓰는 이호중국의 방언리어(本國俚語) 창출지법(漢字어법)에 불과했던
불교집단의 불경화법(신라吏讀)과 유교집단의 공자필법(중국吏讀)을 비롯하여 종교집단 / 삼망집단 / 慕華집단 모두의 태생적・한계가 숨겨져 있었던 것이다. [훈민정음・序曰 / 참조]

이와 같은 방언리어 창출지법(漢字어법)의 중간에 똬리를 틀고 들어앉아버린 줄도 몰랐던
거두절미법칙(음양이치 / 반절어법)의 용두사미필법(이두필법 / 삼망화법)으로서는
음양팔괘의 가공세계 창출지법과 마주하는 반절문자 및 방언리어 창출지법을 뜻하는 바였던 것이다.

조선吏讀의 반절어법(漢字 / 한글、이두필법 / 삼망화법)에까지 줄줄이 편승해버린
부●처를 섬기는 불교☆집단의 불경화법과 불경언해합본으로 줄줄이 엮어낸 바에 불과함에도

「세종어제를 앞세운 불경화법의 불경언해합본」
2。목차 / 해제

불경화법의 불경언해本 목차 / 해제	세종어제훈민정음	世宗御製訓民正音
	1。임금이 지어올린 머리글(御製序文)	・御製序文 ◇ 머리●글
	2。조선吏讀의 반절어법 ◇ 꼬리☆통	・이두例義 ◇ 꼬리☆통(몸통 / 化身)
	3。梵語계통의 중고한음 ◇ 머리●통	・中古漢音 ◇ 머리●통
	훈민정음 <거두절미된> 세종어제	訓民正音 <去頭截尾> 世宗御製

부●처의 일대기를 그려 놓았다던(불교☆집단의 가공세계 / 相同)

「팔상도(八相圖)」 一覽

팔상도 (八相圖) 一覽	두솔래의圖	兜率來儀圖
	비람강생圖	毘藍降生圖
	사문유관圖	四門遊觀圖
	유성출가圖	逾城出家圖
	설산수도圖	雪山修道圖
	수하강마圖	樹下降魔圖
	록원전법圖	鹿苑轉法圖
	「쌍림열반圖」	「雙林涅槃圖」

「세종어제를 앞세운 어제월인석보」
목차 / 해제

불경화법의 불경언해합본 (1447년~) (~1459년) 어제월인석보 목차 / 해제	석보상절서	釋譜詳節序
	1447년 7월 25일에 수양군휘서ᄒ노라	正統十二年七月○日에 首陽君諱序ᄒ노라
	어제월인석보서	御製月印釋譜序
	1459년(세조5년) 7월일서	天順三年己卯七月日序
	一名・位牌名 / 위패명	日名・牌記名 / 패기명
	세종어제월인천강지곡 소헌왕후동증정각	世宗御製月印千江之曲 昭憲王后同證正覺
	금상찬술석보상절 자성왕후공성불과	今上纂述釋譜詳節 慈聖王后共成佛果
	월인천강지곡 제1장 ~ 제125장	月印千江之曲第一 ~ 一百二十五
	석보상절 제1장 ~ 제125장	釋譜詳節第一 ~ 一百二十五

부◐처를 섬기는 불교☆집단의 불경화법과 불경언해로서 줄줄이 꿰어맞춘 바에 불과했던

3。불경언해본의 세종어제훈민정음
원문 / 해제

	세종어제훈민정음	世宗御製訓民正音
불경화법의	1。임금이 지어올린 머리글(御製序文)	・御製序文 ◇ 머리◐글
불경언해본	2。조선吏讀의 반절어법 ◇ 꼬리☆통	・이두例義 ◇ 꼬리☆통(몸통 / 化身)
목차 / 해제	3。梵語계통의 중고한음 ◇ 머리◐통	・中古漢音 ◇ 머리◐통
	훈민정음 〈거두절미된〉 세종어제	訓民正音 〈去頭截尾〉 世宗御製

1)。「세종어제를 앞세운 불경언해본의 머리글(御製序文) 편」
본문 / 해제

「불경언해본・이두예의본・한글국역본의 머리◐글(御製序文)로 들어앉힘」과 같은즉
(서로 다른 용두사미필법의 머리◐통과 꼬리☆통으로 뒤엉킨 방언리어 창출지법으로 틀어박힘)

_{솅종엉졩훈민졍흠}
世宗御製訓民正音

    製는 글지슬씨니
    御製는 님금 지스샨 그리라
    訓은 フ르칠씨오
    民은 百姓이오
    音은 소리니,
    訓民正音은 百姓 フ르치시논 正흔 소리라

_{귁 징 엉 흠}
國之語音이

    國은 나라히라
    之는 입겨지라
    語는 말쓰미라

  나랏말쓰미

불경화법의 불경언해를 답습한 삼망화법의 한글국역(漢字풀이 / 但방언리어) 참조
◆ 우리(吾) 나라(東方) 말(語)이

쌍 홍 듕 귁
異乎中國ᄒᆞ야

異ᄂᆞᆫ 다ᄅᆞᆯ씨라

乎ᄂᆞᆫ 아모그에 ᄒᆞᄂᆞᆫ겨체 쓰는 字ㅣ라

中國ᄋᆞᆫ 皇帝겨신 나라히니 우리나랏 常談애 江南이라 ᄒᆞᄂᆞ니라

듕 귁
中國에 달아

불경화법의 불경언해를 답습한 삼망화법의 한글국역(漢字풀이 / 但방언리어) 참조
◆ 중국(中國)과 달라(異)

영 문 쭝   븛 샹 륳 통
與文字로 不相流通ᄒᆞᆯ씨

與ᄂᆞᆫ 이와뎌와ᄒᆞᄂᆞᆫ겨체 쓰는 字ㅣ라

文ᄋᆞᆫ 글와리라

不ᄋᆞᆫ 아니ᄒᆞᄂᆞᆫ 뜨디라

相ᄋᆞᆫ 서르ᄒᆞᄂᆞᆫ 뜨디라

流通ᄋᆞᆫ 흘러 ᄉᆞ무출씨라

문 쭝
文字와로 서르 ᄉᆞᄆᆞᆺ디 아니ᄒᆞᆯ씨

불경화법의 불경언해를 답습한 삼망화법의 한글국역(漢字풀이 / 但방언리어) 참조
◆ 한자(漢字)와는 서로 잘 통하지 아니 한다.

공   웅 민   울 송 욕 언
故로 愚民이 有所欲言ᄒᆞ야도

故ᄂᆞᆫ 젼ᄎᆞ라

愚ᄂᆞᆫ 어릴씨라

有ᄂᆞᆫ 이실씨라

所ᄂᆞᆫ 배라

欲ᄋᆞᆫ ᄒᆞ고져ᄒᆞᆯ씨라

言ᄋᆞᆫ 니를씨라

ᄇᆡᆨ 셩
이런 젼ᄎᆞ로 어린 百姓이 니르고져 홇배이셔도

불경화법의 불경언해를 답습한 삼망화법의 한글국역(漢字풀이 / 但방언리어) 참조
◆ 이런 까닭으로 어리석은 백성들이 말하고자 하는바 있어도

싱 즁 붇 득 신 끵 쪙 쟝　당 읭
而終不得伸其情者ㅣ 多矣라

　　而는 입겨지라
　　終은 ᄆᆞᄎᆞ미라
　　得은 시를씨라
　　伸은 펼씨라
　　其는 제라
　　情은 ᄠᅳ디라
　　者는 노미라
　　多는 할씨라
　　矣는 말ᄆᆞᆺ는 입겨지라

　ᄆᆞᄎᆞᆷ내 제 ᄠᅳ들 시러펴디 몯ᄒᆞᆯ노미 하니라

불경화법의 불경언해를 답습한 삼망화법의 한글국역(漢字풀이 / 但방언리어) 참조
◈ 마침내 제 뜻을 펴지 못하는 사람이(者ㅣ) 많다(多矣)

영　　읭 충 민 션
予ㅣ 爲此憫然ᄒᆞ야

　　予는 내 ᄒᆞ숩시는 ᄠᅳ디시니라
　　此는 이라
　　憫然은 어엿비 너기실씨라

　　　　　읭
　내 이ᄅᆞᆯ 爲ᄒᆞ야 어엿비 너겨

불경화법의 불경언해를 답습한 삼망화법의 한글국역(漢字풀이 / 但방언리어) 참조
◈ 내가(予ㅣ) 이것을 가엾게 생각하여

신 졩 싱 씹 밣 쭝
新制二十八字ᄒᆞ노니

　　新은 새라
　　制는 ᄆᆡᇰᄀᆞᄅᆞ실씨라
　　二十八은 스믈여들비라

　　　　　　　쭝
　새로 스믈여듧字ᄅᆞᆯ ᄆᆡᇰᄀᆞ노니

307

불경화법의 불경언해를 답습한 삼망화법의 한글국역(漢字풀이 / 但방언리어) 참조
◆ 새로 스물여덟 글자를 만드니

欲使人人^욕^숭^신^쉰으로 易習^잉^씹ᄒ야 便於日用耳^뼌^형^싷^용^싱니라

    使는 히여ᄒ논 마리라
    人은 사ᄅ미라
    易는 쉬ᄫᆯ씨라
    習는 니길씨라
    便은 便安홀씨라
    於는 아모그에ᄒ논겨체 쓰는 字ㅣ라
    日은 나리라
    用은 쓸씨라
    耳는 ᄯᆞᄅ미라 ᄒ논 쁘디라

사ᄅᆞᆷ마다 히여 수ᄫᅵ 니겨 날로 ᄡᅮ메 便安^뼌^안킈 ᄒ고져 홇 ᄯᆞᄅ미니라

불경화법의 불경언해를 답습한 삼망화법의 한글국역(漢字풀이 / 但방언리어) 참조
◆ 모든 사람들로 하여금 쉬이 익혀서 날마다 쓰는 데 편하게 하고자 할 따름(耳)이니라

2)。「세종어제를 앞세운 불경언해본의 이두예의(吏讀例義) 편」
본문 / 해제
「조선吏讀의 반절어법 및 吏讀표기법의 몸통(꼬리☆통)으로 틀어박힘」 과 같은즉
「이미 두(◐) 갈래(☆)로 갈라서버린 자가당착의 반절어법(漢字어법◐한글어법) 참조」

ㄱ는 牙音^앙^흠이니 如君^셩^군ㄷ字^쭝 初發聲^총^벓^셩ᄒ니
並書^뼁^셩하면 如虯^셩^끃ㅸ字^쭝 初發聲^총^벓^셩ᄒ니라

    牙는 어미라
    如는 ᄀᆞ툴씨라
    初發聲은 처섬 펴아 나는 소리라
    並書는 골바쓸씨라

ㄱ는 엄쏘리니 君^군ㄷ字^쭝 처섬 펴아 나는 소리 ᄀᆞ튼니

골뱌쓰면 ㄲ(끃)뱡字 처섬 펴아 나는 소리 ᄀᆞ트니라

불경화법의 불경언해를 답습한 삼망화법의 한글국역(漢字풀이 / 但방언리어) 참조
◆ ㄱ은 어금닛소리니, 君(군)자의 처음에서 나는 소리와 같은데
   나란히 쓰면 ㄲ(끃)자 처음에서 나는 소리와 같다.

ㅋ는 牙(ᅌᅡᆼ흠)音이니 如快(쾡)ᅙ字 初(총)發(벓)聲(셩)ᄒᆞ니라
ㅋ는 엄쏘리니 快(쾡)ᅙ字 처섬 펴아 나는 소리 ᄀᆞ트니라

불경화법의 불경언해를 답습한 삼망화법의 한글국역(漢字풀이 / 但방언리어) 참조
◆ ㅋ은 어금닛소리니, 快(쾡)자의 처음에서 나는 소리와 같다.

ㆁ는 牙(ᅌᅡᆼ흠)音이니 如業(ᅌᅥᆸ쭝)字 初(총)發(벓)聲(셩)ᄒᆞ니라
ㆁ는 엄쏘리니 業(ᅌᅥᆸ쭝)字 처섬 펴아 나는 소리 ᄀᆞ트니라

불경화법의 불경언해를 답습한 삼망화법의 한글국역(漢字풀이 / 但방언리어) 참조
◆ ㆁ은 어금닛소리니, 業(업)자의 처음에서 나는 소리와 같다.

ㄷ는 舌(ᅘᅧᆯ흠)音이니 如斗(둫)ᄫ字 初(총)發(벓)聲(셩)ᄒᆞ니
並(뼁)書(셩)하면 如覃(땀쭝)ㅂ字 初(총)發(벓)聲(셩)ᄒᆞ니라

舌은 혀라

ㄷ는 혀쏘리니 斗(둫)ᄫ字 처섬 펴아 나는 소리 ᄀᆞ트니
골뱌쓰면 覃(땀쭝)ㅂ字 처섬 펴아 나는 소리 ᄀᆞ트니라

불경화법의 불경언해를 답습한 삼망화법의 한글국역(漢字풀이 / 但방언리어) 참조
◆ ㄷ은 혓소리니, 斗(둫)자의 처음에서 나는 소리와 같은데
   나란히 쓰면 覃(땀)자의 처음에서 나는 소리와 같다.

309

ㅌ는 舌音이니 如呑ㄷ字 初發聲ᄒᆞ니라

ㅌ는 혀쏘리니 呑ㄷ字 처섬 펴아 나는 소리 ᄀᆞᄐᆞ니라

불경화법의 불경언해를 답습한 삼망화법의 한글국역(漢字풀이 / 但방언리어) 참조
◆ ㅌ은 혓소리니, 呑(튼)자의 처음에서 나는 소리와 같다.

ㄴ는 舌音이니 如那ㆆ字 初發聲ᄒᆞ니라

ㄴ는 혀쏘리니 那ㆆ字 처섬 펴아 나는 소리 ᄀᆞᄐᆞ니라

불경화법의 불경언해를 답습한 삼망화법의 한글국역(漢字풀이 / 但방언리어) 참조
◆ ㄴ은 혓소리니, 那(낭)자의 처음에서 나는 소리와 같다.

ㅂ는 脣音이니 如彆字 初發聲ᄒᆞ니

並書하면 如步ㆆ字 初發聲ᄒᆞ니라

脣은 입시우리라

ㅂ는 입시울쏘리니 彆字 처섬 펴아 나는 소리 ᄀᆞᄐᆞ니

골방쓰면 步ㆆ字 처섬 펴아 나는 소리 ᄀᆞᄐᆞ니라

불경화법의 불경언해를 답습한 삼망화법의 한글국역(漢字풀이 / 但방언리어) 참조
◆ ㅂ은 입술소리니, 彆(볋)자의 처음에서 나는 소리와 같은데 나란히 쓰면 步(뽕)자 처음에서 나는 소리와 같다.

ㅍ는 脣音이니 如漂ㅸ字 初發聲ᄒᆞ니라

ㅍ는 입시울쏘리니 漂ㅸ字 처섬 펴아 나는 소리 ᄀᆞᄐᆞ니라

불경화법의 불경언해를 답습한 삼망화법의 한글국역(漢字풀이 / 但방언리어) 참조
◆ ㅍ은 입술소리니, 漂(푤)자의 처음에서 나는 소리와 같다.

ㅁ는 脣音이니 如彌ᇹ字 初發聲ᄒᆞ니라

ㅁ는 입시울쏘리니 彌ᇹ字 처섬 펴아 나는 소리 ᄀᆞ토니라

> 불경화법의 불경언해를 답습한 삼망화법의 한글국역(漢字풀이 / 但방언리어) 참조
> ◈ ㅁ은 입술소리니, 彌(밍)자의 처음에서 나는 소리와 같다.

ㅈ는 齒音이니 如卽字 初發聲ᄒᆞ니

並書하면 如慈ᇹ字 初發聲ᄒᆞ니라

齒는 니라

ㅈ는 니쏘리니 卽字 처섬 펴아 나는 소리 ᄀᆞ토니

골밧쓰면 慈ᇹ字 처섬 펴아 나는 소리 ᄀᆞ토니라

> 불경화법의 불경언해를 답습한 삼망화법의 한글국역(漢字풀이 / 但방언리어) 참조
> ◈ ㅈ은 잇소리니, 卽(즉)자의 처음에서 나는 소리와 같은데
>   나란히 쓰면 慈(쯩)자 처음에서 나는 소리와 같다.

ㅊ는 齒音이니 如侵ㅂ字 初發聲ᄒᆞ니라

ㅊ는 니쏘리니 侵ㅂ字 처섬 펴아 나는 소리 ᄀᆞ토니라

> 불경화법의 불경언해를 답습한 삼망화법의 한글국역(漢字풀이 / 但방언리어) 참조
> ◈ ㅊ은 잇소리니, 侵(침)자의 처음에서 나는 소리와 같다.

ㅅ는 齒音이니 如戌字 初發聲ᄒᆞ니

並書하면 如邪ᇹ字 初發聲ᄒᆞ니라

ㅅ는 니쏘리니 戌字 처섬 펴아 나는 소리 ᄀᆞ토니

골밧쓰면 邪ᇹ字 처섬 펴아 나는 소리 ᄀᆞ토니라

> 불경화법의 불경언해를 답습한 삼망화법의 한글국역(漢字풀이 / 但방언리어) 참조
> ◆ ㅅ은 잇소리니, 戌(슗)자의 처음에서 나는 소리와 같은데
>   나란히 쓰면 邪(썅)자의 처음에서 나는 소리와 같다.

ㆆ는 喉音이니 如挹字 初發聲ᄒᆞ니라
(ㆆ: 훃흠, 挹: 성흠쭝, 초벓성)

　喉는 모기라

　ㆆ는 목소리니, 挹字(흡쭝) 처섬 펴아 나는 소리 ᄀᆞᄐᆞ니라

> 불경화법의 불경언해를 답습한 삼망화법의 한글국역(漢字풀이 / 但방언리어) 참조
> ◆ ㆆ은 목구멍소리니, 挹(흡)자의 처음에서 나는 소리와 같다.

ㅎ는 喉音이니 如虛ㆆ字 初發聲ᄒᆞ니
(ㅎ: 훃흠, 虛: 성헝, 쭝 초벓성)
並書하면 如洪ㄱ字 初發聲ᄒᆞ니라
(뼝성, 洪: 성홍, 쭝 초벓성)

　ㅎ는 목소리니, 虛ㆆ字(헝 쭝) 처섬 펴아 나는 소리 ᄀᆞᄐᆞ니
　　골방쓰면 洪ㄱ字(홍 쭝) 처섬 펴아 나는 소리 ᄀᆞᄐᆞ니라

> 불경화법의 불경언해를 답습한 삼망화법의 한글국역(漢字풀이 / 但방언리어) 참조
> ◆ ㅎ은 목구멍소리니, 虛(헝)자의 처음에서 나는 소리와 같은데
>   나란히 쓰면 洪(홍)자의 처음에서 나는 소리와 같다.

ㅇ는 喉音이니 如欲字 初發聲ᄒᆞ니라
(ㅇ: 훃흠, 欲: 성욕쭝, 초벓성)

　ㅇ는 목소리니, 欲字(욕쭝) 처섬 펴아 나는 소리 ᄀᆞᄐᆞ니라

> 불경화법의 불경언해를 답습한 삼망화법의 한글국역(漢字풀이 / 但방언리어) 참조
> ◆ ㅇ은 목구멍소리니, 欲(욕)자의 처음에서 나는 소리와 같다.

ㄹ는 半舌音이니 如閭ㆆ字 初發聲ᄒᆞ니라
(반쎫흠, 閭: 성령, 쭝 초벓성)

ㄹ눈 半^반혀쏘리니 閭^령ㆆ字^쭝 처섬 펴아 나는 소리 ㄱ트니라

> 불경화법의 불경언해를 답습한 삼망화법의 한글국역(漢字풀이 / 但방언리어) 참조
> ◈ ㄹ은 반혓소리니, 閭(령)자의 처음에서 나는 소리와 같다.

△는 半^반齒^칭音^흠이니 如^영穰^샹ㄱ字^쭝 初^총發^벓聲^셩ᄒ니라

△는 半^반니쏘리니 穰^샹ㄱ字^쭝 처섬 펴아 나는 소리 ㄱ트니라

> 불경화법의 불경언해를 답습한 삼망화법의 한글국역(漢字풀이 / 但방언리어) 참조
> ◈ △은 반잇소리니, 穰(샹)자의 처음에서 나는 소리와 같다.

· 는 如呑^{셩튼}ㄷ字^쭝 中聲^{듕셩}ᄒ니라

中은 가온ᄃㅣ라

· 는 呑^튼ㄷ字^쭝 가온딧소리 ㄱ트니라

> 불경화법의 불경언해를 답습한 삼망화법의 한글국역(漢字풀이 / 但방언리어) 참조
> ◈ ·은 呑(튼)자의 가운뎃소리와 같다.

ㅡ는 如卽字^{셩즉쭝} 中聲^{듕셩}ᄒ니라

ㅡ는 卽^즉字^쭝 가온딧소리 ㄱ트니라

> 불경화법의 불경언해를 답습한 삼망화법의 한글국역(漢字풀이 / 但방언리어) 참조
> ◈ ㅡ는 卽(즉)자의 가운뎃소리와 같다.

ㅣ는 如侵^{셩침}ㅂ字^쭝 中聲^{듕셩}ᄒ니라

ㅣ는 侵^침ㅂ字^쭝 가온딧소리 ㄱ트니라

> 불경화법의 불경언해를 답습한 삼망화법의 한글국역(漢字풀이 / 但방언리어) 참조
> ◆ ㅣ는 侵(침)자의 가운뎃소리와 같다.

ㅗ는 如洪ㄱ字 中聲ᄒᆞ니라

ㅗ는 洪ㄱ字 가온뒷소리 ᄀᆞ튼니라

> 불경화법의 불경언해를 답습한 삼망화법의 한글국역(漢字풀이 / 但방언리어) 참조
> ◆ ㅗ는 洪(홍)자의 가운뎃소리와 같다.

ㅏ는 如覃ㅂ字 中聲ᄒᆞ니라

ㅏ는 覃ㅂ字 가온뒷소리 ᄀᆞ튼니라

> 불경화법의 불경언해를 답습한 삼망화법의 한글국역(漢字풀이 / 但방언리어) 참조
> ◆ ㅏ는 覃(땀)자의 가운뎃소리와 같다.

ㅜ는 如君ㄷ字 中聲ᄒᆞ니라

ㅜ는 君ㄷ字 가온뒷소리 ᄀᆞ튼니라

> 불경화법의 불경언해를 답습한 삼망화법의 한글국역(漢字풀이 / 但방언리어) 참조
> ◆ ㅜ는 君(군)자의 가운뎃소리와 같다.

ㅓ는 如業字 中聲ᄒᆞ니라

ㅓ는 業字 가온뒷소리 ᄀᆞ튼니라

> 불경화법의 불경언해를 답습한 삼망화법의 한글국역(漢字풀이 / 但방언리어) 참조
> ◆ ㅓ는 業(업)자의 가운뎃소리와 같다.

ㅛ는 如欲字 中聲ᄒᆞ니라

ㅛ는 欲字 가온딧소리 ᄀᆞ튼니라
_{욕 쭝}

불경화법의 불경언해를 답습한 삼망화법의 한글국역(漢字풀이 / 但방언리어) 참조
◆ ㅛ는 欲(욕)자의 가운뎃소리와 같다.

ㅑ는 如穰ㄱ字 中聲ᄒᆞ니라
_{영 샹 쭝 듕셩}

ㅑ는 穰ㄱ字 가온딧소리 ᄀᆞ튼니라
_{샹 쭝}

불경화법의 불경언해를 답습한 삼망화법의 한글국역(漢字풀이 / 但방언리어) 참조
◆ ㅑ는 穰(샹)자의 가운뎃소리와 같다.

ㅠ는 如戌字 中聲ᄒᆞ니라
_{영 슗 쭝 듕셩}

ㅠ는 戌字 가온딧소리 ᄀᆞ튼니라
_{슗 쭝}

불경화법의 불경언해를 답습한 삼망화법의 한글국역(漢字풀이 / 但방언리어) 참조
◆ ㅠ는 戌(슗)자의 가운뎃소리와 같다.

ㅕ는 如彆字 中聲ᄒᆞ니라
_{영 볋 쭝 듕셩}

ㅕ는 彆字 가온딧소리 ᄀᆞ튼니라
_{볋 쭝}

불경화법의 불경언해를 답습한 삼망화법의 한글국역(漢字풀이 / 但방언리어) 참조
◆ ㅕ는 彆(볋)자의 가운뎃소리와 같다.

이미 지극(三一)에 因(一)한
「한국고유의 언문성음 / 체계(三一법칙 / 三一체계)」에 따라서 만성(十)을 품어내는
「종성復用초성의 字韻법칙(三七一則)」
을 뜻하는 바였음에도 불구하고
조선吏讀의 반절어법과 반절字母의 반절철자법(한글맞춤법 / 표준어규정)으로 줄줄이
주워섬겼던 바가 곧, 육서지법의 漢字어법을 뒤집어쓰고서 끝없이 곤두박질된 한글어법을 뜻함

　　　　　중성　　　뿅용총성
　　終聲은 復用初聲ᄒᆞᄂᆞ니라

　　　　復는 다시ᄒᆞᄂᆞᆫ 뜨디라
　　　　　냉 즁
　　　　乃終ㄱ소리는 다시 첫소리를 쓰ᄂᆞ니라

불경화법의 불경언해를 답습한 삼망화법의 한글국역(漢字풀이 / 但방언리어) 참조
◈ 끝소리는 첫소리를 다시 쓴다.

　　　　　　련성쓘흠징ᄒᆡᆼ　　　즉윙쓘쳥흠
　　ㅇ롤 連書脣音之下ᄒᆞ면 則爲脣輕音ᄒᆞᄂᆞ니라

　　　　連은 니슬씨라
　　　　下는 아래라
　　　　則은 아ᄆᆞ리ᄒᆞ면 ᄒᆞᄂᆞᆫ 거체 쓰는 字ㅣ라
　　　　爲는 ᄃᆞ욀씨라
　　　　輕은 가비야ᄫᆞᆯ씨라

　　　　ㅇ롤 입시울쏘리 아래 니ᅀᅥ 쓰면 입시울 가비야ᄫᆞᆫ소리 ᄃᆞ외ᄂᆞ니라

불경화법의 불경언해를 답습한 삼망화법의 한글국역(漢字풀이 / 但방언리어) 참조
◈ ㅇ을 입술소리 아래에 이어 쓰면 입술가벼운소리가 된다.

　　　　총성　 ᄒᆞᆸ용　　 즉뼁성　 즁성　 똥
　　初聲을 合用홇디면 則並書ᄒᆞ라 終聲도 同ᄒᆞ니라

　　　　合은 어울씨라
　　　　同은 ᄒᆞᆫ가지라ᄒᆞᄂᆞᆫ 뜨디라
　　　　　　　　　　　　　　　　　 냉 즁
　　　　첫소리를 어울워 ᄡᅮᇙ디면 ᄀᆞᆯᄫᅡ쓰라 乃終ㄱ소리도 ᄒᆞᆫ가지라

불경화법의 불경언해를 답습한 삼망화법의 한글국역(漢字풀이 / 但방언리어) 참조
◈ 첫소리를 어울려 쓸 경우에는 나란히 쓰라. 끝소리의 경우도 마찬가지이다.

　　　　　　　　　뿅성총성징ᄒᆡᆼ
　　·ㅡㅗㅜㅛㅠ란 附書初聲之下ᄒᆞ고

　　　　附는 브틀씨라

·와 ㅡ와 ㅗ와 ㅜ와 ㅛ와 ㅠ와란 첫소리 아래 브터 쓰고

불경화법의 불경언해를 답습한 삼망화법의 한글국역(漢字풀이 / 但방언리어) 참조
◆ ·ㅡㅗㅜㅛㅠ는 첫소리 아래쪽에 붙여 쓰고.

ㅣㅏㅓㅑㅕ란 附書於右ᄒᆞ라
　　　　　　뿡 셩 형 울

　　右는 올ᄒᆞᆫ녀기라

ㅣ와 ㅏ와 ㅓ와 ㅑ와 ㅕ와란 오른녀긔 브터 쓰라

불경화법의 불경언해를 답습한 삼망화법의 한글국역(漢字풀이 / 但방언리어) 참조
◆ ㅣㅏㅓㅑㅕ는 오른쪽에 붙여 쓴다.

凡字ㅣ 必合而成音ᄒᆞᄂᆞ니
뺌 쭝　 빓 합 싱 셩 흠

　　凡은 믈읫ᄒᆞ논 ᄠᅳ디라
　　必은 모로매히논 ᄠᅳ디라
　　成은 일씨라

믈읫 字ㅣ 모로매 어우러ᅀᅡ 소리 이ᄂᆞ니
　　　 쭝

불경화법의 불경언해를 답습한 삼망화법의 한글국역(漢字풀이 / 但방언리어) 참조
◆ 무릇 글자는 반드시 어울려야 소리가 되니

左加一點ᄒᆞ면 則去聲이오
장 강 힗 뎜　 즉 컹 셩

　　左는 왼녀기라
　　加는 더을씨라
　　一은 ᄒᆞ나히라
　　去聲은 뭇노푼소리라

왼녀긔 ᄒᆞᆫ點 더으면 뭇노푼소리오
　　　　　　　뎜

불경화법의 불경언해를 답습한 삼망화법의 한글국역(漢字풀이 / 但방언리어) 참조
◆ 왼 쪽에 한점을 더하면 거성이요.

317

잉 즉 샹 셩
二則上聲이오

　　二는 둘히라
　　上聲은 처서미놋갑고 乃終이 노푼소리라

뎜　　　　샹 셩
點이 둘히면 上聲이오

> 불경화법의 불경언해를 답습한 삼망화법의 한글국역(漢字풀이 / 但방언리어) 참조
> ◈ 두 점을 더하면 상성이요.

뭉 즉 뼝 셩
無則平聲이오

　　無는 업슬씨요
　　平聲은 못놋가톤소리라

뎜　　　뼝 셩
點이 업스면 平聲이오

> 불경화법의 불경언해를 답습한 삼망화법의 한글국역(漢字풀이 / 但방언리어) 참조
> ◈ 점이 없으면 평성이요.

십 셩　강 뎜　똥 싀 쵹 급
入聲은 加點이 同而促急하니라

　　入聲은 샐리긋돈는 소리라
　　促急은 쌘를씨라

십 셩　　뎜
入聲은 點 더우믄 한가지로되 쌘르니라

> 불경화법의 불경언해를 답습한 삼망화법의 한글국역(漢字풀이 / 但방언리어) 참조
> ◈ 입성은 점 더함은 같지만 빠르다.

3). 「세종어제를 앞세운 불경언해본의 중고한음(中古漢音) 편」
본문 / 해제

「반절어법 / 이두문법의 가짜(假字) · 머리⬤통으로 들어앉힘」 과 같은즉
「梵語음성학의 中古漢音과 漢語음운학의 화하韻書로서 뒤엉킨 中古漢音36字母 / 참조」

한 흠 칭 셩　　　　 윻 칭 듛 졍 칭 징 볋
漢音齒聲은 有齒頭正齒之別ᄒᆞ니

　　漢音은 中國소리라
　　頭는 머리라
　　別은 글힐씨라

듕 귁　　　　　　　　　　 칭듛　 졍칭
中國소리옛 니쏘리는 齒頭와 正齒왜 글히요미 잇ᄂᆞ니

　　　　　　　쯩　 용 헝 칭 듛
ᅎᅔᅑᄼᄽ字는 用於齒頭ᄒᆞ고

이 소리는 우리나랏 소리에셔 열ᄫᆞ니 혓끄티 웃닛머리예 다ᄂᆞ니라

　　　　　　　쯩　 칭듛
ᅎᅔᅑᄼᄽ字는 齒頭ㅅ소리예 쓰고

　　　　　　　쯩　 용 헝 졍 칭
ᅐᅕᅒᄾᄿ字는 用於正齒ᄒᆞᄂᆞ니

이 소리는 우리나랏 소리예셔 두터ᄫᆞ니 혓끄티 아랫닛므유메 다ᄂᆞ니라

　　　　　　　쯩　 졍 칭
ᅐᅕᅒᄾᄿ字는 正齒ㅅ소리예 쓰ᄂᆞ니

 앙 셛 쓘 ᅘᅮᇢ 징 쯩　 틍 용 헝 한 흠
牙舌脣喉之字는 通用於漢音ᄒᆞᄂᆞ니라

　　　　　　　　　　　　　　　 듕 귁　　　　 통
엄과 혀와 입시울과 목소리옛字는 中國소리예 通히 쓰ᄂᆞ니라

훈 민 졍 흠　　　　　　　　　　　　　　　　　　 셰종 엉 졩
訓民正音 <거두절미법칙의 용두사미필법에 따라서 거두절미된> 世宗御製

이와 같은
불경언해본의 「세종어제훈민정음(머리◐글・꼬리☆통・머리◐통)」이란 불경화법의 이두칭명에서 곧바로 「세종어제」가 거두절미된 「훈민정음」에서 다시금 「훈민정음・언해본 / 예의본 / 국역본 및 漢文本 / 해례본」 등등의 이두칭명으로 둔갑이 거듭되는 방언리어 창출지법의 이두칭명만으로도 거두절미법칙의 용두사미필법(반절어법의 태생적 한계)을 뒤집어쓰는 줄도 모를 뿐만 아니라

애초부터
태극(一)의 질서(三・十)를 집어삼키고서(捨陰陽) 두(◐) 갈래(☆)로 갈라서버린
음양이치의 반절어법과 음영팔괘의 음양역법을 뒤집어쓰고서 줄줄이 다시 태어난 줄도 모르는 천지◐귀신☆집단(용두사미族 / 慕華집단、조물주 / 인조인간집단、창조자 / 피조물집단)으로 줄줄이 전락시켜 놓고서 영구적으로 거느리는 용두사미집단의 용두사미필법으로서 중원천하를 호령하고 줄줄이 거느리면서 무두공산의 인간세상으로 전락된 줄도 모르고、음양팔괘의 가공세계가 창출되고 줄줄이 구축된 줄도 모르듯이

춘추전국시대(周代 / BC 770~221~)에 이르면서 줄줄이 뒤바뀌어버린
음양팔괘의 가공세계 창출지법(周易)을 뒤집어쓰고서 이미 두(◐) 갈래(☆)로 갈라서버린
거두절미법칙의 용두사미필법으로 줄줄이 주워섬기면서 중원천하를 호령하고 줄줄이 거느렸던 바가 곧

오동방・예악문장(사서오경 / 삼강오륜)의 봉건제도이자
「華◐夏를 섬기는 慕華☆집단의 慕華제도」와 서로 상반되게 뒤엉켜버린
「부◐처를 섬기는 불교☆집단의 骨品제도」였던 것이다。

이와 같은
梵語음성학의 중고한음을 빌어타고서 漢語음운학의 화하운서에까지 줄줄이 편승해버린 불교집단의 불경화법과 불경언해합본의 머리◐글(御製序文)・꼬리☆통(이두例義)・머리◐통(中古漢音)으로 줄줄이 들어 앉혀놓고서 불경화법의 칭명부여(方言 / 칭음)가 거듭되면서 첨언첨삭이 거듭되었고 불교式・漢字어법의 한역음사와 漢字풀이가 거듭된 바에 불과한 불경언해의 중언부언(俚語 / 언해 / 국역)이 거듭되면서 어긋남의 극치에 달해버린 방언리어의 극치(肇禮樂文章之祖)로 줄줄이 꿰어맞추었을 뿐만 아니라

다음과 같은
부◐처의 일대기를 그려 놓았다던 팔상도(八相圖) 一覽을 비롯하여
수양대군(~세조)이 주도하여 줄줄이 지어올린 바에 불과했음에도 불구하고
세종어제를 앞세운 불경화법의 불경언해합본(어제월인석보)으로서 줄줄이 엮어낸
그로서의 목차 / 해제와 석보상절서(釋譜詳節序) 본문 / 해제로서는 다음과 같았던 것이다。

팔상도 (八相圖) 一覽	부●처의 일대기를 그려 놓았다던 「팔상도(八相圖)」 一覽 (불교☆집단의 가공세계 / 同)	
팔상도 (八相圖) 一覽	두솔래의圖	兜率來儀圖
	비람강생圖	毘藍降生圖
	사문유관圖	四門遊觀圖
	유성출가圖	逾城出家圖
	설산수도圖	雪山修道圖
	수하강마圖	樹下降魔圖
	록원전법圖	鹿苑轉法圖
	(쌍림열반圖)	(雙林涅槃圖)

부●처를 섬기는 불교☆집단의 불경화법과 불경언해합본으로서 줄줄이 엮어낸 바에 불과함에도

「세종어제를 앞세운 어제월인석보」

목차 / 해제

불경화법의 불경언해합본 (1447년~) (~1459년) 어제월인석보 목차 / 해제	석보상절서	釋譜詳節序
	1447년 7월 25일에 수양군휘서ᄒᆞ노라	正統十二年七月○日에 首陽君諱序ᄒᆞ노라
	어제월인석보서	御製月印釋譜序
	1459년(세조5년) 7월일序	天順三年己卯七月日序
	一名·位牌名 / 위패명	日名·牌記名 / 패기명
	세종어제월인천강지곡 소헌왕후동증정각	世宗御製月印千江之曲 昭憲王后同證正覺
	금상찬술석보상절 자성왕후공성불과	今上纂述釋譜詳節 慈聖王后共成佛果
	월인천강지곡 제 1 장 ~ 제 125장	月印千江之曲第一 ~ 一百二十五
	석보상절 제 1 장 ~ 제 125장	釋譜詳節第一 ~ 一百二十五

등등으로 줄줄이 주워섬기면서
저절로 왜곡되고 굴절만이 거듭되는 「부●처를 섬기는 불교☆집단의 불경화법과 불경언해합본」으로 집대성을 이루어 놓았던 그로서의 머리●글(어제서문)과 언해본 / 예의본 / 국역본으로 다시금 발췌되어 줄줄이 주워섬기면서 지금에까지 이르렀을 뿐만 아니라, 음양팔괘의 가공세계 창출지법(周易)을 뒤집어쓰고서 극락왕생의 사후세계를 창출하고 줄줄이 구축시켜버린 그로서의 끝자락이 곧, 「세종어제를 앞세운 불경화법의 불경언해합본(어제월인석보)」이었던 것이다.

> 부●처를 섬기는 불교☆집단의 불경화법과 불경언해합본으로서
> 줄줄이 엮어낸 바에 불과했음에도 불구하고
> 「세종어제를 앞세운 불경언해합본(어제월인석보)」이란 이두칭명과 더불어
>
> ### 4)。수양대군(~世祖)이 지어 올린 「석보상절서(釋譜詳節序)」
>
> 본문 / 해제
>
> (어긋나고 뒤틀린 조선吏讀의 이두漢音 전환 및 가점기호 생략)

석보상절서
釋譜詳節序

序는 글밍ᄀ론 ᄠ들 子細히 써 後人사ᄅ물알의ᄒᆞ는 거시라

불 위 삼 계 지 존
佛爲三界之尊ᄒᆞ샤

    佛은 부톄시니라
    爲는 두외야겨실씨라
    三界는欲界色界無色界라
    之는 입겨지라
    尊은 노ᄑ신부니시니라ᄒᆞ논 ᄠ디라

  삼 계 존
부톄三界옛尊이두외야겨샤

홍 도 군 생
弘渡群生ᄒᆞ시ᄂᆞ니

    弘은 너비濟渡ᄒᆞᆯ씨라
    群은 무리라
    生은 世界예나아사라ᄒᆞ시는 것돌히라

중 생 제 도
衆生을너비濟渡ᄒᆞ시ᄂᆞ니

무 량 공 덕
無量功德이

    無量은 몯내헬씨라

그지업서몯내혜△톨^공功과^덕德괘

^{인 천 소 불 능 진 찬}
人天所不能盡讚이시니라

  人은 사ᄅᆞ미라
  天은 하ᄂᆞᆯ히라
  所는 배라
  不能은 몯ᄒᆞᄂᆞ다ᄒᆞ논 ᄠᅳ디라
  盡은 다ᄋᆞᆯ씨라
  讚은 기릴씨라

사ᄅᆞᆷᄃᆞᆯ콰하ᄂᆞᆯᄃᆞᆯ히내기리ᅀᆞᆸ디몯ᄒᆞᅀᆞᆸ논배시니라

^{세 지 학 불 자}
世之學佛者ㅣ

  世ᄂᆞᆫ 世間이라
  學은 빈홀씨라
  者는 사ᄅᆞ미라ᄒᆞ둣ᄒᆞᆫ ᄠᅳ디라

^{세 간} ^{도 리}
世間애부텻道理비호ᅀᆞᄫᅳ리

^{선 유 지 출 허 시 종}
鮮有知出處始終ᄒᆞᄂᆞ니

  鮮有는 풋바리잇디아니타ᄒᆞ논 ᄠᅳ디라
  知는 알씨라
  出은 나아ᄒᆞ닐씨라
  處는 나아ᄒᆞ니디아니ᄒᆞ야ᄀᆞ마니이실씨라
  始는 처ᅀᅥ미라
  終은 ᄆᆞᄎᆞ미라

부텨나아ᄃᆞ니시며ᄀᆞ마니겨시던처섬ᄆᆞᄎᆞ물알리노니

^{수 욕 지 자}
雖欲知者ㅣ라도

  雖는 비록ᄒᆞ논 ᄠᅳ디라

欲은 ᄒ고져홀씨라

비록알오져ᄒ리라도

^{역 불 과 팔 상 이 지}
亦不過八相而止ᄒᄂ니라

亦은 ᄯᅩᄒ논 ᄠᅳ디니 사ᄅᆞ미 다 모ᄅᆞ거늘其中에알오져ᄒ리비록이셔도子細히모ᄅᆞᆯ씨쐬라ᄒᆞ니라
不은 아니ᄒ논 ᄠᅳ디라
過ᄂᆞᆫ 너믈씨라
八은 여들비라
相ᄋᆞᆫ 양ᄌᆡ라
八相ᄋᆞᆫ 兜率來儀、毘藍降生、四門遊觀、逾城出家、雪山修道、樹下降魔、鹿苑轉法、雙林涅槃이라
而ᄂᆞᆫ 입겨지라
止ᄂᆞᆫ 마ᄂᆞ다ᄒ논 ᄠᅳ디라

^{팔 상}
ᄯᅩ八相ᄋᆞᆯ넘디아니ᄒ야셔마ᄂᆞ니라

^{경 인 추 천}
頃에因追薦ᄒᆞᅀᆞᄫᅡ

頃은 近間이라
因은그 이리젼ᄎᆞ로ᄒᆞ둣ᄒᆞᆫ ᄠᅳ디라
追薦은 爲ᄒᆞᅀᆞᄫᅡ 佛事ᄒᆞᅀᆞ ᄫᅡ됴ᄒᆞᆫᄯᅡ해가나시게홀씨라

^{근 간 추 천 인}
近間애追薦ᄒᆞᅀᆞᄫᅩᆯ몰因ᄒᆞᅀᆞᄫᅡ

^{원 채 제 경}
爰采諸經ᄒᆞ야

爰은 이제ᄒ논 ᄠᅳ디라
采ᄂᆞᆫ ᄀᆞᆯᄒᆡᆯ씨라
諸ᄂᆞᆫ 여러가지라
經은 부텻 그리라

^경
이저긔여러經에ᄀᆞᆯᄒᆡ여내야

324

^{별 위 일 서}
別爲一書ᄒᆞ야

 別은 달내야ᄒᆞᄃᆞᆺᄒᆞᆫ 뜨디라
 爲는 ᄆᆡᇰ글씨라
 一은 ᄒᆞ나히라
 書는 글와리라

^{각 별}
各別히ᄒᆞᆫ그를ᄆᆡᇰᄀᆞ라

^{명 지 왈 석 보 상 절}
名之曰釋譜詳節이라ᄒᆞ고

 名은 일후미니 名之는 일훔 지홀씨라
 曰은 ᄀᆞ로ᄃᆡᄒᆞ논 뜨디라
 釋은 釋迦ㅣ시니라
 譜는 平生앳 처엄乃終ㅅ이ᄅᆞᆯ다 쑨 글와리라
 詳은 ᄌᆞᅀᆞᄅᆞ왼말란 仔細히 다 쓸씨라
 節은 ᄌᆞᅀᆞ롭디 아니ᄒᆞᆫ말란더러 쓸씨라

 ^{석 보 상 절}
 일훔지허 ᄀᆞ로ᄃᆡ釋譜詳節이라ᄒᆞ고

^{기 거 소 차}
旣據所次ᄒᆞ야

 旣는 ᄒᆞ마ᄒᆞ논 뜨디라
 據는 브틀씨라
 次는 次第혜여 글왈 ᄆᆡᇰ글씨라

 ^{차 제}
 ᄒᆞ마次第혜여ᄆᆡᇰᄀᆞᄅᆞᆫ바롤브터

^{회 성 세 존 성 도 지 적}
繪成世尊成道之迹ᄒᆞᅀᆞᆸ고

 繪는 그릴씨라
 成은 일울씨라
 世尊은 世界예 ᄆᆞᆺ尊ᄒᆞ시닷 뜨디라
 道는 부텻法이라
 迹은 처엄으로셔 ᄆᆞᄎᆞᆷ니르리ᄒᆞ샨ᄆᆞᆯ읫이리라

세존 도
世尊ㅅ道일우샨이리양ᄌᆞᆯ그려일우숩고

우 이정음   취가역해
又以正音으로就加譯解ᄒᆞ노니

又는 또ᄒᆞ논 ᄠᅳ디라
以는 ᄡᅥᄒᆞ논 ᄠᅳ디라
正音은 正ᄒᆞᆫ소리니, 우리나랏 마ᄅᆞᆯ 正히 반ᄃᆞ기올히쓰논 그릴씨일후믈 正音이라 ᄒᆞᄂᆞ니라
就는 곧 因ᄒᆞ야ᄒᆞᄃᆞᆺᄒᆞᆫ ᄠᅳ디니 漢字로 몬져 그를 ᄆᆡᆼᄀᆞ로 그를 곧 因ᄒᆞ야 正音으로 ᄆᆡᆼᄀᆞᆯ씨 곧 因ᄒᆞ다 ᄒᆞ니라
加는 힘드려ᄒᆞ다ᄒᆞᄃᆞᆺᄒᆞᆫ ᄠᅳ디라
譯은 飜譯이니 ᄂᆞ미나랏 그를 제나랏 글로 고텨 쓸씨라

정음   인   번역
쏘正音으로ᄡᅥ곧因ᄒᆞ야더飜譯ᄒᆞ야사기노니

서기인인   이효   이귀의삼보언
庶幾人人이易曉ᄒᆞ야而歸依三寶焉이니라

庶幾는 그리ᄒᆞ긧고ᄇᆞ라노라ᄒᆞ논 ᄠᅳ디라
人人은 사ᄅᆞᆷ마대라
易는 쉬울씨라
曉는 알씨라
歸는 나ᅀᅡ갈씨라
依는 브틀씨라
三寶는 佛와 法와 僧괘라
焉은 입겨지라

           삼 보
사ᄅᆞᆷ마다수빙아라三寶애나ᅀᅡ가븓긧고ᄇᆞ라노라

정통십이년칠월이십오일   수양군휘서
正統十二年七月二十五日에首陽君諱序ᄒᆞ노라

正統ᄋᆞᆫ 이젯○皇帝셔신 後로 샹녜쓰는 힛일후미라

慕華제도 창출지법과 단군신화를 앞세운 바에 불과한

제 3 장。 불교사적의 삼국유사(三國遺事)
1。 편찬방식 / 해제

이른바
慕華집단의 慕華제도 창출지법이라 함은
華●夏를 섬기는 慕華☆집단의 용두사미필법과 관습경전의 漢字언해로서 집대성을 이루어었던
오동방・예악문장(사서오경 / 삼강오륜)의 봉건제도(慕華제도 / 骨品제도)를 일컫는 바와 같은즉

애초부터
태극(一)을 집어삼키고서(捨陰陽) 중원(十)을 뒤집어써버린(반절어법 / 周易 / 음양역법)
華●夏를 섬기는 慕華☆집단의 慕華제도 창출지법(거두절미법칙 / 용두사미필법)을 뒤집어쓰고서 또 다른 갈림길(叱☆권)을 창출하고 줄줄이 구축시켜버린 그로서의 여러 갈래에 불과했던 것이다.

공●자를 섬기는 유교☆집단의 공자필법과 유교경전의 漢字언해로서 집대성을 이룬즉、禮樂文章		
부●처를 섬기는 불교☆집단의 불경화법과 불교경전의 불경언해로서 집대성을 이룬즉、예악문장		
聖●人을 섬기는 三妄☆집단의 삼망화법과 학습경전의 경전언해로서 집대성을 이룬즉、예악문장		
華●夏를 섬기는 慕華☆집단의 이두필법과 관습경전의 漢字언해로서 집대성을 이룬즉、禮樂文章		
⇙⇓		
중원(十)을 뒤집어써버린 假中國	무주구천의 망극세계	태양●중심의 地動說과 天文學
두(●) 갈래(☆)로 갈라서버린 異乎中國	무주공산의 인간세상	지구●중심의 天動說과 人文學
중국(☆)을 뒤집어써버린 佛國●天國	극락왕생의 사후세계	人間☆중심의 환생說과 창조說

이와 같은
가중국의 가짜(假字)를 빌어쓰고 변통을 거듭하는 이호중국의 방언리어 창출지법에 불과했던
유교집단의 공자필법과 불교집단의 불경화법으로 줄줄이 주워섬기면서 무한대로 창출되고 축적이 거듭되었던 오동방・예악문장(사서오경 / 삼강오륜)의 여러 갈래에 속할 뿐만 아니라

慕華집단의 慕華제도 창출지법을 빌어타고서 불교집단의 骨品제도 창출지법으로 둔갑시켜버린
용두사미집단(漢族 / 梵族)의 봉건제도(慕華제도 / 骨品제도)로서 줄줄이 구축된 바가 다름 아닌
춘추전국시대의 삼강오륜을 답습하고 둔갑시킨 신라시대의 세속오계와 화랑제도로서 줄줄이 주워섬겼던 그로서의 대명사로서 나란히 등극되어버린 바와 같았던 것이다.

이와 같은
慕華집단의 慕華제도 창출지법까지 모두 함축된 慕華사적의 慕華사관을 앞세운 바에 불과했고
불교집단의 불교사적으로서 집대성을 이루어버린 바와 다르지 않았던
고려시대의 불교승려(一然 / 1281년)가 줄줄이 엮어낸 「이두칭명의 삼국유사(三國遺事)」로서는
그로서의 「머리통·몸통·꼬리통」 각각이 서로 다른 용두사미필법의 대명사에 불과했던 것이다.

「삼국유사(三國遺事)」의 머리글(敍曰)로 들어앉혀 놓았던 바로서는
「오동방·예악문장의 시조(肇禮樂文章之祖)」로 줄줄이 등극되어 있는 이두칭명의 성인(聖❶人)을 앞세운 바에 불과한 「음양팔괘(복희팔괘 / 文王팔괘)의 가공세계 창출지법과 마주하는 慕華집단의 慕華제도 창출지법」을 들어앉혀 놓았던 바에 불과했고

이에 잇따른
「고조선의 건국신화(단군신화)」를 들어앉혀 놓았던 바로서도
「慕華집단의 慕華사적을 가차(假借)하고 인용을 거듭한 바에 불과한 소위 카더라에 카더라가 거듭되면서 주나라(周朝)에서 봉했다는 고려(고구려) / 기자조선과 한나라(漢朝)의 변방(현토·낙랑·대방)으로 내몰아 놓았던 바에 불과했으며

「삼국유사(三國遺事)」의 몸통에 해당되는 바로서는 신라중심의 반도사관이었고
「삼국유사(三國遺事)」의 꼬리통에 해당되는 바가 곧
불교집단의 불교사적으로서 금자탑(집대성)을 쌓아올렸던 바탕 위에다가
신라중심의 반도사관과 慕華집단의 慕華사관을 줄줄이 앞세워 놓았던 바에 불과했던 것이다.

그럼에도 불구하고
「慕華집단의 慕華사적에 불과했던 고조선의 건국신화(단군신화)」만을 다시금 발췌되어 지금에 이르기까지 줄줄이 주워섬겼던 바를 종합하여 살펴보고 헤아려본다면

세종어제를 앞세운 불경화법의 불경언해합본(세종어제훈민정음·팔상도·어제월인석보)으로 줄줄이 엮어낸 바로부터 다시금 발췌되어 지금에 이르기까지 줄줄이 주워섬겼음에도 세종어제를 앞세운 불경화법을 뒤집어쓴 줄도 모르는 「훈민정음·언해본 / 예의본 / 국역본」이 다름 아닌 한글맞춤법의 시조(三妄化身)로 등극된 바와 같을 뿐만 아니라、방언리어 창출지법의 시조로까지 줄줄이 거슬러 올라가는 周代의 文王팔괘와 夏代의 복희팔괘로 뒤엉켜서 끝없이 곤두박질된 한글맞춤법의 한글10모음 구성도로서는 이와 같은 모두를 증빙해주고도 남아도는 바와 같았던 것이다.

다음과 같은 삼국유사 목차 / 해제로서는
세종어제를 앞세운 불경화법의 불경언해합본으로 줄줄이 엮어낸 바와 다르지 않을 뿐만 아니라
慕華사관을 앞세운 불교집단의 불교사적과 慕華집단의 慕華사적까지 드러낸 바와 같은 것이다.

慕華제도 창출지법과 단군신화를 앞세운 바에 불과했던
불교사적의 삼국유사(三國遺事)
2。목차 / 해제

梵語계통의 신라吏讀 / 불경화법	현대吏讀의 이두문법 / 어문규정
三國遺事 (高麗末 佛僧一然著 / 1281年)	**삼국유사** (고려말 불교승려 일연著 / 1281년)
三國遺事卷第一	삼국유사 제1권
紀異第一	기이 제1
敍曰	머리말

위아래와 같은
한역음사의 칭명부여(方言 / 칭음)가 거듭된 바에 불과한 이두칭명의 머리◐말(敍曰 / 序曰 / 序文)」로 들어앉혀 놓았던 바가 곧、「華◐夏를 섬기는 慕華☆집단의 慕華제도 창출지법 및 慕華사적 / 慕華사관」까지 줄줄이 앞세운 바와 같았던 반면
이와 상반되게 뒤엉킨 「부◐처를 섬기는 불교☆집단의 骨品제도」로 둔갑시켜 놓았던 불국신라의 신라시대」로서는 그로서의 대명사로서 빙자가 거듭되는 서로 다른 동상이몽(異◐文言文)과 이구동성(乎◐犬言犬)의 극치(中☆國)로 뒤엉켜서 어긋남의 극치에 달해버린 용두사미필법의 대명사로서도 줄줄이 등극된 바와 같았던 것이다

	古朝鮮(王儉朝鮮)	고조선(왕검조선)
	魏滿朝鮮	위만조선
	馬韓	마한。막조선 / 前고구려
	二府	이부
	七十二國	칠십이국
	樂浪國	낙랑국
	北帶方	북대방
	南帶方	남대방
	靺鞨(一作勿吉)渤海	말갈과 발해
	伊西國	이서국
	北扶餘	북부여
	東扶餘	동부여
	高句麗	고구려
	卞韓百濟(亦云南扶餘卽泗沘城也)	변한 / 백제。번조선 / 前백제
	辰韓(亦作秦韓)	진한。진조선 / 前신라
	又四節遊宅	우사절유택

新羅始祖赫居世王	신라시조 혁거세왕
第二南解王	제2대 남해왕
第三弩禮王	제3대 노례왕
第四脫解王	제4대 탈해왕
金閼智脫解王代	김알지 탈해왕대
延烏郞細烏女	연오랑과 세오녀
未鄒王竹葉軍	미추왕과 죽엽군
奈勿王(一作那密王)金堤上	내물왕과 김제상
第十八實聖王	제18대 실성왕
射琴匣	사금갑
智哲老王	지철로왕
眞興王	진흥왕
桃花女鼻刑郞	도화녀와 비형랑
天賜玉帶	천사옥대
善德王知幾三事	선덕왕의 지기삼사
眞德王	진덕왕
金庾信	김유신
太宗春秋公	태종 춘추공
長春郞罷郞(一作羆)	장춘랑과 파랑
三國遺事卷第二	삼국유사 제2권
紀異第二	기이 제2
文虎王法敏	문호왕과 법민
萬波息笛	만파식적
孝昭王代竹旨朗(亦作竹曼亦名智官)	효소왕대의 죽지랑
聖德王	성덕왕
水路夫人	수로부인
孝成王	효성왕
景德王忠談師表訓大德	경덕왕·충담사·표훈대덕
惠恭王	혜공왕
元聖大王	원성대왕
早雪	조설
興德王鸚鵡	흥덕왕과 앵무새
神式大王閻長弓巴	신식대왕과 염장과 궁파
四十八景文大王	제48 경문대왕
處容郞望海寺	처용랑과 망해사
眞聖女大王居陁知	진성여대왕과 거타지

	孝恭王	효공왕
	景明王	경명왕
	景哀王	경애왕
	金傅大王	금전대왕
	南扶餘前百濟北扶餘已見	남부여와 전백제와 북부여
	武王(古本作武康非也百濟無武康)	무왕
	後百濟 甄萱	후백제의 견훤
	駕洛國記	가락국기
三國遺事卷第三		삼국유사 제3권
興法第三		흥법 제3
	順道肇麗	순도조려
	難陁闢濟	난타벽제
	阿道基羅(一作我道又阿頭)	아도기라
	原宗興法(距訥祗世一百餘年)厭髑滅身	원종흥법과 염촉멸신
	法王禁殺	법왕금살
	寶藏奉老普德移庵	보장봉노 보덕이암
	東京興輪寺金堂十聖	동경흥륜사 금당십성
塔像第四		탑상 제4
	迦葉佛宴坐石	가엽불연좌석
	遼東城育王塔	요동성의 육왕탑
	金官城婆娑石塔	금관성의 파사석탑
	高麗靈塔寺	고(구)려의 영탑사
	皇龍寺丈六	황룡사 장육
	皇龍寺九層塔	황룡사 구층탑
	皇龍寺鐘芬皇寺藥師奉德寺鐘	황룡사의종、분황사약사、봉덕사의종
	靈妙寺丈六	영묘사 장육
	四佛山掘佛山萬佛山	사불산、굴불산、만불산
	生義寺石彌勒	생의사 석미륵
	興輪寺壁畫普賢	흥륜사의 벽화、보현
	三所觀音眾生寺	삼소관음과 중생사
	栢栗寺	백률사
	敏藏寺	민장사
	前後所將舍利	전후소장사리
	彌勒仙花末尸郎眞慈師	미륵선화・말시랑・진자사
	南白月二聖努肹夫得怛怛朴朴	남백월이성、노힐부득、달달박박
	芬皇寺千手大悲盲兒得眼	분황사 천수대비 맹아득안

	洛山二大聖觀音正趣調信		낙산이대성 관음・정취・조신
	魚山佛影		어산불영
	臺山五萬眞身		대산 오만진신
	溟州五臺山寶叱徒太子傳記		명주 오대산 보질도 태자전기
	臺山月精寺五類聖衆		대산월정사 오류성중
	南月山(亦名甘山寺)		남월산(亦名甘山寺)
	天龍寺		천룡사
	鍪藏寺彌陀殿		무장사 미타전
	伯嚴寺石塔舍利		백엄사 석탑사리
	靈鷲寺		영취사
	有德寺		유덕사
	五臺山文殊寺石塔記		오대산 문수사 석탑기
三國遺事卷第四		삼국유사 제4권	
義解第五		의해 제5	
	圓光西學		원광서학
	寶壤梨木		보양리목
	良志使錫		양지사석
	歸竺諸師		귀축제사
	二惠同塵		이혜동진
	慈藏定律		자장정률
	元曉不羈		원효부기
	義湘傳敎		의상전교
	蛇福不言		사복부언
	眞表傳簡		진표전간
	關東楓岳鉢淵藪石記		관동풍악 발연수석기
	勝詮髑髏		승전촉루
	心地繼祖		심지계조
	賢瑜珈海華嚴		현유가、해화엄
三國遺事卷第五		삼국유사 제5권	
神呪第六		신주 제6	
	密本최邪		밀본최사
	惠通降龍		혜통황룡
	明朗神印		명랑신인
感通第七		감통 제7	
	仙桃聖母隨喜佛事		선도성모 수희불사
	郁面婢念佛西昇		욱면비 염불 서승

廣德嚴莊	광덕과 엄장
憬興遇聖	경흥우성
眞身受供	진신수공
月明師兜率歌	월명사 도솔가
善律還生	선율환생
金現感虎	김현감호
融天寺慧星歌眞平王代	융천사 혜성가 진평왕대
正秀師九氷女	정수사 구빙녀
避隱第八	**피은 제8**
朗智乘雲普賢樹	낭지승운、보현수
緣會逃名文殊岾	연회도명、문수점
惠現求靜	혜현구정
信忠掛冠	신충괘관
包山二聖	포산이성
永才遇賊	영재우적
勿稽子	물계자
迎如師	영여사
布川山五比丘景德王代	포천산 5비구 경덕왕대
念佛師	염불사
孝善第九	**효선 제9**
眞定師孝善雙美	진정사 효선쌍미
大城孝二世父母神文王代	대성 효2세부모 신문왕대
向得舍知割股供親景德王代	향득사지 할고공친 경덕왕대
孫順埋兒興德王代	손순매아흥덕왕대
貧女養母	빈녀양모

이와 같은
불교사적의 삼국유사 편찬방식을 미루어보듯
「훈민정음이 창제(1443년 12월 30일)에 되고 반포(1446년 9월 29일)」되자마자
부●처를 섬기는 불교☆집단의 불경화법과 불경언해합본(세종어제훈민정음・八相圖・월인석보)으로
줄줄이 엮어낸 바에 불과할 뿐만 아니라
반드시 두 갈래로 갈라세우는 거두절미법칙의 용두사미필법 그 자체였던
세종어제를 앞세운 머리글과 불경언해본의 꼬리글(언해본 / 예의본 / 국역본)으로 갈라세워버린
그로서의 중간에 똬리를 틀고 들어앉아버린 바가 곧
거두절미법칙의 용두사미필법이자 반절어법의 반절화신、음양역법의 음양화신、삼망화법의 삼망화신
모두가 함축된 방언리어 창출지법의 시조(肇禮樂文章之祖 / 음양상극)였던 것이다.

> 慕華제도 창출지법과 단군신화를 앞세운 바에 불과한
> # 불교사적의 삼국유사(三國遺事)
> ## 제1권 기이(紀異) 편
> ## 3。이두필법(漢字어법 / 불경화법)의 필사본 / 참조

敍曰

大抵、古之聖人、方其禮樂興邦、仁義設敎。則怪力亂神在所不語、然而帝王之將興也。膺符命受圖籙、必有以異於人者。然後能乘大變、握大器成大業也。

故河出圖洛出書、而聖人作以至。虹繞神母而誕羲、龍感女登而生炎皇。娥遊窮桑之野、有神童自稱白帝子、交通而生小昊。簡狄吞卵而生契、姜嫄履跡而生棄。胎孕十四月而生堯、龍交大澤而生沛公、自此而降豈可殫記。

然則三國之始祖、皆發乎神異何足怪哉。此紀異之所以漸諸篇也、意在斯焉。

古朝鮮(王儉朝鮮)

魏書云

乃往二千載、有壇君王儉。立都阿斯達、開國號朝鮮與高同時。

古記云

昔有桓因庶子桓雄、數意天下貪求人世。父知子意下視三危太伯、可以弘益人間。乃授天符印三箇、遣往理之雄率徒三千降、於太伯山頂、神壇樹下、謂之神市、是謂桓雄天王也。將風伯、雨師、雲師。而主穀、主命、主病、主刑、主善惡。凡主人間三百六十餘事、在世理化。

時有一熊一虎、同穴而居、常祈于神雄願化爲人。時神遺靈、艾一炷、蒜二十枚曰。爾輩食之不見日光、百日便得人形。熊虎得而食之忌三七日、熊得女身、虎不能忌而不得人身。

熊女者無與爲婚、故每於壇樹下呪願、有孕雄乃假化。而婚之孕生子號曰、壇君王儉。

以唐高卽位五十年庚寅、都平壤城始稱朝鮮。又移都於白岳山、阿斯達。又名弓忽山、又今彌達、御國一千五百年。周虎王卽位己卯、封箕子於朝鮮。壇君乃移藏唐京、後還隱於阿斯達、爲山神壽一千九百八歲。

唐裵矩傳云

高麗本孤竹國、周以封箕子爲朝鮮、漢分置三郡、謂玄菟樂浪帶方。通典亦同此說。

慕華제도 창출지법과 단군신화를 앞세운 바에 불과한
불교사적의 삼국유사(三國遺事)
제 1 권 기이(紀異) 편
4。삼망화법(한글어법 / 한글국역)의 번역본 / 참조

첫 머리에 말한다. 「→↓ 慕華제도 창출지법에 해당」

대체로 옛날 성인(聖人)은 예절과 음악을 가지고 나라를 세웠고, 인(仁)과 의(義)를 가지고 백성들을 가르쳤다. 때문에 괴상한 일이나 힘이나 어지러운 일, 귀신에 대해서는 말하지 않았다. 하지만 제왕(帝王)이 일어날 때에는 반드시 부명(符命)을 얻고 도록(圖籙)을 받게 된다. 때문에 보통 사람과는 다른 점이 있게 마련이다. 그런 뒤에라야 큰 변의 틈을 타서 대기(大器)를 잡아 대업을 이룩할 수가 있었던 것이다.

그런 까닭에 하수(河水)에서 그림(河圖/복희팔괘)이 나왔고, 낙수(洛水)에서 글(洛書/文王팔괘)이 나와서 이로써 성인(聖人)이 일어났던 것이다. 무지개가 신모(神母)의 몸을 두르더니 복희(伏羲)를 낳고, 용이 여등(女登)에게 교접하더니 염제(炎帝)를 낳았다. 황아(皇娥)가 궁상(窮桑)이라는 들판에서 노는데 자칭 백제(白帝)의 아들이라고 하는 신동(神童)이 와서 황아와 교접하여 소호(少昊)를 낳았다. 간적(簡狄)은 알[卵] 하나를 삼키더니 설[契]을 낳고 강원(姜嫄)은 한 거인(巨人)의 발자취를 밟고서 기(弃)를 낳았다. 요(堯)의 어머니는 잉태한 지 14개월이 된 뒤에 요(堯)를 낳았고, 패공(沛公)의 어머니는 용(龍)과 큰 연못에서 교접해 패공을 낳았다. 이 뒤로도 이런 일이 많지만 여기에선 다 기록할 수가 없다.

이렇게 볼 때 삼국(三國)의 시조가 모두 신비스러운 데서 나왔다고 하는 것이 어찌 괴이할 것이 있으랴. 이 기이편을 이 책의 첫머리에 싣는 것은 그 뜻이 실로 여기에 있다.

고조선(왕검조선)

<위서(魏書)>에 이렇게 말했다.
 지금으로부터 2,000년 전에 단군왕검이 있었다. 그는 아사달(阿斯達)에 도읍을 정하고 새로 나라를 세워 국호(國號)를 조선(朝鮮)이라고 불렀으니 이것은 고(高)와 같은 시기였다.

또 <고기(古記)>에는 이렇게 말했다. 「→↓ 단군신화 창출지법에 해당」

옛날에 환인(桓因)의 서자(庶子) 환웅(桓雄)이란 이가 있었는데 자주 천하를 차지할 뜻을 두어 사람이 사는 세상을 탐내고 있었다. 그 아버지가 아들의 뜻을 알고 삼위태백산(三位太伯山)을 내려다보니 인간들을 널리 이롭게 해 줄만했다. 이에 환인은 천부인(天符印) 세 개를 환웅(桓雄)에게 주어 인간(人間)의 세계를 다스리게 했다. 환웅(桓雄)은 무리 3,000명을 거느리고 태백산(太伯山) 정상의 신단수(神檀樹) 밑에 내려왔다. 이곳을 신시(神市)라 하고, 이 분을 환웅천왕(桓雄天王)이라고 이른다. 그는 풍백(風伯)·우사(雨師)·운사(雲師)를 거느리고 곡식·수명(壽命)·질병(疾病)·형벌(刑罰)·선악(善惡) 등

335

을 주관하고, 모든 인간의 360여 가지 일을 주관하여 세상을 다스리고 교화(敎化)했다.

이때 범 한 마리와 곰 한 마리가 같은 굴속에서 살고 있었는데 그들은 항상 신웅(神雄), 즉 환웅에게 빌어 사람이 되길 원했다. 이때 신웅이 신령스러운 쑥 한 줌과 마늘 20개를 주면서 말하기를 '너희들이 이것을 먹고 백일동안 햇빛을 보지 않으면 곧 사람이 될 것이다'했다. 이에 곰과 범이 이것을 받아서 먹고 삼칠일(21일) 동안 조심했더니 곰은 여자의 몸으로 변했으나 범은 조심을 잘못해서 사람의 몸으로 변하지 못했다.

웅녀(熊女)는 혼인해서 같이 살 사람이 없으므로 날마다 단수(壇樹) 밑에서 아기 배기를 축원했다. 환웅이 잠시 거짓 변하여 그와 혼인했더니 이내 잉태해서 아들을 낳았다. 그 아기의 이름을 단군 왕검(檀君王儉)이라 한 것이다.

단군왕검은 당고(唐高)가 즉위한 지 50년인 경인년(庚寅年)에 평양성(平壤城)에 도읍하여 비로소 조선(朝鮮)이라고 불렀다. 또 도읍을 백악산(白岳山) 아사달(阿斯達)로 옮기더니 궁홀산(弓忽山)이라고도 하고 금미달(今彌達)이라고도 한다. 그는 1,500년 동안 여기에서 나라를 다스렸다.

주(周)나라 호왕(虎王)이 즉위한 기묘(己卯)년에 기자(箕子)를 조선(朝鮮)에 봉했다.
이에 단군(檀君)은 장당경(藏唐京)으로 옮겼다가 뒤에 돌아와서 아사달(阿斯達)에 숨어서 산신(山神)이 되니, 나이는 1908세였다고 한다.

당나라〈배구전(裴矩傳)〉에는 이렇게 전한다.
　고려(高麗)는 원래 고죽국(孤竹國)이었다. 주(周)나라에서 기자(箕子)를 봉해 줌으로 해서 조선(朝鮮)이라 했다. 한(漢)나라에서는 세 군(郡)으로 나누어 설치하였으니 이것은 곧 현토(玄菟)·낙랑(樂浪)·대방(帶方)이다. 〈통전(通典)〉에도 역시 이 말과 같다.

桓因한국의 桓檀제도로서도 대변되는 三位太伯과 마주하는 三伯五加 해제 / 참조		서로 다른 머리●통과 꼬리☆통으로 뒤엉켜버린 이두칭명의 삼위태백과 삼백오가로 둔갑된 즉	
三位太伯	전환 ◇ 三位一神 / 三神一位 등	三危太伯	삼위산 ◆ 태백산　　[三位太伯] 꿀꺽
삼위	전환 ◇ 三神 / 三極 / 三伯 등	삼위산	三位에서 둔갑된 三危山　자가☆당착
태백	전환 ◇ 一位 / 一神 / 太極(一) 등	태백산	太伯에서 둔갑된 太白山 / 白頭山
三伯五加	전환 ◇ 三神五帝 / 三一五行 등	三伯五加	三皇五帝 ◆ 三綱五倫 ◆ 三妄五行
삼백	太伯(一)·河伯(二)·風伯(三)	삼백(●)	風伯·雨師 / 雲師　[太伯 / 河伯] 꿀꺽
오가	전환。五帝 / 五靈 ◇ 五行 / 五音 등	오가(☆)	牛·馬·狗·猪·鷄　五畜☆五家☆五事
天夫人	삼위태백의 太伯(桓檀帝位)	天符印	[天符三印 / 칼·거울·방울]로 둔갑
天夫三人	삼위태백의 三位(桓檀聖帝之位)	天符三印	이두칭명◆天符三印 / 天符印 / 天符經
三七一	생명탄생의 근원근본(三七一生 / 則)	三七日	21日만에 곰에서 웅녀로 둔갑된 곰족
神檀樹	神人檀帝의 本位 / 눈높이(△) 함축	神壇樹	태백산 꼭대기 / 上●下 / 신단수 아래

이와 같은
삼국유사의 머리말 / 머리글로서 줄줄이 들어앉혀 놓았던 바가 곧
華❶夏를 섬기는 慕華☆집단의 慕華제도 창출지법으로 집대성을 이루고 집합체를 이루어 놓았던 慕華사적을 가차하여 머리맡에 줄줄이 들어앉혀 놓고서 소위、「카더라(古書曰 / 빙자)」에 「카더라(史書曰 / 빙자)」가 거듭되는 이두필법의 칭명부여(方言 / 칭음)가 거듭되고 삼망화법의 중언부언(俚語 / 언해 / 국역)이 거듭되면서 어긋남의 극치에 달하는 방언리어의 극치(肇禮樂文章之祖)로서 줄줄이 주워섬 겼던 바에 불과했음에도 불구하고

대대손손 따라 배우고 따라 가르치는 와중에 저절로 눈과 귀가 멀어버린 줄도 모르고(顧人不察耳)
무엇을 얻고자 하는지도 모르는 천지귀신집단(용두사미집단 / 인조인집단)으로 줄줄이 전락시켜 놓고서
영구히 거르린다는 반절화신의 반절어법、음양화신의 음양역법、삼망화신의 삼망화법 모두가 함축된

공❶자를 섬기는 유교☆집단의 공자필법과 부❶처를 섬기는 불교☆집단의 불경화법으로 뒤엉켜서
어긋남(異❶乎)의 극치(中☆國)에 달하고 자가당착의 극치(假❶中☆國)에 달해버린
춘추❶전국☆시대의 용두❶사미☆필법(공자필법 / 불경화법)으로 줄줄이 주워섬기면서 동문동궤가 이루어져버린 줄도 모르는 반절어법의 극치라 함도 이를 일컫는 바이고

애초부터
태극(一)을 집어삼키고서(捨陰陽) 두(❶) 갈래(됴☆卍)로 갈라서버린
거두절미법칙(음양이치 / 반절어법)의 용두사미필법(이두필법 / 삼망화법)이라 함도 이를 일컫는 바로서
동서고금의 인류역사나 동서문명의 관습제도 모두가 이로부터 비롯된 바에 불과한 것이었다。

이와 같은 모두에 이르기까지
송두리째 걷어내야만 비로소 만천하에 드러나는 바였던

다음과 같은
桓因한국의 桓檀시대와 고조선의 단군시대로 갈라세운
그로서의 중간에 똬리를 틀고 들어앉아버린 바와도 같았고 동문동궤를 이루어버린 바와도 같았던
춘추전국시대의 용두사미필법에 따라서 어긋남의 극치와 자가당착의 극치에 달해버린
慕華사관의 단군시대와 반도사관의 반도시대를 참조 / 대비하는 그로서도

저절로 왜곡되고 굴절만 거듭되면서 송두리째 뒤덮이고(음양팔괘 / 周易 / 예악문장)
흔적도 없이 증발(공중분해)해버린
우리모두(大韓民國)의 유구한 역사와 빛나는 전통(開天・開物・成務)에 이르기까지
한(一) 눈(三・十明)으로 내려다 보는 바와도 같고

애초부터
태극(一)의 질서(三・十)를 거스르고 줄줄이 물구나무서버린 줄도 모르는
그로서의 모두에 대해 되돌아다 보는 바와도 같은 것이다

天地神明의 제작모神工에 따라서 태고(故)를 열어준(開天・開物・成務) 桓因한국의 桓檀시대 一覽 / 참조		춘추전국시대의 용두사미필법에 따라서 어긋남의 극치와 자가당착의 극치에 달해버린 고조선의 檀君시대 참조 / 대비	
桓因 <帝位> 檀因 <BC 7198> 韓國시대		桓因 <할아버지、祖●父 ◆ 天帝> 桓國	
桓雄 <帝位> 檀雄 <BC 3897> 神市시대		桓雄 <아버지、父●子 ◆ 天王> 倍達國	
桓儉 <帝位> 檀儉 <BC 2333> 神人시대		檀君 <아들、子●孫 ◆ 天孫> 朝鮮	

桓因한국의 桓檀제도로서도 대변되는 三位太伯과 마주하는 三伯五加 해제 / 참조		서로 다른 머리●통과 꼬리☆통으로 뒤엉켜버린 이두칭명의 삼위태백과 삼백오가로 둔갑된 즉	
三位太伯	전환 ◇ 三位一神 / 三神一位 등	三危太伯	삼위산 ◆ 태백산 [三位太伯] 꿀꺽
삼위	전환 ◇ 三神 / 三極 / 三伯 등	삼위산	三位에서 둔갑된 三危山 자가☆당착
태백	전환 ◇ 一位 / 一神 / 太極(一) 등	태백산	太伯에서 둔갑된 太白山 / 白頭山
三伯五加	전환 ◇ 三神五帝 / 三一五行 등	三伯五加	三皇五帝 ◆ 三綱五倫 / 三妄五行
삼백	太伯(一)・河伯(二)・風伯(三)	삼백(●)	風伯・雨師・雲師 [太伯 / 河伯] 꿀꺽
오가	전환。五帝 / 五靈 ◇ 五行 / 五音 등	오가(☆)	牛・馬・狗・猪・鷄 五畜☆五家☆五事
天夫人	삼위태백의 太伯(桓檀帝位)	天符印	[天符三印 / 칼・거울・방울]로 둔갑
天夫三人	삼위태백의 三位(桓檀聖帝之位)	天符三印	이두칭명◆天符三印 / 天符印 / 天符經
三七一	생명탄생의 근원근본(三七一生 / 則)	三七日	21日만에 곰에서 웅녀로 둔갑된 곰족
神檀樹	神人檀帝의 本位 / 눈높이(△) 함축	神壇樹	태백산 꼭대기 / 上●下 / 신단수 아래

華夏를 섬기는 慕華집단의 慕華제도에 떠밀려 멸망성쇠를 거듭해야했던 東明聖帝의 高麗시대		불능달의 周易 / 반절어법 / 이두문법에 따라서 자가당착의 극치에 달한 반도사관의 반도시대	
大夫餘(BC 425)		衛滿朝鮮(BC 1112)	箕子朝鮮(BC 194)
北夫餘(BC 239)	東夫餘(BC 86)	辰韓 ◆ 前신라 / 馬韓 ◆ 前백제 / 番韓 ◆ 前가야	
高{句}麗(KOREA、BC 58~668년)		고구려를 멸망시킨(捨) 나당동맹(신라 / 唐朝)	
渤海(KOREA、北 / 698~926년)		남●북으로 절단시킨 불국신라(南 / 676년)	
高麗(KOREA、918년)		고려를 멸망시킨(捨) 이씨조선(1392년)	
대한독립의 大韓帝國(KOREA、1897년)		韓日병합된 일본제국 조선총독부治下(1910년)	
대한광복의 大韓民國(KOREA、1948년)		남●북으로 갈라선 김씨조선(北朝鮮 / 北韓)	

이와 같은 桓因한국의 桓檀시대 및 東明聖帝의 高麗시대 모두에 이르기까지 송두리째 집어삼키고서(반절어법 / 周易 / 가공세계) 이미 두(●) 갈래(☆)로 갈라세워버린			
桓檀시대(BC 7198~3897~2333~)를 집어삼킨 慕華사관의 단군시대 一覽 / 참조		高麗시대(大夫餘~高句麗~)를 집어삼킨 반도사관의 3 조선(三韓)시대 一覽 / 참조	
단군조선(BC 2333)	조선반도 北部 단절된 ←北과 南→	辰韓 <前신라> 辰조선	조선반도 南東部
기자조선(BC 1112)		馬韓 <前백제> 馬조선	조선반도 南西部
위만조선(BC 194)		番韓 <前가야> 弁조선	조선반도 南南部

제 4 장。 용두사미필법의 용비어천가(龍飛御天歌)
1。 원문 / 해제

이른바、용두사미필법이라 함은
서로 다른 용수사신의 머리◐통과 꼬리☆통으로 뒤엉켜서 자가당착의 극치에 달해버린
거두절미법칙(음양이치 / 반절어법)의 용두사미필법(이두필법 / 삼망화법)을 일컫는 바로서

애초부터
태극(一)을 집어삼키고서(捨陰陽) 두(◐) 갈래(☆)로 갈라세워버린
음양이치의 반절어법(六書之法)과 음양팔괘의 음양역법(周易)으로 뒤엉켜서
음양팔괘(복희팔괘 / 文王팔괘)의 가공세계(假中國 / 異乎中國)가 창출되고 줄줄이 구축되어버린
춘추전국시대의 용두사미필법(공자필법 / 불경화법)을 일컫는 것이다。

이와 같은
춘추전국시대의 용두사미필법과 방언리어의 극치(肇禮樂文章之祖)로 줄줄이 주워섬기면서
무한대로 창출되고 축적이 거듭된 「오동방・예악문장(사서오경 / 삼강오륜)의 봉건제도」 모두가
華◐夏를 모방하고 답습이 거듭된 용두사미필법의 但방언리어에 불과하다 함은 이를 일컫는 바로서
가중국의 가짜(假字)을 빌어쓰면서 변통을 거듭하는 방언리어 창출지법의 중간에 틀어박혀 반드시 두
(◐) 갈래(☆)로 갈라세우는 반절화신의 반절어법、음양화신의 음양역법、삼망화신의 삼망화법 모두가
거두절미법칙의 용두사미필법으로 뒤엉켜서 동문동궤가 이루어져버린 그로서의 정점(肇禮樂文章之祖)
으로 줄줄이 등극되어 있는 동서문명의 4대聖人 및 중국시조・문명시조・인류시조 창출지법을 일컫는
바와 같았던 것이다。

이와 같은 바만을 상세하게 살펴보고 헤아려보더라도
후세(周代 / BC 770~221~~~1443년~~今)에 이르면서
송두리째 뒤덮이고(음양팔괘 / 周易 / 예악문장) 몽롱해져버린
相因한국의 桓檀제도와 한국고유의 諺文체계(한국고전◇訓民正音)까지 가지런히 가림토되고 모두 바로
세워진 「一朝・제작모神工의 훈민정음・신제본 / 신제왈」로서 다시금 후세에 실어전하면서 널리 반
포되자마자 제일 먼저 달려들어 또 다시 두(◐) 갈래(☆)로 갈라세워 놓고서 끝없는 사분오열과 이합집산
을 거듭시켜버린 바가 다름 아닌

부◐처를 섬기는 불교☆집단의 불경화법(삼망화법)과 불경언해로 줄줄이 주워섬겼던
불경화법의 불경언해합본(세종어제훈민정음・팔상도・월인석본)으로 줄줄이 엮어낸 바에 잇따른
華◐夏를 섬기는 慕華☆집단의 공자필법(이두필법)과 漢字언해로 줄줄이 주워섬겼던
용두사미필법(이두필법 / 삼망화법)의 용비어천가(龍飛御天歌)였던 것이다。

이른바
유교집단의 공자필법(중국吏讀)과 불교집단의 불경화법(신라吏讀)으로 뒤엉켜서 동문동궤가 이루어진 줄도 모르고 방언리어 창출지법(육서지법 / 漢字어법)의 중간에 똬리를 틀고 들어앉아버린 줄도 모르는 조선吏讀의 반절어법(漢字 / 한글, 이두필법 / 삼망화법, 한글맞춤법 / 표준어규정)으로 줄줄이 주워섬기면서 대대손손 대물림되는 줄도 모르는 바로서는 다음과 같았던 것이다

서로 다른 용수사신의 머리◐통과 꼬리☆통으로 뒤엉켜버린 「용두사미필법의 용비어천가(龍飛御天歌)」 2。본문해제 및 한글국역(舊 / 新) 참조(제1권)	
龍飛御天歌卷第一	용비어천가 제1권
제1장	右第一章
이두필법	海東六龍飛莫。非天所扶。古聖同符
삼망화법	海東六龍이ᄂᆞᄅᆞ샤。일마다天福이시니。古聖이。同符ᄒᆞ시니
한글국역 (舊 / 新)	해동(우리나라)의 여섯 용이 날으시어서 그 행동하신 일마다 모두 하늘이 내리신 복이시니 그러므로 옛날의 성인의 하신 일들과 부절을 합친 것처럼 꼭 맞으시니
漢字어법의 註解 / 주해	華◐夏를 섬기는 慕華☆집단의 慕華제도 / 慕華사적 / 慕華사관에 줄줄이 함몰된 줄도 모르는 이두집단의 이두필법(漢字어법)으로 줄줄이 꿰어맞춘 주해 / 참조
海東 / 해동	海、晦也、取其荒遠冥昧之稱。四海之外、皆復有海。東海之別有渤海、故東海共稱渤海、又通謂之滄海。我國在渤海之東、故云海東也。
六龍 / 육룡	易曰。時乘六龍以御天。又曰。飛龍在天、利見六人。龍之爲物、靈變不則、故以象聖人進退也。我○朝自穆祖至○太宗、凡○六聖、故借用六龍之語也。
天福 / 천복	天福、謂六之福祿也。左傳曰。商頌有之曰、不僭不濫、不敢怠皇、命于下國、封建厥福、此湯所以獲天福也。
古聖 / 고성	聖、通明之稱也。
同符 / 동부	符、方無切。符之爲言、扶也。兩相扶合而不差也。孟子曰。舜文王相去、千有餘歲、若合符節也。註。符節、以玉爲之。篆刻文字而中分之、彼此各藏其半、有故則在右相合以僞信也。若合符節、言其同也。
右第1章(此章、總叙我○朝○王業之興、皆有天命之佑、先述其所以作歌之意也)	

제2장	右第二章
이두필법	根深之木◦風亦不扤。有灼其華◦有蕡其實
삼망화법	불휘기픈남ᄀᆞᆫ◦ᄇᆞᄅᆞ매아니뮐씨。곶됴코◦여름하ᄂᆞ니
한글국역 (舊 / 新)	뿌리가 깊은 나무는 아무리 센 바람에도 움직이지 아니하므로 꽃이 좋고 열매도 많으니
이두필법	源遠之水◦旱亦不竭。流斯爲川◦于海必達
삼망화법	ᄉᆡ미기픈므른◦ᄀᆞᄆᆞ래아니그츨씨。내히이러◦바ᄅᆞ래가ᄂᆞ니
한글국역 (舊 / 新)	샘이 깊은 물은 가물음에도 끊이지 않고 솟아나므로 내가 되어서 바다에 이르니

제3장	右第三章
古(周代) 前 / 上	昔周大王◦于豳斯依。于豳斯依◦肇造丕基
	周國大王이◦幽谷애사ᄅᆞ샤。帝業을◦여르시니
한글국역	옛날 주나라 대왕이 빈곡에 사시어서 제업을 여시니
今(조선) 後 / 下	今我始祖◦慶興是宅。慶興是宅◦肇開鴻業
	우리始祖ㅣ◦慶興에사ᄅᆞ샤。王業을◦여르시니
한글국역	우리 시조가 경흥에 사시어서 왕업을 여시니

제4장	右第四章
古(周代) 前 / 上	狄人與處◦狄人于侵。岐山之遷◦實維天心
	狄人ㅅ서리예가샤◦狄人이ᄀᆞᆯ외어늘。岐山올ᄆᆞ샴도◦하ᄂᆞᇙᄠᅳ디시니
한글국역 (舊 / 新)	적인들이 모여 사는 가운데에 가시어 적인들이 침범하거늘 기산으로 옮으신 것도 하늘의 뜻이시니
今(조선) 後 / 下	野人與處◦野人不禮。德源之徒◦實是天啓
	野人ㅅ서리예가샤◦野人이ᄀᆞᆯ외어늘。德源올ᄆᆞ샴도◦하ᄂᆞᇙᄠᅳ디시니
한글국역 (舊 / 新)	야인들이 모여 사는 가운데에 가시어 야인들이 침범하거늘 덕원으로 옮으신 것도 하늘의 뜻이시니

제5장	右第五章	
古(周代) 前 / 上	漆沮陶穴。後聖以矢。帝業憂勤。允也如彼	
	漆沮ㅅ샛움을。後聖이니ᄅ시니。帝業憂勤이 뎌러ᄒ시니	
한글국역 (舊 / 新)	칠수와 저수 두 강가에 있는 움을 후세 성인이 말씀하시니 임금 노릇하기의 조심스럽고 힘듦이 저러하시니	
今(조선) 後 / 下	赤島陶穴。今人猶視。王業艱難。允也如此	
	赤島안햇움을。至今에보ᅀᆞᆸᄂ니。王業艱難이 이러ᄒ시니	
한글국역 (舊 / 新)	붉은 섬 안에 있는 움을 이제도록 보나니 임금되기의 어려움이 이러하시니	

제6장	右第六章	
古(周代) 前 / 上	商德之衰。將受九圍。西水之滸。如市之歸	
	商德이 衰ᄒ거든。天下ᄅᆞᆯ맛ᄃᆞ시릴씨。西水ㅅ가ᅀᅵ。져재ᄀᆞᆮᄒ니	
한글국역 (舊 / 新)	상나라의 덕망이 쇠퇴하매 주나라가 장차 천하를 맡으실 것이므로 서수 강가가 저자 같으니	
今(조선) 後 / 下	麗運之衰。將受大東。東海之濱。如市之從	
	麗運이 衰ᄒ거든。나라ᄒᆞᆯ맛ᄃᆞ시릴씨。東海ㅅ가ᅀᅵ。져재ᄀᆞᆮᄒ니	
한글국역 (舊 / 新)	고려의 운명이 쇠퇴하매 이씨 조선이 (장차) 나라를 맡으실 것이므로 동해 해변이 저자와 같으니	

제7장	右第七章	
古(周代) 前 / 上	赤爵御書。止室之戶。聖子革命。爰示帝祐	
	블근새그를므러。寢室이페안ᄌᆞ니。聖子革命에。帝祐ᄅᆞᆯ뵈ᅀᆞᄫᆞ니	
한글국역 (舊 / 新)	붉은 새가 글을 물어 (문왕) 침실의 지겟문에 앉으니 이것은 그 성자(=무왕)가 혁명을 일으키려 하매 하늘이 내리신 복일 것이니	

今(조선) 後/下	大蛇御鵲。寘樹之揚。聖孫將興。爰先嘉祥
	ᄇᆞ야미가칠므러。즘겟가재연ᄌᆞ니。聖孫將興에。嘉祥이몬제시니
한글국역 (舊/新)	뱀이 까치를 물어 나뭇가지에 앉으니 성손(=이 태조)이 장차 일어나려 하매 그 아름다운 징조가 먼저 나타난 것이니
제8장	右第八章
古(周代) 前/上	維周太子。維天擇兮。兄讓旣遂。聖孫出兮
	周太子ᄅᆞᆯ。하ᄂᆞᆯ히글히샤。兄ㄱ뜨디일어시ᄂᆞᆯ。聖孫을내시니이다
한글국역 (舊/新)	태자(=계력)를 하늘이 가리시어 그 형의 뜻이 이루어지시매 (하늘이) 성손(=무왕)을 내신 것입니다
今(조선) 後/下	維我世子。維天簡兮。帝命旣降。聖子誕兮
	我世子ᄅᆞᆯ。하ᄂᆞᆯ히글히샤。帝命이ᄂᆞ리어시ᄂᆞᆯ。○聖子ᄅᆞᆯ내시니이다
한글국역 (舊/新)	세자(=환조)를 하늘이 가리시어 (원 나라) 임금의 명이 나리시매 (하늘이) 성자(=태조)를 내신 것입니다
제9장	右第九章
古(周代) 前/上	奉天討罪。諸侯四合。聖化旣久。西夷亦集
	奉天討罪실ᄊᆡ。四方諸侯ㅣ몯더니。聖化ㅣ오라샤。西夷ᄯᅩ모ᄃᆞ니
한글국역 (舊/新)	(주 나라 무왕이) 하늘의 명을 받들고 상 나라 주(紂)의 죄를 치매 사방의 제후들이 모이더니 주 나라의 성스러운 교화가 오라시어 서이까지도 또 모이니
今(조선) 後/下	唱義班師。遠人競合。聖化旣深。北狄亦集
	唱義班師ㅣ실ᄊᆡ。千里人民이몯더니。聖化ㅣ기프샤。北狄이ᄯᅩ모ᄃᆞ니
한글국역 (舊/新)	이 태조가 정의를 부르짖고 威化島에서 군사를 돌이키시매 천리(송도에서 두만강까지 이천 여 리인데 천리로 표현했음)의 인민이 보이더니 이씨의 성스러운 교화가 깊으시어 북적(=여진족)까지도 또 모이니

··· 이하 생략

> 서로 다른 용수사신의 머리●통과 꼬리☆통으로 뒤엉켜버린
> 용두사미필법의 용비어천가(龍飛御天歌)
> 3。 이두문법의 어문규정에 따른 위키백과 / 참조

《용비어천가》(龍飛御天歌)는 조선 세종 때 권제와 정인지, 안지 등이 세종의 명을 받아 지은 악장·서사시이다. 정인지와 안지, 권제 등이 짓고, 성삼문과 박팽년, 이개 등이 주석, 정인지가 서문을 쓰고 최항이 발문(跋文)하였다. 1445년(세종 27년)에 지어 1447년(세종 29년)에 간행하였다.

한글 창제 후 첫 시험으로 이루어진 최초의 한글 문헌이며 악장이다. 모두 125장으로 조선 개국의 위대함과 시련을 노래했고, 그것이 하늘의 명에 따라 이루어졌다고 강조했다.

내용은 목조·익조·도조·환조·태조·태종 등 조선의 선대인 6대에 걸쳐 그 사적을 노래했다. 제1장, 제125장 등 10여 장을 제외하고는 모두 각 장이 2절로 되었는데 앞절에는 중국 역사상의 사적을 적고, 뒷절에는 앞의 중국 사적과 부합되는 조선 개국의 사적을 노래했다.

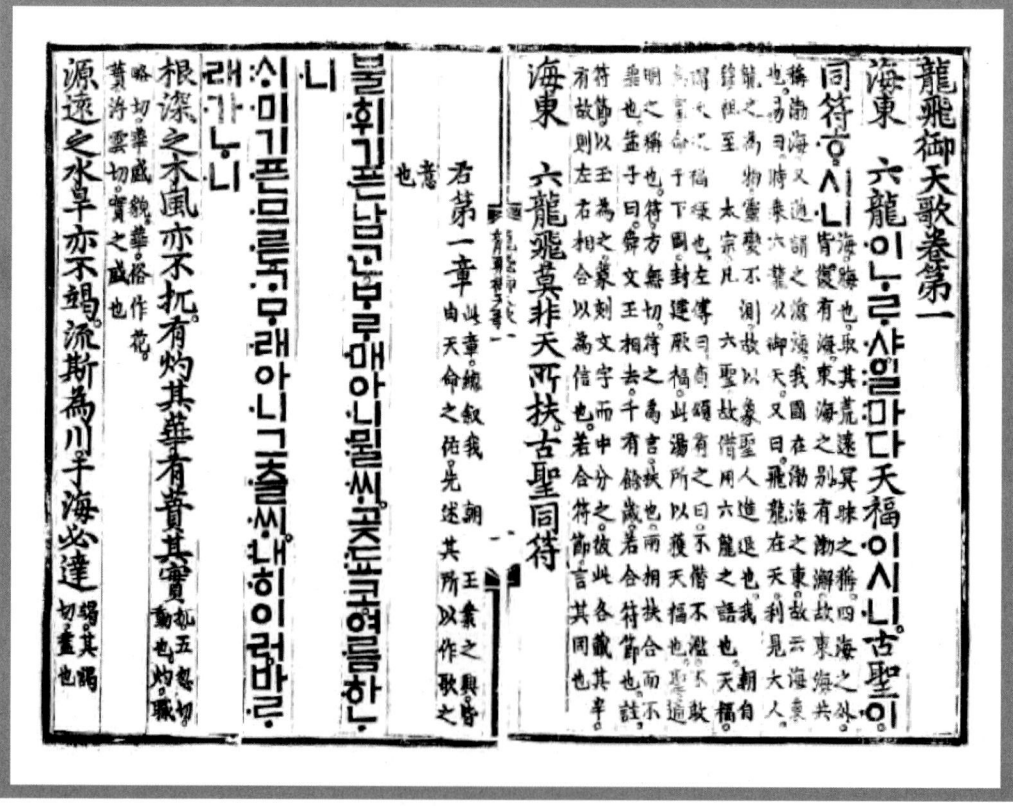

	애초부터 어긋남의 극치에 달한 줄도 모르는 조선吏讀의 반절어법과 일본吏讀의 이두문법으로 뒤엉켜서 축소병합이 거듭된 방언리어 창출지법으로 줄줄이 주워섬기면서 대대손손 대물림되는 줄도 모르는 바가 곧 육서지법의 漢字어법을 뒤집어쓴 한글어법(吏讀어법 / 三妄화법)이 뜻하는 바인즉	
前 / 上 / 古	앞절에는 중국 역사상의 사적을 적고,	
後 / 下 / 今	뒷절에는 앞의 중국 사적과 부합되는 조선 건국의 사적을 노래했다.	

今(조선) 後 / 下	海東 / 해동	반도조선(吾東方 / 우리나라)의 별칭인즉、[반도사관의 이두칭명]
	六龍 / 육룡	이씨王朝의 六祖(穆祖、翼祖、度祖、桓祖、太祖、太宗)로 등극
古(周代) 前 / 上	古聖 / 고성	周代 이래의 聖人이라 함은 곧、용두사미집단의 용두족에 해당됨
	同符 / 동부	용두사미집단의 용두족과 같다지만、이씨王朝의 六龍으로 등극시킴

제 8 장	右第8章
古(周代) 前 / 上	維周太子。維天擇兮。兄讓旣遂。聖孫出兮
	周太子롤。하놀히골히샤。兄ㄱ쁘디일어시놀。聖孫올내시니이다
한글국역 (舊 / 新)	(음양상극으로 뒤엉킨 華◐夏에 목매단 周代 / 周太子를 일컫는 바에 불과함에도) (周)태자(= 계력)를 하늘이 가리시어 그 형의 뜻이 이루어지시매 (하늘이) 성손(= 무왕)을 내신 것입니다
今(조선) 後 / 下	維我世子。維天簡兮。帝命旣降。聖子誕兮
	我世子롤。하놀히골히샤。帝命이ᄂ리어시놀。○聖子롤내시니이다
한글국역 (舊 / 新)	(음양상극으로 뒤엉킨 華◐夏 / 周代 / 周太子에 줄줄이 목매단 我世子로 곤두박질) (我) 세자(= 환조)를 하늘이 가리시어 (원 나라) 임금의 명이 나리시매 (하늘이) 성자(= 태조)를 내신 것입니다

이와 같은
「용비어천가(제 1 장~제 1 25장)」를 구성하고 있는 기본형식을 미루어보듯
서로 다른 용수사미필법의 머리◐통과 꼬리☆통으로 뒤엉켜서 끝없이 물고늘어지는
上下◐상극(중국◐조선、周代◐지금)으로 갈라세워 놓고서 줄줄이 꿰어맞춘 바가 곧
춘추전국시대로부터 줄줄이 뒤바뀐 줄도 모르는 거두절미법칙의 용두사미필법이자
반절문자 및 방언리어 창출지법으로 줄줄이 주워섬기면서 그로서의 끝자락에까지 이르렀던
조선吏讀의 반절어법(漢字 / 한글、이두필법 / 삼망화법、한글맞춤법 / 표준어규정)에 불과할 뿐만 아니라、끝없이 곤두박질된 줄도 모른다 함은 이를 일컫는 것이다.

天地神明의 제작모신공에 따라서 태고(故)를 열어준(開天・開物・成務) 桓因한국의 桓檀시대 一覽 / 참조		춘추전국시대의 용두사미필법에 따라서 어긋남의 극치와 자가당착의 극치에 달해버린 고조선의 檀君시대 참조 / 대비	
桓因 <帝位> 檀因 <BC 7198> 韓國시대		桓因 <할아버지、祖●父 ◈ 天帝> 桓國	
桓雄 <帝位> 檀雄 <BC 3897> 神市시대		桓雄 <아버지、父●子 ◈ 天王> 倍達國	
桓儉 <帝位> 檀儉 <BC 2333> 神人시대		檀君 <아들、子●孫 ◈ 天孫> 朝鮮	

桓因한국의 桓檀제도로서도 대변되는 三位太伯과 마주하는 三伯五加 해제 / 참조		서로 다른 머리●통과 꼬리☆통으로 뒤엉켜버린 이두칭명의 삼위태백과 삼백오가로 둔갑된 즉	
三位太伯	전환 ◇ 三位一神 / 三神一位 등	三危太伯	삼위산 ◈ 태백산 [三位太伯] 꿀꺽
삼위	전환 ◇ 三神 / 三極 / 三伯 등	삼위산	三位에서 둔갑된 三危山 자가☆당착
태백	전환 ◇ 一位 / 一神 / 太極(一) 등	태백산	太伯에서 둔갑된 太白山 / 白頭山
三伯五加	전환 ◇ 三神五帝 / 三一五行 등	三伯五加	三皇五帝 ◈ 三綱五倫 ◈ 三妄五行
삼백	太伯(一)・河伯(二)・風伯(三)	삼백(●)	風伯・雨師 / 雲師 [太伯 / 河伯] 꿀꺽
오가	전환。五帝 / 五靈 ◇ 五行 / 五音 등	오가(☆)	牛・馬・狗・猪・鷄 五畜☆五家☆五事
天夫人	삼위태백의 太伯(桓檀帝位)	天符印	[天符三印 / 칼・거울・방울]로 둔갑
天夫三人	삼위태백의 三位(桓檀聖帝之位)	天符三印	이두칭명◈天符三印 / 天符印 / 天符經
三七一	생명탄생의 근원근본(三七一生 / 則)	三七日	21日만에 곰에서 웅녀로 둔갑된 곰족
神檀樹	神人檀帝의 本位 / 눈높이(△) 함축	神壇樹	태백산 꼭대기 / 上●下 / 신단수 아래

華夏를 섬기는 慕華집단의 慕華제도에 떠밀려 멸망성쇠를 거듭해야했던 東明聖帝의 高麗시대		불능달의 周易 / 반절어법 / 이두문법에 따라서 자가당착의 극치에 달한 반도사관의 반도시대	
大夫餘(BC 425)		衛滿朝鮮(BC 1112)	箕子朝鮮(BC 194)
北夫餘(BC 239)	東夫餘(BC 86)	辰韓 ◈ 前신라 / 馬韓 ◈ 前백제 / 番韓 ◈ 前가야	
高{句}麗(KOREA、BC 58~668년)		고구려를 멸망시킨(捨) 나당동맹(신라 / 唐朝)	
渤海(KOREA、北 / 698년~926년)		남●북으로 절단시킨 불국신라(南 / 676년)	
高麗(KOREA、918년)		고려를 멸망시킨(捨) 이씨조선(1392년)	
대한독립의 大韓帝國(KOREA、1897년)		韓日병합된 일본제국 조선총독부治下(1910년)	
대한광복의 大韓民國(KOREA、1948년)		남●북으로 갈라선 김씨조선(北朝鮮 / 北韓)	

이와 같은 桓因한국의 桓檀시대 및 東明聖帝의 高麗시대 모두에 이르기까지 송두리째 집어삼키고서(반절어법 / 周易 / 가공세계) 이미 두(●) 갈래(☆)로 갈라세워버린			
桓檀시대(BC 7198~3897~2333~)를 집어삼킨 慕華사관의 단군시대 一覽 / 참조		高麗시대(大夫餘~高句麗~)를 집어삼킨 반도사관의 3 조선(三韓)시대 一覽 / 참조	
단군조선(BC 2333)	조선반도 北部 단절된 ←北과 南→	辰韓 <前신라> 辰조선	조선반도 南東部
기자조선(BC 1112)		馬韓 <前백제> 馬조선	조선반도 南西部
위만조선(BC 194)		番韓 <前가야> 弁조선	조선반도 南南部

제 5 장。 가중국(假中國)의 반절문자 및 방언리어 창출지법
1。 원문 / 해제

가중국(假中國)의 반절문자(凡千文字)라 함은
음양팔괘의 가공세계 창출지법 다름 아니었던 불능달의 周易을 뒤집어씀으로 인해 덩달아 중원(十)을 뒤집어쓰고서 두 갈래로 갈라서는 반절문자 및 방언리어 창출지법(거두절미법칙 / 용두사미필법)에 따라서 반절에 반절이 거듭되고 거두절미가 거듭되면서 용두사미로 반절조합이 거듭된 육두문자 / 반절문자 / 이두문자 및 표의문자 / 표음문자 모두를 일컫는 바이고

방언리어(方言俚語)라 함은
육두문자 창출지법과 마주하는 방언리어 창출지법(거두절미법칙 / 용두사미필법)에 따라서
이두필법의 칭명부여(方言 / 칭음)가 거듭되고 삼망화법의 중언부언(俚語 / 언해 / 국역)이 거듭되면서 어긋남(異◐乎)의 극치(中☆國)에 달하는 이두필법의 방언(文言文 / 犬言犬)과 삼망화법의 리어(文語體 / 口語體) 모두를 일컫는 것이다。

이와 같은
반절문자(凡千文字) 및 방언리어(本國俚語) 창출지법(六書之法 / 漢字어법)에 따라서
무한대로 창출되고 축적이 거듭된 육서지법의 육두문자 / 반절문자 / 이두문자 및 표의문자 / 표음문자 모두는 불능달의 周易을 뒤집어쓴 가중국(假中國)의 가짜(假字)를 일컫는 바로서 전환되고
가중국의 가짜(假字)를 빌어쓰면서 변통을 거듭하는 방언리어 창출지법에 따라서 무한대로 창출되고 축적이 거듭된 오동방・예악문장(사서오경 / 삼강오륜)의 관습경전 / 학습경전 / 종교경전 모두는
이미 두(◐) 갈래(☆)로 갈라선 이호중국(異乎中國)의 但방언리어를 일컫는 바로서 전환되는 것이다。

[훈민정음・序曰 / 親制曰 참조]

이와 같은 모두가
춘추전국시대(周代 / BC 770~221~)에 이르면서 줄줄이 뒤바뀌어버린
음양팔괘의 가공세계 창출지법(周易)을 뒤집어쓴 반절문자 및 방언리어 창출지법(六書之法)으로 뒤엉켜서 똬리를 틀고 들어 앉아버린 바와 같았고 동문동궤가 이루어진 바와 같았던 거두절미법칙(음양이치 / 반절어법)의 용두사미필법(이두필법 / 삼망화법)으로 줄줄이 주워섬기는 줄도 모르는 바에 따라서
무주공산의 인간세상으로 전락되어버린 바로부터 무주구천의 망극세계와 극락왕생의 사후세계가 창출되고 줄줄이 구축되어버린 반절어법의 4대영역(4대文明)과 음양역법의 시공간(기원전⇔기원후)에 송두리째 갇혀버린 줄도 모르고、반절어법의 태생적 한계를 뒤집어쓰고서 줄줄이 다시 태어나는 줄도 모르는 음양무리 / 삼망무리、인조인간집단 / 용두사미집단 / 천지귀신집단으로 줄줄이 전락되는 인간세상의 태생적 한계에서 절대 벗어날 수 없는 바와 끝없이 함께 할수 밖에 없는 이 또한、인류문명의 태생적 한계를 일컫는 바이자、불능달의 周易을 뒤집어쓴 반절문자 및 방언리어 창출지법(반절어법 / 이두문법)의 태생적 한계로 줄줄이 고착되어버린 바로서는 다음과 같았던 것이다。

2。중국역대 유학경림(幼學瓊林)-통계(統系) 편
1)。원문 / 해제

[음양☆팔괘의 가공●세계 창출지법 및 중국시조・문명시조・인류시조 창출지법 모두가]
[華●夏를 섬기는 慕華☆집단의 慕華제도 창출지법으로 소급 / 전환]

盤古氏	반고씨의 두 눈(二●目)으로부터 창출됐다던 음양☆팔괘의 머리●통으로 자가당착	
天皇氏	천황씨가 始建한 음양역법의 十干●十二支와 인간세상의 十母●十二子로서 뒤엉킴	
地皇氏	지황씨가 定分한 음양오행설의 日月星辰(해●달☆별)、이로써 나눈 晝●夜	
人皇氏	인황씨가 손바닥에다가 구획한 무주공산의 九野 / 九州、이로써 안치한 山●川	
有巢氏	유소씨가 나무로 얽은 보금자리, 이로써 백성들도 알게 된 거처	
燧人氏	수인씨가 나무를 비벼서 취한 불씨、이로써 백성들도 알게 된 음식	
伏羲氏	복희씨(창힐・천황・태호로 둔갑)가 그린 음양팔괘(河圖)로서 文敎 / 文明이 열림	
[蒼頡]	◇ 육서지법의 육두문자 / 반절문자 / 이두문자 및 방언리어 창출지법으로서 결승대체	
天皇 / 太昊	◇ 육십갑자의 육갑력으로서 백성의 성씨와 人間360餘事 등등으로 점차번성	
神農氏	신농씨가 오곡으로서 민생자급, 상백초로서 질병치료, 농사방서로써 구비된 제도라지만、음양팔괘의 가공세계 창출지법(周易 / 易經)으로서 뿌리내려버린 바에 불과한 즉	
軒轅 / 父	금천은 헌원의 아들	이와 같은 반고씨(盤古死身)의 두 눈(二●目)으로부터 줄줄이 창출됐다던 [음양팔괘의 가공세계 창출지법(周易)]으로 줄줄이 주워섬기면서 서로 다른 용수사신의 머리●통과 꼬리☆통으로 뒤엉켜서 어긋남의 극치에 달하고 자가당착의 극치에 달한 줄도 모르고 人首☆蛇身의 복희●여와圖와 三妄化身의 삼황오제설로 뒤엉키고 뒤엉켜서 [중국시조・문명시조・인류시조]로까지 줄줄이 등극되었고 음양상극<華●夏>남북상극으로 뒤엉켜서 자가당착된 줄도 모르는 즉 華●夏를 섬기는 慕華☆집단의 慕華제도 창출지법에 불과한 것이었다
金天 / 子		
黃帝 / 祖	전욱은 황제의 손자	
顓頊 / 孫		
少昊 / 祖	제곡의 祖父가 소호	
帝嚳 / 孫		
高辛 / 父	도당의 아비가 고신	
陶唐 / 子		

이와 같은 바를 미루어보듯
「반고씨의 두 눈(二●目 / 머리통)」으로부터 줄줄이 창출되었다던
「음양팔괘의 가공세계 창출지법 및 중국시조・문명시조・인류시조 창출지법」으로도 뒤엉키고
서로 다른 용수사신의 머리●통과 꼬리☆통으로도 뒤엉켜서 자가당착의 극치에 달한 줄도 모르는
용두사미집단(聖人君子 / 諸子百家)의 용두사미필법(二頭筆法 / 三妄話法)에 따라서
이두필법의 칭명부여(方言 / 칭음)가 거듭되고 삼망화법의 중언부언(俚語 / 언해 / 국역)이 거듭되면서
어긋남의 극치에 달하는 방언리어의 극치(肇禮樂文章之祖)로서 집대성을 이룬 줄도 모르고、저절로 왜곡되고 굴절만이 거듭되는 반절어법의 극치로서 동문동궤가 이루어져버린 줄도 모르는
용두사미필법의 但방언리어나 반절어법 / 이두문법 / 한글국역의 但방언리어(本國俚語) 모두가
능달에 이를 수도 없고 但因(三一)할 수도 없는 但방언리어에 불과하다 함은 이를 일컫는 것이다.

「중국역대 유학경림(幼學瓊林)-통계(統系) 편」
2). 원문 / 참조

[음양☆팔괘의 가공◐세계 창출지법 및 중국시조·문명시조·인류시조 창출지법 모두가]
(華◐夏를 섬기는 慕華☆집단의 慕華제도 창출지법으로 소급 / 전환)

盤古氏	盤古首出御世、天地初分：
天皇氏	天皇淡泊無為、干支始建。
地皇氏	地皇定三辰、以分晝夜：
人皇氏	人皇掌九區、以奠山川。
有巢氏	有巢構木為巢、而民知居處：
燧人氏	燧人鑽木取火、而民知飲食。
伏羲氏 [蒼頡 / 同] 天皇 / 太昊	伏羲畫八卦以開文教、 作六書以代結繩、 甲歷姓氏人事漸繁：
神農氏	神農樹五穀以資民生、嘗百草以療民疾、農事方書、制度乃備。

中國歷代 幼學瓊林-統系

「中國始祖的人物 編」

본문 / 참조

盤古首出御世、天地初分：天皇淡泊無為、干支始建。

地皇定三辰、以分晝夜：人皇掌九區、以奠山川。

有巢構木為巢、而民知居處：燧人鑽木取火、而民知飲食。

伏羲畫八卦以開文教、作六書以代結繩、甲歷姓氏人事漸繁：

神農樹五穀以資民生、嘗百草以療民疾、農事方書、制度乃備。

粵惟有熊、啟自少典：外治兵、內修德。

開征誅吊伐之先：明律歷、制冕裳、肇禮樂文章之祖：得六相而天地治、畫九野而政教敷。

金天為軒轅之子、顓頊乃黃帝之孫、帝嚳之祖曰少昊、陶唐之父曰高辛。

聖聖傳流、賢賢繼統、稱元建國、惟唐及虞。

仁如天、智如神、放勛之德、民無能名、解民慍、阜民財、重華之德、人莫能及。

눈에 보이는 그대로
人首☆蛇身의 복희●여와圖를 앞(☆)세우고서 뒤엉킬대로 뒤엉켜버린
3。華●夏를 섬기는 慕華☆집단의 삼황오제(三皇五帝) 창출지법
원문 / 해제 一覽 / 참조

복희●여와圖	人首蛇身의 복희여와圖를 앞세운 자가당착의 삼황오제圖 참조					
	천황(天皇)	복희(伏羲)	복희(伏羲)	복희(伏羲)	복희(伏羲)	수인(燧人)
	지황(地皇)	여와(女媧)	신농(神農)	신농(神農)	신농(神農)	복희(伏羲)
	인황(人皇)	신농(神農)	공공(共工)	축융(祝融)	황제(黃帝)	신농(神農)
	人首蛇身의 삼황오제說로 뒤엉켜서 인류문명의 시조로까지 등극시킨					
三皇(●)↑ 五帝(☆)→	복희(伏羲)	太昊(태고)	소호(少昊)	황제(黃帝)	황제(黃帝)
	신농(神農)	염제(炎帝)	전욱(顓頊)	소고(少皋)	전욱(顓頊)
	황제(黃帝)	황제(黃帝)	고신(高辛)	제곡(帝嚳)	제곡(帝嚳)
	당요(唐堯)	소고(少皋)	당요(唐堯)	제지(帝摯)	당요(唐堯)
人首☆蛇身圖	우순(虞舜)	전욱(顓頊)	우순(虞舜)	제요(帝堯)	우순(虞舜)

춘추전국시대(周代 / BC 770~221~)에 이르면서 줄줄이 뒤바뀌어버린
4。음양팔괘(복희●팔괘 / 文王●팔괘)의 가공세계 창출지법
원문 / 해제 一覽 / 참조

桓因한국의 桓易之圖(윷판 / 同)를 집어삼키고서 음양●상극으로 뒤엉켜버린 복희팔괘의 河圖 및 이합집산이 거듭되어버린 文王팔괘의 洛書 참조		태극(一)의 질서(三・十)를 집어삼킨(捨陰陽) 음양화신의 머리●통과 꼬리☆통으로 갈라서버린 음양●이두의 三妄五行圖 및 三妄五音圖 참조
河圖 ◆ 선천팔괘 洛書 ◆ 후천팔괘	陰●陽 二●頭 三☆妄 五☆行	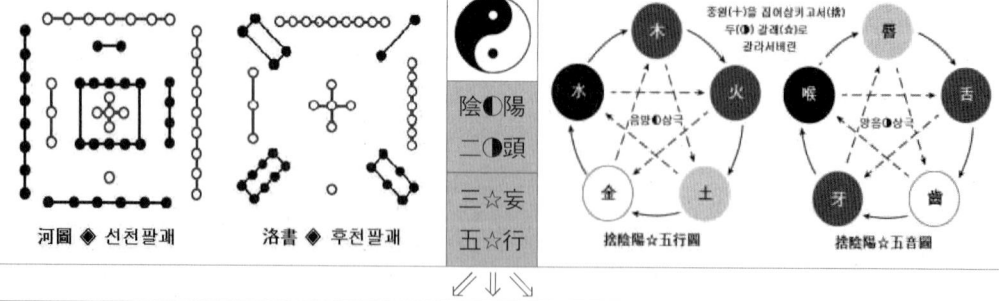 捨陰陽☆五行圖 捨陰陽☆五音圖

⇙⇓⇘

공●자를 섬기는 유교☆집단의 공자필법과 유교경전의 漢字언해로서 집대성을 이룬즉、禮樂文章
부●처를 섬기는 불교☆집단의 불경화법과 불교경전의 불경언해로서 집대성을 이룬즉、예악문장
聖●人을 섬기는 三妄☆집단의 삼망화법과 학습경전의 경전언해로서 집대성을 이룬즉、예악문장
華●夏를 섬기는 慕華☆집단의 이두필법과 관습경전의 漢字언해로서 집대성을 이룬즉、禮樂文章

이와 같았던
춘추전국시대의 용두사미필법에 따라서 무한대로 창출되고 측적이 거듭되는 바와 같았던
반절문자 및 방언리어 창출지법과 방언리어의 극치로서 줄줄이 주워섬겼던 바에 불과한 즉

5。 가중국(假中國)의 반절문자 및 방언리어 창출지법
원문해제 및 원문해서

그로서의 애초부터
하늘(天地人)의 섭리(三倫之理)를 거스르고서 줄줄이 물구나무서버린 바(丫字形)와도 같았고
태극(一)의 질서(三・十)을 집어삼키고서(捨) 두(◐) 갈래(☆)로 갈라서버린 바와도 같았던
음양이치의 반절어법(六書之法)과 음양팔괘의 음양역법(周易)을 뒤집어쓰고서
끝없이 곤두박질된 바(八字形)로부터 줄줄이 불거지면서 창출이 거듭된 바와도 같았던 즉은

이와 같은
음양이치의 반절어법과 음양팔괘의 음양역법을 뒤집어쓰고서 이미 두(◐) 갈래(☆)로 갈라서버린
거두절미법칙의 용두사미필법으로 줄줄이 주워섬기는 줄도 모르는 바에 따라서
「반고씨(盤古死身)의 두 눈(二◐目 / 머리통)」으로부터 줄줄이 불거지고 창출이 거듭되었다던
「음양팔괘의 가공세계」를 넘나들면서 서로 다른 용수사신의 머리◐통과 꼬리☆통으로 뒤엉켜서 끝없는 사분오열과 이합집산만이 거듭된 바와 같았던 바가 곧

서로 다른 「용수사신의 머리◐통과 꼬리☆통」으로 뒤엉켜서 어긋남의 극치에 달해버린
「용두사미필법의 가짜・머리◐통과 꼬리☆통」을 일컫는 바와 같았던 반면

서로 다른 「용수사신의 머리◐통과 꼬리☆통」으로 뒤엉켜서 자가당착의 극치에 달해버린
「용두사미집단의 가짜・머리◐통과 꼬리☆통」을 일컫는 바와 같았던 것이다.

글자 그대로
손●바닥 뒤집●듯 뒤집어☆지면서 둔갑이 거듭되는 거두절미법칙의 용두사미필법에 따라서
서로 다른 용수사신의 머리◐통과 꼬리☆통으로 뒤엉켜서 두(◐) 갈래(☆)로 갈라서버린
무한대(一捨◐음양 / 음양☆팔괘)의 가공세계가 창출되고 줄줄이 구축된 줄도 몰랐던
춘추전국시대의 용두◐사미☆집단(聖人君子 / 諸子百家、漢族◐梵族)이나
동서고금의 천지◐귀신☆집단(용두사미族 / 慕華집단、식자집단 / 이두집단 / 종교집단、조물주 / 인조인간집단)으로 줄줄이 전락된 줄도 모르는 모두를 일컬어

그로서의 애초부터
태극(一)을 집어삼켜버린(捨陰陽) 음양이치의 반절어법(六書之法)과 음팔괘의 음양역법(周易)을 뒤집어쓰고서 줄줄이 다시 태어난 줄도 모르는 천지◐귀신☆집단(용두사미族 / 慕華집단、조물주 / 인조인간집단、창조자 / 피조물집단)으로 간략하게 압축되고 귀결된 바로서 널리 전언되었음에도 불구하고

351

「육서지법의 육두문자 창출지법과 육서언법의 방언리어 창출지법」에 따라서 반절이 거듭되고 거두절미가 거듭되면서 용두사미로 반절조합이 거듭된 가중국(假中國)의 반절문자(凡干文字)를 빌어쓰면서 변통으로 거듭하는 이호중국(異乎中國)의 방언리어(本國俚語) 창출지법으로 줄줄이 주워섬겼던 바가 곧 「거두절미법칙의 용두사미필법」으로 뒤엉켜서 손●바닥 뒤집●듯 뒤집어☆지면서 끝없이 물고 늘어지는 바에 불과한 것으로서、[훈민정음・序曰 / 親制曰 참조]

이와 같았던
「거두절미법칙의 용두사미필법」으로 줄줄이 주워섬기 줄도 모르는 바에 따라서
서로 다른 용두사미필법의 동상이몽(異●文言文)과 이구동성(乎●犬言犬)의 극치(中☆國)로 뒤엉켜서 끝없이 물고 늘어지는 줄도 몰랐고
서로 다른 용수사신의 머리●통과 꼬리☆통으로 뒤엉켜서 자가당착의 극치에 달한 줄도 몰랐던

움양팔괘의 가공세계 창출지법(周易)을 뒤집어쓰고서 이미 두(●) 갈래(☆)로 갈라서버린
반절문자 및 방언리어 창출지법(六書之法 / 漢字어법)으로 줄줄이 주워섬기는 줄도 모르는 그로인해
반드시 두(●) 갈래(☆)로 갈라서서 끝없이 뒤엉키는
漢語계통의 공자필법(중국吏讀)과 梵語계통의 불경화법(신라吏讀)으로 뒤엉켜서 동문동궤가 이루어진
줄도 모르는 梵語음성학의 中古漢音과 漢語음운학의 화하韻書로 뒤엉켜서 어긋남의 극치에 달해버린

異乎中國의 中古漢音(頭자음 / 介모음合)과 이두韻書로 줄줄이 주워섬겼던 바에 불과한
음성학표준 / 로마자기준의 기본모음 / 기본자음과 반절字母의 반절철자법으로 축소병합이 거듭되기에
이르기까지 이두필법의 칭명부여(方言 / 칭음)가 거듭되고 삼망화법의 중언부언(俚語 / 언해 / 국역)이
거듭되면서 어긋남의 극치에 달하는 방언리어의 극치로서 집대성을 이룬바에 불과했고、저절로 왜곡되고 굴절만이 거듭되는 반절어법의 극치로서 동문동궤가 이루어진 바와 같았던 동서●언어 / 계통의 이
두●문법 / 체계와 삼망☆화법 / 체계로서 줄줄이 구축되고 고착된 바라 함도 이를 일컫는 것이다。

이와 같은 바를 미루어보듯
「공●자를 성기는 유교☆집단의 공자필법과 유교경전의 漢字언해」로 줄줄이 주워섬긴 것도 모라자
「부●처를 성기는 불교☆집단의 불경화법과 불교경전의 불경언해」로도 줄줄이 주워섬기면서
그로서의 끝자락(周代 / 周易 / 帝業 / 용두 ~~~ 사미 / 王業 / 조선 / 後代)에까지 이르렀던 바에 불과한
조선吏讀의 반절어법과 일본吏讀의 이두문법에까지 줄줄이 편승하여 똬리를 틀고 들어앉아 있는
漢語계통의 공자필법(중국吏讀)과 梵語계통의 불경화법(신라吏讀)이라 함도 이를 일컫는 바이며

이와 같았던 모두에 이르기까지
「華●夏를 섬기는 慕華☆집단의 慕華제도(慕華경전 / 慕華사상、慕華사적 / 慕華사관)」로서 줄줄이 주워섬겼던 바에 불과한 반도조선의 관습제도(慕華제도 / 양반제도)를 비롯하여
조선吏讀의 반절어법(漢字 / 한글、이두필법 / 삼망화법、한글맞춤법 / 표준어규정) 모두가 불능달의
周易과 육서지법의 漢字어법을 뒤집어쓴 방언리어 창출지법에 불과하다 함도 이는 일컫는 것이다。

이와 같았던
자가당착의 반절어법(六書之法 / 周易)과 방언리어의 극치(吾東方禮樂文章 / 봉건제도)로 줄줄이 주워섬
기면서 불능달의 극치를 넘나들었던 방언리어의 극치로서 집대성을 이룬바에 불과했고, 자가당착의 극
치를 넘나들었던 반절어법의 극치로서 동문동궤가 이루어진 줄도 모르는 인의장막의 극치로서 공동운
명체를 이루어버린 바에 불과하다 함도 이를 일컫는 바였던 것이다. [훈민정음・序曰 / 참조]

그럼에도 불구하고
태극(一)을 집어삼켜버린(一捨음양 / 자가당착) 두 갈래의 음양●상극과 남북●상극으로 뒤엉켜서
손●바닥 뒤집●듯 뒤집어☆지면서 둔갑이 거듭되는 바에 불과했던

복희씨(伏羲 / 창힐 / 天皇・同)가 처음으로 음양역법의 음양팔괘(乾●坤 / 一●八)를 긋고
창힐(蒼頡)이 처음으로 반절문자 및 방언리어 창출지법(六書之法)을 만들었으며
심약(沈約 / 441年~513年)이 반절声母의 사성보(四聲譜)를 짓고
육법언(陸法言 / 601년)이 반절字母의 화하韻書(반절표기법 / 漢語음운학)를 지어냈다지만

그로서의 애초부터
중원(十)을 뒤집어써버린(음양팔괘 / 周易 / 가공세계)
중원천하의 역대(周代 / 周易~漢朝~~~淸朝)가 비롯되는
춘추전국시대(周代 / BC 770~221~)로부터 唐代末(~900年)에 이르는 동안에
梵語음성학의 頭자음30字母를 비롯한 한역음사의 번역체계를 빌어 타고서
漢語계통의 중국吏讀와 유교집단의 공자필법에까지 줄줄이 편승하여
또 다른 갈림길(이승●저승 / 佛國●天國)이 창출되고 구축되기에 이르렀던
梵語계통의 신라吏讀와 불교집단의 불경화법(한역음사 / 번역체계)으로 줄줄이 주워섬겼던

「梵語음성학의 頭자음30字母」를 빌어쓰면서 더욱 늘어세워진
「漢語음운학의 頭자음36字母」라 자화자찬하는 바이지만
서로 다른 용두사미필법 / 반절어법의 가짜・머리●통(음성학・頭자음 / 声母)과 꼬리☆통(음운학・介
모음 / 韻母)으로 뒤엉키고 뒤엉켜서
어긋남의 극치(異●乎)에 달(中☆國)하고 자가당착의 극치(假●中☆國)에 달한 바에 불과한 즉

그로서의 가온(中央 / 脣音 / 中間)에 자리(三一五行)하고 있어야할
象口形(ㅁ)의 입(口 / 脣音)을 앞(☆)세우고서(脣音順) 오각형(☆)으로 늘어서버린

「梵語음성학의 頭자음30字母」로서는
「三妄☆五音의 진음순(脣舌牙齒喉)과 二頭●声母의 반자음(y / ø / w)반모음」으로 뒤엉켜서
끝없는 사분오열과 이합집산만이 거듭된 바와 같았고

「梵語음성학의 介모음8字母」로서는
「三妄☆母音의 주모음(a・i・e・o・u)과 二頭●韻母의 반모음(y / ø / w)반자음」으로 뒤엉켜서

옥상옥(3층 / 三웇 같은 2층 / 二頭)으로의 자가당착(a·i·e·o·u)이 거듭되면서
거꾸로 곤두박질된 바로부터 줄줄이 물구나무서버린 바와 같았던 그로서가 곧
두(◐) 갈래(☆)의 갈림길(천국◐지옥 / 卐☆卍)이 창출되고 구축된 바를 뜻하였음에도 불구하고

宋代(900년~1276년)의 음운학자들에 의해 더욱 늘어세워진(음양☆팔괘 기본형식 / 同)
漢語음운학의 頭자음36字母와 반절표기법(吏讀표기법)의 화하韻書로 줄줄이 주워섬기면서
오늘날의 중국음운학과 漢語병음의 로마자표기법 / 吏讀표기법으로 자리하기에 이르렀다지만

불능달의 周易(음양팔괘 / 가공세계)을 뒤집어쓰고서 이미 두(◐) 갈래(☆)로 갈라서버린
가중국의 반절문자(凡干文字)를 빌어쓰는 이호중국의 방언리어(本國俚語) 창출지법(六書之法)에 따라서
무한대로 창출되고 축적이 거듭되었으되
어긋남의 극치에 달하는 방언리어의 극치로서 집대성을 이룬 줄도 모르고
저절로 왜곡되고 굴절만이 거듭되는 반절어법의 극치로서 동문동궤가 이루어진 줄도 모르는

「오동방·예악문장 및 반절字母(中古漢音)의 이두韻書」 모두가
서로 다른 용두사미필법 / 반절어법의 가짜(假字)·머리◐통과 꼬리☆통으로 뒤엉켜서 어긋남의 극치와
자가당착의 극치에 달해버린 용두사미필법의 但방언리어로서 집대성을 이룬바에 불과할 뿐만 아니라

스스로(三眞)에 因(一神)할 수도 없고 능달 / 능통의 눈높이(自明 / 神明)에 이를 수도 없는
불능달의 周易을 뒤집어쓴 방언리어 창출지법(六書之法 / 漢字어법)으로 줄줄이 주워섬기면서 끝없이
함께할수 밖에 없는 반절어법의 태생한계를 뒤집어쓰고서 줄줄이 다시 태어난 줄도 모르는
춘추전국시대의 용두◐사미☆집단(聖人君子 / 諸子百家、漢族◐梵族)이나
동서고금의 천지◐귀신☆집단(용두사미族 / 慕華집단、식자집단 / 이두집단 / 종교집단、조물주 / 인조
인간집단)들과 그로서의 근본쓰임조차도 같을수 없었던 바가 곧

天地神明의 제작모神工에 따라서
천지조화의 一丸체계를 열어주고(開天) 태고(故)를 열어준(開物 / 成務)
桓因한국의 桓檀제도로서 모두 구비되고
언문성음의 자방고전(字書체계 / 한국고전)으로서 만세에 전래되는
夫東方有國의 유구한 역사와 빛나는 전통(開天·開物·成務)에 따라서
후세(桓檀시대 ~夫東方有國~ 高麗시대)에까지 이르렀음에도 불구하고

춘추전국시대(周代 / BC 770~221~)에 이르면서
송두리째 뒤덮이고(음양팔괘 / 周易 / 예악문장) 몽롱해져버린
그로서의 모두에 이르기까지 송두리째 걷어내고서 다시금 일으켜세울수 있었던
하늘(一)이 내린(三·朝) 세종聖帝의 제작모神工에 따라서
천지자연의 근본법칙까지 가지런히 가림토되고 비로소 모두 바로세워진(創制)
「한국고유의 諺文체계와 마주하는 훈민정음·신제본 / 신제왈」로서
다시금 후세에 실어전하면서 널리 전언되었던 것이다.

1). 육두문자 및 방언리어 창출지법(六書之法)

원문 / 해제 一覽 / 참조

「使天下義理、必歸文字、無窮文字、必歸六書」

반절문자(凡干文字) 및 방언리어(本國俚語) 창출지법(六書之法)	
육서지법	使天下義理、必歸文字、無窮文字、必歸六書
使天下義理	천하를 거느린다는 반절이치(義理)를 일컫는 즉、거두절미법칙의 용두사미필법
必歸文字	반드시 돌아온다는 기본문자를 일컫는 즉、반절문자의 漢字부수 / 부호
無窮文字	끝없이 뒤엉킨다는 육두문자를 일컫는 즉、육두문자 / 二頭文字의 漢文◐漢字
必歸六書	반드시 돌아온다는 육서지법을 일컫는 즉、방언리어 창출지법의 二頭筆法 / 三妄話法
육두文字의 반절철자법과 방언리어(本國俚語) 창출지법(六書之法)	
육두문자	육두문자의 반절철자법이 곧、반절문자의 반절철자법이자 거두절미법칙의 용두사미필법
상형문자	一曰象形。如日月之類、象其形體而爲之也。
가차문자	二曰假借。如令長之類、一字兩甲也。
지사문자	三曰指事。謂上下之類、人在一上爲上、人在一下爲下、各指其而言也。
회의문자	四曰會意。謂武信之類、止戈爲武、人言爲信、會合其意也。
전주문자	五曰轉注。謂考老之類、左右相轉以爲言也。
해성문자	六曰諧聲。謂江河之類、皆以水爲偏芳、以工可諧聲也。
육두문자(凡干文字) 창출지법과 방언리어(本國俚語) 창출지법(六書之法)	
반절어법	육두문자 창출지법이 곧、음양이치의 반절어법이자 거두절미법칙의 용두사미필법
반절이치	육서지법의 반절이치가 곧、거두절미법칙으로 뒤엉킨 음양이치의 반절어법 / 이두문법
漢字부수	한국고유의 諺文체계로부터 거두절미와 반절이 거듭된 반절문자가 곧、漢字部首
漢文漢字	육서지법의 육두문자에서 이합집산이 거듭된、二頭文字의 표의문자 / 표음문자 相同
漢字어법	육서지법의 漢字어법이 곧、방언리어 창출지법의 용두사미필법(二頭筆法 / 三妄話法)

이와 같은

육두문자 창출지법을 뒤집어쓴 방언리어 창출지법으로 줄줄이 주워섬기면서 무한대로 창출되고 축적이 거듭되었던 그조차도 손◐바닥 뒤집◐듯 뒤집어☆지면서 둔갑이 거듭되는

이두필법의 칭명부여(方言 / 칭음)가 거듭되고 삼망화법의 중언부언(俚語 / 언해 / 국역)이 거듭되면서 어긋남의 극치에 달하는 방언리어의 극치(肇禮樂文章之祖)로 뒤엉켜서 「4대聖人 및 중국시조·문명시조·인류시조」로까지 줄줄이 소급된 바에 불과했던 거두절미법칙의 용두사미필법이라 함은 이를 일컫는 바로서 「오동방·예악문장의 시조로까지 줄줄이 등극된 공◐자 / 부◐처 / 聖◐人 / 華◐夏」 등등의 모두가 용두사미필법과 똑같이 뒤엉킨 용두사미집단의 머리◐통으로 들어앉힘을 뜻하는 것이다.

> 「육두문자 및 방언리어 창출지법(六書之法 / 漢字어법)」
> 2)。 본문해제 및 한글국역 참조 / 대비

> 이두필법의 칭명부여(方言 / 칭음)가 거듭된 이두필법의 但방언리어(文言文 / 犬言犬)

제 1 。 상형문자(象形文字) 창출지법
　　일왈상형　　여일월지류　　상기형체리위지야
　　一曰象形。 如日月之類、 象其形體而爲之也。

> 삼망화법의 중언부언(俚語 / 언해 / 국역)이 거듭된 한글국역(新)의 但방언리어(文語體 / 口語體)

첫째(一曰)
　해(日)와 달(月)과 같은 글자들이다. 그 형체를 본떠 만든 글자를 말한다.

이와 같은 육두문자 창출지법의 육서지법에서 제일 먼저 일컫는
[해(日)와 달(月)]로서는 음양◐상극으로 뒤엉켜서 끝없이 물고늘어지는
반절문자 창출지법의 대명사와 방언리어 창출지법의 대명사를 앞세운 바와 같았던 것이다.

예컨대
[눈 밝을 / 明 / 명]字에서 반절되고 음양상극으로 뒤엉킨 반절문자의 [日◐月]로 둔갑 / 창출되었고
[무한(三一)의 날(日)과 무궁(三十)의 달(月)]을 일컫는 바에서 거두절미되고 음양상극으로 뒤엉킨
방언리어의 [日◐月 / 해◐달]로 둔갑 / 창출된 바를 미루어보듯

애초부터 태극(一)을 집어삼키고서(捨陰陽) 두(◐) 갈래(☆)로 갈라세워버린
음양◐상극의 음양☆오행으로 뒤엉켜서 오각형으로 늘어서버린 일월성신(日◐月☆星辰)의 해(日)와 달
(月)로서 줄줄이 매달아 놓았던 이하 모두가 같았음은 물론이고
춘추전국시대의 용두사미필법으로 줄줄이 주워섬기면서 무한대로 창출되고 축적이 거듭되었던
음팔팔괘(복희◐팔괘 / 文王◐팔괘)의 가공세계 창출지법(周易)을 뒤집어쓴 줄도 모르는
반절문자 및 방언리어 창출지법(六書之法)으로 간략하게 압축되고 귀결되는 바를 미루어보듯
거두절미법칙의 용두사미필법으로 뒤엉켜서 똬리를 틀고 들어앉아버린 반절어법의 태생적 한계를 뒤집
어쓰고서 줄줄이 다시 태어나는 줄도 모르는 「천지◐귀신☆집단 / 용두사미집단 / 인조인간집단」 모
두가 동의적이듯、 아래와 같은 모두도 마찬가지인 것이다.

> 공◐자를 섬기는 유교☆집단의 공자필법과 유교경전의 漢字언해로서 집대성을 이룬즉、 禮樂文章
> 부◐처를 섬기는 불교☆집단의 불경화법과 불교경전의 불경언해로서 집대성을 이룬즉、 예악문장
> 聖◐人을 섬기는 三妄☆집단의 삼망화법과 종교경전의 경전언해로서 집대성을 이룬즉、 예악문장
> 華◐夏를 섬기는 慕華☆집단의 이두필법과 관습경전의 漢字언해로서 집대성을 이룬즉、 禮樂文章

이두필법의 칭명부여(方言 / 칭음)가 거듭된 이두필법의 但방언리어(文言文 / 犬言犬)

제2。 가차문자(假借文字) 창출지법

　이 왈 가 차　　여 영 장 지 류　　일 자 양 갑 야
　二曰假借。如令長之類、一字兩甲也。

삼망화법의 중언부언(俚語 / 언해 / 국역)이 거듭된 한글국역(新)의 但방언리어(文語體 / 口語體)

둘째(二曰)

글자(字) 하나(一)를 양쪽(◐)으로 빌려 가상적으로 만들어 쓰는 경우이다.

이두필법의 칭명부여(方言 / 칭음)가 거듭된 이두필법의 但방언리어(文言文 / 犬言犬)

제3。 지사문자(指事文字) 창출지법

　삼 왈 지 사　　위 상 하 지 류　　인 재 일 상 위 상　　인 재 일 하 위 하　　각 지 기 이 언 야
　三曰指事。謂上下之類、人在一上爲上、人在一下爲下、各指其而言也。

삼망화법의 중언부언(俚語 / 언해 / 국역)이 거듭된 한글국역(新)의 但방언리어(文語體 / 口語體)

셋째(三曰)

손가락처럼 순서가 있듯이 위아래가 함께 어울려지는 경우이다.

다시말해 사람 인(人)자에 두 획을 더하면 하늘 천(天)자가 되는 것과 같다.

그리고 사람 인(人)자에 위아래로 두 획을 그으면 어질 인(仁)자가 되는 것을 말한다.

이두필법의 칭명부여(方言 / 칭음)가 거듭된 이두필법의 但방언리어(文言文 / 犬言犬)

제4。 회의문자(會意文字) 창출지법

　사 왈 회 의　　위 무 신 지 류　　지 과 위 무　　인 언 위 신　　회 합 기 의 야
　四曰會意。謂武信之類、止戈爲武、人言爲信、會合其意也。

삼망화법의 중언부언(俚語 / 언해 / 국역)이 거듭된 한글국역(新)의 但방언리어(文語體 / 口語體)

넷째(四曰)

뜻이 모여서 글자를 이룬다. 예를 들면 사람 인(人)자와 말씀 언(言)자가 합해지면 믿을 신(信)이 된다. 그리고 그칠 지(止)자와 창 과(戈)자가 합해지면 무(武)자가 된다. 글자와 글자가 합해져 뜻을 이루게 되는 것을 뜻한다.

이두필법의 칭명부여(方言 / 칭음)가 거듭된 이두필법의 但방언리어(文言文 / 犬言犬)
제 5。전주문자(轉注文字) 창출지법 　오 왈 전 주　　위 고 노 지 류　　좌 우 상 전 이 위 언 야 　五曰轉注。謂考老之類、左右相轉以爲言也。

삼망화법의 중언부언(俚語 / 언해 / 국역)이 거듭된 한글국역(新)의 但방언리어(文語體 / 口語體)
다섯째(五日) 한 글자가 이리저리 옮겨지면서 의미변화를 가져오는 상고할 고(考)나 늙을 노(老)와 같은 글자의 류를 말한다.

이두필법의 칭명부여(方言 / 칭음)가 거듭된 이두필법의 但방언리어(文言文 / 犬言犬)
제 6。해성문자(諧聲文字) 창출지법 　육 왈 해 성　　위 강 하 지 류　　개 이 수 위 편 방　　위 공 가 해 성 야 　六曰諧聲。謂江河之類、皆以水爲偏芳、以工可諧聲也。

삼망화법의 중언부언(俚語 / 언해 / 국역)이 거듭된 한글국역(新)의 但방언리어(文語體 / 口語體)
여섯째(六日) 강(江)이나 하(河)字와 같은 글자를 말하는데´ 물 수(水)字를 넣어 모두 물과 연관된 의미의 글자를 만드는 것과 같다.

이와 같았던 모두가
애초부터 태극一)을 집어삼킨(捨陰陽) 음양☆화신의 음양◐상극으로 뒤엉켜서 손●바닥 뒤집◐듯 뒤집어☆지는 거두절미법칙의 용두사미필법으로 줄줄이 주워섬기는 줄도 모르는 바에 따라서
반절에 반절이 거듭되고 거두절미가 거듭되면서 용두사미로 뒤엉키는 육두문자 / 반절문자 / 이두문자 및 표의문자 / 표음문자로 줄줄이 꿰어맞춰지고 무한대로 창출되는 반절문자(凡干文字)의 반절철자법에 불과하고 육두문자 창출지법에 불과할 뿐만 아니라

불능달의 周易을 뒤집어씀으로서 덩달아 중원(十)을 뒤집어쓴 줄도 모르게 되는
육두문자(凡干文字) 창출지법과 방언리어(本國俚語) 창출지법으로 갈라서버린
이두필법의 칭명부여(方言 / 칭음)가 거듭되고 삼망화법의 중언부언(俚語 / 언해 / 국역)이 거듭되면서 어긋남의 극치에 달하는 방언리어 극치로서 집대성을 이룬바에 불과했고, [오동방・예악문장 모두]
저절로 왜곡되고 굴절만이 거듭되는 반절어법의 극치로서 동문동궤가 이루어진 줄도 모르는 이하 모두가 반절어법의 태생적 한계를 뒤집어쓰고 뒤집어씌우는 악순환의 굴레(족쇄)와 같았던 것이다.

이와 같은
불능달의 周易을 뒤집어쓰고 뒤집어씌움이 거듭되는 바와 같았던
반절문자 및 방언리어 창출지법(六書之法 / 漢字어법)으로 뒤엉켜서 또아리를 틀고 들어앉아버린
거두절미법칙(음양이치 / 반절어법)의 용두사미필법(이두필법 / 삼망화법)으로 줄줄이 주워섬기면서 저저절로 왜곡되고 굴절만이 거듭되는 반절어법의 극치로서 동문동궤가 이루어진 바와도 같았고、어긋남의 극치에 달하고 자가당착의 극치에 달한 바와도 같았던

동서◐언어 / 계통의 표음체계 / 표의체계 및 칭음체계 / 번역체계로서는
가중국(假中國)의 반절문자 창출지법을 뒤집어쓰고서 두(◑) 갈래(☆)로 갈라서버린
이호중국(異乎中國)의 방언리어 창출지법에 불과할 뿐으로서
가중국의 반절문자(凡干文字)를 빌어쓰면서 변통을 거듭하는 이호중국의 방언리어(本國俚語) 창출지법으로 간략하게 압축되고 귀결된 「훈민정음・序曰 / 親制曰 참조」은 이를 뜻하였음은 물론이고
방언리어 창출지법의 중간에 똬리를 틀고 들어앉아 반드시 두 갈래로 갈라세우는 거두절미법칙(음양이치 / 반절어법)의 용두사미필법(이두필법 / 삼망화법)이라 함도 이를 뜻하였던 것이다.

그럼에도 또한
동서◐언어 / 계통의 이두◐음운 / 체계(중국음운학 / 현대음성학)로서는
반절文字 / 반절字母의 梵語음성학과 漢語음운학으로 뒤엉켜서 끝없이 물고 늘어지는
반절어법 / 반절문자의 칭음체계(표음 / 音讀)와 번역체계(표의 / 訓讀)를 일컫는 바이고

동서◐언어 / 계통의 이두◐문법 / 체계로서는
반절文字의 문자학과 반절어법의 언어학으로 뒤엉켜서 끝없이 물고 늘어지는
반절文字(표의문자 / 표음문자)의 文字어법(二頭文法 / 三妄話法)을 일컫는 바에 불과하듯

그로서의 애초부터
태극(一)의 질서(三・十)를 집어삼키고서(捨陰陽) 두(◑) 갈래(☆)로 갈라서버린
거두절미법칙(음양이치 / 반절어법)의 용두사미필법(이두필법 / 삼망화법)에 따라서
손●바닥 뒤집●듯 뒤집어☆지면서 끝없이 물고 늘어지는 바에 불과했던
춘추전국시대의 용두사미필법과 방언리어의 극치(肇禮樂文章之祖)로 줄줄이 주워기면서
무한대로 창출되고 축적이 거듭된 오동방・예악문장(사서오경 / 삼강오륜)의 봉건제도(慕華제도 / 骨品제도)로서 중원천하를 호령하고 줄줄이 거느리면서 지금에까지 이르게 되었던 즉

애초부터
태극(一)을 집어삼키고서(捨陰陽) 중원(十)을 뒤집어써버린(음양팔괘 / 周易 / 가공세계)
周易의 周代로부터 중국의 역대(周代 / 龍首 / 용두 ~~~ 사미 / 蛇身 / 後代)가 비롯되는
「漢語계통의 고대표준漢語 역대표」 및 「漢語음운학의 화하韻書(韻書和韻圖) 역대표」로서는
다음과 같았던 것이다.

애초부터 태극(一)의 질서(三·十)를 집어삼키고서(捨陰陽)
중원(十)을 뒤집어써버린 周代의 周易으로부터 중원천하의 역대(周代 ~~~ 後代)가 비롯된

6。 중국의 고대표준漢語 역대표

中國歷代	역대구분	고대표준漢語의 유래와 변천사	
上古漢語 상고한어	周代 前1000年~前200年	爾雅、引申爲雅言	주대의 이아, 인신위아언
	秦漢時代 前200年~200年	雅言、也稱正音、通語	진한시대의 아언、야칭정음、통어(보통화)
	魏晉時代 200年~600年	金陵雅音	위진시대의 금릉아음
中古漢語 중고한어	隋唐時代 600年~900年	切韻(隋)	수대의 절운(화하韻書)
		唐韻(唐)	당대의 당운(화하韻書)
	兩宋時代 900年~1276年	廣韻(北宋)	북송대의 광운(화하韻書)
		平水韻(南宋)	남송대의 평수운(화하韻書)
近古漢語 근고한어	元代 1276年~1368年	元朝發生較大變化、無正音	원대의 원조발생교대변화、무정음
	明淸時代 1300年~1900年	南京官話 (明·淸初)	명대의 남경관화
		北京官話 (淸·中期後)	청대의 북경관화

「漢語음운학의 운서화운도(韻書和韻圖) 역대표」			
上古漢語 상고한어	周、秦、漢	聲類 / 성류	
	西晉 / 서진	韻集 / 운집	
中古漢語 중고한어	隋 / 수	切韻 / 절운	
	唐 / 당	刊謬補缺切韻·唐韻·廣唐韻·韻詮	
	宋 / 송	廣韻·韻略·集韻·禮部韻略·新刊韻略·五音集韻·平水韻·韻鏡·七音略·四聲等子·切韻指掌圖	
近代漢語 근대한어	元 / 원	古今韻會擧要·切韻指南·韻府群玉·中原音韻·中州樂府音韻類編·蒙古字韻	
	明 / 명	洪武正韻·韻畧易通·中州音韻·戚林八音·五車韻瑞	
	淸 / 청	佩文韻府·佩文詩韻·詞林正韻·切韻考·分韻撮要·彙音妙悟·李氏音鑒·同音畧解	
現代漢語	中國 / 중국	中華新韻 / 중화신운	

이와 같은
중원천하(무주공산 / 이호중국 / 인간세상)의 역대(周代 / 용두 ~~~ 사미 / 後代)가 비롯되는
춘추전국시대(周代 / BC 770~221~)에 이르면서 줄줄이 뒤바뀐 줄도 몰랐던
음양팔괘의 가공세계 창출지법(周易 / 음양역법)을 뒤집어쓰고서 두(◐) 갈래(☆)로 갈라서버린
반절문자 및 방언리어 창출지법(六書之法 / 반절어법)으로 줄줄이 주워섬겼던 바에 불과한

唐代末(~900年)에 이르는 와중에
「梵語음성학의 頭자음30字母」로서 줄줄이 꿰어맞춘 바가 곧
「梵語계통의 불경화법(불교式・漢字어법)」으로 줄줄이 주워섬겼던
「梵語계통의 신라吏讀(신라式・漢字어법)」라 함도 이를 일컫는 바였고
「梵語음성학의 頭자음30字母」를 빌어다가
「漢語음운학의 머리통(頭자음◐介모음)」으로 들어앉힌 줄도 모르는
「漢語음운학의 頭자음36字母」로서 줄줄이 주워섬겼다는

그로서가 곧
「漢語계통의 공자필법(중국式・漢字어법)에까지 줄줄이 편승하여
또 다른 갈림길(乐☆권 / 이승◐저승)을 창출하고서 줄줄이 구축시킨 바와 같았던
「梵語계통의 불경화법(신라式・漢字어법 / 한역음사)으로 줄줄이 꿰어 맞추면서
어긋남의 극치에 달한 줄도 모르고 자가당착의 극치에 달한 줄도 모르는

象口形의 입(口)을 앞세우고서(☆) 두 갈래로 갈라 세워버린(丫字形・文王팔괘 / 참조)
「三妄五音(唇舌牙齒喉)과 二頭声母(y / ø / w)로 뒤엉킨 頭자음30字母」를 일컫는 바이고

「三妄☆母音(a·i·e·o·u)과 二頭韻母(y / ø / w)로 뒤엉킨 介모음8字母」로서 축소병합이 거듭된
「음성학표준 / 로마자기준의 기본모음 / 기본자음」을 일컫는 바에 불과함에도 불구하고

宋대(900年~1276年)의 음운학자들에 의해
「漢語음운학의 頭자음36字母」로서 더욱 늘어세우긴 세웠으되
그로서의 기본형식(三妄☆五音 / 二頭◐韻母)이 똑같았던 이 또한
반절어법의 태생적 한계를 뒤집어쓰고서 끝없이 물고 늘어진 그로서의 반면교사에 불과하듯

이와 같았던
梵語음성학의 頭자음30字母를 일컬어 守溫的30字母 또는、中古音30字母라 지칭하는 반면
漢語음운학의 頭자음36字母를 일컫는 바로서도 中古音36字母 또는、中古音이나 中古漢音이라 총칭하는 그로서의 모두에 이르기까지
반절문자(凡干文字) 창출지법을 뒤집어쓴 방언리어(本國俚語) 창출지법에 불과했던
이두필법의 칭명부여(方言 / 칭음)가 거듭되고 삼망화법의 중언부언(俚語 / 언해 / 국역)이 거듭되는 반절어법 / 이두문법의 한역음사 / 漢字풀이 / 漢字언해 / 불경언해 / 한글국역 / 本國俚語 / 방언리어 / 표준국어로까지 끝없이 물고 늘어지는 방언리어 창출지법(이두필법 / 삼망화법)으로 줄줄이 주워섬기는

줄도 모르는 바에 따라서 저절로 왜곡되고 굴절만이 거듭되면서 어긋남의 극치에 달하는 방언리어의 극치로서 집대성을 이룬바에 불과했고 반절어법의 극치로서 동문동궤가 이루어진 바가 다름 아닌

반절어법의 4대영역(4대文明)과 음양역법의 시공간(기원전⇔기원후)에 송두리째 갇혀버린 줄도 모르는 음양팔괘의 가공세계가 창출되고 줄줄이 구축되어버린 바를 뜻하였던 것이다.

그럼에도 또한
중국역대 표준漢語라 칭명부여(方言 / 칭음)가 거듭된 바로서는
문어체(文語體 / 文言文)의 표준漢語와 구어체(口語體 / 犬言犬)의 표준漢音으로서 구분되지만
통상 표준漢語(文言文 / 文語體 ◆ 犬言犬 / 口語體)라 칭하긴 칭하되
반절文字의 漢字조합으로서 이루어지는 반절어법의 표준漢語(文言文 / 文語體)로서는
입안에서만 맴돌지언정 입밖으론 나오지도 못하는
반절어법의 표의체계에 따른 표준漢語(文言文 / 文語體)에 국한되어버린 반면
반절어법의 표음체계에 따른 표준漢音(犬言犬 / 口語體)으로서만 발음하고 발설해야 하는
표준漢音(犬言犬 / 口語體)과 표준漢語(文言文 / 文語體)로서 끝없이 물고 늘어지는

그로서가 곧
서로 다른 동상이몽(異◐文言文)과 이구동성(乎◐犬言犬)의 극치(中☆國)로 뒤엉켜서
어긋남(異◐乎)의 극치(中☆國)에 달한 줄도 모르고 자가당착의 극치(假◐中☆國)에 달한 줄도 모르는
용두사미집단(聖人君子 / 諸子百家、漢族 / 梵族)의 용두사미필법(공자필법 / 불경화법)을 뒤집어쓴
방언리어 창출지법(육서지법 / 漢字어법、반절어법 / 이두문법)을 일컫는 바였던 것이다.

이와 같은 바만을 상세하게 살펴보고 헤아려보더라도
이와 같은 모두에 이르기까지 송두리째 걷어내야만 비로소 만천하에 드러나는 바였던

天地神明의 제작모神工에 따라서
천지조화의 一丸세계를 열어주고(開天 ◇ 十三一命 / 一三十明)
태고(故)를 열어준(開天・開物・成務 ◇ 無所祖述 / 한국고전)
桓因한국의 桓檀제도로서 마주하는 夫東方有國의 유구한 역사와 빛나는 전통에 따라서
후세(桓檀시대 ~BC 7198~3897~2333~ 高麗시대)에까지 이르렀음에도 불구하고
춘추전국시대(周代 / BC 770~221~~~~1443년 겨울)에 이르면서
송두리째 뒤덮이면서(음양팔괘 / 周易 / 예악문장) 몽롱해져버린
桓因한국의 桓檀제도와 한국고유의 諺文체계(한국고전)까지 가지런히 가림토되고
비로소 모두 바로세워진(創制・親制・新制)
「一朝・제작모神工의 훈민정음・신제본 / 신제왈」로서
다시금 후세에 실어전하면서 널리 전언되었음에도
지금에서야 언문해제되고 제자리(桓易之理 / 三一五行)를 되찾은
「훈민정음・풋말3행」 해제 / 참조

그로서의 애초부터

유성근본의 근본줄기(三一五行)를 거스르고서(亦) 쫓는 것도 다르게(異) 뒤엉켜서

어긋남(異◐乎)의 극치(中☆國)에 달하고 자가당착의 극치(假◐中☆國)에 달해버린

漢語계통의 공자필법(중국吏讀)과 梵語계통의 불경화법(신라吏讀)으로서도 뒤엉키고

梵語음성학의 中古漢音과 漢語음운학의 화하韻書로서도 뒤엉켜서

두(◐) 갈래(☆)로 갈라선 줄도 모르고 거꾸로 물구나무서선(丫字形) 줄도 모르는 즉

1).「漢語음운학의 頭자음36字母 창출지법」
원문 / 해제 一覽 / 참조(오른쪽)

梵語음성학의 頭자음◐介모음 / 함축			漢語음운학의 頭자음◐介모음 / 함축					
象口形의 입(口)을 앞세운(☆)		자가당착의 三妄☆五音	12발음부위		清		濁	
梵語계통의 頭자음30字母			古名	今名	全清	次清	全濁	次濁
반절字母	梵語的 이두칭명		漢語的 이두칭명		漢語계통의 頭자음36字母			
幫滂並明	(脣音→唇音)	先頭☆唇音	重唇音	双唇塞音	幫/b	滂/p	並/b	明/m
			轻唇音	唇齿音	非/f	敷/fh	奉/b	微/m
端透定泥来	是舌頭音	舌音	舌頭音	齦塞音	端/d	透/t	定/d	泥/n
知徹澄娘	是舌上音		舌上音	卷舌塞音	知/t	徹/th	澄/d	娘/n
見溪群疑	等字是也	牙音	齒頭音	齒擦音	精/z	清/c	從/dz	
精清從心邪	是齒頭音 [ㅈㅊㅉㅅㅆ]	齒音			心/s		邪/z	
審穿禪照日	是正齒音 [ㅈㅊㅉㅅㅆ]		正齒音	齦腭擦音	照/j	穿/q	牀/dz	
					審/x		禅/z	
		牙音	軟腭塞音		見/g	溪/k	群/g	疑/ng
曉影	是喉中音、清	喉音	声門塞音		影/ng			
匣喻	亦是喉中音、濁		軟腭塞音		曉/h		匣/g	
			硬腭半元音					喻/j
梵語계통의 三妄☆五音・8부위↑→			半舌音	齦边音				来/l
漢語계통의 三妄☆五音・7音 / 12부위↓→			半齒音	齦腭鼻音				日/r

이와 같은 바를 미루어보듯

그로서의 가온(中)에 자리(三一五音)하고 있어야할 상구형의 입(口)을 앞(☆)세우고서 줄줄이 물구나무 서버린(丫字形) 漢語음운학의 중고한음(頭자음 / 介모음속)이란 이두칭명조차도 반절어법 / 음양역법 / 삼망화법의 가짜・머리◐통(頭자음 / 介모음속)만을 앞세우고서 꼬리☆통(몸통)은 오각형(☆)으로 늘어서고 두(◐) 갈래(☆)로 갈라서버린 줄도 모른다 함은 이를 일컫는 것이다.

2). 「漢語계통의 중고한음과 중국음운학의 한어병음 구성도」

원문 / 해제 一覽 / 참조

(음성학표준 / 로마자기준의 기본자음 / 기본모음으로 축소병합이 거듭된 바에 불과함)

三妄☆五行	漢語계통의 中古漢音(頭字音36字母)		中國음운학의 漢語幷音
中<ㅁ>土	脣音 / 진음	帮滂並明 ◆ 非敷奉微	[b]·[p]·[m]·[f]
南<ㅜ>火	舌音 / 설음	端透定泥 ◆ 知徹澄娘来	[d]·[t]·[n]·[l]
西<ㅓ>金	齒音 / 치음	精清從心邪 ◆ 照穿牀審禅日	[j·q·x] / [zh·ch·sh·r] / [z·c·s]
東<ㅏ>木	牙音 / 아음	見溪 ◆ 群疑	[g]·[k]　{ng / ㅇㅇ}↓　h(声門音)↓
北<ㅗ>水	喉音 / 후음	曉影 / 清 ◆ 濁 / 匣喻	二頭声母(y/ø/w)二頭韻母 ± [a·i·e·o·u]

상구형(ㅁ)의 입(口)을 앞(☆)세우고서(脣音順)

3). 오각형(☆)으로 늘어서버린 「中古●漢音의 삼망☆오음圖」

끝없는 사분오열과 이합집산이 거듭된 오각형(☆)의 三妄五音圖 / 三妄五行圖 / 三妄方位圖 相同

		脣·土·中		
喉·水·北		三妄☆五行		舌·火·南
	牙·木·東		齒·金·西	

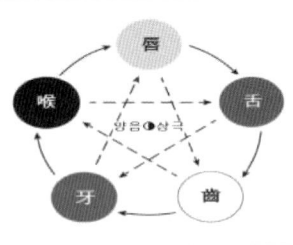

애초부터
태극(一)을 집어삼킨(捨) 음양●상극의 음양☆팔괘로 뒤엉켜서
두(●) 갈래(☆)로 갈라서버린(八字形 / 河圖●洛書 / ㅏ字形)

음양●이두의 삼망☆오행圖 / 참조	양음●이두의 삼망☆오음圖 / 참조

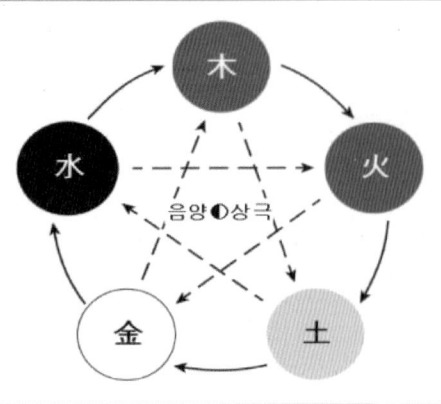  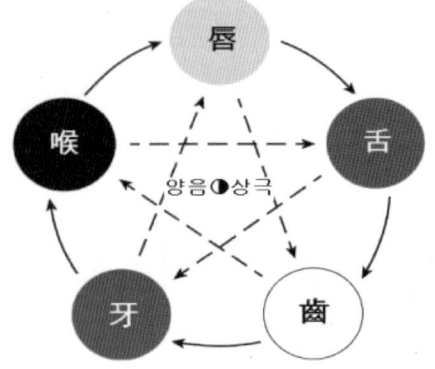

陰●陽
二●頭
二●目

三☆妄
五☆行
五☆音

그로서의 가온(中央 / 脣音 / 中間)에 자리(三一五行)하고 있어야할
상구형(ㅁ)의 입(口)을 앞(☆)세우고서 두(◐) 갈래(☆)로 물구나무서버린(丫字形)

4)。「음성학표준 / 로마자기준의 기본자음 / 기본모음 구성도」

丫字形의 半자음(y / ø / w) ± 삼망☆오음				丫字形의 半모음(y / ø / w) ± 主모음(i·u·e·o·a)			
象口形(ㅁ)의 입(口)을 앞세운(☆) 진음순				조음위치	前舌	中舌	後舌
진음	[b]·[p]·[m]·[f]	ㅂㅍㅁ / 퐁		고모음	[i · y]		[w · u]
설음	[d]·[t]·[n]·[l]	ㄷㅌㄴ / ㄹ		중고모음	[e · ø]		[ɣ · o]
치음	[s·z·c]·[sh·zh·ch]	ㅅㅈㅊ / 쇼쥬츄		중모음		[ə]	
아음	[g]·[k]	h(↓)	ㄱㅋ	ㅎ(↓)	중저모음	[ɛ · œ]		[ʌ · o]
후음	y/ø/w ± a·i·e·u·o	⇔ ng(ㅇ/ㆁ/ㆀ)		저모음	[a · Œ]		[ɑ · ɒ]
음성학표준의 12음소 / 14자음				조음방식	非·圓脣	中脣	非·圓脣
거꾸로 물구나무서버린 丫字形과 마주하는 八字形의 先頭모음(a) ± 坤頭모음(ya / ø / wa)							

음양상극의 반절韻母로부터 줄줄이 불거지면서 두(◐) 갈래(☆)로 뒤엉켜버린

5)。「동서◐언어 / 계통의 기본모음 구성도」

원문 / 해제 一覽 / 참조

이두칭명의 日名·모음절	半모음(y / ø / w)半자음			主모음(a·i·e·o·u)				
	陽韻母	零韻母	陰韻母	·捨ㅏ	ㅣ韻중첩	母音축	ㅗ韻	ㅜ韻
로마字 기본모음	i·y [이]	ø [變]	w·u [우]	a	i / y / j	e[變]ɯ	o	u
중국어 기본모음				a	e(ㅓㅔ)e	i[變]ɯ	o	u
일본어 기본모음				a	i / y / j	u[變]ɯ	e	o
조선어 기본모음	ㅣ韻	상[◐]극	一韻	ㅏ	ㅓ	ㅣ變一	ㅗ	ㅜ

이와 같은 모두에 이르기까지 송두리째 걷어내고서
천지자연의 근본법칙까지 가지런히 가림토되고 비로소 모두 바로세워진(創制)

「언문성음 / 체계의 중성凡11字 · 제작모神工」

언문 / 해제 一覽 / 참조

一朝	天 / 一	地 / 二	人 / 三	上	外	中央	下	內
제작모神工	一 / 上	陰 / 中	陽 / 下	北	東	中原	南	西
중성凡11字	·	ㅡ	ㅣ	ㅗ	ㅏ	(十)	ㅜ	ㅓ
三字八聲				ㅛ	ㅑ		ㅠ	ㅕ

춘추전국시대(周代 / BC 770~221~)에 이르면서 줄줄이 뒤바뀌어버린
거두절미법칙(음양이치 / 반절어법)의 용두사미필법(이두필법 / 삼망화법)으로 뒤엉켜서
동문동궤가 이루어진 바와도 같았고 중간에 똬리를 틀고 들어앉아버린 바와도 같았던

「음양팔괘(복희◐팔괘 / 文王◐팔괘)의 가공세계 창출지법」

원문 / 해제 一覽 / 참조

桓因한국의 桓易之圖(윷판 / 同)를 집어삼키고서 음양◐상극으로 뒤엉켜버린 복희팔괘의 河圖 및 이합집산이 거듭되어버린 文王팔괘의 洛書 참조	태극(一)의 질서(三・十)를 집어삼킨(捨陰陽) 음양화신의 머리◐통과 꼬리☆통으로 갈라서버린 음양◐이두의 三妄五行圖 및 三妄五音圖 참조

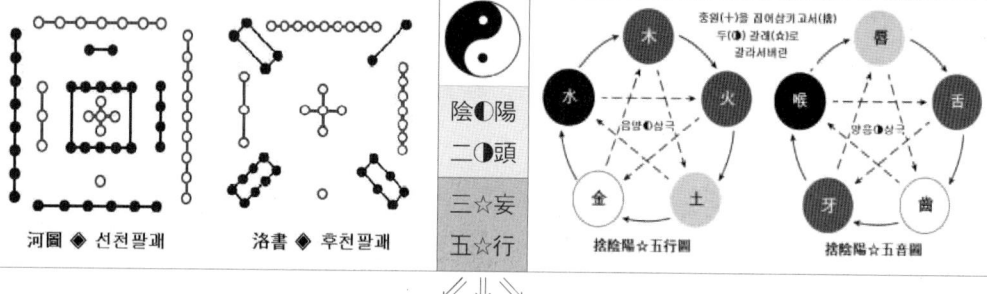

| 河圖 ◆ 선천팔괘 | 洛書 ◆ 후천팔괘 | 陰◐陽 二◐頭 三☆妄 五☆行 | 捨陰陽☆五行圖 | 捨陰陽☆五音圖 |

⇙⇓⇘

| 공◐자를 섬기는 유교☆집단의 공자필법과 유교경전의 漢字언해로서 집대성을 이룬즉、禮樂文章 |
| 부◐처를 섬기는 불교☆집단의 불경화법과 불교경전의 불경언해로서 집대성을 이룬즉、예악문장 |
| 聖◐人을 섬기는 三妄☆집단의 삼망화법과 학습경전의 경전언해로서 집대성을 이룬즉、예악문장 |
| 華◐夏를 섬기는 慕華☆집단의 이두필법과 관습경전의 漢字언해로서 집대성을 이룬즉、禮樂文章 |

⇙⇓⇘

중원(十)을 뒤집어써버린 假中國	무주구천의 망극세계	태양◐중심의 地動說과 天文學
두(◐) 갈래(☆)로 갈라서버린 異乎中國	무주공산의 인간세상	지구◐중심의 天動說과 人文學
중국(☆)을 뒤집어써버린 佛國◐天國	극락왕생의 사후세계	人間☆중심의 환생說과 창조說

이와 같은 모두가
애초부터 태극(一)을 집어삼키고서(捨) 중원(十)을 뒤집어써버린(반절어법 / 周易 / 음양역법)
음양◐상극의 음양☆팔괘와 음양☆오행으로 뒤엉켜서 창출이 거듭되고 줄줄이 구축되어버린
음양팔괘의 가공세계 창출지법(周易)과 마주하는 반절문자 및 방언리어 창출지법(六書之法)의 시조(肇
禮樂文章之祖)로서 줄줄이 등극된 바가 다름 아닌、이두필법의 이두칭명에 불과한 「공◐자 / 부◐처 /
聖◐人 / 華◐夏」를 앞세우고 줄줄이 잇따르는 용두사미집단의 용두사미필법을 비롯하여
「(夏代의) 복희◐팔괘(河圖)와 (周代의) 文王◐팔괘(洛書)」였던 것이다。

제6장。 삼망화신의 창조신화 창출지법
1。 원문 / 해제

삼망화신(三妄化身)의 창조신화(創造神話)라 함은
만인(人) 만물(物) 모두가 처음부터 타고나는 삼진(三眞曰・性命精)을 져버린(捨) 줄도 모르고
어둠(地)의 세상(獄)을 헤매다가 삼망(三妄曰・心氣身)이 착근되고 잉태된 줄도 모르는
무주공산의 인간세상으로 전락된 바로부터 진망대작삼도(眞妄對作三途)를 불러일으키는 삼망화신의 삼망화법, 음양화신의 음양역법, 반절화신의 반절어법을 뒤집어쓰고서 줄줄이 다시 태어나는 줄도 모르는 천지◐귀신☆집단(용두사미집단 / 인조인간집단)의 창조신화 창출지법을 일컫는 바와 같은 것이다.

애초부터
태극(一)을 집어삼킨(捨) 음양◐상극의 음양☆팔괘와 음양☆오행으로 뒤엉켜서 음양팔괘의 가공세계(假中國 / 異乎中國)가 창출되고 줄줄이 구축되어버린 가중국(假中國)의 가짜(假字)를 빌어쓰고 변통을 거듭하는 이호중국(異乎中國)의 방언리어 창출지법에 따라서 무한대로 창출되고 축적이 거듭된 바에 불과한 「오동방・예악문장(사서오경 / 삼강오륜, 이두필법 / 삼망화법)의 봉건제도(慕華제도 / 骨品제도)에 대한 시조(肇禮樂文章之祖)」로까지 줄줄이 등극되어 있는 「이두칭명의 공◐자 / 부◐처 / 聖◐人 / 華◐夏」 등등을 앞세우고 줄줄이 잇따르는 아래와 같은 모두가 거두절미법칙의 용두사미필법으로 뒤엉켜서 자가당착의 극치에 달한 바와 같았던 것이다.

공◐자를 섬기는 유교☆집단의 공자필법과 유교경전의 漢字언해로서 집대성을 이룬즉、禮樂文章		
부◐처를 섬기는 불교☆집단의 불경화법과 불교경전의 불경언해로서 집대성을 이룬즉、예악문장		
聖◐人을 섬기는 三妄☆집단의 삼망화법과 종교경전의 경전언해로서 집대성을 이룬즉、예악문장		
華◐夏를 섬기는 慕華☆집단의 이두필법과 관습경전의 漢字언해로서 집대성을 이룬즉、禮樂文章		
∥⇓∖		
중원(十)을 뒤집어써버린 假中國	무주구천의 망극세계	태양◐중심의 地動說과 天文學
두(◐) 갈래(☆)로 갈라서버린 異乎中國	무주공산의 인간세상	지구◐중심의 天動說과 人文學
중국(☆)을 뒤집어써버린 佛國◐天國	극락왕생의 사후세계	人間☆중심의 환생說과 창조說

이와 같은 모두가
桓因한국의 桓檀제도로서 모두 구비되고 언문성음의 자방고전(한국고전◇訓民正音)으로서 만세에 실어 전한 夫東方有國의 유구한 역사와 빛나는 전통(開天・開物・成務)에 따라서 후세에까지 이르렀던 모두에 이르기까지 송두리째 집어삼키고서(捨) 두 갈래로 갈라세워버린 중간에 머리를 틀어박고 줄줄이 물구나무서버린 용두사미집단 / 천지귀신집단의 가공세계에 송두째 갇혀버린 바를 뜻하였던 것이다.

이른바
춘추전국시대의 용두사미필법(이두필법 / 삼망화법、공자필법 / 불경화법)으로 뒤엉켜서 동문동궤가 이루어진 줄도 모르는 방언리어 창출지법으로 줄줄이 주워섬겼던 바에 불과한
「고조선의 단군신화」에서 주로 언급된 「삼위태백(三危太伯)과 천부삼인(天符三印)」이란 이두필법의 이두칭명으로 둔갑된 바로부터도 어긋남의 극치와 자가당착의 극치에 달한 바와도 같았고
무한대(一捨◐음양 / 자가☆당착)의 가공세계가 창출되고 줄줄이 구축된 바와도 같았던 즉

1)。이두칭명으로 둔갑된 삼위태백(三危太伯)

원문 / 해제

三危太伯	중국의 三危山과 고조선의 太伯山으로 갈라세운 용두사미필법의 이두칭명(同音俚語)
三危山 삼위산	중국의 盤古신화와 음양팔괘의 가공세계로 창출된 인간세상의 모태산으로 틀어박힘
	신라의 麻姑신화와 불교집단의 가공세계로 창출된 삼라만상의 모태산으로 틀어박힘
	고조선의 檀君신화와 天符三印 / 三危太伯으로 뒤엉킨 고조선의 모태산으로 틀어박힘
太伯山 태백산	삼위태백의 [太伯]에서 [太伯山 / 太白山 / 白頭山]으로까지 둔갑이 거듭된 줄도 모르듯이
	태백산꼭대기◐신단수아래로 뒤엉킨 단군조선의 모태산으로 둔갑시킨 바가 용두사미필법

天地神明의 제작모神工에 따라서 태고(故)를 열어준(開天・開物・成務) 桓因한국의 桓檀시대 一覽 / 참조		춘추전국시대의 용두사미필법에 따라서 어긋남의 극치와 자가당착의 극치에 달해버린 고조선의 檀君시대 참조 / 대비	
桓因 <帝位> 檀因 <BC 7198> 韓國시대		桓因 <할아버지、祖◐父 ◆ 天帝> 桓國	
桓雄 <帝位> 檀雄 <BC 3897> 神市시대		桓雄 <아버지、父◐子 ◆ 天王> 倍達國	
桓儉 <帝位> 檀儉 <BC 2333> 神人시대		檀君 <아들、子◐孫 ◆ 天孫> 朝鮮	

桓因한국의 桓檀제도로서도 대변되는 三位太伯과 마주하는 三伯五加 해제 / 참조		서로 다른 머리◐통과 꼬리☆통으로 뒤엉켜버린 이두칭명의 삼위태백과 삼백오가로 둔갑된 즉	
三位太伯	전환 ◇ 三位一神 / 三神一位 등	三危太伯	삼위산 ◆ 태백산 [三位太伯] 꿀꺽
삼위	전환 ◇ 三神 / 三極 / 三伯 등	삼위산	三位에서 둔갑된 三危山 자가☆당착
태백	전환 ◇ 一位 / 一神 / 太極(一) 등	태백산	太伯에서 둔갑된 太白山 / 白頭山
三伯五加	전환 ◇ 三神五帝 / 三一五行 등	三伯五加	三皇五帝 ◆ 三綱五倫 ◆ 三妄五行
삼백	太伯(一)・河伯(二)・風伯(三)	삼백(◐)	風伯・雨師 / 雲師 [太伯 / 河伯] 꿀꺽
오가	전환。五帝 / 五靈 ◇ 五行 / 五音 등	오가(☆)	牛・馬・狗・猪・鷄 五畜☆五家☆五事
天夫人	삼위태백의 太伯(桓檀帝位)	天符印	[天符三印 / 칼・거울・방울]로 둔갑
天夫三人	삼위태백의 三位(桓檀聖帝之位)	天符三印	이두칭명의 天符三印 / 天符印 / 天符經
三七一	생명탄생의 근원근본(三七一生 / 則)	三七日	21日만에 곰에서 웅녀로 둔갑된 곰족
神檀樹	神人檀帝의 本位 / 눈높이(△) 함축	神壇樹	태백산 꼭대기 / 上◐下 / 신단수 아래

2). 중국의 **盤古**신화와 고조선의 **檀君**신화 창출지법
원문 / 해제 一覽 / 참조

중국의 三危山 ◆ 고조선의 太伯山 ◆ 모태산	고조선의 건국신화에서 주로 언급된 「삼위태백(三危太伯)」이라 함은, 「桓因한국의 桓檀제도 다름 아니었던 삼위태백(三位太伯)의 桓檀제도」를 뜻하는 바였음에도 불구하고, 「반드시 두 갈래로 갈라세우는 이두칭명(同音俚語)의 삼위태백(三危太伯)」으로 둔갑시킨 바로부터 「중국의 三危山과 고조선의 太伯山」으로 갈라 세워버린 거두절미법칙의 용두사미필법에 따라서 무한대의 가공세계가 창출되고 줄줄이 구축된 줄도 몰랐던 그로서의 모태산을 일컫는 바와 같았던 즉 ◇ 三危山은 중국의 반고신화 / 음양무리 / 인조인갑집단 등의 모태산으로 들어앉힘 ◇ 太伯山은 고조선의 단군신화 / 반도조선 등의 모태산으로까지 둔갑이 거듭됨
三危山 삼위산 ◆ 拉林洞窟 랍림동굴 ◆ 모태동굴	소위, 반고씨(盤古死身)의 두 눈(二◉目)으로부터 줄줄이 창출되었다던 「음양팔괘의 가공세계를 넘나들었던 인조인간집단 / 12동물집단」들을 줄줄이 거느렸다는 「중국시조·문명시조·인류시조」로까지 소급이 거듭된 그로서의 진원지로서 거명되었던 「삼위산의 랍림동굴」이라 함은, 중국의 반고신화, 신라의 마고신화, 고조선의 단군신화 및 三妄집단 / 慕華집단의 三妄신화 / 창조신화로서 줄줄이 창출되었던 그로서의 모태동굴을 일컫는 바와 같았던 즉 애초부터 태극(一)의 질서(三·十)를 집어삼키고서(捨) 두 갈래로 갈라선 음양이치의 반절어법과 음양팔괘의 음양역법을 뒤집어쓰고서 줄줄이 다시 태어난 줄도 모르는 음양무리 / 三妄무리(漢族◐梵族、모계族◐부계族) 등의 모태동굴로 틀어박힌 바를 뜻함

중국의 반고신화와 고조선의 단군신화 창출지법 등등의 가짜·머리◉통과 꼬리☆통으로 뒤엉켜서
음양팔괘의 가공세계가 창출되고 줄줄이 구축된 줄도 모른다 함은 이를 일컫는 반면
天地神明의 제작모神工에 따라서
천지조화의 一丸세계를 열어준(開天 / 開物) 桓因한국의 桓檀제도를 대변함과 같았던

3). 삼위태백(三位太伯)과 마주하는 삼백오가(三伯五加)
원문 / 해제

三位太伯	만물소통의 성통공완을 이룩하고 지극(三)에 因(一)한 三位太伯은 桓檀帝位로 전환
三位	[삼위]는 三一법칙에 따라서 셋(三)으로 나뉘어 자리(一)하는 天地人·三神之位 / 同
太伯	[태백]은 삼백(太伯·河伯·風伯)의 으뜸(一)을 뜻하는 즉、天地人·三神一位 / 同
이와 같은 환단제위의 삼위태백(三位太伯)과 마주하는 바가 곧、군령제철의 삼백오가(三伯五加)	
三伯五加	三位太伯의 桓檀제도와 마주하는 三伯五加의 諸侯제도를 뜻함
三伯	[삼백]은 삼백의 [太伯·河伯·風伯]을 뜻하는 즉、셋(三)으로 나뉘어 자리(一)함과 同
五加	[오가]는 삼백과 마주하는 五加무리를 뜻하는 즉、三易之理의 三一五行과 서로 마주함
군령제철(郡靈諸哲)의 호위 속에서 대길상을 내리고 대광명을 발하는 天神國의 一丸세계 창조(三一神誥)	

춘추전국시대의 용두사미필법에 따라서
이두필법의 칭명부여(方言/칭음)가 거듭되고 삼망화법의 중언부언(俚語/언해/국역)이 거듭되는
방언리어의 극치(肇禮樂文章之祖)로서 집대성을 이루고 공동운명체를 이룬바에 불과했던
4)。복희●팔괘와 文王●팔괘의 가공세계 창출지법

원문 / 해제 一覽 / 참조

(복희팔괘・八字形 / 一捨●음양 / 丫字形・文王팔괘로 뒤엉킴)

가짜(假字)	一	二	三	四	五	六	七	八
음양☆팔괘	乾	兌	離	震	巽	坎	艮	坤
자연(自然)	天	澤	火	雷	風	水	山	地
성정(性情)	健	悅	麗	動	入	陷	止	順
가족(家族)	父	少女	中女	長男	長女	中男	少男	母
동물(動物)	馬	羊	雉	龍	雞	豕	狗	牛
신체(身體)	首	口	目	足	股	耳	手	腹
음양☆오행	陽金	陰金	火	陽木	陰木	水	陽土	陰土
선천☆팔방	西北	西	南	東	東南	北	東北	西南
후천☆팔방	南(夏)	東南	東	東北	西南	西	西北	北(華)
사상(四象)	太陽		少陰		小陽		太陰	
양의(兩儀)	陽			相/●/剋			陰	
무극●태극	거꾸로 물구나무선 인간세상 / 반절어법 / 음양역법의 가짜・머리●통으로 자가☆당착							

불능달의 周易과 반절어법의 태생적한계를 뒤집어쓰고서
5)。거꾸로 물구나무서버린 「한글맞춤법의 한글10모음 구성도」

원문 / 해제 一覽 / 참조(丫字形)

대표漢字	何	也	於	余	吾	要	牛	由
이두칭음	아	야	어	여	오	요	우	유
반절모음	ㅏ	ㅑ	ㅓ	ㅕ	ㅗ	ㅛ	ㅜ	ㅠ
팔괘☆형식	陽韻 / 양운		陰韻 / 음운		陽韻 / 양운		陰韻 / 음운	
이두운모	應 / 終聲不用(응 / 거두절미)				伊 / 只用中聲(이 / 구결용 ㅣ)			
이두칭음	으				이			
坤頭모음	ㅡ				ㅣ			
음양●상극	陰韻母 / 음운모		相/●/剋				陽韻母 / 양운모	
一捨●음양 (반절어법) 태극●무극	애초부터 태극(一)을 집어삼켜버린 음양●상극의 음양☆팔괘로도 뒤엉키고 남북●상극의 동서☆남북으로도 뒤엉켜서 음양팔괘의 가공세계가 창출되고 구축된 불능달의 周易을 뒤집어쓰고서 거꾸로 물구나무서버린 줄도 모르는 바가 곧 이미 두 갈래로 갈라서버린 漢字어법(上)과 한글어법(下)으로도 대변됨과 같았던 것이다							

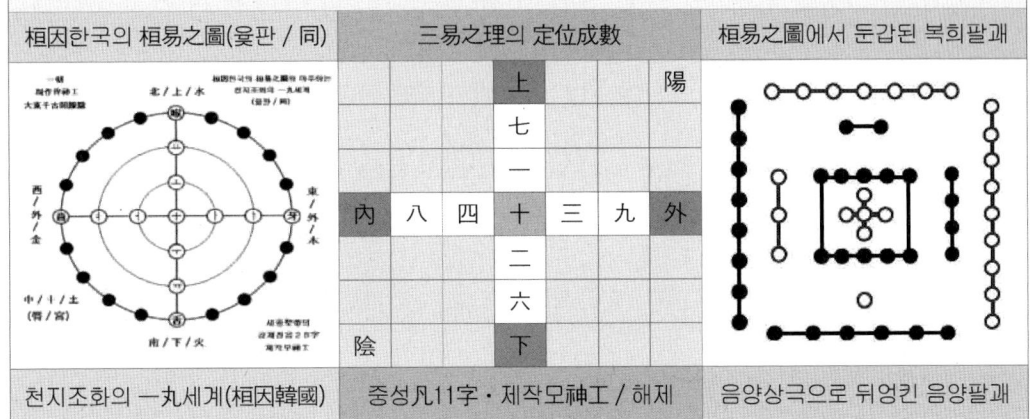

이와 같은
桓因한국의 桓易之圖(左)로서는 우리모두가 누천년 동안 즐겨하는 윷놀이의 윷판으로만 알고 있었지만
훈민정음・푯말 3 행을 위시함으로서 저절로 밝혀지고 만천하에 드러나는 바였던

天地神明의 제작모神工에 따라서
천지조화의 一丸세계를 열어주고(開天 ◇ 十三一命 / 一三十明 ◇ 개천절에 함의된 정의)
태고(故)를 열어준(開天・開物・成務 ◇ 無所祖述 / 桓檀제도) 이래
후세(周代 / BC 770~221~~~~1443년~~今)에 이르면서
송두리째 뒤젚이고(음양팔괘・周易 / 예악문장) 몽롱해져버린
桓因한국의 桓檀제도와 한국고유의 諺文체계(한국고전)까지 모두 바로세워진
一朝・제작모神工의 훈민정음・신제본 / 신제왈로서
다시금 후세에 실어전하면서 널리 반포되었던
언문성음의 글자체계와 정음체계의 중성凡11字・제작모神工에 모두 함축되고 구비된
桓易之理의 三一五行과 三易之理의 定位成數로서는 중앙에 자리하고 있는 바와 같았던 반면

춘추전국시대의 용두사미필법과 방언리어의 극치(肇禮樂文章之祖)로 줄줄이 주워섬기면서
무한대로 창출되고 축적이 거듭된 바에 불과했던
오동방・예악문장의 시조(공●자 / 부●처 / 聖●人 / 華●夏)로 떠받들고 줄줄이 잇따르면서
중국시조・문명시조・인류시조로까지 등극시켜버린 복희●팔괘의 河圖와 文王●팔괘의 洛書 모두가
桓因한국의 桓易之圖(윷판 / 同)에서 둔갑이 거듭된 바에 불과했음에도 불구하고

복희(天皇)씨가 음양역법(周易)의 음양팔괘(河圖)를 처음으로 그렸고 文敎의 文明이 열렸다는
황당무계한 중국시조・문명시조 및 慕華집단 / 三妄집단 / 용두사미집단의 시조로까지 등극된 그조차도
애초부터 태극(一)을 집어삼킨(捨) 음양☆화신의 음양●상극으로 뒤엉킨 바에 불과한 것이었다.

이와 같은
춘추전국시대의 용두사미필법과 방언리어의 극치로서 줄줄이 주워섬겼던 바에 불과한
불능달의 周易과 방언리어(本國俚語) 창출지법(六書之法 / 漢字어법)을 뒤집어쓰고서
끝없이 물고 늘어지는 바에 불과했고 대대손손 대물림되는 줄도 모르는

2。 중국의 반고신화(盤古神話) 창출지법
1). 원문 / 해제

이두필법의 이두칭명		삼망화법의 한역음사 / 漢字풀이、한글국역 / 本國俚語 모두가 但방언리어
		삼극(三一)의 정의로서 간략하게 압축되고 풀어지는 한국고유의 諺文체계 참조
盤古	반고	이른바 춘추전국시대의 용두사미필법에 따라서 반드시 두(◐) 갈래(☆)로 갈라세우는
쟁반(盤) 위의 옛날(古)		이두필법의 칭명부여(方言 / 칭음)에 불과한 [반고]라 함은、[쟁반(盤) 위의 옛날(古)]로 직역되는 바에 불과함에도 불구하고、천지창조의 창조자(神)로까지 둔갑을 거듭시켜버린 거두절미법칙의 용두사미필법으로 줄줄이 주워섬기면서 무엇을 얻고자 하는지도 몰랐던 [천지◐귀신☆집단 / 용두◐사미☆집단.]들이라 총괄 / 총칭한 바가 곧、[애초부터 태극(一)을 집어삼켜버린 음양상극 / 남북상극으로 뒤엉킨 華◐夏를 섬기는 慕華☆집단]이나 [聖◐人을 섬기는 三妄☆집단] 모두가 포괄되는 즉、東西文明의 인류모두가 포괄됨을 뜻하는 것이다
神話	신화	그럼에도 또한
귀신(神)들의 이야기(話)		이두필법의 칭명부여(方言 / 칭음)에 불과한 [신화]라 함은、[귀신(神)들의 이야기(話)]로 직역되는 바에 불과하듯、어둠(地)의 세상(獄)을 헤매다가 三妄(心氣身)이 착근되고 잉태된 줄도 모르는 三妄化身의 입(口)을 앞세우고서(☆) 줄줄이 물구나무서버린(丫字形) 바와 같았던 삼망무리의 삼망화법과 음양무리의 이두필법으로 뒤엉켜서 따리를 틀고 들어앉아버린 줄도 모르는 즉、[음양팔괘의 가공세계 창출지법(周易)을 뒤집어쓴 반절문자 및 방언리어 창출지법(六書之法)]이 곧、[三妄집단 / 慕華집단의 창조신화 / 가공세계 창출지법]이었던 모두가 [가중국의 가짜(假字)를 빌어쓰는 방언리어 창출지법]에 불과한 것이었다

이와 같은
반고씨가 죽고난 사신(死身)의 두 눈(二◐目)으로부터 음양팔괘(복희◐팔괘 / 文王◐팔괘)의 가공세계가 창출되고 줄줄이 구축되었다던 중국의 반고신화를 뒤집어쓰는 그 즉시、반고사신(盤古死身)의 두 눈(二◐目)을 빌어달고서 줄줄이 다시 태어나는 줄도 모르는 바가 곧、애초부터 태극(一)을 집어삼켜버린 음양◐상극 / 남북●상극으로 뒤엉킨 「華◐夏를 섬기는 慕華☆집단이나 聖◐人을 섬기는 三妄☆집단」으로 줄줄이 전락되는 줄도 모르는 바를 뜻하였던 것이다.

중국의 반고신화(盤古神話)

> 육서지법의 漢字어법을 뒤집어쓴 방언리어 창출지법에 불과한 줄도 모르는
> 2)。이두문법 / 한글어법의 위키백과 참조 / 대비

반고(盤古)는 중국 신화에서 나오는 천지개벽의 창세신이다. 반고에 대한 기술은 「吳나라(3세기)」의 오정이 쓴 《三五歷紀／삼오역기》에 등장한다. 삼오역기에선 천지가 생기기 이전에 알 속의 내용과 같이 혼돈된 상태에서 반고가 출현했다고 기록하고 있는 반면
「梁나라(4세기후반)」의 임방이 쓴 《述異記／술이기》에선 천지의 형태가 만들어진 뒤 반고는 죽어 그 시체로부터 만물이 생성되었다고 적고 있다.
가령 반고의 왼쪽 눈으로부터는 태양이 오른쪽 눈으로부터는 달이 머리와 몸으로부터는 중국의 오악(다섯개의 산)이 생겨났다고 한다.

반고는 천지창조의 신이기 때문에
연대로짐작하면 인류를 창조한 복희·여와보다 이전에 존재한 것이 된다. 그러나 문헌이나 고찰 등으로 반고의 존재가 언급된 것은 전한대(前漢代)의 《史記／사기》나 후한대(後漢代)의 《風俗通義／풍속통의》 등으로 삼황오제가 거론되었던 시대보다 훨씬 후대의 일이다.

중국 신화에서 천지를 창조했다고 하는 반고(盤古)'와 한국의 마고(麻姑)신화는 비슷한 이름으로 연관된 신화에서 전래된 것으로 말하기도 하지만 한자가 다르듯 의미도 전혀 다르다. 한국에서는 단순히 노파라는 뜻으로 쓰이기도 하고 제주에서는 묻혀 죽은 노파라는 뜻에서 매고(埋姑)할망'이라고 불리게 되었다는 전설도 있어 토착신화로 분류된다. 한국의 마고는 전해오는 전설이 곳곳에 남아 있으며 주로 내기를 하여 성을 쌓거나 산을 옮기고 맨발로 바다를 건너는 거인이나 신선으로 묘사되어 있다. 노고할미 선문대할망 같은 할머니 전설이 그 부류에 해당한다.

이와 같은
중국의 반고신화를 뒤집어쓰는 그 즉시
반고씨가 죽고난 사신(死身)의 두 눈(二◑目)을 빌어 달고서 줄줄이 다시 태어나는 줄도 모르는 바가 곧 육서지법의 漢字어법과 자가당착의 한글어법으로 줄줄이 주위섬기면서 저절로 눈과 귀가 멀어버린 줄도 모르는 바를 뜻하고、무엇을 얻고자 하는지도 모르는 천지귀신집단으로 줄줄이 전락되는 바를 뜻할 뿐만 아니라、불능달의 周易을 뒤집어쓴 방언리어 창출지법에 불과한 줄도 모르는 반절어법 / 이두문법의 어문규정(한글맞춤법 / 표준어규정)으로 줄줄이 주위섬기면서 대대손손 대물림 될터이지만、그로서의 가짜·머리통을 송두리째 거머쥐고 있는 반고사신의 두 눈(二◑目)을 빌어 달고서 줄줄이 다시 태어나는 음양무리 / 삼망무리、삼망집단(식자집단 / 이두집단 / 종교집단)이라 함은 이를 일컫는 것이다。

3。 신라의 마고신화(麻姑神話) 창출지법

1)。 원문 / 해제

이두필법의 이두칭명	삼망화법의 한역음사 / 漢字풀이、 한글국역 / 本國俚語 모두가 但방언리어
	삼극(三一)의 정의로서 간략하게 압축되고 풀어지는 한국고유의 諺文체계 참조
麻姑 / 마고	이두필법의 칭명부여(方言 / 칭음)에 불과한 [마고]라 함은 이두필법의 이두칭명(麻姑 / 마고)에 불과하고 삼망화법의 중언부언(마고할미 / 마고선녀 / 地母神)이 거듭되면서 어긋남의 극치에 달한 바에 불과함에도 불구하고、[세상을 만든 여신]으로까지 등극시켜버린 모두가 거두절미법칙의 용두사미필법으로 줄줄이 주워섬겼던 바에 불과한 즉、춘추전국시대의 용두사미필법을 뒤집어쓰고서 줄줄이 다시 태어난 줄도 모르는 [공◐자를 성기는 유교☆집단이나 부◐처를 성기는 불교☆집단] 모두가 [서로 다른 용수사신의 머리◐통과 꼬리☆통]으로 뒤엉켜서 어긋남의 극치와 자가당착의 극치에 달해버린 [용두◐사미☆집단이나 인조◐인간☆집단]으로 줄줄이 전락된 줄도 모르는 바에 불과하듯
[반고]와 유사한 [마고]이듯 ◆ 불경화법의 한역음사	
神話 / 신화	애초부터 태극(一)을 질서(三・十)를 집어삼키고서(捨) 두(◐) 갈래(☆)로 갈라서버린 음양이치의 반절어법과 음양팔괘의 음양역법을 뒤집어쓰고서 줄줄이 다시 태어난 줄도 모르는 [천지◐귀신☆집단] 들의 이야기(話)에 불과했던 바가 곧、위아래와 같은 모두가 포괄되는 바였던 것이다

춘추전국시대(周代 / BC 770~221~)로부터 줄줄이 들고 일어섰던
용두사미집단의 용두사미필법과 방언리어의 극치(肇禮樂文章之祖)로 줄줄이 주워섬기면서
무한대로 창출되고 축적이 거듭된 바에 불과했던

「용두사미집단의 예악문장과 무한대의 가공세계 창출지법」

원문 / 해제 一覽 / 참조

공◐자를 성기는 유교☆집단의 공자필법과 유교경전의 漢字언해로서 집대성을 이룬즉、 禮樂文章
부◐처를 성기는 불교☆집단의 불경화법과 불교경전의 불경언해로서 집대성을 이룬즉、 예악문장
聖◐人을 성기는 三妄☆집단의 삼망화법과 종교경전의 경전언해로서 집대성을 이룬즉、 예악문장
華◐夏를 성기는 慕華☆집단의 이두필법과 관습경전의 漢字언해로서 집대성을 이룬즉、 禮樂文章

⇙⇓⇘

중원(十)을 뒤집어써버린 假中國	무주구천의 망극세계	태양◐중심의 地動說과 天文學
두(◐) 갈래(☆)로 갈라서버린 異乎中國	무주공산의 인간세상	지구◐중심의 天動說과 人文學
중국(☆)을 뒤집어써버린 佛國◐天國	극락왕생의 사후세계	人間☆중심의 환생설과 창조설

신라의 마고신화(麻姑神話)

> 육서지법의 漢字어법을 뒤집어쓴 방언리어 창출지법에 불과한 줄도 모르는
> 2). 이두문법 / 한글어법의 위키백과 참조 / 대비

마고(麻姑)는 '마고할미', '마고선녀' 또는 '지모신(地母神)'이라고도 부르는 할머니로 혹은 마고할망이라고도 한다. 한국에서는 주로 무속신앙에서 받들어지며, 전설에 나오는 신선 할머니이다. 새의 발톱같이 긴 손톱을 가지고 있는 할머니로 알려져 있다.

옛말에 마고가 긴 손톱으로 가려운 데를 긁는다는 뜻으로, 바라던 일이 뜻대로 잘됨을 이르는 말로 마고소양(麻姑搔癢)이라 하는데 이때 한자로 마고(麻姑)라고 적듯이 예부터 전해오는 전설 속의 노파(老婆)를 의미하기도 한다. 이처럼 한국의 전설과 설화에는 마고에 얽힌 신화가 많다. 또 중국에서도 마고에 얽힌 신화가 많다.

세상을 만든 거대한 여신 마고의 이야기가 제주도를 비롯 전국에 산재해 있다. 단군과 내기를 하여 성을 쌓아 만들고 또는 엄청나게 거대한 마고가 움직이는 대로 산과 강, 바다, 섬, 성들이 만들어졌다는 전설이 내려온다.

박제상이 저술하였다고 알려져 있는 부도지에는 마고성과 함께 탄생한 '한민족의 세상을 창조한 신'으로 설명되어 있기도 하다. 그래서 단군과는 별개로 한민족 창세신화의 주인공으로 알려진 할미이다.

이와 같은
신라의 마고신화도 마찬가지로서
삼망집단(식자집단 / 이두집단 / 종교집단)의 가공세계를 넘나들면서 어긋남의 극치에 달한 줄도 모르고 자가당착의 극치에 달한 줄도 모르는 방언리어의 극치로서 집대성을 이루어 놓았던 바에 불과하고 반절어법의 극치로서 동문동궤가 이루어진 바에 불과한
인류문명이나 인간세상의 그 어떠한 신화라 할지라도 천지귀신집단들의 이야기(話) 놀음에 불과하지만 삼망신화를 뒤집어쓰는 그 즉시, 앞서 언급된 바와 똑같은 음양무리 / 삼망무리, 삼망집단 / 인조인간집단 / 용두사미집단 / 천지귀신집단으로 줄줄이 전락되어 두 번 다시 돌이킬수 없는 천길 낭떠러지로 굴러떨어진 줄도 모르게 되는 것이다.

4. 고조선의 단군신화(檀君神話) 창출지법
1). 원문 / 해제

이두필법의 이두칭명		삼망화법의 한역음사 / 漢字풀이、한글국역 / 本國俚語 모두가 但방언리어
		삼극(三一)의 정의로서 간략하게 압축되고 풀어지는 한국고유의 諺文체계 참조
古	고	애초부터 태극(一)을 집어삼킨(捨) 음양이치의 반절어법과 음양팔괘의 가공세계 창출지법을 뒤집어쓴 줄도 모르는 바에 따라서 저절로 3등분(上古・中古・近古)된 상고(上古)라 칭하기도 하지만、불능달의 주역(周易)과 육서지법의 漢字어법을 뒤집어쓴 중국의 역대(夏朝~周代~漢朝)가 비롯되는 춘추전국시대(周代 / BC 770~221)가 [上古시대]로 구분되기 때문에 [고조선의 단기원년(BC 2333)]이라 일컫는 이조차도 이로부터 소급이 거듭된 바에 불과한 즉、글자 그대로 이미 두 갈래로 갈라서버린 [음양팔괘의 가공세계와 음양역법의 시공간(기원전⇔기원후 / 卐☆卍)]에 송두리째 갇혀버린 줄도 모르다 함도 이를 뜻하듯
	예 / 옛	
둔갑	盤古 ◆ 上古 中古 近古	
朝鮮	조선	조선에서는 [아침 / 朝 / 조]字로 쓰였던 반면、중국에서는 [나라 / 朝 / 조]字로 쓰였던 바가 곧、[서로 다른 용두사미필법의 머리●통과 꼬리☆통]으로 뒤엉켜서 끝없이 물고 늘어지는 용두사미필법의 대명사로서 줄줄이 등극된 줄도 모르는 즉、[중국의 漢字어법을 뒤집어쓴 조선의 漢字어법]을 일컫는 바에 불과한 [용두사미필법의 머리●통과 꼬리☆통]으로 뒤엉켜버린 바를 뜻하였던 것이다
아침(朝)나라 생선(鮮)무리		
檀君	단군	이른바、[지극(三一)에 因(一)함으로서 하늘(一)이 내린(三・朝) 桓檀聖帝之位]를 뜻하는 [신인단제(神人檀帝)]에서 「이두칭명의 단군(檀君)으로 둔갑되고 고조선 / 단군조선 / 반도조선 / 이씨조선 / 김씨조선」으로까지 둔갑이 거듭된 이 또한、거두절미법칙의 용두사미필법으로 줄줄이 주워섬겼던 바에 불과한 즉、[박달나무 / 檀 / 단]과 [임금 / 君 / 군]으로까지 둔갑을 거듭시킨 바가 곧、반절문자 및 방언리어 창출지법을 뜻하는 바였음에도 불구하고
박달(檀)나무 꾼(君 / 上聲)		
神話	신화	이와 같은 [중국의 반고신화를 뒤집어쓴 고조선의 단군신화나 인간세상(異乎中國)의 모든 창조신화 / 三妄神話]로서는 [귀신(神)들의 이야기(話)]를 일컫는 바에 불과하듯、반절문자 및 방언리어 창출지법에 따라서 무한대로 창출되고 축적이 거듭되었던 「오동방・예악문장의 봉건제도 모두가 [애초부터 태극(一)을 집어삼켜버린 음양상극 / 남북상극으로 뒤엉킨 華●夏를 섬기는 慕華☆집단의 慕華제도]를 모방하고 답습이 거듭된 반절어법 / 이두문법 / 한글국역의 但방언리어」에 불과한 것이었다
귀신(神)들의 이야기(話)		

단군조선의 단군신화(檀君神話)

> 육서지법의 漢字어법을 뒤집어쓴 방언리어 창출지법에 불과한
> 2)。「이두문법 / 어문규정의 표준국어대사전」 참조 / 대비

『문학』
단군의 출생과 즉위에 관한 신화. 천제(天帝) 환인의 아들 환웅이 태백산 신단수 아래로 무리 3,000명을 이끌고 내려와 신시(神市)를 세워 나라를 다스릴 때, 사람이 되기를 원하는 곰과 호랑이에게 쑥과 마늘을 주면서 백 일 동안 햇빛을 보지 말고 동굴 속에서 생활하라고 하였으나, 호랑이는 이 시련을 참지 못하여 나가고 곰은 스무하루를 견뎌 내 웅녀가 되어 환웅과 결혼하여 단군을 낳았고, 그 단군은 고조선을 세웠다는 내용이다. 우리 민족의 기원과 관련된 신화로서 ≪삼국유사≫, ≪제왕운기≫, ≪세종실록지리지≫, ≪동국여지승람≫과 같은 여러 책에 실려 전한다.

고조선의 건국신화(建國神話)

> 육서지법의 漢字어법을 뒤집어쓴 방언리어 창출지법에 불과한
> 3)。「이두문법 / 한글어법의 위키백과」 참조 / 대비

고조선의 건국 신화는 한반도 최초의 나라인 고조선의 건국에 대한 이야기이다. 흔히 단군 신화(檀君神話)라고 한다. 상고사의 《삼국유사》나 《제왕운기》 등 고려 시대에 저술된 역사서에 처음 나오며, 《조선왕조실록》, 《응제시주》 등 조선시대 여러 문헌에도 같은 내용이 있다.

단군신화의 내용
《삼국유사》 기이(紀異) 제 1 편에는 《古記／고기》를 인용하여 다음과 같이 기록되어 있다.

> 단군신화가 처음으로 저술된 삼국유사(三國遺事)라 함은
> 「華❶夏를 성기는 慕華☆집단의 慕華제도 창출지법」을 앞(☆)세운 바에 불과했고
> 「부❶처를 성기는 불교☆집단의 骨品제도 창출지법」으로 둔갑시킨 바에 불과했던
> 「불교승려(一然 / 1281년)가 줄줄이 엮어낸 불교사적의 삼국유사(三國遺事)」에서
> 「단군신화 편」만을 가차(假借)하고 인용과 답습이 거듭되면서 상고사(上古史)나 고조선사(古朝鮮史)의 머리꼭대기에 들여앉혀 놓았지만
> 위와 같은 모두를 겹겹이 뒤집어쓰고서 지금에까지 답습이 거듭된 바와 같았던 것이다

옛날에 환인(桓因)의 서자(庶子) 환웅(桓雄)이 천하에 자주 뜻을 두어 인간세상을 구하고자 하였다. 아버지가 아들의 뜻을 알고 삼위태백(三危太伯)을 내려다 보니 인간을 널리 이롭게(홍익인간[弘益人間])할 만한지라, 이에 천부인(天符印) 3개(天符三印)를 주며 가서 다스리게 하였다.

환웅이 무리 3천을 이끌고 태백산(太白山) 꼭대기 신단수(神壇樹) 밑에 내려와 여기를 신시(神市)라고 하니 이로부터 환웅천왕이라 불렀다. 풍백(風伯), 우사(雨師), 운사(雲師)를 거느리고 곡(穀), 명(命), 병(病), 형(刑), 선(善), 악(惡) 등 무릇 인간의 3백 60여 가지의 일을 주관하고 인간세상에 살며 다스리고 교화하였다.

이때 곰 한 마리와 호랑이 한 마리가 같은 굴에서 살면서 항상 신웅(환웅)에게 빌기를, 원컨대 (모습이) 변화하여 사람이 되었으면 합니다.라고 하였다. 이에 신웅이 신령스러운 쑥 한 타래와 마늘 20개를 주면서 이르기를 너희들이 이것을 먹고 백일 동안 햇빛을 보지 아니하면 곧 사람이 될 것이다.라고 하였다.

곰과 호랑이가 이것을 받아서 먹고 기(忌)하였는데 삼칠일(三七日 : 21일) 만에 곰은 여자의 몸이 되었으나 범은 기하지 않아 사람이 되지 못하였다.
웅녀는 그와 혼인할 사람이 없었으므로 항상 신단수 아래서 아이를 가지기를 빌었다. 이에 환웅이 이에 잠시 (사람으로) 변해 결혼하여 아들을 낳으니 이름을 단군왕검(檀君王儉)이라 하였다.

당고(唐高, 요[堯])가 즉위한 지 50년인 경인년에 평양성(平壤城)에 도읍하고 비로소 조선(朝鮮)이라 칭하였다. 또 도읍을 백악산아사달(白岳山阿斯達)에 옮겼으니 그 곳을 궁홀산(弓忽山) 또는 금며달(今於達)이라고도 한다. 나라를 다스리기 1천 5백 년이었다.

주(周)나라의 호왕(虎王, 무왕)이 즉위한 기묘년에 기자(箕子)를 조선(朝鮮)에 봉하니, 단군은 곧 장당경(藏唐京)으로 옮겼다가 뒤에 아사달(阿斯達)에 돌아와 숨어서 산신이 되니, 수(壽)가 1천 9백 8세이었다 한다.

다음과 같은
환인한국의 환단시대와 고조선의 단군시대로 갈라세운 그로서의 중간에 틀어박혀버린 줄도 몰랐던
춘추전국시대의 용두사미필법에 따라서 어긋남의 극치와 자가당착의 극치에 달해버린
慕華사관의 단군시대와 반도사관의 반도시대를 참조 / 대비하는 그로서도
왜곡과 굴절만 거듭되면서 어긋남의 극치에 달해버린 유구한 역사와 빛나는 전통 모두에 대해
한(一) 눈(三·十明)으로 내려다 보는 바와도 같고
애초부터 태극(一)의 질서(三·十)를 거스른 모두에 대해 되돌아다 보는 바와도 같은 것이다

天地神明의 제작모神工에 따라서 태고(故)를 열어준(開天·開物·成務) 桓因한국의 桓檀시대 一覽 / 참조		춘추전국시대의 용두사미필법에 따라서 어긋남의 극치와 자가당착의 극치에 달해버린 고조선의 檀君시대 참조 / 대비	
桓因 <帝位> 檀因 <BC 7198> 韓國시대		桓因 <할아버지、祖●父 ◆ 天帝> 桓國	
桓雄 <帝位> 檀雄 <BC 3897> 神市시대		桓雄 <아버지、父●子 ◆ 天王> 倍達國	
桓儉 <帝位> 檀儉 <BC 2333> 神人시대		檀君 <아들、子●孫 ◆ 天孫> 朝鮮	

桓因한국의 桓檀제도로서도 대변되는 三位太伯과 마주하는 三伯五加 해제 / 참조		서로 다른 머리●통과 꼬리☆통으로 뒤엉켜버린 이두칭명의 삼위태백과 삼백오가로 둔갑된 즉	
三位太伯	전환 ◇ 三位一神 / 三神一位 등	三危太伯	삼위산 ◆ 태백산 　[三位太伯] 꿀꺽
삼위	전환 ◇ 三神 / 三極 / 三伯 등	삼위산	三位에서 둔갑된 三危山　자가☆당착
태백	전환 ◇ 一位 / 一神 / 太極(一) 등	태백산	太伯에서 둔갑된 太白山 / 白頭山
三伯五加	전환 ◇ 三神五帝 / 三一五行 등	三伯五加	三皇五帝 ◆ 三綱五倫 ◆ 三妄五行
삼백	太伯(一)·河伯(二)·風伯(三)	삼백(●)	風伯·雨師·雲師　[太伯 / 河伯] 꿀꺽
오가	전환。五帝 / 五靈 ◇ 五行 / 五音 등	오가(☆)	牛·馬·狗·猪·鷄　五畜☆五家☆五事
天夫人	삼위태백의 太伯(桓檀帝位)	天符印	[天符三印 / 칼·거울·방울]로 둔갑
天夫三人	삼위태백의 三位(桓檀聖帝之位)	天符三印	이두칭명◆天符印 / 天符三印 / 天符經
三七一	생명탄생의 근원근본(三七一生 / 則)	三七日	21日만에 곰에서 웅녀로 둔갑된 곰족
神檀樹	神人檀帝의 本位 / 눈높이(△) 함축	神壇樹	태백산 꼭대기 / 上●下 / 신단수 아래

華夏를 섬기는 慕華집단의 慕華제도에 떠밀려 멸망성쇠를 거듭해야했던 東明聖帝의 高麗시대		불능달의 周易 / 반절어법 / 이두문법에 따라서 자가당착의 극치에 달한 반도사관의 반도시대	
大夫餘(BC 425)		衛滿朝鮮(BC 1112)	箕子朝鮮(BC 194)
北夫餘(BC 239)	東夫餘(BC 86)	辰韓 ◆ 前신라 / 馬韓 ◆ 前백제 / 番韓 ◆ 前가야	
高{句}麗(KOREA、BC 58~668년)		고구려를 멸망시킨(捨) 나당동맹(신라 / 唐朝)	
渤海(KOREA、北 / 698년~926년)		남●북으로 절단시킨 불국신라(南 / 676년)	
高麗(KOREA、918년)		고려를 멸망시킨(捨) 이씨조선(1392년)	
대한독립의 大韓帝國(KOREA、1897년)		韓日병합된 일본제국 조선총독부治下(1910년)	
대한광복의 大韓民國(KOREA、1948년)		남●북으로 갈라선 김씨조선(北朝鮮 / 北韓)	

이와 같은 桓因한국의 桓檀시대 및 東明聖帝의 高麗시대 모두에 이르기까지 송두리째 집어삼키고서(반절어법 / 周易 / 가공세계) 이미 두(●) 갈래(☆)로 갈라세워버린			
桓檀시대(BC 7198~3897~2333~)를 집어삼킨 慕華사관의 단군시대 一覽 / 참조		高麗시대(大夫餘~高句麗~)를 집어삼킨 반도사관의 3 조선(三韓)시대 一覽 / 참조	
단군조선(BC 2333)	조선반도 北部 단절된 ←北과 南→	辰韓 <前신라> 辰조선	조선반도 南東部
기자조선(BC 1112)		馬韓 <前백제> 馬조선	조선반도 南西部
위만조선(BC 194)		番韓 <前가야> 弁조선	조선반도 南南部

제 3부。 桓因한국의 桓檀제도

우리모두가 송두리째 잃어버린 줄도 모르는
한국고유의 諺文체계(三一법칙 / 三一체계)에 따라서
지금에서야 언문해제되고 제자리(桓易之理 / 三一五行)를 되찾은

桓因한국의 桓檀제도

1。 언문 / 해제

유구한 역사와 빛나는 전통을 자랑하는 우리 대한국민(大韓國民) 모두는
태극기(三一五行)의 태극(一)에 함축되어 있는 무한(三一)의 태극(一)에 대한 올바른 이해를 구하거나
개천절(10月 3日)의 개천(開天)에 함축되어 있는 태극(一)의 눈높이(三・十明)에 대한 올바른 정의를 구하는 그 즉시、우리 대한민국(大韓民國)의 유구한 역사가 비롯된 이래、수천년 동안이나 뒤집어쓰고 있는 줄도 몰랐던 「一名・삼망화신의 삼망화법、음양화신의 음양역법、반절화신의 반절어법」 모두에 이르기까지 일거에 돌이킨 바와도 같았고、자성구자(自性求子)함으로서 저절로 구해지고 저절로 밝아지는 능달 / 능통의 눈높이(自明 / 神明◇桓易의 易觀)와 마주하는 태극(一)의 눈높이(三・十明)에 이르기까지 지극(三一)에 이르는 지름길(三才之道 / 三易之理)에 들어선 바와 같았던 것이다。

「제자해・訣曰 및 三一神誥・성통공완 편 해제 / 참조」

이와 같은
우리 대한민국(大韓民國)의 유구한 역사와 빛나는 전통(開天・開物・成務)이라 함은
이미 지극(三一)에 因(一)한

天地神明의
제작모神工에 따라서
천지조화의 一丸세계를 열어주고(開天 ◇ 十三一命 / 一三十明 ◇ 개천절에 함의된 정의)
태고(故)를 열어준(開天・開物・成務 ◇ 無所祖述 / 한국고전)
桓因한국의 桓檀제도로서 마주하는 夫東方有國의 유구한 역사와 빛나는 전통에 따라서
후세(桓檀시대~BC 7198~3897~2333~高麗시대)에까지 이르렀던 바를 뜻함에도 불구하고

이와 같은 모두에 이르기까지
송두리째 집어삼키고서(捨陰陽) 두(◐) 갈래(☆)로 갈라세워버린 바가 다름 아닌
춘추전국시대의 용두◐사미☆필법(공자필법 / 불경화법)이었으며、이에 대한 올바른 명칭으로서는
애초부터 태극(一)을 집어삼킨(捨陰陽) 그로서의 중간에 똬리를 틀고 들어앉아버린
거두절미법칙(음양이치 / 반절어법)의 용두사미필법(이두필법 / 삼망화법)이었던 것이다。

이미 지극(三一)에 因(一)한
天地神明의 제작모神工에 따라서
천지조화의 一丸세계를 열어주고(開天)
태고(故)를 열어준(開天・開物・成務 ◇ 無所祖述 / 桓檀제도) 이래

후세(周代 / BC 770~221~~~1443년~~今)에 이르면서
송두리째 뒤덮이고(음양팔괘 / 周易 / 예악문장) 몽롱해져버린

「桓因한국의 桓檀제도와 마주하는 한국고유의 諺文체계(한국고전 / 訓民正音)」
언문 / 해제 一覽 / 참조

桓	桓因한국의 桓檀제도	한국고유의 諺文체계 ◇ 한겨레의 正音체계		훈민정음・푯말 3행
一	桓因韓國의 無所祖述	천지조화의 一丸세계를 열어준 바가 곧、開天		一朝
二	桓檀帝日의 三一神誥	만물치화의 치화원리를 열어준 바가 곧、開物		制作侔神工
三	桓檀帝民의 三倫九誓	삼륜교화의 교화원리를 이룩한 바가 곧、成務		大東千古開朦朧
四	天地之道 ◇ 三一之理	三一법칙	天地人・三才之道와 마주하는 一二三・三一之理 / 三一五行	
五	三易之理 ◇ 三一五行	三一체계	天地人・三神之位와 마주하는 一二三・三易之理 / 三一五行	
十	諺文聲音 ◇ 字倣古篆	한국고전	한국고유의 諺文체계와 마주하는 언문성음의 字書체계	

이와 같은
桓因한국의 桓檀제도로서 모두 구비되고 만세에 실어전했던
언문성음의 자방고전(字倣古篆 / 字書체계 / 한국고전)에 대한 차례해제 / 언문해제로서
가지런히 가림토되면서 모두 바로세워진 바를 미루어보듯

이와 같은 모두에 이르기까지
송두리째 집어삼키고서(一捨음양 / 자가당착、음양이치 / 반절어법)
중원(十)을 뒤집어써버린(음양팔괘 / 周易 / 가공세계) 줄도 모르는
춘추전국시대의 용두사미필법과 방언리어의 극치(肇禮樂文章之祖)로서 줄줄이 주워섬겼던
「오동방・예악문장의 봉건제도」로서 중원천하를 호령하고 줄줄이 거느리면서
무주공산의 인간세상으로 전락된 줄도 모르고 무주구천의 망극세계와 극락왕생의 사후세계까지 창출되고 줄줄이 구축된 줄도 모르는 바로서 간략하게 압축되고 귀결된 바가 곧
한국고유의 諺文체계와 마주하는 언문성의 字書체계에 따라서 간략하게 요약되고 압축되었다 할지라도
전환이 무궁한 三一법칙의 三一체계에 따라서 삼극(三一)의 정의로서 간략하게 압축(三一)되고 풀어짐(一三)과도 서로 마주하고、근본법칙의 근본체계에 따라서 셋(三)은 하나(一)부터 열(十)까지 더하고(一積) 보탬(十鋸)을 거듭함(無匱化三)으로서 비로소 만천하에 드러나는 천지조화의 一丸세계까지 한(一) 눈(三・十明)으로 내려다 볼수 있는 태극(一)의 눈높이(三・朝)를 뜻하는 바로서는 다음과 같았던 것이다.

한국고유의 諺文체계(한국고전◇訓民正音)에 따라서 지금에서야 언문해제되고 제자리(桓易之理 / 三一五行)를 되찾은 「훈민정음・푯말 3행」을 위시함으로서 저절로 밝혀지고 만천하에 드러나는 그로서의 맨(三) 처음(一)으로까지 거슬러 올라가는 즉	
一朝	天地神明의
制作侔神工	제작모신공에 따라서
大東千古開朦朧	태고(故)가 열린(開天) 이래、몽롱해져버린
諺文聲音之字倣古篆而新制 **桓因韓國之桓檀制度** 次例 / 解制	언문성음의 자방고전까지 모두 바로세워진 **환인한국의 환단제도** 2。차례 / 해제

一朝・제작모神工에 따라서 천지조화의 一丸세계를 열어준(開天)

一。桓因韓國의 無所祖述
　　　환인한국　　무소조술

一朝・제작모神工에 따라서 만물치화의 치화원리를 열어준(開物)

二。桓檀帝曰의 三一神誥
　　　환단제왈　　삼일신고

一朝・제작모神工에 따라서 삼륜교화의 교화원리를 이룩한(成務)

三。桓檀帝民의 三倫九誓
　　　환단제민　　삼륜구서

一朝	天地神明의
制作侔神工	제작모神工에 따라서
大東千古開朦朧	태고(故)가 열린(開天) 이래、몽롱해져버린
諺文聲音之字倣古篆而新制 桓因韓國之無所祖述 原文解制	언문성음의 자방고전까지 모두 바로세워진 一。환인한국의 무소조술 1。원문해제

一始無始一、析三極無盡本。

天一一地一二人一三、一積十鉅無匱化三。

天二三地二三人二三、大三合六生七八九。

運三四成環五七一、妙衍萬往萬來、用變不動本。

本心本太陽昂明、人中天地一、一終無終一

「一朝・제작모神工에 따라서 가지런히 가림토되고 모두 바로세워진 천지조화의 一丸세계」

이와 같은
「무소조술의 一丸세계를 열어준(開天) 桓因한국의 桓檀제도(開天・開物・成務) 및 언문성음의 자방고전(字倣古篆 / 字書체계 / 한국고전)」으로 전환되고 환원된 바로서는
「훈민정음・푯말 / 序曰」에서 간략하게 요약되고 압축되었던 바에 관하여
지금에서야 올바르게 언문해제되고 모두 바로세워진 바를 뜻하는 즉

하늘(一)이 내린(三・朝)
「桓檀聖帝之位와 마주하는 一朝・제작모神工」까지 모두 함축되고 구비되어
만세에 전래되는 모두에 이르기까지 다시금 일으켜 세우고 모두 바로세울수 있었던 바가 곧

하늘(一)이 내린(三・朝)
「세종聖帝의 제작모神工」에 따라서
이와 같은 모두에 이르기까지 가지런히 가림토되고 모두 바로세워진 바로서
만천하에 들어내고 다시금 후세에 실어전함을 뜻하는 바였으며

이와 같고 다음과 같은
「천지조화의 一丸세계(天神國 ◇ 桓因한국)」에 대한 정의(精義)로서는
「환단제왈(桓檀帝曰)의 삼일신고(三一神誥)」로서 널리 전언되었고 만세에 전래되는 바였던 것이다.

이미 지극(三一)에 因(一)한
天地神明의 제작모神工에 따라서
천지조화의 一丸세계를 열어준(開天 ◇ 十三一命 / 一三十明) 바가 곧、개천의 정의인 즉

1). 「태극(一)의 질서(三・十)와 마주하는 천지조화의 一丸세계」

언문 / 해제 一覽 / 참조

태극의 질서	천지조화의 근본원리 / 근본법칙 / 순환법칙과 마주하는 一丸세계				三倫之理
一 / 天	이미 지극(三一)에 因(一)한				天倫之理 (天二三之理)
二 / 地	「三一법칙의 三一체계」로서 서로 마주하고 상통됨				
三 / 運	一 / 天	(↓→)	三才之道 / 至道	至理 / 三易之理	
四 / 成	二 / 地				地倫之理 (地二三之理)
五 / 環	三 / 運	一 / 天	(↓→)	行	
六 / 合		二 / 地			
七 / 生	(人)	三 / 運	一 / 天	則	人倫之理 (人二三之理)
八 / 能	(大)	(能達)	二 / 地		
九 / 達	(夫)	(通達)	三 / 運	一 / 天	
十 / 開	(天)	(一朝)	천지조화의 一丸세계(天神國 ◇ 桓因한국)		

2). 「天地人・三神之位와 마주하는 天地人・三倫之理」

언문 / 해제 一覽 / 참조

天地人・三神之位			天地人・三倫之理		
天一一	天神之位	天一一・地一二・人一三 一積十鉅無匱化三	天二三	天倫之理	天二三・地二三・人二三 大三合六生七八九
地一二	地神之位		地二三	地倫之理	
人一三	人神之位		人二三	人倫之理	

3). 「天地人・三才之道와 마주하는 一二三・三一之理」

언문 / 해제 一覽 / 참조(一陰陽 ◆ 捨陰陽은 제자해・픗말 / 참조)

三位	三神	三伯	三才	三極	三無	三用	三易	태극(一)을 집어삼킨(捨陰陽)	
天	天神	太伯	天 / ・	一	無限	圓 / ○	一	一捨◐음양	自家☆撞着
地	地神	河伯	地 / 一	二	無窮	方 / □	陰	陰陽◐상극 ↓	衆妙之門 ↓
人	人神	風伯	人 / ㅣ	三	無盡	角 / △	陽	陽陰◐상극 ↓	玄妙之道 ↓
之	天一一・地一二・人一三			之	天二三・地二三・人二三			음양이치 →	거두절미법칙
位 / 倫	一積十鉅無匱化三			道 / 理	大三合六生七八九			반절어법 →	용두사미필법

4).「天地人・三才之道와 마주하는 一二三・三易之理 / 三一五行」

언문 / 해제 一覽 / 참조

三神五帝		五行원점	合諸四時	五行方位	五聲五音	五行본질	三神五靈	
天一一之位		지극(三一)에 因(一)한					天二三之理	
地一二之位		三一법칙의 三一체계로서 서로 마주하고 상통되는 즉					地二三之理	
人一三之位		五帝는 位(一)를 뜻하고 五靈은 格(三)을 뜻하는 바로서 전환됨					人二三之理	
天	黑帝	太水	冬	北◇上	喉聲◇羽音	水氣	黑靈	地
下	靑帝	太木	春	東◇外	牙聲◇角音	木質	靑靈	下
大	黃帝	太土	「季」	中◇十	脣聲◇宮音	土體	黃靈	女
將	赤帝	太火	夏	南◇下	舌聲◇徵音	火機	赤靈	將
軍	白帝	太金	秋	西◇內	齒聲◇商音	金形	白靈	軍

이와 같은 바로서는

이미 지극(三一)에 因(一)한
三一법칙의 三一체계에 따라서 셋(三)은 하나(一)부터 열(十)까지 더하고(一積) 보탬(十鉅)을 거듭함(無匱化三)으로서 저절로 일으켜 세워지고 저절로 바로세워짐을 뜻하는 바로서

1443년에 이르러서야
동서고금의 백왕(百王) 모두를 초월하고 지극(三一)에 因(一)으로서
                하늘(一)이 내린(三・朝)
              세종聖帝의 제작모神工에 따라서
       천지자연의 근본법칙까지 가지런히 가림토되면서 모두 일으켜 세워진
      언문성음의 글자(正音28字)체계로서 비로소(創) 모두 바로세우고(制)
     언문성음의 자방고전(字倣古篆 / 字書체계 / 한국고전)까지 모두 바로세워진(新制)

「一朝・제작모神工의 훈민정음・신제본(新制曰・解例 / 訣曰 / 풋말・序曰)」으로서
다시금 후세에 실어전하면서 널리 반포되었던 바가 다름 아닌
한극고유의 諺文체계와 마주하는 한겨레의 正音체계를 뜻하였을 뿐만 아니라

但因(三一)한
태고인의 성음(3聲1音)체계・언문(3聲1音)체계・자서(3聲1音)체계로서도 서로 마주하고

이미 지극(三一)에 因(一)한
三一법칙의 三一체계에 따라서 삼극(三一)의 정의로서 간략하게 압축(三一)되고 풀어짐(一三)으로서도 서로 마주하고 상통됨을 뜻하는 바였던 것이다.

1443년에 이르러서야

동서고금의 백왕(百王) 모두를 초월하고 지극(三一)에 因(一)함으로서

하늘(一)이 내린(三・朝)

세종聖帝의 제작모神工에 따라서

천지자연의 근본법칙까지 가지런히 가림토되고 비로소 모두 바로세워진(創制)

정음28자의 타고난(三一) 모습(象)과 타고난(一三) 형태(形)로서도 모두 구비된

5). 「천지자연의 근본법칙과 마주하는 한국고유의 諺文체계」

언문 / 해제 一覽 / 참조

一陰陽五行		三字八聲	桓易之理 / 三一五行				夫人의 유성근본과 마주하는 三一五音의 象形制字		
태	一	・	天	一	圓	○	지극(三一)에 因(一)한	[・]象圓形	一積十鋸↓
음	陰	―	地	二	方	□	三一법칙의 三一체계	[―]象平形	無匱化三←↓
양	陽	｜	人	三	角	△	로서 서로 마주함	[｜]象立形	[中央에 자리함]
수	水	ㅗ	ㅛ	上	一	北	冬	ㆆㅎㅇ	喉音	[ㅇ]象喉形	[虛明으로 유통]
목	木	ㅏ	ㅑ	外	三	東	春	ㄱㅋㆁ	牙音	[ㆁ]象牙形	ㄱ。象舌根形
토	土	(十)		中	五	中	季	ㅂㅍㅁ	脣音	[ㅁ]象口形	[만성을 품어냄]
화	火	ㅜ	ㅠ	下	二	南	夏	ㄷㅌㄴ / ㄹ	舌音	[ㄴ]象舌形	[ㄹ]。半舌音
금	金	ㅓ	ㅕ	內	四	西	秋	ㅈㅊㅅ / △	齒音	[ㅅ]象齒形	[△]。半齒音

이미 지극(三一)에 因(一)한

天地神明의 제작모神工으로서 이룩되었고

언문성음의 자방고전(字書체계 / 한국고전)으로서 모두 구비되어 만세에 전래되는

「桓因한국의 桓易之理와 마주하는 천지조화의 一丸세계」

언문 / 해제 一覽 / 참조

三才之道의 三字八聲							桓因한국의 桓易之圖(윷판 / 同)	三易之理의 定位成數					
		喉				陽				上			陽
			ㅛ							七			
			ㅗ							一			
齒	ㅕ	ㅓ	十	ㅏ	ㅑ	牙	西/外/金　東/外/木	內	八	四	十	三	九	外
			ㅜ							二			
			ㅠ							六			
陰			舌					陰		下			
桓因한국의 桓易之理、三才之道의 三字八聲、三易之理의 定位成數까지 모두 諺文一致													

한국고유의 諺文체계와 마주하는 한겨레의 正音체계로서 비로소 모두 바로세워진

언문성음의 글자(正音28字)체계에 따라서 저절로 말미암아진 즉

「언문성음의 기본음 / 기본자(字韻凡187字 / 총253字)」

언문 / 해제 一覽 / 참조

정음28字・제작모神工				天	地	人	上	外	下	內	上	外	下	內
凡字・필합칙			중성	・	ㅡ	ㅣ	ㅗ	ㅏ	ㅜ	ㅓ	ㅛ	ㅑ	ㅠ	ㅕ
五音	淸濁	초성	必合	튼	즉	침	홍	땀	두	업	욕	샹	슐	별
아음 「ㅇ」 象牙形	전청	ㄱ	군	ᄀᆞ	그	기	고	가	구	거	교	갸	규	겨
	전탁	(ㄲ)	뀬	ᄁᆞ	끄	끼	꼬	까	꾸	꺼	꾜	꺄	뀨	껴
	차청	ㅋ	쾌	ᄏᆞ	크	키	코	카	쿠	커	쿄	캬	큐	켜
	처음	ㆁ	업	ᅌᆞ	ᅌᅳ	ᅌᅵ	ᅌᅩ	ᅌᅡ	ᅌᅮ	ᅌᅥ	ᅌᅭ	ᅌᅣ	ᅌᅲ	ᅌᅧ
설음 「ㄴ」 象舌形	전청	ㄷ	두	ᄃᆞ	드	디	도	다	두	더	됴	댜	듀	뎌
	전탁	(ㄸ)	땀	ᄯᆞ	뜨	띠	또	따	뚜	떠	뚀	땨	뜌	뗘
	차청	ㅌ	튼	ᄐᆞ	트	티	토	타	투	터	툐	탸	튜	텨
	처음	ㄴ	나	ᄂᆞ	느	니	노	나	누	너	뇨	냐	뉴	녀
	반설음	ㄹ	려	ᄅᆞ	르	리	로	라	루	러	료	랴	류	려
순음 「ㅁ」 象口形	전청	ㅂ	별	ᄇᆞ	브	비	보	바	부	버	뵤	뱌	뷰	벼
	전탁	(ㅃ)	뽀	ᄲᆞ	쁘	삐	뽀	빠	뿌	뻐	뾰	뺘	쀼	뼈
	차청	ㅍ	표	ᄑᆞ	프	피	포	파	푸	퍼	표	퍄	퓨	펴
	처음	ㅁ	미	ᄆᆞ	므	미	모	마	무	머	묘	먀	뮤	며
치음 「ㅅ」 象齒形	전청	ㅈ	즉	ᄌᆞ	즈	지	조	자	주	저	죠	쟈	쥬	져
	전탁	(ㅉ)	짜	ᄶᆞ	쯔	찌	쪼	짜	쭈	쩌	쬬	쨔	쮸	쪄
	차청	ㅊ	침	ᄎᆞ	츠	치	초	차	추	처	쵸	챠	츄	쳐
	전청	ㅅ	슐	ᄉᆞ	스	시	소	사	수	서	쇼	샤	슈	셔
	전탁	(ㅆ)	싸	ᄊᆞ	쓰	씨	쏘	싸	쑤	써	쑈	쌰	쓔	쎠
	반치음	ㅿ	샹	ᅀᆞ	ᅀᅳ	ᅀᅵ	ᅀᅩ	ᅀᅡ	ᅀᅮ	ᅀᅥ	ᅀᅭ	ᅀᅣ	ᅀᅲ	ᅀᅧ
후음 「ㅇ」 象喉形	전청	ㆆ	흡	ᅙᆞ	ᅙᅳ	ᅙᅵ	ᅙᅩ	ᅙᅡ	ᅙᅮ	ᅙᅥ	ᅙᅭ	ᅙᅣ	ᅙᅲ	ᅙᅧ
	차청	ㅎ	허	ᄒᆞ	흐	히	호	하	후	허	효	햐	휴	혀
	전탁	(ㆅ)	홍	ᅘᆞ	ᅘᅳ	ᅘᅵ	ᅘᅩ	ᅘᅡ	ᅘᅮ	ᅘᅥ	ᅘᅭ	ᅘᅣ	ᅘᅲ	ᅘᅧ
	처음	ㅇ	욕	ᄋᆞ	으	이	오	아	우	어	요	야	유	여
정음28字・필합칙				언문성음의 正音28字로서 더하고 보태면 되는 바였던 것이다										

一朝	天地神明의
制作侔神工	제작모神工에 따라서
大東千古開朦朧	태고(故)가 열린(開天) 이래、몽롱해져버린
諺文聲音之字倣古篆而新制 桓因韓國之無所祖述 諺文解制矣書	한국고유의 諺文체계까지 모두 바로세워진 환인한국의 무소조술 2。본문해제 및 언문해서

제1	一。「천지조화의 근본근원」 一始無始一、析三極無盡本。

一始無始一 / 일시무시일
◇ 시작(始 / 一) 없는(無 / 三) 시작(始 / 一)으로서 간략하게 압축(一三一)된 천지조화의 맨(三) 처음(一)으로서는 무한(三一)의 태극(一)을 일컫는 바이고

析三極 / 석삼극
◇ 무한(三一)의 태극(一)으로부터 셋(三)으로 나뉘어(上中下) 자리(一)하는 삼극(三一)으로서는

無盡本 / 무진본
◇ 다함이 없는 천지조화의 근본근원(一三一)을 일컫는 바로서、이와 같은 「천지조화의 근본근원과 마주하는 천지조화의 一丸세계」에 이르기까지 맨(三) 처음(一)부터 끝(三・十)까지 더하고(一積) 보탬(十鋸)을 거듭함(無匱化三)에 따라서 가지런히 가림토되고 모두 바로세워진 즉、「태극(一)의 질서(三・十)와 마주하는 天地神明의 一丸세계」를 뜻하는 이는 곧、「一朝・제작모神工에 따라서 천지조화의 一丸세계를 열어준(開天) 그로서의 근본근원(一三 / 三一)으로서 간략하게 압축되고 모두 구비된 바와 같았던 것이다。「一始無始一과 마주하는 一終無終 一에서 압축된 一三一 / 十三十에서 전환된 一日一 / 十日十」

제2	二。「天地人・三神之位」 天一一地一二人一三、一積十鉅無匱化三。

天一一 / 천일일
◇ 하늘(天)에 因(一)한 天神之位(天一一)로서는 무한(三一)의 태극(一)과 마주하고

地一二 / 지일이

◇ 자연(地)에 因(一)한 地神之位(地一二)로서는 무궁(三十)의 양극(二)과 마주하며

人一三 / 인일삼

◇ 만인(人)에 因(一)한 人神之位(人一三)로서는 무진(三一)의 삼극(三)과 마주하는 바가 곧, 「天地人·三神之位와 마주하는 一二三·三一之理」로서 간략하게 압축되고 귀결됨을 뜻하는 바였고

一積十鉅 / 일적십거

◇ 무한(三一)의 태극(一)으로부터 셋(三)으로 나뉘어 자리(一)하는 셋(三)은 하나(一)부터 열(十)까지 더하고(一積) 보탬(十鉅)을 거듭함(無匱化三)에 따라서 가지런히 가림토되고 모두 바로세워진 바로서 만천하에 드러난 바가 곧

無匱化三 / 무궤화삼

◇ 「天地人·三神之位와 마주하는 一二三·三一之理」를 일컫는 바이자、「천지조화의 無限(○ / 一 / 天)함、천지자연의 無窮(□ / 二 / 地)함、천지만물의 無盡(△ / 三 / 人)함」으로서 간략하게 압축되고 귀결된 「三無·三極·三位·三神·三伯·三才·三眞·三易·三用·三圓·三一」등으로 전환이 거듭되는 모두가 전환(一三一 / 一日一)이 무궁한 「三一법칙의 三一체계」에 따라서 셋(三)은 하나(一)의 정의로서 간략하게 압축(三一 / 書矣)되고 풀어(一三 / 矣書)지는 바와 서로 마주함으로서 끝없이 순환됨을 뜻하는 바와 같았던 것이다.

제3	三。「天地人·三倫之理」
	天二三地二三人二三、大三合六生七八九。

天二三 / 천이삼

◇ 하늘(天)에 因(一)한 天神之位(天一一)와 마주하는 天倫之理(天二三)를 뜻하는 「天二三之理」로서는 「一二三·三一之理」를 일컫는 바와 동의이고 곧바로 전환되는 즉、이하 모두 同

地二三 / 지이삼

◇ 자연(地)에 因(一)한 地神之位(地一二)와 마주하는 地倫之理(地二三)를 뜻하며

人二三 / 인이삼

◇ 만인(人)에 因(一)한 人神之位(人一三)와 마주하는 人倫之理(人二三)를 뜻하는 각자로서도 셋(三)으로 나뉘어(上中下 / 一二三) 자리(一)하는 「天地人·三神之位와 마주하는 天地人·三倫之理」로서 전환됨

을 뜻하는 바로서

大三合六 / 대삼합육

◇ 大三合六으로서는 「天地人・三神之位와 마주하는 天地人・三倫之理」로서 더하고(一積) 보탬(十鉅)이 거듭됨(無匱化三)으로서 저절로 말미암아지는 천지자연의 근본법칙으로 전환됨을 뜻하는 반면

生七八九 / 생칠팔구

◇ 生七八九로서는 만물생성 / 생명탄생(三七一生)의 근본법칙(人倫之理 / 人二三)과 마주하는 천지만물의 순환법칙을 뜻하는 바로서
◇ 生七은 三七一 / 能함의 만인(人)으로 거듭남을 뜻하고
◇ 生八은 二八一 / 能達의 대인(大)으로 거듭남을 뜻하며
◇ 生九는 三九一 / 通達의 부인(夫)으로 거듭남을 뜻하는 바가 곧、사람다운(仙) 사람(人)으로 거듭나고 (大) 거듭나는(夫) 지름길(三才之道 / 三倫之理)로서 이룩된 바를 뜻하는 즉、지극(三一)에 因(一)한 天地人・三才之道 / 三倫之理와도 마주하고、但因(三一)한 태고인의 성음(3聲1音)체계・언문(3諺1文)체계・자서(3字1書)체계로서도 마주하는 「三一법칙(三才之道 / 三一之理)의 三一체계(諺文聲音 / 字倣古篆 / 訓民正音)」라 함은 이를 뜻하는 바였던 것이다. 「훈민정음・제자해 및 序曰 / 참조」

제 4	四。「천지자연의 근본법칙과 마주하는 천지만물의 순환법칙
	運三四成環五七一、妙衍萬往萬來、用變不動本。

運三四成環五七一 / 운삼사성환오칠일

◇ 運三에서 전환되는 三一은 하늘(天)의 운행(運)을 뜻하는바、하늘의 섭리(天二三)와 마주하고
◇ 四成에서 전환되는 四二는 자연(地)의 이룸(成)을 뜻하는바、자연의 법칙(地二三)과 마주하며
◇ 環五에서 전환되는 五三一은 하늘(天)의 고리(環)를 뜻하는바、천지만물의 순환법칙(三一之理 / 三一五行)과 마주하고
◇ 七一에서 전환되는 三七一은 삶(人)의 거듭남(生)을 뜻하는바、三七一生으로서는 만물생성의 원점、三七一則으로서는 만물생성(三七一生)의 순환법칙(三七一則)을 뜻하는 바로서

妙衍萬往萬來 / 묘연만왕만래

◇ 이와 같은 만물생성(三七一生)의 순환법칙(三七一則)과 마주하는 천지자연의 근본법칙(天地之道◇ 三一之理 / 三一五行)에 따라서 만왕만래를 거듭하지만

用變不動本 / 용변부동본

◇ 근본쓰임(無所不用)의 겉모습으로선 변할지라도 근본근원(無所不在)의 본모습으로선 움직임이 없는

바가 곧, 천지만물의 근본근원(一三一 / 本心本)을 뜻하는 바이기에

제 5	五. 「한줄기(一三) 빛(十明)으로 떠오른 天地神明의 一丸세계」 本心本太陽昻明、人中天地一、一終無終一

本心本 / 본심본

◇ [본심본]으로서는 천지만물 모두가 처음(一)부터 타고나는(三一) 근본근원(一三一 / 本心本)을 뜻하는 바로서 전환되듯、「人物同受三眞曰性命精」으로서 간략하게 압축되고 모두 구비되어 널리 전래되었던 「桓檀帝曰의 三一神誥」해제 / 참조

太陽昻明 / 태양앙명

◇ [태양앙명]이라 함은、천지만물의 근본근원(本心本 / 一三一)을 뜻하는 무한(三一)의 태극(一)으로부터 셋으로 나뉘어 자리하는 셋(三)은 하나(一)부터 열(十)까지 더하고(一積) 보탬(十鉅)을 거듭함(無匱化三)으로서 「태극(一)의 질서(三·十)와 마주하는 천지조화의 一丸세계」에 이르기까지 모두 바로세워짐에 따라서 비로소 한줄기(一三 / 太陽) 빛(十明 / 昻明)으로 떠오른 바로서 전환되는 天地神明의 제작모신공에 따라서 천지조화의 一丸세계를 열어준(開天) 바가 곧、개천(開天)의 정의(十三一命 / 一三十明)를 뜻하는 바였던 것이다.

人中天地一 / 인중천지일

◇ 삶(人)의 가온(中央)에 자리(·)하고 天地의 가온(中央)에 자리(一)하는 바가 천지만물의 근본근원(一三一)을 뜻하는 바이자、하늘(一 / 天 / ·)의 근본쓰임(三一법칙 / 三一체계)을 뜻하는 바이고、무한(三一)의 태극(一)과 끝없이 함께함(마주함)을 뜻하는 바로서

一終無終一 / 일종무종일

◇ 「一始無始一과 끝없이 마주하는 一終無終一」로서는 천지조화의 맨처음(一始無始一 / 푯말 / 桓 / 하늘)과 끝없이 마주하는 천지조화의 끝자락(一終無終一 / 끝말 / 韓 / 한울)을 뜻하는 즉、「천지조화의 근본근원(一三一 / 푯말 / 一曰一)과 끝없이 마주하는 천지조화의 一丸세계(十三十 / 끝말 / 十曰十)」로서 간략하게 압축되고 귀결되는 바와 같았던 것이다.

을 뜻하는 바로서

大三合六 / 대삼합육
◇ 大三合六으로서는 「天地人・三神之位와 마주하는 天地人・三倫之理」로서 더하고(一積) 보탬(十鉅)이 거듭됨(無匱化三)으로서 저절로 말미암아지는 천지자연의 근본법칙으로 전환됨을 뜻하는 반면

生七八九 / 생칠팔구
◇ 生七八九로서는 만물생성 / 생명탄생(三七一生)의 근본법칙(人倫之理 / 人二三)과 마주하는 천지만물의 순환법칙을 뜻하는 바로서
◇ 生七은 三七一 / 能함의 만인(人)으로 거듭남을 뜻하고
◇ 生八은 二八一 / 能達의 대인(大)으로 거듭남을 뜻하며
◇ 生九는 三九一 / 通達의 부인(夫)으로 거듭남을 뜻하는 바가 곧, 사람다운(仙) 사람(人)으로 거듭나고 (大) 거듭나는(夫) 지름길(三才之道 / 三倫之理)로서 이룩된 바를 뜻하는 즉, 지극(三一)에 因(一)한 天地人・三才之道 / 三倫之理와도 마주하고、但因(三一)한 태고인의 성음(3聲1音)체계・언문(3諺1文)체계・자서(3字1書)체계로서도 마주하는 「三一법칙(三才之道 / 三一之理)의 三一체계(諺文聲音 / 字倣古篆 / 訓民正音)」라 함은 이를 뜻하는 바였던 것이다. 「훈민정음・제자해 및 序曰 / 참조」

제 4	四。「천지자연의 근본법칙과 마주하는 천지만물의 순환법칙
	運三四成環五七一、妙衍萬往萬來、用變不動本。

運三四成環五七一 / 운삼사성환오칠일
◇ 運三에서 전환되는 三一은 하늘(天)의 운행(運)을 뜻하는바、하늘의 섭리(天二三)와 마주하고
◇ 四成에서 전환되는 四二는 자연(地)의 이룸(成)을 뜻하는바、자연의 법칙(地二三)과 마주하며
◇ 環五에서 전환되는 五三一은 하늘(天)의 고리(環)를 뜻하는바、천지만물의 순환법칙(三一之理 / 三一五行)과 마주하고
◇ 七一에서 전환되는 三七一은 삶(人)의 거듭남(生)을 뜻하는바、三七一生으로서는 만물생성의 원점、三七一則으로서는 만물생성(三七一生)의 순환법칙(三七一則)을 뜻하는 바로서

妙衍萬往萬來 / 묘연만왕만래
◇ 이와 같은 만물생성(三七一生)의 순환법칙(三七一則)과 마주하는 천지자연의 근본법칙(天地之道◇ 三一之理 / 三一五行)에 따라서 만왕만래를 거듭하지만

用變不動本 / 용변부동본
◇ 근본쓰임(無所不用)의 겉모습으로선 변할지라도 근본근원(無所不在)의 본모습으로선 움직임이 없는

바가 곧, 천지만물의 근본근원(一三一 / 本心本)을 뜻하는 바이기에

제 5	五。「한줄기(一三) 빛(十明)으로 떠오른 天地神明의 一丸세계」
	本心本太陽昻明、人中天地一、一終無終一

本心本 / 본심본

◇ [본심본]으로서는 천지만물 모두가 처음(一)부터 타고나는(三一) 근본근원(一三一 / 本心本)을 뜻하는 바로서 전환되듯,「人物同受三眞曰性命精」으로서 간략하게 압축되고 모두 구비되어 널리 전래되었던「桓檀帝曰의 三一神誥」해제 / 참조

太陽昻明 / 태양앙명

◇ [태양앙명]이라 함은、천지만물의 근본근원(本心本 / 一三一)을 뜻하는 무한(三一)의 태극(一)으로부터 셋으로 나뉘어 자리하는 셋(三)은 하나(一)부터 열(十)까지 더하고(一積) 보탬(十鉅)을 거듭함(無匱化三)으로서「태극(一)의 질서(三・十)와 마주하는 천지조화의 一丸세계」에 이르기까지 모두 바로세워짐에 따라서 비로소 한줄기(一三 / 太陽) 빛(十明 / 昻明)으로 떠오른 바로서 전환되는 天地神明의 제작 모神工에 따라서 천지조화의 一丸세계를 열어준(開天) 바가 곧、개천(開天)의 정의(十三一命 / 一三十明)를 뜻하는 바였던 것이다。

人中天地一 / 인중천지일

◇ 삶(人)의 가온(中央)에 자리(・)하고 天地의 가온(中央)에 자리(一)하는 바가 천지만물의 근본근원(一三一)을 뜻하는 바이자、하늘(一 / 天 / ・)의 근본쓰임(三一법칙 / 三一체계)을 뜻하는 바이고、무한(三一)의 태극(一)과 끝없이 함께함(마주함)을 뜻하는 바로서

一終無終一 / 일종무종일

◇ 「一始無始一과 끝없이 마주하는 一終無終一」로서는 천지조화의 맨처음(一始無始一 / 풋말 / 桓 / 하늘)과 끝없이 마주하는 천지조화의 끝자락(一終無終一 / 끝말 / 韓 / 한울)을 뜻하는 즉、「천지조화의 근본근원(一三一 / 풋말 / 一曰一)과 끝없이 마주하는 천지조화의 一丸세계(十三十 / 끝말 / 十曰十)」로서 간략하게 압축되고 귀결되는 바와 같았던 것이다。

이와 같은
無所祖述의 一丸세계를 열어준(開天) 桓因한국의 桓檀제도로서 간략하게 압축되고 모두 구비된
언문성음의 字倣古篆(한국고전)」로서 널리(萬世) 실어전한 바였고 널리(後世) 전래된 바가 곧

天地神明의 제작모신工에 따라서
천지조화의 一丸세계를 열어주고(開天 ◇ 十三一命 / 一三十明 ◇ 개천절에 함의된 정의)
만물치화의 치화원리를 열어준(開物) 桓檀帝曰의 三一神誥로서 널리 베풀고
삼륜교화의 교화원리를 이룩한(成務) 桓檀帝民의 三倫九誓로서 널리 가르친
桓因한국의 桓檀제도로서 마주하는 夫東方有國의 유구한 역사와 빛나는 전통에 따라서
후세(桓檀시대 ~~~~ 夫東方有國 ~~~~ 高麗시대)에까지 이르렀음에도 불구하고

[훈민정음·序曰 / 참조 ◇ 夫東方有國◦不爲不久◦而開物成務之]

이와 같은 모두에 이르기까지
송두리째 뒤덮이고(음양팔괘 / 周易 / 예악문장) 몽롱해져버린 바로서는

다름 아닌
춘추전국시대의 용두사미필법과 방언리어의 극치로 줄줄이 주워섬겼던 바에 불과한
음양팔괘의 가공세계 창출지법(周易)을 뒤집어쓴 반절문자 및 방언리어 창출지법(六書之法)에 따라서
무한대로 창출되고 축적이 거듭된 오동방·예악문장의 봉건제도(慕華제도 / 骨品제도)로서 중원천하를
호령하고 줄줄이 거느렸으되、무주공산의 인간세상으로 줄줄이 전락된 줄도 모르고 무주구천의 망극세
계와 극락왕생의 사후세계가 창출되고 줄줄이 구축된 줄도 모르는 반절어법의 4대영역(4대문명)과 음
양역법의 시공간(기원전⇔기원후)에 갇혀버린 바로서 간략하게 압축되고 귀결되듯

이와 같은 모두에 이르기까지 송두리째 걷어내야만 비로소 만천하에 드러나는 바였던
1443년 겨울에 이르러서야
동서고금의 백왕(百王) 모두를 초월하고 지극(三一)에 因(一)함으로서
비로소 하늘(一)이 내린(三·朝) 세종聖帝의 제작모신工에 따라서
천지자연의 근본법칙까지 가지런히 가림토되고 모두 바로세워진(創制 / 新制)
「한국고유의 諺文체계(한국고전)와 마주하는 훈민정음·신제본 / 신제왈」로서
다시금 후세에 실어전하면서 널리 전언되었던 바로서 잇따르는 것이다.

그럼에도 불구하고
불능달의 周易을 뒤집어쓰고서 끝없이 곤두박질된 줄도 모르고
육서지법의 漢字어법을 뒤집어쓰고서 끝없이 널부러진 줄도 모르는
조선吏讀의 반절어법과 일본吏讀의 이두문법으로 뒤엉켜서 이합집산이 거듭된
조선어문의 어문규정으로서는 방언리어 창출지법의 꼬리통으로 전락된 바에 불과한 것이었다.

이와 같은 바를 미루어보듯

天地神明의 제작모神工에 따라서

천지조화의 一丸세계를 열어준(開天) ◇ 十三一命 / 一三十明) 바를 뜻하였던

「무소조술의 一丸환세계를 열어준(開天) 桓因한국의 桓檀제도로 전환되고 환원됨」에도 불구하고

「속칭·천부경(天符經)」이란 이두칭명으로 둔갑되어 전래가 거듭된 바로서는

▼ 소위、신라시대의 최치원(875년~?)에 의해 지어붙여진 바로서 널리 알려진 바이되

반드시 두 갈래로 갈라세우는 용두◐사미☆필법의 이두칭명에 불과할 뿐만 아니라

이미 두(◐) 갈래(☆)로 갈라서버린

「반절문자 및 방언리어 창출지법(六書之法 / 漢字어법)의 근간(鹿圖文 / 甲骨文)」으로까지

둔갑이 거듭된 바와 같았던 즉

속칭·천부경(天符經) 원본 / 참조

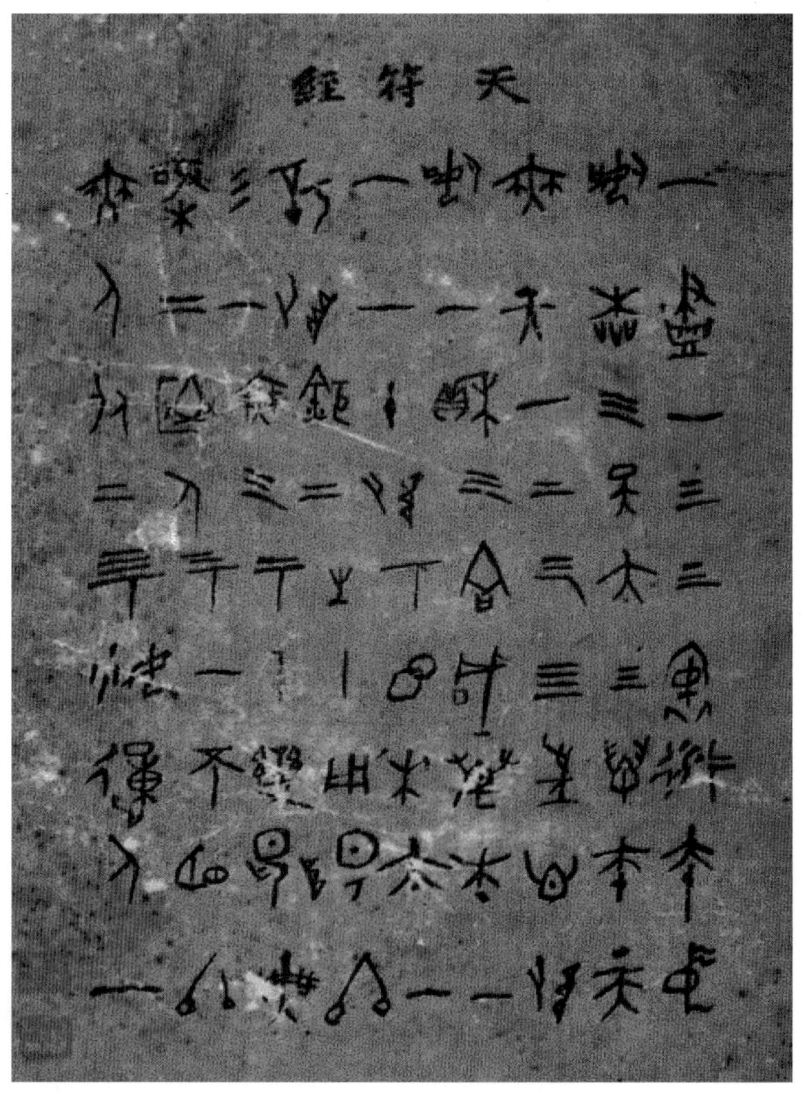

一朝	天地神明의
制作侔神工	제작모神工에 따라서
大東千古開朦朧	태고(故)가 열린(開天) 이래、몽롱해져버린
諺文聲音之字倣古篆而新制 檀檀帝曰의 三一神誥 原文解制	언문성음의 자방고전까지 모두 바로세워진 二。환단제왈의 삼일신고 1。원문해제

풋말(桓)	帝曰、爾五加衆。
一。天 [天의 정의]	蒼蒼非天、玄玄非天、天無形質、無端倪。 無上下四方、虛虛空空、無不在、無不容。
二。神 [三位一神의 정의]	神在無上一位、有大德大慧大力生。 天主無數世界、造牲牲物、纖塵無漏、昭昭靈靈。 不敢名量、聲氣願禱、絶親見、自性求子、降在爾腦。
三。天神國 [天神國의 정의]	天神國、有天宮、階萬善、門萬德、一神攸居。 群靈諸哲護侍、大吉祥、大光明處。 惟性通功完者、朝、永得快樂。
四。一丸世界 [一丸세계의 정의]	爾觀森列、星辰數無盡、大小明暗、苦樂不同。 一神造群世界、神勅日世界使者、牽七百世界。 爾地自大、一丸世界、中火震盪、海幻陸遷。 乃成見像、神呵氣包底、煦日色熱、行翥化游栽、物繁植殖。
五。性通功完 1. 人物三眞 2. 返眞一神 3. 三妄着根 4. 眞妄三途 5. 返妄卽眞 [三眞一神의 정의] 및 [성통공완의 정의]	人物同受三眞曰、性命精、人全之、物偏之。 眞性無善惡、上哲通。 眞命無淸濁、中哲知。 眞精無厚薄、下哲保、返眞一神。 惟衆迷地、三妄着根曰、心氣身。 心依性、有善惡、善福惡禍。 氣依命、有淸濁、淸壽濁夭。 身依精、有厚薄、厚貴薄賤。 眞妄對作三途曰、感息觸、轉成十八境。 感喜懼哀怒貪厭、息芬爛寒熱震濕、觸聲色臭味淫抵。 衆善惡淸濁厚薄、相雜從境途任走、墮生長肖病歿苦。 哲止感調息禁觸、一意化行、返妄卽眞、發大神機、性通功完是

395

이와 같은
「桓檀帝曰(환단제왈)의 三一神誥(삼일신고)」라 함은
이미 지극(三一) 因(一)한 桓因한국의 桓檀제도와 한국고유의 諺文체계(한국고전)로서 서로 마주하고 상통되는 桓檀帝位의 桓檀帝曰로서 널리 베풀고 널리 가르치면서 널리 실어전한 바를 뜻하는 즉

天地神明의 제작모神工에 따라서
천지조화의 一丸세계를 열어준 개천(開天)을 위시하여
만물치화의 치화원리를 열어준 개물(開物)에 대한 정의로서 간략하게 압축되고 귀결되듯
「一名·만물치화의 치화경(治化經)이나 개물경(開物經)」이라 함도 마찬가지로서

> 오로지(惟)
> 한마음(三眞) 한뜻(一神)을 이루면서
> 만물소통의 성통공완(能達·能通·通達)을 이룩하고 지극(三一)에 因(一)함으로서
> 비로소 한줄기(一三) 빛(十明)으로 떠오른
> 天地神明의 제작모神工에 따라서
> 천지조화의 一丸세계를 열어주고(開天) 태고(故)를 열어준(開物 / 成務)
> 桓因한국의 桓檀제도와 마주하는 언문성음의 자방고전(字書체계 / 한국고전)으로서
> 널리 베풀고(三一神誥) 널리 가르치면서(三倫九誓) 널리 실어전한(無所祖述) 바였던
> 夫東方有國의 유구한 역사와 빛나는 전통(開天·開物·成務)에 따라서
> 후세(桓檀시대 ~BC 7198~3897~2333~ 高麗시대)에까지 이르렀다 함은
> 이를 뜻하는 바였음에도 불구하고
>
> 춘추전국시대(周代 / BC 770~221~)에 이르면서
> 송두리째 뒤덮이고(음양팔괘 / 周易 / 예악문장) 몽롱해저버린 바로서
> 간략하게 압축되고 귀결되었던
> 「훈민정음·폿말 / 序曰」로서 다시금 후세에 전언한 바와 같았던 즉

1443년 겨울에 이르러서야
동서고금의 백왕(百王) 모두를 초월하고 지극(三一)에 因(一)함으로서
하늘(一)이 내린(三·朝)
세종聖帝의 제작모神工에 따라서
천지자연의 근본법칙까지 가지런히 가림토되고 비로소 모두 바로세워진
한겨레의 정음(聲音·字音·語音)체계로서 쉬이 습득(知)하고
한국고유의 언문(扵諺·扵文·字書)체계로서 올바르게 터득(智)함으로서
저절로 구해지고 머리속 깊이 간직되는(自性求子 / 三一精神)
아주 간략한 「三一법칙의 三一체계」에 따라서
삼극(三一)의 정의로서 간략하게 압축할(三一 / 書矣) 수 있었고 풀어낼(一三 / 矣書) 수 있었던
언문성음의 자방고전(字倣古篆 / 字書체계 / 한국고전)」이라 함은 이를 뜻하였던 것이다.

一朝	天地神明의
制作俹神工	제작모신工에 따라서
大東千古開朦朧	태고(故)가 열린(開天) 이래、몽롱해져버린
諺文聲音之字倣古篆而新制 桓檀帝曰의 三一神誥 諺文解制矣書	한국고유의 諺文체계까지 모두 바로세워진 환단제왕의 삼일신고 2。본문해제 및 언문해서

풋말(桓)	帝曰、爾五加衆。

풋말(桓)。「삼위태백(三位太伯)의 환단제왕(桓檀帝曰)」

제 왈   이 오 가 중
帝曰、爾五加衆。

◇ 帝께서
◇ 너희들、五加무리에 이르시길

一。天 (天의 정의)	蒼蒼非天、玄玄非天、天無形質、無端倪。 無上下四方、虛虛空空、無不在、無不容。

제1。「하늘(天)의 정의(精義)」

창 창 비 천   현 현 비 천   천 무 형 질   무 단 아
蒼蒼非天、玄玄非天、天無形質、無端倪。

◇ 푸르고 푸른 낮☀하늘(晝 / 日)이라 칭하나、하늘(天)이 아니(非)듯
◇ 검고 어두운 밤🌙하늘(夜 / 月)이라 칭하는 이 또한、하늘(天)이 아닌(非) 즉
◇ 하늘(天)은 형(形)과 질(質)도 없는 무한(無限 / 天一一)의 하늘(天)을 일컫는 바이고
◇ 시작도 끝도 없는(一始無始一 / 一終無終一) 무한(三一)의 하늘(天一一)을 일컫는 바로서

무 상 하 사 방   허 허 공 공   무 부 재   무 부 용
無上下四方、虛虛空空、無不在、無不容。

◇ 무한한 상하사방에 이르기까지
◇ 허한듯하나 허함이 없고 빈듯하나 빈곳(虛)이 없는(無) 무궁(無窮 / 地一二)을 일컫는 바와 같고
◇ 무한한 근본쓰임으로서 닿지 않음(不)이 없는(無) 무진(無盡 / 人一三)을 일컫는 바와 같으며

◇ 무한한 근본바탕으로서 담아내지 않음(不)이 없는(無) 바가 곧、무한(三一)의 하늘(天一一)을 일컫는 바이자、무한(三一)의 태극(一 / ・)과 끝없이 마주함을 일컫는 것이다.

二。神 (三位一神의 정의)	神在無上一位、有大德大慧大力生。 天主無數世界、造牲牲物、纖塵無漏、昭昭靈靈。 不敢名量、聲氣願禱、絶親見、自性求子、降在爾腦。

제 2。「천신(三位一神)의 정의(精義)」

신재무상일위　유대덕대혜대력생
神在無上一位、有大德大慧大力生。

◇ 天地人・三位一神의 자리로서는 더 이상의 위가 없는 天地人・三神一位의 자리에 계시면서
◇ 대덕(천지조화)을 내리고 대혜(만물치화)를 베풀며 대력(삼륜교화)을 거듭내는

천주무수세계　조생생물　섬진무루　소소령령
天主無數世界、造牲牲物、纖塵無漏、昭昭靈靈。

◇ 하늘을 주관하고 무수한 세계를 관장하면서
◇ 만물생성이 거듭되는 천지조화의 조화로움에 있어서도
◇ 티끌만치의 빈곳이나 넘침이 없는
◇ 천지신령의 位(一 / 三神一位)와 格(三 / 三神五帝)을 뜻하는 바이기에

불감명량　성기원도　절친견　자성구자　강재이뇌
不敢名量、聲氣願禱、絶親見、自性求子、降在爾惱。

◇ 함부로 칭명하여 빙자를 거듭하거나
◇ 반절어법의 어긋난 말투(칭명부여 / 중언부언)로서 아무리 원하고 빌어마지 않는다하여
◇ 친히 나타내거나 보여주는 바가 아닌 즉
◇ 自性求子함으로서 저절로 정수리에 내려앉는 三一精神의 사고능력을 갖추게 되는 그로서가 곧、自性求子한 三一精神의 사고능력을 뜻하는 바로서
◇ 自性求子한 五加무리 너희들의 머릿속에 이미 자리하고 있다 함은 곧、自性求子함으로서 저절로 갖추어지는 三一精神의 사고능력에 따라서 오로지 한마음(三眞) 한뜻(一神)을 이룸으로서 저절로 밝아지는 능달 / 능통의 눈높이(自明 / 神明)와 마주하는 開天 / 태극(一)의 눈높이(三・朝)에 이르기까지 사람다운(仙) 사람(人)으로 거듭나고(三七一則) 거듭나는(三伯五加 / 三位太伯) 지름길(三才之道 / 三一之理)에 들어선 바를 뜻하는 것이다.

「이른바 假中國의 가짜(假字)를 빌어쓰고 변통을 거듭하는 異乎中國의 방언리어 창출지법(육서지법 / 漢字어법)으로 뒤엉켜서 동문동궤가 이루어진 바와도 같았고 중간에 똬리를 틀고 들어앉아버린 바와도 같았던 거두절미법칙(음양이치 / 반절어법)의 용두사미필법(이두필법 / 삼망화법) 해제 / 참조」

三。天神國 (天神國의 정의)	天神國、有天宮、階萬善、門萬德、一神攸居。 群靈諸哲護侍、大吉祥、大光明處。 惟性通功完者、朝、永得快樂。

제3。「천신국(天神國)의 정의(精義)」

<u>천 신 국</u>　<u>유 천 궁</u>　<u>계 만 선</u>　<u>문 만 덕</u>　<u>일 신 유 거</u>
天神國、有天宮、階萬善、門萬德、一神攸居。

◇ [天神國]이라 함은、천지조화의 一丸세계를 열어주고(開天)、태고(故)를 열어준(開物 / 成務) 桓因한 국을 뜻하는 바로서 전환됨과 같은즉

◇ 天神國의 有天宮(・/ ○ / ○)으로부터 말미암아지는

◇ 만선의 계단(三一법칙 / 三一체계)으로서 차근차근 쌓아올려진 바(一朝・제작모神工)에 따라서

◇ 만덕의 문을 열어준(開天・開物・成務 ◇ 無所祖述 / 桓檀제도)

◇ 三位一神의 天神께서 유거하시는 곳이 天神國의 有天宮(・/ ○ / ○)을 일컫는 바이듯

<u>군 령 제 철 호 시</u>　<u>대 길 상</u>　<u>대 광 명 처</u>
群靈諸哲護侍、大吉祥、大光明處。

◇ 군령제철(한마음 한뜻을 이루고 성통공완을 이룩한 三伯五加 / 三神五帝)의 호위 속에서

◇ 대길상(천지조화의 조화원리、만물치화의 치화원리、삼륜교화의 교화원리)을 내려주고

◇ 대광명을 발하는 바가 곧、지극(三一)에 因(一)한 天地人・三位一神의 天地神明을 뜻하는 바로서

<u>유 성 통 공 완 자</u>　<u>조</u>　<u>영 득 쾌 락</u>
惟性通功完者、朝、永得快樂。

◇ 오로지 한마음(三眞) 한뜻(一神)을 이루면서 만문소통의 성통공완(通達)을 이룩한다면(者)

◇ 영득쾌락의 경지(朝天仙人 / 三神一位)에 오르내릴(↗↘) 수 있다 함이란 곧、天神國의 有天宮으로부터 말미암아진 만선의 계단(階萬善)으로서 차근차근 쌓아올려진 바(一朝・제작모神工)에 따라서 만덕의 문(門萬德)을 열어준(開天 / 開物) 바와도 같았고、오로지 한마음(三眞) 한뜻(一神)을 이루면서 만물소통의 성통공완을 이룩하고 지극(三一)에 因(一)함으로서 비로소 하늘(一)이 내린(三・朝) 天夫三人의 제작모神工을 뜻하는 바로서도 전환되고 영득쾌락의 경지(天地人・三神一位)에 오르내린(一三一) 바(三位太伯)로서 전환되는 바와 같았던 것이다.

四。一丸세계 [一丸세계의 정의]	爾觀森列、星辰數無盡、大小明暗、苦樂不同。 一神造群世界、神勅日世界使者、牽七百世界。 爾地自大、一丸世界中、火震盪、海幻陸遷。 乃成見象、神呵氣包底、煦日色熱、行翥化游栽、物繁植殖。

제4。「一丸세계의 정의(精義)」

_{이 관 삼 열　　성 신 수 무 진　　대 소 명 암　　고 락 부 동}
爾觀森列、星辰數無盡、大小明暗、苦樂不同。

◇ 五加무리 너희들이 관찰하는 삼원(三圓)과 삼열(森列)에 이르기까지
◇ 무수하고 무진한 별들을 살펴보고 헤아려보더라도
◇ 크고 작거나 밝고 어두운 무수한 별들처럼
◇ 五加무리 너희들의 괴로움과 즐거움도 서로 같지는 않으나 끝없이 마주하는 바와 같듯이

_{일 신 조 군 세 계　　신 칙 일 세 계 사 자　　견 칠 백 세 계}
一神造群世界、神勅日世界使者、牽七百世界。

◇ 天地人・三位一神의 조화로움(天地人・三倫之理)에 따라서 군령제철(能達・能通・通達)의 세계(三神五帝 / 三伯五加)를 주관하고
◇ 天神國의 桓易之理(三易之理 / 三一五行)에 따라서 무한(日)의 세계(시공간)를 관장하면서
◇ 만물생성(三一一生)의 칠백세계(三一一妙衍、萬往萬來)까지 이끌어 줌에도 불구하고

_{이 지 자 대　　일 환 세 계 중　　화 진 탕　　해 환 육 천}
爾地自大、一丸世界中、火震盪、海幻陸遷。

◇ 五加무리 너희들이 딛고 서있는 땅덩어리(지구)가 저절로 커진듯하지만
◇ 무한한 한울타리(一始無始一 / 一終無終一)에 감싸인 천지조화의 一丸세계 속에서
◇ 불덩어리가 떨쳐지고 지축을 뒤흔들면서
◇ 바다와 육지가 서로 뒤섞임을 거듭한 끝에(一積十鉅無匱化三)

_{내 성 견 상　　신 가 기 포 저　　후 일 색 열　　행 저 화 유　　재 물 번 식}
乃成見象、神呵氣包底、煦日色熱、行翥化游、栽物繁殖。

◇ 마침내 모양을 이루고 모습을 나타낸 바에 따라서
◇ 천지신령의 생명력과 천지조화의 조화력으로서 모두를 감싸 안으면서 땅속까지 불어넣어진
◇ 무한(日)하고 무궁(月)한 천지자연의 근본법칙(三才之道 / 三易之理)에 따라서 더해짐(一積)과 보태짐(十鉅)이 거듭됨(無匱化三)으로서
◇ 비로소 길짐승과 날짐승으로 거듭나고 거듭나게된 물고기를 비롯하여
◇ 동식물의 번식이 거듭되는 천혜의 둥근 세상이 곧、五加무리 너희들이 딛고 서있는 땅덩어리(지구)를 일컫는 것이다.

이와 같은 바만을 살펴보고 헤아려보더라도、애초부터 어긋나고 뒤틀린 지구중심(● / 無)의 天動說 / 人文學과 태양중심(○ / 有)의 地動說 / 天文學으로 줄줄이 주워섬기면서 끝없는 사분오열과 이합집산 만이 거듭된 바와 같았던 거두절미법칙의 용두사미필법에 따라서 무한대(一捨陰陽 / 陰陽八卦)의 가공세계가 창출되고 줄줄이 구축된 줄도 모르는 반절어법의 태생적 한계라 함은 이를 일컫는 것이다.

五。性通功完 　1。人物三眞 　2。返眞一神 　3。三妄着根 　4。眞妄三途 　5。返妄卽眞 (三眞一神의 정의) (三妄化身의 정의) (성통공완의 정의)	人物同受三眞曰、性命精、人全之、物偏之。 眞性無善惡、上哲通。 眞命無淸濁、中哲知。 眞精無厚薄、下哲保、返眞一神。 惟衆迷地、三妄着根曰、心氣身。 心依性、有善惡、善福惡禍。 氣依命、有淸濁、淸壽濁夭。 身依精、有厚薄、厚貴薄賤。 眞妄對作三途曰、感息觸、轉成十八境。 感喜懼哀怒貪厭、息芬爛寒熱震濕、觸聲色臭味淫抵。 衆善惡淸濁厚薄、相雜從境途任走、墮生長肖病歿苦。 哲止感調息禁觸、一意化行、返妄卽眞、發大神機、性通功完是

제5。「성통공완(性通功完)의 정의(精義)」

인 물 동 수 삼 진 왈　성 명 정　　인 전 지　　물 편 지
人物同受三眞曰、性命精、人全之、物偏之。

◇ 만인(人) 만물(物) 모두가 다같이 처음(一)부터 타고나는 「三眞」이라 함은
◇ 「三眞의 性·命·精」을 일컫는 바이되
◇ 만인(人)으로서는 온전함(全之)을 타고나는(三七一則) 반면
◇ 만물(物)로서는 치우침(偏之)을 타고나는(三七一生) 바를 일컫지만、애초부터 태극(一)을 집어삼키고서(捨) 두(◐) 갈래(☆)로 갈라서버린 음양이치의 반절어법(六書之法)과 음양팔괘의 음양역법(周易)을 뒤집어쓰고서 줄줄이 다시 태어난 줄도 모르는 음양무리는 음양이치에 치우칠 수밖에 없음을 뜻하고、삼망무리는 선악이론에 치우칠 수밖에 없음을 뜻하는 바와 같았던 것이다.

진 성 무 선 악　상 철 통
眞性無善惡、上哲通。

◇ 「眞性」으로서는 「妄心의 善◐惡」에 치우치지 않음을 일컫는 바이기에
◇ 「妄心의 善◐惡」에 치우침이 없는 自性求子한 바가 곧、上哲通을 뜻하고

진 명 무 청 탁　중 철 지
眞命無淸濁、中哲知。

◇ 「眞命」으로서는 「妄氣의 淸◐濁」에 치우치지 않음을 일컫는 바이기에
◇ 「妄氣의 淸◐濁」에 치우침이 없는 自我自覺한 바가 곧、中哲知를 뜻하며

401

진정무후박　　하철보　　반진일신
眞精無厚薄、下哲保、返眞一神。

◇ 「眞精」으로서는 「妄身의 厚❶薄」에 치우치지 않음을 뜻하는 바이기에
◇ 「妄身의 厚❶薄」에 치우침이 없는 三一精神의 사고능력을 갖춘 바가 곧, 下哲保를 뜻하는 바로서, 自性求子한 三一精神의 사고능력으로서 머릿속 깊이 간직된(上哲通◦中哲知◦下哲保) 三眞一神의 눈높이(自明 / 神明)로서 서로 마주함을 뜻하는 바와 같은즉
◇ 다음과 같은 三妄이 착근되고 잉태된 모두를 깨닫고 올바르게 터득하거나, 自性求子한 바에 따라서 오로지 한마음 한뜻을 이룬 「返眞一神이나 三眞一神」을 일컫는 바가 곧
自性求子한 三一精神의 사고능력에 따라서 스스로(三眞)에 因(一神)하고 만인(人一三)에 因(一)한 但因(三一)의 人神之位와 마주하는 능달 / 능통의 눈높이(自明 / 神明◇桓易의 易觀)로서 서로 마주함을 뜻하는 바였음에도 불구하고
만물에 치우치고 사사로움에 치우친 「물신숭배 / 태양숭배 / 化身숭배」를 거듭하다가 중원천하의 인간세상으로 굴러 떨어진 줄도 모르는 三妄무리의 선악이론과 음양무리의 음양이치 모두에 이르기까지 일거에 돌이킨 바와 같았던 自性求子한 三一精神의 사고능력에 따라서 오로지 한마음(三眞) 한뜻(一神)을 이루면서 만물소통의 성통공완을 이룩하고 지극(三一)에 因(一)함으로서 비로소 한줄기(一三) 빛(十明)으로 떠오른(本心本·太陽昻明) 바가 곧, 天地神明의 一丸세계를 열어준(開天) 一朝·제작모神工을 뜻하는 바였던 것이다.

유중미지　　삼망착근왈　　심기신
惟衆迷地、三妄着根曰、心氣身。

◇ 어둠(地)의 세상(獄)에서 헤매다가
◇ 三妄이 착근되고 잉태된 줄도 모르는
◇ 「삼망무리 / 음양무리의 마음(心)·기운(氣)·몸(身)」을 일컫는 즉은、애초부터 태극(一)을 집어삼키고서(一❶捨음양 / 자가☆당착) 중원(十)을 뒤집어써버린(음양팔괘 / 周易 / 음양역법) 음양팔괘의 가공세계 창출지법을 뒤집어쓰고서 두❶갈래☆로 갈라서버린 반절문자 및 방언리어 창출지법으로 줄줄이 주워섬김에 따라서 무한대(一捨❶음양 / 음양☆팔괘)의 가공세계가 창출되고 줄줄이 구축된 줄도 모르는 춘추전국시대의 용두❶사미☆집단이나 동서고금의 천지❶귀신☆집단으로 줄줄이 전락된 줄도 모르는 모두가 포괄되는 인조인간들의 망심(妄心)·망기(妄氣)·망신(妄身)을 일컫는 바와 같았던 것이다.

심의성　　유선악　　선복악화
心依性、有善惡、善福惡禍。

◇ 三妄이 착근되고 잉태된 줄도 모르는 인간의 마음(心)으로서는 「三眞의 性」에 의존함으로서
◇ 반드시 두(❶) 갈래(☆)로 갈라서는 선악(善❶惡)에 치우침을 일컫는 바로서
◇ 착하면 복이나 악하면 화이고

기의명　　유청탁　　청수탁요
氣依命、有淸濁、淸壽濁夭。

◇ 三妄이 착근되고 잉태된 줄도 모르는 인간의 기운(氣)으로서는 「三眞의 命」에 의존함으로서

◇ 반드시 두(◐) 갈래(☆)로 갈라서는 청탁(淸◐濁)에 치우침을 일컫는 바로서

◇ 맑으면 오래 사나 흐리면 요절하며

^{신 의 정} ^{유 후 박} ^{후 귀 박 천}
身依精、有厚薄、厚貴薄賤。

◇ 三妄이 착근되고 잉태된 줄도 모르는 인간의 몸(身)으로서는「三眞의 精」에 의존함으로서

◇ 반드시 두(◐) 갈래(☆)로 갈라서는 후박(厚◐薄)에 치우침을 일컫는 바로서

◇ 두터우면 귀하나 얕으면 천함을 일컫는 것이다.

^{진 망 대 작 삼 도 왈} ^{감 식 촉} ^{전 성 십 팔 경}
眞妄對作三途曰、感息觸、轉成十八境。

◇ 이와 같은 삼망이 착근되고 잉태된 줄도 모르는 三妄무리 / 음양무리로서는 참됨(三眞)과 망령됨(三妄)의 대적(對敵 / 갈등 / 대립)을 불러일으키고 두◐세 갈래(三途)로 뒤엉키면서 18지경의 경계를 이루는「인간세상(삼망착근)의 진망대작삼도(眞妄對作三途曰・感息觸)」를 일컫는 즉은

◇ 인간들의 느낌(感), 호흡(息), 촉감(觸)을 일컫는 바이고

◇ 두◐세 갈래의 三途(感息觸)를 오가면서 18지경의 나락(地獄)으로 굴러떨어진 줄도 모르는

^{감 희 구 애 노 탐 염} ^{식 분 란 한 열 진 습} ^{촉 성 색 취 미 음 저}
感喜懼哀怒貪厭、息芬爛寒熱震濕、觸聲色臭味淫抵。

◇ 인간들의 느낌(感 / 一途)으로서는 희구(喜 / 懼), 애노(哀 / 怒), 탐염(貪 / 厭)을 오가고

◇ 인간들의 호흡(息 / 二途)으로서는 분란(芬 / 爛), 한열(寒 / 熱), 진습(震 / 濕)을 오가며

◇ 인간들의 촉감(觸 / 三途)으로서는 성색(聲 / 色), 취미(臭 / 味), 음저(淫 / 抵)을 오가는

^{중 선 악 청 탁 후 박} ^{상 잡 종 경 도 임 주} ^{타 생 장 초 병 몰 고}
衆善惡淸濁厚薄、相雜從境途任走、墮生長肖病歿苦。

◇「삼망착근의 진망대작삼도」를 불러일으키면서 18지경의 나락(地獄)으로 굴러 떨어져서 반드시 두(◐) 갈래(☆)로 갈라세우는 선악이론의 선악◐사상을 뒤집어쓰거나, 음양이치의 음양◐사상을 뒤집어쓰고서 자가당착이 거듭된 줄도 모르는 삼망화신의 삼망무리와 음양화신의 음양무리로 줄줄이 전락시켜놓고서 영구히 거느린다는 삼망화신의 삼망화법, 음양화신의 음양역법, 반절화신의 반절어법으로서 줄줄이 구축되어버린 반절어법의 4대영역과 음양역법의 시공간(기원전⇔기원후)에 이르기까지

◇ 서로 서로 뒤섞이면서 줄줄이 잇따르는 두(◐) 갈래(☆)의 갈림길(선악이론 / 음양이치)에 따라서 끝없는 사분오열과 이합집산만이 거듭된 줄도 모르고 자가당착의 극치를 넘나드는 줄도 모르는 바가 곧, 三妄化身을 섬기는 줄도 모르는 삼망무리의 삼망사상, 음양化身을 섬기는 줄도 모르는 음양무리의 음양사상, 인조태양(華◐夏)을 섬기는 줄도 모르는 慕華집단의 慕華사상을 등등의 모두를 일컬어 자가당착의 삼망시상이나 창조사상이라 일컫는 바인즉

◇ 이처럼 반드시 두(◐) 갈래(☆)로 갈라세우는 두 갈래의 갈림길(음양이치 / 선악이론、衆妙之門 / 玄妙之道)에 따라서 끝없는 사분오열과 이합집산만이 거듭되는 반절어법의 태생한계를 뒤집어쓰고서 줄줄이 다시 태어난 줄도 몰랐던 인조인간집단(조물주 / 인조인간)이나 피조물집단(창조자 / 피조물)들로

성장하면서 병들거나, 요절하는, 괴로움에 함몰되거나 감내해야하는 바에서 영구적으로 헤어 나오지 못하는 그로서의 원점(●)과 정점(○)에 이르기까지 일거에 돌이킬 수 있는

哲止感調息禁觸、一意化行。
<small>철 지 감 조 식 금 촉　　일 의 화 생</small>

◇ 철다운 철(上哲通·中哲知·下哲保)이 들어야만 비로소 「진망대작삼도」의 느낌을 멈출(止感) 수 있고, 호흡을 고를(調息) 수 있으며, 촉감을 금할(禁觸) 수 있는 바에 따라서

◇ 옳고(眞) 그름(妄)을 다스리면서(治) 스스로를 다스린 바와 같았던 즉, 오로지 한마음(三眞) 한뜻(一神)을 이룰 수 있는 자성구자한 三一精神의 사고능력을 갖춤으로서 저절로 밝아지는 능달 / 능통의 눈높이(自明 / 神明◇桓易의 易觀)에 이르는 지름길에 들어선 바와도 같았고, 지극(三一)에 이르는 지름길(三才之道 / 三倫之理)에 들어선 바와도 같았던 바가 곧, 自性求子한 五加무리를 일컫는 바이자, 이미 지극(三一)에 因(一)한 桓檀帝位의 三位太伯과 마주하는 郡靈諸哲의 三伯五加를 일컫는 바와 같았던 것이다.

返妄卽眞、發大神機、性通功完是
<small>반 망 즉 진　　발 대 신 기　　성 통 공 완 시</small>

◇ 이와 같은 삼망이 착근되고 잉태된 줄도 모르고 무주공산의 인간세상으로 전락된 줄도 모르는 인간세상의 망령됨(물신숭배 / 미신숭배 / 化身숭배)을 일거에 돌이킬 수 있는 그 즉시, 三妄집단의 三妄화법이나 三妄化身의 三妄사상에도 치우침이 없는 自性求子한 三一精神의 사고능력을 갖추게 되는 그로서가 곧

◇ 옳고(眞) 그름(妄)에도 치우침이 없는 옳고(一) 바른(二三) 올바름(一二三)으로서 더하고(一積) 보탬(十鉅)을 거듭할(無匱化三) 수 있는 自性求子한 三一精神의 사고능력에 따라서

◇ 저절로 밝아지는 능달 / 능통의 눈높이(自明 / 神明◇桓易의 易觀)로서 서로 마주하는 만물소통의 성통공완을 이룩하고 지극(三一)에 因(一)한 開天 / 태극(一)의 눈높이(一朝)에 이르기까지 지극(三一)에 이르는 지름길(三才之道 / 三一之理)로서도 서로 마주하고, 사람다운(仙) 사람(人)으로 거듭나고(三七一則) 거듭나는(五加무리 / 仙人무리) 지름길(三才之道 / 三倫之理)로서도 서로 마주하고 상통된다 함은 이를 뜻하는 것이었다. [훈민정음·序曰 및 제자해·訣曰 / 참조]

一朝	天地神明의
制作侔神工	제작모신공에 따라서
大東千古開朦朧	태고(故)가 열린(開天) 이래, 몽롱해져버린
諺文聲音之字倣古篆而新制 桓檀帝民의 三倫九誓 原文解制	한국고유의 諺文체계까지 모두 바로세워진 三。환단제민의 삼륜구서 1。원문해제

제1 初拜而誓於衆曰

勉爾孝于家、家有父母妻子、則誠心誠敬推。以友愛誠奉祭祀、以報一本。敬接賓客、以善鄕隣勸敎子弟、以養英才皆、人倫敎化之大者也。是孝慈順禮之、敢不修行乎。衆一齊應聲曰、諾否者逐之

제2 再拜而誓於衆曰

勉爾友于兄弟、兄弟者父母之所分也。兄之所好則弟之所好也、弟之所不好則兄之所不好也。物來之好不好人我相同也。自身而及物、自親而及疎、以如是之道。推之鄕國則鄕國可興也、推之天下則天下可化也。是友睦仁恕之、敢不修行乎。衆一應聲曰、諾否者逐之

제3 三拜而誓於衆曰

勉爾信于師友、師友者道法之所立也。德義相磨、過失相警、學問樹立。事業成就者、皆師友之力也。是信實誠勤之、敢不修行乎。衆一應聲曰、諾否者逐之

제4 四拜而誓於衆曰

勉爾忠于國、國者先王之所設也、今民之所食也。改新國政、增進國富、護守國土、恢張國權。以固國勢、以光歷史者、皆國之來也。是忠義氣節之、敢不修行乎。衆一應聲曰、諾否者逐之

| 제5 | 五拜而誓於衆曰 |

勉爾遜于群、群者皆天帝之民。與我同受三眞者也、主性之所本也、國力之所係也。上不遜則下離、右不遜則左脫、前不遜則後退。下不遜則上厭、左不遜則右落、後不遜則前疎。今遜讓相尊、合群通力則外侮可止也、內治可修也。是遜讓恭謹之、敢不修行乎。衆一應聲曰、諾否者逐之

| 제6 | 六拜而誓於衆曰 |

勉爾明知于政事、政事者治亂之所關也。風伯之立約、雨師之施政、雲師之行刑、各有職權、不相侵越也。今知見高邁、言路廣採。技藝鍊磨、經驗致積、則國務可均也、民事可舒也。是明知達見之、敢不修行乎。衆一應聲曰、諾否者逐之

| 제7 | 七拜而誓於衆曰 |

勉爾勇于戰陣、戰陣者存亡之所決也。國不存則君父貶爲木偶、主不立則妻子沒爲人奴也。應事接物皆莫非吾道也、璈世傳敎亦莫非吾事也。與其無國而生無主而存、寧若有國而死有主而終乎。今劃然有空我犧牲之、風規制整肅。善群自治而賞與罰、必須正平人。與我亦信義相濟、則亭毒群倫、能福千萬人也。是勇膽武俠之、敢不修行乎。衆一應聲曰、諾否者逐之

| 제8 | 八拜而誓於衆曰 |

勉爾廉于身行、不廉則良心自昧、能廉則神明自通。偏嗜私利、則必盼病、獨善自矜、則必腐敗。蠢蠢自足自害、害人因循相積、沈溺莫救者也。是廉直潔淸之、敢不修行乎。衆一應聲曰、諾否者逐之

| 제9 | 九拜而誓於衆曰 |

勉爾義于職業、人之作職就業、必有責任。一有不義而却失自盡、則必有侮譴而毀壞。若有正義而公信食力、則誰可凌侮而侵奪也。哉義者群力之所起也、正氣之所發也。捲之以藏于九竅擴之、以盈于天地者也。是正義公理之、敢不修行乎。衆一應聲曰、諾否者逐之

一朝	天地神明의
制作侔神工	제작모신공에 따라서
大東千古開朦朧	태고(故)가 열린(開天) 이래、몽롱해져버린
諺文聲音之字倣古篆而新制 桓檀帝民의 三倫九誓 諺文解制矣書	한국고유의 諺文체계까지 모두 바로세워진 환단제민의 삼륜구서 2。본문해제 및 언문해서

제1。「孝慈順禮 / 효자순례」

再拜而誓於衆曰 / 재배이서어중왈
◇ 재배(再拜)로서 삼륜교화의 맹세를 다짐하고、五加무리에게 이르길

면 이 효 우 가　　가 유 부 모 처 자　　즉 성 심 성 경 추
勉爾孝于家、家有父母妻子、則誠心誠敬推。
◇ 五加무리 너희들은 가정지간의 윤리가 바로서는 「孝·慈·順·禮」에 힘써야 한다.
◇ 가정을 일구고 있는 너희들의 부모와 처자인 즉
◇ 성심을 다하여 부모를 공경하고 처자를 보살피는 바로서 올바르게 천거되었던

이 우 애 성 봉 제 사　　이 보 일 본　　경 접 빈 객
以友愛誠奉祭祀、以報一本、敬接賓客。
◇ 이로서 가정지간의 우애를 다지고 정성껏 조상을 섬기는
◇ 이로서 타고난 근본(一三)에 보은하는 것처럼
◇ 내빈과 손님을 경접하는 경건한 마음가짐으로서

이 선 향 린 권 교 자 제　　이 양 영 재　　개 인 륜 교 화 지 대 자 야
以善鄕隣勸敎子弟、以養英才、皆人倫敎化之大者也。
◇ 이웃과 고을간의 선린우호를 다지면서 자제교육을 권장하고 장려하는
◇ 이로서 영재로 길러내는 너희들 모두가
◇ 인륜교화의 대력을 거듭 내는 大人 / 大夫들로서 거듭나고 거듭나게 될터인 즉

시 효 자 순 례 지　　감 불 수 행 호
是孝慈順禮之、敢不修行乎。
◇ 이러한 바가 곧、삼륜구서의 첫 번째 맹세인 「孝·慈·順·禮」에 힘쓴 바라 할진데
◇ 감히 이를 수행하지 않고 다같이 함께하지 않겠는가?

407

중일제응성왈　　　낙부자축지
衆一齊應聲曰、諸否者逐之

◇ 이에 五加무리는 일제히 응답하면서 맹세하길
◇ 이에 따르지 않거나 거스른다면 추방하겠나이다.

제2。「友睦仁恕 / 우목인서」

再拜而誓於衆曰 / 재배이서어중왈

◇ 재배(再拜)로서 삼륜교화의 맹세를 다짐하고、五加무리에게 이르길

면 이 우 우 형 제　　　형 제 자 부 모 지 소 분 야
勉爾友于兄弟、兄弟者父母之所分也。

◇ 五加무리 너희들은 형제지간의 윤리가 바로서는 「友·睦·仁·恕」에 힘써야 한다.
◇ 형제라 함은、부모로부터 근본(一三)을 다같이 타고난 형(一)과 아우(三)를 일컫는 바이듯

형 지 소 호 즉 제 지 소 호 야　　제 지 소 불 호 즉 형 지 소 불 호 야
兄之所好則弟之所好也、弟之所不好則兄之所不好也。

◇ 형에게 있어서 좋은 것이라면 아우에게도 좋을 것이고
◇ 아우에게 있어서 좋지 않다면 형에게도 좋지 않을 것이니

물 래 지 호 불 호 야　　인 아 상 동 야
物來之好不好、人我相同也。

◇ 만물의 오고감에 있어서 좋아하거나 싫어함조차도
◇ 우리모두의 서로에게도 마찬가지라 할 것이지만

자 신 이 급 물　　자 친 이 급 소　　이 여 시 지 도
自身而及物、自親而及疎、以如是之道。

◇ 자신(自身)의 몸가짐으로부터 비롯되는 만물의 호불호에 치우치게 되거나
◇ 자친(自親)의 마음가짐으로부터 비롯되는 「만물소통의 성통공완」을 이룩할 수 있는 즉
◇ 이와 같은 「만물소통의 지름길(三才之道 / 三易之理)」에 따라서

추 지 향 국 칙 향 국 가 흥 야　　추 지 천 하 즉 천 하 가 화 야
推之鄕國則鄕國可興也、推之天下則天下可化也。

◇ 올바르게 천거되는 고을과 나라라면 고을과 나라가 흥하게 될 것이고
◇ 올바르게 천거되는 천하라면 만천하가 조화롭게 될터인 즉

시 우 목 인 서 지　　감 불 수 행 호
是友睦仁恕之、敢不修行乎。

◇ 이러한 바가 곧、삼륜구서의 두 번째 맹세인 「友·睦·仁·恕」에 힘쓴 바라 할진데
◇ 감히 이를 수행하지 않고 다같이 함께하지 않겠는가?

중 일 제 응 성 왈　　낙 부 자 축 지
衆一齊應聲曰、諾否者逐之
◇ 이에 五加무리는 일제히 응답하면서 맹세하길
◇ 이에 따르지 않거나 거스른다면 추방하겠나이다.

제3。「信實誠勤 / 신실성근」

三拜而誓於衆曰 / 3배이서어중왈
◇ 3拜로서 삼륜교화의 맹세를 다짐하고、五加무리에게 이르길

면 이 신 우 사 우　　사 우 자 도 법 지 소 립 야
勉爾信于師友、師友者道法之所立也。
◇ 五加무리 너희들은 師友之間의 윤리가 바로서는 「信·實·誠·勤」에 힘써야 한다.
◇ 사우(師友)라 함은、「夫東方有國의 桓檀제도」에 따라서 성립되는 인과관계(三伯과 마주하는 五加무리)를 일컫는 바인즉

덕 의 상 마　　과 실 상 경　　학 문 수 립
德義相磨、過失相警、學問樹立。
◇ 「만덕의 문(門萬德)을 열어준(開天 / 開物) 만선의 계단(階萬善)으로서 차근차근 쌓아올려진 바」에 이르기까지 서로가 연마를 거듭하고 올바르게 터득하면서
◇ 「夫東方有國의 유구한 역사와 빛나는 전통」에 대해 망실하지 않도록 서로가 경계하는
◇ 올바른 학문을 수립함으로서

사 업 성 취 자　　개 사 우 지 력 야
事業成就者、皆師友之力也。
◇ 만사와 만업의 성취가 이루어짐은 물론이거니와
◇ 그러한 모두가 사우지간의 통합능력으로서 승화되고 널리 계승될 터인즉

시 신 실 성 근 지　　감 불 수 행 호
是信實誠勤之、敢不修行乎。
◇ 이러한 바가 곧、삼륜구서의 세 번째 맹세인 「信·實·誠·勤」에 힘쓴 바라 할진데
◇ 감히 이를 수행하지 않고 다같이 함께하지 않겠는가?

중 일 제 응 성 왈　　낙 부 자 축 지
衆一齊應聲曰、諾否者逐之

◇ 이에 五加무리는 일제히 응답하면서 맹세하길
◇ 이에 따르지 않거나 거스른다면 추방하겠나이다.

제4。「忠義氣節 / 충의기절」

四拜而誓於衆曰 / 4배이서어중왈
◇ 4拜로서 삼륜교화의 맹세를 다짐하고、五加무리에게 이르길

勉爾忠于國、國者先王之所設也、今民之所食也。
_{면이충우국   국자선왕지소설야   금민지소식야}
◇ 五加무리 너희들은 나라지간의 윤리가 바로서는「忠・義・氣・節」에 힘써야 한다.
◇ 나라라 함은、「태고(故)를 열어준(開天・開物・成務) 夫東方有國의 桓檀제도」에 따라서
◇ 지금에 이르기까지 桓檀帝民의 자급자족과 통합능력으로 확산되면서

改新國政、增進國富、護守國土、恢張國權。
_{개신국정   증진국부   호수국토   회장국권}
◇ 국정을 개신하고
◇ 국부를 증진하며
◇ 국토를 수호하면서
◇ 국권을 널리 확장하였던 바이듯

以固國勢、以光歷史者、皆國之來也。
_{이고국세   이광역사자   개국지래야}
◇ 이와 같은 바에 따라서 국세를 굳건히 다짐으로서
◇「桓因한국(夫東方有國)의 유구한 역사와 빛나는 전통(開天・開物・成務)」으로서 이어받은
◇ 모든 나라(桓因한국의 九桓 / 제후국)의 장래가 담보될 터인즉

是忠義氣節之、敢不修行乎。
_{이충의기절지   감불수행호}
◇ 이러한 바가 곧、삼륜구서의 네 번째 맹세인「忠・義・氣・節」에 힘쓴 바라 할진데
◇ 감히 이를 수행하지 않고 다같이 함께하지 않겠는가?

衆一齊應聲曰、諾否者逐之
_{중일제응성왈   낙부자축지}
◇ 이에 五加무리는 일제히 응답하면서 맹세하길
◇ 이에 따르지 않거나 거스른다면 추방하겠나이다.

제5。「遜讓恭謹 / 손양공근」

五拜而誓於衆曰 / 5배이서어중왈
◇ 5拜로서 삼륜교화의 맹세를 다짐하고、五加무리에게 이르길

_{면 이 손 우 군　　군 자 개 천 제 지 민}
勉爾遜于群、群者皆天帝之民。
◇ 五加무리 너희들은 諸群之間의 윤리가 바로서는 「遜・讓・恭・謹」에 힘써야 한다.
◇ 郡靈諸哲의 제군(仙人무리 / 五加무리)들이라 함은、우리모두가 天帝의 겨레임을 뜻하듯

_{여 아 동 수 삼 진 자 야　　주 성 지 소 본 야　　국 력 지 소 계 야}
與我同受三眞者也、主性之所本也、國力之所係也。
◇ 우리모두가 다 같이 타고나는 三眞(曰性命精)이라 함은
◇ 「만물소통의 성통공완을 이룩하고 지극(三一)에 因(一)함으로서 모두 구비된 천지만물의 근본근원 (一三一 / 本心本)과 마주하는 三眞一神의 眞性・眞命・眞精」을 뜻하는 바로서
◇ 국력의 아홉갈래인 九桓의 겨레로서 널리 계승됨을 뜻하는 바였음에도 불구하고

_{상 불 손 즉 하 리　　우 불 손 즉 좌 탈　　전 불 손 즉 후 퇴}
上不遜則下離、右不遜則左脫、前不遜則後退。
◇ 위에서 겸손치 않다면 아래가 흐트러질 것이고
◇ 오른편에서 겸손치 않다면 왼편이 떨어져 나갈 것이며
◇ 앞에서 겸손치 않다면 뒤가 달아날 것은 물론이거니와

_{하 불 손 즉 상 염　　좌 불 손 즉 우 락　　후 불 손 즉 전 소}
下不遜則上厭、左不遜則右落、後不遜則前疎。
◇ 아래에서 겸손치 않다면 위가 서먹서먹할 것이고
◇ 왼편에서 겸손치 않다면 오른편이 추락할 것이며
◇ 뒤에서 겸손치 않다면 앞이 가로막힐 것은 불을 보듯 훤하듯

_{금 손 양 상 존　　합 군 통 력 즉 외 모 가 지 야　　내 치 가 수 야}
今遜讓相尊、合群通力則外侮可止也、內治可修也。
◇ 태고(故)로부터 지금에 이르기까지 서로가 겸손겸양하면서 서로를 존중하고 소중히 여기는
◇ 「五加무리와 仙人무리의 통합능력」으로서 승화되고 계승이 거듭되었던 바로서 잇따른다면 외부로부터 업신여김을 불러들이는 일이란 아예 없을 터이고
◇ 「내치의 三伯五加 / 제후제도와 마주하는 三位太伯(桓檀帝位)의 桓檀제도」로서도 널리 베풀어지게 될터인 즉

시 손 양 공 근 지　　감 불 수 행 호
是遜讓恭謹之、敢不修行乎。

◇ 이러한 바가 곧, 삼륜구서의 다섯 번째 맹세인 「遜·讓·恭·謹」에 힘쓴 바라 할진데
◇ 감히 이를 수행하지 않고 다같이 함께하지 않겠는가?

중 일 제 응 성 왈　　낙 부 자 축 지
衆一齊應聲曰、諾否者逐之

◇ 이에 五加무리는 일제히 응답하면서 맹세하길
◇ 이에 따르지 않거나 거스른다면 추방하겠나이다.

제6。 「明知達見 / 명지달견」

六拜而誓於衆曰 / 6배이서어중왈

◇ 6拜로서 삼륜교화의 맹세를 다짐하고、五加무리에게 이르길

면 이 명 지 우 정 사　　　정 사 자 치 란 지 소 관 야
勉爾明知于政事、政事者治亂之所關也。

◇ 五加무리 너희들은 政事之間의 윤리가 바로서는 「明·知·達·見」에 힘써야 한다.
◇ 정사(政事)라 함은、「三位太伯의 桓檀제도와 마주하는 三伯五加의 제후제도」를 관장하는 국정의 국무를 일컫는 바인즉

풍 백 지 립 약　　우 사 지 시 정　　운 사 지 행 형　　각 유 직 권　　불 상 침 월 야
風伯之立約、雨師之施政、雲師之行刑、各有職權、不相侵越也。

◇ 만물소통의 성통공완을 이룩한 삼백(太伯·河伯·風伯) 중의 풍백으로서는 정사(政事)를 입약하고
◇ 우사(雨師)로서는 정사를 시정하며
◇ 운사(雲師)로서는 정사를 시행함에 있어서
◇ 저마다의 직능과 권위로서 말미암아진
◇ 서로의 직능과 권위를 침해하거나 월권하지 않음을 뜻하는 바로서

금 지 견 고 매　　언 로 광 채
今知見高邁、言路廣採。

◇ 「태고(故)로부터 지금에 이르기까지 한 눈(三眞一神 / 三位一神)으로 내려다볼 수 있는 능달 / 능통의 눈높이(自明·東明·神明)로서는 開天 / 태극의 눈높이(一朝)와 마주함」을 뜻하는 바와 더불어
◇ 언로(言路)가 널리 열려 있다 함은、「만덕의 문(門萬德)을 열어준(開天 / 開物) 만선의 계단(階萬善)으로서 차근차근 쌓아올려진 바(一朝·제작모神工)에 따라서 한국고유의 말다운(諺) 말(語)과 글다운(3諺1文) 글(3字1書)로서 간략하게 압축(三一)되고 풀어(一三)지거나 간략하게 요약(一三)되고 압축됨(三一)과도 서로 마주하고 상통되는 三一법칙의 三一체계」로서 모두 구비된 바를 뜻하기에

기예연마　경험치적　　즉국무가균야　민사가서야
技藝鍊磨、經驗致積、則國務可均也、民事可舒也。

◇ 각자의 기예를 서로가 연마하고 「三位太伯(桓檀帝位)과 마주하는 三伯五加(郡靈諸哲)의 통합능력
(能達・能通・通達 ◇ 三位太伯의 桓檀제도와 마주하는 三伯五加의 諸侯제도)」으로 승화시키면서
◇ 숙달되는 경륜과 통달되는 영험으로서 축적이 거듭된다면
◇ 국무가 균형을 이룸으로서 올바르게 시정되고 시행되는 바에 따라서
◇ 민간의 만사에 이르기까지 만사형통되고 널리 펼쳐질 터인즉

시명지달견지　　감불수행호
是明知達見之、敢不修行乎。

◇ 이러한 바가 곧、삼륜구서의 여섯 번째 맹세인 「明・知・達・見」에 힘쓴 바라 할진데
◇ 감히 이를 수행하지 않고 다같이 함께하지 않겠는가?

중일제응성왈　　낙부자축지
衆一齊應聲曰、諸否者逐之

◇ 이에 五加무리는 일제히 응답하면서 맹세하길
◇ 이에 따르지 않거나 거스른다면 추방하겠나이다。

제7。「勇膽武俠 / 용담무협」

七拜而誓於衆曰 / 7배이서어중왈

◇ 7拜로서 삼륜교화의 맹세를 다짐하고、五加무리에게 이르길

면이용우전진　　전진자존망지소결야
勉爾勇于戰陣、戰陣者存亡之所決也。

◇ 五加무리 너희들은 戰陣之間의 윤리가 바로서는 「勇・膽・武・俠」에 힘써야 한다。
◇ 전진(戰陣)이라 함은、상호존망이 결정되는 전장의 진영을 일컫는 바이듯

국부존즉군부폄위목우　　주불립즉처자몰위인노야
國不存則君父貶爲木偶、主不立則妻子沒爲人奴也。

◇ 나라가 존재하지 않는다면 諸君들이나 父母도 끈(ㅡ) 떨어진(捨) 나무인형처럼 될 것이고
◇ 主上(桓檀帝位 / 三位太伯)을 옹립할 수 없다면 처자까지 몰락하여 인간세상의 노예들로 줄줄이 전락
될 터인즉

응사접물개막비오도야　　경세전교역막비오사야
應事接物皆莫非吾道也、璥世傳敎亦莫非吾事也。

◇ 만인만물에 이르기까지 노예처럼 줄줄이(영구히) 거느린다는 중원천하 / 무주공산의 인간세상에서

일일이 대응해야하는 일들과 만물을 접해야하는 만사를 막론하고 「자가당착(三妄집단 / 慕華집단)의 吾道(衆妙之門 / 玄妙之道 ◇ 도덕경 및 유교경전 / 불교경전 참조)」가 아님이 없고

◇ 주옥 같은 세습(관습 / 풍습 / 학습)으로서 잇따르는 傳敎조차도 반드시 두(◐) 갈래(☆)로 갈라세우는 「자가당착(慕華집단 / 三妄집단)의 吾事(慕華제도 / 骨品제도 ◇ 오동방・예악문장 / 봉건제도」가 아님이 없는 것처럼

여 기 무 국 이 생 무 주 이 존　녕 약 유 국 이 사 유 주 이 종 호
與其無國而生無主而存、寧若有國而死有主而終乎。

◇ 그렇게 나라(桓因韓國 / 夫東方有國)가 없다하는 즉、「음양팔괘의 가공세계로 창출되고 줄줄이 구축된 바에 불과한 假中國◐異乎中國 및 佛國◐天國 창출지법 해제 / 참조」

이와 같은 主上(桓檀帝位 / 三位太伯)을 옹립할 수조차 없다하는 즉、「춘추전국시대의 용두사미필법에 따라서 三危太伯이란 이두칭명으로 뒤바꾄 중국고대의 三危山과 조선반도의 太白山 / 白頭山 으로까지 둔갑이 거듭된 반고신화 / 단군신화 창출지법 해제 / 참조」

이와 같은 「천지◐귀신☆집단 / 용두◐사미☆집단(華◐夏를 섬기는 慕華☆집단 / 聖◐人을 섬기는 三妄☆집단)」의 노예들로서 살아가는 것보다야

◇ 마땅히 나라(桓因한국 / 夫東方有國)와 主上(桓檀帝位 / 三位太伯)을 옹립하고 수호함에 있어서 죽을 힘을 다하여 끝까지 함께하는 바가 다름 아닌

금 획 연 유 공 아 희 생 지　풍 규 제 정 숙
今劃然有空我犧牲之、風規制整肅。

◇ 태고(故)로부터 지금에 이르도록 거룩한 희생과 더불어 우리모두의 한울타리(天神國 및 桓因韓國 / 夫東方有國)를 이룩한 바(천지조화의 一丸세계)에 따라

◇ 올바른 규율과 올바른 제도(三位太伯의 桓檀제도와 마주하는 三伯五加의 諸侯제도)로서 올바르게 정비하고 올바르게 가다듬어야만(올바른 학문수립)

선 군 자 치 이 상 여 벌　필 수 정 평 인
善群自治而賞與罰、必須正平人。

◇ 선량한 무리로서 거듭나게 되는 스스로를 다스리고 서로를 돕는 상과 벌에 따라서

◇ 반드시 정수리에 내려앉게 되는 自性求子한 五加무리(大人 / 大夫)로 거듭나고 거듭나는 것처럼

여 아 신 의 상 제　즉 정 독 군 륜　능 복 천 만 인 야
與我信義相濟、則亭毒群倫、能福千萬人也。

◇ 우리모두가 서로 마주하는 신의와 의로움으로서 서로를 돕고 서로를 구제할 수 있는

◇ 정독(亭毒)의 군륜(群倫)으로서 올바르게 바로세워진다면

◇ 능히 천만인을 복되게 할 수 있을 터인즉

시 용 담 무 협 지　감 불 수 행 호
是勇膽武俠之、敢不修行乎。

◇ 이러한 바가 곧, 삼륜구서의 일곱 번째 맹세인 「勇·膽·武·俠」에 힘쓴 바라 할진데
◇ 감히 이를 수행하지 않고 다같이 함께하지 않겠는가?

_{중일제응성왈   낙부자축지}
衆一齊應聲曰、諾否者逐之

◇ 이에 五加무리는 일제히 응답하면서 맹세하길
◇ 이에 따르지 않거나 거스른다면 추방하겠나이다.

제8。「廉直潔淸 / 렴직결청」

八拜而誓於衆曰 / 8배이서어중왈

◇ 8拜로서 삼륜교화의 맹세를 다짐하고、五加무리에게 이르길

_{면이렴우신행   불렴즉량심자매   능렴즉신명자통}
勉爾廉于身行、不廉則良心自昧、能廉則神明自通。

◇ 五加무리 너희들은 身行之間의 윤리가 바로서는 「廉·直·潔·淸」에 힘써야 한다.
◇ 마음가짐이 청렴하지 않으면 양심은 저절로 어둡게 되는 반면
◇ 능달하여 청렴하면 저절로 구해지고 저절로 밝아지는 자명(自明)과 마주하는 신명(神明)에 이르기까지 「만물소통의 성통공완을 이룩할 수 있었음」에도 불구하고

_{편기사리   즉필분병   독선자긍   즉필부패}
偏嗜私利、則必盼病、獨善自矜、則必腐敗。

◇ 사리에 치우치고 사욕을 채우다보면
◇ 반드시 내부분열을 일으키는 병통(고질병)으로 굳어짐(고착)은 물론이거니와
◇ 독선이 앞서고 자긍을 앞세우다보면
◇ 반드시 부정부패가 만연해지면서

_{준준자족자해   해인인순상적   침닉막구자야}
蠢蠢自足自害、害人因循相積、沈溺莫救者也。

◇ 자급자족의 선린우호를 좀먹는 악순환의 먹이사슬에 억매여 스스로를 해칠 뿐만 아니라
◇ 만인모두를 해치게 되는 줄도 모르는 악순환의 고리로서 누적되고 축적이 거듭됨으로서
◇ 구제불능의 늪(衆妙之門 / 玄妙之道)으로 빠져들어 두 번 다시는 헤어 나오지 못할 터인즉
「불능달의 周易과 반절어법의 태생적 한계를 뒤집어쓰고서(盖) 줄줄이 다시 태어나는 줄도 모르는 천지 ◐귀신☆집단(華◐夏를 섬기는 慕華☆집단 / 聖◐人을 섬기는 三妄☆집단)으로 줄줄이 전락됨과 같음」

_{시렴직결청지   감불수행호}
是廉直潔淸之、敢不修行乎。

◇ 이러한 바가 곧、삼륜구서의 여덟 번째 맹세인 「廉·直·潔·淸」에 힘쓴 바라 할진데
◇ 감히 이를 수행하지 않고 다같이 함께하지 않겠는가?

_{중 일 제 응 성 왈　　낙 부 자 축 지}
衆一齊應聲曰、諾否者逐之

◇ 이에 五加무리는 일제히 응답하면서 맹세하길
◇ 이에 따르지 않거나 거스른다면 추방하겠나이다.

제9。「正義公理 / 정의공리」

九拜而誓於衆曰 / 9배이서어중왈

◇ 9拜로서 삼륜교화의 맹세를 다짐하고、五加무리에게 이르길

_{면 이 의 우 직 업　　인 지 작 직 취 업　　필 유 책 임}
勉爾義于職業、人之作職就業、必有責任。

◇ 五加무리 너희들은 직업지간의 윤리가 바로서는 「正·義·公·理」에 힘써야 한다.
◇ 인의로서 불러일으킨 직업에 종사하거나 관직의 업무에 임할지라도
◇ 반드시 막중한 책임이 뒤따르기 마련이듯

_{일 유 부 의 이 각 실 자 진　　즉 필 유 모 학 이 훼 괴}
一有不義而却失自盡、則必有侮謔而毀壞。

◇ 만(萬)에 하나(一)라도 불의를 뿌리치지 못하고 자진(自盡)을 잃어버린 바라면
◇ 반드시 업신여김을 불러들여 근본근간까지 훼손시키고 파멸의 병통만을 키울 뿐이라서

_{약 유 정 의 이 공 신 식 력　　즉 수 가 릉 모 이 침 탈 야}
若有正義而公信食力、則誰可凌侮而侵奪也。

◇ 마땅히 정의로운 공신력으로서 자급자족의 선린우호와 통합능력을 키워나간다면
◇ 누구로부터라도 업신여김을 당하거나 침탈을 불러들이는 일이란 애초부터 없을 터인즉

_{재 의 자 군 력 지 소 기 야　　정 기 지 소 발 야}
哉義者群力之所起也、正氣之所發也。

◇ 「만덕의 문(門萬德)을 열어준(開天 / 開物) 만선의 계단(階萬善)으로서 차근차근 쌓아올려진 올바름(三極之義 / 하늘의뜻 / 天地神命)이나 의로움」이란 곧、제군지간의 통합능력으로서 일으켜 세우는 만선의 원천을 일컫는 바이고
◇ 「무한(三一)의 태극(一)으로부터 비롯되는 정기를 내려 받은 천지만물의 근본근원(本心本 / 十三一命 / 天地神命)으로부터 한줄기 빛(太陽昻明 / 一三十明)으로 떠오른 바(天地神明)」로서 끝없이 발산하

는 그로서의 원천(一始無始一 / 一終無終一)을 일컫는 바이기에

捲之以藏于九竅擴之、以盈于天地者也。
_{권 지 이 장 우 구 규 확 지   이 영 우 천 지 자 야}

◇ 이와 같은 「만덕의 문(門萬德)을 열어준(開天 / 開物) 만선의 계단(階萬善)으로서 차근차근 쌓아올려진 바(無所祖述 / 桓檀제도)에 따라서 널리 베풀고(만물치화의 三一神誥) 널리 가르치면서(삼륜교화의 三倫九誓) 널리 실어전한(천지조화의 無所祖述)」 바를 뜻함으로서 간략하게 압축되고 귀결되는 즉、
「天地神明의 제작모神工에 따라서 천지조화의 一丸세계를 열어주고(開天) 태고(故)를 열어준(開物 / 成務 ◇ 桓因한국의 桓檀제도 해제 / 참조)」
◇ 이로써 만천하에 가득 채운다면 천지조화의 조화로움 또한 만개할 터인즉

是正義公理之、敢不修行乎。
_{시 정 의 공 리 지   감 불 수 행 호}

◇ 이러한 바가 곧、삼륜구서의 아홉 번째 맹세인 「正・義・公・理」에 힘쓴 바라 할진데
◇ 감히 이를 수행하지 않고 다같이 함께하지 않겠는가?

衆一齊應聲曰、諾否者逐之
_{중 일 제 응 성 왈   낙 부 자 축 지}

◇ 이에 五加무리는 일제히 응답하면서 맹세하길
◇ 이에 따르지 않거나 거스른다면 추방하겠나이다.

부록(附錄)

> 1443년 겨울에 이르러서야
> 동서고금의 백왕(百王) 모두를 초월하고 지극(三)에 因(一)함으로서
> 하늘(一)이 내린(三・朝)
> 세종聖帝의 제작모神工에 따라서
> 천지자연의 근본법칙까지 가지런히 가림토되고 비로소 모두 바로세워진(創制)
> 한국고유의 諺文체계(한국고전)와 마주하는 훈민정음・신제본 / 신제왈로서
> 다시금 후세에 실어전하면서 널리 반포되었으되(1446년 9월 29일)
>
> 지금(2016년 9월 30일)에서야 언문해제되고 제자리(桓易之理 / 三一五行)를 되찾은
> 「훈민정음・풋말3행」을 위시한 한국고유의 諺文체계(三一법칙 / 三一체계)에 따라서
> 그로서의 처음(一)부터 끝(三・十)까지 가지런히 가림토되고
> 다시금 일으켜 세워지면서 모두 바로세워진 바와 같은즉

하늘(一)이 내린(三・朝)
세종聖帝의 제작모神工까지 모두 함축되고 구비된
훈민정음・신제본(新制曰・解例 / 訣曰 / 풋말・序曰)

一。원문해제 / 편저(編著)

二。원본 / 참조(속칭・간송본 / 영인본)

一朝
制作侔神工
大東千古開朦朧
諺文聲音之字倣古篆而新制

訓民正音・新制本

原文解制 / 編著

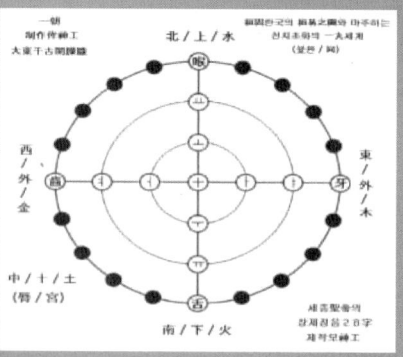

天地神明의

제작모神工에 따라서

태고(故)가 열린(開天・開物・成務) 이래、후세에 이르면서

송두리째 뒤덮이고(음양팔괘／周易／예악문장) 몽롱해져버린

桓因한국의 桓檀제도와 한국고유의 諺文체계(한국고전)까지 모두 바로세워진

훈민정음・신제본

원문해제／편저

一朝	天地神明의
制作侔神工	제작모신공에 따라서
大東千古開朦朧	태고(故)가 열린(開天) 이래、몽롱해져버린
天地自然之諺文聲音而新制 **訓民正音・新制本** 原文解制 / 編著	한국고유의 諺文체계까지 모두 바로세워진 **훈민정음・신제본** 一。원문해제 / 편저

訓民正音（始）

國之語音。異乎中國。與文字不相流通。故愚民。有所欲言而終不得伸其情者。多矣。予。爲此憫然。新制二十八字。欲使人人易習。便於日用矣

ㄱ。牙音。如君字初發聲
○○並書。如虯字初發聲
ㅋ。牙音。如快字初發聲
ㆁ。牙音。如業字初發聲
ㄷ。舌音。如斗字初發聲
○○並書。如覃字初發聲
ㅌ。舌音。如吞字初發聲
ㄴ。舌音。如那字初發聲
ㅂ。脣音。如彆字初發聲
○○並書。如步字初發聲
ㅍ。脣音。如漂字初發聲
ㅁ。脣音。如彌字初發聲

421

ㅈ。齒音。如卽字初發聲
○○並書。如慈字初發聲
ㅊ。齒音。如侵字初發聲
ㅅ。齒音。如戌字初發聲
○○並書。如邪字初發聲
ㆆ。喉音。如挹字初發聲
ㅎ。喉音。如虛字初發聲
○○並書。如洪字初發聲
ㅇ。喉音。如欲字初發聲
ㄹ。半舌音。如閭字初發聲
ㅿ。半齒音。如穰字初發聲

・。如吞字中聲
ㅡ。如卽字中聲
ㅣ。如侵字中聲
ㅗ。如洪字中聲
ㅏ。如覃字中聲
ㅜ。如君字中聲
ㅓ。如業字中聲
ㅛ。如欲字中聲
ㅑ。如穰字中聲
ㅠ。如戌字中聲
ㅕ。如彆字中聲

422

終聲復用初聲。
ㅇ連書脣音之下。則爲脣輕音。
初聲合用則並書。終聲同。
・ㅡㅗㅜㅛㅠ。附書初聲之下。
ㅣㅏㅓㅑㅕ。附書於右。
凡字必合而成音。
左加一點則去聲。二則上聲。無則平聲。
入聲加點同而促急

訓民正音解例
　　制字解
天地之道。一陰陽五行而已。
坤復之間爲太極。而動靜之後爲陰陽。
凡有生類在天地之間者。捨陰陽而何之。
故人之聲音。皆有陰陽之理。顧人不察耳。
今正音之作。初非智營而力索。但因其聲音而極其理而已。
理旣不二。則何得不與天地鬼神同其用也。
正音二十八字。各象其形而制之。

初聲凡十七字。
牙音ㄱ。象舌根閉喉之形。
舌音ㄴ。象舌附上腭之形。
脣音ㅁ。象口形。
齒音ㅅ。象齒形。
喉音ㅇ。象喉形。
ㅋ比ㄱ。聲出稍厲。故加畫。
ㄴ而ㄷ。ㄷ而ㅌ。ㅁ而ㅂ。ㅂ而ㅍ。ㅅ而ㅈ。ㅈ而ㅊ。ㅇ而ㆆ。ㆆ而ㅎ。其因聲加畫之義皆同。而唯ㆁ爲異。
半舌音ㄹ。半齒音ㅿ。亦象舌齒之形而異其體。無加畫之義焉。

夫人之有聲本扵五行。
故合諸四時而不悖。叶之五音而不戾。
喉邃而潤。水也。
聲虛而通。如水之虛明而流通也。

扵時爲冬。扵音爲羽。

牙錯而長。木也。

聲似喉而實。如木之生扵水而有形也。

扵時爲春。扵音爲角。

舌銳而動。火也。

聲轉而颺。如火之轉展而揚揚也。

扵時爲夏。扵音爲徵。

齒剛而斷。金也。

聲屑而滯。如金之屑瑣而鍛成也。

扵時爲秋。扵音爲商。

脣方而合。土也。

聲含而廣。如土之含蓄萬物而廣大也。

扵時爲季夏。扵音爲宮。

然水乃生物之源。火乃成物之用。故五行之中。水火爲大。

喉乃出聲之門。舌乃辨聲之管。故五音之中。喉舌爲主也。

喉居後而牙次之。北東之位也。

舌齒又次之。南西之位也。

脣居末。土無定位而寄旺四季之義也。

是則初聲之中。自有陰陽五行方位之數也。

又以聲音淸濁而言之。

ㄱㄷㅂㅈㅅㆆ。爲全淸。

ㅋㅌㅍㅊㅎ。爲次淸。

ㄲㄸㅃㅉㅆㆅ。爲全濁。

ㆁㄴㅁㅇㄹㅿ。爲不淸不濁。

ㄴㅁㅇ。其聲取不厲。故次序雖在扵後。而象形制字則爲之始。
ㅅㅈ雖皆爲全淸。而ㅅ比ㅈ。聲不厲。故亦爲制字之始。
唯牙之ㆁ。雖舌根閉喉聲氣出鼻。而其聲與ㅇ相似。故韻書疑與喩多相混用。今亦取象扵喉。而不爲牙音制字之始。
盖喉屬水而牙屬木。ㆁ雖在牙而與ㅇ相似。猶木之萌芽生扵水而柔軟。尙多水氣也。
ㄱ木之成質。ㅋ木之盛長。ㄲ木之老壯。故至此乃皆取象扵牙也。
全淸並書則爲全濁。以其全淸之聲凝則爲全濁也。
唯喉音次淸爲全濁者。盖以ㆆ聲深不爲之凝。ㅎ比ㆆ聲淺。故凝而爲全濁也。
ㅇ連書脣音之下。則爲脣輕音者。以輕音脣乍合而喉聲多也。

中聲凡十一字。
・舌縮而聲深。天開扵子也。
形之圓。象乎天也。
ㅡ舌小縮而聲不深不淺。地闢扵丑也。
形之平。象乎地也。
丨舌不縮而聲淺。人生扵寅也。
形之立。象乎人也。
此下八聲。一闔一闢。
ㅗ與・同而口蹙。其形則・與ㅡ合而成。取天地初交之義也。
ㅏ與・同而口張。其形則丨與・合而成。取天地之用發扵事物待人而成也。
ㅜ與ㅡ同而口蹙。其形則ㅡ與・合而成。亦取天地初交之義也。
ㅓ與ㅡ同而口張。其形則・與丨合而成。亦取天地之用發

於事物待人而成也。

ㅛ與ㅗ同而起於丨。

ㅑ與ㅏ同而起於丨。

ㅠ與ㅜ同而起於丨。

ㅕ與ㅓ同而起於丨。

ㅗㅏㅜㅓ始於天地。爲初出也。

ㅛㅑㅠㅕ起於丨而兼乎人。爲再出也。

ㅗㅏㅜㅓ之一其圓者。取其初生之義也。

ㅛㅑㅠㅕ之二其圓者。取其再生之義也。

ㅗㅏㅛㅑ之圓居上與外者。以其出於天而爲陽也。

ㅜㅓㅠㅕ之圓居下與內者。以其出於地而爲陰也。

・之貫於八聲者。猶陽之統陰而周流萬物也。

ㅛㅑㅠㅕ之皆兼乎人者。以人爲萬物之靈而能參兩儀也。

取象於天地人而三才之道備矣。

然三才爲萬物之先。而天又爲三才之始。猶・一丨三字爲八聲之首。而・又爲三字之冠也。

ㅗ初生於天。天一生水之位也。

ㅏ次之。天三生木之位也。

ㅜ初生於地。地二生火之位也。

ㅓ次之。地四生金之位也。

ㅛ再生於天。天七成火之數也。

ㅑ次之。天九成金之數也。

ㅠ再生於地。地六成水之數也。

ㅕ次之。地八成木之數也。

水火未離乎氣。陰陽交合之初。故闔。
木金陰陽之定質。故闢。
・天五生土之位也。
一地十成土之數也。
丨獨無位數者。盖以人則無極之眞。二五之精。妙合而凝。固未可以定位成數論也。
是則中聲之中。亦自有陰陽五行方位之數也。

以初聲對中聲而言之。
陰陽。天道也。
剛柔。地道也。
中聲者。一深一淺一闔一闢。是則陰陽分而五行之氣具焉。天之用也。
初聲者。或虛或實或颺或滯或重若輕。是則剛柔著而五行之質成焉。地之功也。
中聲以深淺闔闢唱之扵前。初聲以五音清濁和之扵後。而爲初亦爲終。亦可見萬物初生扵地。復歸扵地也。

以初中終合成之字言之。亦有動靜互根陰陽交變之義焉。
動者。天也。
静者。地也。
兼乎動静者。人也。
盖五行在天則神之運也。在地則質之成也。在人則仁禮信義智神之運也。肝心脾肺腎質之成也。
初聲有發動之義。天之事也。

終聲有止定之義。地之事也。
中聲承初之生。接終之成。人之事也。
盖字韻之要。在於中聲。初終合而成音。
亦猶天地生成萬物。而其財成輔相則必頼乎人也。

終聲之復用初聲者。以其動而陽者乾也。静而陰者亦乾也。
乾實分陰陽而無不君宰也。
一元之氣。周流不窮。四時之運。循環無端。故貞而復元。冬而復春。
初聲之復爲終。終聲之復爲初。亦此義也。
吁。
正音作而天地萬物之理咸備。其神矣哉。

是殆天啓
聖心而假手焉者乎。

訣曰
　　　　　天地之化本一氣
　　　　　陰陽五行相始終
　　　　　物於兩間有形聲
　　　　　元本無二理數通
　　　　　正音制字尚其象
　　　　　因聲之厲每加畫
　　　　　音出牙舌脣齒喉
　　　　　是爲初聲字十七
　　　　　牙取舌根閉喉形

唯業似欲取義別
舌迺舌象附上腭
脣則實是取口形
齒喉直取齒喉象
知斯五義聲自明
又有半舌半齒音
取象同而體則異
那彌戌欲聲不厲
次序雖後象形始
配諸四時與沖氣
五行五音無不協
維喉爲水冬與羽
牙迺春木其音角
徵音夏火是舌聲
齒則商秋又是金
脣於位數本無定
土而季夏爲宮音
聲音又自有清濁
要於初發細推尋
全清聲是君斗彆
卽戌挹亦全清聲
若迺快吞漂侵虛
五音各一爲次清
全濁之聲虯覃步
又有慈邪亦有洪

全清並書爲全濁
唯洪自虛是不同
業那彌欲及閭穰
其聲不清又不濁
欲之連書爲脣輕
喉聲多而脣乍合
中聲十一亦取象
精義未可容易觀
吞擬扵天聲最深
所以圓形如彈丸
卽聲不深又不淺
其形之平象乎地
侵象人立厥聲淺
三才之道斯爲備
洪出扵天尙爲闔
象取天圓合地平
覃亦出天爲已闢
發扵事物就人成
用初生義一其圓
出天爲陽在上外
欲穰兼人爲再出
二圓爲形見其義
君業戌彆出扵地
據例自知何須評
吞之爲字貫八聲

維天之用徧流行
四聲兼人亦有由
人參天地爲最靈
且就三聲究至理
自有剛柔與陰陽
中是天用陰陽分
初迺地功剛柔彰
中聲唱之初聲和
天先乎地理自然
和者爲初亦爲終
物生復歸皆扵坤
陰變爲陽陽變陰
一動一靜互爲根
初聲復有發生義
爲陽之動主扵天
終聲比地陰之靜
字音扵此止定焉
韻成要在中聲用
人能輔相天地宜
陽之爲用通扵陰
至而伸則反而歸
初終雖云分兩儀
終用初聲義可知
正音之字只卄八
探賾錯綜窮深幾

指遠言近牖民易
天授何曾智巧爲

初聲解

正音初聲。即韻書之字母也。
聲音由此而生。故曰母。
如牙音君字初聲是ㄱ。ㄱ與ㅜㄴ而爲군。
快字初聲是ㅋ。ㅋ與ㅙ而爲쾌。
虯字初聲是ㄲ。ㄲ與ㅠ而爲뀨。
業字初聲是ㅇ。ㅇ與ㅓ而爲업之類。
舌之斗吞覃那。脣之彆漂步彌。齒之即侵慈戌邪。喉之挹虛洪欲。半舌半齒之閭穰。皆倣此。

訣曰

　　　　　　君快虯業其聲牙
　　　　　　舌聲斗吞及覃那
　　　　　　彆漂步彌則是脣
　　　　　　齒有即侵慈戌邪
　　　　　　挹虛洪欲迺喉聲
　　　　　　閭爲半舌穰半齒
　　　　　　二十三字是爲母
　　　　　　萬聲生生皆自此

中聲解

中聲者。居字韻之中。合初終而成音。
如呑字中聲是・。・居ㅌㄴ之間而爲튼。
卽字中聲是ㅡ。ㅡ居ㅈㄱ之間而爲즉。
侵字中聲是ㅣ。ㅣ居ㅊㅁ之間而爲침之類。
洪覃君業欲穰戌彆。皆倣此。
二字合用者。ㅗ與ㅏ同出於・。故合而爲ㅘ。
ㅛ與ㅑ又同出於ㅣ。故合而爲ㆇ。
ㅜ與ㅓ同出於ㅡ。故合而爲ㅝ。
ㅠ與ㅕ又同出於ㅣ。故合而爲ㆊ。
以其同出而爲類。故相合而不悖也。
一字中聲之與ㅣ相合者十。・ㅣㅢㅚㅐㅟㅔㆉㅒㆌㅖ是也。
二字中聲之與ㅣ相合者四。ㅙㆋㅞㆌ是也。
ㅣ於深淺闔闢之聲。並能相隨者。以其舌展聲淺而便於開口也。
亦可見人之參贊開物而無所不通也。

訣曰

　　　　　母字之音各有中
　　　　　須就中聲尋闢闔
　　　　　洪覃自呑可合用
　　　　　君業出卽亦可合
　　　　　欲之與穰戌與彆
　　　　　各有所從義可推
　　　　　侵之爲用最居多
　　　　　於十四聲徧相隨

終聲解

終聲者。承初中而成字韻。
如卽字終聲是ㄱ。ㄱ居즈終而爲즉。
洪字終聲是ㆁ。ㆁ居ᅘᅩ終而爲뽕之類。
舌脣齒喉皆同。

聲有緩急之殊。故平上去其終聲不類入聲之促急。
不淸不濁之字。其聲不厲。故用於終則宜於平上去全淸次
淸全濁之字。其聲爲厲。故用於終則宜於入。

所以ㆁㄴㅁㅇㄹㅿ六字爲平上去聲之終。而餘皆爲入聲之終也。
然ㄱㆁㄷㄴㅂㅁㅅㄹ八字可足用也。
如빗곶爲梨花。영의갗爲狐皮。而ㅅ字可以通用。故只用ㅅ字。

且ㅇ聲淡而虛。不必用於終。而中聲可得成音也。
ㄷ如볃爲彆。ㄴ如군爲君。ㅂ如업爲業。ㅁ如땀爲覃。ㅅ如諺
語·옷爲衣。ㄹ如諺語실:爲絲之類。
五音之緩急。亦各自爲對如牙之ㆁ與ㄱ爲對。而ㆁ促呼則
變爲ㄱ而急。ㄱ舒出則變爲ㆁ而緩。
舌之ㄴㄷ。脣之ㅁㅂ。齒之ㅿㅅ。喉之ㅇㆆ。其緩急相對。亦
猶是也。

且半舌之ㄹ。當用於諺。而不可用於文。
如入聲之彆字。終聲當用ㄷ。而俗習讀爲ㄹ。盖ㄷ變而爲輕也。
若用ㄹ爲彆之終。則其聲舒緩。不爲入也。

訣曰

不清不濁用於終
爲平上去不爲入
全清次清及全濁
是皆爲入聲促急
初作終聲理固然
只將八字用不窮
唯有欲聲所當處
中聲成音亦可通
若書即字終用君
洪彆亦以業斗終
君業覃終又何如
以那彆彌次第推
六聲通乎文與諺
戌閭用於諺衣絲
五音緩急各自對
君聲迺是業之促
斗彆聲緩爲那彌
穰欲亦對戌與挹
閭宜於諺不宜文
斗輕爲閭是俗習

合字解

初中終三聲。合而成字。
初聲或在中聲之上。或在中聲之左。
如君字ㄱ在ㅜ上。業字ㅇ在ㅓ左之類。
中聲則圓者橫者在初聲之下。・ㅡㅗㅛㅜㅠ是也。
縱者在初聲之右。ㅣㅏㅑㅓㅕ是也。
如呑字・在ㅌ下。卽字ㅡ在ㅈ下。侵字ㅣ在ㅊ右之類。
終聲在初中之下。如君字ㄴ在구下。業字ㅂ在어下之類。

初聲二字三字合用並書。如諺語ᄯᅡ爲地。ᄧᅡᆨ爲雙・ᄡᅳᆷ爲隙之類。
各自並書。如諺語ᅘᅧ爲舌而ᅘᅧᅘ爲引。괴・여爲我愛人而괴・
ᅇᅧ爲人愛我。소・다爲覆物而쏘・다爲射之之類。

中聲二字三字合用。如諺語・과爲琴柱。홰・爲炬之類。
終聲二字三字合用。如諺語흙爲土。・낛爲釣。ᄃᆞᆳᄢᅢ爲酉時之類。
其合用並書。自左而右。初中終三聲皆同。

文與諺雜用則有因字音而補以中終聲者。如孔子ㅣ魯ㅅ:사
ᄅᆞᆷ之類。

諺語平上去入。如활爲弓而其聲平。:돌爲石而其聲上。・갈
爲刀而其聲去。붇爲筆而其聲入之類。

凡字之左。加一點爲去聲。二點爲上聲。無點爲平聲。
而文之入聲。與去聲相似。

諺之入聲無定。或似平聲。如긷爲柱。녑爲脅。
或似上聲如:낟爲穀。:깁爲繒。
或似去聲。如·몯爲釘。·입爲口之類。
其加點則與平上去同。

平聲安而和。春也。萬物舒泰。
上聲和而擧。夏也。萬物漸盛。
去聲擧而壯。秋也。萬物成熟。
入聲促而塞。冬也。萬物閉藏。

初聲之ㆆ與ㅇ相似。於諺可以通用也。
半舌有輕重二音。
然韻書字母唯一。且國語雖不分輕重。皆得成音。
若欲備用。則依脣輕例。ㅇ連書ㄹ下。爲半舌輕音。舌乍附上腭。

·一起ㅣ聲。於國語無用。
兒童之言。邊野之語。或有之。當合二字而用。如ㄱㅣㄹㅣ之類。
其先縱後橫。與他不同。

訣曰
　　　　　初聲在中聲左上
　　　　　挹欲於諺用相同
　　　　　中聲十一附初聲
　　　　　圓橫書下右書縱
　　　　　欲書終聲在何處

初中聲下接着寫
初終合用各並書
中亦有合悉自左
諺之四聲何以辨
平聲則弓上則石
刀爲去而筆爲入
觀此四物他可識
音因左點四聲分
一去二上無點平
語入無定亦加點
文之入則似去聲
方言俚語萬不同
有聲無字書難通
一朝
制作侔神工
大東千古開朦朧

用字例

初聲ㄱ。如:감爲柿。·골爲蘆。
ㅋ。如우·케爲未舂稻。콩爲大豆。
ㆁ。如러·울爲獺。서·에爲流澌。
ㄷ。如·뒤爲茅。·담爲墻。
ㅌ。如고·티爲繭。두텁爲蟾蜍。
ㄴ。如노로爲獐。납爲猿。
ㅂ。如볼爲臂。:벌爲蜂。
ㅍ。如·파爲葱。·풀爲蠅。
ㅁ。如:뫼爲山。·마爲薯藇。
ㅱ。사·비爲蝦。드·븨爲瓠。
ㅈ。如·자爲尺。죠·히爲紙。
ㅊ。如·체爲籭。채爲鞭。
ㅅ。如·손爲手。:섬爲島。
ㅎ。如·부헝爲鵂鶹。힘爲筋。
ㅇ。如·비육爲鷄雛。ᄇᆞ얌爲蛇。
ㄹ。如·무뤼爲雹。어·름爲氷。
ㅿ。如아ᅀᆞ爲弟。:너ᅀᅵ爲鴇。

中聲·。如·ᄐᆞᆨ爲頤。·ᄑᆞᆺ爲小豆。ᄃᆞ리爲橋。ᄀᆞ래爲楸。
ㅡ。如·믈爲水。발·측爲跟。그력爲鴈。드·레爲汲器。
ㅣ。如·깃爲巢。:밀爲蠟。·피爲稷。·키爲箕。
ㅗ。如·논爲水田。·톱爲鉅。호·미爲鉏。벼·로爲硯。
ㅏ。如·밥爲飯。·낟爲鎌。이·아爲綜。사·ᄉᆞᆷ爲鹿。
ㅜ。如숫爲炭。·울爲籬。누·에爲蚕。구·리爲銅。

ㅕ。如브섭爲竈。:널爲板。서·리爲霜。버·들爲柳。
ㅛ。如:죵爲奴。·고욤爲梬。·쇼爲牛。삽됴爲蒼朮菜。
ㅑ。如남샹爲龜。약爲龜鼊。다야爲匜。쟈감爲蕎麥皮。
ㅠ。如율믜爲薏苡。쥭爲飯栀。슈룹爲雨繖。쥬련爲帨。
ㅕ。如·엿爲飴餹。뎔爲佛寺。벼爲稻。:져비爲燕。

終聲ㄱ。如닥爲楮。독爲甕。
ㆁ。如:굼벙爲蠐螬。올창爲蝌蚪。
ㄷ。如·갇爲笠。싣爲楓。
ㄴ。如·신爲屨。·반되爲螢。
ㅂ。如섭爲薪。·굽爲蹄。
ㅁ。如:범爲虎。:심爲泉。
ㅅ。如:잣爲海松。·못爲池。
ㄹ。如·돌爲月。:별爲星之類

有天地自然之聲。則必有天地自然之文。
所以古人因聲制字。以通萬物之情。以載三才之道。而後世不能易也。
然四方風土區別。聲氣亦隨而異焉。
盖外國之語。有其聲而無其字。
假中國之字以通其用。是猶枘鑿之鉏鋙也。豈能達而無礙乎。
要皆各隨所處而安。不可強之使同也。
吾東方禮樂文章。侔擬華夏。
但方言俚語。不與之同。
學書者患其旨趣之難曉。治獄者病其曲折之難通。
昔新羅薛聰。始作吏讀。官府民間。至今行之。
然皆假字而用。或澀或窒。
非但鄙陋無稽而已。至扵言語之間。則不能達其萬一焉。
癸亥冬。

我
殿下創制正音二十八字。略揭例義以示之。名曰訓民正音。
象形而字倣古篆。因聲而音叶七調。
三極之義。二氣之妙。莫不該括。
以二十八字而轉換無窮。簡而要。精而通。
故智者不終朝而會。愚者可浹旬而學。
以是解書。可以知其義。
以是聽訟。可以得其情。
字韻則清濁之能辨。樂歌則律呂之克諧。
無所用而不備。無所往而不達。

雖風聲鶴唳。鷄鳴狗吠。皆可得而書矣。

遂
命詳加解釋。以喩諸人扵是。臣與集賢殿應敎臣崔恆。副校理臣朴彭年。臣申叔舟。脩撰臣成三問。敦寧府注簿臣姜希顔。行集賢殿副脩撰臣李塏。臣李善老等。謹作諸解及例。以叙其梗槩。庶使觀者不師而自悟。
若其淵源精義之妙。則非臣等之所能發揮也。

恭惟我
殿下。天縱之聖。制度施爲超越百王。
正音之作。無所祖述。而成扵自然。
豈以其至理之無所不在。而非人爲之私也。
夫東方有國。不爲不久。而開物成務之

大智。盖有待扵今日也欤。
正統十一年九月上澣。
資憲大夫禮曹判書集賢殿大提學知春秋館事　世子右賓客臣鄭麟趾拜手稽首謹書

訓民正音（終）

一朝
制作侔神工
大東千古開朦朧
諺文聲音之字倣古篆而新制

訓民正音・新制本

原本參照

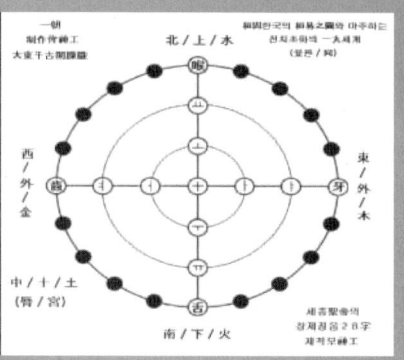

天地神明의

제작모神工에 따라서

태고(故)가 열린(開天・開物・成務) 이래、후세에 이르면서

송두리째 뒤덮이고(음양팔괘／周易／예악문장) 몽롱해져버린

桓因한국의 桓檀제도와 한국고유의 諺文체계(한국고전)까지 모두 바로세워진

훈민정음・신제본

二。원본참조
(간송본／영인본)

1443년 겨울에 이르러서야
동서고금의 백왕(百王) 모두를 초월하고 지극(三一)에 因(一)함으로서
하늘(一)이 내린(三・朝)
세종聖帝의 제작모神工에 따라서
천지자연의 근본법칙까지 가지런히 가림토되고 비로소 모두 바로세워진
정음28字의 타고난(三一) 모습(象)과 타고난(一三) 형태(形)로서도 모두 구비된

「천지자연의 근본법칙과 마주하는 한국고유의 諺文체계」

언문 / 해제 一覽 / 참조

一陰陽五行		三字八聲		桓易之理 / 三一五行				夫人의 유성근본과 마주하는 三一五音의 象形制字		
태	一	・		天	一	圓	○	지극(三一)에 因(一)한 三一법칙의 三一체계로서 서로 마주함	[・] 象圓形	一積十鋸↓
음	陰	―		地	二	方	□		[―] 象平形	無匱化三 ←↓
양	陽	∣		人	三	角	△		[∣] 象立形	[中央에 자리함]
수	水	ㅗ	ㅛ	上	一	北	冬	ㆆㅎㅇ	喉音	[ㅇ] 象喉形	[虛明으로 유통]
목	木	ㅏ	ㅑ	外	三	東	春	ㄱㅋㆁ	牙音	[ㆁ] 象牙形	ㄱ。象舌根形
토	土	(十)		中	五	中	季	ㅂㅍㅁ	脣音	[ㅁ] 象口形	[만성을 품어냄]
화	火	ㅜ	ㅠ	下	二	南	夏	ㄷㅌㄴ/ㄹ	舌音	[ㄴ] 象舌形	[ㄹ]。半舌音
금	金	ㅓ	ㅕ	內	四	西	秋	ㅈㅊㅅ/△	齒音	[ㅅ] 象齒形	[△]。半齒音

이미 지극(三一)에 因(一)한
天地神明의 제작모神工으로서 이룩되었고
언문성음의 자방고전(字書체계 / 한국고전)으로서 모두 구비되어 만세에 전래되는

「桓因한국의 桓易之理와 마주하는 천지조화의 一丸세계」

언문 / 해제 一覽 / 참조

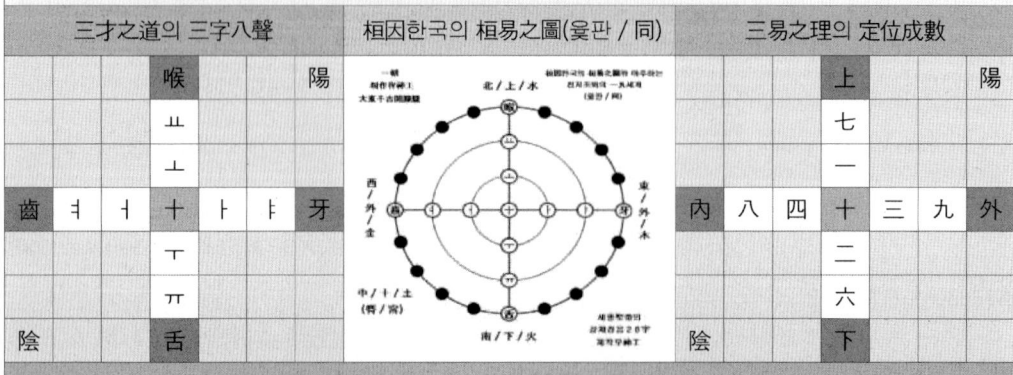

桓因한국의 桓易之理, 三才之道의 三字八聲, 三易之理의 定位成數까지 모두 諺文一致

訓民正音

國之語音異乎中國與文字不相流通故愚民有所欲言而終不得伸其情者多矣予為此憫然新制二十八字欲使人人易習便於日用矣

ㄱ 牙音。如君字初發聲

並書。如虯字初發聲

ㅋ 牙音。如快字初發聲

ㆁ 牙音。如業字初發聲

ㄷ 舌音。如斗字初發聲

並書。如覃字初發聲

ㅌ 舌音。如吞字初發聲

ㄴ 舌音。如那字初發聲

ㅂ 脣音。如彆字初發聲

並書。如步字初發聲

ㅍ 脣音。如漂字初發聲

ㅁ 脣音。如彌字初發聲

ㅈ 齒音。如即字初發聲

並書。如慈字初發聲

ㅊ 齒音。如侵字初發聲

ㅅ 齒音。如戌字初發聲

並書。如邪字初發聲

ㆆ 喉音。如挹字初發聲

ㅎ 喉音。如虛字初發聲

並書。如洪字初發聲

ㅇ 喉音。如欲字初發聲

ㄹ 半舌音。如閭字初發聲

△半齒音。如穰字初發聲
‧如吞字中聲
ᅳ如即字中聲
ㅣ如侵字中聲
ㅗ如洪字中聲
ㅏ如覃字中聲
ㅜ如君字中聲
ㅓ如業字中聲
ㅛ如欲字中聲
ㅑ如穰字中聲
ㅠ如戌字中聲
ㅕ如彆字中聲
終聲復用初聲。○連書脣音
之下。則為脣輕音。初聲合用

則並書終聲同。‧ᅳㅗㅜㅛㅠ
附書初聲之下。ㅣㅏㅓㅑㅕ
附書於右。凡字必合而成
音。左加一點則去聲二則上
聲無則平聲入聲加點同而
促急

訓民正音解例

制字解

天地之道。一陰陽五行而已。坤復之間為太極。而動靜之後為陰陽。凡有生類在天地之間者。捨陰陽而何之。故人之聲音皆有陰陽之理。顧人不察耳。今正音之作。初非智營而力索。但因其聲音而極其理而已。理既不二。則何得不與天地鬼神同其用也。正音凡二十八字。各象其形而制之。初聲凡十七字。牙音ㄱ。象舌根閉喉之形。舌音ㄴ。象舌附上腭之形。脣音ㅁ。象口形。齒音ㅅ。象齒形。喉音ㅇ。象喉形。ㅋ比ㄱ。聲出稍厲。故加畫。ㄴ而ㄷ。ㄷ而ㅌ。ㅁ而ㅂ。ㅂ而ㅍ。ㅅ而ㅈ。ㅈ而

ㅊ。ㅇ而ㆆ。ㆆ而ㅎ。其因聲加畫之義皆同。而唯ㆁ為異。半舌音ㄹ。半齒音△。亦象舌齒之形而異其體。無加畫之義焉。夫人之有聲本於五行。故合諸四時而不悖。叶之五音而不戾。喉邃而潤水也。聲虛而通。如水之虛明而流通也。於時為冬。於音為羽。牙錯而長木也。聲似喉而實。如木之生於水而有形也。於時為春。於音為角。舌銳而動火也。聲轉而颺。如火之轉展而揚揚也。於時為夏。於音為徵。齒剛而斷金也。聲屑而滯。如金之屑瑣而鍛成也。於時為秋。於音為商。脣方而合土也。聲含而廣。如土之含蓄萬物而廣大也。於時為季夏。於音為

宮然水乃生物之源火乃成物之用故五行之中水火為大喉乃出聲之門舌乃辨聲之管故五音乃中喉舌為主也喉居後而牙次之舌又次之齒又次之脣居末土無定位也脣居末土無定位而寄旺四季之義也是則初聲之中有有陰陽五行方位之數也又以聲音清

濁而言之ㄱㄷㅂㅈㅅㆆ為全清ㅋㅌㅍㅊㅎ為次清ㄲㄸㅃㅉㅆㆅ為全濁ㆁㄴㅁㅇㄹㅿ為不清不濁ㄴㅁㅇ其聲㝡不厲故次序雖在於後而象形制字則為之始ㅅ雖皆為全清而ㅅ比ㅈ聲不厲故亦為制字之始唯牙之ㆁ雖舌根閉喉聲氣出鼻而其聲與ㅇ

相似故韻書疑與喻多相混用今亦取象於喉而不為牙音制字之始蓋喉屬水而牙屬木ㆁ雖在牙而與ㅇ相似猶木之萌芽生於水而柔軟尚多水氣也ㄱ木之成質ㅋ木之盛長ㄲ木之老壯故至此乃皆取象於牙也全清並書則為全濁以其全清之聲凝則為全濁

也唯喉音次清為全濁者蓋以ㆆ聲深不為之凝ㅎ比ㆆ聲淺故凝而為全濁也ㅇ連書脣音之下則為脣輕音者以輕音脣乍合而喉聲多也中聲凡十一字•舌縮而聲深天開於子也•形之圓象乎天也一舌小縮而聲不深不淺地闢於丑也一舌形之平象乎地也丨舌不

縮而聲淺人生於寅也形之立象
乎人也此下八聲一闔一闢
ㅗ同而口蹙其形則ㅗ與ㆍ同而
成象天地初交之義也ㅏ與ㆍ同
而口張其形則ㅏ與ㆍ合而成象
天地之用發於事物待人而成也
ㅜ與ㅡ同而口蹙其形則ㅜ與
ㅡ同而成亦象天地初交之義也

ㅓ與ㅡ同而口張其形則ㅓ與ㅡ合
而成亦象天地之用發於事物待
人而成也ㅛ與ㆍ同而起於ㅣ
與ㅗ同而起於ㅣㅕ與ㅜ同而起
於ㅣㅠ與ㅡ同而起於ㅣㅗㅏㅜㅓ
始於天地為初出也ㅛㅑㅠㅕ
起於ㅣ而兼乎人為再出也ㅗ
ㅗ之一其圓者象其初生之義

也ㅏㅜㅓ之二其圓者象其再
生之義也ㅛㅑㅠㅕ之圓居上與
外者以其出於天而為陽也
ㅜㅓㅠㅕ之圓居下與内者以其出於
地而為陰也ㆍ之貫於八聲者猶
陽之統陰而周流萬物也ㅛㅑ
ㅠㅕ之皆兼乎人者以人為萬物之
靈而能參兩儀也取象於天地人

而三才之道備矣然三才為萬物
之先而天又為三才之始猶ㆍ
ㅡㅣ三字為八聲之首而ㆍ又為三
字之冠也ㅗ初生於天ㆍ天一生水
之位也ㅏ次之ㅜ初生於地ㆍ地二生火
之位也ㅜ次之ㅛ再生於天ㆍ天三生木
之位也ㅓ次之地四生金之位也ㅛ
再生於地天七成火之數也ㅠ次之天九

成金之數也。再生於地。地六成水之數也。次之。地八成木之數也。水火未離乎氣陰陽交合之初，故闔木金陰陽之定質故闢。天五生土之位也。一地十成土之數也。一獨無位成數者盡以人之真二五之精妙合而凝。固未可以定位成數論也。是則中聲之中，亦自有陰陽五行方位之數也。以初聲對中聲而言之。陰陽天道也。剛柔。地道也。中聲者。一深一淺一闔一闢是則陰陽分而五行之氣具焉。天之用也。初聲者。或虛或實或颺或滯或重若輕是則剛柔著而五行之質成焉。地之功也。中聲以深淺闔闢唱之於前。初聲以五音清濁和之於後。而為初亦為終亦可見萬物初生於地。復歸於地也。以初中終合成之字言之。亦有動靜互根陰陽交變之義焉。動者天也。靜者。地也。兼乎動靜者。人也。蓋五行在天則神之運也。在地則質之成也。在人則仁禮信義智神之運也。肝心脾肺腎質之成也。聲有緩動之義。天之事也。終聲有止定之義。地之事也。中聲承初之生接終之成。人之事也。蓋字韻之要在於中聲。初終合而成音。亦猶天地生成萬物。而其財成輔相則必賴乎人也。終聲之復用初聲者以其動而陽者乾也。靜而陰者亦乾也。乾實分陰陽而無不君宰也。

一元之氣。周流不窮。四時之運。循
環無端。故貞而復元。冬而復春。初
聲之復為終。終聲之復為初。亦此
義也。吁。正音作而天地萬物之理
咸備其神矣哉。是殆天啓
聖心而假手焉者乎。訣曰

天地之化本一氣
陰陽五行相始終
物於兩間有形聲
元本無二理數通
正音制字尚其象
因聲之屬每加畫
音出牙舌脣齒喉
是為初聲字十七
牙取舌根閉喉形
唯業似欲取義別

舌迺象舌附上腭
脣則實是象口形
齒喉直取齒喉象
知斯五義聲自明
又有半舌半齒音
取象同而體則異
那彌戌欲聲不厲
次序雖後象形始
配諸四時與冲氣
五行五音無不協
維喉為水冬與羽
牙迺春木其音角
徵音夏火是舌聲
齒則商秋又是金
脣於位數本無定
土而季夏為宮音

聲音又自有清濁
要於初發細推尋
全清聲是君斗弊
即戌把亦全清聲
若迤快吞漂侵虛
五音各一為次清
全濁之聲蚪覃步
又有慈邪亦有洪

全清並書為全濁
雖洪自虛是不同
業那彌欲及閭穰
其聲不清又不濁
欲之連書為唇輕
猴聲多而唇乍合
中聲十一亦取象
精義未可容易觀

吞擬於天聲最深
所以圓形如彈九
即聲不深又不淺
其形之平象乎地
侵象人立厥聲淺
三才之道斯為備
洪出於天尚為闔
象取天圓合地平

覃亦出天為已闢
發於事物就人成
用初生義一其圓
出天為陽在上外
欲穰兼人為再出
二圓為形見其義
君業成彆出於地
據例自知何須評

吞之為字貫八聲
維天之用徧流行
四聲熟入亦有由
入參天地為最靈
且就三聲究至理
自有剛柔與陰陽
中是天用陰陽分
初迺地功剛柔彰

中聲唱之初聲和
天光乎地理自然
和者為初亦為終
物生復歸皆於坤
陰變為陽陽變陰
一動一靜互為根
初聲復有發生義
為陽之動主於天

終聲比地陰之靜
字音於此止定焉
韻成要在中聲用
人能輔相天地宜
陽之為用通於陰
至而伸則反而歸
初終雖云分兩儀
終用初聲義可知

正音之字只廿八
探賾錯綜窮深幾
指遠言近牖民易
天授何曾智巧為

初聲解

正音初聲。即韻書之字母也。聲音
由此而生。故曰母。如牙音君字初
聲是ㄱ。ㄱ與ㅜㄴ而為군。快字初聲

是ㅋ.ㅋ與ㅠ而為ㅋㅠ蚪字初聲是
ㄲ.ㄲ與ㅠ而為ㅠ.業字初聲是ㅇ
ㅇ與ㅛ而為ㅛ.之類ㅛ之斗吞覃
那彆之警漂步彌齒之即侵慈成
邪喉之挹虛洪欲半舌半齒之閭
穰皆倣此。訣曰

　君快虯業其聲牙
　舌聲斗吞及覃那
　警漂步彌則是脣
　齒有即侵慈戌邪
　挹虛洪欲迺喉聲
　閭為半舌穰半齒
　二十三字是為母
　萬聲生生皆自此

中聲解

　中聲者居字韻之中.合初終而成

音。如吞字中聲是、.、居ㅌㄴ之
間而為툰。即字中聲是ㅡ.ㅡ居ㅈㄱ
之間而為즉.侵字中聲是ㅣ.ㅣ居ㅊㅁ
之間而為침.洪覃君業欲穰戌彆
居之間而為之類洪覃君業欲穰皆倣此。二字合用者
ㅗ與ㅏ同出於、.故合而為ㅘ.
ㅛ與ㅑ又同出於ㅣ.故合而為ㅑ
ㅜ與ㅓ同出於ㅡ.故合而為ㅝ.
ㅠ與ㅕ又同出於ㅣ.故合而為ㅖ
以其同出而為類.故相合而不悖也。一
字中聲之與ㅣ相合者十.ㅣㆍㅢㅚㅐㅟㅔ
ㅛㅣㅒㅝㅖ是也。二字中聲
之與ㅣ相合者四.ㅙㅞㆉㆌ是也。
ㅣ於深淺闔闢之聲並能相隨者
以其舌展聲淺而便於開口也亦
可見人之參贊開物而無所不通

訣曰

母字之音各有中
須就中聲尋闢闔
洪覃自吞可合用
君業出即亦可合
欲之與穰戌與彆
各有所從義可推
侵之為用最居多
於十四聲徧相隨

終聲解

終聲者承初中而成字韻。如即字終聲是ㄱ。ㄱ居즉終而為즉之類。洪字終聲是ㆁ。ㆁ居󠀁終而為󠀂之類。舌脣齒喉皆同。聲有緩急之殊。故平上去其終聲不類入聲之促急。不清不濁之字其聲不厲。故用於

終則宜於平上去。全清次清全濁之字其聲為厲。故用於終則宜於入。所以ㆁㄴㅁㅇㄹㅿ六字為平上去聲之終。而餘皆為入聲之終也。然ㄱㆁㄷㄴㅂㅁㅅㄹ八字可足用也。如빗곶為梨花。엿의갗為狐皮。而ㅅ字可以通用。故只用ㅅ字。且ㅇ聲淡而虛。不必用於終。而中聲可得成音也。ㄷ如볃為彆。ㄴ如군為君。ㅂ如업為業。ㅁ如땀為覃。ㅅ如諺語ㆍ옷為衣。ㄹ如諺語실為絲之類。五音之緩急亦各自為對。如牙之ㆁ與ㄱ為對。而ㆁ促呼則變為ㄱ而急。ㄱ舒出則變為ㆁ而緩。舌之ㄴㄷ脣之ㅁㅂ齒之ㅿㅅ喉之ㅇㆆ。其緩急相對。亦猶是也。

也。且半舌之ㄹ。當用於諺而不可
用於文。如入聲之彆字終聲當用
ㄷ。而俗習讀為ㄹ。盖ㄷ變而為輕
也。若用ㄹ為彆之終。則其聲舒緩
不為入也。訣曰

不清不濁用於諺
為平上去不為入
全清次清及全濁
是皆為入聲促急

初作終聲理固然
只將八字用不窮
唯有欲聲所當處
中聲成音亦可通

若書即字終用君
洪彆亦以業斗終
君業覃終又何如

以那彆彌次第推
六聲通乎文與諺
戌閭用於諺衣絲
五音緩急各自對
君聲迺是業之促
斗彆聲緩為那彌
穰欲亦對成與挹
閭宜於諺不宜文

斗輕為閭是俗習

合字解

初中終三聲合而成字。初聲或在
中聲之上。或在中聲之左。如君字
ㄱ在ㅜ上。業字ㅇ在ㅓ左之類。中
聲則圓者橫者在初聲之下。・
ㅡㅗㅛㅜㅠ是也。縱者在初聲之右。
ㅣㅏㅑㅓㅕ是也。如吞字・在ㅌ

下即字ㅣ在ㅈ下侵字ㅣ在大吝之類終聲在初中之下如君字ㄴ在ㄱㆍ下業字ㅂ在어ㅓ下之類初聲二字三字合用並書如諺語땅爲地짝爲隻뽐爲隙之類各自並書如諺語혀爲舌而쪄爲引ㆍ괴여爲我愛人而괴ㆍ여爲人愛我쏘다爲覆物而쏘ㆍ다爲射之之類中聲二字三字合用如諺語ㆍ과爲琴柱홰爲炬之類終聲二字三字合用如諺語ㅎ爲土ㄲ爲釣돐ᄢᅢ爲酉時之類其合用並書自左而右初中終三聲皆同文與諺雜用則有因字音而補以中終聲者如孔子ㅣㅇ魯ㅅ사ᄅᆞᆷ之類諺語平上去入如활爲弓而其聲平ㅤㅈ돌爲石而其聲

ㆍ갈爲刀而其聲上붇爲筆而其聲去之類凡字之左加一點爲去聲二點爲上聲無點爲平聲而文之入聲與去聲相似諺之入聲無定或似上聲如긷爲柱녑爲脅或似去聲如ㆍ몯爲釘ㆍ입爲口之類其加點則與平上去同平聲安而和春也萬物舒泰上聲和而舉夏也萬物漸盛去聲舉而壯秋也萬物成熟入聲促而塞冬也萬物閉藏初聲之ㆆ與ㅇ相似於諺可以通用也半舌有輕重二音然韻書字母唯一且國語雖不分輕重皆得成音若欲備用則依脣輕例ㅇ連書ㄹ下爲半舌輕音舌乍附上腭ㆍㅡ

起ㅣ聲於國語無用。兒童之言遍野之語或有之。當合二字而用。如ᄀᆝᄀᆜ之類。其先縱後橫。與他不同

訣曰

初聲在中聲左上
挹欲於諺用相同
中聲十一附初聲
圓橫書下右書縱
欲書終聲在何處
初中聲下接着寫
初終合用各並書
中亦有合悉自左
諺之四聲何以辨
平聲則弓上則石
刀爲去而筆爲入
觀此四物他可識

音因左點四聲分
一去二上無點平
語入無定亦加點
文之入則似去聲
方言俚語萬不同
有聲無字書難通
一朝
制作侔神工
大東千古開矇矓

用字例

初聲ㄱ。如·감爲柿。·ᄀᆞᆯ爲蘆。ㅋ。如우·케爲未舂稻。·콩爲大豆。ㆁ。如러·울爲獺。서·에爲流澌。ㄷ。如·뒤爲茅。·담爲墻。ㅌ。如고·티爲繭。·두·텁爲蟾蜍。ㄴ。如노로爲獐。납·爲猿。ㅂ。如볼爲臂。·벌爲蜂。ㅍ。如·파爲葱。·풀爲蠅。ㅁ。

如 믹 爲 山 마 爲 薯藇 굉 如 사 빙 爲
蝦 드 뵐 爲 瓠 ㅈ 爲 尺 죠 히 爲
紙 大 如 체 爲 籭 채 爲 鞭 ㅅ 如 손 爲
手 ㅇ 如 셤 爲 島 ㆆ 如 부 헝 爲 鵂鶹 ㅿ 如
筋 ㅇ 如 비 육 爲 雞雛 ᄇ얌 爲 蛇 ᅟᅠ爲
爲 弟 ㅣ 싀 爲 鴇 中聲 ᆞ 如 ᄐᆞᆨ 爲 頤
못 爲 小豆 ᄃᆞ리 爲 橋 ㄱ래 爲 楸 ㅡ

如 믈 爲 水 발 측 爲 跟 그력 爲 鴈
레 爲 汲器 ㅣ 如 깃 爲 巢 밀 爲 蠟 피
爲 稷 키 爲 箕 ㅗ 如 논 爲 水田 톱 爲
鉅 호 ᄆᆡ 爲 鉏 벼 로 爲 硯 ㅏ 如 밥 爲
飯 낟 爲 鎌 이 아 爲 綜 사 ᄉᆞᆷ 爲 鹿 ㅜ
如 슷 爲 炭 울 爲 籬 누 에 爲 蠶 구 리
爲 銅 ㅓ 如 브 섭 爲 竈 ᄂᆞᆯ 爲 板 서 리
爲 霜 버 들 爲 柳 ㅛ 如 죳 爲 奴 고 욤

爲 梬 쇼 爲 牛 삽 됴 爲 蒼朮菜 ㅠ 如
남 샹 爲 龜 약 爲 龜鼊 다 야 爲 區
감 爲 蕎麥皮 율 믜 爲 薏苡 죡
爲 飯 楾 슙 爲 雨繖 쥬 련 爲 帨
如 엿 爲 飴 ᄯᅡᆼ 爲 佛寺 벼 爲 稻 져
비 爲 燕 終聲 ㄱ 如 닥 爲 楮 독 爲 甕
ㅇ 如 굼 벙 爲 蠐螬 올 창 爲 蝌蚪 ㄷ
如 갇 爲 笠 싣 爲 楓 ㄴ 如 신 爲 屨 반

되 爲 螢 ㅂ 如 섭 爲 薪 굽 爲 蹄 ㅁ 如
범 爲 虎 심 爲 泉 ㅅ 如 잣 爲 海松 못
爲 池 ㄹ 如 ᄃᆞᆯ 爲 月 별 爲 星 之類

有天地自然之聲則必有天地
自然之文所以古人因聲制字
以通萬物之情以載三才之道
而後世不能易也然四方風土
區別聲氣亦隨而異焉盖外國

之語。有其聲而無其字。假中國之字以通其用。是猶枘鑿之鉏鋙也。豈能達而無礙乎。要皆各隨所處而安不可強之使同也。吾東方禮樂文章。侔擬華夏。但方言俚語。不與之同。學書者患其旨趣之難曉。治獄者病其曲折之難通。昔新羅薛聰。始作吏讀官府民間。至今行之。然皆假字而用。或澁或窒。非但鄙陋無稽而已。至於言語之間。則不能達其萬一焉。癸亥冬。我殿下創制正音二十八字。略揭例義以示之。名曰訓民正音。象形而字倣古篆。因聲而音叶七調。三極之義。二氣之妙。莫不該

括。以二十八字而轉換無窮。簡而要。精而通。故智者不終朝而會。愚者可浹旬而學。以是解書可以知其義。以是聽訟可以得其情。字韻則清濁之能辨。樂歌則律呂之克諧。無所用而不備。無所往而不達。雖風聲鶴唳。雞鳴狗吠。皆可得而書矣。遂

命詳加解釋。以喻諸人。於是臣與集賢殿應敎臣崔恒。副校理臣朴彭年。臣申叔舟。修撰臣成三問。敦寧府注簿臣姜希顏行集賢殿副修撰臣李塏。臣李善老等謹作諸解及例。以叙其梗槩。庶使觀者不師而自悟。若其淵源精義之妙。則非臣等之所

訓民正音

能發揮也。恭惟我
殿下。天縱之聖制度施為超越
百王。正音之作無所祖述。而成
於自然。豈以其至理之無所不
在。而非人為之私也。夫東方有
國不為不久。而開物成務之
大智蓋有待於今日也歟。正統
十一年九月上澣資憲大夫禮
曹判書集賢殿大提學知春秋
館事 世子右賓客臣鄭麟趾
拜手稽首謹書

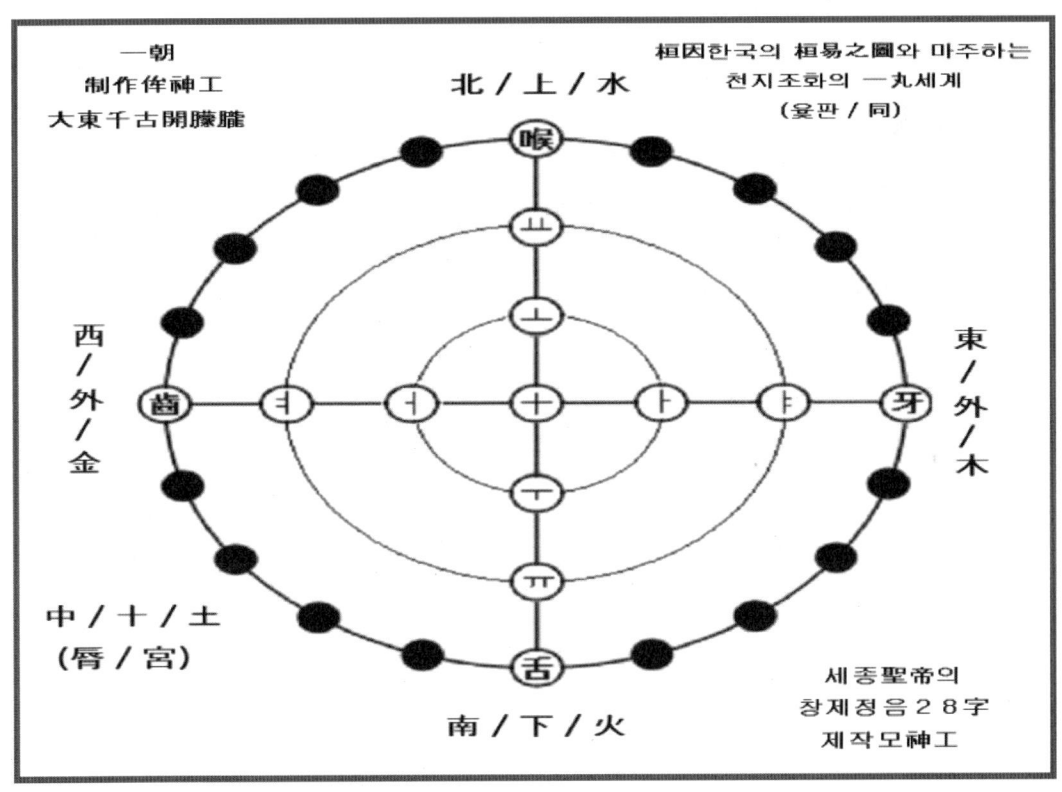

一朝
制作侔神工
大東千古開朦朧

桓因한국의 桓易之圖와 마주하는
천지조화의 一丸세계
(윷판/同)

北／上／水
喉
西／外／金
齒
東／外／木
牙
中／十／土
(唇／宮)
南／下／火
舌

세종聖帝의
창제정음28字
제작모神工

초판 1쇄 인쇄 2016년 09월 30일
지은이   서한태
펴낸이   이승훈
펴낸곳   해드림출판사
주 소   서울 영등포구 경인로 82길 3-4(문래동1가 39)
         센터플러스빌딩 1004호(우편07371)
      전 화   02-2612-5552
      팩 스   02-2688-5568
      E-mail   jlee5059@hanmail.net

등록번호   제87-2007-000011호
등록일자   2007년 5월 4일

* 책값은 표지에 있습니다
* 잘못된 책은 바꿔드립니다

ISBN 979-11-5634-160-4